COORDENADORAS

ANA CAROLINA BROCHADO TEIXEIRA
ANA LUIZA MAIA NEVARES

DIREITO DAS SUCESSÕES
PROBLEMAS E TENDÊNCIAS

ANA CARLA **HARMATIUK MATOS** • ANA CAROLINA **BROCHADO TEIXEIRA** • ANA **FRAZÃO** • ANA LUIZA **MAIA NEVARES** • ANDERSON **SCHREIBER** • CAROLINA **NORONHA** • CAROLINE **POMJÉ** • CONRADO **PAULINO DA ROSA** • DANIEL **BUCAR** • DANIELA DE **CARVALHO MUCILO** • DANIELE **CHAVES TEIXEIRA** • DANIELLE **TAVARES PEÇANHA** • ELEONORA G. **SALTÃO DE Q. MATTOS** • FELIPE **LEONIDIO RIBEIRO** • FELIPE **RIBAS** • FERNANDA **BISSOLI PINHO** • FERNANDA **ROSA COELHO** • GABRIEL **HONORATO** • GISELDA MARIA **FERNANDES NOVAES HIRONAKA** • GUSTAVO HENRIQUE **BAPTISTA ANDRADE** • GUSTAVO **TEPEDINO** • HELOISA HELENA **BARBOZA** • ISABELLA **SILVEIRA DE CASTRO** • KARINA **BARBOSA FRANCO** • LEONARDO **LOBO DE ALMEIDA** • LIDIA **SPITZ** • LÍGIA **ZIGGIOTTI DE OLIVEIRA** • LIVIA **TEIXEIRA LEAL** • LUCIANA **PEDROSO XAVIER** • LUCIANO **VIANNA ARAÚJO** • LUIZ PAULO **VIEIRA DE CARVALHO** • MARCOS **EHRHARDT JUNIOR** • MARIA BERENICE **DIAS** • MARÍLIA **PEDROSO XAVIER** • MÁRIO LUIZ **DELGADO** • NADIA DE **ARAUJO** • RICARDO **CALDERÓN** • RODRIGO **MAZZEI** • SILVIA **FELIPE MARZAGÃO** • SIMONE **TASSINARI CARDOSO FLEISCHMANN** • VITOR **ALMEIDA**

Dados Internacionais de Catalogação na Publicação (CIP) de acordo com ISBD

D598

Direito das sucessões: problemas e tendências / Ana Carla Harmatiuk Matos ... [et al.]. -Indaiatuba, SP : Editora Foco, 2022.

504 p. ; 17cm x 24cm.

Inclui bibliografia e índice.

ISBN: 978-65-5515-384-2

1. Direito. 2. Direito civil. 3. Direito das sucessões. I. Matos, Ana Carla Harmatiuk. II. Teixeira, Ana Carolina Brochado. III. Frazão, Ana. IV. Nevares, Ana Luiza Maia. V. Schreiber, Anderson. VI. Noronha, Carolina. VII. Pomjé, Caroline. VIII. Rosa, Conrado Paulino da. IX. Bucar, Daniel. X. Mucilo, Daniela de Carvalho. XI. Teixeira, Daniele Chaves. XII. Peçanha, Danielle Tavares. XIII. Mattos, Eleonora G. Saltão de Q. XIV. Ribeiro, Felipe Leonidio. XV. Ribas, Felipe. XIV. Pinho, Fernanda Bissoli. XVII. Coelho, Fernanda Rosa. XVIII. Honorato, Gabriel. XIX. Hironaka, Giselda Maria Fernandes Novaes. XX. Andrade, Gustavo Henrique Baptista. XXI. Tepedino, Gustavo. XXII. Barboza, Heloisa Helena. XXIII. Castro, Isabella Silveira de. XXIV. Franco, Karina Barbosa. XXV. Almeida, Leonardo Lobo de. XXVI. Spitz, Lidia. XXVII. Oliveira, Lígia Ziggiotti de. XXVIII. Leal, Livia Teixeira . XXIX. Xavier, Luciana Pedroso. XXX. Araújo, Luciano Vianna. XXXI. Carvalho, Luiz Paulo Vieira de. XXXII. Ehrhardt Junior, Marcos. XXXIII. Dias, Maria Berenice.XXXIV. Xavier, Marília Pedroso. XXXV. Delgado, Mário Luiz. XXXVI. Araujo, Nadia de. XXXVII. Calderón, Ricardo. XXXVIII. Mazzei, Rodrigo. XXXIX. Marzagão, Silvia Felipe. XL. Fleischmann, Simone Tassinari Cardoso. XLI. Almeida, Vitor. XLII. Título.

2021-3847

CDD 347   CDU 347

Elaborado por Vagner Rodolfo da Silva - CRB-8/9410

Índices para Catálogo Sistemático:

1. Direito Civil 347   2. Direito Civil 347

COORDENADORAS

ANA CAROLINA
BROCHADO TEIXEIRA

ANA LUIZA
MAIA NEVARES

DIREITO DAS SUCESSÕES

PROBLEMAS E TENDÊNCIAS

2022 © Editora Foco

Coordenadoras: Ana Carolina Brochado Teixeira e Ana Luiza Maia Nevares

Autores: Ana Carla Harmatiuk Matos, Ana Carolina Brochado Teixeira, Ana Frazão, Ana Luiza Maia Nevares, Anderson Schreiber, Carolina Noronha, Caroline Pomjé, Conrado Paulino da Rosa, Daniel Bucar, Daniela de Carvalho Mucilo, Daniele Chaves Teixeira, Danielle Tavares Peçanha, Eleonora G. Saltão de Q. Mattos, Felipe Leonidio Ribeiro, Felipe Ribas, Fernanda Bissoli Pinho, Fernanda Rosa Coelho, Gabriel Honorato, Giselda Maria Fernandes Novaes Hironaka, Gustavo Henrique Baptista Andrade, Gustavo Tepedino, Heloisa Helena Barboza, Isabella Silveira de Castro, Karina Barbosa Franco, Leonardo Lobo de Almeida, Lidia Spitz, Lígia Ziggiotti de Oliveira, Livia Teixeira Leal, Luciana Pedroso Xavier, Luciano Vianna Araújo, Luiz Paulo Vieira de Carvalho, Marcos Ehrhardt Junior, Maria Berenice Dias, Marília Pedroso Xavier, Mário Luiz Delgado, Nadia de Araujo, Ricardo Calderón, Rodrigo Mazzei, Silvia Felipe Marzagão, Simone Tassinari Cardoso Fleischmann e Vitor Almeida

Diretor Acadêmico: Leonardo Pereira

Editor: Roberta Densa

Assistente Editorial: Paula Morishita

Revisora Sênior: Georgia Renata Dias

Capa Criação: Leonardo Hermano

Diagramação: Ladislau Lima e Aparecida Lima

Impressão miolo e capa: FORMA CERTA

DIREITOS AUTORAIS: É proibida a reprodução parcial ou total desta publicação, por qualquer forma ou meio, sem a prévia autorização da Editora FOCO, com exceção do teor das questões de concursos públicos que, por serem atos oficiais, não são protegidas como Direitos Autorais, na forma do Artigo 8º, IV, da Lei 9.610/1998. Referida vedação se estende às características gráficas da obra e sua editoração. A punição para a violação dos Direitos Autorais é crime previsto no Artigo 184 do Código Penal e as sanções civis às violações dos Direitos Autorais estão previstas nos Artigos 101 a 110 da Lei 9.610/1998. Os comentários das questões são de responsabilidade dos autores.

NOTAS DA EDITORA:

Atualizações e erratas: A presente obra é vendida como está, atualizada até a data do seu fechamento, informação que consta na página II do livro. Havendo a publicação de legislação de suma relevância, a editora, de forma discricionária, se empenhará em disponibilizar atualização futura.

Erratas: A Editora se compromete a disponibilizar no site www.editorafoco.com.br, na seção Atualizações, eventuais erratas por razões de erros técnicos ou de conteúdo. Solicitamos, outrossim, que o leitor faça a gentileza de colaborar com a perfeição da obra, comunicando eventual erro encontrado por meio de mensagem para contato@editorafoco.com.br. O acesso será disponibilizado durante a vigência da edição da obra.

Impresso no Brasil (10.2021) – Data de Fechamento (10.2021)

2022

Todos os direitos reservados à
Editora Foco Jurídico Ltda.
Avenida Itororó, 348 – Sala 05 – Cidade Nova
CEP 13334-050 – Indaiatuba – SP

E-mail: contato@editorafoco.com.br
www.editorafoco.com.br

APRESENTAÇÃO

O Direito das Sucessões vem sofrendo grandes mudanças, resultantes dos influxos sociais, da estrutura dos bens e das relações familiares. A normativa do Direito Sucessório, porém, não vem acompanhando ditas mudanças, razão pela qual vários dos problemas contemporâneos que se apresentam ao fenômeno sucessório demandam soluções próprias construídas pela doutrina e jurisprudência por meio da interpretação do sistema, pois muitas delas não encontram resposta pronta na lei.

As múltiplas entidades familiares atreladas a uma nova compreensão da função da família na sociedade civil, entendida como um espaço de desenvolvimento da personalidade de cada um de seus membros, sendo consequência desta atual dimensão funcional a facilitação do divórcio no Brasil decorrente da Emenda Constitucional 66, bem como a especial proteção destinada aos vulneráveis, como crianças, idosos e mulheres, colocaram em xeque o engessamento da sucessão legítima, desafiando novos espaços de autonomia do titular do patrimônio, sem descuidar de seu fundamento, a saber, a solidariedade familiar.

As transformações na estrutura dos bens – que passaram da quase "sacralidade" do patrimônio imobiliário para a ampla valorização dos bens móveis (valores mobiliários, ações, bens digitais etc.) – também tem desafiado o Direito das Sucessões, a fim de se resguardar meios para a formalização da transferência aos herdeiros.

Nota-se que o crescimento dos espaços de contratualização no Direito de Família não repercutiu tão amplamente no Direito das Sucessões, conquanto se esteja questionando institutos tradicionais, tais como a legítima, a condição de herdeiro necessário do cônjuge (e do companheiro) e os pactos sucessórios, por exemplo. Assim, não obstante o Direito das Sucessões tradicionalmente conjugue autonomia e solidariedade, a realidade tem exigido que ditos pilares sejam melhor balizados e ponderados, com o redimensionamento da solidariedade familiar.

É nesse contexto de grandes questionamentos que problemas têm surgido e, junto com eles, uma abordagem crítica para a busca de soluções coerentes com o sistema. Essa foi a ideia desse livro que moveu as coordenadoras a idealizar essa obra com o recorte reflexivo e prático para pensar sobre os desafios e problemas quotidianos da vida profissional. Com esse escopo, foram convidados importantes estudiosos do Direito das Sucessões para contribuir com propostas hermenêuticas para esse fim, a quem agradecemos pela parceria.

Este é o livro que, com muita alegria, apresentamos ao público, com a função de contribuir para o debate e para a construção de um Direito das Sucessões que sirva às necessidades e aos anseios sociais.

Aproveitamos para renovar nosso agradecimento à Editora Foco por estarmos irmanados em nossos projetos.

Ana Carolina Brochado Teixeira
Ana Luiza Maia Nevares

SUMÁRIO

APRESENTAÇÃO V

EXISTE O *DROIT DE SAISINE* NO SISTEMA SUCESSÓRIO BRASILEIRO?

Daniel Bucar 1

REPERCUSSÕES DA SEPARAÇÃO DE FATO NO DIREITO SUCESSÓRIO BRASILEIRO

Ana Carla Harmatiuk Matos e Isabella Silveira de Castro 23

OS DESAFIOS DA REPRODUÇÃO ASSISTIDA *POST MORTEM* E SEUS EFEITOS SUCESSÓRIOS

Heloisa Helena Barboza e Vitor Almeida 43

CÔNJUGE E COMPANHEIRO SÃO HERDEIROS NECESSÁRIOS?

Giselda Maria Fernandes Novaes Hironaka 67

MULTIPARENTALIDADE E DIREITOS SUCESSÓRIOS: EFEITOS, POSSIBILIDADES, LIMITES

Ricardo Calderón e Karina Barbosa Franco 89

DIREITO REAL DE HABITAÇÃO SUCESSÓRIO. CONTEXTO ATUAL

Luiz Paulo Vieira de Carvalho 111

JURISDIÇÃO BRASILEIRA E LEI APLICÁVEL À SUCESSÃO HEREDITÁRIA QUANDO OS BENS DEIXADOS PELO FALECIDO ESTÃO SITUADOS NO BRASIL E NO EXTERIOR

Nadia de Araujo, Lidia Spitz e Carolina Noronha 131

OS PLANOS DE PREVIDÊNCIA PRIVADA (VGBL E PGBL) NA PERSPECTIVA FAMILIAR E SUCESSÓRIA: CRITÉRIOS PARA SUA COMPATIBILIZAÇÃO COM A HERANÇA E A MEAÇÃO

Ana Luiza Maia Nevares 153

VIII DIREITO DAS SUCESSÕES: PROBLEMAS E TENDÊNCIAS

HERANÇA DIGITAL: O QUE SE TRANSMITE AOS HERDEIROS?

Livia Teixeira Leal e Gabriel Honorato 169

O PAPEL DO INVENTARIANTE NA GESTÃO DA HERANÇA DIGITAL

Ana Carolina Brochado Teixeira 185

PERSPECTIVAS CRÍTICAS A PARTIR DE GÊNERO, AUTONOMIA PRIVADA E DIREITO SUCESSÓRIO

Lígia Ziggiotti de Oliveira 199

O DIREITO BRASILEIRO POSSUI INSTRUMENTOS EFICAZES PARA O PLANEJAMENTO SUCESSÓRIO?

Daniele Chaves Teixeira e Danielle Tavares Peçanha.. 213

CONTROVÉRSIAS HERMENÊUTICAS SOBRE A COLAÇÃO

Gustavo Tepedino 237

CRITÉRIOS DIFERENCIADORES DA DOAÇÃO E PARTILHA EM VIDA

Conrado Paulino da Rosa e Fernanda Rosa Coelho.. 251

A FUGA DO TESTAMENTO

Anderson Schreiber e Felipe Ribas... 269

A INTERPRETAÇÃO DOS TESTAMENTOS NA VISÃO DOS TRIBUNAIS

Daniela de Carvalho Mucilo.. 287

TESTAMENTO E SUAS FORMALIDADES: O HOJE E O AMANHÃ

Silvia Felipe Marzagão e Eleonora G. Saltão de Q. Mattos.. 303

CLÁUSULAS TESTAMENTÁRIAS PARA PROTEÇÃO DE HERDEIROS MENORES

Luciana Pedroso Xavier e Marília Pedroso Xavier.. 319

AS CLÁUSULAS RESTRITIVAS DE PROPRIEDADE E A JUSTA CAUSA TESTAMENTÁRIA: UM ESTUDO A PARTIR DA PRÁTICA DOS TRIBUNAIS

Simone Tassinari Cardoso Fleischmann e Caroline Pomjé.. 339

O FIDEICOMISSO: ESTRUTURA E FUNÇÃO. DEVEMOS REVITALIZAR O INSTITUTO?

Mário Luiz Delgado 363

A HOMOLOGAÇÃO DA PARTILHA AMIGÁVEL, A ENTREGA DO FORMAL DE PARTILHA E O LANÇAMENTO DO IMPOSTO DE TRANSMISSÃO *CAUSA MORTIS* NO ARROLAMENTO SUMÁRIO, CONFORME O CPC/15 E A JURISPRUDÊNCIA DO SUPERIOR TRIBUNAL DE JUSTIÇA (TEMA 1.074)

Luciano Vianna Araújo 391

SUCESSÃO NA EMPRESA: O PROBLEMA DAS QUOTAS DE SOCIEDADES LIMITADAS

Ana Frazão 405

O IMPOSTO SOBRE GRANDES FORTUNAS E O IMPOSTO INCIDENTE NA TRANSMISSÃO *CAUSA MORTIS*

Leonardo Lobo de Almeida e Felipe Leonidio Ribeiro 425

O BALANÇO DO ESTABELECIMENTO E A APURAÇÃO DE HAVERES NO INVENTÁRIO *CAUSA MORTIS*: NECESSIDADE DE ADEQUADA INTERPRETAÇÃO DO ARTIGO 620, § 1º, DO CPC

Rodrigo Mazzei e Fernanda Bissoli Pinho 441

A IMPORTÂNCIA DO DIREITO COMPARADO NO ESTUDO DO DIREITO DAS SUCESSÕES

Gustavo Henrique Baptista Andrade e Marcos Ehrhardt Junior 459

PARECER

Maria Berenice Dias 481

EXISTE O *DROIT DE SAISINE* NO SISTEMA SUCESSÓRIO BRASILEIRO?

Daniel Bucar

Professor de Direito Civil da UERJ e do IBMEC. Doutor e Mestre em Direito Civil – UERJ.
Especialista em Direito Civil pela Università degli Studi di Camerino.

Sumário: 1. Introdução – 2. Sistemas de transmissão *causa mortis*: técnicas e modelos; 2.1 O sistema de transmissão direta e imediata; 2.2 Sistema de transmissão diferida; 2.3 Sistema de transmissão indireta e diferida – 3. O sistema sucessório brasileiro; 3.1 Direito Civil; 3.2 Direito Processual Civil (e Notarial); 3.3 Direito Tributário – 4. Por uma melhor compreensão do sistema sucessório brasileiro – 5. Conclusão – 6. Referências.

1. INTRODUÇÃO

Na doutrina nacional do Direito das Sucessões, parece não haver controvérsia a ideia de que o Brasil teria adotado o modelo de *saisine*, segundo o qual, conforme dicção artigo 1.784, Código Civil, *"aberta a sucessão, a herança transmite-se, desde logo, aos herdeiros legítimos e testamentários"* [1-2]. Vigente desde 2003, a referida disposição repete, como pequena alteração, o artigo 1.572 da legislação anterior, de cujo texto foi suprimida a expressão *"domínio e posse"*.

---

1. Neste sentido, diversos manuais a respeito da matéria, escritos por autores de distintas gerações e que se utilizam de diferentes metodologias para embasar suas obras, tais como: GONÇALVES, Carlos Roberto, *Direito Civil Brasileiro, volume 7: direito das sucessões*. 6ª Edição. São Paulo: Editora Saraiva, 2012; HIRONAKA, Giselda Maria Fernandes Novaes; CAHALI, Francisco José. *Direito das Sucessões.* 5ª Edição revista, São Paulo: Editora Revista dos Tribunais, 2014. p. 38/40; GAGLIANO, Pablo Stolze; PAMPLONA, Rodolfo Filho. *Novo curso de direito civil, volume 7: direito das* sucessões. São Paulo, Saraiva Educação, 2019. p. 71/76; ROSENVALD, Nelson; FARIAS, Cristiano Chaves de. *Curso de direito civil: sucessões.* 3ª ed. Salvador: Editora Jus Podvm, 2017. p. 112/116; VENOSA, Silvio, *Direito civil: direito das sucessões.* 13ª Edição, São Paulo: Atlas, 2013, p.13/15; TARTUCE, Flávio. *Manual de direito civil: volume único.* Rio de Janeiro: Forense, 2011, p.1888/1889; TEPEDINO, Gustavo; NEVARES, Ana Luiza Maia; MEIRELES, Rose Melo Vencelau. Direito das Sucessões. In: TEPEDINO, Gustavo (org). *Fundamentos de Direito Civil, volume 7*. Rio de Janeiro: Forense, 2020. p. 34/35; WALD, Arnoldo, *Direito das Sucessões*, volume 6. 15ª Edição, São Paulo: Saraiva, 2012, p.22; Para além dos manuais, a mesma posição é encontrada em livro resultado da tese de livre docência de HIRONAKA, Giselda Maria Fernandes Novaes, *Morrer e suceder: passado e presente da transmissão sucessória concorrente.* 2ª Edição, São Paulo :Editora Revista dos Tribunais, 2014, p.317/320. Não só, mas também em obras clássicas, vide: GOMES, Orlando. *Sucessões*, atualizado por Mário Roberto Carvalho de Faria. 17ª ed. Rio de Janeiro: Forense, 2012. p. 16. MIRANDA, Pontes de. *Direito das Sucessões: sucessão em geral, sucessão legítima*. Atualizado por Giselda Maria Fernandes Novaes Hironaka e Paulo Luiz Netto Lôbo. São Paulo: Editora Revista dos Tribunais, 2012.Tomo LV, coleção tratado de direito privado: parte especial, p.65/70; PEREIRA, Caio Mário da Silva. *Instituições de Direito Civil, volume VI: Direito das Sucessões*, atualizado por Carlos Roberto Barbosa Moreira. 24ª ed. Rio de Janeiro: Forense, 2017. p. 38/40.

2. Talvez sustentando a opinião mais dissonante sobre o assunto, dentre os autores que o pesquisam, Paulo Lôbo, embora admitindo a *saisine* no Brasil, busca destacar, de todo modo, algumas peculiaridades do sistema brasileiro para defendê-la. Sob esta perspectiva, remeta-se o leitor para LÔBO, Paulo. Direito Constitucional à Herança, Saisine e Liberdade de Testar. *Anais do IX Congresso Brasileiro de Direito de Família*. p. 35-46. Disponível em https://ibdfam.org.br/assets/upload/anais/290.pdf. Acesso em 14.07.2021.

No entanto, a confrontação do dogma nacional da *saisine* com o sistema sucessório brasileiro, que vai além do Direito das Sucessões como ramo do direito civil, apresenta certa perplexidade prático-jurídica. Afinal, de um lado, a obrigatoriedade do inventário e a ausência de responsabilidade patrimonial dos sucessores para além dos valores recebidos (*intra hereditatis*) são escolhas de política legislativa distantes de uma transmissão imediata da propriedade entre particulares. Enquanto isso, de outro lado, efeitos pragmáticos de aquisição direta da herança, consubstanciados no acesso livre e desimpedido aos bens que a compõem – a exemplo, a transmissão *incontinenti* de bens móveis custodiados em nome do falecido (valores mantidos em instituição financeira) – são impensáveis no país.

Portanto, a unidade complexa das normas, que regulam o fenômeno sucessório, e a sua aplicação prática no cotidiano estão em verdadeiro desalinho com a interpretação recorrente que se dá ao art.1784, Código Civil. Não por outro motivo, é preciso compreender a sucessão *causa mortis* brasileira a partir do sistema que a legislação lhe destina. Compreender o direito civil sucessório de modo isolado significa fechar-se, hermeticamente, à suposta existência de microssistemas dotados de independência[3], quando, em verdade, a própria disciplina da transmissão *causa mortis* vista por outras matérias do direito – mais especificamente, o direito processual e o tributário – revela incompatibilidade à dita *saisine*.

Assim, a desconstrução do dogma é medida que se impõe, de forma que não haja ilusão quanto à constatação jurídica que aqui se demonstra: não há direito de saisine no Brasil.

2. SISTEMAS DE TRANSMISSÃO *CAUSA MORTIS*: TÉCNICAS E MODELOS

Até o presente momento, o direito sucessório justifica-se segundo a necessidade de manutenção das situações jurídicas patrimoniais passíveis de sucessão[4-5] a um

---

3. Quanto aos problemas de hermenêutica jurídica gerados pela lógica de microssistemas, TERRA, Aline de Miranda Valverde. Liberdade do intérprete na metodologia civil constitucional. In: SCHREIBER, Anderson; KONDER, Carlos Nelson (coord). *Direito Civil Constitucional*. São Paulo: Atlas, p. 47-70, 2016.

4. Existe, também, relativo consenso entre os autores de direito sucessório ao afirmarem que os direitos patrimoniais cuja titularidade detinha o falecido transmitem-se aos herdeiros, salvo os personalíssimos, como o usufruto concedido ao autor da herança ou o seu direito à pensão previdenciária, ao passo que os direitos existenciais, dos quais os direitos da personalidade, que constituem o principal exemplo, não são transmissíveis. Neste sentido, HIRONAKA, Giselda Maria Fernandes Novaes; CAHALI, Francisco José. *Direito das Sucessões*. 5ª Edição revista, São Paulo: Editora Revista dos Tribunais, 2014. p. 28. Sob tal perspectiva, Gustavo Tepedino, Ana Luiza Maia Nevares e Rose Melo Vencelau Meireles mencionam, inclusive, a existência de um princípio da patrimonialidade da sucessão (TEPEDINO, Gustavo; NEVARES, Ana Luiza Maia; MEIRELES, Rose Melo Vencelau. Direito das Sucessões. In: TEPEDINO, Gustavo (org). *Fundamentos de Direito Civil, volume 7*. Rio de Janeiro: Forense, 2020. p. 13). Enfim, consigne-se que a *internet* tem remodelado essa lógica de transmissibilidade ora enunciada, vez que as situações jurídicas patrimoniais ofertadas ao usuário para aquisição são distintas, muitas das vezes, da propriedade, extinguindo-se com a morte do titular originário. De outro lado, a pessoa ganha maior autonomia para expressar a vontade de que as manifestações virtuais de sua personalidade continuem expostas na rede quando de sua morte. Sobre o assunto, BUCAR, Daniel; PIRES, Caio Ribeiro. Situações patrimoniais digitais e ITCM: desafios e propostas. In: TEIXEIRA, Ana Carolina Brochado; LEAL, Lívia Teixeira. *Herança digital: controvérsias e alternativas*. Indaiatuba: Editora Foco, p. 273/288, 2021. p. 275-276.

5. Sobretudo, a perpetuação do direito real de propriedade.

particular que tenha aptidão tanto para adquiri-las, quanto para responder por elas[6]. Apesar da acentuada influência do direito de família na matéria, o que ocorre em razão da funcionalização de situações patrimoniais àquelas existenciais próprias da entidade familiar[7], a principal fundamentação do sistema sucessório é o seu objeto, qual seja, a herança, que não pode ficar desprovida de titularidade (princípio do *horror vacui*[8]).

Diante da necessidade de se disciplinar a sucessão, os ordenamentos jurídicos, a partir de escolhas econômicas e sociais, buscam definir um sistema sucessório a partir de cinco variáveis[9]:

a) a transmissão célere do patrimônio pelo *de cujus*;

b) a segurança da transmissão aos efetivos beneficiários;

c) a extensão da responsabilidade pelas dívidas;

d) a garantia de satisfação dos credores do patrimônio transmissível;

e) o custo que a técnica adotada implica.

À luz destas escolhas, é possível identificar três grandes grupos de sistemas de transmissão no direito ocidental: (a) o sistema de transmissão direta e imediata, (b) o sistema de transmissão direta e mediata e (c) o sistema de transmissão indireta e mediata. Para melhor compreensão e posterior identificação do modelo a que se aproxima o sistema brasileiro, é necessário trabalhar sobre algumas notas destes parâmetros.

2.1   O sistema de transmissão direta e imediata

O primeiro sistema de transmissão da herança a ser verificado é aquele adotado pela França[10]. Cuida-se – este, sim – do modelo da *saisine*, segundo a qual os sucessores legais (sublinhe-se: apenas os legais[11]) ou o legatário universal[12] são cha-

---

6. MORAES, Walter. *Teoria Geral e Sucessão Legítima*. São Paulo: Revista dos Tribunais, 1980. p. 8; PEREIRA, Caio Mário da Silva. *Instituições de Direito Civil, volume VI: Direito das Sucessões*, atualizado por Carlos Roberto Barbosa Moreira. 24ª ed. Rio de Janeiro: Forense, 2017. p. 10/11; 15.

7. Neste sentido, TEPEDINO, Gustavo; NEVARES, Ana Luiza Maia; MEIRELES, Rose Melo Vencelau. Direito das Sucessões. In: TEPEDINO, Gustavo (org). *Fundamentos de Direito Civil, volume 7*. Rio de Janeiro: Forense, 2020. p. 5/7.

8. PERLINGIERI. Pietro. La funzione sociale del diritto successorio. Rassegna di Diritto Civile, Napoli. 1/2009, p. 132/133.

9. ZOPPINI, Andrea. *Le Successioni in Diritto Comparato*. Turim: UTET, 2002. p. 23-45.

10. Não há um dispositivo expresso quanto à transmissão automática, mas a doutrina francesa é unânime em defendê-la na França, a partir do artigo724 do Código Civil Francês, como aponta LELEU, Yves-Henri. *La Transmission de la Succession em Droit Comparé*. Bruxelas: Éditions Bruylant. 1996. p. 31-32 e p. 100.

11. No Brasil, curiosamente, os testamentários também fariam jus à transmissão automática, se analisada apenas a dicção do artigo1.784 do Código Civil.

12. O legatário universal é um terceiro indicado pelo testador que recebe a totalidade da herança, sem individualização dos bens. Ressalte-se que esta figura não encontra idêntico papel no ordenamento jurídico brasileiro, assemelhando-se ao único herdeiro testamentário sem concorrência com herdeiros legais. Analisando essa categoria sob o prisma do direito brasileiro, importante destacar o trabalho de AZEVEDO, Antônio

mados à sucessão como extensão da própria pessoa do falecido em relação ao seu patrimônio[13-14], pelo que nenhum hiato ocorre quanto à titularidade do conjunto de bens, que não deixam de ter um proprietário, um credor e um devedor[15]. Trata-se, portanto, de uma sucessão de pessoa a pessoa.

A lógica da transmissão imediata não comportaria, em tese, o instituto da aceitação. Embora desnecessária, a previsão da aceitação, no ordenamento francês, teria apenas o condão de consolidar os efeitos já produzidos[16]. O paradoxo de subsistir a aceitação da herança dentro de um sistema cuja *saisine* é enunciada pela lei, não passou despercebido por Paulo Lôbo[17], que advoga sua conformidade ao princípio constitucional da autodeterminação, *"pois ninguém pode ser obrigado a receber a herança se não a deseja"*[18].

De toda forma, com aceitação, ou não, a transmissão automática da herança pela *saisine* confere aos herdeiros legais o poder de proteger os bens de beneficiários não escolhidos por lei para recebê-los: este efeito, de certo, confere-lhes a possibilidade de verificar a regularidade do testamento, permitindo-lhes somente entregar os bens deixados a terceiros – devidamente habilitados – a partir da atestação da validade do referido negócio jurídico [19].

Mais do que isso, abre-se a opção aos herdeiros de consolidar sua propriedade sobre bens individualmente considerados – os bens imóveis, principalmente- mediante simples certificação notarial que atesta a existência de título translativo baseado em direitos sucessórios, sem a necessidade de uma escritura de inventário e partilha.[20].

Junqueira de. O espírito de compromisso do direito das sucessões perante as exigências individualistas de autonomia da vontade e as supraindividualistas da família-herdeiro e legatário. *Revista Brasileira de Direito de Família*. n. 4, jan-fev-mar, 2000.

13. RAU, Charles; AUBRY, Charles. *Cours de droit civil français d'aprés la méthode de Zachariae*. vol. 4. 6. ed. Paris: Éditions Techniques, 1948. p. 467.

14. Trata-se, portanto, de certa identificação da sucessão com aquela de matriz romana, em que o herdeiro continua a personalidade do defunto, conforme chama atenção HÉRON, Jacques. *Le Morcellement des Successions Internationales*. Paris: Economica, 1986. p. 32.

15. MAZEAUD, Henri et Leon, MAZEAUD, Jean. *Leçons de Droit Civil. Tome IX, Deuxiéme Volume*. Paris: Montchrestien, 1972. p. 430.

16. GRIMALDI. Michel. *Droit Civil. Successions*. 8. ed. Paris: LexisNexis. p. 460 e ss.

17. É conhecido o posicionamento do autor no sentido de que a saisine no Brasil é mais intensa, inclusive, que na França. Neste sentido: LÔBO, Paulo. *Direito Civil: Sucessões*. 5ª ed. São Paulo: Saraiva, 2019. p. 49-55.

18. LÔBO, Paulo. *Direito Civil. Sucessões*. 5ª ed. São Paulo: Saraiva, 2019. p. 56.

19. LELEU, Yves-Henri. *La Transmission de la Succession em Droit Comparé*. Bruxelas: Éditions Bruylant. 1996. p. 101.

20. Em tal direção, o *Décret nº55-22 du 4 janvier 1955* ("*Dans les délais fixés à l'article 33, toute transmission ou constitution par décés de droits réels immobiliers doit être constatée par une attestation notariée indiquant obligatoirement si les successibles ou légataires ont accepté et précisant, éventuellement, les modalités de cette acceptation. (...) Il n'est pas établi d'attestation notariée si un acte de partage portant sur la totalité des immeubles héréditaires est dressé et publié dans les dix mois du décès*". Disponível em: https://www.legifrance.gouv.fr/loda/id/LEGITEXT000006060731/2021-01-07/. Acesso em 10.08.2021. Segundo tradução livre: *"Nos prazos fixados no art.33°, qualquer transmissão ou constituição por morte de direitos imobiliários deve ser certificada por certidão notarial obrigatoriamente se os sucessores ou legatários aceitaram e especificando, eventualmente, os termos da aceitação (...) Não é lavrada certidão notarial se a escritura de partilha de todos os imóveis for lavrada e publicada no prazo de dez meses após o falecimento"*.

O interesse prevalecente na transmissão direta e imediata proporcionada pela *saisine* é evitar a vacância de titularidade, tendente a oportunizar a usurpação de direitos, a desvalorização dos ativos e oferecer não apenas riscos aos beneficiários da sucessão, mas, sobretudo, a credores do patrimônio a suceder.

Sob este aspecto, o outro lado da moeda da transmissão imediata com diminuta intervenção estatal é a responsabilidade ilimitada dos herdeiros pelas dívidas do falecido (*ultra vires*). Uma vez sendo dispensável a aceitação para ser herdeiro, pois a titularidade se transmite automaticamente, o ordenamento impõe, ao beneficiário que se coloca em contato com o patrimônio hereditário, a responsabilidade por todas as dívidas que o compõem, inclusive, aquelas para além das forças da herança. O que há, portanto, é uma verdadeira fusão do patrimônio a suceder com aquele do herdeiro.

A única forma de se proceder à separação dos patrimônios do falecido e dos herdeiros é por meio da publicização do ativo e do passivo de titularidade do *de cujus*, o que é realizado por meio de um inventário público[21], cujo procedimento é <u>facultativo</u> em países que adotam a *saisine*. Cuida-se, portanto, de uma aceitação da herança sob o benefício de inventário, cuja publicidade oferece aos credores a garantia de conhecer o patrimônio e se habilitar para haver seu pagamento seja pelos herdeiros[22].

A síntese das características de uma transmissão direta e imediata da herança, fundamentada na *saisine*, permite conhecer certas peculiaridades do sistema sucessório que dela se origina, tornando possível confrontá-lo com aquele adotado pelo direito brasileiro, mas não sem antes conhecer um outro sistema: a transmissão diferida.

2.2 Sistema de transmissão diferida

O modelo de transmissão diferida tem como exemplo o sistema austríaco. A nota distintiva deste modelo é a intervenção estatal na transmissão, que assegura a certeza dos títulos sucessórios por meio de uma decisão judicial, que irá proporcionar a transmissão dos bens. Portanto, a transferência do acervo não é automática[23].

A aceitação, decerto, implica no início de um procedimento judicial de onde será proferida a decisão constitutiva da transmissão dos direitos. Assim, há um estado de jacência sucessória durante o falecimento do titular do patrimônio e a efetiva transmissão, que somente será afastada com o julgamento da partilha. Durante esta fase, o centro de imputação de situações jurídicas será titularizado por um ente despersonalizado, que não se confunde com os herdeiros[24], mas que poderão, entretanto, administrar o espólio em razão de autorização judicial[25].

---

21. Disciplinado na França pelos artigos 787 e seguintes de seu Código Civil.
22. Artigo 796 do Código Civil Francês.
23. LELEU, Yves-Henri. *La Transmission de la Succession em Droit Comparé*. Bruxelas: Éditions Bruylant. 1996. p. 31-32 e p. 139.
24. KRALIK, Winfried. Das Erbrecht. In: *System des österreichischen allgemeinen Privatrechts*. In: EHRENZWEIG, Armin und Adolf (coord.). 3ª Ed. Viena: Manz, 1983. pp. 26 e ss.
25. §810, Código Civil Austríaco.

Apesar do procedimento judicial de transmissão não albergar o pagamento dos credores do *de cujus*, visto que sua prioridade é conferir certeza aos títulos sucessórios, as dívidas não ultrapassam o patrimônio herdado, ou seja, a responsabilidade é *intra vires*. No caso de eventual insolvência, a herança é remetida a um processo coletivo para a liquidação da sucessão deficitária[26].

O afastamento do sistema austríaco em relação àquele de transmissão imediata, fundada na *saisine*, é evidente. Além da obrigatoriedade da intervenção judicial para a transmissão, não há transferência automática das situações patrimoniais aos herdeiros, ante a mediação da titularidade por um espólio, bem como não se verifica a possibilidade de responsabilidade dos herdeiros por dívidas do falecido para além das forças da herança.

Após um sobrevoo no sistema de transmissão diferida, um outro ainda merece ser visitado, caracterizado pela transmissão indireta e diferida, próprio de países integrantes da cultura da *common law*.

2.3   Sistema de transmissão indireta e diferida

Adotado com diversas – mas pequenas – diferenças em países integrantes da cultura do *common law*, o sistema de transmissão indireta e diferida é notabilizada pela presença de uma terceira parte na sucessão: administrador do acervo hereditário.

Por meio deste procedimento judicial (*probate*), nomeia-se um *executor* na hipótese de haver testamento com indicação de pessoa para exercer esta função, ou *administrator*, se a sucessão for *ab intestato*, cujo cargo é geralmente ocupado pelo cônjuge ou parentes do falecido. Ambas as funções são espécie do que se chama no direito inglês de *personal representative*, a quem compete arrecadar os bens do acervo, administrá-los, identificar credores, realizar o pagamento dos débitos do falecido, os impostos incidentes na transmissão e, por fim, distribuir os bens na forma do planejamento legal ou voluntário escolhido pelo *de cujus*[27].

Uma peculiaridade da função nos sistemas de *probate* é a ampla liberdade que se concede ao *personal representative* para o exercício da administração do acervo, com amplos e especiais poderes, inclusive para dispor dos bens integrantes da herança destinados à liquidação das dívidas, sem a necessidade de autorização estatal para tanto.

Com efeito, por duas razões a doutrina comparatista atribui a esta espécie de transmissão *causa mortis* a característica de indireta e diferida. De um lado, (a) porque o patrimônio não é gerido pelos herdeiros, nem tampouco são eles os responsáveis por liquidar os débitos, vez que tais incumbências cabem a administrador (que pode

---

26.   LELEU, Yves-Henri. *La Transmission de la Succession em Droit Comparé*. Bruxelas: Éditions Bruylant. 1996. p. 200.

27.   RHEINSTEIN, Max; GLENDON, Mary Ann. *The Law of Descents Estates*. Mincola: The Foundations Express, 1971. pp. 479-481.

ser herdeiro ou um deles). De outro, (b) em razão de, especialmente na Inglaterra, a herança ser primeiramente transferida à figura do *personal representative* e, posteriormente, distribuir-se apenas o patrimônio líquido aos efetivos beneficiários da sucessão[28].

Como consequência lógica, os beneficiários da sucessão recebem a herança líquida e, portanto, caso algum valor não tenha sido solvido pelo *personal representative*, os herdeiros ou legatários apenas respondem com as forças da herança, pelo que não há que se falar em responsabilidade *ultra vires*[29].

* * * * * * *

A visão sintética e global acerca das principais modalidades de transmissão sucessória permite, neste momento, avaliar o modelo acolhido pelo ordenamento brasileiro, mas não sem antes identificar o próprio sistema sucessório efetivamente outorgado pelo legislador.

3. O SISTEMA SUCESSÓRIO BRASILEIRO

A acepção do ordenamento jurídico como sistema e unidade é marca notória de uma ordem articulada por uma Constituição que o centraliza[30]. Nesta direção, a unidade do ordenamento é fortalecida a partir da articulação das disciplinas jurídicas – e do próprio caso concreto – à luz da prioridade hierárquica dos princípios e valores presentes advindos do texto constitucional.

Logo, a interpretação dos institutos jurídicos deve ocorrer a partir do próprio sistema, operação da qual não foge o direito sucessório brasileiro. Restringi-lo à interpretação isolada das regras que o Código Civil lhe destina é não compreender a extensão de sua juridicidade inserida na totalidade e complexidade do ordenamento jurídico.

Sendo assim, é possível identificar três grandes matérias que mais influenciam sistema sucessório brasileiro: o direito civil, o direito processual civil (aqui também deve ser considerado o notarial) e o direito tributário[31]. Qualquer sucessão patrimonial decorrente do falecimento de certa pessoa não pode escapar da leitura sistemática destas disciplinas. Não por outra razão, ao se explicar uma sucessão no Brasil a qualquer interessado, a abordagem perpassa por três vieses distintos: (a) quem serão os beneficiários, (b) como fazer a transferência e (c) quanto o Estado tributa.

---

28. LELEU, Yves-Henri. *La Transmission de la Succession en Droit Comparé*. Bruxelas: Éditions Bruylant. 1996. p. 205.
29. ZOPPINI, Andrea. *Le Successioni in Diritto Comparato*. Turim: UTET, 2002. p. 45.
30. PERLINGIERI, Pietro. *Manuale di Diritto Civile*. 5. Ed. Napoli: Edizione Scientifiche Italiane, 2005. p. 29.
31. O direito previdenciário é matéria que precisa ser considerada no sistema sucessório, apesar de ainda não ser usual no Brasil. Com efeito, o estabelecimento de uma pensão previdenciária, por exemplo, já deveria ser levado em conta no cômputo de quotas hereditárias e na posição de determinado herdeiro perante o patrimônio a suceder.

Nesta ordem de ideias, o direito civil se ocupará acerca da transferência da titularidade dos bens que serão destinados a um determinado sucessor, e novo titular de situações patrimoniais, em razão do falecimento do titular, assim como em fornecer todo o arcabouço que estrutura os efeitos da morte sobre as situações patrimoniais sucessíveis. A garantia desta transferência encontra-se estampada no direito de herança, insculpido no artigo5°, inciso XXX, da Constituição da República.

Já o direito processual civil (e o direito notarial) terá por escopo regular os interesses da sociedade sobre aquele determinado patrimônio, publicizando-o mediante as etapas de arrecadação, avaliação e identificação de créditos e débitos[32], de forma a preservar as situações patrimoniais de terceiros. Neste ponto, privilegia-se o direito de propriedade (artigo 5°, inciso XXII, da Constituição da República) de credores do patrimônio a transferir. Encerra-se o papel do direito processual com o desfazimento público da universalidade patrimonial por meio da partilha aos beneficiários, definidos pela lei (grosso modo, Código Civil e Lei 6858/80), ou escolhidos pelo titular, quando o próprio ordenamento lhe permitir.

Por fim não se pode esquecer, jamais, a relevância do direito tributário. Trata-se de disciplina de igual *status* constitucional (artigo155, I, Constituição da República) e sua relevância precede a dos próprios beneficiários da herança, vez que se condiciona, no Brasil, a transferência da titularidade ao recolhimento de valores ao erário.

Uma análise da atuação de cada disciplina na sucessão brasileira trará subsídios à resposta que o presente trabalho pretende oferecer.

3.1 Direito Civil

O estudo exclusivo do fenômeno sucessório a partir do Código Civil conduz, como o faz a doutrina civilística[33], à conclusão de que o sistema brasileiro adotou a transmissão direta e imediata da herança, com base no *droit de saisine* francês. A fórmula encontrava-se prevista no artigo1.572 do Código Civil de 1916[34] e, com pequena alteração, foi mantida no artigo1784 Código Civil de 2002, de cujo texto apenas se subtraiu a expressão "o domínio e a posse". A exclusão destas palavras, segundo Caio Mário da Silva Pereira, não teve qualquer efeito sobre o acolhimento já histórico da *saisine*, pois a transferência permanecia imediata[35].

O dogma da existência da *saisine* no Brasil não deixou de estar presente nos debates parlamentares do Código de 2002 e Torquato Castro, a quem coube a revisão da parte do Direito das Sucessões, assim disse na 9ª Reunião dos trabalhos:

---

32. Isto ocorre seja por meio de processo judicial de inventário e partilha ou de lavratura de escritura pública com igual escopo.
33. Vide nota 1 *supra*.
34. Artigo 1.572. Aberta a sucessão, o domínio e a posse da herança transmitem-se, desde logo, aos herdeiros legítimos e testamentários.
35. PEREIRA, Caio Mário da Silva. Instituições de Direito Civil, volume VI: Direito das Sucessões, atualizado por Carlos Roberto Barbosa Moreira. 24ª ed. Rio de Janeiro: Forense, 2017. p. 39.

O tipo de *saisine* portuguesa era visigótica, era germânica. O Direito Romano não estabelecia assim, a sucessão se dava no momento aceitação, da avitio. Então, havia um momento em que havia *vacatio* – os bens vacantes entre a morte até o momento de o herdeiro declarar tê-los recebido.

Mantive esse tipo da *saisine* visigótica. Apesar de o Código Português novo não o ter mantido. Ele aproximou-se do Código italiano, voltando ao <u>avitio</u>. Quer dizer: a transmissão da herança se dava no momento da aceitação, com efeito retroativo ao momento da morte. Entre nós a transmissão da herança se dá, realmente, no momento da morte. Não procurei inovar neste ponto.[36]

É importante notar que a fixação do marco temporal para a aquisição da herança no Brasil não é indene de debates em doutrina. Paulo Lôbo, grande entusiasta da *saisine* brasileira, não apenas acompanha Torquato Castro ao afirmar que a transmissão ocorre no momento da abertura da sucessão, independentemente de aceitação, como argumenta que todos os direitos, inclusive os reais, transferem-se no momento do falecimento do titular da herança[37].

Já Orlando Gomes, por outro lado, afirma que a transferência do domínio da herança ocorre no momento da aceitação, diferindo no tempo, portanto, o momento que ingressa no patrimônio do beneficiário. A posse, de toda sorte, transmite-se na abertura da sucessão[38], o que já encontra respaldo no artigo 1207 do Código Civil.

Não obstante a veemência da unanimidade da doutrina civilista na defesa da *saisine*, uma leitura atenta e sistemática do próprio Código Civil suscita questionamento acerca da extensão de sua aplicação no país. A primeira perplexidade, com efeito, refere-se à transmissão automática aos herdeiros testamentários, o que animou Paulo Lôbo a asseverar, inclusive, que o modelo aqui adotado é mais amplo do que na França, visto que o francês se restringe aos herdeiros legais.

Contudo, há uma certa e manifesta contradição temporal em transmitir automaticamente o acervo patrimonial a herdeiros testamentários. Como cediço, para cumprimento da manifestação de vontade testamentária, é necessária a submissão do documento – qualquer que seja a sua espécie – ao crivo do Poder Judiciário, para que se lhe dê o devido cumprimento (artigos 735 a 737 do Código de Processo Civil). Quanto ao testamento cerrado, sequer se tem conhecimento de quem será o herdeiro sem que antes ele seja aberto pelo Juízo.

A contradição que há em transmitir patrimônio a quem foi indicado por documento que não pode ser ainda cumprido ou mesmo a herdeiro que nem sequer se sabe quem é (no caso do testamento cerrado), evidencia a impossibilidade de transmissão automática curiosamente prevista no Código Civil. Não só, mas também o

---

36. CASTRO, Torquato. Código Civil Brasileiro no Debate Parlamentar. Org. MECNK, José Theodoro Mascarenhas. 2012. p. 371. Disponível em file:///Users/danielbucarcervasio/Downloads/codigo_civil_debate_v1_tomos1a4.pdf. Acesso em 10.07.2021.

37. LÔBO, Paulo. *Direito Constitucional à Herança, Saisine e Liberdade de Testar*. Anais do IX Congresso Brasileiro de Direito de Família. p. 35-46. Disponível em: https://ibdfam.org.br/assets/upload/anais/290.pdf. Acesso em 14.07.2021.

38. GOMES, Orlando. *Sucessões*, atualizado por Mario Roberto Carvalho de Faria. 17ª ed. Rio de Janeiro: Forense, 2019. p. 11.

fato de permanecer obrigatório, segundo a lei, o registro, a abertura e o cumprimento do testamento em, bem demonstra a imprescindibilidade da chancela estatal para concretizar-se a transmissão *causa mortis* da propriedade no Brasil.

Tal contrassenso, em situação análoga, não passou despercebida por decisão judicial que denotou a ineficácia da disposição acerca do sepultamento, que é permitida fazer por meio do codicilo. Com efeito, justamente em razão da necessidade de ser confirmado em juízo, o Tribunal de Justiça do Estado de Minas Gerais teve oportunidade de retratar a impossibilidade temporal de se dar cumprimento a uma vontade assim expressada por codicilo, justamente por ser obrigatório submeter a disposição codicilar ao crivo do Poder Judiciário:

> Ademais, ainda que eventualmente suprimida, por força do presente procedimento, a confirmação do testamento prevista nos artigos 1.130 a 1.133 do CPC – aplicável aos codicilos, conforme disposto no artigo 1.134, e iniciada apenas após a morte do testador – seria ainda necessário um procedimento judicial para o cumprimento do codicilo, o que, por si só, inviabilizaria o atendimento da disposição de última vontade da autora, que demanda providencia de caráter imediato – proceder ao sepultamento de seu corpo sem prévio velório – como bem ponderou a Ilustre Representante do Ministério Público que atuou em primeiro grau de jurisdição, em seu judicioso parecer de f. 59/60v. (TJ MG, Recurso de Apelação 0110754-18.2010.8.13.0035, Relator Desembargador João Câncio, DOMG 03.10.13).

Diante deste contexto, sublinhe-se que a inspiração da *saisine* encontra-se intimamente relacionada com a defesa da herança por aqueles que teriam um contato próximo com o seu titular falecido. Como já sustentava Itabaiana de Oliveira trata-se de *"providência legal (...) que se destina a salvaguardar os bens hereditários das invasões e usurpações de terceiros"*[39], de modo a proteger não apenas os beneficiários da herança, mas também seus credores. Ora, pensando-se a sucessão testamentária, transmitir automaticamente a herança para herdeiros testamentários é justamente inverter esta lógica de proteção, inspiradora da *saisine*, posto que deveria caber somente aos herdeiros legais, os quais têm efetivo e certo vínculo próximo do autor da herança, a defesa do patrimônio.

Uma outra dubiedade a respeito da adoção da *saisine* no Brasil, que também se encontra no próprio Código Civil, está na disposição do artigo 1.792, segundo o qual *"o herdeiro não responde por encargos superiores às forças da herança; incumbe-lhe, porém, a prova do excesso, salvo se houver inventário que a escuse, demostrando o valor dos bens herdados"*. Uma leitura atenta do dispositivo indica que a responsabilidade é *ultra vires*, ou seja, os herdeiros respondem pelas dívidas do falecido para além da herança, salvo se houver inventário, *"demonstrando o valor dos bens herdados"*.

A regra estampada no artigo 1.792 do Código Civil é, sem sombra de dúvida, condizente com o sistema da *saisine*, visto que a transmissão automática independe de provimento estatal, de sorte que os credores do falecido ficariam protegidos pela

---

39. OLIVEIRA, Arthur Vasco Itabaiana de. *Tratado de Direito das Sucessões, Volume 1- da sucessão em geral e da sucessão legítima, atualizado por Aires Itabaiana de Oliveira.* 4ª ed. São Paulo: Editor Max Limonad, 1952.

adição do patrimônio dos herdeiros à garantia de seus créditos, caso haja a transferência sem inventário, ou seja, de modo particular.

Todavia, a perplexidade e o esvaziamento, mais uma vez, do modelo de *saisine* adotado no Código Civil são descortinados pelo fato de que no Brasil o **inventário é obrigatório**[40] (artigo 1.796, Código Civil), de maneira que não há sequer a possibilidade de haver sucessão sem que a responsabilidade seja limitada ao patrimônio herdado. Em outras palavras, diante da imprescindível e acentuada intervenção estatal na transferência de bens, a responsabilidade patrimonial dos herdeiros é *intra vires*, de modo que nota característica da *saisine* – transmissão verdadeiramente automática e sem inventário – perde-se por completo no sistema brasileiro.

Portanto, a governança empreendida pelo Estado e pela sociedade na sucessão, manifestada por meio da obrigatoriedade do inventário no Brasil, esgota a possibilidade de se receber, em termos fáticos e reais, a herança de forma automática em nosso país. Assim, a necessidade do inventário importa a outorga de destaque aos credores do falecido em detrimento da rápida transmissão da herança aos beneficiários legais ou voluntários.

Não por outra razão que o próprio Código Civil, mais uma vez em contradição com a ideia de *saisine*, paralisa a disposição da herança pelos beneficiários, não permitindo a alienação de bens enquanto pendente a unidade da herança, salvo por autorização judicial (artigo1793, §1°, Código Civil). Este embaraço não passa despercebido pela doutrina, sendo notável a perplexidade do problema já exposta em coluna por André Abelha, sob o título "O meandroso caso da promessa de venda de imóvel em espólio"[41], a qual noticia, inclusive, posicionamento diversos em Estados da Federação do tema.

A bem da verdade, um certo receio de deixar a herança sem titular e, portanto, sem administração, inspirou a necessidade de transferência imediata da titularidade acervo para o beneficiário, mas tal temor não mais se justifica na atualidade.

Como se verá, o direito processual civil (e notarial), por meio da obrigatoriedade do inventário, criou paralelamente ao direito civil um poderoso sistema de intervenção estatal na transferência da herança com a imputação, inclusive, dos interesses patrimoniais a um espólio, o que elimina, de forma consistente, os resquícios da *saisine* na sucessão brasileira.

3.2   Direito Processual Civil (e Notarial)

Duas figuras pouco conhecidas em sistemas que adotam a *saisine* têm presença marcante no direito das sucessões no Brasil. À luz da necessidade de submissão da

---

40.   TEPEDINO, Gustavo; NEVARES, Ana Luiza Maia; MEIRELES, Rose Melo Vencelau. Direito das Sucessões. In: TEPEDINO, Gustavo (org). *Fundamentos de Direito Civil, volume 7*. Rio de Janeiro: Forense, 2020. p. 253.

41.   ABELHA, André. *O meandroso caso da promessa de venda de imóvel em espólio*. 2019. Disponível em: https://www.cnbsp.org.br/?url_amigavel=1&url_source=noticias&id_noticia=18440&filtro=1&lj=1920. Acesso em 10.08.2021.

transmissão *causa mortis* a um inventário público, o espólio e o inventariante se tornaram figuras importantes no sistema sucessório brasileiro.

Com efeito, o receio de jacência da herança, reflexo evidente de um *horror vacui*, não é mais aqui suprimido pela *saisine*; diversamente, a atuação estatal por meio do inventário, transformou a herança mediante a formação de um patrimônio com escopo específico – o espólio – que preenche, de forma diversa, o vazio da administração do acervo. Embora o Código Civil pouco tenha se ocupado da figura do espólio, o Código de Processo Civil conferiu estrutura e função a esta universalidade, que é destinada a agregar ativo e passivo da herança e, com a adoção da técnica da personalidade judiciária, representar ativa e passivamente o patrimônio em juízo.

Sob tal perspectiva, ainda que o Código Civil tenha transmitido a posse aos sucessores – não pela *saisine* em si, mas pela disciplina de transmissão da posse de que trata o artigo 1.206 – o Código de Processo Civil inova ao admitir que a posse ficará com o administrador provisório até a nomeação de um inventariante. Ocorre que, surpreendentemente, o próprio Código elenca, em ordem de prioridade, as pessoas que podem exercer esta administração provisória. E este rol não contempla, necessariamente, herdeiros, visto que os últimos somente exercerão a posse caso não haja cônjuge ou companheiro, os quais, por si só, não são necessariamente sucessores.

Em idêntico sentido da nítida intenção de não permitir o vácuo que deveria ser preenchido pela *saisine*, o Código de Processo Civil se sobrepõe à técnica mal desenhada no Código Civil e apresenta um extenso rol de legitimados para abertura do inventário (artigo 616), de forma que não se perpetue o vazio da administração dos bens. Ademais, ao longo do inventário, será nomeado um inventariante, que não necessariamente exercerá a posse sobre os bens (artigo 617 do Código de Processo Civil), a quem incumbe, em suma, velar pelos bens, exercer os deveres daí decorrentes (artigo 618 do Código de Processo Civil) e gerir, com muitas restrições, o acervo patrimonial (artigo 619 do Código de Processo Civil).

Tal desorganização, advinda do emaranhado de dispositivos legais colidentes, não passa incólume à vivência da sucessão no direito brasileiro, de forma que os Tribunais acabam por acolhê-la, interpretando amplamente o rol de legitimados para propor as ações judiciais cujo objeto envolva o patrimônio hereditário. Assim, no que toca às ações possessórias, compreende-se ser lícito tanto o espólio[42], como os herdeiros[43] e o próprio inventariante[44] intentá-las.

A ausência de sistematicidade provoca certa confusão em tema de sucessão processual. O artigo 110 do Código de Processo Civil assevera que, "*ocorrendo a*

---

42. STJ, REsp 1758946/SP, Relator Ministro Marco Aurélio Bellizze, Terceira Turma, julgado em 08/06/2021, DJe 11/06/2021.

43. STJ, AgInt no AREsp 1121421/RS, Relator Ministro Paulo de Tarso Sanseverino, Terceira Turma, julgado em 22/03/2018, DJe 04/04/2018.

44. TJ CE, Apelação Cível 0001523-82.2007.8.06.0091, Relatora Desembargadora Lira Ramos de Oliveira, DOECE 09.03.2017.

morte de uma das partes, dar-se-á a sucessão pelo espólio ou pelos seus sucessores (...)". Apesar de doutrina entender que seja melhor o espólio ser o sucessor processual, até porque facilita a identificação do feito por credores e pela Fazenda Pública (para fins de tributação do direito)[45], a jurisprudência acaba por admitir tanto espólio como herdeiros, tal como já prescrevera o próprio diploma processual[46].

Se *saisine* realmente houvesse no sistema brasileiro sucessório, o espólio apenas seria legitimado se opcionalmente fosse possível realizar o inventário. Contudo, mesmo com a sua obrigatoriedade, verifica-se que a própria jurisprudência é claudicante a respeito de quem deve ser legitimado para proteger o acervo e, portanto, a garantia geral de créditos.

Enfim, resta evidente a completa falta de sistematização da matéria quando, então, passa-se a analisar o propósito do inventário e, portanto, do próprio espólio. Como dito, os sistemas de sucessão diferida, imediata ou mediata, adotam um procedimento judicial obrigatório para contemplar a liquidação do passivo do acervo a suceder e para limitar a responsabilidade dos sucessores aos valores da herança. Apesar deste objetivo prioritário, a sistematização da disciplina do inventário brasileiro não cuidou de bem estruturar esta liquidação necessária. Um mal ajambrado procedimento, com – mais uma vez – forte intervenção estatal não satisfaz, em definitivo, os credores, nem tampouco os beneficiários da herança líquida.

Isto se deve porque os poderes de administração do inventariante são extremamente reduzidos. Afinal, diferentemente do sistema da *common law*, quem exerce essa função não possui legitimidade para alienar bens ou mesmo realizar pagamentos sem (é de se pasmar) autorização judicial, com a prévia oitiva dos interessados (artigo 619 do Código Civil).

Não só, mas também, no inventário a fluência de juros de mora não é suspensa, diversamente do que ocorre em outros processos coletivos de liquidação de ativos e pagamento de credores (falência[47] e insolvência[48]). Frente a esse cenário, o pesado procedimento para a liquidação das dívidas (habilitação, reserva de bens, autorização para liquidação) só faz consumir ativos do inventário. A esperança para minimizar os danos acaba por residir na possibilidade financeira de um beneficiário realizar o

---

45. ROSA, Conrado Paulino da. RODRIGUES, Marco Antonio. *Inventário e Partilha. Teoria e Prática*. Salvador: Juspodium, 2019. p. 332.
46. No sentido de que o sucessor deve ser o espólio: AgRg no REsp 1051443/RS, Relator Ministro Reynaldo Soares da, Quinta Turma, julgado em 23/06/2015, DJe 29/06/2015. Em sentido que de que podem ser os herdeiros: AgInt na Pet. no REsp 1667288/SC, Relator Ministro Herman Benjamin, Segunda Turma, julgado em 14/05/2019, DJe 31/05/2019.
47. Artigo 124 da Lei 11.101/05.
48. "(...) É assente na jurisprudência do Superior Tribunal de Justiça a orientação de que "o preceito que exclui a cobrança de juros após a decretação da falência do devedor, contido no artigo 26 do DL 7.661/45, também deve ser aplicado para os casos de decretação da insolvência civil, porquanto ambos os institutos possuem a mesma causa e finalidade" (STJ, AgInt no REsp 1536153/RS, Relator Ministro Og Fernandes, Segunda Turma, julgado em 20/04/2021, DJe 03/05/2021)

pagamento como terceiro interessado e à conta do espólio, sub-rogando-se na posição do credor adimplido (artigo 346, inciso II, do Código Civil).

Em outras palavras, apesar da obrigatoriedade do inventário se destinar a garantir segurança aos credores, parece que a equivocada sensação de atuação da *saisine* no país, o que tornaria facultativo o procedimento e importaria em responsabilidade ilimitada dos herdeiros pelos débitos do falecido, embaraçou a construção de uma verdadeira e efetiva disciplina de transmissão fortemente mediada pelo Estado.

Porém, mesmo tendo em vista todas as contradições expostas, a pá de cal para a defesa da transmissão direta e imediata tratada pelo artigo 1.784 do Código Civil ficou reservada ao último pilar do sistema sucessório brasileiro: o direito tributário.

3.3   Direito Tributário

O artigo 109 do Código Tributário Nacional prevê que "*os princípios gerais de direito privado utilizam-se para pesquisa da definição, do conteúdo e do alcance de seus institutos, conceitos e formas, mas não para definição dos respectivos efeitos tributários*". Significa dizer que, se o intérprete deseja compreender o significado de um instituto, deve procurar o direito civil[49]. Para o que importa ao presente trabalho, se o direito tributário quer compreender o momento da transmissão da herança, deve ele extrair do sistema sucessório, compreendido na unidade do ordenamento, o tempo de sua ocorrência.

De outro giro, não são poucas as situações em que o estudioso do direito civil verifica a concretização dos efeitos pretendidos de seus institutos na interpretação empreendida pelo próprio direito tributário. A já dita unidade do ordenamento permite a identificação da disciplina aplicável a determinado efeito jurídico, e econômico, não apenas pelo intérprete deste ou daquela matéria. Diversamente a todos é facultada a localização da qualificação dos atos ou negócios jurídicos na complexidade do próprio ordenamento. Exemplo notório foi a interpretação conferida pelos tribunais aos contratos de *leasing* cujo STJ realiza até hoje, separando as hipóteses de verdadeiro arrendamento mercantil daquelas de compra e venda simulada, a fim de determinar a ocorrência de fato gerador que autorize a incidência de tributo sobre a operação[50].

Nesta linha, o artigo 155, I, da Constituição da República afirma que compete aos Estados e ao Distrito Federal instituir impostos sobre "a transmissão *causa mortis* e doação, de quaisquer bens ou direitos". A atribuição da competência aos Estados acerca da tributação de um imposto notoriamente sensível para regulação da economia e especialmente relevante para o controle da concentração de riqueza transformou-o apenas em instrumento de arrecadação estadual, desprovido, a um primeiro olhar, de uma extrafiscalidade.

---

49.   ALEXANDRE, Ricardo. *Direito Tributário*. 14. ed. Salvador: Editora JusPodium, 2020. p. 329.

50.   Sob essa perspectiva, STJ, REsp 1702584 / MS, Relator Min. Benedito Gonçalves, 1ª Turma, julgado em 14/05/2019, DJE 16/05/2019.

De toda forma, de uma análise detida das legislações estaduais é possível constatar que parte delas se utiliza da extrafiscalidade tributária para, em diversas medidas, atender não a concentração de riqueza, mas sim a essencialidade de certos bens. Por outro lado, uma investigação ainda mais aprofundada do rol de bens a cuja transmissão aos herdeiros os Estados ordinariamente concedem isenção, evidencia que o juízo de valor da essencialidade guarda íntima conexão com os chamados bens impenhoráveis[51].

Isto significa dizer que, de alguma maneira, os Estados desenvolvem o esboço de uma espécie de transmissão rápida aplicável somente a estes bens, pois, em certa perspectiva, não seriam atingidos por credores do falecido, em razão da suposta impenhorabilidade, e nem mesmo se exigiria tributo sobre eles.

Contudo, nenhuma lei – seja ela federal ou estadual – prevê que os bens cujo falecido era titular e gozavam da condição de impenhorabilidade serão transferidos aos herdeiros com essa condição, de modo a constituir exceção à regra de preferência do pagamento de credores com posterior transmissão da herança líquida aos sucessores[52].

Além disso, a isenção prevista sobre a transmissão de certos bens não importa em uma imunidade à intervenção estatal em sua transferência, até mesmo para aqueles considerados extremamente essenciais (mais especificamente o saldo do FGTS, que necessita, de toda forma, de um alvará judicial, conforme o artigo 1°, §2° da Lei n° 6858/80).

O inventário, portanto, permanece obrigatório e será o procedimento próprio não apenas para realizar a liquidação das dívidas do falecido, mas, também, para apuração dos valores, sem os quais não se transmitirá o acervo. Neste sentido, a Fazenda Pública marca forte presença não apenas no inventário judicial[53], mas no procedimento extrajudicial[54], o qual só será finalizado com o pagamento do imposto de transmissão[55] sobre a herança líquida[56]. Somente após adimplemento da obrigação

---

51. BUCAR, Daniel. Planejamento Sucessório e a Isenção do ITCMD. In: TEIXEIRA, Daniele Chaves. *Arquitetura do Planejamento Sucessório* (coord). Belo Horizonte: Fórum, p. 97/117, 2021. p. 99/102.

52. A única impenhorabilidade que o ordenamento jurídico expressamente faz ultrapassar para além da vida do titular, é a instituição do bem de família voluntário, que protege os filhos até que completem a maioridade, conforme artigo 1.716, Código Civil. No entanto, ressalte-se que o Superior Tribunal de Justiça já reconheceu a impenhorabilidade do único bem imóvel deixado pelo autor da herança no qual residem os seus herdeiros (STJ, REsp 1271277 / MG, Relator Min. Ricardo Villas Bôas Cueva, 3ª Turma, julgado em 15/03/2016, Dje 28/03/2016).

53. Vide artigos 626, 629, 633, 634, 638 e 654 do Código de Processo Civil.

54. Artigo 15, Resolução CNJ n. 35/2007.

55. A única exceção constitui-se na hipótese em que o Código de Processo Civil admite aos herdeiros utilizarem-se do procedimento de arrolamento judicial. Diante de tal situação, não serão conhecidas ou apreciadas judicialmente as questões relativas ao lançamento, pagamento ou à quitação de taxas judiciárias e de tributos, as quais devem ser decididas no âmbito administrativo, segundo a dicção do art.662, CPC. Entretanto, até neste sistema, o gozo e fruição livre dos bens que carecem de registro para transmissão da propriedade, até o pagamento do ITCMD, como bem denotam diversas legislações estaduais brasileiras a respeito do tributo (vide arts. 13, §1° e 18 da Lei n° 14941/03 do Estado de Minas Gerais).

56. É o entendimento que impera em diversos tribunais estaduais. A título demonstrativo, registre-se: TJ SP, Ap n° 1015890-66.2019.8.26.0625, Relator Des. Claudio Augusto Pedrassi, 2ª Câmara de Direito Público, julgado em 09/09/2021 e TJ RS, Ag Inst n° 70076903038, Relatora Des. Liselena Schifino Robles Ribeiro, 7ª Câmara Cível, julgado em 06/03/2018.

tributária tem-se por finalizada a transferência de bens, a despeito da mal diagramada *saisine* brasileira.

Seguindo orientação idêntica, no exercício de sua competência constitucional, todas as leis estaduais brasileiras fixaram o momento do fato gerador quando da abertura da sucessão, de modo a se adequar, portanto, à disseminada existência do *droit de* saisine.

Como corolário lógico ao fato gerador disparado pelo falecimento, parte das leis estaduais fixaram a exigibilidade do tributo sem que necessariamente fosse finalizado o inventário. É o caso, por exemplo, da lei mineira que determina seja o imposto pago em até 180 dias da abertura da sucessão[57] independentemente de inventário.

Se *saisine* realmente existisse no sistema sucessório brasileiro, a lei mineira estaria de acordo com o ordenamento jurídico, até porque o fato gerador de enriquecimento ou benefício econômico já teria efetivamente ocorrido com o falecimento do autor da herança, sendo, aliás, dispensável o inventário, posto que seria possível optar-se pelo acesso direto e imediato aos bens do acervo sucessório. Contudo, parecendo encerrar o debate, a jurisprudência mineira é no sentido de que o imposto sobre a transmissão somente poderá ser exigido após a homologação judicial dos cálculos, como se vê, a título de exemplo, o seguinte precedente:

> (...) Na inteligência da súmula 114 do STF e da jurisprudência deste Tribunal, o ITCMD só é exigível após a homologação judicial dos cálculos.
>
> A homologação judicial do ITCMD que ainda não ocorreu no caso concreto. Suspensão da exigibilidade do tributo e, consequentemente, de seus consectários, que se faz necessária. (...).[58]

As instâncias extraordinária e especial da Jurisdição brasileira não divergem do Tribunal mineiro. Com efeito, o lançamento tributário é um procedimento administrativo por meio do qual a autoridade fiscal constitui o crédito tributário a partir da ocorrência do fato gerador, conforme o artigo 142 do Código Tributário Nacional. A prevalecer a *saisine*, o fato gerador do imposto de transmissão ocorreria, é de se repetir, com o momento da abertura da sucessão, na medida em que neste instante haveria a transferência patrimonial do acervo (artigo 1784 do Código Civil).

Desta maneira, caso não ocorra a declaração espontânea do contribuinte quanto ao fato constitutivo do tributo (o falecimento do autor da herança), caberia ao fisco constituir de ofício o crédito tributário até cinco anos contados *"do primeiro dia do exercício seguinte àquele em que o lançamento poderia ter sido efetuado"* (artigo 173, inciso I, do Código Civil), ou seja, até o quinto ano após a primeira virada de ano posterior à abertura da sucessão. Isto, contudo, não ocorre.

---

57. Artigo 13, I da Lei 14.941 de 2003 (*O imposto será pago: I - na transmissão causa mortis, no prazo de cento e oitenta dias contados da data da abertura da sucessão*)
58. TJMG, Ag Inst nº 1.0702.10.002480-2/003, Relator Desembargador Armando Freire, 1ª Câmara Cível, julgado em: 04/10/2016, publicação da súmula em 13/10/2016.

Para acomodar e manter a *saisine* brasileira no sistema sucessório, a jurisprudência dos Tribunais superiores se aventurou em engenhosa construção disruptiva, composta por três etapas, de forma a não romper o frágil dogma do direito civil.

Primeiramente, a Súmula 112 do Supremo Tribunal Federal, do ano de 1963, fixou o entendimento que a alíquota do imposto de transmissão será aquela do tempo da abertura da sucessão. Ou seja, o fato gerador é a transferência do patrimônio ao tempo do falecimento de seu ex-titular, de maneira que fique incólume o primado da *saisine* do artigo 1572 do Código Civil então vigente.

Em seguida, considerando que o inventário já era obrigatório, as Súmulas 113 e 114, do mesmo Supremo Tribunal Federal, afirmam que o imposto de transmissão é calculado sobre o valor de bens na data da avaliação e que somente após a respectiva homologação o tributo passa a ser exigível. Verifica-se, aqui, a primeira incongruência lógica do sistema tributário em relação a *saisine*: apesar da lei civil tratar a transmissão econômica dos bens na data da abertura da sucessão, o direito tributário, como não poderia deixar de ser, escolheu outro momento econômico para a base da incidência, seja em razão da necessidade do inventário para o cálculo da herança líquida, seja porque transmissão automática efetivamente não há.

De sua parte, o Superior Tribunal de Justiça também segue a mesma tendência traçada pelo Supremo Tribunal Federal ao afirmar, por meio de jurisprudência pacífica, que *"o termo inicial do prazo decadencial para o Estado lançar o crédito tributário de ITCMD é o trânsito em julgado da decisão proferida nos autos do Inventário, porquanto, durante a pendência da discussão judicial acerca da alíquota aplicável, o Fisco gaúcho estava impossibilitado de constituir o crédito tributário"*[59].

Vale notar que a noção no sentido de que não há transmissibilidade de bens até a finalização do procedimento de inventário e partilha é bastante clara para o direito tributário, tanto que o Espólio é um centro de imputação de direito e deveres[60] com capacidade contributiva própria e, até a divisão dos bens, diversa daquela dos herdeiros[61]. O que se vê, portanto, é uma apreensão do fenômeno sucessório pelo ramo por meio de uma nítida observação da realidade fática e econômica, desassociada da ilusória ficção da *saisine* no sistema brasileiro.

4. POR UMA MELHOR COMPREENSÃO DO SISTEMA SUCESSÓRIO BRASILEIRO

Diante do que aqui se discorreu, a resposta à pergunta que o presente trabalho se propõe enfrentar é uma só: não há *saisine* no sistema sucessório brasileiro. A ideia esposada no artigo 1.784 do Código Civil, que já reflete um contrassenso à *saisine* ao

---

59. STJ, AgInt no REsp 1926495/RS, Relatora Ministra Regina Helena Costa, Primeira Turma, j. em 14/06/2021, DJe 16/06/2021.
60. Também neste sentido, mas entendendo que também há *saisine*, OLIVA, Milena Donato. Patrimônio Separado. Herança, Massa Falida, Securitização de Créditos Imobiliários, Incorporação Imobiliária, Fundos de Investimento Imobiliário, *trust*. Rio de Janeiro: Renovar, 2009. p. 279 e ss.
61. A Instrução Normativa SRF 81/2001 é exauriente neste sentido.

transmitir a herança a herdeiros testamentários, deve ser interpretada como aquisição provisória de direitos hereditários, que será definitiva com a aceitação. Enquanto isso, a transmissão efetiva da propriedade sobre os bens individualizados, ou sobre frações deles, somente ocorrerá após a efetivação da partilha.

Assim, é correto dizer que um sistema que prima pela (a) obrigatoriedade do inventário público, com forte atuação do Estado, (b) impossibilidade de livre alienação de bens singulares antes da partilha e (c) responsabilidade patrimonial *intra vires hereditatis* não se adequa a um sistema de *saisine*. Portanto, a transferência de bens no sistema sucessório brasileiro é *mediata* e muito mais próxima ao sistema de transmissão indireta e diferida, da *common law*, se comparada ao modelo da *saisine*, do qual, há muito, se afastou o ordenamento brasileiro.

A exata compreensão da inexistência da *saisine* no Brasil é um necessário ponto de partida à luz de diversos pontos de vista. Em primeiro lugar, a noção é essencial para a busca de planejamentos sucessórios que busquem evitar a submissão dos beneficiários à atuação do Estado pelo inventário, de forma a economizar, portanto, o tempo dos herdeiros e conferir mais rapidez à transmissão de bens. Conforme distinta perspectiva, o entendimento servirá como modo de aperfeiçoamento do sistema sucessório, seja fundamentando a interpretação da lei pela jurisprudência ou guiando futuras reformas legislativas, sem partir do pressuposto da utópica ocorrência de *saisine*.

Se o caminho ainda parece longo, ao mesmo tempo não se pode deixar de reconhecer algum avanço no entendimento da matéria. Afinal, sua compreensão parece ter sido, inclusive, a motivação do legislador processual de 2015 editar o parágrafo único do artigo 647 para permitir ao juiz "*deferir antecipadamente a qualquer dos herdeiros o exercício dos direitos de usar e de fruir de determinado bem, com a condição de que, ao término do inventário, tal bem integre a cota desse herdeiro, cabendo a este, desde o deferimento, todos os ônus e bônus decorrentes do exercício daqueles direitos*".

Ora, deferir a antecipação dos direitos de usar e fruir determinado bem da herança é um absoluto paradoxo a um sistema que se diz baseado em *saisine*, cuja ocorrência afastaria a necessidade de uma tutela estatal para tal.

Conforme tal cenário, apenas com o descortinamento da quimera da *saisine* brasileira será possível empreender os esforços legislativos e interpretativos para aprimorar o sistema sucessório. Esse pressuposto será de necessário enfrentamento, seja para dar efetividade a transmissão direta e imediata, seja para seguir caminho oposto, melhorando – e, definitivamente, assumindo – a forma de transmissão diferida e mediata, a qual, como se viu, é ofuscada além de mal diagramada, por viver à sombra da utopia da sucessão imediata.

5. CONCLUSÃO

A renovação dos institutos do direito civil a partir de sua constitucionalização pressupõe, necessariamente, a verificação de sua compatibilidade com a tabua axiológica imposta pela Constituição Federal de 1988[62]. Assim, impõe-se os desafios da aplicação unitária das normas do ordenamento jurídico, de maneira sempre coerente aos princípios e valores constitucionais, garantindo que as estruturas enunciadas pela legislação ordinária – inclusive, em matéria de direito privado – exerçam funções harmônicas aos ditames da Lei Maior.

Embora se reconheça a resistência cujas intrincadas, herméticas e abstratas normas de direito sucessório possam oferecer a esse percurso metodológico, é de se reconhecer que a dificuldade não constitui salvo conduto para não se realizar sua mandatória compatibilização ao texto constitucional.

A partir dessas premissas, o presente trabalho pretendeu analisar criticamente a existência do *droit de saisine* no Brasil, contestando a uníssona afirmação doutrinária no sentido de que o art.1784, Código Civil introduz esse instituto em nosso ordenamento jurídico.

Com efeito, em sua primeira parte demonstrou-se a existência de três sistemas distintos que balizam a transmissão *causa mortis* nas legislações ocidentais e europeias- que influenciaram a brasileira - quais sejam, o de transmissão imediata, o de transmissão diferida e o de transmissão indireta e diferida. Após, procurou-se demonstrar que no Brasil a disciplina da sucessão não se limita ao Código Civil, de modo que se afirmou a existência de um verdadeiro sistema sucessório brasileiro, composto por normas de Direito Civil, Direito Processual (e Notarial) e Direito Tributário.

Tendo em vista esse prisma de unidade sistêmica, opôs-se a redação literal do artigo 1784, Código Civil, a qual assegura a transmissão direta e imediata da herança aos herdeiros no momento da abertura da sucessão, às disposições – de direito processual e material – que enunciam o inventário obrigatório, além da responsabilidade *intra vires hereditatis*. Ainda, apontaram-se diversas outras incongruências à ideia de propriedade transferida do autor da herança para seus herdeiros no momento da morte presentes nas disciplinas específicas de direito sucessório civil, processual e tributário. Na trilha deste contexto, traçaram-se críticas ao pensamento assistemático da transmissão *causa mortis* no direito brasileiro, simultaneamente apegado a tentativa de efetivar a *saisine*, supostamente enunciada por um artigo do Código Civil, sem esquecer-se de aplicar uma miríade de dispositivos que a negam.

Como resultado deste processo, identificou-se um sistema de transmissão da herança esvaziado das funções a ele atribuídas nos ordenamentos jurídicos estrangeiros que inspiraram o direito sucessório brasileiro. Em outras palavras, não se protege suficientemente nem o direito de propriedade do credor (artigo 5°, inciso XXII, Constituição da República), nem o direito à herança dos herdeiros (artigo 5°, inciso XXX).

---

62. TEPEDINO, Gustavo, *Premissas Metodológicas para a Constitucionalização do Direito Civil*, In: TEPEDINO, Gustavo. Temas de Direito Civil. 3ª ed. Rio de Janeiro: Editora Renovar, ,2004.=

Assim, ao não se fazer uma escolha clara, prejudicam-se todos os interessados no fenômeno sucessório, quando, em verdade, seria devido optar entre situações jurídicas conflitantes e merecedoras de igual tutela, com base na axiologia constitucional.

No intento de sugerir caminhos adequados para resolver essa problemática, apresentaram-se, na parte final do trabalho, diversas perplexidades causadas por essa ilusória *"saisine* à brasileira"*, encontradas no tratamento de assuntos específicos e práticos, diariamente enfrentados sob o prisma das diferentes matérias que compõem o sistema sucessório brasileiro, endereçando-se sugestões iniciais de como resolvê-las.

Ademais, chamou-se atenção para a imprescindível, ainda que difícil, escolha do direito brasileiro em matéria de transmissão *causa mortis*. Por um lado, é viável admitir que o artigo 1784, Código Civil restou obsoleto e que, na verdade, a política legislativa relativa ao direito pátrio preferiu, ao longo do tempo, a transmissão mediata e diferida, dando vazão aos seus objetivos de publicização do monte e defesa do interesse dos credores do falecido.

De outro lado, torna-se possível, também, escolher por um caminho hermenêutico – mas, também, de reforma legislativa – voltado para garantir a *saisine* e priorizar uma concreta transmissão mais rápida dos bens em favor dos herdeiros, permitindo o trânsito econômico do patrimônio hereditário. Diante das vantagens e desvantagens de cada uma das opções, exige-se tão somente uma direção clara e capaz de dirigir soluções coerentes entre si.

Nesta direção, encerra-se esse texto com esperança de que a escolha séria e ponderada entre um desses caminhos seja feita e que ela se origine da inclusão da discussão sobre o tema da forma de transmissão *causa mortis* da herança aos herdeiros na agenda do direito sucessório, a qual se espera seja permeada por novos debates como este que se pretendeu iniciar.

6. REFERÊNCIAS

ABELHA, André. *O meandroso caso da promessa de venda de imóvel em espólio*. 2019. Disponível em: https://www.cnbsp.org.br/?url_amigavel=1&url_source=noticias&id_noticia=18440&filtro=1&lj=1920. Acesso em 10.08.2021.

ALEXANDRE, Ricardo. *Direito Tributário*. 14. ed. Salvador: Editora JusPodium, 2020.

AZEVEDO, Antônio Junqueira de. O espírito de compromisso do direito das sucessões perante as exigências individualistas de autonomia da vontade e as supraindividualistas da família-herdeiro e legatário. *Revista Brasileira de Direito de Família*. n. 4, jan-fev-mar, 2000.

BUCAR, Daniel; PIRES, Caio Ribeiro. Situações patrimoniais digitais e ITCM: desafios e propostas. In: TEIXEIRA, Ana Carolina Brochado; LEAL, Lívia Teixeira. *Herança digital: controvérsias e alternativas*. Indaiatuba: Editora Foco, p. 273/288, 2021.

BUCAR, Daniel. Planejamento Sucessório e a Isenção do ITCMD. In: TEIXEIRA, Daniele Chaves. *Arquitetura do Planejamento Sucessório* (coord). Belo Horizonte: Fórum, p. 97/117, 2021.

CAHALI, Francisco José. *Direito das Sucessões*. 5ª Edição revista, São Paulo: Editora Revista dos Tribunais, 2014.

CASTRO, Torquato. Código Civil Brasileiro no Debate Parlamentar. Org. MECNK, José Theodoro Mascarenhas. 2012. p. 371. Disponível em file:///Users/danielbucarcervasio/Downloads/codigo_civil_debate_v1_tomos1a4.pdf. Acesso em 10.07.2021.

GAGLIANO, Pablo Stolze; PAMPLONA, Rodolfo Filho. *Novo curso de direito civil, volume 7: direito das sucessões.* São Paulo, Saraiva Educação, 2019.

GOMES, Orlando. *Sucessões*, atualizado por Mario Roberto Carvalho de Faria. 17ª ed. Rio de Janeiro: Forense, 2019. p. 11.

GONÇALVES, Carlos Roberto, *Direito Civil Brasileiro, volume 7: direito das sucessões.* 6ª Edição. São Paulo: Editora Saraiva, 2012.

GRIMALDI. Michel. *Droit Civil. Successions.* 8. ed. Paris: LexisNexis.

HÉRON, Jacques. *Le Morcellement des Successions Internationales.* Paris: Economica, 1986.

HIRONAKA, Giselda Maria Fernandes Novaes, *Morrer e suceder: passado e presente da transmissão sucessória concorrente.* 2ª Edição, São Paulo :Editora Revista dos Tribunais, 2014.

HIRONAKA, Giselda Maria Fernandes Novaes; CAHALI, Francisco José. *Direito das Sucessões.* 5ª Edição revista, São Paulo: Editora Revista dos Tribunais, 2014.

KRALIK, Winfried. Das Erbrecht. In: *System des österreichischen allgemeinen Privatrechts.* In: EHRENZWEIG, Armin und Adolf (coord.). 3ª Ed. Viena: Manz, 1983. pp. 26 e ss.

LELEU, Yves-Henri. *La Transmission de la Succession em Droit Comparé.* Bruxelas: Éditions Bruylant. 1996.

LÔBO, Paulo. *Direito Civil: Sucessões.* 5ª ed. São Paulo: Saraiva, 2019.

LÔBO, Paulo. Direito Constitucional à Herança, Saisine e Liberdade de Testar. *Anais do IX Congresso Brasileiro de Direito de Família.* p. 35-46. Disponível em https://ibdfam.org.br/assets/upload/anais/290.pdf. Acesso em 14.07.2021.

MAZEAUD, Henri et Leon, MAZEUAD, Jean. *Leçons de Droit Civil. Tome IX, Deuxiéme Volume.* Paris: Montchrestien, 1972.

MIRANDA, Pontes de. *Direito das Sucessões: sucessão em geral, sucessão legítima.* Atualizado por Giselda Maria Fernandes Novaes Hironaka e Paulo Luiz Netto Lôbo. Tomo LV. São Paulo: Editora Revista dos Tribunais, 2012.

MORAES, Walter. *Teoria Geral e Sucessão Legítima.* São Paulo: Revista dos Tribunais, 1980.

PEREIRA, Caio Mário da Silva. *Instituições de Direito Civil, volume VI: Direito das Sucessões,* atualizado por Carlos Roberto Barbosa Moreira. 24ª ed. Rio de Janeiro: Forense, 2017.

OLIVEIRA, Arthur Vasco Itabaiana de. *Tratado de Direito das Sucessões, Volume 1 - da sucessão em geral e da sucessão legitima, atualizado por Aires Itabaiana de Oliveira.* 4ª ed. São Paulo: Editor Max Limonad, 1952.

PEREIRA, Caio Mário da Silva. *Instituições de Direito Civil, volume VI: Direito das Sucessões,* atualizado por Carlos Roberto Barbosa Moreira. 24ª ed. Rio de Janeiro: Forense, 2017. p. 38/40.

PERLINGIERI, Pietro. *Manuale di Diritto Civile.* 5. Ed. Napoli: Edizione Scientifiche Italiane, 2005.

PERLINGIERI. Pietro. La funzione sociale del diritto successorio. Rassegna di Diritto Civile, Napoli. 1/2009, p. 131/146.

RAU, Charles; AUBRY, Charles. *Cours de droit civil français d'aprés la méthode de Zachariae.* vol. 4. 6. ed. Paris: Éditions Techniques, 1948.

RHEINSTEIN, Max; GLENDON, Mary Ann. *The Law of Descents Estates.* Mincola: The Foundations Express, 1971.

ROSA, Conrado Paulino da. RODRIGUES, Marco Antonio. *Inventário e Partilha. Teoria e Prática.* Salvador: Juspodium, 2019.

ROSENVALD, Nelson; FARIAS, Cristiano Chaves de. *Curso de direito civil: sucessões*. 3ª ed. Salvador: Editora Jus Podvm, 2017.

TARTUCE, Flávio. *Manual de direito civil: volume único*. Rio de Janeiro: Forense, 2011.

TEPEDINO, Gustavo; NEVARES, Ana Luiza Maia; MEIRELES, Rose Melo Vencelau. Direito das Sucessões. In: TEPEDINO, Gustavo (org). *Fundamentos de Direito Civil, volume 7*. Rio de Janeiro: Forense, 2020.

TERRA, Aline de Miranda Valverde. Liberdade do intérprete na metodologia civil constitucional. In: SCHREIBER, Anderson; KONDER, Carlos Nelson (coord). *Direito Civil Constitucional*. São Paulo: Atlas, p. 47-70, 2016.

VENOSA, Silvio, *Direito civil: direito das sucessões*. 13ª Edição, São Paulo: Atlas, 2013.

WALD, Arnoldo, *Direito das Sucessões*, volume 6. 15ª Edição, São Paulo: Saraiva, 2012.

ZOPPINI, Andrea. *Le Successioni in Diritto Comparato*. Turim: UTET, 2002.

REPERCUSSÕES DA SEPARAÇÃO DE FATO NO DIREITO SUCESSÓRIO BRASILEIRO

Ana Carla Harmatiuk Matos

Doutora e Mestre em Direito pela Universidade Federal do Paraná e mestre em Derecho Humano pela Universidad Internacional de Andalucía. Tutora in Diritto na Universidade di Pisa-Italia. Professora na graduação, mestrado e doutorado em Direito da Universidade Federal do Paraná. Vice-Presidente do IBDCivil. Diretora Regional-Sul do IBDFAM. Advogada militante em Curitiba. Conselheira Estadual da OAB-PR.

Isabella Silveira de Castro

Mestranda bolsista CAPES em Direito das Relações Sociais pela Universidade Federal do Paraná. Graduada em Direito pela PUC-Campinas.

Sumário: 1. Introdução – 2. Definição, natureza jurídica e efeitos da separação de fato – 3. O art. 1.830 do código civil e a vocação hereditária do cônjuge separado de fato – 4. Art. 1.801, III, do CC e a legitimidade sucessória do concubino – 5. A possível existência de famílias simultâneas – 6. Outras questões sobre a separação de fato que reverberam no direito sucessório – 7. À guisa de conclusão: separação de fato e direito sucessório na prática do planejamento sucessório – 8. Referências.

1. INTRODUÇÃO

A separação de fato foi pela primeira vez reconhecida pelo Direito Brasileiro como geradora de efeitos jurídicos quando da aprovação da Lei do Divórcio (Lei nº 6.515), em 1977. Inicialmente a lei previa a possibilidade de que os casados antes de 28 de junho de 1977, desde que já separados de fato por 5 (cinco) anos, pudessem promover a ação de divórcio. Posteriormente, em 1989, o art. 40 da lei, que tratava da matéria, foi alterado para permitir o divórcio de todos os que estivessem separados de fato por mais de 2 (dois) anos. Esta alteração serviu para adaptar a legislação à nova ordem constitucional inaugurada em 1988, tendo em vista que Constituição Democrática, celebrando a liberdade, permitiu o divórcio, condicionando-o, todavia, à comprovação de separação de fato por mais de dois anos ou de separação judicial por mais de um ano. Esta abertura constitucional ao divórcio fez com que a nossa legislação fosse qualificada por alguns como uma das "mais audazes", pois, supostamente, "declarando que o casamento civil poderia ser dissolvido mediante comprovada separação de fato por mais de dois anos, escancarou as portas para o divórcio"[1]. Por outro lado, foi celebrada por outra parcela da doutrina que identificou

---

1. Este é posicionamento de Silvio Rodrigues: "Com efeito, a Constituição de 1988, com seu apontado menosprezo pelo casamento, colocou a nossa legislação divorcista entre as mais audazes, pois declarando que o casamento civil poderia ser dissolvido mediante comprovada separação de fato por mais de dois anos, escancarou as portas para o divórcio. Pois a mera separação de fato, por aquele período, permitia a qualquer

a opção constitucional como o reconhecimento da liberdade individual e a transição da família fim, institucional, para a família meio, lugar de expressão das individualidades de seus membros. [2]

Sabe-se que, desde a Emenda Constitucional nº 66 de 2010, o divórcio independe de prévia separação judicial ou de fato, constituindo verdadeiro direito potestativo das partes. Inclusive, a extinção da separação judicial de nosso ordenamento jurídico é sustentada por grande parte da doutrina.

Neste cenário, em que a separação de fato deixa de ser requisito alternativo ao divórcio, surgem dúvidas sobre sua aptidão para produção de efeitos jurídicos e sobre quais são estes efeitos.

O presente artigo tem o objetivo de investigar a separação de fato, dado o destaque e a complexidade atual da temática, e alguns de seus efeitos, especificamente aqueles que reverberam no direito sucessório. Além disso, serão desenvolvidas consequências práticas envolvendo a separação de fato, do planejamento sucessório aos processos de inventário e partilha.

2. DEFINIÇÃO, NATUREZA JURÍDICA E EFEITOS DA SEPARAÇÃO DE FATO

A relevância do tema aqui desenvolvido pode ser verificada na literatura jurídica nacional. Chaves Farias e Nelson Rosenvald afirmam que "malgrado a falta de previsão expressa regulamentadora e a natural indiferença do sistema jurídico, hodiernamente, não paira qualquer dúvida quanto à possibilidade de decorrerem efeitos jurídicos de uma separação de fato".[3] E outro não poderia ser o entendimento ante a expressa referência aos separados de fato pelo Código Civil (art. 793[4]; art. 1.642[5],

---

dos cônjuges reclamar a dissolução do matrimônio, independente da prova de culpa e independente da anuência do consorte". (RODRIGUES, Silvio. Breve histórico sobre o direito de família nos últimos 100 anos. *Revista da Faculdade de Direito, Universidade de São Paulo*, v. 88, p. 239-254, 1 jan. 1993, p. 245).

2. Sobre o assunto, preciosas as lições de Maria Celina Bodin de Moraes: "A liberdade na família, como lugar de expressão das individualidades de seus membros, tem como consequência toda a disciplina do divórcio. De fato, como já se acentuou, o casamento, em nossos dias, não mais corresponde à posição de estabilidade, de ligação perpétua, que já ocupou. Hoje, demonstram as pesquisas sociológicas, um em cada três casamentos acaba em divórcio. Ao longo dos últimos cinquenta anos, o divórcio foi autorizado em praticamente todos os países ocidentais, e isto foi feito justamente com a finalidade de reorganizar as famílias, permitindo que se refizessem novos laços em lugar dos antigos que se haviam rompido. A superação da visão institucional da família, já referida, e a crescente valorização dos direitos fundamentais da pessoa humana ensejam a proteção cada vez mais ampla da esfera individual, em detrimento de ultrapassadas "razões de família". Visa-se agora a satisfação de exigências pessoais, capazes de proporcionar o livre e pleno desenvolvimento da personalidade de cada um dos membros da família, vista esta como uma formação social de natureza instrumental, aberta e democrática". (BODIN DE MORAES, Maria Celina. A família democrática. *RFD – Revista da Faculdade de Direito da UERJ*, 2010).

3. FARIAS, Cristiano Chaves; ROSENVALD, Nelson. *Curso de Direito Civil*: Famílias. 8. ed. Salvador: JusPodivm, 2016. p. 399.

4. "Art. 793. É válida a instituição do companheiro como beneficiário, se ao tempo do contrato o segurado era separado judicialmente, ou já se encontrava separado de fato".

5. "Art. 1.642. Qualquer que seja o regime de bens, tanto o marido quanto a mulher podem livremente: V – reivindicar os bens comuns, móveis ou imóveis, doados ou transferidos pelo outro cônjuge ao concubino, desde que provado que os bens não foram adquiridos pelo esforço comum destes, se o casal estiver separado de fato por mais de cinco anos".

V; art. 1723[6], §1°; art. 1775[7]; art. 1.801[8], III e art. 1.830[9]) e por legislações esparsas, como o art. 12 da Lei de Locação de Imóveis Urbanos[10] (Lei n°8.245/91).

Além das expressas alusões pela legislação aos separados de fato, a eficácia da categoria é sustentada por autores como Paulo Lôbo[11], Rodrigo da Cunha Pereira[12], Cristiano Chaves e Nelson Rosenvald[13] a partir de enfática defesa da importância do direito não se olvidar aos fatos da vida, à realidade posta. Para os dois últimos, a atribuição de efeitos à separação de fato seria, também, verdadeiro reconhecimento da teoria da aparência[14].

Deveras, a doutrina é unânime quanto à irradiação de efeitos da separação de fato, entretanto, existe divergência quanto à extensão e os limites destes efeitos, bem como em relação à própria definição da categoria.

No que diz respeito a este último aspecto, é corriqueira sua designação como situação de fato ou estado continuativo revelador(a) do encerramento da comunhão de vida, de modo similar ao clássico Orlando Gomes, para quem "separação de fato é a cessação da vida em comum dos cônjuges sem intervenção do juiz"[15].

Nas palavras de Rolf Madaleno, a separação de fato é "aquela que se identifica com a cessão efetiva da convivência física e que, fundamentalmente, implica a ausência de vontade de um ou de ambos os cônjuges de continuarem mantendo uma comunidade de vida matrimonial ou convivencial"[16].

---

6. "Art. 1.723. É reconhecida como entidade familiar a união estável entre o homem e a mulher, configurada na convivência pública, contínua e duradoura e estabelecida com o objetivo de constituição de família. § 1° A união estável não se constituirá se ocorrerem os impedimentos do art. 1.521; não se aplicando a incidência do inciso VI no caso de a pessoa casada se achar separada de fato ou judicialmente".

7. "Art. 1.775. O cônjuge ou companheiro, não separado judicialmente ou de fato, é, de direito, curador do outro, quando interdito".

8. "Art. 1.801. Não podem ser nomeados herdeiros nem legatários: III – o concubino do testador casado, salvo se este, sem culpa sua, estiver separado de fato do cônjuge há mais de cinco anos";

9. "Art. 1.830. Somente é reconhecido direito sucessório ao cônjuge sobrevivente se, ao tempo da morte do outro, não estavam separados judicialmente, nem separados de fato há mais de dois anos, salvo prova, neste caso, de que essa convivência se tornara impossível sem culpa do sobrevivente".

10. "Art. 12. Em casos de separação de fato, separação judicial, divórcio ou dissolução da união estável, a locação residencial prosseguirá automaticamente com o cônjuge ou companheiro que permanecer no imóvel".

11. LÔBO, Paulo Luiz Netto. *Direito Civil:* famílias. 10. ed. São Paulo: Saraiva, 2020. p. 166.

12. "Enfim, "a vida como ela é", isto é, a realidade dos fatos é determinante nas relações jurídicas. (PEREIRA, Rodrigo da Cunha. *Direito das Famílias*. Rio de Janeiro: Forense, 2020. p. 245).

13. Os autores chegam a comparar a união estável com a separação de fato: "Em sendo assim, da mesma forma que o estado fático de cessão da vida conjugal pode ter o condão de constituir uma família (por intermédio da caracterização de uma união estável, consoante permissivo do § 1° do art. 1.723 da Codificação), pode, também, por outro turno, implicar na extinção de inúmeros efeitos jurídicos sobre um determinado núcleo familiar, fazendo cessar situações diversas de cunho pessoal ou patrimonial". (FARIAS, Cristiano Chaves; ROSENVALD, Nelson. *Curso de Direito Civil:* Famílias. 8. ed. Salvador: JusPodivm, 2016. p. 399).

14. "Trata-se de um fato jurídico. Um simples reconhecimento da teoria da aparência (também apelidada de teoria da primazia da realidade), visualizando consequências jurídicas de um estado factual relevantes para as relações familiares". (FARIAS, Cristiano Chaves; ROSENVALD, Nelson. *Curso de Direito Civil:* Famílias. 8. ed. Salvador: JusPodivm, 2016. p. 399).

15. GOMES, Orlando. *Direito de Família*. 7. ed., Rio de Janeiro: Forense, 1994. p. 303.

16. MADALENO, Rolf. *Sucessão Legítima*. Rio de Janeiro: Editora Forense, 2019. p. 539.

Delimitar quais os elementos fáticos caracterizadores da separação de fato é difícil empreitada. Alguns a descrevem como rompimento da coabitação[17], outros, diversamente, rechaçam expressamente tal posicionamento[18].

Acreditamos que a família não comporta formas pré-concebidas, os arranjos familiares são infinitos, cabendo aos seus membros delinear sua feição. Logo, a averiguação da (in)ocorrência de separação de fato deve buscar no próprio caso sob análise os indicativos do que, para aqueles sujeitos, seja família; empreendendo comparação casuística de dois momentos, o anterior e o posterior à alegada separação de fato.

Ademais, a separação de fato não é necessariamente consensual, podendo decorrer de decisão conjunta do casal ou unilateralmente[19-]. Paulo Nader afirma que quando unilateral "caracteriza a quebra do dever de coabitação, o qual, perdurando por mais de um ano, pode configurar, na forma do art. 1.573, IV, a impossibilidade da comunhão de vida"[20]. No nosso sentir, nada muda se a separação se der consensual ou unilateralmente, pois o art. 1.573, IV[21] foi tacitamente revogado pela EC/66.

A separação de fato põe fim a sociedade conjugal (compromisso de comunhão de vida) e, com isso, aos deveres de coabitação, fidelidade recíproca e ao regime de bens. Contudo, o vínculo conjugal (relação jurídica que se instaura entre os cônjuges) somente se dissolve pelo divórcio, declaração judicial de ausência ou morte[22].

---

17. "A separação de fato é, assim, um estado continuativo, caracterizando-se pela simples cessão da coabitação em razão de interesses profissionais ou pessoais dos consortes, quando, por exemplo, resolvem conviver em casas separadas". (FARIAS, Cristiano Chaves; ROSENVALD, Nelson. *Curso de Direito Civil*: Famílias. 8. ed. Salvador: JusPodivm, 2016. p. 399).
18. "Mas não é a simples cessação da coabitação, seja por escolha de morarem em tetos separados, seja por viagens prolongadas, seja por razões profissionais que caracteriza a separação de fato determinante de uma nova relação jurídica. O fato deve ter um estado continuativo e definido na intenção de "oficializarem" o divórcio ou a extinta separação judicial, ainda que depois voltem atrás nesta intenção" (PEREIRA, Rodrigo da Cunha. *Direito das Famílias*. Rio de Janeiro: Forense, 2020. p. 245).
19. PEREIRA, Rodrigo da Cunha. *Direito das Famílias*. Rio de Janeiro: Forense, 2020. p. 245.
20. NADER, Paulo. *Curso de direito civil*: direito de família. rev. atual. e ampl. Rio de Janeiro: Forense, v. 5, 2016. p. 344.
21. O art. 1.573 contém rol elucidativo das hipóteses aptas a caracterizar a impossibilitação da vida em comum, que antigamente era condição para propositura de separação judicial.
22. Posicionamento adotado em: BRASIL. STJ. Recurso Especial n. 1660947/TO. Rel. Min. Moura Ribeiro. 3ª Turma. J. em: 05/11/2019. Data de publicação: 07/11/2019. Pertinente a explicação de Paulo Nader sobre a distinção entre vínculo e sociedade conjugal: "Com a celebração do casamento nascem o vínculo e a sociedade conjugal. Aquele é a relação jurídica que se instaura entre os cônjuges, enquanto a sociedade é o compromisso de comunhão de vida. Dissolvendo-se o vínculo, extingue-se a sociedade conjugal. O término desta não põe termo àquele, apenas aos deveres de coabitação, fidelidade recíproca e ao regime de bens, conforme dispõe o art. 1.576 do Código Civil. Por força do vínculo conjugal permanecem os deveres de mútua assistência, respeito e consideração entre os separados, além do sustento, guarda e educação dos filhos. A permanência da mútua assistência entre os deveres há de ser interpretada em termos, pois limitada a alimentos. Em decorrência, ainda, da subsistência do vínculo, os separados ficam impedidos de contrair novo casamento. O vínculo conjugal dissolve-se, no casamento válido, com a morte real ou presumida de um dos cônjuges, declaração judicial de ausência ou pelo divórcio". (NADER, Paulo. *Curso de direito civil*: direito de família. rev. atual. e ampl. Rio de Janeiro: Forense, v. 5, 2016. p. 341).

O entendimento de que a separação de fato encerra o regime de bens e a comunicação patrimonial é defendido pela doutrina majoritária[23] e já foi há muito tempo consolidada pelo Superior Tribunal de Justiça, cita-se, por exemplo:

> DIREITO CIVIL. FAMÍLIA. SUCESSÃO. COMUNHÃO UNIVERSAL DE BENS. INCLUSÃO DA ESPOSA DE HERDEIRO, NOS AUTOS DE INVENTÁRIO, NA DEFESA DE SUA MEAÇÃO. SUCESSÃO ABERTA QUANDO HAVIA SEPARAÇÃO DE FATO. IMPOSSIBILIDADE DE COMUNICAÇÃO DOS BENS ADQUIRIDOS APÓS A RUPTURA DA VIDA CONJUGAL. RECURSO ESPECIAL PROVIDO. 1. Em regra, o recurso especial originário de decisão interlocutória proferida em inventário não pode ficar retido nos autos, uma vez que o procedimento se encerra sem que haja, propriamente, decisão final de mérito, o que impossibilitaria a reiteração futura das razões recursais. 2. Não faz jus à meação dos bens havidos pelo marido na qualidade de herdeiro do irmão, o cônjuge que encontrava-se separado de fato quando transmitida a herança. 3. Tal fato ocasionaria enriquecimento sem causa, porquanto o patrimônio foi adquirido individualmente, sem qualquer colaboração do cônjuge. 4. A preservação do condomínio patrimonial entre cônjuges após a separação de fato é incompatível com orientação do novo Código Civil, que reconhece a união estável estabelecida nesse período, regulada pelo regime da comunhão parcial de bens (CC 1.725) 5. Assim, em regime de comunhão universal, a comunicação de bens e dívidas deve cessar com a ruptura da vida comum, respeitado o direito de meação do patrimônio adquirido na constância da vida conjugal. 6. Recurso especial provido[24].

O posicionamento foi firmado antes mesmo da EC/66 de 2010, vejamos este precedente do ano 2000:

> CIVIL E PROCESSUAL. SOCIEDADE CONJUGAL. SEPARAÇÃO DE FATO. AÇÃO DE DIVÓRCIO EM CURSO. FALECIMENTO DO GENITOR DO CÔNJUGE-VARÃO. HABILITAÇÃO DA ESPOSA. IMPOSSIBILIDADE. I. Não faz jus à sucessão pelo falecimento do pai do cônjuge-varão, a esposa que, à época do óbito, já se achava há vários anos separada de fato, inclusive com ação de divórcio em andamento. II. Recurso especial conhecido e provido, para excluir a recorrida do inventário[25].

Além de encerrar o regime de bens e a comunicação patrimonial, outros efeitos podem ser elencados e serão desenvolvidos no presente trabalho, nem todos de re-

---

23. No IX Congresso Brasileiro de Direito de Família, em 2015, foi aprovado o Enunciado nº 2 do IBDFAM, com o seguinte teor: "A separação de fato põe fim ao regime de bens e importa extinção dos deveres entre os cônjuges e entre os companheiros". Entretanto, há quem atribua eficácia mais contida à separação de fato, como é o caso de Elpídio Donizete e Felipe Quintella: "Juridicamente, a separação de fato não produz nem o efeito de extinguir a sociedade conjugal nem de dissolver o vínculo entre os cônjuges, daí por que os separados de fato permanecem casados e sujeitos, em princípio, de todos os direitos e deveres atribuídos pela lei aos cônjuges". (DONIZETE, Elpídio; QUINTELLA, Felipe. *Curso Didático de Direito Civil*. 8. ed. Rio de Janeiro: Editora Forense, 2019. p. 1008).

24. BRASIL. Superior Tribunal de Justiça. Recurso Especial n. 555.771/SP, Relator: Ministro Luis Felipe Salomão. 4ª Turma. j. em 05/05/2009. Data de publicação: 18/05/2009.

25. BRASIL. Superior Tribunal de Justiça. Recurso Especial n. 226.288/PA. Relator: Ministro Aldir Passarinho Junior. 4ª Turma. Julgado em 13/09/2000. DJ 30/10/2000. Vale citar, ainda: DIREITO CIVIL. FAMÍLIA. SUCESSÃO. COMUNHÃO UNIVERSAL DE BENS. SUCESSÃO ABERTA QUANDO HAVIA SEPARAÇÃO DE FATO. IMPOSSIBILIDADE DE COMUNICAÇÃO DOS BENS ADQUIRIDOS APÓS A RUPTURA DA VIDA CONJUGAL. 1. O cônjuge que se encontra separado de fato não faz jus ao recebimento de quaisquer bens havidos pelo outro por herança transmitida após decisão liminar de separação de corpos. 2. Na data em que se concede a separação de corpos, desfazem-se os deveres conjugais, bem como o regime matrimonial de bens; e a essa data retroagem os efeitos da sentença de separação judicial ou divórcio. 3. Recurso especial não conhecido. (BRASIL. Superior Tribunal de Justiça. Recurso Especial n. 1065209 SP 2008/0122794-7. Relator: Ministro João Otávio De Noronha. 4ª Turma. Julgado em: 08/06/2010. Data de publicação: 16/06/2010).

conhecimento incontroverso, como o de possibilitar a configuração de união estável (art. 1.723, §1 do Código Civil) e afastar o direito à herança do ex-cônjuge[26].

3. O ART. 1.830 DO CÓDIGO CIVIL E A VOCAÇÃO HEREDITÁRIA DO CÔNJUGE SEPARADO DE FATO

A literalidade do art. 1.830 do Código Civil afasta o reconhecimento do direito sucessório ao cônjuge sobrevivente se, ao tempo da morte do outro, estavam separados de fato há mais de dois anos e, em sua segunda parte, ressalva a hipótese do cônjuge sobrevivente suceder, independentemente de qualquer lapso temporal, provando que essa convivência se tornara impossível sem sua culpa.

A opção adotada pela Código Civil vigente destoa das opções legislativas passadas. À época das Ordenações Filipinas a coabitação era requisito para sucessão do cônjuge sobrevivente, já durante a vigência da Consolidação das Leis Civis e do Código Beviláqua o cônjuge só não herdava se dissolvida a sociedade conjugal, permanecendo na qualidade de herdeiro se separado de fato.[27] O rompimento com a tradição das Ordenações se deve, segundo José Fernando Simão, à opção legislativa que privilegia a segurança jurídica, tendo em vista que: "A separação de fato, a não coabitação, a não convivência *more uxorio*, exige prova fática, pode ser motivo de controvérsia. Já o desquite ou a separação judicial se comprovam por sentença. Evitam-se controvérsias" [28].

A legislação atual se aproxima das Ordenações Filipinas por afastar a sucessão do cônjuge sobrevivente separado de fato, contudo, difere-se dela na medida que subordina a regra a lapso temporal de dois anos e a não imputação de culpa pela separação ao *de cujos*.

Se as Ordenações já eram criticadas em função de ocasionarem suposta insegurança jurídica, não é de se surpreender as críticas direcionadas à legislação atual ao acrescer parâmetros temporal e de culpabilidade, ambos de difícil comprovação, este último mais ainda por dizer respeito à pessoa falecida, inapta a participar do contraditório.

A questão ganha sobremaneira em complexidade se confrontada com o art. 1.723, §1º do Código Civil, que possibilita a constituição de união estável por quem esteja separado de fato, a despeito de qualquer condição temporal. Além de revelar uma contradição interna do ordenamento, desencadeia a eventual problemática de sucessão dúplice entre companheiro e cônjuge separado de fato.

---

26. Neste ponto, há divergência em relação à necessidade ou não do lapso temporal de dois anos e da comprovação da culpa na dissolução.

27. NADER, Paulo. *Curso de Direito Civil*: Direito das Sucessões. 7. ed. Rio de Janeiro: Editora Forense, 2016. v. 6. p. 156.

28. SIMÃO, José Fernando. Separação de fato e a perda da qualidade de herdeiro (parte 1). *Revista Consultor Jurídico*, 26 de novembro de 2017. Disponível em: https://www.conjur.com.br/2017-dez-10/processo-familiar-separacao-fato-perda-qualidade-herdeiro-parte. Acesso em: 21 jul. 2020.

Apesar da reprovação à redação atual do art. 1.830, em menor ou maior grau, por toda doutrina, ela se divide nas soluções interpretativas dadas ao dispositivo.

Relativamente à exigência de lapso temporal de dois anos para que haja a exclusão do cônjuge da ordem de vocação hereditária, identificamos na doutrina quatro correntes: (i) o cônjuge sobrevivente sucede mesmo que em concorrência com eventual companheiro;[29] (ii) o cônjuge sobrevivente sucede desde que o *de cujos* não tenha constituído união estável;[30] (iii) o cônjuge sobrevivente sucede desde que ele mesmo não tenha constituído união estável[31] e (iv) o cônjuge sobrevivente não sucede, afastando-se por completo o requisito temporal.[32]

Ressalvada a hipótese de famílias paralelas, que serão oportunamente tratadas, nos parece ser a quarta corrente mais apropriada. Em primeiro lugar, porque o art. 1.830 foi redigido para compor a antiga ordem constitucional, em que somente era concedido efeito dissolutivo do vínculo matrimonial à separação de fato se decorridos dois anos de seu início. Sendo assim, redação diversa do dispositivo entraria em coalisão com legislação civil em matéria de divórcio e regime patrimonial dos cônjuges, uma vez que a interrupção do regime patrimonial dos separados de fato só ocorria após referido prazo.[33]

A EC/66 desvincula o divórcio da necessidade de se provar o decurso de qualquer tempo. Por esta razão, forçoso que seja empreendida interpretação do art. 1.830 em conformidade com a nova ordem constitucional, isto é, desconsiderando a exigência do lapso temporal para concessão do efeito de exclusão do cônjuge separado de fato da ordem de vocação hereditária.

---

29. Este é o posicionamento de: PEREIRA, Caio Mário da Silva. (Instituições de Direito Civil. 26. ed. rev e atual. por Carlos Roberto Barbosa Moreira. Rio de Janeiro: Forense, 2019. v. 6. p. 150). Além disso, o enunciado nº 525 da V Jornada de Direito Civil do CJF dispõe: "Os arts. 1.723, § 1º, 1.790, 1.829 e 1.830 do Código Civil admitem a concorrência sucessória entre cônjuge e companheiro sobreviventes na sucessão legítima, quanto aos bens adquiridos onerosamente na união estável."

30. Entendimento defendido por: TEPEDINO, Gustavo; NEVARES, Ana Luiza Maia; MEIRELES, Rose Melo Vencelau. *Fundamentos do Direito Civil:* Direito das Sucessões. Rio de Janeiro: Editora Forense, 2020. v. 7. p. 92.

31. Manifesta este pensamento: NADER, Paulo. *Curso de Direito Civil:* Direito das Sucessões. 7. ed. Rio de Janeiro: Editora Forense, 2016. v. 6. p. 157.

32. Diversos doutrinadores compartilham deste entendimento, cita-se: LÔBO, Paulo Luiz Netto. *Direito Civil:* Sucessões. 10. ed. São Paulo: Editora Saraiva, 2020; MADALENO, Rolf. *Sucessão Legítima.* Rio de Janeiro: Editora Forense, 2019; GAGLIANO, Pablo Stolze; PAMPLONA FILHO, Rodolfo. *Novo Curso de Direito Civil:* Direito das Sucessões. São Paulo: Saraiva, 2018. v. 7. SIMÃO, José Fernando. Separação de fato e a perda da qualidade de herdeiro (parte 2). *Revista Consultor Jurídico,* 10 de dezembro de 2017. Disponível em: https://www.conjur.com.br/2017-dez-10/processo-familiar-separacao-fato-perda-qualidade-herdeiro-parte. Acesso em: 21 jul. 2020; RIZZARDO, Arnaldo. *Direito das Sucessões.* 10. ed., Rio de Janeiro: Editora Forense, 2018; TARTUCE, Flávio. *Direito das Sucessões.* 13. ed., Rio de Janeiro: Editora Forense, 2020. v. 6 e FARIAS, Cristiano Chaves; ROSENVALD, Nelson. *Curso de Direito Civil:* Famílias. 8. ed. Salvador: JusPodivm, 2016.

33. "O mesmo argumento se aplica ao requisito temporal (dois anos de separação de fato), porque sua relação com a redação originária do § 6o do art. 226 da Constituição era visceral, por coerência lógica. Se a dissolução voluntária do casamento dependia do requisito prévio de dois anos de separação de fato, este mesmo tempo deveria ser considerado para fins de extensão dos direitos sucessórios do cônjuge separado". (LÔBO, Paulo Luiz Netto. *Direito Civil:* Sucessões. 10. ed. São Paulo: Editora Saraiva, 2020).

Outro argumento relevante, levantado por Paulo Lobo, é que: "No direito brasileiro não há sucessão legítima autônoma, desvinculada das relações de família e de parentesco. A comunhão plena de vida importa não apenas para caracterizar a existência da relação de família, mas também para os efeitos sucessórios daí decorrentes".

Ora, como afirmar, então, que o cônjuge separado de fato apenas será afastado da sucessão caso haja posterior constituição de união estável? O respeitável posicionamento, sustentado por nobres juristas esbarra em questão de ordem lógica: a causa da atribuição de efeitos sucessórios ao vínculo estabelecido entre cônjuges/companheiros é a existência de *affectio maritalis*, este é o verdadeiro requisito a ser examinado. Logo, enquanto, de um lado, o despontar da *affectio maritalis* na relação faticamente estabelecida faz nascer a união estável[34] com todos os seus efeitos patrimoniais, de outro, seu desaparecimento na relação entre os cônjuges marca o início da separação de fato e o afastamento dos efeitos sucessórios do relacionamento rompido[35].

Deste modo, conceder direito sucessório ao cônjuge apesar do rompimento da *affectio maritalis* seria atribuir-lhe vantagem sem causa, viabilizando seu enriquecimento sem causa, vedado pelo ordenamento jurídico pátrio. A alusão à vedação ao enriquecimento sem causa no contexto da separação de fato já tem sido feita para fundamentar seu efeito de pôr fim ao regime de bens[36], a mesma lógica deve ser aplicada ao direito sucessório.

No concernente à exceção do art. 1.830, que conserva direito sucessório ao cônjuge sobrevivente que comprovar não ter sido culpado pela separação de fato, a doutrina também se divide. Todos criticam a opção do legislador, mas há quem (i) apesar de defender reforma legislativa, entende que a exceção do artigo está em vigor[37] e (ii) quem afirme a revogação tácita da norma.

---

34. Sobre o assuto: ALMEIDA, Andréia Fernandes de. O papel da affectio maritalis na configuração da união estável – Comentários ao REsp. 1.454.643. *Civilistica.com*. Rio de Janeiro: a. 4, n. 2, jul./dez., Disponível em: http://civilistica.com/o-papel-da-affectio-maritalis/. Acesso em: 03 jul. 2020.

35. "A falta de lógica da orientação é evidente. A existência de união estável não é o fato ensejador da perda da qualidade de herdeiro, mas, sim, a separação de fato com o rompimento da convivência familiar". (SIMÃO, José Fernando. Separação de fato e a perda da qualidade de herdeiro (parte 2). *Revista Consultor Jurídico*, 10 de dezembro de 2017. Disponível em: https://www.conjur.com.br/2017-dez-10/processo-familiar-separacao-fato-perda-qualidade-herdeiro-parte. Acesso em: 21 jul. 2020).

36. "Sem dúvida, afetaria diretamente contra a boa-fé objetiva dividir o patrimônio adquirido após a ruptura fática da conjugalidade, o que propiciaria, sem dúvida, o enriquecimento sem causa daquele que não participou da aquisição – coibido pelo art. 884 do Estatuto Civilista". (FARIAS, Cristiano Chaves; ROSENVALD, Nelson. *Curso de Direito Civil*: Famílias. 8. ed. Salvador: JusPodivm, 2016. p. 400). Esta também é a orientação de: TEPEDINO, Gustavo; TEIXEIRA, Ana Carolina Brochado. *Fundamentos do Direito Civil*: Direito de Família. Rio de Janeiro: Editora Forense, 2020. v. 6. p. 159. Alguns julgados adotam semelhante argumentação, por exemplo: BRASIL. STJ. Recurso Especial n. 555.771/SP, Rel. Min. Luis Felipe Salomão. 4ª Turma. j. em 05/05/2009. Data de publicação: 18/05/2009.

37. TEPEDINO, Gustavo; NEVARES, Ana Luiza Maia; MEIRELES, Rose Melo Vencelau. *Fundamentos do Direito Civil*: Direito das Sucessões. Rio de Janeiro: Editora Forense, 2020. v. 7. p. 92 e NADER, Paulo. *Curso de Direito Civil*: Direito das Sucessões. 7. ed. Rio de Janeiro: Editora Forense, 2016. v. 6. p. 157).

A última corrente tem maior adesão, os juristas que a ela se filiam argumentam que a EC/66, ao retirar a separação judicial como requisito do divórcio, fez com que desaparecesse também sua causa fundamental, a culpa.

Acrescenta-se a isto as dificuldades de sua comprovação. Rolf Madaleno é crítico contundente da hipótese, que designa como "culpa mortuária"[38]. No mesmo sentido, Paulo Lobo afirma que a imputação da culpa do falecido pela separação de fato viola um dos princípios fundamentais do Estado Democrático de Direito, que é o da garantia de contraditório e de ampla defesa[39]. Sem contar que admiti-la implica oportunizar longas discussões incidentais, com a paralisação do próprio inventário, como aponta Arnaldo Rizzardo[40].

Não obstante, até mesmo os que sustentam a permanência da culpa não se olvidam as dificuldades que sua averiguação ocasiona[41], para Paulo Nader: "A matéria deve ser examinada em feito à parte, cabendo aos demais herdeiros a iniciativa de provar a culpa do cônjuge sobrevivo. A este compete apenas habilitar-se no inventário e defender-se, caso os interessados ajuízem a ação própria".[42]

Por conseguinte, compartilharmos do entendimento de Flávio Tartuce, para quem é necessária leitura idealizada do art. 1.830 que o atribua a seguinte dicção: "somente é reconhecido direito sucessório ao cônjuge sobrevivente se, ao tempo da morte do outro, não estavam separados judicialmente ou extrajudicialmente, nem separados de fato"[43].

No entanto, o Superior Tribunal de Justiça se posicionou no sentido de que, em caso de existência entre companheiro e cônjuge quando da abertura da sucessão, ambos integram a partilha em concorrência com os demais herdeiros necessários sucessíveis.

O entendimento parte do pressuposto, anteriormente firmado[44], de que as regras de direito de família e direito sucessório não se confundem, em respeito ao princípio da especificidade, e, assim sendo, por mais que a comunicação patrimonial tenha

---

38. MADALENO, Rolf. *Sucessão Legítima*. Rio de Janeiro: Editora Forense, 2019.
39. LÔBO, Paulo Luiz Netto. *Direito Civil*: Sucessões. 10. ed., São Paulo: Editora Saraiva, 2020. p. 135.
40. RIZZARDO, Arnaldo *Direito das Sucessões*. 10. ed. Rio de Janeiro: Editora Forense, 2018. p. 194.
41. "Ocorrerá ainda a sucessão, no caso de separação de fato superior ao biênio, se o cônjuge sobrevivente provar que não teve culpa pela separação de fato, apesar da dificuldade de se produzir essa última prova, quer pela inexistência de critérios para caracterizar a culpa pelo fim do matrimônio, quer pela impossibilidade de defesa por parte do falecido". (TEPEDINO, Gustavo; NEVARES, Ana Luiza Maia; MEIRELES, Rose Melo Vencelau. *Fundamentos do Direito Civil*: Direito das Sucessões. Rio de Janeiro: Editora Forense, 2020. v. 7. p. 92).
42. NADER, Paulo. *Curso de Direito Civil*: Direito das Sucessões. 7. ed., Rio de Janeiro: Editora Forense, 2016. v. 6. p. 157.
43. TARTUCE, Flávio. *Direito das Sucessões*. 13. ed., Rio de Janeiro: Editora Forense, 2020. v. 6. p. 249.
44. "O fato gerador no direito sucessório é a morte de um dos cônjuges e não, como cediço no direito de família, a vida em comum. Situações, porquanto distintas, não comportam tratamento homogêneo, à luz do princípio da especificidade, motivo pelo qual a intransmissibilidade patrimonial não se perpetua post mortem". (BRASIL. STJ. Recurso Especial n. 1294404/RS. Rel. Min. Ricardo Villas Bôas Cueva. 3ª Turma. j. em 20/10/2015. Data de publicação: 29/10/2015)

como fundamento, no direito de família, a vida em comum, no direito sucessório é simplesmente a morte de um dos cônjuges seu fato gerador.

Neste sentido, foi decidido que, não indicando o segurado beneficiário em seguro de vida, o cônjuge separado de fato participará da partilha do prêmio, ainda que conjuntamente com companheiro[45]. A hipótese é peculiar, pois o art. 792 do Código Civil estabelece expressamente que "na falta de indicação da pessoa ou beneficiário, ou se por qualquer motivo não prevalecer a que for feita, o capital segurado será pago por metade ao cônjuge não separado judicialmente, e o restante aos herdeiros do segurado, obedecida a ordem da vocação hereditária".

Portanto, a intenção dos Ministros, ao julgarem o caso, foi a de estender direito atribuído exclusivamente ao cônjuge também ao companheiro, evitando que fosse privilegiada a relação rompida em detrimento da existente e buscando dar tratamento igualitário ao casamento e à união estável[46]. Entretanto, ainda aguardamos um enfretamento do art. 792 interpretado de forma associada ao art. 1.830 pelo Superior Tribunal de Justiça.

Em outro acórdão relevante, apreciado, assim como o supracitado, em 2015, o Superior Tribunal de Justiça aplicou o art. 1.830 em sua literalidade, admitindo a discussão da culpa e a necessidade de respeito ao lapso temporal para perda da qualidade de herdeiro do cônjuge:

> RECURSO ESPECIAL. DIREITO CIVIL. SUCESSÕES. CÔNJUGE SOBREVIVENTE. SEPARAÇÃO DE FATO HÁ MAIS DE DOIS ANOS. ART. 1.830 DO CC. IMPOSSIBILIDADE DE COMUNHÃO DE VIDA SEM CULPA DO SOBREVIVENTE. ÔNUS DA PROVA. 1. A sucessão do cônjuge separado de fato há mais de dois anos é exceção à regra geral, de modo que somente terá direito à sucessão se comprovar, nos termos do art. 1.830 do Código Civil, que a convivência se tornara impossível sem sua culpa. 2. Na espécie, consignou o Tribunal de origem que a prova dos autos é inconclusiva no sentido de demonstrar que a convivência da ré com o ex-marido tornou-se impossível sem que culpa sua houvesse. Não tendo o cônjuge sobrevivente se desincumbido de seu ônus probatório, não ostenta a qualidade de herdeiro. 3. Recurso especial provido[47].

---

45. BRASIL. Superior Tribunal de Justiça. Recurso Especial n. 1401538/RJ, Rel. Min. Ricardo Villas Bôas Cueva. 3ª Turma. j. em 04/08/2015. Data de publicação: 12/08/2015.

46. "Nesse passo, impende assinalar que o segurado, ao contratar o seguro de vida, geralmente possui a intenção de amparar a própria família, os parentes ou as pessoas que lhe são mais afeitas, de modo a não deixá-los desprotegidos economicamente quando de seu óbito. Logo, revela-se incoerente com o sistema jurídico nacional o favorecimento do cônjuge separado de fato em detrimento do companheiro do segurado para fins de recebimento da indenização securitária na falta de indicação de beneficiário na apólice de seguro de vida, sobretudo considerando que a união estável é reconhecida constitucionalmente como entidade familiar. Ademais, ressalte-se que o reconhecimento da qualidade de companheiro pressupõe a inexistência de cônjuge ou o término da sociedade conjugal (arts. 1.723 a 1.727 do CC). Efetivamente, a separação de fato se dá na hipótese de rompimento do laço de afetividade do casal, ou seja, ocorre quando esgotado o conteúdo material do casamento". (BRASIL. STJ. Recurso Especial n. 1401538/RJ, Rel. Min. Ricardo Villas Bôas Cueva. 3ª Turma. Julgado em 04/08/2015. Data de publicação: 12/08/2015).

47. BRASIL. Superior Tribunal de Justiça. Recurso Especial n. 1513252/SP. Rel. Min. Maria Isabel Gallotti. 4ª Turma. j. em: 03/11/2015. Data de publicação: 12/11/2015.

A discussão reflete também no direito real de habitação. Segundo o Superior Tribunal de Justiça[48], em caso de separação de corpos o direito subsiste independentemente de lapso temporal ou averiguação de culpa. Contudo, desaparece na hipótese de estar o cônjuge separado judicialmente ou de fato há mais de 2 (dois) anos, salvo, nesta última hipótese, se comprovar que a separação de fato se deu por impossibilidade de convivência, sem culpa sua, nos termos do art. 1.830.

4. ART. 1.801, III, DO CC E A LEGITIMIDADE SUCESSÓRIA DO CONCUBINO

O art. 1.801 do Código Civil estabelece quem, excepcionalmente, não pode receber por determinado testamento, sob pena de nulidade da disposição[49]. A vedação do ordenamento não macula a aptidão genérica da pessoa para receber por testamento, de modo que não se trata de incapacidade e, sim, diversamente, de ilegitimidade, ocasionada por elementos circunstanciais que obstaculizam tão somente o chamamento à sucessão testamentária de pessoas específicas[50].

Dentre as hipóteses de ilegitimidade testamentária o inciso III do dispositivo mencionado elenca "o concubino do testador casado, salvo se este, sem culpa sua, estiver separado de fato do cônjuge há mais de cinco anos". Vale lembrar que, segundo o art. 1.727 do Código Civil, são concubinárias as "relações não eventuais entre o homem e a mulher, impedidos de casar".

De antemão, consignamos nossa opinião de que o inciso III merece ter sua pertinência reavaliada sob perspectiva crítica atenta à realidade social e às questões de gênero. A referência ao concubinato é resultado de uma cultura legislativa que frequentemente pune o descumprimento de deveres conjugais, a exemplo do dever de fidelidade. Entretanto, como bem asseveram Lígia Ziggioti de Oliveira e Francielle Elisabet Nogueira Lima, cumpre indagar "quais são os valores sociais que ainda informam a necessidade de positivação de tais deveres, quando se tem, em tese, uma

---

48. BRASIL. Superior Tribunal de Justiça. Agravo Interno no Recurso Especial 1281438/SP. Rel. Min. Lázaro Guimarães (desembargador convocado do TRF 5ª região), 4ª Turma. j. em: 05/06/2018. Data de publicação: 12/06/2018. O Tribunal de São Paulo também acompanha o entendimento do Superior Tribunal de Justiça: Agravo de Instrumento – Sucessões – Direito real de habitação – Cerceamento de defesa não configurado – Ausência de prejuízo (CPC 282 § 1º) – Separação de fato três meses antes do falecimento do "de cujus" – Circunstância que não ameaça direito de habitação – Prazo inferior ao exigido pela Lei para perda do direito sucessório (CC 1.830) – Recurso improvido. (BRASIL. Tribunal de Justiça do Estado de São Paulo. Agravo de Instrumento n. 2054156-40.2019.8.26.0000/SP. Rel. Luiz Antônio Costa. 7ª Câmara de Direito Privado. J. em: 21/11/2019. Data de Publicação: 22/11/2019).

49. "Art. 1.802. São nulas as disposições testamentárias em favor de pessoas não legitimadas a suceder, ainda quando simuladas sob a forma de contrato oneroso, ou feitas mediante interposta pessoa. Parágrafo único. Presumem-se pessoas interpostas os ascendentes, os descendentes, os irmãos e o cônjuge ou companheiro do não legitimado a suceder". Todavia, disposição testamentária em favor de filho em comum do testador com sua "concubina" será válida, segundo a súmula 447 do Supremo Tribunal Federal: "É válida a disposição testamentária em favor de filho adulterino do testador com sua concubina".

50. A este respeito: GAMA, Guilherme Calmon Nogueira da. A capacidade para testar, para testemunhar e para adquirir por testamento. In: PEREIRA, Rodrigo da Cunha; HIRONAKA, Giselda Maria Fernanda Novaes (coord.). Direito das sucessões. 2. ed. Belo Horizonte: Del Rey Editora, 2007. p. 191-239.

autonomia existencial familiar, preceituada tanto doutrinariamente quanto constitucionalmente"[51]. As autoras acrescentam que:

> Tais questões podem ser redimensionadas e expandidas se a sua raiz motivacional se permitir influenciar pela constatação de substanciais desigualdades entre os gêneros no plano fático, pois, embora tenham sido mitigadas, em princípio, nas legislações constitucional e infraconstitucional, consistentemente acabam por subjugar as mulheres, tanto no espaço público como no privado[52].

A reflexão exposta cresce em relevância quando consideramos o fato de que o Código Beviláqua, em seu art. 1.719, III, correspondente ao 1.801, III do atual, valia-se do termo "concubina", no feminino, desconsiderando a situação inversa[53].

De todo modo, independente desta perspectiva, a redação do art. 1.801, III é objeto de duras críticas por parte da doutrina, muitas delas sob os mesmos fundamentos das direcionadas ao art. 1.830. Em síntese, argumenta a doutrina, primeiramente, ser incoerente permitir a constituição de união estável imediatamente após a separação de fato (art. 1.723) e, ao mesmo tempo, impedir que o separado de fato teste em favor da pessoa com que passou a se relacionar.

Em segundo lugar, com a transformação do divórcio em direito potestativo pela EC/66, tanto a referência ao prazo de cinco anos quanto a menção à culpa teriam perdido seu fundamento. O Código Civil de 2002 não mencionava lapso temporal ou necessidade de averiguação de culpa, simplesmente vedava testamento em favor de concubina e "o entendimento jurisprudencial da possibilidade do testamento, se desfeita a sociedade conjugal, quer de direito, quer de fato, já prevalecia quando da vigência do Código antecedente, deixando transparecer que não passa de um retrocesso a atual regra"[54].

Em julgado, cujo trecho do inteiro teor será transcrito a seguir, o Superior Tribunal de Justiça, aplicando o Código Civil de 1916, entendeu pela validade da disposição em favor da pessoa com quem o testador, separado de fato, mantinha relação estável e pública:

---

51. LIMA, Francielle Elisabet Nogueira; OLIVEIRA, Ligia Ziggiotti de. Reflexões e desafios propostos pela leitura feminista acerca do descumprimento de deveres conjugais. *Civilistica.com*. Rio de Janeiro, a. 7, n. 3, 2018, p. 3. Disponível em: http://civilistica.com/reflexoes-e-desafios-propostos/. Acesso em: 12 fev. 2020.

52. LIMA, Francielle Elisabet Nogueira; OLIVEIRA, Ligia Ziggiotti de. Reflexões e desafios propostos pela leitura feminista acerca do descumprimento de deveres conjugais. *Civilistica.com*. Rio de Janeiro, a. 7, n. 3, 2018, p. 3. Disponível em: http://civilistica.com/reflexoes-e-desafios-propostos/. Acesso em: 12 fev. 2020.

53. O Código Beviláqua optou pelo termo "concubina", no feminino, segundo Paulo Nader: "[...] refletindo o espírito da época, vedava apenas a nomeação da concubina, desconsiderando a situação inversa: relações extraconjugais do cônjuge-mulher. A justificativa se apoiava na orientação veiculada pelo jurisconsulto Pompônio: "Iura constitui oportet, ut dixit Theophrastus, in his, quae ut plurimum accidunt, non quae ex inopinato" (i. e., "Convém que as leis se estabeleçam, segundo afirmou Teofrasto, sobre o que mui frequentemente sucede, não sobre o inopinado"). O atual Código, embora se refira a "concubino do testador casado", veda a nomeação também da concubina, pois o vocábulo empregado no masculino alcança ambos os gêneros, como cediço em hermenêutica". (NADER, Paulo. *Curso de Direito Civil*: Direito das Sucessões. 7. ed. Rio de Janeiro: Editora Forense, 2016. v. 6. p. 66).

54. RIZZARDO, Arnaldo. *Direito das Sucessões*. 10. ed. Rio de Janeiro: Editora Forense, 2018. p. 266.

[...] o Diploma legal incidente à espécie é o Código de 1916, que no artigo 1.719, III, veda, tanto quanto o art. 1801, III, do CC-02, a deixa de legado à concubina. Porém, diferentemente da redação do Código Civil de 2012, não acrescenta o interregno de cinco anos a partir da separação de fato. Nessa senda, restringe-se a discussão à existência do empeço de legar à concubina, mas diante das conclusões fáticas do acórdão recorrido, quanto à comprovação da convivência more xório entre a recorrida o testador, não se pode brandir a vedação legal, pois, tanto no momento da elaboração do testamento, quanto do óbito do testador, relação concubinária não havia, porquanto o de cujus estava separado de fato, podendo assim, direcionar coisa certa, de sua propriedade, para a recorrida[55].

O entendimento jurisprudencial enquanto em vigor o Código Civil de 1916 é especialmente elucidativo do retrocesso da legislação atual, tendo em vista que, à época, o divórcio não era direito potestativo, tampouco eram as uniões estáveis reguladas expressamente.

As críticas aos requisitos do código atual são reforçadas pelos embaraços que envolvem a dita "culpa mortuária"[56] e, também, pelo fato do prazo exigido por este dispositivo ser ainda maior do que aquele constante no art. 1.830, de dois anos.

Neste cenário salta aos olhos a dificuldade de definir o sentido e o alcance do artigo 1.801, III, sobretudo se considerarmos que a interpretação literal do dispositivo conduz a situação em que alguém, apesar de já separada de fato e com união estável constituída, é impedido de testar para o novo(a) companheiro(a).

Buscando superar a aparente contradição do ordenamento, parcela da doutrina diferencia o que denomina de "concubinato adulterino" do "concubinato não adulterino". Este se refere a relação de quem, apesar de impedido de se casar – ou porque há mera separação de fato ou porque o processo de divórcio está em andamento – vive em união estável. Já aquele se refere a relacionamentos extraconjugais que se desenvolvem enquanto persiste comunhão de vida conjugal. Para os que optam por fazer esta distinção, o impedimento do art. 1.801, III recai apenas sobre o "concubinato adulterino"[57].

Seguindo caminho similar, mas com terminologia distinta, alguns sustentam que os relacionamentos constituídos após a separação de fato não serão "concubinários" – e, portanto, imunes à incidência do art. 1.801, III – pois a separação de fato rompe

---

55. CIVIL. PROCESSUAL CIVIL. CIVIL. RECURSO ESPECIAL. TESTAMENTO. LEGADO. NULIDADE. OCORRÊNCIA. 1. Pedido de nulidade de disposições testamentárias que favorecem legatária, ao argumento de ser a mesma, concubina do testador, ajuizada em desfavor da recorrida, em fevereiro de 1995. Agravo em recurso especial distribuído em maio de 2012. Decisão reautuando o agravo como recurso especial publicada em agosto de 2012. 2. Controvérsia restrita à validade de testamento, onde a recorrida é aquinhoada com legado, possibilidade que seria vedada por ser concubina do testador. 3. Inviável o recurso especial quando a solução da controvérsia demandar o reexame de matéria fática. 4. A separação, de fato, do testador descaracteriza a existência de concubinato e, por corolário, afasta a pretensão da recorrente de ver nulo o testamento, por força da vedação legal de nomeação de concubina como legatária. 5. Recurso especial não provido. (BRASIL. STJ. Recurso Especial n. 1338220/SP. Rel. Min. Nancy Andrighi. 3ª Turma. j. em: 15/05/2014. Data de publicação: 22/05/2014).
56. As dificuldades envolvendo a "culpa mortuária" foram expostas no item 2.
57. MADALENO, Rolf. *Sucessão Legítima*. Rio de Janeiro: Editora Forense, 2019. p. 118.

o vínculo conjugal. O problema, então, estaria, naquelas relações que se iniciaram como "adulterinas" e se prolongaram no tempo após a separação de fato:

> Para o direito sucessório brasileiro, portanto, concubino sem legitimidade para suceder é o companheiro de união afetiva paralela com o *de cujus*, tendo esta convivência com seu cônjuge sobrevivente na data da morte, ou separado de fato do cônjuge há menos de cinco anos, sem culpa sua e sem ter passado a conviver com o concubino[58].

Caso a relação iniciada como adulterina se converta em união estável, todavia, o impedimento é afastado:

> Se tiver havido comprovadamente convivência com o concubino por qualquer tempo, dentro do referido prazo de cinco anos, o concubinato terá sido convertido por força de lei em união estável, não se aplicando a ilegitimidade para suceder[59].

Extrai-se também da doutrina posicionamentos que admitem a consideração do requisito temporal, apesar de o criticarem, mas rechaçam a aferição da culpa[60].

Por perspectiva diversa, corrente doutrinária defende a absoluta ineficácia da segunda parte do art. 1.801, III. Segundo seus adeptos, separados de fato os cônjuges, "não há que se falar mais em traição, infidelidade, ou seja, em relação clandestina ou concubinato"[61]. Além disso, considerando que, tão logo haja separação de fato, pode haver união estável e, consequentemente, reconhecimento de direitos sucessórios recíprocos, impertinente a exigência de prazo quinquenal para que um possa testar em favor do outro.

Como bem observa Paulo Nader o art. 1.801, III, impede que o testador contemple o "concubino", isto é, aquele com quem mantém relacionamento extraconjugal no momento em que pratica o ato testamentário, evitando que este corrompa a vontade daquele. É válida, contudo, a disposição testamentária em favor de quem *foi amante e não mais o é* ou de quem *não era e se tornou*, após a elaboração do testamento.

---

58. LÔBO, Paulo Luiz Netto. *Direito Civil*: Sucessões. 10. ed. São Paulo: Editora Saraiva, 2020. p. 191.
59. LÔBO, Paulo Luiz Netto. *Direito Civil*: Sucessões. 10. ed. São Paulo: Editora Saraiva, 2020. p. 191.
60. "O artigo 1.801, III, do Código Civil ressalva a legitimidade sucessória do concubino se atendidas duas condições: i) o testador estiver separado de fato do seu cônjuge há mais de cinco anos; ii) o testador não tiver culpa na separação de fato. Assim, se na data do óbito o testador estiver separado de fato do seu cônjuge há mais de cinco anos, contados retroativamente da abertura da sucessão, preenchida está uma das condições de legitimidade. O tempo arbitrado pelo legislador de cinco anos é exagerado, pois a separação de fato há mais de dois anos já é suficiente para afastar o cônjuge da sucessão (CC, art. 1.830). O legislador não foi feliz ao atribuir como critério a culpa do testador pela separação de fato. Além de imputar a culpa ao morto que, por óbvio, não poderá se defender, não esclarece a quem caberá o ônus da prova. Nesse sentido, objeta-se criticamente: "a referência à culpa é uma ressalva incabível, ou um excesso de puritanismo. Separado de fato o casal por um quinquênio, não cabe apurar de quem seja a culpa, como se se tratasse de dissolução da sociedade conjugal. O que a disposição veda é que o marido ou a mulher teste em favor de seu (ou de sua) amante. Mas se o casal é separado de fato há mais de cinco anos, não é hora de apurar a culpa". (TEPEDINO, Gustavo; NEVARES, Ana Luiza Maia; MEIRELES, Rose Melo Vencelau. Fundamentos do Direito Civil: Direito das Sucessões. Rio de Janeiro: Editora Forense, 2020. v. 7. p. 32).
61. GAGLIANO, Pablo Stolze; PAMPLONA FILHO, Rodolfo. *Novo Curso de Direito Civil*: Direito das Sucessões. São Paulo: Saraiva, 2018. v. 7, p. 136.

A Lei Civil veda apenas a contemporaneidade entre a elaboração do testamento e a relação concubinária. Esta pode ter sido anterior e inexistente à época do ato; estar extinta quando da feitura do testamento; ter-se iniciado após o testamento e permanecido até a abertura da sucessão; ter começado após o ato e extinta antes da abertura da sucessão. Aplicando-se a interpretação gramatical e a teleológica chega-se ao mesmo resultado: impedimento existe apenas quando houver a relação concubinária à época do ato de última vontade. Nas demais hipóteses o testamento há de ser considerado válido. A Lei Civil proíbe a nomeação do concubino do testador casado; não veda a nomeação de ex-concubino. Desde que o testador não esteja sob a influência da relação concubinária no ato do testamento, não haverá razão ética para se condenar a validade do negócio jurídico.[62]

A observação do autor é adequada, pois, a incidência das normas jurídicas invalidantes se dá quando o suporte fático ocorre[63]. Noutros termos, pouco importa se *foi* ou se *tornou-se* "concubino" o destinatário do testamento, cabe apenas averiguar se o *era*, no momento do ato.

Forçoso, em atenção ao princípio da igualdade, evitar que situações idênticas recebam respostas jurídicas diversas. É o que ocorre quando o ordenamento impede que pessoa livre, inclusive para constituir união estável, teste em favor do sujeito com quem está se relacionando legitimamente enquanto, por outro lado, permite que "ex-concubino" seja contemplado por testador casado, na constância da sociedade conjugal. Ora, como apresentado, o que implica invalidade é a qualidade de "concubino" no momento do ato e, mesmo que a relação tenha nascido como "concubinária", perde esta condição a partir da separação de fato.

Outrossim, com a separação de fato impossível haver vontade corrompida prejudicial ao cônjuge e, por conseguinte, se esvai a *ratio* do dispositivo, porque ela põe fim à sociedade conjugal e, segundo defende a doutrina majoritária, aos direitos sucessórios recíprocos.

Por estas razões, defendemos que a separação de fato interrompe a incidência do art. 1.801, III, independentemente do prazo quinquenal ou de discussão de culpa.

5. A POSSÍVEL EXISTÊNCIA DE FAMÍLIAS SIMULTÂNEAS

Tratar sobre a separação de fato e seus efeitos ignorando as famílias simultâneas é contribuir para que este desenho familiar seja renegado. Portanto, apesar de não ser a temática central do presente trabalho, imperioso tecer algumas considerações a seu respeito[64].

A separação de fato é corriqueiramente apontada como elemento distintivo do "concubinato" e das relações de companheirismo[65], pois, segundo o art. 1.723,

---

62. NADER, Paulo. *Curso de Direito Civil*: Direito das Sucessões. 7. ed. Rio de Janeiro: Editora Forense, 2016. v. 6. p. 66.

63. MELLO, Marcos Bernardes de. *Teoria do fato jurídico*: plano da existência. 20. ed. Saraiva, 2014. p. 156.

64. Para maior aprofundamento na matéria recomendamos a doutrina especializada de: BRASILEIRO, Luciana. *As famílias simultâneas e seu regime jurídico*. Belo Horizonte: Editora Fórum, 2019.

65. Segundo Gustavo Tepedino e Ana Carolina Brochado, a separação de fato não apenas possibilita a configuração de união estável como também é a marca distintiva entre concubinato e famílias paralelas. (TEPEDI-

a partir dela é permitida a configuração de união estável, apesar de permanecer a pessoa formalmente casada.

No entanto, uma vez que a separação de fato encerra a comunhão de vida e a sociedade conjugal, a hipótese descrita pelo art. 1.723 não é de família simultânea. O núcleo familiar passa a ser a união estável e o companheiro do separado de fato recebe proteção jurídica.

A problemática das famílias simultâneas é outra: segundo a literalidade do Código Civil, sem separação de fato, relação extraconjugal, por mais estável e duradoura que seja, é considerada "concubinária" e fica desprovida de proteção jurídica. Entendemos que toda família é digna de proteção, sendo imperioso olhar renovado e sensível à matéria das famílias simultâneas.

Entretanto, mesmo que o legislador tenha as tentado coibir, existem no ordenamento lacunas relacionadas às famílias simultâneas sem previsão de solução, uma delas, inclusive, atrelada à separação de fato: (i) nos impedimentos para o casamento, também aplicáveis as uniões estáveis, não consta como vedação a existência de união estável anterior, assim, vislumbra-se as hipóteses de união estável anterior coexistir com casamento posterior ou de múltiplas uniões estáveis coexistirem; (ii) a pessoa separada de fato pode constituir união estável e não há solução jurídica expressa para o caso de, mantendo a relação de companheirismo, reatar o vínculo conjugal.

6. OUTRAS QUESTÕES SOBRE A SEPARAÇÃO DE FATO QUE REVERBERAM NO DIREITO SUCESSÓRIO

A relevância da separação de fato no direito sucessório ultrapassa a menção a ela pelos arts. 1.801 e 1.830, dela decorre outros efeitos, em sua maioria reconhecidos em decisões nacionais, que, por dizerem respeito ao estatuto patrimonial das partes, são relevantes ao direito sucessório. Selecionamos importantes posicionamentos de precedentes envolvendo aspectos da separação de fato que se entrelaçam com o direito sucessório.

O primeiro deles refere-se aos arts. 197 e 1.571 do Código Civil que estabelecem que a prescrição entre os cônjuges somente flui pela morte de um deles, pela nulidade ou anulação do casamento, pela separação judicial e pelo divórcio, ou seja, diante de uma das causas do término da sociedade conjugal, não abarcando a legislação em comento a hipótese da separação de fato.

Entretanto, o Superior Tribunal de Justiça ao enfrentar a matéria no julgamento do Recurso Especial nº 1660947/TO entendeu que, com a separação de fato, não há empecilho à fluência da prescrição nas causas envolvendo direitos e deveres matrimoniais. Isto porque:

NO, Gustavo; TEIXEIRA, Ana Carolina Brochado. *Fundamentos do Direito Civil*: Direito de Família. Rio de Janeiro: Editora Forense, 2020. v. 6. p. 159).

> [...] tanto a separação judicial (negócio jurídico), como a separação de fato (fato jurídico), comprovadas por prazo razoável, produzem o efeito de pôr termo aos deveres de coabitação, de fidelidade recíproca e ao regime matrimonial de bens (elementos objetivos), e revelam a vontade de dar por encerrada a sociedade conjugal (elemento subjetivo). Apesar do art. 1.571 do CC/2002 não incluir nos seus incisos a separação de fato no rol das causas da dissolução da sociedade conjugal, dele consta a separação judicial, cujas consequências jurídicas são semelhantes. Assim, não subsistindo a finalidade de preservação da entidade familiar e do respectivo patrimônio comum, não há óbice em considerar passível de término a sociedade de fato e a sociedade conjugal. [66]

Via de consequência, o acórdão definiu que a pretensão de partilha de bem comum após mais de 30 (trinta) anos da separação de fato e da partilha amigável dos bens comuns do ex-casal estaria fulminada pela prescrição.

Embora o caso mencionado seja referente à hipótese de prescrição extintiva – relacionada ao escoamento do lapso temporal para que se deduza judicialmente pretensão decorrente de violação de direito (arts. 189 a 206 do CC) –, segundo o Superior Tribunal de Justiça, "a causa impeditiva de fluência do prazo prescricional prevista no art. 197, I, do CC/2002, conquanto topologicamente inserida no capítulo da prescrição extintiva, também se aplica às prescrições aquisitivas, na forma do art. 1.244 do CC/2002"[67]. Deste modo, a mesma discussão referente a (im)possibilidade de prescrição extintiva após a separação de fato, aplica-se à prescrição aquisitiva, isto é, àquela relacionada a forma de aquisição da propriedade pela usucapião.

Em julgado recente, o STJ decidiu pela viabilidade da prescrição aquisitiva por usucapião posteriormente à separação de fato, a argumentação foi a mesma da utilizada para fundamentar a fluência do prazo de prescrição extintiva:

> A constância da sociedade conjugal, exigida para a incidência da causa impeditiva da prescrição extintiva ou aquisitiva (art. 197, I, do CC/2002), cessará não apenas nas hipóteses de divórcio ou de separação judicial, mas também na hipótese de separação de fato por longo período, tendo em vista que igualmente não subsistem, nessa hipótese, as razões de ordem moral que justificam a existência da referida norma[68].

Fora o efeito mais óbvio de impossibilitar que o cônjuge sobrevivente separado de fato ingresse na ação de inventário pleiteando partilha se ficou por longo tempo inerte, a relevância da decisão no âmbito sucessório fica evidente se imaginarmos a hipótese de casal com filhos unilaterais, o não exercício da pretensão de partilha por um deles poderá implicar comprometimento do patrimônio deixado a seu filho quando de sua morte.

Outros aspectos de ordem prática merecem ser elencados, como o fato de que as partes, sob pena de violação do contraditório, devem ser intimadas a se manifes-

---

66. BRASIL. STJ. Recurso Especial n. 1660947/TO. Rel. Min. Moura Ribeiro, 3ª Turma, j. em 05/11/2019, Data de publicação: 07/11/2019.
67. BRASIL. STJ. Recurso Especial n. 1693732/MG 2017/0209737-0. Rel. Min. Nancy Andrighi. 3ª Turma. j. em: 05/05/2020. Data de Publicação: 11/05/2020.
68. BRASIL. STJ. Recurso Especial n. 1693732/MG 2017/0209737-0. Rel. Min. Nancy Andrighi. 3ª Turma. j. em: 05/05/2020. Data de Publicação: 11/05/2020.

tarem sobre a decisão que fixa a data da separação de fato[69] e, contra ela, cabe agravo de instrumento[70].

Além disso, havendo um interregno entre a dissolução da sociedade conjugal e a partilha, aquele que se conserva na posse dos bens estará sujeito à prestação de contas, sendo desnecessária a demonstração da existência de autorização ou mandato entre os ex-cônjuges em torno da administração do patrimônio comum para justificar o pleito judicial:

> É que a ação de prestação de contas não se subordina sempre e invariavelmente a um mandato entre as partes. Ao contrário, o princípio universal que domina a matéria é que 'todos aqueles que administram, ou têm sob sua guarda, bens alheios devem prestar contas'. Daí que basta o fato de um bem achar-se, temporariamente, sob administração de outrem que não o dono, para que esse detentor tenha que dar contas da gestão eventualmente desempenhada, ainda que não precedida de acordo ou autorização por parte do proprietário. A gestão de negócio, um dos principais fundamentos do dever de prestar contas, ocorre à revelia do dono, segundo a definição do art. 1.331 do Código Civil, razão pela qual não se pode negar ao comunheiro o direito a exigir contas do consorte que explora com exclusividade os bens comuns a pretexto de inexistência de mandato ou outro negócio jurídico entre os interessados[71].

Similarmente, incidem juros e correção monetária sobre a avaliação do conteúdo econômico de cotas sociais de empresa objeto de partilha que, após a separação do casal, sob a administração exclusiva de um dos ex-cônjuges, encerrou suas atividades comerciais, pois, não se deve impor ao ex-cônjuge, que ficou privado do patrimônio relativo às mencionadas cotas, o ônus de arcar com os prejuízos decorrentes da administração exclusiva do outro[72].

7. À GUISA DE CONCLUSÃO: SEPARAÇÃO DE FATO E DIREITO SUCESSÓRIO NA PRÁTICA DO PLANEJAMENTO SUCESSÓRIO

A separação de fato é expressamente referenciada por dispositivos normativos do ordenamento nacional, contudo, seus efeitos foram questionados, bem como a interpretação atribuída aos artigos que a mencionam.

No desenvolver do presente trabalho foram apresentados os diversos posicionamentos doutrinários e precedentes judiciais que orbitam em torno da discussão sobre ela, dando especial enfoque aos aspectos sucessórios deste debate, dentre os quais, o da vocação hereditária do cônjuge separado de fato e o da "concubina".

---

69. BRASIL. Tribunal de Justiça do Estado de São Paulo. Agravo de Instrumento n. 2076467-59.2018.8.26.0000/SP. Relator: Fabio Henrique Podestá. 5ª Câmara de Direito Privado. j. em: 03/06/2018. Data de publicação: 04/06/2018.
70. BRASIL. STJ. Recurso Especial n. 1.798.975 – SP. Rel. Min. Nancy Andrighi. 3ª Turma. j. em 02/04/2019. Data da publicação: 04/04/2019.
71. BRASIL. STJ. Recurso Especial n. 1.300-250-SP, Rel. Min. Ricardo Villas Bôas Cueva, 3ª Turma. J. em: 27/03/2012. Data de publicação: 19/04/2012.
72. BRASIL. STJ. Recurso Especial n. 1689220/RS, Rel. Min. Ricardo Villas Bôas Cueva, 3ª Turma. j. em 19/05/2020. Data de publicação: 27/05/2020.

À guisa de conclusão, oportuno traduzir as conclusões parciais expressas no texto em termos práticos de planejamento sucessório, para tanto, partindo do questionamento "como elaborar um planejamento sucessório seguro em caso de separação de fato?", apresenta-se as seguintes sugestões:

1ª. Considerando as dificuldades em definir o que, faticamente, configura separação de fato e qual seu termo inicial, recomenda-se que as partes atestem conjuntamente seu marco inicial ou, não havendo consenso, o ajuizamento de ação declaratória para que este aspecto de alto impacto patrimonial seja o quanto antes definido.

2ª. É essencial que a partilha seja pleiteada num curto período de tempo, pois, a partir separação de fato, cessa a causa impeditiva de fluência do prazo prescricional extintivo e aquisitivo, segundo precedentes. Além de impossibilitar que o cônjuge sobrevivente separado de fato ingresse na ação de inventário pleiteando partilha, a inércia no exercício da pretensão à partilha é especialmente problemática na hipótese de terem os cônjuges filhos unilaterais, isto porque, neste caso, o não exercício da pretensão por um deles poderá implicar comprometimento do patrimônio deixado a seu filho unilateral quando de sua morte.

3ª. A doutrina é discorde quanto a interpretação do art. 1.830 do CC e as decisões encontradas são no sentido de que – em caso de constituição de união estável posterior a separação de fato – ambos, cônjuge e companheiro, integram a partilha em concorrência com os demais herdeiros necessários sucessíveis.

4ª. Igualmente, tendo em vista a falta de uniformidade sobre a interpretação do art. 1.801, III, não há garantia de eficácia de cláusula testamentária em favor de pessoa com quem o cônjuge separado de fato passa a se relacionar amorosamente. Para que a eficácia da disposição não seja questionada é indicado que o testamento só seja elaborado após o divórcio.

5ª. Possuindo um dos cônjuges seguro de vida, forçoso orientá-lo a indicar beneficiário, já que o Superior Tribunal de Justiça expressou o entendimento de que, não indicando o segurado beneficiário, o cônjuge separado de fato participará da partilha do prêmio, ainda que conjuntamente com companheiro.

6ª. Merece também ser ponderado a questão do direito real de habitação do cônjuge, mesmo que separado de fato, em razão de decisão nesse sentido.

8. REFERÊNCIAS

ALMEIDA, Andréia Fernandes de. O papel da affectio maritalis na configuração da união estável – Comentários ao REsp. 1.454.643. *Civilistica.com*. Rio de Janeiro: a. 4, n. 2, jul-dez/2015. Disponível em: http://civilistica.com/o-papel-da-affectio-maritalis/. Acesso em: 03 jul. 2020.

BODIN DE MORAES, Maria Celina. A família democrática. *RFD – Revista da Faculdade de Direito da UERJ*, 2010.

BRASILEIRO, Luciana. *As famílias simultâneas e seu regime jurídico*. Belo Horizonte: Editora Fórum, 2019.

DONIZETE, Elpídio; QUINTELLA, Felipe. *Curso Didático de Direito Civil*. 8. ed. Rio de Janeiro: Editora Forense, 2019.

FARIAS, Cristiano Chaves; ROSENVALD, Nelson. *Curso de Direito Civil*: Famílias. 8. ed. Salvador: JusPodivm, 2016.

GAGLIANO, Pablo Stolze; PAMPLONA FILHO, Rodolfo. *Novo Curso de Direito Civil*: Direito das Sucessões. São Paulo: Saraiva, 2018. v. 7.

GAMA, Guilherme Calmon Nogueira da. A capacidade para testar, para testemunhar e para adquirir por testamento. *In*: PEREIRA, Rodrigo da Cunha; HIRONAKA, Giselda Maria Fernanda Novaes (coord.). *Direito das sucessões*. 2. ed. Belo Horizonte: Del Rey Editora, 2007. p. 191-239.

GOMES, Orlando. *Direito de Família*. 7. ed. Rio de Janeiro: Forense, 1994.

LÔBO, Paulo Luiz Netto. *Direito Civil*: Famílias. 10. ed. São Paulo: Editora Saraiva, 2020.

LÔBO, Paulo Luiz Netto. *Direito Civil*: Sucessões. 10. ed. São Paulo: Editora Saraiva, 2020.

MADALENO, Rolf. *Sucessão Legítima*. Rio de Janeiro: Editora Forense, 2019.

MELLO, Marcos Bernardes de. *Teoria do fato jurídico*: plano da existência. 20. ed. Saraiva, 2014.

NADER, Paulo. *Curso de Direito Civil*: Direito de Família. 7. ed. Rio de Janeiro: Forense, 2016. v. 5.

NADER, Paulo. *Curso de Direito Civil*: Direito das Sucessões. 7. ed. Rio de Janeiro: Editora Forense, 2016. v. 6.

PEREIRA, Caio Mário da Silva. *Instituições de Direito Civil*. 26. ed. rev e atual. por Carlos Roberto Barbosa Moreira. Rio de Janeiro: Forense, 2019. v. 6.

PEREIRA, Rodrigo da Cunha. *Direito das Famílias*. Rio de Janeiro: Forense, 2020.

RIZZARDO, Arnaldo. *Direito das Sucessões*. 10. ed. Rio de Janeiro: Editora Forense, 2018.

RODRIGUES, Silvio. Breve histórico sobre o direito de família nos últimos 100 anos. *Revista da Faculdade de Direito, Universidade de São Paulo*, v. 88, p. 239-254, 1 jan. 1993.

SIMÃO, José Fernando. Separação de fato e a perda da qualidade de herdeiro (parte 1). *Revista Consultor Jurídico*, 26 de novembro de 2017. Disponível em: https://www.conjur.com.br/2017-dez-10/processo-familiar-separacao-fato-perda-qualidade-herdeiro-parte. Acesso em: 21 jul. 2020.

SIMÃO, José Fernando. Separação de fato e a perda da qualidade de herdeiro (parte 2). *Revista Consultor Jurídico*, 10 de dezembro de 2017. Disponível em: https://www.conjur.com.br/2017-dez-10/processo-familiar-separacao-fato-perda-qualidade-herdeiro-parte. Acesso em: 21 jul. 2020.

TARTUCE, Flávio. *Direito das Sucessões*. 13. ed. Rio de Janeiro: Editora Forense, 2020. v. 6.

TEPEDINO, Gustavo; TEIXEIRA, Ana Carolina Brochado. *Fundamentos do Direito Civil*: Direito de Família. Rio de Janeiro: Editora Forense, 2020. v. 6.

TEPEDINO, Gustavo; NEVARES, Ana Luiza Maia; MEIRELES, Rose Melo Vencelau. *Fundamentos do Direito Civil*: Direito das Sucessões. Rio de Janeiro: Editora Forense, 2020. v. 7.

OS DESAFIOS DA REPRODUÇÃO ASSISTIDA *POST MORTEM* E SEUS EFEITOS SUCESSÓRIOS

Heloisa Helena Barboza

Professora Titular de Direito Civil da Faculdade de Direito da Universidade do Estado do Rio de Janeiro (UERJ). Doutora em Direito pela UERJ e em Ciências pela ENSP/FIOCRUZ. Diretora da Faculdade de Direito da UERJ. Procuradora de Justiça do Estado do Rio de Janeiro (aposentada). Advogada.

Vitor Almeida

Doutor e Mestre em Direito Civil pela Universidade do Estado do Rio de Janeiro (UERJ). Professor Adjunto de Direito Civil da Universidade Federal Rural do Rio de Janeiro (ITR/UFRRJ). Professor de Direito Civil da PUC-Rio. Professor dos cursos de especialização do CEPED-UERJ e da EMERJ. Advogado.

Sumário: 1. Introdução – 2. Reprodução assistida: dilemas e desafios – 3. Sucessão legítima da prole – 4. Direitos sucessórios dos filhos póstumos; 4.1 A abrangência e o alcance do conceito de nascituro e de embrião humano no direito civil contemporâneo e o significado do termo "concepção" e "concebido" no Código Civil brasileiro; 4.2 Reprodução assistida *post mortem*, vocação hereditária dos embriões congelados e as controvérsias sobre o prazo prescricional – 5. Considerações finais – 6. Referências.

1. INTRODUÇÃO

As técnicas de reprodução humana há algum tempo deixaram o terreno da inovações médico-científicas e se incluíram no cotidiano da sociedades, em decorrência do declínio da fertilidade[1] de mulheres e homens em vários países, incluído o Brasil, provocando diretos e importantes efeitos sociais e jurídicos. Estudos estatísticos apontam que, no Brasil, em 1970 a taxa de natalidade era de 37,7 nascimentos por mil habitantes e a de fecundidade era de 5,8 filhos por mulher. Houve queda contínua desses indicadores nas décadas seguintes, intensificada nos últimos anos. De acordo com dados do Censo de 2010, a taxa de fecundidade havia caído para 1,9 filho por mulher e a de natalidade baixado para 16,0 nascimentos por mil habitantes[2]. Em 2018, a taxa de fecundidade no Brasil era de 1,73%[3]. Em Brasília, a taxa de fecundidade das mulheres teve uma redução de 23% em dezesseis anos.[4]

---

1. Fertilidade é a capacidade de gerar filhos. Toda mulher, teoricamente, tem essa capacidade desde a menarca até a menopausa. Fecundidade se refere à realização do potencial de procriar, que pode ser alterado por esterilidade ou uso de métodos anticoncepcionais. Disponível em: <https://unasus2.moodle.ufsc.br/pluginfile.php/33455/mod_resource/content/1/un2/top3_1.html#:~:text=Fertilidade%20%C3%A9%20a%20capacidade%20de,ou%20uso%20de%20m%C3%A9todos%20anticoncepcionais>. Acesso em 10 abr. 2020.
2. Disponível em: <https://www.seade.gov.br/menos-criancas-mais-velhos/>. Acesso em 19 jan. 2021.
3. Disponível em: <https://data.worldbank.org/indicator/SP.DYN.TFRT.IN?locations=BR>. Acesso em 20 jan. 2021.
4. Disponível em: <https://www.agenciabrasilia.df.gov.br/2020/05/31/taxa-de-fecundidade-cai-23-e-exige-novas-acoes-do-gdf/>. Acesso em 31 mai. 2021.

Vários fatores são apontados pelos estudiosos para essa diminuição da fertilidade, compreendendo desde o retardamento da procriação, por razões individuais, como obter a estabilidade financeira para depois ter filhos ou a escolha do tipo de vida, até causas ambientais que prejudicam a reprodução. Admite-se a existência de uma crise na saúde reprodutiva, fator que, sem dúvida, aumenta a busca pela reprodução assistida, por aqueles que desejam filhos. Para alguns pesquisadores, caminha-se para um mundo infértil, no qual a maioria dos casais pode ter que se socorrer da reprodução assistida para a concretização do projeto parental biologicamente vinculado.[5]

A alteração do padrão demográfico do Brasil é uma realidade que atinge todas as camadas sociais e não pode ser preterida, em razão dos inquestionáveis impactos que provoca na sociedade[6]. Neste cenário, as técnicas de reprodução assistida emergem como solução para as pessoas que têm problemas para procriar. Contudo, se, por um lado, as técnicas assumem para essas pessoas o papel de instrumento para o exercício do direito ao planejamento familiar, constitucionalmente assegurado, por outro, ensejam o surgimento de situações inéditas para o Direito, que pendem de solução adequada, principalmente no Brasil.

O Direito Civil, que contém a regulamentação básica das relações parentais, não trata da matéria de modo satisfatório, o que gera a sobreposição de complexas questões jurídicas, geradas especialmente pela dinâmica das relações familiares. São crescentes as dificuldades encontradas para aplicação de uma normativa civil elaborada à luz de princípios distintos dos vigentes a partir de 1988 e direcionada para uma sociedade profundamente diversa da existente na época de sua concepção, particularmente no que respeita às relações familiares. Os esforços da doutrina e dos tribunais não têm sido suficientes para atender os verdadeiros desafios postos pela popularização do uso das técnicas de reprodução assistida. Sem dúvida, os efeitos sucessórios que podem (ou não) decorrer da utilização dessas técnicas, e de suas diferentes fases e modalidades, incluem-se no rol desses desafios.

O presente trabalho, realizado com base em pesquisa bibliográfica, busca, além de identificar alguns dos problemas sucessórios, que decorrem da utilização das técnicas de reprodução assistida, examinar tais questões em face do direito das sucessões brasileiro, e, ainda que modestamente, contribuir para a construção das soluções esperadas, há algum tempo.

---

5. Nesse sentido entrevista com a pesquisadora Shanna Swan, publicada no *The Guardian*. Disponível em: <https://www.theguardian.com/society/2021/mar/28/shanna-swan-fertility-reproduction-count-down?CMP-Share_AndroidApp_Other>. Acesso em 28 mar. 2021.

6. Ver sobre o assunto: SIMÕES, Celso Cardoso da Silva. *Relações entre as alterações históricas na dinâmica demográfica brasileira e os impactos decorrentes do processo de envelhecimento da população*. Rio de Janeiro: IBGE, Coordenação de População e Indicadores Sociais, 2016. Disponível em: <https://biblioteca.ibge.gov.br/visualizacao/livros/liv98579.pdf>. Acesso em 15 jan. 2021.

2. REPRODUÇÃO ASSISTIDA: DILEMAS E DESAFIOS

Alguns aspectos próprios das técnicas de reprodução assistida devem ser de início resumidamente destacados para melhor compreensão das questões a serem abordadas. A utilização das técnicas de reprodução assistida dispensa a relação sexual entre um homem e uma mulher para que haja procriação, embora sejam sexuadas, na medida em que se valem da união dos gametas feminino e masculino. A concepção, entendida como a penetração do espermatozoide no óvulo, fertilizá-lo e dar origem ao genoma de um novo indivíduo, pode ocorrer no interior do corpo de uma mulher, nas denominadas técnicas intracorpóreas, como a inseminação artificial, ou pode se verificar em laboratório, através da técnica de "fertilização *in vitro*" (FIV), portanto, uma técnica extracorpórea.

Em qualquer dos casos: (*a*) os gametas podem ou não pertencer às pessoas que serão os pais jurídicos da criança que vier a nascer; (*b*) a mulher que der à luz poderá não ser a mãe da criança que gestou, caso seja uma "gestante por substituição", popularmente conhecida como "barriga de aluguel"; e (*c*) a técnica utilizada pode ser homóloga, se utilizado material fecundante daqueles que serão os pais juridicamente, ou heteróloga, caso tenha havido doação de gametas. Nas técnicas homólogas há vínculo genético entre os pais e o filho; nas heterólogas não existirá esse vínculo, por uma ou pelas duas linhas de parentesco.

Além disso, as técnicas de crioconservação permitem o nascimento de filhos póstumos, isto é, que vêm a nascer após a morte do(s) pai(s) jurídico(s). Há, na verdade, três possibilidades no que respeita ao nascimento dos filhos, quando se considera o momento da morte do(s) pai(s): (*a*) nascimento após o falecimento, sendo os filhos resultantes de reprodução fisiológica e que já se encontram em gestação no momento do falecimento; (*b*) concepção *post mortem*, portanto, filhos ainda não concebidos, e que serão gerados através de uma das técnicas de reprodução assistida, utilizando gametas congelados, após o falecimento; e (*c*) gestação após a morte de embriões crioconservados, fruto da técnica de fertilização *in vitro* (FIV).

Tais fatos, aliados aos diferentes arranjos familiares reconhecidos a partir da Constituição da República de 1988, geram efeitos importantes e variados no que tange à constituição das relações parentais. Pessoas que não podem procriar, por razões biológicas, como as que tem o mesmo sexo, ou de saúde, casos de infertilidade e de esterilidade, inclusive a que decorre de ato voluntário, de que são exemplos a ligadura de trompas e a vasectomia, têm possibilidade de promover o planejamento familiar, através das técnicas de reprodução assistida, valendo-se da colaboração de terceiros, ou seja, de doadores de gametas (masculino e/ou feminino) e/ou de uma gestante substituta.

A interseção dessas possibilidades abala a vinculação necessária entre maternidade e parto, parentalidade e liame genético, que sempre predominou no direito. Cabe lembrar que, embora a adoção seja instituto antigo, somente em data recente passaram a ser reconhecidas as relações de parentalidade por socioafetividade, pondo fim à franca predominância dos laços biológicos, que eram presumidos na época em que não havia método capaz de comprová-los com alta probabilidade de certeza, como ocorre com o exame de DNA.

À vista dos aspectos brevemente abordados, não há exagero em se afirmar que os efeitos jurídicos da reprodução assistida se fazem sentir em todo o Código Civil, e, naturalmente, com maior intensidade, nos Livros do Direito de Família e das Sucessões, embora se encontre na Parte Geral uma das mais intrincadas questões geradas pela reprodução assistida. De acordo com o art. 2º do Código Civil, a personalidade civil da pessoa começa com o nascimento com vida; mas a lei põe a salvo, desde a concepção, os direitos do nascituro[7]. O desafio se põe diante da concepção que ocorre em laboratório, que gera embriões que podem permanecer crioconservados por tempo indefinido e nunca nascerem. Não há disposição legal que lhes reconheça personalidade, mas, se é inquestionável que devem ter proteção, permanece em questão definir quais direitos lhes são resguardados e partir de quando[8]. Na verdade, há tormentoso debate quanto a ser o embrião crioconservado – portanto que ainda não se encontra em gestação – um nascituro[9]. A personalização ou não do embrião crioconservado e a indicação dos direitos que lhe cabem e a partir de quando tem direta repercussão no processo sucessório por morte.

Na verdade, a maior parte das intrincadas questões jurídicas provocadas pelas técnicas de reprodução assistida não encontrou, ainda, solução adequada, sendo de se indagar se existe "solução possível" diante da dinâmica dos avanços científicos e das alterações sociais[10]. As regras legais existentes são insuficientes, na medida em que se resumem a três incisos (III, IV e V) do artigo 1.597 do Código Civil, que pecam na conceituação[11] e estão longe de disciplinar as complexas situações jurídicas geradas pelas técnicas de reprodução assistida. A aplicação dos citados dispositivos, por si só, gera grande dificuldade e exige dedicado esforço do intérprete, como adiante esclarecido.

---

7. Cf. ALMEIDA JUNIOR, Vitor de Azevedo. Personalidade, titularidade e direitos do nascituro: esboço de uma qualificação. In: *Revista OAB/RJ* | Edição Especial - Direito Civil, v. 01, p. 01-45, 2018.

8. Cabe mencionar a previsão contida no art. 5º da Lei de Biossegurança (Lei n. 11.105/2005) que permite a utilização de células-tronco embrionárias obtidas de embriões humanos produzidos por fertilização in vitro e não utilizados no respectivo procedimento para fins de pesquisa e terapia, desde que sejam considerados embriões inviáveis, e congelados há 3 (três) anos ou mais, bem como exige o consentimento dos genitores. Tal disposição legal foi objeto da ação direta de inconstitucionalidade 3.510, na qual o Supremo Tribunal Federal declarou a constitucionalidade do dispositivo em questão.

9. Sobre o assunto ver GAMA, Guilherme Calmon Nogueira da. *Herança legítima ad tempus*: tutela sucessória no âmbito da filiação resultante de reprodução assistida póstuma. São Paulo: Revista dos Tribunais, 2017, p. 40-42.

10. Cf. BARBOZA, Heloisa Helena. Reprodução assistida: questões em aberto. In: CASSETTARI, Christiano (Org.). *10 anos de vigência do Código Civil Brasileiro de 2002*. São Paulo: Saraiva, 2014, p. 92-110.

11. O problema conceitual ensejou a aprovação do enunciado n. 105, aprovado na I Jornada de Direito Civil, realizada pelo Conselho da Justiça Federal, em 2002, segundo o qual: "as expressões 'fecundação artificial', 'concepção artificial' e 'inseminação artificial' constantes, respectivamente, dos incs. III, IV e V do art. 1.597 deverão ser interpretadas como 'técnica de reprodução assistida'". Esse entendimento, de todo razoável, é adotado no presente trabalho.

O Conselho Federal de Medicina (CFM), desde 1992, vem emitindo sucessivas Resoluções sobre as técnicas de reprodução assistida. Não obstante tais Resoluções contenham normas éticas sobre a utilização dessas técnicas, que servem de prescrições deontológicas a serem seguidas pelos médicos brasileiros, acabaram por assumir papel de todo importante para solução dos conflitos na matéria. A crescente importância da regulamentação médica se deve, em grande parte, à morosidade ou falta de interesse na apreciação da matéria pelo Poder Legislativo, que beira o abandono, e se revela na existência de cerca de duas dezenas de projetos de lei que dormitam na Câmara desde 2003[12]. Fato é que a insuficiência da normas constantes do Código Civil, aliada à inércia do legislador, contribui para o crescente número de questões pendentes, as quais acabam por colocar em risco os interesses de todas as pessoas envolvidas, direta ou indiretamente, na realização das técnicas, tais como os médicos, os futuros pais, as gestantes substitutas, as clínicas que mantém o material crioconservado e, naturalmente, a própria criança a nascer.

A falta de regulamentação legal enseja também o surgimento de práticas "clandestinas", como a denominada "inseminação caseira", que é realizada em ambiente doméstico, por leigos, sem qualquer controle sanitário[13]. Tais práticas são regidas pela confiança ou pela boa-fé dos participantes, visto que se fazem sem qualquer formalização juridicamente válida. Nessa linha, a gestação por substituição é "comercializada" na internet, sem qualquer proteção para a gestante e para os "contratantes"[14]. Em ambas as práticas não há qualquer resguardo dos interesses da criança que vier a nascer.

Cumpre observar, como acima indicado, que as hipóteses tratadas pelo Código Civil não estão livres de dúvidas e conflitos. A Lei Civil tratou dos efeitos da reprodução assistida apenas no que tange à paternidade dos filhos nascidos do casamento, para incluí-los na presunção estabelecida no artigo 1.597, a qual, baseada nos tempos mínimo e máximo da gestação, acaba por ratificar o vetusto princípio segundo a qual pai é aquele que as justas núpcias demonstram – *pater est quem iustae nuptiae*

---

12. Tramitam na Câmara dos Deputados, atualmente, 21 projetos de lei destinados a regulamentar as técnicas de reprodução assistida, apensados ao PL 1.184/2003. Disponível em: <http://www.camara.gov.br>. Acesso em 21 abr. 2021.

13. A chamada "inseminação caseira", como é popularmente conhecida, tem se disseminado nas redes sociais, plataformas que permitem que pessoas solteiras ou casais que desejam concretizar o projeto parental encontrem "doadores" de gameta masculino. Na verdade, o próprio caráter altruístico é descaracterizado, uma vez que são cobradas quantias nada módicas para a realização da "doação", que sequer pode ser assim denominada. Apesar dos valores envolvidos, sem dúvida, o crescimento das "inseminações caseiras" se deve em razão dos altos custos das tecnologias reprodutivas, associados à dificuldade de se obter o tratamento através do Sistema Único de Saúde (SUS). Cf. ARAÚJO, Ana Thereza Meireles. Projetos parentais por meio de inseminações caseiras: uma análise ético-jurídica. In: *Revista Brasileira de Direito Civil*, vol. 24, n. 02, 2020.

14. Segundo matéria publicada na Folha de São Paulo, um grupo público no Facebook chamado "Quero ser barriga de aluguel" reúne cerca de 2.500 pessoas – a maioria mulheres – interessadas em "alugar" um útero, mesmo sendo proibido no Brasil. Disponível em: <https://www1.folha.uol.com.br/cotidiano/2018/04/fora-da-lei-mulheres-se-oferecem-para-ser-barriga-de-aluguel-na-internet.shtml>. Acesso em 01 mai. 2021.

demonstrant – ou seja, o marido é o pai dos filhos que nascerem de sua mulher[15]. Trata-se de presunção relativa, que não se mantem diante da prova de inexistência de vínculo genético, feita através do exame de DNA, de fácil obtenção.[16]

A submissão das técnicas de reprodução assistida à citada presunção não é adequada, nas hipóteses dos incisos III e IV, que se referem a técnicas homólogas. Em tais casos, há certeza do vínculo genético, dispensando a presunção para a atribuição da paternidade ao marido. Diversa é a disposição do inciso V, que aplica a presunção às técnicas heterólogas, onde se sabe que o marido não é o pai biológico, razão pela qual se condiciona a atribuição da paternidade à sua prévia autorização[17]. Não há qualquer outra disposição relativa à essa autorização, cabendo em tese sua revogação, que se daria em prejuízo do filho. Defende a doutrina[18] que, uma vez cumprida a exigência legal, a presunção do inciso V, do art. 1.597, da Lei Civil, é absoluta e não admite prova em contrário. Amparam essa afirmativa os princípios constitucionais da dignidade da pessoa humana e da paternidade responsável, que autorizam o planejamento familiar[19], e o do melhor interesse da criança e do adolescente, inscrito no art. 227, da Lei Maior, que goza de prioridade absoluta. Protege-se, assim, o filho contra eventual arrependimento do marido, que assumira, através da autorização, sua paternidade.

A presunção estabelecida no citado art. 1.597, do Código Civil, destina-se aos filhos de pessoas casadas, não aproveitando, em princípio, os havidos pelos casais que vivem em união estável, uma vez que literalmente a dicção do aludido dispositivo estabelece que "presumem-se concebidos na constância do casamento". No entanto, em âmbito doutrinário e jurisprudencial é acesa a divergência sobre o tema, uma vez que, com o reconhecimento da união estável como entidade familiar em sede constitucional[20],

---

15. Sustenta a presunção o dever de vida em comum no domicílio conjugal (art. 1.566, II): se marido e mulher convivem, provavelmente mantem relações sexuais e geraram o filho.
16. Código Civil: "Art. 1.601. Cabe ao marido o direito de contestar a paternidade dos filhos nascidos de sua mulher, sendo tal ação imprescritível. [...]"
17. O consentimento livre e esclarecido é obrigatório para todos os pacientes submetidos às técnicas de reprodução assistida, segundo o item I – 4, do Anexo da Resolução 2.168/2017, do CFM. É razoável que se reconheça nesse consentimento, expresso em formulário especial, a autorização do marido para a realização da técnica.
18. Segundo Gustavo Tepedino e Ana Carolina Brochado Teixeira: "Quanto às situações relativas à utilização de técnicas biotecnológicas, trata-se de manifestações de vontade inderrogáveis, e não de presunções. Não é possível que um casal construa o projeto parental, execute-o e, em seguida, após o nascimento da criança, um dos autores desse projeto – que pode ter ou não seu material genético – simplesmente ignore as responsabilidades que tem com a criança. É por isso que são limitadores à liberdade de planejamento familiar a dignidade humana e a paternidade responsável; ou seja, não há aqui liberdade absoluta, posto condicionada ao exercício de responsabilidades para com o filho. Assim, as hipóteses dos incisos III a V não configuram presunções de paternidade". TEPEDINO, Gustavo; TEIXEIRA, Ana Carolina Brochado. *Fundamentos de direito civil*: direito de família. v. 6, Rio de Janeiro: Forense, 2020, p. 215-216. Ver, ainda, enunciado n. 258 da Conselho da Justiça Federal: "Não cabe a ação prevista no art. 1.601 do Código Civil se a filiação tiver origem em procriação assistida heteróloga, autorizada pelo marido nos termos do inc. V do art. 1.597, cuja paternidade configura presunção absoluta".
19. Constituição da República, art. 226, § 7º.
20. Segundo Caio Mário da Silva Pereira, "[E]quivocou-se o legislador de 2002, no que concerne à filiação, ao reportar-se sempre ao casamento, sem mencionar situações oriundas das relações de fato reconhecidas como *União Estável*, hoje entidade familiar protegida pelo Estado. Devem ser revistos, de imediato, os

sem hierarquia entre os arranjos, e em atenção ao princípio da igualdade dos filhos[21], defende-se a extensão da presunção de paternidade aos filhos havidos na constância da união estável[22]. O Superior Tribunal de Justiça já se manifestou favoravelmente a aplicação extensiva da presunção à união estável[23]. Não obstante, há vozes doutrinárias segundo as quais se "presunção de paternidade decorre da segurança jurídica própria do ato solene do casamento"[24], não deve se aplicar à união estável, que consiste em relação de fato, de constituição informal e espontânea. Neste caso, será necessário o reconhecimento da paternidade por uma das formas previstas em lei.[25]

Outras situações que desafiam os intérpretes decorrem das técnicas de reprodução assistida, tais como a existência de embriões crioconservados e a gestação por substituição, que possibilitam diversas combinações no planejamento familiar, as quais se afastam por completo do modelo familiar a partir do qual se criaram as regras sobre paternidade/maternidade vigentes. A Constituição da República revela-se, por conseguinte, fonte primeira de onde emanam a orientação e as normas indispensáveis para o deslinde das intrincadas controvérsias provocadas por procedimentos médicos que desafiam toda construção existente sobre as relações de filiação. Incluem-se nessas controvérsias questões sucessórias, que tem importantes repercussões de ordem prática.[26]

3. SUCESSÃO LEGÍTIMA DA PROLE

O direito das sucessões guarda íntima relação como o direito das famílias, que estabelece as relações de parentesco, sobre as quais assenta a sucessão legítima. Não obstante essa profunda vinculação com as relações familiares, sempre preservou sua

---

principios que regem as presunções considerando também estas relações de fato geradoras de direito e deveres". PEREIRA, Caio Mário da Silva. *Instituições de direito civil*: direito de família. v. 5, atual. por Tânia da Silva Pereira, 24. ed., ver. atual. e ampl., Rio de Janeiro: Forense, 2016, p. 364.

21. "Não há, pois, como perpetrar validamente o critério presuntivo de paternidade, cujo objetivo final é a determinação da legitimidade do filho. [...] Nada o justifica, nem mesmo a possível questão ligada ao início de prova. Não se prova a paternidade provando-se casamento". TABET, Gabriela. A inconstitucionalidade da presunção *pater is est*. In: *Revista Trimestral de Direito Civil*, ano 6, v. 22, abr./jun., 2005, p. 92.

22. Por todos, cf. LÔBO, Paulo. Direito ao estado de filiação e direito à origem genética: uma distinção necessária. In: *Revista Brasileira de Direito de Família*, n. 19, out./dez., 2003, p. 205.

23. "[...] IV – Assim, se nosso ordenamento jurídico, notadamente o próprio texto constitucional (art. 226, §3°), admite a união estável e reconhece nela a existência de entidade familiar, nada mais razoável de se conferir interpretação sistemática ao art. 1.597, II, do Código Civil, para que passe a contemplar, também, a presunção de concepção dos filhos na constância de união estável. [...] VI – Dessa forma, em homenagem ao texto constitucional (art. 226, §3°) e ao Código Civil (art. 1.723), que conferiram ao instituto da união estável a natureza de entidade familiar, aplica-se as disposições contidas no artigo 1.597, do Código Civil, ao regime de união estável". STJ, 3ª Turma, REsp. 1.194.059-SP, Rel. Min. Massami Uyeda, julg. 06 nov. 2012, publ. 14 nov. 2012.

24. TEPEDINO, Gustavo; TEIXEIRA, Ana Carolina Brochado. *Fundamentos de direito civil*: direito de família. v. 6, Rio de Janeiro: Forense, 2020, p. 214.

25. Lei 6.015/1973, artigos 55 e 59; Lei 8.560/1992, art. 1°; Código Civil, art. 1.609.

26. Permita-se a referência a BARBOZA, Heloisa Helena. Aspectos controversos do Direito das Sucessões: considerações à luz da Constituição da República. In: TEPEDINO, Gustavo (Org.). *Direito Civil Contemporâneo*: novos problemas à luz da legalidade constitucional. São Paulo: Editora Atlas, 2008, p. 320-327.

feição predominantemente patrimonial. Contudo, no contexto da ordem jurídica instaurada pela Constituição da República de 1988, as relações patrimoniais transformaram-se em instrumento de realização das potencialidades humanas, deixando de ter seu histórico papel de pedra angular do sistema jurídico. Em paralelo, desde então, desenvolve-se um intenso trabalho de revisão de conceitos, quando não de construção, ensejando a (re)elaboração de institutos de há muito consolidados. A releitura da normativa existente à luz dos princípios constitucionais é imperativa e incessante, de modo a conferir efetividade ao ditames da Lei Maior.

Nessa linha, as situações sucessórias se encontram vinculadas à proteção da pessoa humana em sua dignidade, objetivo primordial da Constituição da República, que para tanto consagrou o direito à herança como direito fundamental (art. 5º, XXX). Em consequência, a função da herança não mais se esgota na preservação da propriedade privada. Desde 1988, sua função transcende do amparo à família enquanto instituição, passando a ser, primordialmente, de proteção à pessoa humana, de maneira a assegurar condições dignas de sobrevivência e o pleno desenvolvimento de suas potencialidades.

O tradicional sistema de liberdade testamentária limitada de atribuição da herança, adotado no Brasil[27], permite que o indivíduo disponha de metade da herança, caso tenha herdeiros necessários. Esse sistema se harmoniza com a orientação constitucional, na medida em que, de um lado, preserva os direitos à liberdade (aqui traduzida em autonomia) e à propriedade, e, de outro, assegura aos integrantes da família uma parcela do patrimônio do autor da herança, efetivando o princípio da solidariedade. Contudo, o vigente Código Civil manteve-se fiel a orientação da codificação anterior, ao ponto de repetir literalmente diversos de seus dispositivos e manter princípios e conceitos construídos em contexto social profundamente diverso do existente no século XXI, especialmente no que concerne às relações familiares.

No que tange à sucessão legítima, o Código inovou ao qualificar o cônjuge como herdeiro necessário, que concorre com os descendentes, a depender do regime de bens do casamento, e com os ascendentes, sem essa exigência, continuando em terceiro lugar na ordem de vocação hereditária e titular do direito real de habitação sobre o imóvel de residência da família[28]. O companheiro foi contemplado com disposição atópica, eis que inserida no capítulo das Disposições Gerais, que veio a ser declarada inconstitucional.[29]

Não obstante os descendentes tenham sido mantidos na primeira classe dos chamados a suceder, passaram a concorrer com o cônjuge, na forma acima indicada, devendo o cálculo dos quinhões observar o art. 1.832, segundo o qual: "Em concorrência com os descendentes (art. 1.829, inciso I) caberá ao cônjuge quinhão igual ao

---

27. Código Civil: "Art. 1.789. Havendo herdeiros necessários, o testador só poderá dispor da metade da herança".
28. Código Civil, arts. 1.845, 1.829, I, II e III, e 1.831, respectivamente.
29. STF, Plenário, RE 646.721-RS, Rel. Min. Marco Aurélio, Rel. do acórdão Min. Luis Roberto Barroso, julg. 10 mai. 2017, publ. 11 nov. 2017; STF, Plenário, RE 878.694-MG, Rel. Min. Luis Roberto Barroso, julg. 10 mai. 2017, publ. 06 fev. 2018. Em sede de repercussão geral, foi afirmada a seguinte tese para ambos os casos: "No sistema constitucional vigente é inconstitucional a diferenciação de regime sucessório entre cônjuges e companheiros devendo ser aplicado em ambos os casos o regime estabelecido no artigo 1829 do Código Civil."

dos que sucederem por cabeça, não podendo a sua quota ser inferior à quarta parte da herança, se for ascendente dos herdeiros com que concorrer". Essa disposição, que não prima pela clareza, enseja intrincadas interpretações, especialmente quando chamados a suceder filhos híbridos, isto é, havidos pelo autor(a) da herança com o viúvo(a) ou companheiro sobrevivente e de casamento ou união estável anteriores. Na verdade, constata-se que não foi considerada pelo legislador a possibilidade, frequente mesmo em data anterior a franca admissão do divórcio, da constituição de famílias sucessivas. Como se constata, o cônjuge goza de proteção maior do que a concedida aos filhos e aos ascendentes no Código Civil de 2002.

Tais inovações, que geram diversos questionamentos, cuja apreciação escapa aos estreitos limites do presente, somadas à preservação de orientações do Código anterior, como assinalado acima, tornam o vigente Direito das Sucessões insuficiente, se não inadequado, para reger as novas situações sucessórias, que desafiam o intérprete e todos os que têm que aplicar a Lei.

A inadequação fica nítida quando se trata da sucessão legítima, que contempla os laços conjugais e de parentesco, que assumiram novas e diversificadas feições, cujos efeitos sucessórios pendem de solução. Dentre as questões ainda não resolvidas se destacam as que decorrem da utilização das técnicas de reprodução assistida, algumas das quais se examinam abaixo.

4. DIREITOS SUCESSÓRIOS DOS FILHOS PÓSTUMOS

Uma das questões mais tormentosas, e que tem grande repercussão prática, se encontra no artigo 1.798, do Código Civil, segundo o qual "legitimam-se a suceder as pessoas nascidas ou já concebidas no momento da abertura da sucessão". O dispositivo abre o capítulo dedicado à vocação hereditária, isto é, à designação das pessoas que têm capacidade sucessória, ou seja, têm legitimidade sucessória, e podem ser chamadas a suceder. Como se sabe, a sucessão *causa mortis* tem dois pressupostos: (*a*) a morte de alguém, o "autor da herança"; e (*b*) a sobrevivência de herdeiro sucessível. Considerando esses pressupostos e que, a teor do art. 2º, do Código Civil, o início da personalidade, para todos os fins de direito, se dá a partir do nascimento com vida, resguardados os direitos do nascituro, desde a concepção, constata-se que o art. 1.798 ressalvou os direitos sucessórios das pessoas já concebidas ao tempo da abertura da sucessão. Esse dispositivo merece, contudo, algumas considerações quando se trata de embriões concebidos por técnicas de reprodução assistida.

À época da elaboração do projeto que deu origem ao Código Civil, as técnicas de reprodução assistida estavam longe da utilização que passaram a ter a partir da década de 1990[30], mas não eram desconhecidas pelo legislador, que as mencionou na

---

30. A primeira Resolução do CFM sobre a matéria, de nº 1.358, data de 1992. Disponível: https://portal.cfm. org.br/buscar-normas-cfm-e-crm/?tipo%5B%5D=R&uf=BR&numero=&ano=&assunto=1826&texto=#resultado. Acesso: 25.01.2021.

Código Civil de 2002. Todavia, o tratamento da matéria na Lei Civil foi incipiente, dando origem a tormentosas questões que perpassam vários Livros do Código e se agravam ao longo do tempo. Servem de exemplo os denominados "filhos póstumos", que gozam de paternidade presumida quando havidos do casamento, conforme art. 1.597, III, IV e V, do Código Civil.

A conjugação literal de ambos os dispositivos (art. 1.597 e 1.798) não apresenta problemas: os concebidos *post mortem*, assim como os nascidos a qualquer tempo, presumem-se concebidos na constância do casamento e, por conseguinte, antes da abertura da sucessão. Contudo, ainda que se estabelecesse uma ficção jurídica, em lugar de uma presunção, o problema de ordem prática, assim gerado, não estaria resolvido. Observe-se que a presunção, no caso, só tem utilidade exatamente para fins de fixar a época da concepção, posto que desnecessária para estabelecer a paternidade diante da certeza genética, em face do acima destacado (o material genético é do marido).

De início, a referência a "pessoa" já concebida, nos termos do mencionado art. 1.798 do Código Civil não parece adequada, diante do disposto no artigo 2º, segundo o qual melhor seria a referência a nascituro. Na verdade, o próprio artigo 2º sempre suscitou vivo debate, ao proteger "desde a concepção" os direitos do nascituro, como acima destacado. Explica-se: a utilização das técnicas de reprodução assistida permitiu o que parecia impossível – a concepção em laboratório, fora do corpo da mulher, e, por conseguinte, a concepção após a morte do pai (aquele que forneceu o sêmen, aqui considerada apenas a inseminação homóloga) e mesmo da própria mãe se pensarmos na possibilidade da gestação por substituição – e mais, que entre a concepção e o nascimento, assim como entre a morte do pai e a concepção, haja um lapso de tempo. Tais possibilidades criaram complexas questões no direito sucessório, visto que a matéria (que está a exigir regulamentação especial) tem acanhadas – e de todo insuficientes – regras no Código Civil.

No caso da inseminação *post mortem*, a concepção que de fato se verifica após a abertura da sucessão, se presume anterior (durante o casamento), por força do art. 1.597, III. Contudo, afastados os possíveis entraves (que vão desde o insucesso das tentativas de fertilização da mulher, até a impugnação por parentes à utilização do sêmen do falecido), cabe indagar: como proceder? Aberta a sucessão e iniciado o respectivo inventário, havendo sêmen congelado do marido, o que fazer? Ignorar o fato ou "reservar bens" – mas para o quê? Trata-se, efetivamente, de um "quê", em virtude de até a concepção haver apenas o sêmen do marido morto, portanto, um tecido, juridicamente uma coisa. Será razoável, em nome da presunção do art. 1.597, reservar bens em razão de mera possibilidade, para um indivíduo sequer concebido e, se concebido, que não venha a entrar em gestação e jamais nascer? Por quanto tempo?

Na hipótese do art. 1.597, inciso IV, da Lei Civil, haverá de fato embriões concebidos antes da abertura da sucessão. Esses embriões, denominados excedentários (fruto da técnica de fertilização *in vitro*), podem também jamais ser transferidos para o

OS DESAFIOS DA REPRODUÇÃO ASSISTIDA *POST MORTEM* E SEUS EFEITOS SUCESSÓRIOS

útero de uma mulher, para fins de gestação e nascimento. A transferência pode ocorrer, mas não haver gravidez. Observe-se, ainda, que pode haver embriões inviáveis (que jamais se desenvolverão normalmente). Diante desses possíveis cenários, cabem as seguintes indagações: diante de tais possibilidades será razoável reservar bens para os embriões, em razão das suas potencialidades? E com relação aos embriões inviáveis, que não têm essas potencialidades? Em qualquer caso, por quanto tempo?

4.1 A abrangência e o alcance do conceito de nascituro e de embrião humano no direito civil contemporâneo e o significado do termo "concepção" e "concebido" no Código Civil brasileiro

Atualmente, observa-se que a própria definição doutrinária clássica de nascituro se encontra em crise. Com as inovações biotecnológicas, especialmente, a fertilização *in vitro*, viabilizou-se a fertilização extracorpórea de óvulos (oócitos), que dá origem ao embrião humano pré-implantatório[31]. A partir daí, alguns autores têm se posicionado favoravelmente ao alargamento do conceito de nascituro, de modo a abranger os referidos embriões, denominados embriões excedentários pelo Código Civil, no conceito jurídico de nascituro, havendo, inclusive, os defensores do reconhecimento da personalidade desses embriões.[32]

Nesta linha, Silmara Juny de Abreu Chinellato pontua que "nascituro é aquele que está por nascer, já concebido", defendendo um "conceito mais amplo de nascituro – o que há de nascer", a partir do qual é possível contemplar tanto o implantado (nascituro) como o embrião pré-implantatório, utilizando, inclusive, a expressão "nascituro pré-implantatório"[33] para se referir aos embriões humanos crioconservados. Cristiane Beuren Vasconcelos aduz que a crise a respeito do conceito de nascituro é "meramente aparente", uma vez que "se a vida humana merece proteção desde a *concepção*, o termo deve ser compreendido dentro de seu significado atual, ou seja, já abarcando a hipótese de ocorrência *in vitro*". Desse modo, entende como "desnecessária [...] a adoção de uma nova terminologia jurídica".[34]

Em que pesem os dissensos em relação ao conceito de nascituro resultantes principalmente do desenvolvimento das ciências biomédicas, em especial das técnicas de fertilização *in vitro*, que possibilitaram a criação e crioconservação de embriões humanos, é necessário esclarecer que se entende, para fins do presente trabalho, como nascituro o ser já concebido, mas que se encontra em gestação no útero de uma mulher. Independentemente da evolução biotecnológica e biomédica em face das técnicas de reprodução assistida, é indispensável fixar os momentos do processo

---

31. Denominado ainda de excedentários ou supranumerários, quando remanescem do processo de implantação no útero de uma mulher para gestação. Em tal caso, permanecem indefinidamente crioconservados ou têm a destinação prevista na Resolução 2.168/2017, do CFM: são doados, inclusive para pesquisa, ou descartados.
32. Cf., por todos, VASCONCELOS, Cristiane Beuren. *A proteção jurídica do ser humano in vitro na era da biotecnologia*. São Paulo: Atlas, 2006, especialmente, p. 72 e ss.
33. ALMEIDA, Silmara Juny Chinelato e. *Tutela civil do nascituro*. São Paulo: Saraiva, 2000, p. 13-15.
34. VASCONCELOS, Cristiane Beuren. *Op. cit.*, p. 73.

da vida humana e a partir dos quais haverá tutela jurídica, que deve se adequar às peculiaridades de cada uma das fases de desenvolvimento.

Pedro Pais de Vasconcelos ressalta a importância de se estabelecer a terminologia relativa ao nascituro, a fim de se evitar possíveis equívocos. Assim, "há que distinguir, a este propósito, a situação de quem ainda não nasceu mas já foi concebido, e a expectativa de alguém vir a ser gerado"[35]. Com base na tradição do próprio Direito, deve-se reservar "a designação *nascituro* para aqueles que já foram concebidos e têm vida no seio da mãe, mas ainda não nasceram", sob a justificativa de que a condição do ente por nascer é uma situação transitória e limitada no tempo[36]. Nesta linha, convém distinguir os *nascituros* dos *concepturos*[37], tendo em vista que estes "não existem, são simples esperanças ou expectativas". O que na verdade existe é a possibilidade de um dia vir a ser gestados.[38]

Considerando que os ciclos da vida humana comportam uma proteção jurídica diferenciada, chegando a seu ápice durante a existência da pessoa a partir do nascimento com vida até a morte natural, nos termos dos respectivos artigos 2º e 6º do Código Civil vigente, não se pode olvidar que o ordenamento contempla uma tutela peculiar e adequada às demais fases constitutivas do ser humano. É preciso, no entanto, realmente extremar aqueles que já foram concebidos e se encontram em gestação – os nascituros – dos embriões que se encontram criopreservados – os concepturos, ou melhor, embriões que não se encontram em gestação. Duas características importam para essa diferenciação e, ao mesmo tempo, justificam, sua permanência, a saber: (*i*) a transitoriedade da condição de nascituro; e, (*ii*) a proximidade com a qualidade de pessoa, tendo em vista ser a fase imediatamente antecedente ao nascimento com vida, requisito para a atribuição da personalidade jurídica, nos termos da codificação vigente.

Estas, contudo, não são características de que gozam os embriões não implantados no útero de mulher para gestação, na medida em que seu estado de crioconservação pode ser por tempo indefinido e, portanto, seu nascimento é totalmente incerto, e em muitos casos talvez jamais ocorra. Diversamente, o desenvolvimento do nascituro, isto é, do embrião implantado e em gestação, tem termo previsto, e somente pode ser interrompido nos casos de aborto espontâneo ou nas hipóteses em que legalmente pode ser provocado no Brasil. O que convém frisar é que o processo gestacional é um contínuo que culmina no nascimento do ser em gestação que somente é interrompido por força de causas naturais ou pela intervenção humana, enquanto o embrião humano congelado precisa da manipulação humana para sair do estado de dormência e ser implantado no útero da mulher, na tentativa de se iniciar a gravidez, o que nem sempre se verifica.

---

35. VASCONCELOS, Pedro Pais de. *Teoria Geral do Direito Civil*. 6 ed., Coimbra: Almedina, 2010, p. 72.
36. *Id. Ibid.*, p. 72-73.
37. Concepturos seriam os embriões ainda não implantados no útero da mulher, ou seja, os embriões crioconservados em laboratórios.
38. VASCONCELOS, Pedro Pais de. *Op. cit.*, p. 72-73.

Isto demonstra que a equiparação entre nascituros e embriões congelados não implantados no útero deve ser evitada, tendo em vista que se trata de fases diferenciadas do desenvolvimento da vida humana que cabe ao Direito tutelar de forma específica. Há, contudo, um momento comum nos dois casos que suscita grande debate quanto aos efeitos jurídicos: o momento da concepção, entendida como a fertilização do óvulo pelo espermatozoide, a partir da qual se inicia o processo de divisão celular para constituição de um novo ser humano, que passará por várias fases e se estenderá por nove meses até seu nascimento. Tradicionalmente, do ponto de vista natural, a concepção ocorria dentro do ventre materno e em decorrência do contato sexual. Atualmente, as técnicas reprodutivas artificiais permitem a desvinculação entre o ato sexual e a procriação, na medida em que possibilita a geração de um novo ser humano sem a manutenção de uma relação sexual e, principalmente, que a concepção ocorra em laboratório.

Cabe observar que a concepção é um termo que tem conceito médico[39], nascituro não. São termos que não se confundem, pois todo nascituro (o que está para nascer) foi concebido, mas nem todo concebido é um nascituro (caso dos embriões congelados). O problema está em entender como nascituros os embriões já concebidos, mas que não se encontram em gestação (e que poderão nunca ser gestados) e atribuir-lhes a mesma situação dos que estão na fase gestacional.

Ainda que concepção seja um termo oriundo da literatura médica, deve-se investigar qual o significado que o legislador civil utilizou. Os termos "concepção" e "concebidos" surgem ao longo da codificação atual em cinco dispositivos, a saber: (*i*) no art. 2º se asseguram os direitos do nascituro desde a concepção; (*ii*) a presunção criada para os filhos havidos na constância do casamento e fruto das técnicas de reprodução assistida, nos termos do art. 1.597, inciso III, IV e V; (*iii*) a prova da impotência à época da concepção ilide a presunção de paternidade, conforme previsto no art. 1.599; e, por fim, (*iv*) na ordem de vocação hereditária geral, imposta no art. 1.798, e (*v*) na testamentária, estabelecida no art. 1.799, inciso I, além da substituição fideicomissária, conforme reza o art. 1.952, todos do Código Civil vigente.

Na busca para a compreensão da expressão *concepção* adotada pelo legislador no art. 2º para fins de proteção de direitos ao nascituro e, assim, o conceito de nascituro, é preciso analisar o sentido e a razão da utilização deste termo em diferentes passagens do texto codificado, seja para designá-lo em sua qualidade de ser já existente,

---

39. Segundo a literatura médica: "É muito grande o interesse no desenvolvimento humano antes do nascimento, em grande parte pela própria curiosidade sobre os primórdios da nossa formação e também pelo desejo de melhorar a qualidade de vida. Os intrincados processos pelos quais um bebê se desenvolve a partir de uma única célula são miraculosos [...]. O desenvolvimento humano é um processo contínuo que se inicia quando um ovócito (óvulo) de uma fêmea é fertilizado por um espermatozoide de um macho". Esclarece-se, ainda, que "[...] é difícil determinar exatamente quando a fertilização (concepção) ocorre, porque o processo não pode ser observado *in vivo* (no interior do corpo vivo)". É consensual, no entanto, que o "zigoto é o início de um novo ser humano (ou seja, um embrião)", sendo definido como a "célula resulta[nte] da união do ovócito ao espermatozoide durante a fertilização" (MOORE, Keith L; PERSAUD, T. V. N.; TORCHIA, Mark G. *Embriologia clínica*. 7. ed., Trad. de Adriana Paulino do Nascimento et all. Rio de Janeiro: Elsevier, 2004, p. 1-3).

ou seja, como concebido em gestação, seja a fim de se referir a filiação eventual, isto é, aos ainda não concebidos.

A referência ao ente ainda não concebido remonta à figura da prole eventual, admitida pelo Código Civil de 1916 no art. 1.718. À luz da codificação anterior, a prole eventual seria beneficiária da sucessão testamentária, desde que seus futuros pais fossem vivos no momento da abertura da herança. De acordo com Orlando Gomes, os "nascituros não concebidos", como ele preferia denominar, "têm capacidade sucessória, se filhos forem de pessoa determinada, viva ao tempo da abertura da sucessão ou se instituídos por substituição fideicomissária, hipótese em que não se exige o laço de parentesco"[40]. Para Guilherme Calmon Nogueira da Gama, o inciso I do art. 1.799 do Código Civil vigente "repete, com redação aperfeiçoada, a regra da parte final do revogado art. 1.718, CC de 1916"[41]. Assim, à luz da codificação vigente, admite-se que "a título excepcional, [...] na sucessão testamentária haja vocação hereditária da prole eventual de determinada pessoa existente na época do falecimento do testador".[42]

Critica-se contemporaneamente a insistência da doutrina em utilizar a expressão "prole eventual", "em boa hora abandonada pelo Código Civil", preferindo adotar a dicção "filiação eventual". Sustenta-se que a mudança é salutar, na medida em que soterra as "infindáveis discussões, pois se questionava se 'prole eventual' contemplava ulteriores descendentes, como netos ou bisnetos da pessoa indicada no testamento"[43]. A redação aperfeiçoada não deixa mais dúvidas de que somente podem ser nomeados como herdeiros testamentários os filhos não concebidos da pessoa indicada pelo testador.

A doutrina aponta, contudo, que, por força do princípio constitucional da plena igualdade entre os filhos, o vínculo de filiação entre a pessoa indicada no testamento e o herdeiro contemplado pode ter qualquer origem. Ou seja, a expressão "filhos ainda não concebidos" (art. 1.799, inciso I) contempla, além da filiação consanguínea: "(a) o filho resultado da reprodução assistida heteróloga (CC 1.597 V); (b) o que detém a posse de estado de filho; e (c) o filho cuja adoção ocorrer depois da morte do adotante (CC 1.628)"[44]. Desse modo, a capacidade sucessória testamentária na filiação eventual pode abranger aqueles embriões pré-implantatórios, desde que sejam implantados no útero da mulher para gestação e nasçam com vida no período de dois anos, conforme determina o § 4º do art. 1.800.

Diferente, contudo, é a situação do nascituro, que possui capacidade sucessória geral. Nos termos do art. 1.798, "legitimam-se a suceder as pessoas nascidas ou já concebidas no momento da abertura da sucessão". A segunda parte do dispositivo

---

40. GOMES, Orlando. *Sucessões*. 15. ed., rev. e atual. por Mario Roberto Carvalho de Faria. Rio de Janeiro: Forense, 2012, p. 31.
41. GAMA, Guilherme Calmon Nogueira da. *Direito Civil*: sucessões. 2. ed., São Paulo: Atlas, 2007, p. 44.
42. *Id. Ibid.*, p. 44.
43. DIAS, Maria Berenice. *Manual das sucessões*. 2. ed., São Paulo: Revista dos Tribunais, 2011, p. 337.
44. *Id. Ibid.*, p. 339.

OS DESAFIOS DA REPRODUÇÃO ASSISTIDA *POST MORTEM* E SEUS EFEITOS SUCESSÓRIOS

trata da capacidade sucessória do nascituro, que foi contemplado na ordem de vocação hereditária legítima, sob a condição de nascer com vida. O legislador foi infeliz na redação do mencionado dispositivo, tendo em vista que ao se referir as pessoas já concebidas, permitiu que debates se aglomerassem em torno da extensão da regra do art. 1.798 aos embriões concebidos *in vitro*.

O Código Civil de 1916 não dispôs sobre a capacidade para suceder na sucessão legítima do nascituro, embora doutrina e jurisprudência lhe estendessem este direito[45]. Em relação à capacidade sucessória para adquirir por testamento, o Código pretérito tratou o assunto de maneira assistemática e confusa ao prever no art. 1.717 que "podem adquirir por testamento as pessoas existentes ao tempo da morte do testador, que não forem por este Código declaradas incapazes". Em seguida, estabelecia que os absolutamente incapazes de adquirir por testamento seriam "os indivíduos não concebidos até a morte do testador, salvo se a disposição deste se referir à prole eventual de pessoas por ele designadas e existentes ao abrir-se a sucessão". Da interpretação conjunta dos dispositivos, era possível se inferir que o nascituro possuía capacidade para suceder na modalidade testamentária.

No campo do direito de filiação, de acordo com o art. 1.597, incisos III, IV e V[46], presumem-se concebidos na constância do casamento os filhos havidos por técnicas de reprodução assistida homóloga mesmo que falecido o marido (III) ou, a qualquer tempo, quando se tratar de embriões excedentários (IV), bem como os havidos por inseminação artificial heteróloga, desde que haja prévia autorização do marido (V). Sabe-se que em qualquer dessas hipóteses há possibilidade de a mulher engravidar após a morte do marido, quer seja pela utilização de seu sêmen, quer pela implantação de embrião congelado, sendo que se exige a autorização do falecido para os casos de reprodução assistida heteróloga. Dessa maneira, percebe-se que a expressão "concebidos" neste artigo também abrange os embriões criados através das técnicas de reprodução assistida e ainda não implantados no útero para iniciar-se a gestação.

---

45. Na verdade, o Código Civil de 1916 previa somente a capacidade para adquirir por testamento. O artigo 1.717 dispunha: "Podem adquirir por testamento as pessoas existentes ao tempo da morte do testador, que não forem por este Código declaradas incapazes". No dispositivo subsequente, o legislador pretérito esclarecia quem era os absolutamente incapazes de adquirir por testamento ("Art. 1.718. São absolutamente incapazes de adquirir por testamento os indivíduos não concebidos até a morte do testador, salvo se a disposição deste se referir á prole eventual de pessoas por ele designadas e existentes ao abrir-se a sucessão"). Sobre tal imprecisão, Clóvis Bevilácqua lecionava: "Distingue o código entre incapacidade absoluta e incapacidade relativa. Absoluta é a da pessôa que ainda não está concebida ao tempo da morte por testador. A incapacidade absoluta resulta não como devera ser, da falta de personalidade, mas da não existência. O embryão (*sic*) não tem personalidade, mas póde (*sic*) adquirir por testamento. Manifesta-se aqui a inconsequência do systema (*sic*), que recusa personalidade ao nascituro. Embora absoluta, a incapacidade não concebida admitte (*sic*) uma excepção (*sic*) a favor da prole futura" (*Código Civil dos Estados Unidos do Brasil Comentado*, vol. VI, 3. ed., 1935, p. 174).

46. Com o objetivo de reparar os equívocos cometidos pelo legislador ordinário ao utilizar as expressões relativas ao conjunto das técnicas de reprodução assistida, foi aprovado o enunciado n. 105, da I Jornada de Direito Civil do Conselho da Justiça Federal: "Art. 1.597: as expressões 'fecundação artificial', 'concepção artificial' e 'inseminação artificial' constantes, respectivamente, dos incs. III, IV e V do art. 1.597 deverão ser interpretadas como 'técnica de reprodução assistida'".

Por fim, o Código Civil faz referência, ainda, ao termo "concepção" quando reza que "a prova da impotência do cônjuge para gerar, à época da concepção, ilide a presunção da paternidade" (art. 1.599). Doutrina contemporânea sustenta que este dispositivo "não dispõe de qualquer razão de ser", eis que "modernas técnicas afastam cada vez mais a infertilidade e, no mundo pós-moderno, é descabido falar em impotência". Além do mais, ressalta que "toda a discussão travada sobre a alegação – ou até mesmo a prova – da impotência, quer para a mantença de relações sexuais (impotência *coeundi*), quer para procriar (impotência *generandi*), acaba se esvaziando" em razão da alta probabilidade de certeza do vínculo genético afiançado pelo exame de DNA. É claro que o fenômeno da "sacralização" do DNA deve ser afastado, tendo em conta que nem sempre a comprovação científica do liame consanguíneo deve preponderar em face da paternidade socioafetiva. Afinal, já se afirmou que a "a paternidade em si mesma não é um fato da natureza, mas um fato cultural"[47], o que reclama a desconstrução do discurso da preponderância genética sobre a socioafetiva em sede de filiação, que após avanços importantes foi posta em xeque pela confiabilidade e alto grau de certeza dos testes de DNA.[48]

Percebe-se, portanto, que o legislador não conferiu tratamento uniforme quanto ao uso da expressão "concepção" no decorrer do Código Civil, pois em que pese tradicionalmente o termo se refira ao nascituro, conforme preconiza o art. 2º – embora haja divergência –, em outras passagens do texto codificado ele faz referência tanto ao nascituro, ou seja, aquele que se encontra em gestação, quanto aos embriões havidos por técnicas de reprodução assistida (arts. 1.597, III, IV e V, e 1.798). Assim, a concepção não é um critério hábil para a qualificação do nascituro, que se caracteriza pelo fato da gestação se encontrar em curso, razão pela qual se diz que nascituro é aquele que foi implantado no útero feminino e que se encontra em desenvolvimento. Por outro lado, a concepção, e não a gestação em si, parece ser o fundamento da presunção de paternidade, previsto no art. 1.597 do Código Civil, nos casos de filhos havidos por meio das técnicas de reprodução humana assistida durante o casamento ou mesmo após a morte do pai, se autorizado em vida a utilização do material genético.

4.2 Reprodução assistida *post mortem*, vocação hereditária dos embriões congelados e as controvérsias sobre o prazo prescricional

A questão da reprodução assistida *post mortem* gera infindáveis debates no direito brasileiro resultantes principalmente do art. 1.597, inc. III e IV, do Código Civil

---

47. Ver, por todos, VILLELA, João Baptista. A desbiologização da paternidade.In: *Revista da Faculdade de Direito da UFMG*. Belo Horizonte, ano XXVII, n. 21, 1979, *passim*; e, BARBOZA, Heloisa Helena. Novas relações de filiação e paternidade. In: *Anais do I Congresso Brasileiro de Direito de Família*, Belo Horizonte: Del Rey, 1998.
48. Cabe lembrar o que o Supremo Tribunal Federal ao se pronunciar sobre o tema da multiparentalidade e a prevalência da paternidade socioafetiva em detrimento da paternidade biológica, por maioria e nos termos do voto do Relator, fixou a tese n. 622 nos seguintes termos: "A paternidade socioafetiva, declarada ou não em registro público, não impede o reconhecimento do vínculo de filiação concomitante baseado na origem biológica, com os efeitos jurídicos próprios". Desse modo, não há hierarquia entre paternidade biológica e socioafetiva, que, a depender do caso concreto, podem ser concomitantes.

vigente, que cuidam da hipótese de presunção de paternidade nos casos de reprodução assistida homóloga, mesmo que falecido o pai. Parte da doutrina se posiciona de maneira desfavorável à aceitação do uso das técnicas de reprodução assistida *post mortem*, sob a justificativa de a futura criança vir a nascer sem a figura do pai, fato que afrontaria o direito à biparentalidade e o princípio da paternidade responsável, e, por via de consequência, a própria dignidade do filho a porvir[49]. Por outro lado, com o reconhecimento da família monoparental em sede constitucional no art. 226, § 4º, outros autores entendem ser possível a constituição da monoparentalidade através do recurso à reprodução artificial *post mortem*.[50]

Nessa linha, a Resolução n. 2.168/2017 do CFM estabelece no item VIII que é "permitida a reprodução assistida *post-mortem* desde que haja autorização prévia específica do(a) falecido(a) para o uso do material biológico criopreservado, de acordo com a legislação vigente". Cabe frisar que o Provimento n. 63, de 14 de novembro de 2017, do Conselho Nacional de Justiça, que dispõe sobre o registro de nascimento e emissão da respectiva certidão dos filhos havidos por reprodução assistida, entre outros, prevê, no § 2º, do art. 17, que, além dos documentos necessários para o registro independentemente de autorização judicial, nos casos de reprodução assistida *post mortem*, "deverá ser apresentado termo de autorização prévia específica do falecido ou falecida para uso do material biológico preservado, lavrado por instrumento público ou particular com firma reconhecida"[51]. Tal previsão reforça o reconhecimento da reprodução assistida *post mortem* no direito brasileiro.

Desse modo, apesar da ausência de lei específica sobre o assunto, é possível concluir, em conformidade com os valores constitucionais, especialmente diante do direito ao livre planejamento familiar, que a reprodução assistida *post mortem* é admitida no direito pátrio. Em outros termos, não há afronta à paternidade responsável e ao melhor interesse do filho a porvir, eis que tais princípios se densificam apenas a partir do exercício efetivo e emancipatório da autoridade parental independentemente do modelo familiar escolhido. Além disso, a biparentalidade, por si só, não assegura

---

49. Rose Melo Vencelau Meireles entende que "acolher a possibilidade de uma pessoa ser concebida sem pai, é frustrá-la do convívio familiar e, principalmente, afrontar a sua dignidade. A criança tem direito à biparentalidade", refutando a possibilidade de argumentação com base na proteção às famílias monoparentais, "pois o que se pretende com a norma do §4º do art. 226 da CF é que também tenham proteção do Estado, uma vez que venham a se formar tais circunstâncias. Diferencia-se a hipótese do legislador estimular certas situações, daquela em que se protege uma situação em que venha ocorrer, como na concretização da família monoparental" (*O elo perdido da filiação: entre a verdade jurídica, biológica e afetiva no estabelecimento do vínculo paterno-filial*. Rio de Janeiro: Renovar, 2004, p. 56).

50. Neste sentido, v. CHINELATO, Silmara Juny. *Comentários ao Código Civil*: parte especial: do direito de família. Vol. 18 (arts. 1.591 a 1.710). AZEVEDO, Antônio Junqueira de (Coord.). São Paulo: Saraiva, 2004; DIAS, Maria Berenice. *Manual de Direito das Famílias*. 8 ed., rev. e atual. São Paulo: Revista dos Tribunais, 2011; FARIAS, Cristiano Chaves de; ROSENVALD, Nelson. *Direito das Famílias*. 3 ed. rev., ampl. e atual. Rio de Janeiro: Lumen Juris, 2011; ALMEIDA, Vitor. O Direito ao Planejamento Familiar e as novas Formas de Parentalidade na Legalidade Constitucional. In: *Direito Civil*: Estudos - Coletânea do XV Encontro dos Grupos de Pesquisa – IBDCIVIL. São Paulo: Blucher, 2018, pp. 419-448.

51. O provimento n. 52/2016, que anteriormente regia o assunto, previa apenas o documento por instrumento público.

o desenvolvimento sadio da futura criança, mesmo porque impossível garantir tal formação dúplice familiar, visto que o pai pode falecer durante a fase gestacional. Acresça-se ao debate a família monoparental, constitucionalmente reconhecida, à qual não deve ser negado o direito ao planejamento familiar. O tema é complexo e escapa, assim, dos limites do presente estudo.[52]

Superados os obstáculos à possibilidade de reprodução assistida *post mortem*, descortinam-se as questões relativas aos direitos sucessórios dos filhos póstumos, que incluem saber se os embriões concebidos após a morte e os que se encontrem congelados na data da abertura da sucessão possuem legitimidade sucessória e, portanto, integram a ordem de vocação hereditária. Observe-se que o Código Civil ao relacionar as hipóteses de presunção de paternidade não estabeleceu qualquer prazo nos incisos III, IV e V, diferentemente do que fez nos incisos I e II, ensejando o surgimento de filhos póstumos a qualquer tempo. Fica em aberto o momento em que pode ocorrer a gestação dos embriões já concebidos, que é o caso dos excedentários, ou até dos não concebidos ao tempo da abertura da sucessão, em razão do disposto nos incisos IV e V. Em consequência, permanece pendente por tempo indeterminado, se não a transmissão, o deferimento da herança, que poderá jamais se operar, uma vez que, tanto nas hipóteses do art. 1.597, inc. III, IV e V, existe apenas uma possibilidade, cuja verificação dependerá de diversos fatores.[53]

Cabe lembrar, como destacado, que a transmissão da herança se opera em favor dos herdeiros existentes no momento da abertura da sucessão, a teor do art. 1.784, do Código Civil, que além disso devem estar legitimados a receber, nos termos do art. 1.798, do mesmo diploma. Guilherme Calmon Nogueira da Gama, ao enfrentar a possibilidade da vocação dos embriões congelados na sucessão *causa mortis* legítima, esclarece que:

> [...] deve-se considerar, de acordo com o sistema introduzido pelo novo CC, que o embrião não implantado não pode ser considerado no bojo do art. 1.798, CC, porquanto no sistema jurídico brasileiro é vedada a possibilidade da reprodução assistida *post mortem*, diante dos princípios da dignidade da (futura) pessoa humana, da igualdade dos filhos em direitos e deveres e, principalmente, do melhor interesse da criança (arts. 226, § 7º, e, 227, *caput*, e § 5º, ambos da Constituição Federal).[54]

No que tange à tutela sucessória, Maria Berenice Dias defende que não é possível excluir herdeiro por ter sido concebido através das técnicas de reprodução assistida *post mortem*, independentemente da modalidade – se homóloga ou heteróloga, mas

---

52. Ver sobre o assunto: BARBOZA, Heloisa Helena. A reprodução humana como direito fundamental. In: DIREITO, Carlos Alberto Menezes; TRINDADE, Antônio Augusto Cançado; PEREIRA, Antônio Celso Alves (Orgs.). *Novas Perspectivas do Direito Internacional Contemporâneo*. Rio de Janeiro: Renovar, 2008, p. 777-801.

53. Cabe sublinhar que embora não se aplique, por lei, a presunção de paternidade na hipótese de união estável, em havendo autorização expressa para utilização do material genético do companheiro falecido é possível o registro de nascimento independentemente de decisão judicial, uma vez que o Provimento n. 63/2017 não diferencia os filhos havidos de reprodução assistida post mortem de pais casados ou que viviam em união estável. Cf. TEPEDINO, Gustavo; NEVARES, Ana Luiza Maia; MEIRELES, Rose Melo Vencelau. *Fundamentos do direito civil*: direito das sucessões. v. 7, Rio de Janeiro: Forense, 2020, p. 77.

54. GAMA, Guilherme Calmon Nogueira da. *Op. cit.*, p. 43.

nesta ressalva a indispensabilidade da autorização –, por força do princípio constitucional da igualdade assegurada à filiação, conforme reza o art. 227, § 6º. A autora crítica aqueles que indicam o prazo de dois anos para a concepção póstuma em analogia ao art. 1800, § 4º, pois "esta limitação não tem qualquer justificativa". Afirma que a "tentativa de emprestar segurança aos demais sucessores não deve prevalecer sobre o direito hereditário do filho que veio a nascer, ainda que depois de alguns anos".[55]

Alerta a doutrina que a "legitimidade sucessória se rege pelo princípio da co-existência, o qual seria afastado caso se admita a legitimidade sucessória dos filhos havidos de reprodução assistida *post mortem*"[56]. A rigor, a regra do 1.798 diz respeito à legitimação e não à vocação propriamente dita, que é o chamamento dos herdeiros. Desse modo, cabe frisar que os embriões congelados somente serão chamados a suceder se (*i*) vierem a ser implantados e (*ii*) nascerem com vida. Por isso, não há que se falar em sucessão do embrião congelado[57], mas tão somente em legitimidade sucessória sujeita ao futuro nascimento com vida para efetivar sua vocação hereditária.

De fato, é preciso assegurar os direitos sucessórios não apenas aos filhos concebidos/implantados fisiologicamente que venham a nascer após a abertura da sucessão de seus pais, mas também aos gerados através de técnica de reprodução assistida, que se conclua ou realize *post mortem* de seus pais.

A aplicação do prazo previsto no art. 1.800, § 4º, se revela profundamente restritiva e prejudicial ao filho posteriormente gerado, além de propiciar grande insegurança jurídica, quando se considera a permissão dada pela Lei ao testador para estabelecer "disposição em contrário", subtraindo a herança que caberia aos herdeiros legítimos, conforme prevê o citado § 4º. É de se questionar como resolver a situação dos concebidos e/ou nascidos depois do prazo de dois anos, possibilidade que não pode ser descartada quando se trata das técnicas de reprodução assistida. Não parece razoável inibir, por força da aplicação analógica de um dispositivo pertinente à sucessão testamentária, o direito de herdeiro necessário, que venha a nascer dois anos após a abertura da sucessão. Nestes termos, parece mais adequada a prescrição contida no enunciado n. 267, da III Jornada de Direito Civil, promovido pelo Centro de Estudos Judiciários da Justiça Federal: "A regra do art. 1.798 do Código Civil deve ser estendida aos embriões formados mediante o uso de técnicas de reprodução assistida, abrangendo, assim, a vocação hereditária da pessoa humana a nascer cujos efeitos patrimoniais se submetem às regras previstas para a petição da herança".

Há, contudo, que se admitir que tal prazo prescricional pode se estender por período ainda maior, uma vez que, nos termos do art. 198, inc. I, do Código Civil, não corre a prescrição contra os absolutamente incapazes. Por isso, adverte a doutrina que "[H] haveria assim, pelo menos, 26 anos até a prescrição do pedido da petição de herança

---

55. DIAS, Maria Berenice. *Op. cit.*, p. 122 e 124.
56. TEPEDINO, Gustavo; NEVARES, Ana Luiza Maia; MEIRELES, Rose Melo Vencelau. *Op. cit.*, p. 76.
57. Cf. MEIRELLES, Jussara Maria Leal de. Sucessão do embrião. In: TEIXEIRA, Daniele Chaves (coord.). *Arquitetura do Planejamento Sucessório*. 2. ed., ver. ampl. e atual., Belo Horizonte: Fórum, 2019, pp. 209-221.

(16 anos de vida do sucessor mais 10 anos do prazo de petição de herança, além do prazo necessário para a implantação do embrião e para eventual controvérsia judicial com herdeiros), o que é tempo demasiadamente longo para se concluir a sucessão de alguém"[58]. Já se propôs como alternativa a utilização de testamento para limitar o lapso temporal em que a reprodução assistida *post mortem* poderia ocorrer[59]. Cabe mencionar que tal problema não afeta exclusivamente os filhos póstumos oriundos das técnicas reprodutivas. Considerando que o prazo prescricional não corre contra qualquer herdeiro absolutamente incapaz, pode acontecer problema similar no caso de haver ação investigatória de paternidade, que é imprescritível. Em tal hipótese, o início da contagem do prazo de prescrição para petição de herança só começa a correr após a decisão definitiva que reconhece a paternidade e legitima o pedido de petição da herança que, afinal, cabe ao filho reconhecido desde a abertura da sucessão.

A possibilidade de implantação de embriões após morte de um do cônjuges já alcançou nossas instâncias pretorianas. O Tribunal de Justiça de São Paulo rejeitou pedido de autorização para utilização de material genético de falecido para fins de reprodução assistida *post mortem*, por entender que a retirada ocorreu após o óbito e sem a expressa autorização do falecido em vida.[60]

Em outro caso, em reforço ao elemento volitivo, o referido Tribunal entendeu, em ação movida pelos filhos do falecido contra o hospital Sírio Libanês e o cônjuge sobrevivente, que em respeito ao acordo firmado em vida pelo casal os embriões congelados ficariam sob o guarda do supérstite.[61]

Em sede de recurso especial, o conflito acima começou a ser apreciado pela 4ª turma do Superior Tribunal de Justiça. No caso concreto, os filhos do homem falecido, havidos de seu primeiro casamento, contestam a decisão do tribunal paulista, que ao reformar a sentença permitiu que a terceira esposa do pai realizasse a implantação dos embriões após o seu falecimento.[62]

O Ministro Relator, Marco Buzzi, votou no sentido de permitir a implantação dos embriões criopreservados, eis que em seu entendimento é incontroverso que o falecido nutria o desejo, em vida, de ter filhos com sua esposa, tanto que se submete-ram ao processo de fertilização *in vitro*, realizando o falecido, inclusive, procedimento cirúrgico de aspiração de espermatozoides para tal fim. Ressaltou, ainda, o Relator que, caso a implantação seja bem-sucedida, haverá "induvidosas consequências em suas esferas de direitos, em especial sucessórios e patrimoniais".

---

58. TEPEDINO, Gustavo; NEVARES, Ana Luiza Maia; MEIRELES, Rose Melo Vencelau. *Op. cit.*, p. 78.
59. *Id. Ibid.*, p. 78.
60. BRASIL. Tribunal de Justiça do Estado de São Paulo. 7ª Câm. de Dir. Priv. Apelação nº 1000586-47.2020.8.26.0510, Rel. Des. José Rubens Queiroz Gomes, julg. 11 fev. 2021.
61. BRASIL. Tribunal de Justiça do Estado de São Paulo. 9ª Câm. de Dir. Priv. Apelação nº 1082747-88.2017.8.26.0100, Rel. Des. Ângela Lopes, julg. 19 nov. 2019.
62. BRASIL. Superior Tribunal de Justiça. 4ª T., Resp. n. 1.918.421-SP, Rel. Min. Marco Buzzi, autuado em 02 fev. 2021. Após pedido de vista, o feito encontra-se concluso para julgamento ao Min. Luis Felipe Salomão.

No entanto, o Ministro Luis Felipe Salomão, acompanhado posteriormente pelos Ministros Raul Araújo e Antonio Carlos Ferreira, abriu a divergência e se posicionou pela necessidade de autorização expressa já que implica na expressão da autodeterminação com efeitos para além da vida, com repercussões existenciais e patrimoniais. Desse modo, em 08 de junho de 2021, a Quarta Turma do Superior Tribunal de Justiça (STJ), por maioria, deu provimento ao Recurso Especial nº 1.918.421, reformando a decisão proferida pela 9ª Câmara de Direito Privado do Tribunal de Justiça de São Paulo, no sentido de não autorizar a esposa do finado a realização de implantação de embriões formados com material genético do casal. O principal argumento que impediu o uso do material genético após a morte foi a inexistência de manifestação de vontade prévia, inequívoca, expressa e formal do falecido para efetivação da reprodução.

Tal entendimento no sentido da impossibilidade de implantação de embriões de um casal após a morte de um dos cônjuges sem manifestação expressa e formal descortina velhos dilemas e amplia o debate sobre os limites da disposição do material genético após a morte para fins de procriação. A própria divergência de posicionamento no âmbito do STJ, com o voto vencido do relator, Ministro Marco Buzzi e da Ministra Maria Isabel Gallotti, no sentido de permitir a implantação de embriões *post mortem*, demonstra a acesa controvérsia sobre o assunto e permanecem, portanto, as dúvidas a respeito dos direitos sucessórios dos filhos póstumos, fruto de reprodução assistida após a morte do pai ou da mãe, ou, inclusive, de ambos, que envolvem a aplicabilidade do prazo prescricional de dez anos para pleitear a herança, de acordo com o art. 205, observado o impedimento ao curso do prazo previsto no art. 198, inc. I, ambos do vigente Código Civil.

5. CONSIDERAÇÕES FINAIS

As técnicas de reprodução humana assistida há tempos desafiam os dogmas jurídicos calcados em fatos naturais antes tidos como certos e imutáveis, a iniciar com o repensar dos próprios institutos da paternidade e da maternidade, colocados em xeque com o uso de material heterólogo e a gestação de substituição. Indubitável que tais técnicas atingem a "sacralidade" da natureza e permitem que pessoas solteiras, casais homoafetivos e transgêneros[63] tenham acesso ao projeto parental biologicamente vinculado, mas sem a manutenção de relação sexual para esse fim. Como visto, é crescente no Brasil a procura pelos serviços de reprodução assistida, o que descortina questões relacionadas à efetividade do direito ao planejamento familiar e à própria fundamentalidade do direito à reprodução, já havendo demandas

---

63. Por força da Resolução n. 2.283/2020 do Conselho Federal de Medicina que alterou a redação do item II.2 da Resolução n. 2.168/2017, atualmente é "permitido o uso das técnicas de RA para heterossexuais, homoafetivos e transgêneros". Cabe destacar que na redação original mencionava-se "relacionamentos homoafetivos e pessoas solteiras, respeitado o direito a objeção de consciência por parte do médico", sendo que a parte final não foi reproduzida na redação atual. Além disso, ao mencionar "heterossexuais, homoafetivos e transgêneros" contempla pessoas solteiras ou em relacionamentos.

relativas à obrigação do Poder Público de custear tais técnicas, bem como dos planos de saúde cobrir os custos da reprodução assistida.

O substancial aumento na importação de material genético[64] e as demandas judiciais que envolvem pedidos de autorização para utilização de material genético de pessoas falecidas revelam novos desafios, especialmente em razão da inexistência de lei específica sobre o assunto. Diante desse cenário, dilemas sobre o direito ao conhecimento da ascendência genética transnacional e os direitos sucessórios do embriões crioconservados se colocam como novas fronteiras rompidas pelas técnicas de reprodução assistida. A legitimidade sucessória dos embriões congelados, o direito ao material genético deixado pelo autor da herança, assim como as controvérsias a respeito do prazo prescricional, examinados acima, são problemas que integram o rol de situações que reclamam solução urgente do legislador.

Ao se analisar as diversas correntes e perspectivas sobre o tema, concluiu-se que aplicar a regra do § 4º, do art. 1.798 c/c 1.800, do Código Civil, para resolver a ausência de prazo no art. 1.597, da Lei Civil, para a conclusão da técnica de reprodução assistida iniciada pelo casal, não parece a melhor solução. Cabe lembrar que, além das razões acima apontadas, a imposição de uma limitação temporal para o nascimento do filho acabaria por restringir indiretamente o direito de a mulher decidir sobre ter, e de quando ter, o filho, que lhe é assegurado constitucionalmente (art. 226, § 7º), já que o filho, havido após dois anos não seria herdeiro. Além disso, haveria afronta ao princípio da plena igualdade entre os filhos, uma vez que excluídos estariam os havidos após o prazo. Considere-se, ainda, não ser recomendável aplicar limitações de qualquer ordem por interpretação extensiva. Em resumo, não fica satisfatoriamente respondida a pergunta: o que ocorreria caso houvesse concepção (ou gravidez) após os dois anos? Qual o fundamento para se negar os direitos sucessórios, de origem constitucional, a um potencial herdeiro necessário concebido ou nascido após esse prazo?

Em face de tais argumentos, aplicar o prazo prescricional, para limitar apenas a possibilidade de petição da herança, mantendo o respeito às normas sobre contagem do prazo, ainda que isto acarrete um prazo mais longo, parece ser a solução que melhor atende os valores estampados na tábua axiológica constitucional, uma vez que não ofende a origem da filiação e nem desampara o filho fruto de reprodução assistida *post mortem*.

Destaque-se, por fim, que a observância do princípio da plena igualdade entre os filhos não deve implicar o afastamento do prazo prescricional para a petição de herança, direito de natureza patrimonial. Esta proposta, se não é a solução ideal,

---

64. "Nos últimos sete anos (2011 a 2017) foram emitidas anuências referentes à importação de 1.950 amostras seminais e 357 oócitos. Somente no ano de 2017 foram emitidas 860 anuências de importação de amostras seminais e 321 oócitos". ANVISA. *2º Relatório Dados de Importação de Células e Tecidos Germinativos para Uso em Reprodução Humana Assistida*. 2018, p. 5. Disponível em: https://www.gov.br/anvisa/pt-br/centrais-deconteudo/publicacoes/sangue-tecidos-celulas-e-orgaos/relatorios-de-importacao-reproducao-humana--assistida/2o-relatorio-de-importacao-reproducao-humana-assistida-2018.pdf. Acesso em 20 mai. 2021.

pelo menos atende à orientação constitucional, preservando, independentemente de prazo, os direitos existenciais, como o direito ao estado de filho e, por conseguinte, ao nome e ao parentesco pela linha paterna ou materna. Mesmo que nada receba na sucessão do falecido genitor, o filho póstumo, nascido a qualquer tempo, terá eventual direito à herança de seus avós por direito de representação, bem como a herdar de outros parentes.

6. REFERÊNCIAS

ALMEIDA JUNIOR, Vitor de Azevedo. Personalidade, titularidade e direitos do nascituro: esboço de uma qualificação. *Revista OAB/RJ,* Edição Especial - Direito Civil, v. 01, p. 01-45, 2018.

ALMEIDA, Silmara Juny Chinelato e. *Tutela civil do nascituro.* São Paulo: Saraiva, 2000.

ALMEIDA, Vitor. O direito ao planejamento familiar e as novas formas de parentalidade na legalidade constitucional. *In*: HIRONAKA, Giselda Maria Fernandes Novaes; SANTOS, Romualdo Baptista dos (coord.). *Direito Civil*: estudos - Coletânea do XV Encontro dos Grupos de Pesquisa - IBDCIVIL. São Paulo: Blucher, 2018.

ANVISA. 2º Relatório Dados de Importação de Células e Tecidos Germinativos para Uso em Reprodução Humana Assistida. 2018, p. 5. Disponível em: https://www.gov.br/anvisa/pt-br/centraisdeconteudo/publicacoes/sangue-tecidos-celulas-e-orgaos/relatorios-de-importacao-reproducao-humana-assistida/2o-relatorio-de-importacao-reproducao-humana-assistida-2018.pdf. Acesso em: 20 mai. 2021.

ARAÚJO, Ana Thereza Meireles. Projetos parentais por meio de inseminações caseiras: uma análise ético-jurídica. *Revista Brasileira de Direito Civil - RBDCivil*, v. 24, n. 02, 2020.

BARBOZA, Heloisa Helena. A reprodução humana como direito fundamental. *In*: DIREITO, Carlos Alberto Menezes; TRINDADE, Antônio Augusto Cançado; PEREIRA, Antônio Celso Alves (org.). *Novas perspectivas do Direito Internacional contemporâneo*. Rio de Janeiro: Renovar, 2008.

BARBOZA, Heloisa Helena. Aspectos controversos do Direito das Sucessões: considerações à luz da Constituição da República. *In*: TEPEDINO, Gustavo (org.). *Direito Civil contemporâneo*: novos problemas à luz da legalidade constitucional. São Paulo: Editora Atlas, 2008.

BARBOZA, Heloisa Helena. Novas relações de filiação e paternidade. *Anais do I Congresso Brasileiro de Direito de Família*. Belo Horizonte: Del Rey, 1998.

BARBOZA, Heloisa Helena. Reprodução assistida: questões em aberto. *In*: CASSETTARI, Christiano (org.). *10 anos de vigência do Código Civil brasileiro de 2002*. São Paulo: Saraiva, 2014.

CHINELATO, Silmara Juny. *Comentários ao Código Civil: parte especial*: do direito de família. v. 18 (arts. 1.591 a 1.710); AZEVEDO, Antônio Junqueira de (coord.). São Paulo: Saraiva, 2004.

DIAS, Maria Berenice. *Manual das sucessões*. 2. ed. São Paulo: Revista dos Tribunais, 2011.

DIAS, Maria Berenice. *Manual de Direito das Famílias*. 8 ed., rev. e atual. São Paulo: Revista dos Tribunais, 2011.

FARIAS, Cristiano Chaves de; ROSENVALD, Nelson. *Direito das Famílias*. 3 ed. rev. atual. e ampl. Rio de Janeiro: Lumen Juris, 2011.

FLÁVIO, Lúcio. *Taxa de fecundidade cai 23% e exige novas ações do GDF*. Agência Brasília, 31 mai. 2020. Disponível em: https://www.agenciabrasilia.df.gov.br/2020/05/31/taxa-de-fecundidade-cai-23-e--exige-novas-acoes-do-gdf/. Acesso em: 31 mai. 2021.

GAMA, Guilherme Calmon Nogueira da. Direito Civil: sucessões. 2. ed. São Paulo: Atlas, 2007.

GAMA, Guilherme Calmon Nogueira da. *Herança legítima ad tempus*: tutela sucessória no âmbito da filiação resultante de reprodução assistida póstuma. São Paulo: Revista dos Tribunais, 2017.

GOMES, Orlando. *Sucessões*. 15. ed. Rio de Janeiro: Forense, 2012.

LÔBO, Paulo Luiz Netto. Direito ao estado de filiação e direito à origem genética: uma distinção necessária. *Revista Brasileira de Direito de Família*, n. 19, p. 205, out./dez. 2003.

MEIRELES, Rose Melo Vencelau. *O elo perdido da filiação: entre a verdade jurídica, biológica e afetiva no estabelecimento do vínculo paterno-filial*. Rio de Janeiro: Renovar, 2004.

MEIRELLES, Jussara Maria Leal de. Sucessão do embrião. *In*: TEIXEIRA, Daniele Chaves (coord.). *Arquitetura do planejamento sucessório*. 2. ed. Belo Horizonte: Fórum, 2019.

MOORE, Keith L; PERSAUD, T. V. N.; TORCHIA, Mark G. *Embriologia clínica*. 7. ed. Tradução de Adriana Paulino do Nascimento et al. Rio de Janeiro: Elsevier, 2004.

PEREIRA, Caio Mário da Silva. *Instituições de Direito Civil*: Direito de Família. 24. ed. atual. e ampl., Rio de Janeiro: Forense, 2016. v. 5.

SIMÕES, Celso Cardoso da Silva. *Relações entre as alterações históricas na dinâmica demográfica brasileira e os impactos decorrentes do processo de envelhecimento da população*. Rio de Janeiro: IBGE, Coordenação de População e Indicadores Sociais, 2016. Disponível em: https://biblioteca.ibge.gov.br/visualizacao/livros/liv98579.pdf. Acesso em: 15 jan. 2021.

TABET, Gabriela. A inconstitucionalidade da presunção pater is est. *Revista Trimestral de Direito Civil*, a. 6, v. 22, p. 92, abr./jun. 2005.

TEPEDINO, Gustavo; NEVARES, Ana Luiza Maia; MEIRELES, Rose Melo Vencelau. *Fundamentos do Direito Civil*: Direito das Sucessões. Rio de Janeiro: Forense, 2020. v. 7.

TEPEDINO, Gustavo; TEIXEIRA, Ana Carolina Brochado. *Fundamentos de Direito Civil*: Direito de Família. v. 6. Rio de Janeiro: Forense, 2020.

VASCONCELOS, Cristiane Beuren. *A proteção jurídica do ser humano in vitro na era da biotecnologia*. São Paulo: Atlas, 2006. p. 72 e ss.

VASCONCELOS, Pedro Pais de. *Teoria geral do Direito Civil*. 6. ed. Coimbra: Almedina, 2010.

VILLELA, João Baptista. A desbiologização da paternidade. *Revista da Faculdade de Direito da UFMG*. Belo Horizonte, a. XXVII, n. 21, 1979.

CÔNJUGE E COMPANHEIRO
SÃO HERDEIROS NECESSÁRIOS?

Giselda Maria Fernandes Novaes Hironaka

Professora Titular do Departamento de Direito Civil da Faculdade de Direito da USP. Doutora e Livre Docente pela mesma Faculdade de Direito da USP. Ex-Procuradora Federal. Advogada, consultora e parecerista jurídica. Fundadora e Diretora Nacional (região Sudeste) do Instituto Brasileiro de Direito de Família e Sucessões – IBDFAM. Diretora Nacional (região Sudeste) do Instituto Brasileiro de Direito Civil. Membro do Instituto Brasileiro de Estudos da Responsabilidade Civil – IBERC. Membro do Instituto Brasileiro de Direito Contratual – IBDCont.

Sumário: 1. Introdução – 2. O RE 878.694/MG e a inconstitucionalidade do art. 1.790 do Código Civil – 3. Sucessão no Brasil; 3.1 A ordem de vocação hereditária e a legítima; 3.2 A progressiva proteção sucessória do companheiro ao longo da história e a involução da disciplina normativa do Código Civil – 4. A distensão subjetiva do art. 1.829 do código civil; 4.1 O tratamento igualitário de cônjuge e companheiro à luz da equiparação funcional das entidades familiares; 4.2 O companheiro como herdeiro necessário; 4.2.1 Coerência hermenêutica e empenho dogmático; 4.2.2 Tratamento jurisprudencial – 5. Conclusão – 6. Referências.

1. INTRODUÇÃO

O julgamento do Recurso Extraordinário (RE) 878.694/MG, em 10 de maio de 2017, pelo Pleno do STF representou o reconhecimento e a supressão de uma situação de injustiça, positivada no art. 1.790 do Código Civil, que maculava a disciplina sucessória do companheiro. A decisão pela inconstitucionalidade de referido artigo de lei foi uma mensagem clara com respeito à equiparação das entidades familiares e à necessidade de o sistema jurídico, mais do que atender, realizar, efetivamente, os paradigmas constitucionais.

Desde o início da década de 2000, apontávamos para o desacerto do legislador do Código Civil, então em tramitação, em ignorar as conquistas jurídicas dos companheiros, conferidas por diversas leis editadas nos anos que seguiram à promulgação da Carta de 1988, e em arrojar a união estável para posição hierarquicamente inferior ao matrimônio, pelo menos em termos de tutela jurídica, em total desacordo com os preceitos insculpidos na Constituição.[1]

---

1. A *memória legislativa do Código Civil* fornece-nos precioso material para avaliarmos como se deu a tramitação do Código vigente e para analisarmos de que influências estava imbuído o legislador. A propósito, quando da justificativa da Subemenda de Redação do Relator-Geral n. 56, que visava disciplinar a vocação hereditária do companheiro, anotou o deputado Ricardo Fiuza a inconveniência de tratamento privilegiado do companheiro em relação ao cônjuge, uma vez que a união estável era como um caminho para o matrimônio ou, quando muito, como um matrimônio incompleto. Segundo o deputado, o Projeto deveria refletir "a natureza modelar do casamento, sua irrecusável preeminência" (PASSOS, Edilenice; LIMA, João Alberto de Oliveira. *Memória legislativa do Código Civil* – Tramitação na Câmara dos Deputados: segundo turno. v. 4. p. 73 Brasília: Senado Federal, 2012. Disponível em: https://www2.senado.leg.br/bdsf/handle/id/242712. Acesso em: 20 jul. 2020.).

O reconhecimento da inconstitucionalidade de tratamento legal diverso para a concorrência do cônjuge e a do companheiro, não obstante tenha tardado, enfim ocorreu. Foi um passo importante, mas ainda o primeiro de um longo caminho que precisa ser trilhado.

O objetivo do presente artigo é contribuir com as discussões que têm buscado delinear esse caminho, apontando para a equiparação dos direitos sucessórios do cônjuge e do companheiro. Muitas outras noções e normas precisarão ser revistas, das quais uma das mais importantes é o reconhecimento do companheiro como herdeiro necessário. Este é o objeto e o foco do trabalho.

Muito embora amparado na técnica processual[2], ao julgar o RE 878.694/MG, o STF perdeu a oportunidade de declarar o companheiro como herdeiro necessário, o que, em boa medida, cooperaria para a sua plena equiparação sucessória ao cônjuge, além de adiantar uma discussão que, sem dúvida, precisará ser enfrentada no futuro, muito embora já venha sendo debatida, nas instâncias inferiores da Justiça, com aparente uniformidade.

De posse desses pressupostos, nas linhas que seguem, em análise histórica, doutrinária e jurisprudencial, buscamos discutir os efeitos do julgamento do RE 878.694/MG sobre o Direito das Sucessões no Brasil, defendendo o reconhecimento do companheiro como herdeiro necessário.

2. O RE 878.694/MG E A INCONSTITUCIONALIDADE DO ART. 1.790 DO CÓDIGO CIVIL

O RE 878.694/MG consiste em reclamo tirado contra decisão do TJMG que, na linha do quanto estabelecido pelo STJ, reformou a sentença que julgou o caso em primeiro grau de jurisdição, limitando, nos termos do art. 1.790 do Código Civil, a um terço dos bens adquiridos, onerosamente, durante a união estável o direito sucessório de companheira que litigava contra os irmãos do autor da herança.

No recurso extraordinário interposto pela companheira, analisou-se a validade de referido artigo de lei, buscando responder se a distinção, para fins sucessórios, entre a família proveniente do casamento e a proveniente de união estável era legítima. Prevaleceu a posição traçada no voto do relator, Ministro Luís Roberto Barroso, posição esta que foi seguida pela maioria da Corte.

Em seu voto, o Ministro relator defendeu a necessidade de se reconhecer a família como o ambiente de desenvolvimento dos seus membros, e não como mera instituição

---

2. m dos princípios que regem a atividade decisória do juiz é o princípio da congruência. Foi a adstrição a esse princípio que impediu o Supremo de avançar na discussão do regime sucessório do companheiro, não obstante a provocação do IBDFAM a que Corte se manifestasse acerca da aplicabilidade, às uniões estáveis, do art. 1.845 e de outros dispositivos do Código Civil que conformam o regime sucessório dos cônjuges (EDcl. no RE 878.694/ MG). A decisão unânime dos Ministros foi pela rejeição dos embargos de declaração, aduzindo que "[n]ão há que se falar em omissão do acórdão embargado por ausência de manifestação com relação ao art. 1.845 ou qualquer outro dispositivo do Código Civil, pois o objeto da repercussão geral reconhecida não os abrangeu. Não houve discussão a respeito da integração do companheiro ao rol de herdeiros necessários, de forma que inexiste omissão a ser sanada" (STF, *EDcl.no RE 878.694/MG*, Rel. Min. Luís Roberto Barroso, *DJ* 23.10.2018).

tradicional que mereça, por si própria, tutela do Estado. Perfilhou-se, assim, uma concepção funcionalizada de família, cujo ideal e escopo são partilhados, igualmente, por todas as entidades familiares reconhecidas no texto constitucional. Essa inferência dá o tom em qualquer análise jurídica que envolva Direito de Família, sem que represente, segundo o Ministro, absoluta equiparação do casamento às demais entidades familiares.[3]

Nesse sentido, o primeiro pressuposto que deveria ser enfrentado na solução da causa é o atinente às hipóteses em que a disparidade de tratamento seria justificável e às situações em que tais diferenças não seriam admitidas pela ordem jurídica. Nos termos do voto do relator:

> Se o papel de qualquer entidade familiar constitucionalmente protegida é contribuir para o desenvolvimento da dignidade e da personalidade dos indivíduos, será arbitrária toda diferenciação de regime jurídico que busque inferiorizar um tipo de família em relação a outro, diminuindo o nível de proteção estatal aos indivíduos somente pelo fato de não estarem casados. Desse modo, a diferenciação de regimes entre casamento e união estável somente será legítima quando não promover a hierarquização de uma entidade familiar em relação à outra. Por outro lado, se a diferenciação entre os regimes basear-se em circunstâncias inerentes às peculiaridades de cada tipo de entidade familiar, tal distinção será perfeitamente legítima.[4]

Tendo em conta que o art. 1.790 do Código Civil ordena regime sucessório distinto e desfavorável ao companheiro, frente aquele que é conferido ao cônjuge pelo art. 1.829 do Código Civil, restaria evidenciada uma inconstitucional hierarquia entre as diferentes entidades familiares, a recomendar fosse dado provimento ao recurso.

O voto também observa que tal artigo violava a dignidade humana,[5] a proporcionalidade como vedação à proteção deficiente[6] e a vedação ao retrocesso,[7] devendo

---

3. Nos termos do voto do Ministro Barroso, "a ampliação do conceito jurídico de família pela CF/1988 não significou uma equiparação absoluta do casamento às demais entidades familiares. Especificamente em relação à união estável, a Constituição, de um lado, dispõe que ela é reconhecida como entidade familiar para efeito de proteção do Estado, mas, de outro, prevê que a lei deve facilitar sua conversão em casamento. À luz do texto constitucional, casamento e união estável são, assim, organizações familiares distintas. Caso não o fossem, não haveria sentido tratá-las em trechos distintos da Constituição, nem se afirmar que a lei deve facilitar a conversão da união estável em casamento. Na verdade, há várias diferenças entre casamento e união estável, que decorrem de fatores diversos, como os modos de constituição, de comprovação e de extinção" (STJ, *REsp n. 878.694/MG*, Rel. Min. Luís Roberto Barroso, *DJ* 10.5.2017, fls. 23/24).
4. STJ, *REsp n. 878.694/MG*, Rel. Min. Luís Roberto Barroso, *DJ* 10.5.2017, fl. 27.
5. "[A] dignidade humana identifica (1) o valor intrínseco de todos os seres humanos, assim como (2) a autonomia de cada indivíduo, (3) limitada por algumas restrições legítimas impostas a ela em nome de valores sociais ou interesses estatais (valor comunitário)" (RE 878.694/MG, STF, relator Ministro Roberto Barroso, *DJ* 10/05/2017, fls. 30/31). A diferença de regime sucessório fere a dignidade como autonomia, porque restringe a possibilidade de opção entre um e outro tipo de entidade familiar, e não entre um e outro regime sucessório.
6. O princípio da proporcionalidade, além de sua dimensão negativa, relativa à vedação do excesso, abrange também uma "dimensão positiva, referente à vedação à proteção estatal insuficiente de direitos e princípios constitucionalmente tutelados. A ideia nesse caso é a de que o Estado também viola a Constituição quando deixa de agir ou quando não atua de modo adequado e satisfatório para proteger bens jurídicos relevantes" (RE 878.694/MG, STF, relator Ministro Roberto Barroso, *DJ* 10/05/2017, fl. 33). O art. 1.790, nesse sentido, veicularia uma proteção insuficiente ao princípio da dignidade da pessoa humana em relação aos casais que vivem em união estável.
7. O regime sucessório da união estável traçado pelo CC/2002 ignorou as grandes transformações promovidas pela CF/1988, que funcionalizou a família em favor do indivíduo, e, assim, jogou por terra a evolução legislativa infraconstitucional, que, seguindo a nova orientação constitucional, havia cuidado de aproximar

ser estendido aos companheiros o regramento sucessório estabelecido no art. 1.829 do Código Civil para o cônjuge, artigo este que representou razoável progresso ao elevá-los à condição de herdeiros necessários e ao prever critérios de repartição da herança mais protetivos em comparação com a legislação até então vigente.

A divergência, aberta pelo Ministro Toffoli – e seguida pelos Ministros Marco Aurélio e Ricardo Lewandowski –, questionou o fato de que uma semelhante equiparação, além de não condizer com os ditames constitucionais, feriria frontalmente a autonomia privada daqueles que optassem pelo regime da união estável. Isso porque representaria uma indevida intromissão do Poder Público sobre direito fundamental dos integrantes de uma entidade familiar reconhecida constitucionalmente, o de estabelecê-la como bem entenderem, o que, uma vez desatendido, resultaria, ao fim e ao cabo, na sua inutilidade. Em outras palavras, na medida em que fosse cerceada a liberdade e a autonomia dos indivíduos de constituírem, livremente, o tipo de família que desejassem, em favor de uma pretensa equiparação constitucional que, da perspectiva da divergência, não existe, a união estável estaria reduzida ao casamento e, assim, não haveria interesse jurídico em distingui-los e concebê-los como entidades diferentes.

Segundo a corrente que restou vencida, o art. 1.790 do Código Civil não hierarquizou o casamento em relação à união estável, mas simplesmente acentuou serem eles, formas diversas de entidades familiares, na correta exegese do art. 226, § 3º, da Constituição Federal, sendo, portanto, norma condizente com o texto constitucional.

Não obstante os entendimentos divergentes, pensamos que o Supremo agiu corretamente ao reconhecer o retrocesso suscitado pela codificação em matéria de direitos sucessórios do companheiro e ao declarar a inconstitucionalidade do art. 1.790 do Código Civil. A inconsistência e equívoco dessa norma já tinham sido objeto de severas críticas de abalizada doutrina,[8] à qual nos filiamos e com a qual contribuímos com diversos estudos.[9]

---

os direitos de cônjuges e companheiros, tendo como norte a ideia de que ambos merecem igual proteção" (RE 878.694/MG, STF, relator Ministro Roberto Barroso, *DJ* 10/05/2017, fl. 37). O princípio da vedação ao retrocesso não impede que certos direitos sejam restringidos ou limitados eventualmente. A proibição veda que, frente a uma idêntica situação de fato, implementem-se involuções desproporcionais na proteção de direitos.

8. FACHIN, Luiz Edson. Inconstitucionalidade do art. 1.790 do Código Civil Brasileiro. *In*: FACHIN, Luiz Edson. *Soluções práticas de Direito Civil*: pareceres. v. II. São Paulo: Revista dos Tribunais, 2011. DIAS, Maria Berenice. *A união estável*. Disponível em: http://www.mariaberenice.com.br/manager/arq/(cod2_791)3__a_uniao_estavel.pdf. Acesso em: 2 ago. 2020. VELOSO, Zeno. Direito sucessório dos companheiros. *Palestra proferida no III Congresso Brasileiro de Direito de Família*. Ouro Preto, outubro de 2001. p. 21. Disponível em: https://www.ibdfam.org.br/assets/upload/anais/188.pdf. Acesso em: 30 jul. 2020. REINIG, Guilherme Henrique Lima. Aspectos polêmicos da sucessão do companheiro: a inconstitucionalidade do art. 1.790 do CC 2002. *Revista dos Tribunais*. São Paulo, v. 102, n. 931, p. 117-155, mai. 2013.

9. HIRONAKA, Giselda Maria Fernandes Novaes. As diferenças sucessórias entre união estável e casamento são constitucionais? A posição da doutrina e dos tribunais. *Revista de Direito Brasileira*, [*S. l.*], v. 13, n. 6, p. 131-149, abr. 2016. HIRONAKA, Giselda Maria Fernandes Novaes. Concorrência do companheiro e do cônjuge, na sucessão dos descendentes: destaque para dois pontos de irrealização da experiência jurídica à face da previsão contida na regra estampada na nova Legislação Civil Pátria, o Código Civil de 2002.

3. SUCESSÃO NO BRASIL

A afirmação da inconstitucionalidade do art. 1.790 do Código Civil fez com que a disciplina da concorrência sucessória assistisse a um verdadeiro avivamento, que, se por um lado, como viemos de referir, culminou no afastamento de um artigo tecnicamente deficiente e muito criticado, por outro, trouxe fôlego novo a polêmicas antigas, como a ausência de previsão do companheiro como herdeiro necessário no rol do art. 1.845 do Código Civil.[10]

3.1 A ordem de vocação hereditária e a legítima

O projeto que deu origem ao Código Civil vigente iniciou-se em fins da década de 1960, tendo sua tramitação no Congresso Nacional perpassado partes da década de 1970 e de 1980. Os valores sociais da época, fortemente influenciados pela moral cristã, eram muito diferentes daqueles existentes ao tempo da promulgação do Código, já na década de 2000.[11]

Em matéria de Direito de Família, essa marca histórica pode ser constatada quando, verificando a disciplina regulada no Livro IV do Código, nota-se certo silêncio

---

Revista da Esmape, Recife, v. 9, n. 20, p. 295-339, jul./dez. 2004. HIRONAKA, Giselda Maria Fernandes Novaes. Da ordem de vocação hereditária nos direitos brasileiro e italiano. *Revista da Faculdade de Direito da Universidade de São Paulo*, São Paulo, v. 100, p. 23-60, 2005. HIRONAKA, Giselda Maria Fernandes Novaes. Direito das Sucessões brasileiro: disposições gerais e sucessão legítima. *Revista dos Tribunais*, São Paulo, v. 92, n. 808, p. 20-38, fev. 2003. HIRONAKA, Giselda Maria Fernandes Novaes. Direito sucessório brasileiro: ontem, hoje e amanhã. *Revista Brasileira de Direito de Família*, Porto Alegre, v. 3, n. 12, p. 61-83, jan./mar. 2002. HIRONAKA, Giselda Maria Fernandes Novaes. Equalização cônjuge e companheiro no direito sucessório. *Boletim IBDFAM*, Belo Horizonte, v. 22, p. 6, set./out. 2003. HIRONAKA, Giselda Maria Fernandes Novaes. Viver e morrer com dignidade: no que diferem e no que se assemelham a sucessão do cônjuge e a do companheiro à luz da doutrina e dos pronunciamentos dos tribunais? *Pensar – Revista de Ciências Jurídicas*, Fortaleza, v. 21, n. 1, p. 200-212, jan./abr. 2016.

10. DELGADO, Mário Luiz. A sucessão na união estável após o julgamento dos embargos de declaração pelo STF: o companheiro não se tornou herdeiro necessário. *Migalhas*. Disponível em: https://www.migalhas. com.br/depeso/291015/a-sucessao-na-uniao-estavel-apos-o-julgamento-dos-embargos-de-declaracao-pe-lo-stf-o-companheiro-nao-se-tornou-herdeiro-necessario. Acesso em: 27 jul. 2020. DIAS, Maria Berenice. Supremo acertou ao não diferenciar união estável de casamento. *ConJur*, 14 jun. 2017. Disponível em: https://www.conjur.com.br/2017-jun-14/berenice-dias-stf-acertou-igualar-uniao-estavel-casamento. Acesso em: 24 jul. 2020. PEREIRA, Rodrigo da Cunha. STF acabou com a liberdade de não casar ao igualar união estável a casamento. *ConJur*, 14 jun. 2017. Disponível em: https://www.conjur.com.br/2017-jun-14/rodrigo-cu-nha-pereira-stf-acabou-liberdade-nao-casar. Acesso em: 27 jul. 2020. RUZYK, Carlos Eduardo Pianovski; BONFIM, Marcos Augusto Bernardes. Uma análise do Recurso Extraordinário n. 878.694 à luz do direito fundamental à liberdade: qual espaço para a autodeterminação nas relações familiares? *Revista Brasileira De Direito Civil*. Belo Horizonte, v. 22, p. 141-178, out./dez. 2019. SIMÃO, José Fernando. E então o STF decidiu o destino do artigo 1.790 do CC? Parte 1. *ConJur*, 4 dez. 2016. Disponível em: https://www.conjur. com.br/2016-dez-04/processo-familiar-entao-stf-decidiu-destino-artigo-1790-cc-parte. Acesso em: 27 jul. 2020. SIMÃO, José Fernando. E então o STF decidiu o destino do artigo 1.790 do CC? Parte 2. *ConJur*, 25 dez. 2016. Disponível em: https://www.conjur.com.br/2016-dez-25/processo-familiar-entao-stf-decidiu-destino-artigo-1790-cc-parte. Acesso em: 27 jul. 2020.

11. NEVARES, Ana Luiza Maia. A igualdade de direitos sucessórios entre o cônjuge e o companheiro: o julgamento do Recurso Extraordinário n. 878.694-MG. *Revista IBDFAM: família e sucessões*, Belo Horizonte, v. 21, maio/jun. 2017. p. 129-130.

da Comissão de Juristas que elaborou o Anteprojeto a respeito da união estável.[12] Tradicionalmente, ao menos sob a perspectiva jurídica, "família" era tão somente a constituída mediante matrimônio, o que relegava a segundo plano, para efeito da proteção estatal, outras formas de relacionamento que, com a Constituição de 1988, passaram a ser reconhecidas como entidades familiares.

A eloquente omissão de regras referentes à união estável, porém, não passou despercebida durante a tramitação, no Congresso, do Projeto de Lei que redundaria no Código Civil. Não só sua tutela enquanto entidade familiar, mas os reflexos patrimoniais e sucessórios dela decorrentes, foram objeto de diversas emendas, dentre as quais a que nos importa destacar é a Emenda n. 358,[13] proposta pelo Senador Nelson Carneiro.

Tal emenda, fortemente influenciada pelo art. 784 do Anteprojeto de Código Civil de Orlando Gomes,[14] propunha fosse incluído um parágrafo único no então art. 1.852 do PLC 118/84, atual art. 1.829 do Código Civil, que previa a ordem de vocação hereditária. A previsão do parágrafo único era, basicamente, aquela que, mais tarde, seria disciplinada no art. 1.790 do Título I, "Da Sucessão em Geral", por sugestão do Senador Josaphat Marinho. Contudo, até chegarmos ao que hoje consta nesse artigo foi percorrido um longo processo legislativo, que discutiu eventuais requisitos temporais para a união estável, percentuais de participação do convivente sobre a

---

12. O que a Comissão apresentou como justificativa para esse silêncio, na "Exposição de Motivos" do Código, foi que seria mais conveniente a "[t]ransferência para lei especial da disciplina das relações patrimoniais entre concubinos, a fim de que [pudessem] ser considerados outros aspectos da questão, inclusive em termos de sociedade de fato, consoante o que [vinha] sendo elaborado pela jurisprudência" (PASSOS, Edilenice; LIMA, João Alberto de Oliveira. *Memória legislativa do Código Civil – Tramitação na Câmara dos Deputados: segundo turno*. Brasília: Senado Federal, 2012. v. 4. Disponível em: https://www2.senado.leg.br/bdsf/handle/id/242712. Acesso em: 20 jul. 2020. p. 116). Em que pese soar desanimadora tal justificativa, ela parece se conformar bem aos princípios reitores da nova codificação estabelecidos por Miguel Reale, que pretendia cristalizar no Código apenas o que estava sedimentado no ambiente jurídico nacional (REALE, Miguel. *História do novo Código Civil*. São Paulo: RT, 2005), e, de fato, as discussões acerca da união estável eram ainda muito incipientes em inícios da década de 1970.

13. "A companheira do homem solteira (*sic*), separado judicialmente, divorciado ou viúvo, que em sua companhia tem estado nos cinco anos precedentes à sua morte ou de quem tenha prole, participará de sua sucessão nas condições seguintes: I – Se concorrer com filhos comuns terá direito a uma cota equivalente à que por lei é atribuída ao filho. II – Se concorrer com descendentes do autor da herança dos quais não seja ascendentes tocar-lhe-á somente a metade do que couber a cada um daqueles. III – Se concorrer com outros parentes sucessíveis terá direito à metade da herança. IV – Não havendo parentes sucessíveis terá direito a dois terços da herança" (PASSOS, Edilenice; LIMA, João Alberto de Oliveira. *Memória legislativa do código civil – Tramitação no Senado Federal*. Brasília: Senado Federal, 2012. v. 3. Disponível em: https://www2.senado.leg.br/bdsf/handle/id/242712. Acesso em: 20 jul. 2020. p. 236).

14. "A companheira do homem solteiro, desquitado ou viúvo que em sua companhia tenha estado nos cinco anos precedentes à sua morte, ou de quem tenha prole, participará de sua sucessão, nas condições seguintes: I – Se concorrer com filhos comuns, terá direito a uma cota equivalente à que por lei é atribuída ao filho; II – Se concorrer com descendentes do autor da herança, dos quais não seja ascendente, tocar-lhe-á sòmente a metade do que couber a cada um daqueles; III – Se concorrer com outros parentes sucessíveis, terá direito à metade da herança; IV – Não havendo parentes sucessíveis, terá direito a dois terços da herança" (BRASIL. *Anteprojeto de Código Civil*. Apresentado ao Exmo. Sr. João Mangabeira, Ministro da Justiça e Negócios Interiores, em 31 de março de 1963, pelo Prof. Orlando Gomes. Rio de Janeiro, 1963. p. 94. Disponível em: https://bd.camara.leg.br/bd/ handle/bdcamara/12916. Acesso em: 2 ago. 2020).

herança, bem como a extensão de seu direito sucessório, isto é, se o companheiro herdaria sobre todo o patrimônio do *de cujus* ou não. Em outras palavras, o que se pretendia com a adição de um parágrafo único ao atual art. 1.829 do Código Civil era regular a ordem de vocação hereditária do companheiro.

A ordem de vocação hereditária, segundo lição de Itabaiana de Oliveira, é a pedra angular da sucessão legítima.[15] A sucessão *causa mortis* pode ocorrer mediante atendimento da manifestação de última vontade do sucedido, quando se fala em sucessão testamentária, ou, em sua falta,[16] da indicação legal dos herdeiros sucessíveis, hipótese que trata da sucessão legítima.[17] A propósito dos herdeiros legítimos, o Código Civil discriminou entre herdeiros necessários ou legitimários e herdeiros facultativos, sob o crivo da retenção ou não da legítima. No Código de 1916, herdeiros necessários eram apenas descendentes e ascendentes, sendo que aos demais, é dizer, ao cônjuge supérstite e aos colaterais até o quarto grau, não era garantida uma reserva mínima do patrimônio do autor da herança, a limitar a manifestação de vontade deste.

O Código de 2002, como se verá na sequência, foi muito mais benfazejo ao inscrever o cônjuge como herdeiro necessário.[18] Nada disse, contudo, em relação ao companheiro, em flagrante violação à equiparação de seus direitos sucessórios com os dos cônjuges realizada pela Constituição.

O que se tinha, portanto, ao menos antes do julgamento do RE 878.694/MG, era um sistema dúplice, que se, por um lado, conferia concorrência sucessória a cônjuges e companheiros indistintamente, por outro, previa-lhes diferentes repercussões jurídicas no campo sucessório. Em trabalho anterior, tivemos a chance de demonstrar e criticar esse tratamento díspar. Naquela ocasião, levantamos diversos pontos de dessemelhança na disciplina legal de institutos que deveriam, em observância à Constituição, estar equiparados.[19] De qualquer modo, no que atine à ordem

---

15. OLIVEIRA, Arthur Vasco Itabaiana de. *Tratado de Direito das Sucessões*. v. 1. 4. ed. São Paulo: Max Limonad, 1952. p. 169-170.

16. Walter Moraes chamava a atenção para o fato de que a existência de testamento não impedia a vocação de herdeiros legais, quer a concorrer com os instituídos pelo testador, quer a afastá-los, uma vez que o ordenamento exige a proteção da legítima, quando existirem herdeiros necessários (MORAES, Walter. *Programa de Direito das Sucessões*: teoria geral e sucessão legítima. São Paulo: Revista dos Tribunais, 1980).

17. Carlos Alberto Dabus Maluf e Adriana Caldas, lembrando lição de Carlos Maximiliano, apontam que "sucessão legítima é a que, na falta de disposição expressa e válida do *de cujus*, defere, com atenção ao vínculo familiar e à vontade presumida do defunto, os bens do acervo hereditário a uma determinada classe de pessoas" (MALUF, Carlos Alberto Dabus; MALUF, Adriana Caldas do Rego Freitas Dabus. *Curso de Direito das Sucessões*. 2. ed. São Paulo: Saraiva, 2018. p. 179).

18. NEVARES, Ana Luiza Maia. A igualdade de direitos sucessórios entre o cônjuge e o companheiro: o julgamento do Recurso Extraordinário n. 878.694-MG. *Revista IBDFAM: família e sucessões*, Belo Horizonte, v. 21, maio/jun. 2017. p. 130.

19. A sucessão do cônjuge e a do companheiro se diferenciavam, em primeiro lugar, pela posição topográfica dos artigos que regulavam a matéria e pela posição que conferiam ao cônjuge ou companheiro na ordem de vocação hereditária. Depois, a disciplina da sucessão do companheiro sobrevivente não fazia qualquer menção ao regime de bens da união estável e ainda previa um quadro bastante desfavorável e desigual quando da sua concorrência com descendentes unilaterais. Quanto aos descendentes comuns, não encontrava melhor sorte, uma vez que não lhe era garantida a reserva da quarta parte do acervo patrimonial, que, a propósito, também variava conforme se tratasse de concorrência sucessória do cônjuge ou do companheiro, sendo-lhe

de chamamento hereditário, três situações chamavam, particularmente, a atenção: primeiro, a base de cálculo do monte partível; segundo, os gritantes percentuais reservados ao companheiro sobre a herança; finalmente, sua posição na ordem de vocação dos herdeiros legítimos.

Quanto à primeira dessas situações, a base sobre a qual se calculava a porção hereditária do companheiro era formada pelos bens comuns, adquiridos onerosamente durante a união estável.[20]

Em segundo lugar, deve-se sublinhar que o art. 1.790 do Código Civil, em seus incisos I e II, previa diferente participação do companheiro sobre a herança líquida, conforme concorresse com descendentes comuns ou unilaterais. A isso se soma a ausência de qualquer previsão garantindo a ele uma quota mínima, como ocorre com o cônjuge quando sucede com descendentes comuns (art. 1.832, CC).

Por fim, sua posição na ordem de vocação hereditária era talvez o aspecto que mais aborrecimento causava. O paralelo com a situação do cônjuge na ordem do art. 1.829 era inevitável, uma vez que desde o advento da Lei Feliciano Pena, de 1907, este gozava, isolado, do terceiro lugar na ordem legal, o que foi mantido nos Códigos subsequentes.[21] A indignação ainda era alimentada pelo fato de a posição sucessória do companheiro ter sido, praticamente, equiparada à do cônjuge com as Leis n. 8.971/94 e n. 9.278/96, que serão melhor analisadas na sequência. O fato de o companheiro, segundo a redação do art. 1.790, III, na ausência de descendentes e ascendentes do autor da herança, precisar concorrer, na terceira classe, com colaterais do falecido motivou severa crítica de Zeno Veloso, uma das maiores autoridades brasileiras no assunto, conforme se transcreve:

> A lei não está imitando a vida, nem está em consonância com a realidade social, quando decide que uma pessoa que manteve a mais íntima e completa relação com o falecido, que sustentou com ele uma convivência séria, sólida, qualificada pelo *animus* de constituição de família, que com o autor da herança protagonizou, até a morte deste, um grande projeto de vida, fique atrás de parentes colaterais dele, na vocação hereditária.[22]

---

concedida a possibilidade de herdar apenas sobre os bens adquiridos onerosamente durante a união estável e sobre os quais, como regra, ele já tinha a meação (HIRONAKA, Giselda Maria Fernandes Novaes. Viver e morrer com dignidade: no que diferem e no que se assemelham a sucessão do cônjuge e a do companheiro à luz da doutrina e dos pronunciamentos dos tribunais? *Pensar – Revista de Ciências Jurídicas*, Fortaleza, v. 21, n. 1, p. 200-212, jan./abr. 2016).

20. MALUF, Carlos Alberto Dabus; MALUF, Adriana Caldas do Rego Freitas Dabus. *Curso de Direito das Sucessões*. 2. ed. São Paulo: Saraiva, 2018. p. 214-125.

21. "Do quarto lugar na ordem de vocação hereditária, atrás dos colaterais até o décimo grau nas Ordenações Filipinas, o cônjuge foi deslocado para o terceiro lugar na aludida ordem legal com a Lei Feliciano Pena em 1907, mantendo-se assim no Código Civil de 1916, que foi complementado pela Lei 4.121/62, que instituiu para o cônjuge sobrevivente o usufruto vidual e o direito real de habitação, conforme o regime de bens do casamento" (NEVARES, Ana Luiza Maia. A igualdade de direitos sucessórios entre o cônjuge e o companheiro: o julgamento do Recurso Extraordinário n. 878.694-MG. *Revista IBDFAM: família e sucessões*, Belo Horizonte, v. 21, maio/jun. 2017. p. 128).

22. VELOSO, Zeno. Direito sucessório dos companheiros. *Palestra proferida no III Congresso Brasileiro de Direito de Família*. Ouro Preto, outubro de 2001. p. 21. Disponível em https://www.ibdfam.org.br/assets/upload/anais/188.pdf. Acesso em: 30 jul. 2020.

Zeno Veloso, na sequência do trecho citado, acrescenta que é o próprio tempo quem se incumbe de desfazer toda obra legislativa que não tenha sido erigida segundo os ditames e expectativas do momento de sua elaboração. Na falta de uma reforma legislativa que aplacasse as distorções do art. 1.790, bem andou o Supremo ao reconhecer a inconstitucionalidade de referida diferenciação dos direitos sucessórios.[23]

Os novos ares processuais decorrentes da perspectiva contemporânea assumida pelo Código de 2015 confortam quanto à estabilidade, ao menos inicial, da decisão para a produção de uma justiça harmoniosa e coerente,[24] o que, de alguma forma, permite-nos rever entendimento anterior que apontava para a imprescindibilidade de uma alteração legislativa, haja vista o grau de confiança e de vinculação que inspirava um entendimento jurisprudencial.[25]

Deve-se advertir, porém, que nem toda decisão jurisprudencial é apta a produzir tal estabilidade e que ostenta o signo da vinculação obrigatória, mas apenas aquelas arroladas no art. 927 do Código de Processo Civil em vigor, sendo oferecida, pelo art. 988, a "reclamação" como meio de se garantir a observância de decisões vinculantes.

A leitura apressada dos incisos do *caput* do art. 927 poderia pôr em xeque a aludida estabilidade e suficiência do RE 878.694/MG para tratar da matéria, uma vez que tal artigo não indica, dentre as decisões de observância obrigatória por juízes e tribunais, decisão do STF sobre matéria acerca da qual tenha sido reconhecida repercussão geral, o que é o caso dos autos.[26] Essa conclusão é superada quando da análise do art. 988, § 5º, II, do Código de Processo Civil, que admite o emprego de "reclamação", após esgotadas as instâncias ordinárias, contra decisão que não atendeu

---

23. O acerto da decisão do Supremo também foi reconhecido em acórdão do STJ que bem discutiu a imperatividade de a lei responder às necessidades de seu tempo. Conforme o voto do Ministro Luis Felipe Salomão, no REsp n. 1.337.420/RS, *DJ* 22/08/2017, "a escancarada dessemelhança entre as regras ditadas para o casamento e a união estável não possui razões que a justifique e, portanto, não se sustenta diante da realidade. Como se sabe, o direito é fato, norma e valor, na clássica *teoria tridimensional* de Miguel Reale, razão pela qual a alteração substancial do fato deve necessariamente conduzir a uma releitura do fenômeno jurídico à luz dos novos valores. O que se deve ter presente, portanto, é o fato de que viver em união estável hoje, depois da Constituição de 88, significa algo totalmente diverso do que era em tempos passados" (fl. 12).
24. O novo CPC, atento à evolução dos ordenamentos de *Common Law*, inovou ao valorizar a jurisprudência, tomando-a como uma das fontes do direito. O movimento, é verdade, não foi um simples enxerto do que se verifica em outros países, antes representa o ponto culminante de um processo que se iniciou, em 1963, com a criação da "Súmula da Jurisprudência Predominante do Supremo Tribunal Federal". A evolução normativa, "aliada à relevância espontaneamente conferida à jurisprudência na prática judiciária da atualidade, preparou o terreno para a imposição, agora presente no novo Código de Processo Civil, da obrigatória observância de determinados precedentes, decisões e *linhas* jurisprudenciais pelos juízes de todos os níveis – o que, em consequência, os qualifica como verdadeiras *fontes do direito*. [...] A jurisprudência deixou portanto de exercer mera *influência* no espírito dos aplicadores da lei e passou a integrar o conjunto normativo a ser considerado no julgamento" (DINAMARCO, Cândido Rangel; LOPES, Bruno Vasconcelos Carrilho. *Teoria geral do novo Processo Civil*. 2. ed. São Paulo: Malheiros, 2017. p. 43).
25. HIRONAKA, Giselda Maria Fernandes Novaes. Equalização cônjuge e companheiro no direito sucessório. *Boletim IBDFAM*, Belo Horizonte, v. 22, p. 6, set./out. 2003.
26. Tema 809 da repercussão geral: "No sistema constitucional vigente, é inconstitucional a distinção de regimes sucessórios entre cônjuges e companheiros, devendo ser aplicado, em ambos os casos, o regime estabelecido no art. 1.829 do CC/2002".

tese reconhecida em repercussão geral. Inferência lógica é que "[o] cabimento da reclamação é indicativo de que esse precedente também é de observância obrigatória".[27]

3.2 A progressiva proteção sucessória do companheiro ao longo da história e a involução da disciplina normativa do Código Civil

Como já adiantado no item anterior, essa proteção deficiente do companheiro pela norma civil, até mesmo ignóbil em relação à proteção do cônjuge, destoa do quanto tinha sido até então conferido àquele.[28]

Isso porque, desde a segunda metade do século XX, o conceito de família tem passado por uma gradual evolução, o que foi bem percebido pelo constituinte, que dotou nossa Carta de 1988 de um rol aberto de entidades familiares, entre as quais incluiu a união estável.[29] A mudança de orientação jurídica foi fundamental para alinhar os conceitos jurídicos à estrutura social, que já assistia há algum tempo à fragmentação das entidades familiares, não mais limitadas aos rígidos limites da família matrimonial, e para o fim de estender a tutela do direito para situações fáticas que estavam a sua margem.

A repercussão dessa mudança paradigmática foi sonora, por representar a conversão da pessoa humana em centro do ordenamento jurídico.[30] Assim, no que respeita ao Direito de Família, por um lado, os indivíduos e seus projetos de vida passaram ao primeiro plano, sendo a família mero instrumento para seu desenvolvimento; por outro, o próprio papel do Estado na proteção das relações familiares foi redefinido, já que deveria agora se ocupar em garantir a autorrealização dos indivíduos.

A premência de regulação substancial para as uniões estáveis foi atendida com as Leis n. 8.971/94 e n. 9.278/96. A primeira, basicamente, igualou o regime sucessório dos companheiros àquele estabelecido para os cônjuges no Código Civil de 1916. A segunda não só reforçou essa proteção às uniões estáveis como ainda beneficiou os companheiros ao conceder direito real de habitação, sem quaisquer das exigências que se impunham aos cônjuges.

Essa evolução, entretanto, foi interrompida pela disciplina vetusta trazida pelo Código Civil, que contrasta com o regime da sucessão legítima do Código de 1916,

---

27. DINAMARCO, Cândido Rangel; LOPES, Bruno Vasconcelos Carrilho. *Teoria geral do novo Processo Civil*. 2. ed. São Paulo: Malheiros, 2017. p. 43.
28. Segundo Zeno Veloso, as Leis n. 8.971/94 e n. 9.278/96 "detinham a nítida intenção de equiparar a sucessão do companheiro à do cônjuge" (VELOSO, Zeno. *In*: SILVA, Regina Beatriz Tavares da (coord.). *Código Civil comentado*. 8. ed. São Paulo: Saraiva, 2012. p. 2008).
29. NEVARES, Ana Luiza Maia. A igualdade de direitos sucessórios entre o cônjuge e o companheiro: o julgamento do Recurso Extraordinário n. 878.694-MG. *Revista IBDFAM: família e sucessões*, Belo Horizonte, v. 21, maio/jun. 2017. p. 131.
30. "A família, ao converter-se em espaço de realização da afetividade humana, marca o deslocamento de suas antigas funções para o espaço preferencial de realização dos projetos existenciais das pessoas. Essas linhas de tendências enquadram-se no fenômeno jurídico-social denominado *repersonalização das relações civis*, que valoriza o interesse da pessoa humana mais do que suas relações patrimoniais. É a recusa da coisificação ou reificação da pessoa, para ressaltar sua dignidade. A família é o *locus* por excelência da repersonalização do direito civil" (LÔBO, Paulo. *Direito Civil*: famílias. 6. ed. São Paulo: Saraiva, 2015. p. 19).

com as referidas Leis n. 8.971/94 e n. 9.278/96, e ainda "com a atual perspectiva da família, que é igualitária, democrática e não raras vezes recomposta".[31] Há de se acrescentar ainda que a regulação dos direitos sucessórios do companheiro contrasta também com a evolução substancial dos mesmos direitos em relação aos cônjuges no Código de 2002.[32] No tópico anterior, mencionamos três aspectos de não equiparação entre o regime jurídico sucessório previsto para o companheiro e aquele previsto para o cônjuge, aos quais agora se incorpora a não previsão do companheiro como herdeiro necessário, além da não previsão para ele de direito real de habitação.

O direito real de habitação foi uma das benesses concedidas ao companheiro pela Lei n. 9.278/96, que também tratou de extinguir o prazo de cinco anos ou a existência de prole eventual para o reconhecimento da união estável. Amparado no Estatuto da Mulher Casada, que introduziu os §§ 1º e 2º no art. 1.611 do Código Civil de 1916, a Lei n. 9.278/96, por seu art. 7º, parágrafo único, deu um passo além ao não restringir o exercício do direito real de habitação a nenhum dos regimes de bens e ao não limitar sua aplicação apenas aos casos em que o imóvel residencial fosse o único daquela natureza a inventariar. A interpretação lógico-literal do dispositivo de lei ainda permitiu a cumulação desse direito com o usufruto vidual.[33]

O atual Código Civil, em que pese ter concedido direito real de habitação ao cônjuge sobrevivente, sem qualquer restrição quanto ao regime de bens e independentemente de sua participação na herança, não estendeu o mesmo benefício ao companheiro,[34] como também não o reconheceu como herdeiro necessário.

---

31. NEVARES, Ana Luiza Maia. A igualdade de direitos sucessórios entre o cônjuge e o companheiro: o julgamento do Recurso Extraordinário n. 878.694-MG. *Revista IBDFAM: família e sucessões*, Belo Horizonte, v. 21, maio/jun. 2017. p. 128.

32. "Apesar do desfavor legislativo do Código Civil em relação ao companheiro, quanto ao cônjuge, pode-se afirmar que este foi elevado à centralidade da ordem de vocação hereditária, concorrendo em propriedade plena com descendentes e ascendentes, sendo-lhe, ainda, preservada a quarta parte da herança se for ascendente de todos os herdeiros com quem concorrer. Importante registrar que o cônjuge é herdeiro necessário, conforme prevê o art. 1.945, não podendo, portanto, ser afastado da sucessão, salvo as hipóteses de deserdação e indignidade. E mais: ao cônjuge, em qualquer regime de bens, e sem qualquer ponderação quanto à sua situação econômica na própria herança ou pessoalmente, é garantido o direito real de habitação vitalício em relação ao único imóvel residencial que integre o monte, destinado à residência da família" (NEVARES, Ana Luiza Maia. A igualdade de direitos sucessórios entre o cônjuge e o companheiro: o julgamento do Recurso Extraordinário n. 878.694-MG. *Revista IBDFAM: família e sucessões*, Belo Horizonte, v. 21, p. 131, mai./jun. 2017.).

33. O regime da Lei n. 9.278/96 era mais benevolente do que o estabelecido pelo Estatuto da Mulher Casada, pelo qual o cônjuge sobrevivente tinha direito real de habitação, se casado por comunhão universal, ou usufruto vidual, quando o regime fosse outro. Não havia possibilidade de cumulação de ambos os direitos. Tendo em vista que a posição do cônjuge não podia estar desprestigiada em relação à situação do companheiro, a doutrina se manifestou em vários sentidos, e o que prevaleceu na jurisprudência foi o defendido, dentre outros, por João Baptista Villela, que sustentava que todas as vantagens da união estável deveriam ser estendidas ao casamento (NEVARES, Ana Luiza Maia. *A tutela sucessória do cônjuge e do companheiro na legalidade constitucional*. Rio de Janeiro: Renovar, 2004. p. 185-214).

34. Não obstante a discriminação levada a efeito pelo legislador, o Enunciado n. 117 da I Jornada de Direito Civil do CJF, com base na *ratio legis* das normas relativas à sucessão hereditária, firmou entendimento, segundo o qual: "Art. 1.831 – o direito real de habitação deve ser estendido ao companheiro, seja por não ter sido revogada a previsão da Lei 9.278/96, seja em razão da interpretação analógica do art. 1.831, informado pelo art. 6º, *caput*, da CF/88".

A sucessão necessária é uma das espécies de sucessão legítima,[35] que tem por principal implicação a reserva de uma porção do patrimônio sobre a qual o testador não pode dispor livremente. A essa porção dá-se o nome de legítima, que, no direito vigente no Brasil, corresponde à metade do patrimônio (metade indisponível).[36] Fazem jus à legítima os herdeiros legitimários ou necessários.

Uma das grandes conquistas do cônjuge, no Código Civil de 2002, foi sua promoção à qualidade de herdeiro necessário em propriedade plena. Essa proeza foi a consolidação de mudanças significativas no Direito das Sucessões ocorridas na vigência do Código anterior, advindas, especialmente, a partir do Estatuto da Mulher Casada (Lei n. 4.121/1962), que instituiu, em caráter alternativo, dois novos direitos sucessórios ao cônjuge sobrevivente: o direito real de habitação e o usufruto vidual. Como tais direitos não podiam ser afastados por testamento, estabeleceu-se, pela primeira vez no Brasil, o que Mauro Antonini denominou legado legal necessário.[37] Em outras palavras, enquanto no regime anterior ao Código de 2002 o cônjuge era legatário necessário do direito real de habitação ou herdeiro necessário em usufruto vidual, com a promulgação do novo Código ele se tornou herdeiro necessário em propriedade plena.

No regime original do Código, o companheiro não teve a mesma sorte e era reputado herdeiro facultativo, sem a garantia da metade indisponível do patrimônio. Em termos de sucessão necessária, não seria leviano afirmar que o companheiro sofreu uma perda importante em seus direitos sucessórios, tendo em vista que a atribuição a ele da titularidade da herança, na falta de descendentes e ascendentes, levada a efeito pelo art. 2°, III, da Lei n. 8.971/94, colheu de nomes como Álvaro Villaça Azevedo e Caio Mário da Silva Pereira a defesa da ideia de que o companheiro sobrevivente tinha sido alçado à posição de herdeiro necessário.[38]

---

35. "O Código não explicita a existência dessa subdivisão na sucessão legítima e não atribui nome próprio à sucessão intestada e à sucessão necessária, como se fossem parte do mesmo fenômeno sem clara distinção, quando, na verdade, embora em ambas os sucessores sejam designados diretamente pela lei, sendo esse o ponto em comum entre elas, tornando-as subespécies de sucessão legítima, a sucessão intestada e a sucessão necessária são distintas em todos os demais aspectos, ou seja, quanto aos sujeitos beneficiários, ao objeto transmitido, aos fundamentos que as justificam e à natureza das normas que as regem" (ANTONINI, Mauro. Apontamentos sobre a evolução e o perfil contemporâneo do direito das sucessões brasileiro. *In*: GUERRA, Alexandre Dartanhan de Mello (coord.). *Estudos em homenagem a Clóvis Beviláqua por ocasião do centenário do Direito Civil codificado no Brasil*. São Paulo: Escola Paulista da Magistratura, 2018. p. 988).

36. Walter Moraes, analisando a questão do cálculo da legítima, pondera que ele só interessa quando da concorrência dos herdeiros testamentários com os legitimários. Para o autor, não se há de falar em legítima na concorrência entre herdeiros testamentários e facultativos, uma vez que inexiste norma cogente protegendo a porção patrimonial a ser distribuída a um e/ou outro (MORAES, Walter. *Programa de Direito das Sucessões*: teoria geral e sucessão legítima. São Paulo: Revista dos Tribunais, 1980).

37. ANTONINI, Mauro. Apontamentos sobre a evolução e o perfil contemporâneo do direito das sucessões brasileiro. *In*: GUERRA, Alexandre Dartanhan de Mello (coord.). *Estudos em homenagem a Clóvis Beviláqua por ocasião do centenário do Direito Civil codificado no Brasil*. São Paulo: Escola Paulista da Magistratura, 2018. p. 992-993.

38. LIGIERA, Wilson Ricardo. *O companheiro na qualidade de herdeiro necessário e seu direito à legítima*. 2013. Tese (Doutorado em Direito Civil) – Faculdade de Direito, Universidade de São Paulo, São Paulo, 2013. p. 331-339.

Seja como for, deve-se apontar que a previsão de dois regimes sucessórios diversos, um para o cônjuge e outro para o companheiro, não significou uma absoluta preterição do segundo em comparação ao primeiro. Se o companheiro ficou desprotegido em inúmeras situações, tendo-lhe sido retirados direitos conferidos anteriormente, ao mesmo tempo, em outras situações, sua posição jurídica tinha sido priorizada, ainda que de forma involuntária, quando só existirem bens comuns havidos onerosamente durante a convivência[39].

4. A DISTENSÃO SUBJETIVA DO ART. 1.829 DO CÓDIGO CIVIL

Feita essa contextualização do regime sucessório instituído, no Brasil, com a promulgação do Código Civil de 2002 e destacadas suas inconsistências, pode-se passar ao exame da tese firmada quando da apreciação do tema 809 da repercussão geral, segundo a qual, "[n]o sistema constitucional vigente, é inconstitucional a distinção de regimes sucessórios entre cônjuges e companheiros prevista no art. 1.790 do CC/2002, devendo ser aplicado, em ambos os casos, o regime estabelecido no art. 1.829 do CC/2002".

Processar-se-á essa análise a partir de duas perspectivas: em primeiro lugar, examinaremos em que medida a decisão do Supremo equiparou as entidades familiares; na sequência, reiteraremos entendimento segundo o qual o companheiro é também herdeiro necessário, averiguando como a jurisprudência tem tratado o assunto.

4.1 O tratamento igualitário de cônjuge e companheiro à luz da equiparação funcional das entidades familiares

Conectada aos novos tempos, a Constituição de 1988 quebrou a primazia antes reservada ao casamento, reconhecendo, ao seu lado, novas entidades familiares de igual hierarquia. Nesse sentido, em que pesem as diferenças estruturais que apresentam, as entidades familiares devem receber igual tratamento naquilo que as identifica. Eis a dimensão substancial do princípio da isonomia, que, na clássica lição aristotélica, dispensa igual tratamento aos iguais e desigual aos desiguais, na medida de sua desigualdade.

Cotejando casamento e união estável, identificamos, por um lado, pontos de identidade e, por outro, divergências próprias à caracterização de cada uma dessas entidades. Honrando o princípio da isonomia substancial, o tratamento jurídico da união estável e do casamento deveria identificar-se ou se afastar conforme o aspecto que fosse discutido. Assim, por exemplo, em se tratando de aspectos formativos de uma ou outra entidade familiar, seria legítimo o tratamento diferenciado das figuras, uma vez que, enquanto o casamento passa pelo ritual de habilitação, celebração e inscrição no livro registral adequado, a união estável é simples fato da vida.[40]

---

39. MALUF, Carlos Alberto Dabus; MALUF, Adriana Caldas do Rego Freitas Dabus. *Curso de Direito das Sucessões*. 2. ed. São Paulo: Saraiva, 2018. p. 215.

40. SIMÃO, José Fernando. E então o STF decidiu o destino do artigo 1.790 do CC? Parte 2. *ConJur*, 25 dez. 2016. Disponível em: https://www.conjur.com.br/2016-dez-25/processo-familiar-entao-stf-decidiu-destino-artigo-1790-cc-parte. Acesso em: 27 jul. 2020.

A doutrina, entretanto, nem sempre é unânime na qualificação dos fatos jurídicos como igualmente partilháveis por ambas as entidades ou peculiares de uma só delas. Os efeitos sucessórios, por exemplo, geram intensos debates e divergências doutrinais. Mesmo com decisão da Corte Suprema transitada em julgado, afirmando que o tratamento sucessório do companheiro deve ser igual ao do cônjuge, ainda surgem vozes alegando o desacerto e a incorreção do STF ao declarar a inconstitucionalidade do art. 1.790 do Código Civil.[41]

Não obstante o amplo campo de debate favorecido pela dogmática jurídica, o certo é que, em termos pragmáticos, cabe às instâncias inferiores aplicarem o quanto estabelecido no acórdão paradigma. Nesse sentido, uma vez que, funcionalmente, não existem diferenças entre o companheiro e o cônjuge em termos de direito sucessório, igual tratamento deve ser dispensado a eles.

O acórdão paradigma, no entanto, como já destacado, não definiu a amplitude desse "igual tratamento". O que se sabe é que o art. 1.829 deverá ser lido incluindo-se, ao lado do cônjuge, o companheiro. Dessa forma, sempre que aparecer o termo "cônjuge", o intérprete deverá entender que o mesmo tratamento se dispensa ao "companheiro". Em outras palavras, cônjuge e companheiro concorrem, em igualdade de quinhão, com descendentes, independentemente de serem unilaterais ou comuns, na primeira classe; na segunda classe, concorrem com ascendentes; ocupando, por fim, exclusivamente, a terceira classe, preferindo aos colaterais, aos quais está reservada a quarta classe, sem concorrência com nenhum outro parente do autor da herança.

4.2 O companheiro como herdeiro necessário

Questão que fica, entretanto, é se a mesma distensão subjetiva que se verifica com referência ao art. 1.829 do Código Civil existe também quanto ao art. 1.845. O STF não se manifestou acerca desse assunto no julgamento do RE 878.694/MG, mas o conteúdo dos votos da maioria dos Ministros que votaram pela inconstitucionalidade do art. 1.790 permite essa ilação, admitindo o companheiro como herdeiro necessário, o que não causa nenhuma espécie de estranhamento, uma vez que tal já era aventado em sede doutrinária, antes mesmo da declaração de inconstitucionalidade referida.

Com efeito, defendíamos que, em virtude da equiparação constitucional das entidades familiares, não só o art. 1.790 era inconstitucional como também o companheiro, tal qual o cônjuge, deveria ser considerado herdeiro necessário.[42]

---

41. PEREIRA, Rodrigo da Cunha. STF acabou com a liberdade de não casar ao igualar união estável a casamento. *ConJur*, 14 jun. 2017. Disponível em: https://www.conjur.com.br/2017-jun-14/rodrigo-cunha-pereira-s-tf-acabou-liberdade-nao-casar. Acesso em: 27 jul. 2020; DELGADO, Mário Luiz. Não cabe ao Judiciário conferir à relação informal os efeitos da sociedade conjugal. *ConJur*, 7 ago. 2016. Disponível em: https://www.conjur.com.br/2016-ago-07/processo-familiar-nao-cabe-judiciario-dar-relacao-informal-efeitos-casamento. Acesso em: 30 jul. 2020. Em sentido contrário, DIAS, Maria Berenice. Supremo acertou ao não diferenciar união estável de casamento. *ConJur*, 14 jun. 2017. Disponível em: https://www.conjur.com.br/2017-jun-14/berenice-dias-stf-acertou-igualar-uniao-estavel-casamento. Acesso em: 24 jul. 2020.

42. HIRONAKA, Giselda Maria Fernandes Novaes. Concorrência do companheiro e do cônjuge, na sucessão dos descendentes: destaque para dois pontos de irrealização da experiência jurídica à face da previsão contida

Ademais, em que pese o rigor do art. 1.845 do Código Civil, já se apontava, na doutrina, para o fato de que a ordem de vocação hereditária era estabelecida pelo cotejo dos arts. 1.790 e 1.829.[43] Porém, quando tratava da sucessão necessária, o Código Civil considerava apenas o conteúdo do art. 1.829, expresso na regra do art. 1.845,[44] que prevê, textualmente, como herdeiros necessários, apenas descendentes, ascendentes e cônjuge. Por outro lado, não há qualquer norma que, a exemplo do que faz o art. 1.850 com relação aos colaterais, permita que o companheiro seja afastado por testamento.[45] O companheiro deveria ter sido incluído ou no rol dos herdeiros necessários do art. 1.845 ou no rol do art. 1.850, que cuida dos herdeiros legítimos facultativos. Diante da omissão, alguns setores da doutrina afirmavam que "parece[ria] mais razoável a posição que protege o companheiro, inclusive por ser a única que guarda coerência com as hipóteses nas quais concorre com descendentes e ascendentes necessariamente".[46]

Wilson Ricardo Ligiera, sustentando essa mesma ideia, defendia que o hoje declarado inconstitucional art. 1.790 atribuía ao companheiro a legítima e, ao fazê--lo, conferia-lhe a qualidade de herdeiro necessário. Conforme argumenta, "[i]sso ocorr[ia] porque primeiramente o legislador atribu[íra] ao companheiro o direito de concorrer à herança junto com os descendentes e ascendentes do falecido, rece-bendo, por conseguinte, uma parcela da legítima".[47] Nesse sentido, a inclusão do

---

na regra estampada na nova Legislação Civil Pátria, o Código Civil de 2002. *Revista da Esmape*, Recife, v. 9, n. 20, p. 295-339, jul./dez. 2004.

43. LIGIERA, Wilson Ricardo. *O companheiro na qualidade de herdeiro necessário e seu direito à legítima*. 2013. Tese (Doutorado em Direito Civil) – Universidade de São Paulo, São Paulo, 2013.

44. "Enquanto o artigo 1.721 do Código Civil de 1916, ao tratar dos herdeiros necessários, apontava como tais os descendentes e os ascendentes, o artigo 1.725 do mesmo diploma previa: 'Para excluir da sucessão o cônjuge ou os parentes colaterais, basta que o testador disponha do seu patrimônio, sem os contemplar'. Os dispositivos se complementavam, abrangendo, um ou outro, todos os herdeiros legítimos, relacionados na ordem de vocação hereditária, do artigo 1.603, a fim de definir quem poderia ou não ser afastado da sucessão por testamento. Os dispositivos correspondentes aos dois primeiros artigos, no Código de 2002, são, respectivamente, o 1.845, que aponta como herdeiros necessários os descendentes, os ascendentes e o cônjuge, e o artigo 1.850, que menciona quem pode ser excluído da sucessão legítima: os colaterais. Juntos, ambos os dispositivos deveriam abranger todos os herdeiros legítimos, relacionados na ordem de vocação hereditária, a fim de, como ocorria no diploma anterior, também deixar claro quem poderia ou não ser afastado por testamento. Entretanto, ocorre que, no atual Código Civil, há dois artigos que estabelecem a ordem de vocação dos herdeiros legítimos: o artigo 1.829 (que inclui o cônjuge) e o artigo 1.790 (que inclui o companheiro). O legislador de 2002, porém, parece ter considerado apenas o conteúdo do artigo 1.829, esquecendo-se do artigo 1.790" (LIGIERA, Wilson Ricardo. *O companheiro na qualidade de herdeiro necessário e seu direito à legítima*. 2013. Tese (Doutorado em Direito Civil) – Universidade de São Paulo, São Paulo, 2013. p. 390).

45. Direito sucessório e Constituição: controvérsias e tendências. *In*: HIRONAKA, Giselda Maria Fernandes Novaes; TARTUCE, Flávio; SIMÃO, José Fernando (coord.). *Direito de Família e das Sucessões*: temas atuais. Rio de Janeiro: Forense; São Paulo: Método, 2009. p. 460.

46. ANTONINI, Mauro. Sucessão necessária. 2013. Dissertação (Mestrado em Direito Civil) – Faculdade de Direito, Universidade de São Paulo, São Paulo, 2013. p. 166.

47. LIGIERA, Wilson Ricardo. *O companheiro na qualidade de herdeiro necessário e seu direito à legítima*. 2013. Tese (Doutorado em Direito Civil) – Universidade de São Paulo, São Paulo, 2013. p. 407. Segundo o autor, o raciocínio silogístico que conduz à conclusão de que o companheiro é herdeiro necessário é invertido em relação àquele realizado em relação ao cônjuge. Ambos partilham a mesma premissa maior: "a legítima pertence aos herdeiros necessários" (art. 1.846, CC). Todavia, enquanto a premissa menor na estrutura envolvendo o cônjuge é expressa na proposição "os descendentes, os ascendentes e o cônjuge são herdeiros necessários" (art. 1.845, CC), a premissa menor na sucessão do companheiro é expressa na fórmula "a legítima pertence

companheiro no rol dos herdeiros necessários era decorrência lógica e inevitável de sua concorrência com outros herdeiros necessários, uma vez que não se pode admitir concorrência sucessória entre herdeiros necessários e facultativos, sob pena de se reduzir a legítima em favor de herdeiro não legitimário.[48]

Além do próprio decurso lógico da tese firmada pelo Supremo,[49] o cenário resultante do julgamento do RE 878.694/MG parece confirmar o entendimento de ser o companheiro herdeiro necessário, o que fica patente quando analisamos a jurisprudência dos tribunais brasileiros a partir de junho de 2017.

A conclusão pelo reconhecimento do companheiro como herdeiro necessário, todavia, não é unanimemente partilhada pela doutrina.[50] Mesmo o Ministro Edson Fachin, em seu voto que reconheceu a equiparação das entidades familiares, pontuou, como uma das marcas da união estável, a possibilidade de se modular, através de testamento, direitos sucessórios do companheiro.[51] Se é verdade que o Ministro não analisou propriamente os limites do direito de testar do companheiro falecido, também não fez nenhuma ressalva valorativa com respeito à possibilidade legal de se afastar, por testamento, o companheiro sobrevivente.

---

ao companheiro e aos filhos" (art. 1.790, CC). Assim, tal qual os filhos, o companheiro também seria herdeiro necessário (LIGIERA, Wilson Ricardo. *O companheiro na qualidade de herdeiro necessário e seu direito à legítima.* 2013. Tese (Doutorado em Direito Civil) – Universidade de São Paulo, São Paulo, 2013. p. 407-409).

48. A propósito da concorrência sucessória na união estável, José Luiz Gavião de Almeida escreveu que o companheiro tinha situação curiosa no novo Código Civil, uma vez que "parece incluído entre os herdeiros necessários, tanto que concorre com estes à sucessão (art. 1.790), mas também concorre com colaterais, e apenas na inexistência destes é que recolher[ia] a totalidade da herança (art. 1.790, III e IV)" (ALMEIDA, José Luiz Gavião de. Direito das Sucessões. Sucessão em geral. Sucessão legítima. Artigos 1.784 a 1.856. *In:* AZEVEDO, Álvaro Villaça. *Código Civil comentado.* São Paulo: Atlas, 2003. v. XVIII. p. 251). Essa peculiaridade, contudo, não desabonaria a tese de o companheiro ser também herdeiro necessário. Afastando qualquer eventual aproximação com as especificidades do direito estrangeiro, Wilson Ligiera defende que "a má redação dos incisos III e IV não é suficiente para anular o que é estabelecido pelos incisos I e II. Se o companheiro concorre com os descendentes, recebendo parte da legítima que cabe tão somente aos herdeiros necessários, não há como, factivelmente, tratá-lo de outro modo" (LIGIERA, Wilson Ricardo. *O companheiro na qualidade de herdeiro necessário e seu direito à legítima.* 2013. Tese (Doutorado em Direito Civil) – Universidade de São Paulo, São Paulo, 2013. p. 414).

49. Flávio Tartuce, observando aspectos não enfrentados no julgamento do RE 878.694/MG, anota que o primeiro deles "diz respeito à inclusão ou não do companheiro como herdeiro necessário no art. 1.845 do Código Civil, outra tormentosa questão relativa ao Direito das Sucessões e que tem numerosas consequências. O julgamento nada expressa a respeito da dúvida. Todavia, lendo os votos prevalecentes, especialmente o do relator, a conclusão parece ser positiva, sendo essa a posição deste autor" (TARTUCE, Flávio. *Manual de Direito Civil.* 8. ed. São Paulo: Forense, 2018. p. 1688).

50. DELGADO, Mário Luiz. O cônjuge e o companheiro como herdeiros necessários. *Revista Jurídica Luso-Brasileira – RJLB,* Lisboa, v. 4, n. 5, p. 1253-1283, 2018. DELGADO, Mário Luiz. A sucessão na união estável após o julgamento dos embargos de declaração pelo STF: o companheiro não se tornou herdeiro necessário. *Migalhas.* Disponível em: https://www.migalhas.com.br/depeso/291015/a-sucessao-na-uniao-estavel-apos--o-julgamento-dos-embargos-de-declaracao-pelo-stf-o-companheiro-nao-se-tornou-herdeiro-necessario. Acesso em: 27 jul. 2020.

51. "Na sucessão, a liberdade patrimonial dos conviventes já é assegurada com o não reconhecimento do companheiro como herdeiro necessário, podendo-se afastar os efeitos sucessórios por testamento. Prestigiar a maior liberdade na conjugalidade informal não é atribuir, *a priori*, menos direitos ou direitos diferentes do casamento, mas, sim, oferecer a possibilidade de, voluntariamente, excluir os efeitos sucessórios" (STJ, REsp n. 878.694/MG, Rel. Min. Luís Roberto Barroso, DJ 10.5.2017, fls. 47/48).

4.2.1 Coerência hermenêutica e empenho dogmático

Em que pesem as opiniões diversas, a coerência interpretativa e a unidade sistêmica devem conduzir à plena equiparação de cônjuge e companheiro em termos de direitos sucessórios. Assim, o companheiro também deve ser encarado como herdeiro necessário, além de ter direito a receber o mesmo tratamento sucessório dispensado ao cônjuge, o que inclui vantagens e desvantagens.

Advirta-se, porém, que a equiparação constitucional das entidades familiares, devidamente reconhecida pelo STF, não significa sua equalização.[52] Caso contrário, não seria necessário prever diferentes tipos de famílias. O que tal equiparação representa é a concreção do princípio da isonomia, a partir da qual as várias formas familiares devem ser igualmente tuteladas no que têm de comum, sem que isso implique sua redução apenas a esse aspecto. Em outras palavras, as peculiaridades e particulares de cada agrupamento familiar são mantidas, sem desprezar e sem tratar diferentemente suas semelhanças.[53] No presente trabalho, tratamos de um desses aspectos, o dos direitos sucessórios, que, por ser comum às entidades familiares, permite que se fale em equiparação.[54]

Nesse sentido, sob os auspícios do art. 226, § 3º, da Constituição, não mais se sustenta a ideia, na sequência transcrita, que vem referida por muitos autores que criticam a declaração de inconstitucionalidade do art. 1.790 e que foi, também, colacionada no voto-vista divergente do Ministro Marco Aurélio. *In verbis*:

> O legislador, ao regulamentar a sucessão na união estável, adotou um critério diferente do utilizado para o casamento: neste, o propósito foi não deixar o cônjuge desamparado, quando não tivesse direito à meação, naquela, foi permitir que o companheiro herdasse apenas do patrimônio para cuja aquisição tenha contribuído.[55]

---

52. Em sentido diverso parece seguir Maria Berenice Dias, quando afirma que "[e]m sede de direitos sucessórios na união estável é onde o Código Civil mais escancaradamente acabou violando o cânone maior da Constituição Federal que impôs o reinado da igualdade e guindou a união estável à mesma situação que o casamento" (DIAS, Maria Berenice. *A união estável*. p. 4. Disponível em: http://www.mariaberenice.com.br/manager/arq/(cod2_791)3__a_uniao_estavel.pdf. Acesso em: 2 ago. 2020).

53. Nesse sentido, não parecem se sustentar preocupações exaradas, por exemplo, por Mário Luiz Delgado, que alega que "a tutela estatal protetiva das entidades familiares típicas e atípicas não pode ficar reduzida a uma absoluta equiparação das molduras normativas" (DELGADO, Mário Luiz. Não cabe ao Judiciário conferir à relação informal os efeitos da sociedade conjugal. *ConJur*, 7 ago. 2016. Disponível em: https://www.conjur.com.br/2016-ago-07/processo-familiar-nao-cabe-judiciario-dar-relacao-informal-efeitos-casamento. Acesso em: 30 jul. 2020), nem a opinião de Rodrigo da Cunha Pereira, para quem teria havido uma "igualização *in totum*" das entidades familiares, que acabara com a liberdade de não casar, tornando as uniões estáveis um "casamento forçado" (PEREIRA, Rodrigo da Cunha. STF acabou com a liberdade de não casar ao igualar união estável a casamento. *ConJur*, 14 jun. 2017. Disponível em: https://www.conjur.com.br/2017-jun-14/rodrigo-cunha-pereira-stf-acabou-liberdade-nao-casar. Acesso em: 27 jul. 2020).

54. O delicado emprego do termo "equiparação", quando se referindo às entidades familiares, exige o acompanhamento de alguma outra referência, sob pena de causar embaraços hermenêuticos. No trabalho, fizemos o termo "equiparação" vir seguido por complementos, como "em termos de direito sucessório", a fim de precisar em que sentido ocorreu dita equiparação e afastar as situações em que as entidades familiares continuam sendo reguladas de maneira particular.

55. LIGIERA, Wilson Ricardo. A incompreendida constitucionalidade da sucessão na união estável no Código Civil brasileiro. *Revista de Direito de Família e das Sucessões*, São Paulo, v. 2, n. 3, p. 147-170, jan./mar. 2015.

A previsão constitucional de que a lei deve facilitar a conversão da união estável em casamento, em que pese a celeuma doutrinária que abriu, não autoriza que tais entidades familiares recebam tratamento infraconstitucional diferenciado naquilo que têm de igual, que são os vínculos de afeto, solidariedade e respeito.[56] Em função desse objetivo comum visado por ambas as famílias, andou bem o Plenário do Supremo Tribunal Federal ao julgar o RE 878.694/MG, e têm decidido de forma escorreita tanto o STJ quanto os Tribunais de Justiça dos Estados que, na extensão do precedente referido, estão reconhecendo o companheiro como herdeiro necessário.

4.2.2 Tratamento jurisprudencial

A pesquisa que realizamos na jurisprudência do Superior Tribunal de Justiça mostrou uma Corte unânime em reconhecer a sucessão necessária do companheiro. Com respeito, especificamente, às situações em que o *de cujus* não deixou descendentes nem possui ascendentes vivos, a tese que vem sendo propalada, aplicando-se o art. 1.838 do Código Civil, é a de que cabe ao companheiro sobrevivo a totalidade da herança, salvo expressa manifestação de última vontade do falecido, quando o quinhão do sobrevivente atenderá, no mínimo, à quota indisponível.[57]

Interessante ainda pontuar que, no REsp 1.337.420/RS, STJ, relator Ministro Luis Felipe Salomão, 4ª Turma, *DJ* 22/08/2017, ficou assentado que, "para que o estatuto sucessório do casamento valha para a união estável [nos termos do RE n. 878.694/MG], impõe-se o respeito à regra de transição prevista no art. 2.041 do CC/2002, valendo o regramento desde que a sucessão tenha sido aberta a partir de 11 de janeiro de 2003" e desde que não tenha havido a estabilização da matéria, seja pela coisa julgada, seja pela lavratura de escritura pública. A justificativa é transparente: só se pode aplicar disposição do Código de 2002 a fatos que ocorreram durante sua vigência e cuja discussão ainda está em aberto.

Também os Tribunais de Justiça dos Estados têm estendido ao companheiro o direito à sucessão necessária. O TJ-SP, por exemplo, possui diversos precedentes[58] confirmando que é de regra o reconhecimento do companheiro como herdeiro

---

56. ANTONINI, Mauro. *Sucessão necessária.* 2013. Dissertação (Mestrado em Direito Civil) – Universidade de São Paulo, São Paulo. 2013. p. 150.

57. Nesse sentido, STJ, 3ª T, AREsp n. 1.554.819/RJ, Rel. Min. Ricardo Villas Bôas Cueva, *DJ* 05.5.2020. A sucessão necessária do companheiro também é reconhecida, para mencionar algumas outras ocasiões a título de exemplo, no REsp n. 1.357.117/MG, STJ, Rel. Min. Ricardo Villas Bôas Cueva, 3ª T, *DJ* 26.3.2018; no REsp n.1.332.773/MS, STJ, Rel. Min. Ricardo Villas Bôas Cueva, 3ª T, *DJ* 27.6.2017; no AREsp 1.562.797/SP, STJ, Rel. Min. Maria Isabel Gallotti, 4ª T, *DJ* 03.2.2020; e no AgInt nos EDcl no REsp n. 1.434.564/RJ, STJ, Rel. Min. Maria Isabel Gallotti, 4ª T, *DJ* 06.5.2020.

58. Dentre os precedentes colhidos da jurisprudência do TJSP, podemos citar o AI n. 2179584-32.2019.8.26.0000, Rel. Ângela Lopes, 9ª C. Direito Privado, *DJ* 15.6.2020; o AI n. 2023350-85.2020.8.26.0000, Rel. José Joaquim dos Santos, 2ª C. de Direito Privado, *DJ* 30.3.2020; a Ap. 0945166-50.2012.26.0506, Rel. Edson Luiz Queiróz, 9ª C. de Direito Privado, *DJ* 03.3.2020; a Ap. 1005705-03.2017.8.26.0604, Rel. Marcus Vinícius Rios Gonçalves, 6ª C. de Direito Privado, *DJ* 02.3.2020; o AI 2259715-91.2019.8.26.0000, Rel. Alcides Leopoldo, 4ª C. de Direito Privado, *DJ* 15.1.2020.

necessário, sob pena de se sacrificar a proteção dos núcleos familiares. Importante discussão, a propósito, foi trazida no julgamento do AI 2259715-91.2019.8.26.0000, relator Alcides Leopoldo, 4ª Câmara de Direito Privado, *DJ* 15/01/2020, no qual o Agravante alegou que a decisão proferida no RE 878.694/MG limitou-se a reconhecer a inconstitucionalidade da diferenciação de regimes sucessórios entre cônjuge e companheiro, mas não modificou o rol de herdeiros necessários do art. 1.845 do Código Civil, tanto que os embargos de declaração opostos pelo IBDFAM com o objetivo de ver esclarecida a matéria não foram providos (fls. 2/3). A Câmara respondeu à provocação aduzindo que o não recebimento dos embargos de declaração pelo STF transferiu ao STJ o reconhecimento de que a lacuna criada com a declaração de inconstitucionalidade do art. 1.790 deve ser preenchida com a aplicação da regra do art. 1.829, de forma a uniformizar o regime sucessório do cônjuge e do companheiro, o que conduz à possibilidade de se aplicar o disposto no art. 1.845 do Código Civil (fls. 3/4). Frente a isso, a Câmara negou provimento ao recurso.

A mesma tendência é verificada nos Tribunais de Justiça de outros Estados,[59] todos reconhecendo a dignidade de herdeiro necessário do companheiro, com julgados declarando expressamente que o regime de bens da união estável não influencia sua na sucessão necessária[60] ou que essa sucessão, na terceira classe de vocação, independe de os bens deixados terem sido adquiridos antes ou durante a união estável,[61] se particulares ou comuns.[62] O reflexo prático talvez mais palpável do reconhecimento de um herdeiro como necessário, a possibilidade de redução de disposição testamentária, também foi objeto de análise em precedente do TJ-RJ.[63]

5. CONCLUSÃO

O trabalho analisou a posição do companheiro na nova ordem instituída após o julgamento do RE 878.694/MG, tratando, especificamente, de sua posição como herdeiro necessário.

---

59. TJPR, 11ª C. Cível, *AI n. 0055089-26.2019.8.16.0000*, Rel. Fábio Haick Dalla Vecchia, *DJ* 26.02.2020; TJRJ, 21ª C. Cível, *Ap. n. 0282402-06.2010.8.19.0001*, Rel. Pedro Freire Raguenet, *DJ* 23.07.2020.

60. TJMG, 7ª C. Cível, *AI n. 1631415-34.2019.8.13.0000*, Rel. Alice Birchal, *DJ* 14.7.2020. Em seu voto, a relatora aponta o seguinte: "O direito constitucional à sucessão aberta surge com a morte (*droit de saisine*) e é pautado pelo Direito Sucessório, não pelo regime de bens. Portanto, cônjuges e companheiros (sejam héteros ou homossexuais) podem ou não ser meeiros, mas sempre serão herdeiros necessários, por força do art. 1845, CC/02, independentemente do regime de bens (defendo que a segunda parte do inciso I, do art. 1829, não se coaduna com a Constituição da República, de 1988, sendo inconstitucional)" (fl. 2). Em sentido diverso, o TJCE, 4ª C. Direito Privado, *AI n. 0624815-43.2018.8.06.0000*, Rel. Raimundo Nonato Silva Santos, *DJ* 09.10.2018, que, a partir da leitura do art. 1.829, cotejado com o que foi decidido no RE n. 646.721/RS e RE n. 878.694/MG, sustenta que "o cônjuge ou o companheiro concorre, em regra, com os descendentes do falecido, exceto se a união foi instituída em regime da comunhão universal, ou no da separação obrigatória de bens (art. 1.640, parágrafo único), ou se, no regime da comunhão parcial, o autor da herança não houver deixado bens particulares" (fl. 11).

61. TJDF, 2ª T. Cível, *AI n. 0726292-48.2019.8.07.0000*, Rel. Cesar Loyola, *DJ* 25.3.2020.

62. TJBA, 5ª C. Cível, *AI n. 0007176-25.2017.8.05.0000*, Rel. Baltazar Miranda Saraiva, *DJ* 15.11.2017.

63. TJRJ, 15ª C. Cível, *AI n. 0056310-60.2019.8.19.0000*, Rel. Horário dos Santos Ribeiro Neto, *DJ* 14.04.2020.

Com amparo na análise histórica da evolução dos direitos sucessórios dos companheiros, apontamos para o desfavor da disciplina codificada, que desconsiderou os avanços, em termos de proteção jurídica, que tinham sido granjeados pelos companheiros, principalmente a partir da promulgação da Constituição de 1988. Ademais, destacamos o esforço doutrinário que, desde o início dos anos 2000, vinha sustentando a inconstitucionalidade do art. 1.790.

A decisão proferida no julgamento do RE 878.694/MG foi paradigmática, muito embora tenha perdido a oportunidade de reconhecer outros aspectos da equiparação dos regimes sucessórios do casamento e da união estável, como a sucessão necessária do companheiro.

A inclusão do companheiro no rol dos herdeiros necessários era um pleito antigo, uma vez que, no regime jurídico anterior ao instituído pelo Código Civil de 2002, os direitos sucessórios de cônjuge e companheiro estavam equiparados e, não obstante a falta de previsão no Código de 1916, a análise doutrinária e jurisprudencial do Estatuto da Mulher Casada, juntamente com as Leis n. 8.971/94 e n. 9.278/96, tinha reconhecido que cônjuge e companheiro eram herdeiros necessários, ainda que não em propriedade plena.

Os novos ares trazidos pela declaração de inconstitucionalidade do art. 1.790, com a eliminação da duplicidade de regimes sucessórios, conforme o tipo de família sobre a qual advinha a sucessão, só veio reforçar a posição jurídica sucessória do companheiro, ladeando *in totum* a do cônjuge, particularmente, como herdeiro necessário, apesar do silêncio da norma insculpida no art. 1.845. Esse é o entendimento acolhido pelo Superior Tribunal de Justiça e pelos Tribunais estaduais, em que pesem as divergências pontuais acerca dos efeitos do reconhecimento do companheiro como herdeiro necessário.

6. REFERÊNCIAS

ALMEIDA, José Luiz Gavião de. Direito das Sucessões. Sucessão em geral. Sucessão legítima. Artigos 1.784 a 1.856. *In*: AZEVEDO, Álvaro Villaça. *Código Civil comentado*. São Paulo: Atlas, 2003. v. XVIII.

ANTONINI, Mauro. Apontamentos sobre a evolução e o perfil contemporâneo do direito das sucessões brasileiro. *In*: GUERRA, Alexandre Dartanhan de Mello (coord.). *Estudos em homenagem a Clóvis Beviláqua por ocasião do centenário do Direito Civil codificado no Brasil*. São Paulo: Escola Paulista da Magistratura, 2018.

ANTONINI, Mauro. *Sucessão necessária*. 2013. Dissertação (Mestrado em Direito Civil) – Universidade de São Paulo, São Paulo, 2013.

BONFIM, Marcos Augusto Bernardes. Uma análise do Recurso Extraordinário n. 878.694 à luz do direito fundamental à liberdade: qual espaço para a autodeterminação nas relações familiares? *Revista Brasileira de Direito Civil*, Belo Horizonte, v. 22, p. 141-178, out./dez. 2019.

BRASIL. *Anteprojeto de Código Civil*. Apresentado ao Exmo. Sr. João Mangabeira, Ministro da Justiça e Negócios Interiores, em 31 de março de 1963, pelo Prof. Orlando Gomes. Rio de Janeiro, 1963. Disponível em: https://bd.camara.leg.br/bd/handle/bdcamara/12916. Acesso em: 2 ago. 2020

DELGADO, Mário Luiz. A sucessão na união estável após o julgamento dos embargos de declaração pelo STF: o companheiro não se tornou herdeiro necessário. *Migalhas*. Disponível em: https://www.

migalhas.com.br/depeso/291015/a-sucessao-na-uniao-estavel-apos-o-julgamento-dos-embargos-de-declaracao-pelo-stf-o-companheiro-nao-se-tornou-herdeiro-necessario. Acesso em: 27 jul. 2020.

DELGADO, Mário Luiz. Não cabe ao Judiciário conferir à relação informal os efeitos da sociedade conjugal. *ConJur*, 7 ago. 2016. Disponível em: https://www.conjur.com.br/2016-ago-07/processo-familiar-nao-cabe-judiciario-dar-relacao-informal-efeitos-casamento. Acesso em: 30 jul. 2020.

DELGADO, Mário Luiz. O cônjuge e o companheiro como herdeiros necessários. *Revista Jurídica Luso-Brasileira – RJLB*, Lisboa, v. 4, n. 5, p. 1253-1283, 2018.

DIAS, Maria Berenice. *A união estável*. Disponível em: http://www.mariaberenice.com.br/manager/arq/(cod2_791)3__a_uniao_estavel.pdf. Acesso em: 2 ago. 2020.

DIAS, Maria Berenice. Supremo acertou ao não diferenciar união estável de casamento. *ConJur*, 14 jun. 2017. Disponível em: https://www.conjur.com.br/2017-jun-14/berenice-dias-stf-acertou-igualar-uniao-estavel-casamento. Acesso em: 24 jul. 2020.

DINAMARCO, Cândido Rangel; LOPES, Bruno Vasconcelos Carrilho. *Teoria geral do novo processo civil*. 2. ed. São Paulo: Malheiros, 2017.

FACHIN, Luiz Edson. Inconstitucionalidade do art. 1.790 do Código Civil Brasileiro. *In*: FACHIN, Luiz Edson. *Soluções práticas de Direito Civil*: pareceres. São Paulo: Revista dos Tribunais, 2011. v. II.

HIRONAKA, Giselda Maria Fernandes Novaes. As diferenças sucessórias entre união estável e casamento são constitucionais? A posição da doutrina e dos tribunais. *Revista de Direito Brasileiro*, [*S. l.*], v. 13, n. 6, p. 131-149, abr. 2016.

HIRONAKA, Giselda Maria Fernandes Novaes. Concorrência do companheiro e do cônjuge, na sucessão dos descendentes: destaque para dois pontos de irrealização da experiência jurídica à face da previsão contida na regra estampada na nova Legislação Civil Pátria, o Código Civil de 2002. *Revista da Esmape*, Recife, v. 9, n. 20, p. 295-339, jul./dez. 2004.

HIRONAKA, Giselda Maria Fernandes Novaes. Da ordem de vocação hereditária nos direitos brasileiro e italiano. *Revista da Faculdade de Direito da Universidade de São Paulo*, São Paulo, v. 100, p. 23-60, 2005.

HIRONAKA, Giselda Maria Fernandes Novaes. Direito das sucessões brasileiro: disposições gerais e sucessão legítima. *Revista dos Tribunais*, São Paulo, v. 92, n. 808, p. 20-38, fev. 2003.

HIRONAKA, Giselda Maria Fernandes Novaes. Direito sucessório brasileiro: ontem, hoje e amanhã. *Revista Brasileira de Direito de Família*, Porto Alegre, v. 3, n. 12, p. 61-83, jan./mar. 2002.

HIRONAKA, Giselda Maria Fernandes Novaes. Direito sucessório e Constituição: controvérsias e tendências. *In*: HIRONAKA, Giselda Maria Fernandes Novaes; TARTUCE, Flávio; SIMÃO, José Fernando (coord.). *Direito de Família e das Sucessões*: temas atuais. Rio de Janeiro: Forense; São Paulo: Método, 2009.

HIRONAKA, Giselda Maria Fernandes Novaes. Equalização cônjuge e companheiro no direito sucessório. *Boletim IBDFAM*, Belo Horizonte, v. 22, p. 6, set./out. 2003.

HIRONAKA, Giselda Maria Fernandes Novaes. Viver e morrer com dignidade: no que diferem e no que se assemelham a sucessão do cônjuge e a do companheiro à luz da doutrina e dos pronunciamentos dos tribunais? *Pensar – Revista de Ciências Jurídicas*, Fortaleza, v. 21, n. 1, p. 200-212, jan./abr. 2016.

LIGIERA, Wilson Ricardo. A incompreendida constitucionalidade da sucessão na união estável no Código Civil brasileiro. *Revista de Direito de Família e das Sucessões*, São Paulo, v. 2, n. 3, p. 147-170, jan./mar. 2015.

LIGIERA, Wilson Ricardo. *O companheiro na qualidade de herdeiro necessário e seu direito à legítima*. 2013. Tese (Doutorado em Direito Civil) – Faculdade de Direito, Universidade de São Paulo, São Paulo, 2013.

LÔBO, Paulo. *Direito Civil*: famílias. 6. ed. São Paulo: Saraiva, 2015.

MALUF, Carlos Alberto Dabus; MALUF, Adriana Caldas do Rego Freitas Dabus. *Curso de direito das sucessões*. 2. ed. São Paulo: Saraiva, 2018.

MORAES, Walter. *Programa de Direito das Sucessões*: teoria geral e sucessão legítima. São Paulo: Revista dos Tribunais, 1980.

NEVARES, Ana Luiza Maia. A igualdade de direitos sucessórios entre o cônjuge e o companheiro: o julgamento do Recurso Extraordinário n. 878.694-MG. *Revista IBDFAM: família e sucessões*, Belo Horizonte, v. 21, maio/jun. 2017.

NEVARES, Ana Luiza Maia. *A tutela sucessória do cônjuge e do companheiro na legalidade constitucional*. Rio de Janeiro: Renovar, 2004.

OLIVEIRA, Arthur Vasco Itabaiana de. *Tratado de Direito das Sucessões*. v. 1. 4. ed. São Paulo: Max Limonad, 1952.

PASSOS, Edilenice; LIMA, João Alberto de Oliveira. *Memória legislativa do Código Civil* – Tramitação na Câmara dos Deputados: segundo turno. Brasília: Senado Federal, 2012. v. 4. Disponível em: https://www2.senado.leg.br/bdsf/handle/id/242712. Acesso em: 20 jul. 2020.

PASSOS, Edilenice; LIMA, João Alberto de Oliveira. *Memória legislativa do Código Civil* – Tramitação no Senado Federal. Brasília: Senado Federal, 2012. v. 3. Disponível em: https://www2.senado.leg.br/bdsf/handle/id/242712. Acesso em: 20 jul. 2020.

PEREIRA, Rodrigo da Cunha. STF acabou com a liberdade de não casar ao igualar união estável a casamento. *ConJur*, 14 jun. 2017. Disponível em: https://www.conjur.com.br/2017-jun-14/rodrigo-cunha-pereira-stf-acabou-liberdade-nao-casar. Acesso em: 27 jul. 2020.

REALE, Miguel. *História do novo Código Civil*. São Paulo: RT, 2005.

REINIG, Guilherme Henrique Lima. Aspectos polêmicos da sucessão do companheiro: a inconstitucionalidade do art. 1.790 do CC 2002. *Revista dos Tribunais*, São Paulo, v. 102, n. 931, p. 117-155, mai. 2013.

SIMÃO, José Fernando. E então o STF decidiu o destino do artigo 1.790 do CC? Parte 1. *ConJur*, 4 dez. 2016. Disponível em: https://www.conjur.com.br/2016-dez-04/processo-familiar-entao-stf-decidiu-destino-artigo-1790-cc-parte. Acesso em: 27 jul. 2020.

SIMÃO, José Fernando. E então o STF decidiu o destino do artigo 1.790 do CC? Parte 2. *ConJur*, 25 dez. 2016. Disponível em: https://www.conjur.com.br/2016-dez-25/processo-familiar-entao-stf-decidiu-destino-artigo-1790-cc-parte. Acesso em: 27 jul. 2020.

TARTUCE, Flávio. *Manual de Direito Civil*. 8. ed. São Paulo: Forense, 2018.

VELOSO, Zeno. *In*: SILVA, Regina Beatriz Tavares da (coord.). *Código Civil comentado*. 8. ed. São Paulo: Saraiva, 2012.

VELOSO, Zeno. Direito sucessório dos companheiros. *Palestra proferida no III Congresso Brasileiro de Direito de Família*. Ouro Preto, outubro de 2001. p. 21. Disponível em https://www.ibdfam.org.br/assets/upload/anais/188.pdf. Acesso em: 30 jul. 2020.

MULTIPARENTALIDADE E DIREITOS SUCESSÓRIOS: EFEITOS, POSSIBILIDADES, LIMITES

Ricardo Calderón

> Doutorando e Mestre em Direito Civil pela Universidade Federal do Paraná – UFPR. Pós-graduado em Direito Processual Civil e em Teoria Geral do Direito. Coordenador de curso de pós-graduação da Academia Brasileira de Direito Constitucional. Diretor Nacional do IBDFAM. Pesquisador do grupo de estudos e pesquisas de Direito Civil "Virada de Copérnico", vinculado ao Programa de Pós-graduação da Universidade Federal do Paraná – PPGD-UFPR. Professor em diversas instituições. Advogado. Autor. calderon@calderonadvogados.com.br.

Karina Barbosa Franco

> Mestre em Direito Público pela UFAL. Professora Universitária. Membro do IBDFAM e IBDCIVIL. Advogada. Pesquisadora do Grupo de Pesquisa Constitucionalização das Relações Privadas (CONREP/UFPE).

> *"Se o homem é imperfeito e as leis vigentes visam à perfeição, terão de se suceder umas às outras como "um mal eterno" como está no Fausto, de Goethe ."*

> – Orozimbo Nonato

Sumário: 1. Introdução – 2. Projeções sucessórias nas famílias multiparentais – 3. Demandas argentárias, abusivas ou mercenárias: quais as soluções possíveis? – 4. Um caso emblemático julgado pelo superior tribunal de justiça – 5. Considerações finais – 6. Referências.

---

1. INTRODUÇÃO

Uma das relevantes questões do direito de família contemporâneo é a discussão sobre as projeções decorrentes dos casos de multiparentalidade:[1] situações existenciais nas quais uma pessoa possui vínculo de filiação múltiplo (com três ascendentes de primeiro grau concomitantes, por exemplo). Esta situação foi admitida no Brasil recentemente, de forma jurisprudencial,[2] a partir da Repercussão Geral n. 622 do STF, sendo que até o momento ainda não há lei detalhando todas as suas consequências jurídicas.

Em vista disso, cabe novamente à doutrina e à jurisprudência confeccionar as respostas para as diversas demandas correlatas que passaram a bater à porta do

---

1. Para ler mais sobre o tema: CALDERÓN, Ricardo. *Princípio da afetividade no Direito de Família.* 2. ed. rev., atual. e ampl. Rio de Janeiro: Forense, 2017.
2. Em especial a partir do julgamento da Repercussão Geral n. 622 pelo Supremo Tribunal Federal, ocorrido em meados de 2016.

Poder Judiciário a partir do acolhimento da multiparentalidade, muitas delas de difícil solução.

Um dos aspectos que vem suscitando muitas indagações diz respeito ao direito sucessório nessas famílias múltiplas. Isto porque, o paradigma até então era uma pessoa ter dois ascendentes, herdando, portanto, de duas pessoas. O livro de sucessões do Código Civil de 2002 foi editado sob este prisma biparental. Diante da possibilidade de filiação múltipla, algumas regras do direito sucessório são colocadas em xeque, face a situação inovadora que passe a se apresentar.

Ao mesmo tempo, passaram a surgir situações nas quais um interesse exclusivamente patrimonial acabaria por estabelecer uma situação existencial, com o risco de uma excessiva patrimonialização das relações familiares, o que estaria causando um certo espanto em parte da doutrina e da jurisprudência.

Neste particular, urge uma hermenêutica que parta das diretrizes constitucionais, perpasse os dispositivos codificados e leve em conta todas as peculiaridades da situação fática subjacente, percurso que permitirá uma escorreita compreensão de como pode se dar a sucessão nestas famílias multiparentais.

O presente trabalho visa discorrer sobre os principais reflexos sucessórios dessas relações multiparentais, de modo a destacar os atuais pontos de consenso e de dissenso na doutrina e na jurisprudência.

2. PROJEÇÕES SUCESSÓRIAS NAS FAMÍLIAS MULTIPARENTAIS

Após a admissão da multiparentalidade no direito brasileiro um questionamento que surge quase de forma automática é o seguinte: nesses casos, haverá a possibilidade de uma pessoa herdar mais de uma vez de pais e mães diferentes, como efeito jurídico no âmbito sucessório? Hipoteticamente, um filho pode herdar de dois pais? Ou então um filho que tenha dois pais e uma mãe reconhecidos e registrados, poderia herdar três vezes?

Estas questões são recorrentes a quem analisa o tema pela primeira vez.

Como visto, apesar da nossa legislação não tratar diretamente deste tema, cumpre notar que não há no ordenamento jurídico norma que inviabilize o recebimento de múltiplas heranças. Esta ausência de vedação é singular e permite que esta possibilidade seja analisada mais a fundo.[3]

O direito constitucional à herança é cláusula pétrea (art. 5º, XXX) e decorre diretamente da filiação, não sendo diferente no caso da filiação múltipla, haja vista ser um "efeito natural e consequente de quaisquer dos ascendentes a favor do descendente de primeiro grau."[4]

---

3. Para ler mais sobre o tema: CALDERÓN, Ricardo; GRUBERT, Camila. Projeções sucessórias da multiparentalidade. *In:* TEIXEIRA, Daniele (coord.). *Arquitetura do planejamento sucessório.* 2. ed. Belo Horizonte: Fórum, 2019. p. 285-298.

4. CARVALHO, Luiz Paulo Vieira de; COELHO, Luiz Cláudio Guimarães. Multiparentalidade e herança: alguns apontamentos. *Revista IBDFAM:* famílias e sucessões, Belo Horizonte, n. 19, p. 11-24, jan./fev. 2017. p. 20.

Outro vetor que orienta a resposta aos questionamentos apresentados é o consagrado princípio constitucional da igualdade da filiação, estampado na Constituição Federal de 1988, em seu art. 227, § 6º, e repisado no art. 1.596 do Código Civil de 2002. Este comando é expresso em afirmar que todos os filhos são iguais, vedadas quaisquer discriminações relativas à filiação.

A partir destas premissas constitucionais, parece claro que também a filiação na situação multiparental deve receber estas duas chancelas, ou seja, tanto o primado da igualdade como o consectário do direito de herança.

A questão se assentou no recente Enunciado 632, aprovado na VIII Jornada de Direito Civil, preconiza: "Art. 1.596: Nos casos de reconhecimento de multiparentalidade paterna ou materna, o filho terá direito à participação na herança de todos os ascendentes reconhecidos."[5]

A justificativa é no sentido de aclarar que o filho terá direito à herança perante todos os ascendentes reconhecidos, isso porque, independentemente da forma de reconhecimento dos filhos, estes possuem os mesmos direitos, inclusive sucessórios, com espeque no art. 227, § 6º, da CF/88 e art. 1.596 do CC/02.

A literatura jurídica também vem admitindo esta múltipla herança. Anderson Schreiber sustenta que os direitos sucessórios em relação aos pais biológicos e aos pais socioafetivos não ofendem qualquer norma jurídica, ao contrário, realizam a plena igualdade entre os filhos, não encontrando obstáculo na ordem constitucional vigente. Para o autor, "ter um, dois, três ou até mais vínculos parentais decorre de contingências da vida, de modo que não há problema em haver irmãos legitimados a suceder em heranças distintas de seus respectivos ascendentes."[6]

Em que pese o novo Código Civil tenha tomado como referência a família nuclear para disciplinar a transmissão patrimonial *causa mortis*, com o advento da multiparentalidade a discussão passa a envolver os novos parâmetros a serem observados quanto à legitimidade sucessória e à delimitação dos quinhões hereditários.

É que o chamamento à sucessão legítima ocorre em decorrência dos vínculos familiares constituídos pelo *de cujus* e seus sucessores, qualquer que seja sua origem. Por essa razão, a ordem da vocação hereditária deverá ser seguida sem fazer distinção alguma entre o parentesco, seja ele biológico ou socioafetivo, ou ambos ao mesmo tempo, no caso da multiparentalidade.

O art. 1.829 do Código Civil, que serve de norte ao chamamento dos sucessores à sucessão legítima, estabelece que:

---

5. CONSELHO DA JUSTIÇA FEDERAL. VIII Jornada de Direito Civil. *Enunciado 632*. Disponível em: https://www.cjf.jus.br/cjf/corregedoria-da-justica-federal/centro-de-estudos-judiciarios-1/publicacoes-1/jornadas-cej/viii-enunciados-publicacao-site-com-justificativa.pdf. Acesso em: 20 mai. 2021.
6. SCHREIBER, Anderson; LUSTOSA, Paulo Franco. Efeitos jurídicos da multiparentalidade. *Revista Pensar*, Fortaleza, v. 21, n. 3, p. 847-873, set./dez. 2016. p. 859.

Art. 1.829. A sucessão legítima defere-se na ordem seguinte: I – aos descendentes, em concorrência com o cônjuge sobrevivente, salvo se casado este com o falecido no regime da comunhão universal, ou no da separação obrigatória de bens (art. 1.640, parágrafo único); ou se, no regime da comunhão parcial, o autor da herança não houver deixado bens particulares; II – aos ascendentes, em concorrência com o cônjuge; III – ao cônjuge sobrevivente; IV – aos colaterais.[7]

Em primeiro lugar na ordem de vocação hereditária encontram-se os descendentes, que poderão concorrer com o cônjuge ou companheiro[8] sobrevivente, a depender do regime de bens adotado no relacionamento e, quanto ao regime de comunhão parcial de bens, à origem dos bens da herança.

Considerando exclusivamente a sucessão dos descendentes, é preciso atentar que no primeiro grau dessa classe de sucessores estão os filhos do *de cujus* aos quais, em vista da igualdade trazida pela Constituição Federal de 1988, em seu art. 227, § 6º, e pelo art. 1.596 do Código Civil de 2002, fica proibido qualquer tratamento discriminatório. Na medida em que nenhuma filiação deve ser diferenciada das demais, a atribuição do *status* de filho independe do vínculo de filiação constituído, não podendo acarretar a privação de quaisquer efeitos decorrentes dessa relação de parentesco, razão pela qual não deve haver impedimento à sucessão na multiparentalidade, ao contrário, realiza-se a plena igualdade entre os filhos, assegurada na Constituição Federal.

O filho deverá figurar como sucessor de todos os pais/mães que possuir, reflexão que se estende aos demais descendentes de graus mais remotos. Assim, havendo relações parentais biológicas e afetivas concomitantes, será totalmente plausível a concessão de mais de duas heranças a uma mesma pessoa, em razão dos vínculos que a unem a seus diversos ascendentes.[9] Isso parece estar pacífico.

Para Paulo Lôbo, "a sucessão hereditária legítima é assegurada ao filho de pais concomitantemente biológicos e socioafetivos em igualdade de condições."[10] Os limites dizem respeito às legítimas dos herdeiros necessários de cada sucessão e não ao número de pais autores das heranças.

Caio Mário da Silva Pereira[11] relembra que a possibilidade de uma pessoa receber herança de dois pais e duas mães em decorrência da multiparentalidade não seria

---

7. BRASIL. Código Civil. Lei n. 10.406, de 10 de janeiro de 2002.
8. Não obstante não figurar entre os herdeiros elencados no art. 1.829 do Código Civil, por força do julgamento do RE 878.694, o Supremo Tribunal Federal equiparou os direitos sucessórios de quem vive em união estável àqueles decorrentes do matrimônio, e, para fins repercussão geral, aprovou a seguinte tese: "No sistema constitucional vigente é inconstitucional a diferenciação de regime sucessório entre cônjuges e companheiros devendo ser aplicado em ambos os casos o regime estabelecido no artigo 1829 do Código Civil". Disponível em: https://stf.jusbrasil.com.br/jurisprudencia/311628824/repercussao-geral-no-recurso-extraordinario-rg-re-878694-mg-minas-gerais-1037481-7220098130439/inteiro-teor-311628833. Acesso em: 12. mar. 2018.
9. CASSETTARI, Christiano. *Multiparentalidade e parentalidade socioafetiva*: efeitos jurídicos. 3. ed. São Paulo: Atlas, 2017. p. 254.
10. LÔBO, Paulo. *Direito Civil*: sucessões. v. 6. 5. ed. São Paulo: Saraiva, 2019. p. 92.
11. PEREIRA, Caio Mário da Silva. *Instituições de Direito Civil*. v. VI. 25. ed. rev. e atual. Rio de Janeiro: Forense, 2017. p. 98-99.

ineditismo no nosso ordenamento jurídico, visto que na adoção simples, regulada pelo Código Civil de 1916, prevalecia o entendimento de que o adotado tinha direitos sucessórios em relação ao adotante, salvo quando este possuísse filhos legítimos, legitimados ou naturais reconhecidos ao tempo que se deu a adoção, sem prejuízo do direito à sucessão de seus parentes consanguíneos, na medida em que o parentesco civil não rompia os vínculos de filiação biológica.

Especificamente quanto à divisão da herança, aplicar-se-ão as regras do art. 1.835 do Código Civil de 2002: "Na linha descendente, os filhos sucedem por cabeça, e os outros descendentes, por cabeça ou por estirpe, conforme se achem ou não no mesmo grau."[12] Ou seja, a herança será dividida entre os descendentes sem distinção alguma entre os biológicos, os socioafetivos ou os multiparentais.

Quanto à concorrência sucessória entre os descendentes e o cônjuge ou companheiro sobrevivente, esclarece André Barros que a multiparentalidade em nada a afetará, sejam os descendentes comuns ou exclusivos do falecido, "na medida em que os vínculos parentais decorrem apenas da relação afetiva entre pais e filhos."[13]

Assim, segundo o art. 1.832 do Código Civil, "caberá ao cônjuge quinhão igual ao dos que sucederem por cabeça, não podendo a sua cota ser inferior à quarta parte da herança, se for ascendente dos herdeiros com que concorrer".[14] Em outras palavras, ao cônjuge ou companheiro sobrevivente será atribuído o mesmo quinhão dos descendentes do mesmo grau; entretanto, sendo todos os descendentes do falecido seus descendentes também, é garantido um quinhão mínimo referente a um quarto da herança, tenham ou não esses descendentes comuns múltiplos vínculos parentais.

Já a sucessão na classe dos ascendentes está a gerar uma maior discussão, visto que pode gerar duas interpretações possíveis, nas quais a doutrina está a se dividir. Imaginemos um caso no qual um filho falece, sem deixar descendentes, tampouco cônjuge ou companheiro, mas deixa apenas três ascendentes de primeiro grau (dois pais e uma mãe). Nossa legislação indica que, nesse caso, a herança será destinada aos três ascendentes do falecido. Ocorre que o Código Civil não previu uma situação de restarem três ascendentes-herdeiros, de modo que inexiste regramento específico sobre como dividir esta herança entre estes três sucessores.

Atualmente temos duas correntes doutrinárias que se dividem no entendimento de como se daria esta divisão da herança do filho para estes múltiplos ascendentes de primeiro grau.

---

12. BRASIL. Código Civil. Lei n. 10.406, de 10 de janeiro de 2002.
13. BARROS, André Borges de Carvalho. Multiparentalidade e sucessão: aplicabilidade das regras sucessórias do Código Civil em face do reconhecimento da multiparentalidade pelo Supremo Tribunal Federal. *Revista Nacional de Direito de Família e Sucessões*, n. 23, p. 113, mar./abr. 2018.
14. BRASIL. Código Civil. Lei n. 10.406, de 10 de janeiro de 2002.

Uma primeira corrente entende que a herança deverá ser partilhada em duas linhas,[15] a paterna e a materna, segundo a proximidade do parentesco desses familiares com o falecido. Assim, nos termos do § 2[o16] do art. 1.836 do Código Civil de 2002, caberia 50% (cinquenta por cento) do montante hereditário para cada uma das linhas, dividindo-se o total entre os parentes ascendentes que a integrarem.[17]

Luiz Paulo Vieira de Carvalho[18] é um dos defensores de tal corrente, sustentando que ainda que não pareça a solução mais justa, no cenário atual é esta que deve ser adotada face a previsão legal do art. 1836 do Código Civil, que não poderia ser ignorada. Paulo Lôbo leciona que "se o autor da herança não deixar descendentes, seus ascendentes biológicos e socioafetivos herdarão concorrentemente, de acordo com suas linhas (maternas e paternas), por força do CC, art. 1.836."[19] E exemplifica: "se deixar dois pais (um socioafetivo e outro biológico) e uma mãe, esta herda a metade da herança, e os pais a outra metade".[20]

Seguindo os termos desta primeira corrente, que sustenta a divisão por duas linhas, uma paterna e outra materna, para o exemplo citado acima a solução seria a seguinte: a mãe ficaria com 50% da herança e cada um dois pais receberia 25% da herança do filho. Como visto, haveria uma desigualação entre os referidos ascendentes.

Já para uma segunda corrente a divisão deveria se dar de outra forma, com uma repartição igualitária entre os três ascendentes, com cada um recebendo um terço da herança, igualmente. Para os defensores deste entendimento, deve-se prestigiar a função da norma prevista no parágrafo segundo do art. 1836 do Código Civil, que seria justamente igualar as participações sucessórias dos ascendentes. Logo, não faria sentido aplicar, nestes casos, a regra com um sentido diverso da função pretendida. Dentro os defensores desta corrente se encontram Ana Luiza Nevares, Anderson Schreiber, Débora Gozzo e tantos outros.

---

15. Segundo Gramstrup e Queiroz, "a sucessão dos ascendentes foi concebida sob a premissa de existir *uma* linha paterna e *uma* linha materna. É conhecida sob a designação 'sucessão por linhas', admitindo-se que há apenas duas delas". GRAMSTRUP, Erick Frederico; QUEIROZ, Odete Novais Carneiro. A socioafetividade e a multiparentalidade. *Revista Nacional de Direito de Família e Sucessões*, Porto Alegre: Magister, v. 2, n. 11, p. 104-127, mar./abr, 2016.

16. Art. 1.836, parágrafo segundo do Código Civil de 2002: "Havendo igualdade em grau e diversidade em linha, os ascendentes da linha paterna herdam a metade, cabendo a outra aos da linha materna".

17. José Simão ilustra que "se o falecido deixou dois avós maternos e um avô paterno, a herança não se divide em três partes (por cabeça), mas sim por linhas (*in linea*): 50% para o avô paterno (linha paterna) e 50% para a linha materna: 25% para o avô e 25% para a avó". SIMÃO, José Fernando. Multiparentalidade e a sucessão legítima: divisão da herança em linhas (art. 1836 do CC). *Carta Forense,* São Paulo. Disponível em: https://professorsimao.com.br/multiparentalidade-e-a-sucessao-legitima-divisao-da-heranca-em-linhas-art-1836-do-cc/. Acesso em: 20 mai. 2021.

18. CARVALHO, Luiz Paulo Vieira de; COELHO, Luiz Cláudio Guimarães. Multiparentalidade e herança: alguns apontamentos. *Revista IBDFAM*: famílias e sucessões. Belo Horizonte, n. 19, p. 11-24, jan./fev. 2017.

19. CARVALHO, Luiz Paulo Vieira de; COELHO, Luiz Cláudio Guimarães. Multiparentalidade e herança: alguns apontamentos. *Revista IBDFAM*: famílias e sucessões, Belo Horizonte, n. 19, p. 11-24, jan./fev. 2017.

20. LÔBO, Paulo. *Direito Civil*: sucessões. v. 6. 5. ed. São Paulo: Saraiva, 2019. p. 93.

Anderson Schreiber anota que o direito à herança é do filho em relação aos múltiplos pais, mas também é direito dos múltiplos pais em relação ao filho,[21] o que consubstancia a reciprocidade.

Débora Gozzo também defende que em se tratando de pais, o ideal seria que se dividisse a herança entre todos os aqueles que constarem da certidão de nascimento do filho, garantindo-se assim uma solução baseada na equidade, ao lado da analogia, os costumes e os princípios gerais de direito (LINDB, art. 4°).[22]

O Enunciado 642 aprovado na VIII Jornada de Direito Civil traduz justamente o entendimento da segunda corrente:

> Art. 1.836 – Nas hipóteses de multiparentalidade, havendo o falecimento do descendente com o chamamento de seus ascendentes à sucessão legítima, se houver igualdade em grau e diversidade em linha entre os ascendentes convocados a herdar, a herança deverá ser dividida em tantas linhas quantos sejam os genitores.[23]

A justificativa se baseia na *mens legis* do § 2° do art. 1.836 do CC, cuja divisão se dá conforme os troncos familiares. Por conseguinte, para atingir o objetivo do legislador, nas hipóteses de multiparentalidade, a herança deverá ser dividida em tantas linhas quantos sejam os genitores.[24]

Por esse entendimento, com o qual se concorda, sendo reconhecidos efeitos sucessórios à multiparentalidade, a herança deve ser dividida por tantas linhas quantos forem os pais ou mães do falecido, independentemente do gênero dos ascendentes de 1° grau e do número de sucessores em cada linha. Em sendo assim, a lei não deve permitir distinção entre os pais, sejam eles biológicos, socioafetivos ou múltiplos.[25]/[26]

---

21. SCHREIBER, Anderson. STF, Repercussão Geral 622: a multiparentalidade e seus efeitos. *Carta Forense*, São Paulo, 26 set. 2016. Disponível em: http://www.cartaforense.com.br/conteudo/artigos/stf-repercussao-geral-622-a-multiparentalidade-e-seus-efeitos/16982. Acesso em: 15 dez. 2016.

22. GOZZO, Débora. Dupla parentalidade e direito sucessório: a orientação dos Tribunais Superiores brasileiros. *Civilistica.Com*. Rio de Janeiro, a. 6, n. 2, p. 1-22, 2017. Disponível em: http://www.civilistica.com/wp-content/uploads/2017/12/Gozzo-civilistica.com-a.6.n.1.2017.pdf. Acesso em: 20 out. 2018. p. 18.

23. CONSELHO DA JUSTIÇA FEDERAL. VIII Jornada de Direito Civil. *Enunciado 642*, Disponível em: https://www.cjf.jus.br/cjf/corregedoria-da-justica-federal/centro-de-estudos-judiciarios-1/publicacoes-1/jornadas-cej/viii-enunciados-publicacao-site-com-justificativa.pdf. Acesso em: 20 mai. 2021.

24. BRASIL. Conselho da Justiça Federal. VIII Jornada de Direito Civil, 26 e 27/4/2018.

25. SCHREIBER, Anderson. STF, Repercussão Geral 622: a multiparentalidade e seus efeitos. *Carta Forense*, São Paulo, 26 set. 2016. Disponível em: http://www.cartaforense.com.br/conteudo/artigos/stf-repercussao-geral-622-a-multiparentalidade-e-seus-efeitos/16982. Acesso: 15 dez. 2016.

26. No mesmo entendimento: SHIKICIMA, Nelson Sussumu. Sucessão dos ascendentes na multiparentalidade. uma lacuna da lei para ser preenchida. *Revista Científica Virtual da Escola Superior da Advocacia da OAB/SP*, n. 18. São Paulo: OAB/SP, 2014, p. 75: "Observem que o §2° do artigo 1.836 menciona que, se houver igualdade em graus e diversidade de linhas, ou seja, linha paterna e materna, dividiria pela metade a herança. Ocorre que, se houver pais multiparentais, como por exemplo, dois pais e uma mãe, significa que a linha materna ficaria com a metade e a linha paterna (que neste caso são dois) ficaria com a outra metade, dividindo esta metade entre os dois pais. Não seria injusto? Pressupondo que o legislador naquela época, quando da elaboração do Código Civil de 2002 havia somente em sua mente dois pais, e inclusive de modo tradicional, um pai e uma mãe, entendemos que deveria ser preenchida esta lacuna para partes iguais, em caso de disputa em primeiro grau".

Este também é o posicionamento de José Fernando Simão, que defende a divisão da herança entre a família paterna e a materna em partes iguais. Caso tenhamos dois pais e uma mãe, teremos três linhas no total, duas linhas paternas e uma materna, com a divisão da herança em terços. Como o Código Civil não poderia prever a multiparentalidade como realidade jurídica, o referido autor sugere uma leitura atual do parágrafo segundo do art. 1.836: "Havendo igualdade em grau e diversidade em linha quanto aos ascendentes, a herança se divide igualmente entre tantas quantas forem as linhas maternas e paternas". [27]

A partir desta segunda corrente, a solução para o exemplo anteriormente citado seria a divisão da herança do referido filho em três partes iguais, entregando-se 1/3 para cada um dos pais e um 1/3 para mãe, ou seja, dividindo-se igualmente entre todos os ascendentes.

Esta corrente parece traduzir um entendimento mais adequado ao nosso atual quadro civil constitucional, tanto é que está a receber aprovação da maior parte da doutrina. Outro aspecto que emerge destas discussões é que, hodiernamente, não parece mais recomendável se falar em linha paterna e linha materna. Tanto o reconhecimento das uniões de pessoas do mesmo sexo como as possibilidades atualmente reconhecidas para a pessoa trans não recomendam mais tal remissão. Atualmente, parece mais indicado se falar apenas de linhas ascendentes (sem distinção de gênero), ainda, ter em mente que se abrirão tantas linhas quantos forem os ascendentes de primeiro grau reconhecidos.[28]

Outro problema prático na admissão da multiparentalidade quanto à sucessão dos ascendentes diz respeito à concorrência sucessória com o cônjuge ou companheiro sobrevivente, haja vista o Código Civil delimitar determinadas regras distantes da nova realidade jurídica.

O art. 1.837 estabelece que se o cônjuge concorrer com ascendentes em primeiro grau, terá direito a um terço da herança; se concorrer com apenas um ascendente de primeiro grau ou ascendente de segundo grau ou mais, terá direito a metade da herança. Mas como serão aplicadas essas regras diante da multiparentalidade?

Anderson Schreiber defende que a melhor solução consiste em "repartir a herança em partes iguais, ficando o cônjuge, assim como os três ascendentes em primeiro grau, com um quarto cada",[29] já Flávio Tartuce acredita que deve ser preservada a

---

27. SIMÃO, José Fernando. *Multiparentalidade e a sucessão legítima*: divisão da herança em linhas (art. 1836 do CC). Carta Forense, São Paulo. Disponível em: https://professorsimao.com.br/multiparentalidade-e-a-sucessao-legitima-divisao-da-heranca-em-linhas-art-1836-do-cc/. Acesso em: 20 mai. 2021.

28. Por exemplo, uma pessoa deixa dois pais e duas mães, todos reconhecidos e registrados. Nesta hipótese, termos quatro linhas ascendentes.

29. SCHREIBER, Anderson; LUSTOSA, Paulo Franco. Efeitos jurídicos da multiparentalidade. *Revista Pensar*. Fortaleza, v. 21, n. 3, p. 847-873, set./dez. 2016, p. 862. No mesmo sentido: Paiano propõe uma alteração legislativa para solucionar o problema: "Art. 1.837, § 1º Concorrendo com ascendentes em primeiro grau, ao cônjuge casado com pessoa que tenha três genitores multiparentais, a divisão da herança será feita em quinhões iguais". Logo, defende a autora que quando os ascendentes concorrerem com o cônjuge sobrevivente, "a divisão deverá ser feita por cabeça, em quatro partes". Por outro lado, em se tratando da parte

quota do cônjuge ou companheiro, dividindo-se o restante, de forma igualitária, entre todos os ascendentes.[30]

Para Débora Gozzo, a interpretação mais justa seria resguardar a quota do cônjuge, que foi fixada pelo de 2002 em um terço do patrimônio do *de cujus* para que o cônjuge supérstite não seja prejudicado, em razão de o morto ter mais de um pai e/ou de uma mãe.[31]

André Barros, acompanhando a pretensão do legislador em privilegiar o cônjuge, entende que caracterizada a multiparentalidade, deverão ser mantidas as proporções legais. Assim, "havendo multiparentalidade no primeiro grau da linha ascendente (três ou mais pais), o cônjuge terá direito a um terço da herança e os dois terços restantes serão divididos entre os pais",[32] sendo proporcional esta divisão à quantidade de pais. E exemplifica: se uma pessoa falecer (F), deixando uma mãe (M1), dois pais (P1 e P2) e um cônjuge ou companheiro (C), caberá um terço ao cônjuge ou companheiro (C) e os dois terços restantes serão divididos entre os três pais (M1, P1 e P2) em três partes iguais.[33]

Em se tratando da concorrência entre cônjuge e companheiro com os ascendentes em segundo grau ou mais, incidirá, segundo André Barros, a segunda parte do art. 1.837 do Código Civil, devendo ser atribuída ao cônjuge metade da herança; a outra metade deverá ser dividida entre os ascendentes.[34]

Nesse sentido, parece que o mais indicado é que deve ser mantida a cota diferenciada prevista no art. 1.837 do Código Civil ao cônjuge ou companheiro sobrevivente. Assim, mesmo restando caracterizada a multiparentalidade, deverão ser mantidas as proporções legais estabelecidas naquele dispositivo.

Logo, em caso de concorrência do cônjuge com o primeiro grau da linha ascendente (três pais/mães), o cônjuge terá direito a 1/3 (um terço) da herança, e os 2/3 (dois terços) restantes serão rateados entre os pais e/ou mães. Presente a concorrência sucessória com ascendentes de grau superior ao primeiro, caberá ao cônjuge ou companheiro sobrevivente a metade da herança, e a outra metade deverá

---

final do dispositivo, defende "a manutenção do dispositivo que, na concorrência com ascendentes de grau mais remoto, o cônjuge receba a metade da herança". PAIANO, Daniela Braga. *A família atual e as espécies de filiação*. Rio de Janeiro: Lumen Juris, 2017. p. 194.

30. TARTUCE, Flávio. *Direito Civil*: Direito das Sucessões. v. 6. Rio de Janeiro: Forense, 2018. p 219.

31. GOZZO, Débora. Dupla parentalidade e direito sucessório: a orientação dos Tribunais Superiores brasileiros. *Civilistica.Com*, Rio de Janeiro, a. 6, n. 2, p. 1-22, 2017. Disponível em: http://www.civilistica.com/wp-content/uploads/2017/12/Gozzo-civilistica.com-a.6.n.1.2017.pdf. Acesso em: 20 out. 2018.

32. BARROS, André Borges de Carvalho. Multiparentalidade e sucessão: aplicabilidade das regras sucessórias do código civil em face do reconhecimento da multiparentalidade pelo Supremo Tribunal Federal. *Revista Nacional de Direito de Família e Sucessões*, n. 23, mar./abr. 2018.

33. BARROS, André Borges de Carvalho. Multiparentalidade e sucessão: aplicabilidade das regras sucessórias do código civil em face do reconhecimento da multiparentalidade pelo Supremo Tribunal Federal. *Revista Nacional de Direito de Família e Sucessões*, n. 23, mar./abr. 2018. p. 116.

34. BARROS, André Borges de Carvalho. Multiparentalidade e sucessão: aplicabilidade das regras sucessórias do código civil em face do reconhecimento da multiparentalidade pelo Supremo Tribunal Federal. *Revista Nacional de Direito de Família e Sucessões*, n. 23, mar./abr. 2018.

ser dividida entre estes ascendentes, de acordo com as linhas formadas a partir do múltiplo vínculo parental.

Por fim, na falta de descendentes, ascendentes, cônjuge ou companheiro sobrevivente, a sucessão será deferida aos colaterais até o quarto grau; os mais próximos excluem os mais remotos.[35] Neste caso, em matéria sucessória, o legislador atribuiu tratamento diferenciado aos irmãos, conforme sejam eles bilaterais ou unilaterais, consoante prescreve o art. 1.841 do Código Civil de 2002: "concorrendo à herança do falecido irmãos bilaterais com irmãos unilaterais, cada um destes herdará metade do que cada um daqueles herdar".[36]

Diante dos questionamentos e posicionamentos aqui lançados, fica evidente a necessidade de ressignificação dos dispositivos do Código Civil que disciplinam a transmissão patrimonial em razão da sucessão *causa mortis*, a partir do novo suporte fático trazido pela multiparentalidade, sempre de modo a buscar uma aplicação uniforme e equânime da norma jurídica para as noveis situações.

3. DEMANDAS ARGENTÁRIAS, ABUSIVAS OU MERCENÁRIAS: QUAIS AS SOLUÇÕES POSSÍVEIS?

Um dos maiores desafios advindos da possibilidade jurídica de situações multiparentais é como responder aos pleitos de filiações que possuam um interesse exclusivamente patrimonial. Isto porque, passaram a surgir inúmeros casos de ações de investigação de paternidade, não raro apenas *post mortem*, que pedem uma declaração de filiação em multiparentalidade com o fito exclusivo de obter um quinhão sucessório.

Ou seja, ações judiciais de filhos adultos que pedem o reconhecimento de uma filiação com o intuito evidente de apenas receber a herança do pretenso pai (que na maioria das vezes já faleceu ou está na fase mais avançada da vida). As referidas demandas têm ocorrido baseada tanto em vínculos socioafetivos como em vínculos biológicos, sendo que na maioria das vezes estas ações estão se aproveitando da possiblidade jurídica da multiparentalidade para pedir o reconhecimento de uma segunda paternidade, nestes moldes.

O alerta que se faz é o risco de uma patrimonialização excessiva das relações parentais. Esta é uma realidade que está a desafiar os juristas e pode exigir respostas complexas.

Como exemplo, os casos de pessoas que possuem um pai socioafetivo e registral por toda uma vida, mesmo sabendo que seu ascendente genético paterno seria outra pessoa. Durante décadas sabem dessa situação e nada fazem. Quando este pai socioafetivo vem a falecer, o referido filho participa regularmente da sua sucessão.

---

35. Art. 1.840 – "Na classe dos colaterais, os mais próximos excluem os mais remotos, salvo o direito de representação concedido aos filhos de irmãos".
36. BRASIL. *Código Civil Brasileiro de* 2002.

Passados mais alguns anos, este filho tem conhecimento que o seu ascendente genético (que era outra pessoa) também veio a falecer, deixando patrimônio. Neste momento, o filho ajuíza uma ação de investigação de paternidade *post mortem* com o intuito exclusivamente patrimonial, pedindo a declaração da filiação biológica em multiparentalidade, com todos os efeitos jurídicos. O interesse exclusivo em participar também da sucessão do ascendente genético é patente. Em muitos casos também há uma inconteste demora do filho em manejar a ação após ter conhecimento desta vinculação genética, demora esta que muitas vezes dura décadas, com a demanda ajuizada após a morte do referido ascendente genético e quando se está a dividir a sua herança. Há casos em que o ascendente genético falecido nem sabia da existência desse seu descendente genético.

A denominada "multi-hereditariedade" é uma preocupação do presente, haja vista ser possível ao filho reclamar herança de todos os seus pais e mães, com intuito de atender somente a interesses meramente patrimoniais.[37] Para parte da doutrina o risco de uma "caça a heranças" é uma das consequências advindas do reconhecimento do multiparentalidade.

Este tema merece uma análise detida, pois pode não ser de simples resposta.

Tanto é verdade, que ao analisar o tema a doutrina tem se mostrado dividida, com três orientações distintas.[38]

Uma primeira corrente tem feito ressalvas ao manejo de ações investigatórias de paternidade *post mortem* movidas por interesse exclusivamente patrimonial, que visam única e exclusivamente postular uma participação em uma dada herança. Para Paulo Lôbo, "não podem os interesses patrimoniais ser móveis de investigações de paternidade, como ocorre quando o pretendido genitor biológico falece, deixando herança considerável".[39]

A preocupação é demonstrada por Cristiano Chaves de Farias e Nelson Rosenvald diante da possibilidade dos vínculos para fins hereditários na relação multiparental. Eles defendem uma certa vedação da possibilidade de um filho socioafetivo buscar a determinação da filiação biológica apenas para fins sucessórios, reclamando a herança do seu genitor, sem que tenha qualquer aproximação.[40]

Rolf Madaleno é outro autor que contribui com argumentos no mesmo sentido:

---

37. FARIAS, Cristiano Chaves; ROSENVALD, Nelson. *Curso de Direito Civil*. v. 6. 9. ed. Salvador: Juspodivm, 2016.
38. Esta divisão em correntes é meramente didática, sendo um recurso metodológico utilizado pelos autores deste texto. Não se ignora que, logicamente, pela riqueza do tema podem existir distinções e peculiaridades próprias no pensamento de cada autor (ainda que eles estejam numa mesma corrente). Assim, se recomenda a leitura de cada um dos referidos autores para exata compreensão do seu entendimento por completo. O agrupamento em correntes é feito exclusivamente a partir do objeto de estudo deste artigo, por conta e risco dos autores do trabalho, com todas as ressalvas e registro de admiração ao pensamento dos doutrinadores citados neste texto.
39. LÔBO, Paulo. A socioafetividade no Direito de Família: a persistente trajetória de um conceito fundamental. *In:* DIAS, Maria Berenice *et al.* (coord.). *Afeto e estruturas familiares.* Belo Horizonte: Del Rey, 2010.
40. FARIAS, Cristiano Chaves; ROSENVALD, Nelson. *Curso de Direito Civil*. v. 6. 9. ed. Salvador: Juspodivm, 2016.

Para essas ações abusivas e de restrito cunho econômico financeiro descabe atribuir efeitos jurídicos diante de mero direito ao reconhecimento da ancestralidade (ECA. Art. 48), sem nenhum outro efeito jurídico, em especial à sucessão do genitor de cunho mera e restritamente biológico, ressentindo de qualquer função ou papel parental que foi durante toda a existência de investigante preenchido por outro progenitor socioafetivo, e por vezes também registral.[41]

Nesta perspectiva, Flávio Louzada sustenta que:

> [...] família possui base no afeto e não no patrimônio, assim para que haja possibilidade de se herdar, há acima de tudo a necessidade de se comprovar a relação de afeto, de troca, de cuidado entre os envolvidos, exercendo a família a sua função social de mantença dos vínculos afetivos e de preservação do patrimônio construído pela e para a própria família.[42]

Com base nestes argumentos, é que esta corrente doutrinária tem sustentado esta preocupação em evitar a concessão de pleitos abusivos, que sejam exclusivamente patrimoniais, mercenários ou argentários. Um dos pontos que seriam vitais para definirmos os pedidos que merecem acolhimento do que não merecem, seria o convívio afetivo, então, em vista disso, para este grupo de autores nestas hipóteses o pedido de filiação deve ser negado.

Por outro lado, uma segunda corrente vem sustentando ser direito desses filhos postular a qualquer tempo o reconhecimento de uma filiação, ainda que ela tenha interesse meramente patrimonial. Os defensores desta corrente sustentam que o direito de herança é uma consequência direta da filiação, sendo um direito que também possui guarida constitucional, logo a sua busca não pode considerada "abusiva". Outro pilar desta tese é o princípio da igualdade na filiação, que não admitiria um pensar de uma filiação sem herança. Logo, presente qualquer requisito apto a ensejar uma filiação, esta deve ser reconhecida com todos os corolários. Para os adeptos desta segunda corrente não haverá problema algum em se declarar a filiação mesmo na ausência de um prévio convívio filial afetivo.

Zeno Veloso é um dos que vem defendendo esta segunda corrente, para quem a abertura da multiparentalidade para estas demandas de filiações sucessórias deve ser vista com maior naturalidade, face o seu fundamento de base constitucional. Também argumenta que não caberia ao intérprete valorar a motivação de eventual pedido de filiação.[43]

Michele Vieira Camacho também é uma das defensoras desta segunda corrente:

> Por fim, pensamos que não é coerente limitar o legítimo direito ao reconhecimento do Estado de Filiação perseguido pelo filho e de toda sua geração subsequente, por meras suposições de eventual busca patrimonial. Isto porque a herança, por constituir um complexo de direitos e deveres, nem sempre resulta em transmissão de riquezas: os herdeiros compartilham o líquido, podendo ficar com obrigações futuras como alimentos vincendos. Ademais, o ordenamento sucessório dá

---

41. MADALENO, Rolf. *Sucessão legítima*. Rio de Janeiro: Editora Forense, 2019. p. 533
42. LOUZADA, Flávio Gonçalves. *O reconhecimento da multiparentalidade pelo STF*: o interesse patrimonial em detrimento do afeto?. Curitiba: CRV, 2019. p. 109.
43. O professor Zeno Veloso externou este posicionamento em diversas conferências sobre o tema.

> o direito aos que detêm o título de *legitimados* e não o condiciona àqueles que tenham *boa-fé*. Ao limitar, estaremos criando normas restritivas a direitos constitucionalmente previstos, valendo o brocado: *ubi lex non distinguit, nec nos distinguire debemus*.[44]

Para os autores adeptos desta segunda corrente, ainda que seja possível perceber o interesse exclusivamente patrimonial de um pleito de filiação multiparental, esta deverá ser concedida. Ainda, por mais que não tenha preexistido uma convivência filial afetiva, a filiação pode ser declarada apenas com base na descendência genética.

Percebe-se, portanto, que os defensores da segunda corrente entendem que a filiação pode ser reconhecida judicialmente ainda que só com interesse patrimonial e até mesmo sem qualquer prévio convívio afetivo.

A partir destas duas percepções distintas, parece ser possível esboçar uma terceira corrente, ainda que de forma incipiente. Como visto, a primeira corrente pretende evitar ações excessivamente patrimoniais e de interesses econômicos, rechaçando toda e qualquer pretensão neste sentido. Já a segunda não vê qualquer problema em pleitos que tenham motivação patrimonial, visto que este interesse possuiria proteção constitucional. Logo, a segunda corrente rechaça toda e qualquer ressalva neste sentido (de análise de interesse patrimonial).

Uma terceira corrente parece estar a se desvelar, a partir da admissão de algumas pretensões patrimoniais em ações familiares, mas desde que estes não desbordem dos demais limites do nosso sistema civil-constitucional, ou seja, admitem-se pleitos que possuam alguma matiz patrimonial, com eles podendo até ser acolhidos, desde que as condutas do requerente não ofendam os limites da boa-fé, do abuso do direito, da vedação ao enriquecimento ilícito e da proibição do comportamento contraditório. A maior contribuição desta terceira corrente seria destacar que os demais vetores limitativos do direito civil também devem incidir no direito de família e das sucessões, em especial na apreciação destas polêmicas demandas.

Em outras palavras, esta terceira via até admite algum interesse econômico nestas ações de filiações multiparentais, desde que o contexto fático não indique uma ofensa as demais limitações existentes no direito civil (boa-fé, abuso do direito etc.). Este encaminhamento se situa entre as duas correntes anteriores, com o incremento da análise pela introdução dos demais limites do nosso ordenamento, que poderão influenciar na conclusão.

Exemplo prático de como esta terceira corrente pode levar a uma conclusão diversa: caso um filho adulto, com 50 anos de idade, que possua um pai socioafetivo e registral de longa data, e só venha a saber neste momento da sua vida que o seu ascendente genético é outra pessoa; imaginemos que logo após ter ciência disso este filho já demande o reconhecimento desta filiação biológica em juízo, em multipa-

---

44. CAMACHO, Michele Vieira. *Multiparentalidade e seus efeitos sucessórios*. São Paulo: Almedina, 2020. p. 230-231.

rentalidade, ainda que com intuito de receber herança do pai biológico, que está com 80 anos, qual a solução?

Para a primeira corrente o pedido deveria ser negado, ante o evidente intuito patrimonial e face a ausência de convívio afetivo filial. Já para a segunda corrente o pleito deveria ser deferido, pois este interesse patrimonial seria legítimo, sendo que a prova da descendência genética seria suficiente para o deferimento do pedido, pouco importando a ausência de convivência prévia. Já para a terceira corrente, este pleito pode ser deferido se a conduta do requerente for coerente e ágil, ou seja, se não ferir a boa-fé e não configurar abuso de direito. Como no caso o filho teve conhecimento da descendência biológica apenas neste momento da sua vida e, em seguida, já apresentou a sua pretensão, com o seu pai biológico ainda vivo, nesse caso, para a terceira corrente a sua demanda seria legítima. Seria possível o reconhecimento da filiação com o correlato direito de herança, pois apesar do seu intuito patrimonial, a postura do requerente não desbordou de qualquer barreira do direito civil.

Por outro lado, na mesma situação, caso o filho soubesse que o seu ascendente genético era outra pessoa desde quando tinha 20 anos de idade e nada tenha feito. Imagine-se que somente 30 anos depois disso, quando vem a saber que o seu ascendente genético faleceu deixando robusta herança, aí então ele vem demandar em juízo o reconhecimento da filiação, com o claro intuito de receber herança. Nesta hipótese, para a terceira corrente, o pedido deveria ser negado. Como se vê, a sua desídia e o seu silêncio por mais de três décadas impedem o reconhecimento da filiação, pois a sua demanda, nestes moldes, fere a boa-fé e beira o abuso de direito. Por ter ficado silente por mais de três décadas o seu comportamento pode ser considerado contraditório, sendo que nessas situações, para a visão sustentada pela terceira corrente, deverá ser indeferido o pedido de filiação e ser declarada apenas a descendência genética. Note-se que a terceira corrente agrega outros aspectos na análise dos casos.

Parece possível perceber os contornos defendidos por esta terceira corrente que, ao admitir este influxo financeiro na demanda, afasta-se da primeira corrente; mas ao prever limites para este interesse, de acordo com o contexto fático envolvido, também acaba por se afastar da segunda corrente. Para aplicar este entendimento, será necessário apurar o contexto fático como um todo, de modo a então se poder indicar qual a solução adequada ao referido caso concreto, sempre com respeito aos demais preliminares princípio e verdades do direito civil.

Como visto, a partir desta perspectiva, nas hipóteses de comprovação da descendência genética com uma postura do descendente que se afaste da boa-fé o pedido de filiação. Nestes casos, a decisão apenas declarará a existência de vinculação genética sem outorgar a filiação, em respeito a distinção entre o direito de filiação e o direito de conhecimento a descendência genética.[45]

---

45. Para ler sobre o tema: CALDERON, Ricardo. Filiação No Direito de Família brasileiro: ressignificação a partir da posse de estado e da socioafetividade. *In*: EHRHARDT JUNIOR, Marcos; CORTIANO JUNIOR,

Esta terceira corrente parece ser a mais indicada para o acertamento adequado destas demandas que estão a surgir envolvendo casos de pretensões de filiações imbricadas com interesses claros no recebimento futuro de herança. As variações fáticas e as inúmeras modulações que podem se apresentar neste tema exigem um arcabouço teórico mais aprimorado, exatamente como o que sugere esta terceira corrente, em vista do que ela merece aplicação e maior atenção.

Há um pano de fundo que perpassa estes entendimentos: a diretriz que não se deve patrimonializar excessivamente as relações familiares, o que serve de alerta para as respectivas conclusões. Por outro lado, não se pode perder de vista a previsão constitucional do direito de herança e o princípio da igualdade entre os filhos, que também merecem respeito e consideração.

Ao mesmo tempo, outro aspecto que merece destaque é que família e patrimônio possuem alguma vinculação, o que é inegável (vide o tratamento do regime de bens do matrimônio). Entretanto, o nó górdio do tema parece saber em como divisar as situações nas quais interesses patrimoniais estariam dentro dos limites do nosso sistema e, em outro caso, em quais não estariam. Em outras palavras, quando uma ação teria uma conotação patrimonial tão excessiva e uma conduta tão reprovável que não mereceria acolhida.

Quem se aventura nessa distinção e definição da abusividade é Rui Portanova, para quem:

> Chama-se de ação investigatória abusiva aqueles casos de investigação de paternidade em que a parte investigante renuncia a uma paternidade socioafetiva efetiva e concretamente vivida, para buscar efeitos registrais e patrimoniais de uma paternidade biológica sem nenhuma repercussão socioafetiva. (...) Em suma, o que faz a investigatória ser abusiva é o fato de se tratar de parte investigante adulta que renuncia à paternidade socioafetiva. E mais abusiva será na medida em que a única vantagem que a procedência da ação acarretará será a vantagem financeira. Do ponto de vista do afeto, é lícito dizer que a investigação abusiva também é a renuncia ao amor, à convivência, ao comprometimento e ao pacto de cumplicidade, que o tempo e a convivência, pouco e pouco, vai forjando entre pais e filhos [...] Na medida em que a paternidade socioafetiva é a verdadeira paternidade, pode-se dizer que a investigatória abusiva é a quebra também de um pacto perfeitamente jurídico. Isso porque, nos termos do artigo 229 da Constituição Federal, há deveres recíprocos e vinculantes entre os pais que exerceram o seu dever de "assistir, criar e educar os filhos menores", e os filhos maiores (assistidos, criados e educados por esses pais) de "ajudar e amparar os pais na velhice, carência ou enfermidade.[46]

Como se vê, Portanova dá um destaque para o que considera "uma renúncia a filiação", ou seja, o tempo que o dado filho ficou sabendo da circunstância filial e não a demandou em juízo será um dos elementos chaves para a conclusão.

Eroulths (coord.). *Transformações no Direito Privado nos 30 anos da Constituição*: estudos em homenagem a Luiz Edson Fachin. Belo Horizonte: Fórum, 2019. p. 655.

46. PORTANOVA, Rui. *Ações de filiação e paternidade socioafetiva*. 2. ed. Porto Alegre: Livraria do Advogado. 2018. p. 105.

Quem também parece sustentar a necessidade observância das demais balizas do nosso sistema para equacionar tais casos difíceis, nos moldes agrupados nesta terceira corrente, é Anderson Schreiber, para quem as

> [...] ações de investigação de paternidade movidas por interesse exclusivamente patrimonial, como a participação na herança, sempre existiram e continuarão a existir, haja ou não multiparentalidade. O motivo íntimo do autor, contudo, não pode servir de obstáculo à procedência do reconhecimento de uma paternidade que, de fato, existe e produz, por força de expresso comando constitucional, integral efeito. O que continua disponível ao intérprete – como também sempre esteve – são os remédios gerais de coibição do abuso do direito e do comportamento contrário à boa-fé objetiva.[47]

O mesmo autor cita como hipótese emblemática a situação de filho que, mesmo conhecedor por longos anos do vínculo como pai biológico, deixa de procurá-lo e assisti-lo na velhice, mas uma vez ocorrido o falecimento, pretende ver reconhecida a parentalidade, habilitando-se ao recebimento do seu quinhão hereditário. Ressalta que a multiparentalidade é via de mão dupla, assim, gera deveres e responsabilidades entre pais e filhos.[48] Este fato exige que a conduta ampla do filho seja levada em conta quando do acertamento do caso.

A filiação é um feixe de direitos e deveres recíprocos, não pode ser considerada somente na hora do benefício (divisão da herança), pois se trata de uma via de mão dupla. Por exemplo, cabe aos filhos sustentar os pais idosos na velhice. Logo, não pode um descendente genético saber do vínculo e não demandar a filiação que dele decorre desde logo, deixando para fazê-lo décadas depois, só quando ele pode ter um benefício financeiro sucessório. Esta postura fere a boa fé e se trata de evidente comportamento contraditório (rechaçado pelo direito).

Assim, nos casos de pretensões de filiações que estejam imbricadas com interesses patrimoniais ou sucessórios, há atualmente três correntes com distintas análises, todas com sólidas fundamentações e árduos defensores. No momento, a terceira corrente está a defender uma posição que parece ser a mais indicada para o quadro atual civil-constitucional brasileiro.

4. UM CASO EMBLEMÁTICO JULGADO PELO SUPERIOR TRIBUNAL DE JUSTIÇA

O STJ se manifestou sobre o tema em debate no julgamento do REsp. 1.618.230/RS.[49] Neste caso emblemático, julgado no ano de 2017 e relatado pelo Ministro Ricardo Villas Boas Cueva, o autor possuía um pai registral e socioafetivo que sabidamente não era o seu ascendente genético.

---

47. SCHREIBER, Anderson; LUSTOSA, Paulo Franco. Efeitos jurídicos da multiparentalidade. *Revista Pensar.* Fortaleza, v. 21, n. 3, p. 847-873, set./dez. 2016. p. 861.
48. SCHREIBER, Anderson; LUSTOSA, Paulo Franco. Efeitos jurídicos da multiparentalidade. *Revista Pensar.* Fortaleza, v. 21, n. 3, p. 847-873, set./dez. 2016. p. 861.
49. STJ, *RE n. 1.618.230/RS*, Rel. Min. Ricardo Villas Bôas Cuevas, julg. 28.3.2017.

Mesmo com o filho sabendo que outra pessoa era o seu ascendente genético, ainda assim o autor seguiu travando uma regular convivência paterno-filial com seu pai socioafetivo. Quando este pai socioafetivo faleceu o autor recebeu a respectiva herança dele. Entretanto, em um dado momento o filho houve por bem em ingressar com uma ação de investigação de paternidade em face do seu suposto pai biológico, demanda esta ajuizada apenas depois de 27 (vinte e sete) anos dele ter conhecimento do referido vínculo biológico. Ou seja, durante todo este tempo o descendente sabia da aludida vinculação genética com outrem e nada fez. Quando este ascendente genético estava com quase 90 anos de idade ele ajuizou a demanda, sendo que o requerido veio a falecer antes mesmo de ser citado. Ou seja, o descendente só veio a postular a filiação às portas do recebimento da herança, mesmo sabendo desta informação genética há muitos anos.

O interesse exclusivo em receber mais uma herança saltava aos olhos. No decorrer do feito houve a prova da descendência genética do autor para com o demandado (então falecido). Em vista disso, o juiz de primeiro grau houve por bem em apenas declarar a existência do vínculo biológico comprovado, mas negou a concessão da filiação e qualquer repercussão patrimonial em face do referido ascendente genético. Isto porque, se trataria de uma demanda de interesse eminentemente patrimonial, que, por isso, não merecia acolhida.

O Tribunal de Justiça do Rio Grande do Sul manteve a sentença, firmando o entendimento de que a pretensão da demanda contra o pai biológico era exclusivamente patrimonial, não merecendo chancela judicial. Entretanto, a terceira turma do STJ, citando expressamente a tese aprovada na Repercussão Geral 622 do STF, advinda do RE 898.060, concedeu a filiação biológica que era pretendida, com todos os seus consectários patrimoniais. Com isso, permitiu a "dupla herança", sob o entendimento de que o reconhecimento da filiação biológica confere todos os direitos patrimoniais correlatos, inclusive o de receber herança (ainda que dúplice).

Ou seja, o STJ concedeu a filiação apenas com lastro na descendência genética, mesmo tendo inexistido qualquer convívio paterno-filial entre os envolvidos e mesmo com o referido autor tendo levado 27 anos para ajuizar a ação. Ante a possibilidade da multiparentalidade, a existência de outra filiação socioafetiva em nada interferiria neste pedido. Ainda, não foi levado em conta pelo STJ o fato do filho-requerente saber da aludida vinculação genética com o pai-requerido há mais de 27 anos e nada ter feito por todo esse tempo. Também restou desconsiderado por aquele Egrégio Tribunal Especial o fato da demanda ter sido ajuizada quando o pai-demandado estava na fase final da vida, com quase 90 anos de idade, em vias de falecer e deixar a sua herança. O intuito evidente e exclusivamente patrimonial da demanda, destacado tanto em primeiro como em segundo grau, foi deixado de lado quando do acertamento do caso pelo Superior Tribunal de Justiça.

Para o Ilustre Ministro Relator, "a pessoa criada e registrada por pai socioafetivo não precisa, portanto, negar sua paternidade biológica, e muito menos abdicar de direitos inerentes ao seu novo *status familiae*, tais como os direitos hereditários:"[50]

---

50. STJ, *RE n. 1.618.230/RS*, Rel. Min. Ricardo Villas Bôas Cuevas, julg. 28.3.2017.

> RECURSO ESPECIAL. DIREITO DE FAMÍLIA. FILIAÇÃO. IGUALDADE ENTRE FILHOS. ART. 227, §6°, DA CF/1988. AÇÃO DE INVESTIGAÇÃO DE PATERNIDADE. PATERNIDADE SOCIOAFE-TIVA. VÍNCULO BIOLÓGICO. COEXISTÊNCIA. DESCOBERTA POSTERIOR. EXAME DE DNA. ANCESTRALIDADE. DIREITOS SUCESSÓRIOS. GARANTIA. REPERCUSSÃO GERAL. STF. 1. No que se refere ao Direito de Família, a Carta Constitucional de 1988 inovou ao permitir a igualdade de filiação, afastando a odiosa distinção até então existente entre filhos legítimos, legitimados e ilegítimos (art. 227, § 6°, da Constituição Federal). 2. O Supremo Tribunal Federal, ao julgar o Recurso Extraordinário n° 898.060, com repercussão geral reconhecida, admitiu a coexistência entre as paternidades biológica e a socioafetiva, afastando qualquer interpretação apta a ensejar a hierarquização dos vínculos. 3.A existência de vínculo com o pai registral não é obstáculo ao exercício do direito de busca da origem genética ou de reconhecimento de paternidade biológica. Os direitos à ancestralidade, à origem genética e ao afeto são, portanto, compatíveis. 4. O reco-nhecimento do estado de filiação configura direito personalíssimo, indisponível e imprescritível, que pode ser exercitado, portanto, sem nenhuma restrição, contra os pais ou seus herdeiros. 5. Diversas responsabilidades, de ordem moral ou patrimonial, são inerentes à paternidade, deven-do ser assegurados os direitos hereditários decorrentes da comprovação do estado de filiação. 6. Recurso especial provido.[51]

Como se percebe, apenas com base no DNA, o Superior Tribunal de Justiça reconheceu a multiparentalidade *post mortem*, determinando a inclusão do nome do pai biológico, de forma concomitante ao nome do pai registral na certidão de nascimento, com o deferimento de todos os direitos hereditários.

Este caso concreto permite perceber que, mesmo na jurisprudência, há clara-mente dois posicionamentos divergentes sobre o caso: de um lado, o entendimento tanto de primeiro, como de segundo grau no sentido de negar o pleito do autor pelo seu interesse exclusivamente patrimonial; esta conclusão ressalta a existência de uma paternidade socioafetiva que existia entre o requerente e o seu pai registral, fato que tornaria claro que a atual demanda de reconhecimento tardio da paternidade biológica possuía um interesse exclusivamente patrimonial, pois visava claramente postular uma 'segunda herança'; este posicionamento também levou em conta os 27 anos nos quais o autor sabia da vinculação genética sem nada ter feito por todo esse tempo; – ou seja, esta conclusão do TJ/RS se aproxima do que sustenta a primeira corrente doutrinária, citada anteriormente.

Por outro lado, temos a posição do Superior Tribunal de Justiça de deferir o pleito do autor, desconsiderando o seu intuito patrimonial; este acertamento parte do pressuposto de que a vinculação genética comprova necessariamente a filiação, e atualmente esta pode ser concedida em multiparentalidade; diante disso, restam conferidos também todos os direitos correlatos, inclusive os sucessórios; as pretensões patrimoniais seriam mera consequência destas premissas; – ou seja, a conclusão do STJ se aproxima do que defende a segunda corrente doutrinária, já descrita acima.

É possível questionar qual seria a conclusão do caso a partir das premissas desta-cadas pela terceira corrente doutrinária, o que exigiria analisar amplamente a conduta

---

51. STJ, *RE n. 1.618.230/RS*, Rel. Min. Ricardo Villas Bôas Cuevas, julg. 28.3.2017.=-

do autor sob o prisma da boa-fé, do abuso do direito, da vedação ao enriquecimento ilícito e da proibição de comportamento contraditório. Na situação em pauta, o fato do autor ter ciência da descendência genética por 27 anos sem ter ajuizado a demanda acabaria por desvelar a sua conduta abusiva, pois esta desídia desbordaria da boa-fé e indicaria até um comportamento contraditório. O autor não teria feito frente ao seu dever de filho oportunamente, logo, não poderia querer exercer esse direito apenas na hora da divisão da herança, por configurar abuso do direito.

Também a partir deste caso concreto, resta possível perceber as vantagens que a terceira corrente apresenta, pois agrega mais elementos de análise, o que acaba por permitir uma análise ampla da situação para a busca por uma solução mais justa e adequada.

5. CONSIDERAÇÕES FINAIS

Na travessia da Constituição Federal de 1988 para o Código Civil de 2002, no âmbito do direito das famílias constitucionalizado, a partir da consolidação da parentalidade socioafetiva passou-se a perquirir sobre a possibilidade da sua coexistência com a parentalidade biológica, configurando a multiparentalidade.

A partir disso, a parentalidade deixa de ser una ou dupla para ser múltipla. O reconhecimento do novel instituto rompe o paradigma da filiação biparental, com a incidência de todos os efeitos jurídicos para fazer valer os princípios da dignidade da pessoa humana, do melhor interesse da criança e adolescente, da afetividade e da paternidade responsável na nova ordem familiar – não discriminatória, mas inclusiva, buscando a realização pessoal dos seus membros.

A partir da premissa da possibilidade de surgimento da filiação por origens distintas, do supra princípio da dignidade humana e do princípio da igualdade, admite-se o reconhecimento de vínculos de filiação construídos tanto pela relação afetiva entre os envolvidos como pelos originados da ascendência biológica.

Neste sentido, a decisão do STF na Repercussão Geral 622 (RE 898.060/SC) consolidou três aspectos determinantes para o direito à filiação: o definitivo reconhecimento da afetividade como instituto jurídico; a igualdade entre as filiações socioafetiva e biológica, sem hierarquia entre elas; e a possibilidade jurídica do reconhecimento da multiparentalidade.

Presentes os vínculos parentais simultâneos, que sustentam a parentalidade socioafetiva caracterizada pela posse do estado de filiação, a decisão do STF estabelece não ser necessário eleger um vínculo em detrimento do outro. Entretanto, a decisão acarretou inquietações e questionamentos em torno da temática, principalmente quanto aos seus consectários sucessórios.

Destacaram-se algumas correntes doutrinárias que estão a divergir quanto a possibilidade de reconhecimento da multiparentalidade com interesses eminentemente patrimoniais. Esse é um tema sensível e polêmico, sobre o qual se está longe de obter um consenso.

Mais uma vez resta possível perceber que a casuística deve ser detidamente apreciada, visto que as soluções para cada caso concreto devem ser obtidas com base nas categorias do direito de família e sucessões, mas sem olvidar das demais balizas do nosso sistema civil-constitucional.

O desassossego eventualmente gerado pelas repercussões sucessórias da multiparentalidade pode até trazer alguma incerteza momentânea, mas, por outro lado, também demonstra a vivacidade do nosso direito de família contemporâneo, que mais uma vez se apresenta em franco movimento.

6. REFERÊNCIAS

BARROS, André Borges de Carvalho. Multiparentalidade e sucessão: aplicabilidade das regras sucessórias do código civil em face do reconhecimento da multiparentalidade pelo Supremo Tribunal Federal. *Revista Nacional de Direito de Família e Sucessões*, n. 23, mar./abr. 2018.

CALDERÓN, Ricardo. *Princípio da afetividade no Direito de Família*. 2. ed. Rio de Janeiro: Editora Forense. 2017.

CALDERÓN, Ricardo. Filiação no Direito de Família brasileiro: ressignificação a partir da posse de estado e da socioafetividade. *In*: EHRHARDT JUNIOR, Marcos; CORTIANO JUNIOR, Eroulths (coord.). *Transformações no Direito Privado nos 30 anos da Constituição*: estudos em homenagem a Luiz Edson Fachin. Belo Horizonte: Fórum, 2019.

CALDERON, Ricardo; GRUBERT, Camila. Projeções sucessórias da multiparentalidade. *In*: TEIXEIRA, Daniele (coord.). *Arquitetura do planejamento sucessório*. 2. ed. Belo Horizonte: Fórum, 2019.

CAMACHO, Michele Vieira. *Multiparentalidade e seus efeitos sucessórios*. São Paulo: Editora Almedina. 2020.

CARVALHO, Luiz Paulo Vieira de; COELHO, Luiz Cláudio Guimarães. Multiparentalidade e herança: alguns apontamentos. *Revista IBDFAM*: famílias e sucessões, Belo Horizonte, n. 19, p. 11-24, jan./fev. 2017.

CASSETTARI, Christiano. *Multiparentalidade e parentalidade socioafetiva*: efeitos jurídicos. 3. ed. São Paulo: Atlas, 2017.

CONSELHO DA JUSTIÇA FEDERAL. VIII Jornada de Direito Civil. *Enunciado 632*. Disponível em: https://www.cjf.jus.br/cjf/corregedoria-da-justica-federal/centro-de-estudos-judiciarios-1/publicacoes-1/jornadas-cej/viii-enunciados-publicacao-site-com-justificativa.pdf. Acesso em: 20 mai. 2021.

CONSELHO DA JUSTIÇA FEDERAL. VIII Jornada de Direito Civil. *Enunciado 642*. Disponível em: https://www.cjf.jus.br/cjf/corregedoria-da-justica-federal/centro-de-estudos-judiciarios-1/publicacoes-1/jornadas-cej/viii-enunciados-publicacao-site-com-justificativa.pdf. Acesso em: 20 mai. 2021.

FARIAS, Cristiano Chaves; ROSENVALD, Nelson. *Curso de Direito Civil*. v. 6. 9. ed. Salvador: Juspodivm, 2016.

GOZZO, Débora. Dupla parentalidade e direito sucessório: a orientação dos Tribunais Superiores brasileiros. *Civilistica.Com*, Rio de Janeiro, a. 6, n. 2, p. 1-22, 2017. Disponível em: http://www.civilistica.com/wp-content/uploads/2017/12/Gozzo-civilistica.com-a.6.n.1.2017.pdf. Acesso em: 20 out. 2018.

GRAMSTRUP, Erick Frederico; QUEIROZ, Odete Novais Carneiro. A socioafetividade e a multiparentalidade. *Revista Nacional de Direito de Família e Sucessões*. Porto Alegre: Magister, v. 2, n. 11, p. 104–127, mar./abr., 2016.

LÔBO, Paulo. *Direito Civil*: sucessões. v. 6. 5. ed. São Paulo: Saraiva, 2019.

LÔBO, Paulo. A socioafetividade no Direito de Família: a persistente trajetória de um conceito fundamental. *In:* DIAS, Maria Berenice *et al.* (coord.). *Afeto e estruturas familiares.* Belo Horizonte: Del Rey, 2010.

LOUZADA, Flávio Gonçalves. *O reconhecimento da multiparentalidade pelo STF:* o interesse patrimonial em detrimento do afeto?. Curitiba: CRV, 2019.

MADALENO, Rolf. *Sucessão legítima.* Rio de Janeiro: Forense, 2019.

PAIANO, Daniela Braga. *A família atual e as espécies de filiação.* Rio de Janeiro: Lumen Juris, 2017.

PEREIRA, Caio Mário da Silva. *Instituições de Direito Civil.* v. VI. 25. ed. rev. e atual. Rio de Janeiro: Forense, 2017.

PORTANOVA, Rui. *Ações de filiação e paternidade socioafetiva.* 2. ed. Porto Alegre: Livraria do Advogado, 2018.

SCHREIBER, Anderson. STF, Repercussão Geral 622: a multiparentalidade e seus efeitos. *Carta Forense,* São Paulo, 26 set. 2016. Disponível em: http://www.cartaforense.com.br/conteudo/artigos/stf-reper-cussao-geral-622-a-multiparentalidade-e-seus-efeitos/16982. Acesso em: 15 dez. 2016.

SCHREIBER, Anderson; LUSTOSA, Paulo Franco. Efeitos jurídicos da multiparentalidade. *Revista Pensar,* Fortaleza, v. 21, n. 3, p. 847-873, set./dez. 2016.

SHIKICIMA, Nelson Sussumu. Sucessão dos ascendentes na multiparentalidade: uma lacuna da lei para ser preenchida. *Revista Científica Virtual da Escola Superior de Advocacia da OAB-SP.* São Paulo, n. 18, p. 68 – 79, 2014.

SIMÃO, José Fernando. Multiparentalidade e a sucessão legítima: divisão da herança em linhas (art. 1836 do CC). *Carta Forense,* São Paulo. Disponível em: https://professorsimao.com.br/multiparentalida-de-e-a-sucessao-legitima-divisao-da-heranca-em-linhas-art-1836-do-cc/. Acesso em: 20 mai. 2021.

TARTUCE, Flávio. *Direito Civil:* Direito das Sucessões. Rio de Janeiro: Forense, 2018.

DIREITO REAL DE HABITAÇÃO SUCESSÓRIO. CONTEXTO ATUAL

Luiz Paulo Vieira de Carvalho

Advogado, parecerista, consultor jurídico, conferencista e árbitro. Professor Emérito da Escola da Magistratura do Estado do Rio de Janeiro – EMERJ. Membro do Fórum Permanente de Direito de Família e Sucessões da Escola da Magistratura do Estado do Rio de Janeiro – EMERJ. Membro do Fórum Permanente de Direito Civil da Escola da Magistratura do Estado do Rio de Janeiro – EMERJ. Presidente da Comissão de Direito de Família e Sucessões do Instituto dos Advogados Brasileiros – IAB Rio de Janeiro. Vice-Presidente da Comissão de Direito das Sucessões do Instituto Brasileiro de Direito de Família-IBDFAM. Mestrado e Pós-Graduação em Ciências Jurídicas na Faculdade de Direito da Universidade de Lisboa, Portugal. Ex-Defensor Público Geral do Estado do Rio de Janeiro.

Sumário: 1. Considerações e fundamentos – 2. Conclusão – 3. Referências.

1. CONSIDERAÇÕES E FUNDAMENTOS

Acerca do Direito Real de Habitação Sucessório a favor do cônjuge sobrevivente (art. 1.611, § 2°, do CC/16,[1] inserido pela Lei 4.121/62-Estatuto da Mulher Casada), também estendido ao companheiro sobrevivente pelo art. 7°, § único, da Lei 9.278/96,[2] diz, nos tempos atuais, o Código Civil de 2002: "Art.1.831: "Ao cônjuge sobrevivente, qualquer que seja o regime de bens, será assegurado, sem prejuízo da participação que lhe caiba na herança, o direito real de habitação relativamente ao imóvel destinado à residência da família, desde que seja o único daquela natureza a inventariar."

Trata-se de direito real *ex lege*,[3] isto é, nasce automaticamente com a abertura da sucessão do hereditando, conferido expressamente a favor do cônjuge sobrevivente,

---

1. Art. 1.611 § 2° do CC/16: "Ao cônjuge sobrevivente, casado sob o regime da comunhão universal, enquanto viver e permanecer viúvo, será assegurado, sem prejuízo da participação que lhe caiba na herança, o direito real de habitação relativamente ao imóvel destinado à residência da família, desde que seja o único bem daquela natureza a inventariar."

2. Art. 7° da Lei n.° 9.278/96: "Dissolvida a união estável por rescisão, a assistência material prevista nesta Lei será prestada por um dos conviventes ao que dela necessitar, a título de alimentos. Parágrafo único. Dissolvida a união estável por morte de um dos conviventes, o sobrevivente terá direito real de habitação, enquanto viver ou não constituir nova união ou casamento, relativamente ao imóvel destinado à residência da família".

3. Pontes de Miranda, ((*Tratado de direito privado*. t. XII. São Paulo: Revista dos Tribunais, 2012) indaga se o direito brasileiro conteria alguma hipótese de legado (art.1.912 e ss. do CC, isto é, bem singularizado, *res certa*, apartado do monte hereditário) *ex lege*, nos seguintes termos: "Temos algum caso de legado legal, isto é, sucessão singular de alguma coisa ou valor em virtude da lei? No Código Civil alemão, evidentemente há: no § 1.932, além do que herda o cônjuge sobrevivo, que concorre com parentes da segunda ordem ou com avós, recebe os objetos que fazem parte do lar, ou são pertenças de um imóvel, e os presentes de núpcias, e a

olvidando-se, porém, o legislador atual de continuar contemplando, com o mesmo benefício, o *companheiro sobrevivente*, em evidente retrocesso social.[4]

Tem o referido direito por objeto o imóvel residencial em que ex-casal residia por ocasião da morte de um deles, a permitir ao parceiro sobrevivo ali continuar morando a título gratuito e em caráter vitalício, com o fito de garantir-lhe moradia, independentemente de sua participação na herança em propriedade.

A respeito de suas peculiaridades e de seu cerne, vaticinam os respeitados doutrinadores paulistas Euclides de Oliveira e Sebastião Amorim:

> *Habitação* distingue-se de *usufruto*, pois tem caráter mais restrito que este. Consiste em uso para moradia, não abrangente da percepção de frutos, por isso somente confere direito de habitar, gratuitamente, imóvel residencial alheio. Quem habita não pode alugar, nem emprestar, mas somente ocupá-lo com sua família.[5]

---

esse *Voraus* aplicam-se as regras jurídicas relativas aos legados; no § 1.969, o herdeiro é obrigado a, durante trinta dias a contar da abertura da sucessão, dar sustento, como o fazia o falecido, aos membros da família que por ocasião da morte, faziam parte do lar, e a lhes facultar o uso da residência e os objetos da habitação, – permitido ao testador dispor diversamente: aplicam-se as regras jurídicas sobre legados. São os únicos casos de legado legal, excelentemente inspirados." A tal indagação, responde o mestre, a época, que não, ao concluir que a hipótese contida no art. 1.569, inciso III, do Código Civil/1916, hoje o art. 965, inciso III, do Código Civil/2002: "Goza de privilégio geral, na ordem seguinte, sobre os bens do devedor: III – o crédito por despesas com o luto do cônjuge sobrevivo e dos filhos do devedor falecido, se foram moderadas; seria melhor enquadrada como modo ou encargo legal, e não como legado legal." Por sua vez, Orlando Gomes (*Sucessões*, cit., p. 65, *cit*, t. 57, p. 146-147) afirma: "O cônjuge sobrevivo não se torna herdeiro pela atribuição do direito real de habitação, sendo legatário legítimo, com sequelas próprias de semelhante condição". Assim, para nós, não é despiciendo, na atualidade, repetir a mesma dúvida, e indagar acerca da possibilidade da ocorrência de legado *ex lege* no direito brasileiro. Sob o ponto de vista do contido na legislação ora em análise, mormente quando essa individualiza, singulariza, aparta do monte hereditário imóvel específico de que o *de cuius* em vida era titular, determinando sua entrega ao cônjuge sobrevivente, como objeto do direito real de habitação a favor desse (ou então, ao companheiro sobrevivente), entendemos se classificar tal benefício como um legado *ex lege*.

4. A propósito, confira-se toda a autoridade do notável jurista português José Joaquim Gomes Canotilho (*Direito constitucional e teoria da constituição*. 2. ed. Coimbra: Almedina, 1998.): "O princípio da proibição do retrocesso social pode formular-se assim: o núcleo essencial dos direitos sociais já realizado e efectivado através de medidas legislativas [...] deve considerar-se constitucionalmente garantido, sendo inconstitucionais quaisquer medidas estaduais que, sem a criação de outros esquemas alternativos ou compensatórios, se traduzam na prática numa 'anulação' pura e simples desse núcleo essencial. A liberdade de conformação do legislador e inerente autorreversibilidade têm como limite o núcleo essencial já realizado." Entre os constitucionalistas pátrios, leia-se, p. ex., a seguinte passagem do doutor professor Guilherme Peña de Moraes (*Curso de Direito Constitucional*. 4. ed. São Paulo: Atlas, 2012. p. 86): "De outro lado, as normas constitucionais que pretendam delimitar os fins a serem alcançados pelo Estado e sociedade são revestidas de eficácia negativa [...], como também invalidam a revogação de normas infraconstitucionais, que regulamentavam normas constitucionais programáticas, sem determinação de política substitutiva ou equivalente, pelos Poderes Executivo e Legislativo, com a consequente vedação do retrocesso, tal como as normas inseridas nos arts. 215, 217 e 226 da CRFB". Vide também Ana Paula de Barcellos. (*A eficácia jurídica dos princípios constitucionais – o princípio da dignidade da pessoa humana*. Rio de Janeiro: Renovar, 2002) e Ingo Wolfang Sarlet. (*A eficácia dos direitos fundamentais*. Porto Alegre: Livraria do Advogado, 2001. p. 274-277).

5. Oliveira, Euclides; AMORIM; Sebastião. *Inventários e partilhas*. Direito das sucessões. Teoria e prática. 23. ed. São Paulo: LEUD, 2013. p. 154.) Resume a respeito o Código Civil peruano (1984): "Articulo 1027°.- Derecho de habitacion. Cuando el derecho de uso recae sobre una casa a parte de ella para servir de morada, *se estima constituido el derecho de habitacion*. Articulo 1028°. – Extension de los derechos de uso y habitacion. Los derechos de uso y habitacion se extienden a la familia del usuario, salvo disposicion distinta. Articulo

DIREITO REAL DE HABITAÇÃO SUCESSÓRIO. CONTEXTO ATUAL

E ainda. É um direito de matriz constitucional, pois visa assegurar ao referido parceiro sobrevivente o fundamental direito social à *moradia*, estampado no art.6º da CRFB, com a redação imposta pela Emenda Constitucional n. 64, *verbis*: "São direitos sociais a educação, a saúde, a alimentação, o trabalho, *a moradia*, o lazer, a segurança, a previdência social, a proteção à maternidade a infância, a assistência aos desamparados, na forma desta Constituição."

É opinião consagrada pela absoluta maioria da doutrina[6] e jurisprudência,[7] de que, mesmo com a omissão legislativa apontada, *subsiste para o companheiro sobre-*

1029º. – Caracter personal del uso y habitacion. Los derechos de uso y habitacion no pueden ser materia de ningun acto juridico, salvo la consolidacion."

6. "Pertinente ao Direito Real de Habitação, que é de natureza assistencial, o legislador de 2002 não contemplou o companheiro sobrevivo, diferentemente do tratamento dispensado ao cônjuge (art.1.831). Relevante na plena compreensão da matéria é que, de um lado, o Código não negou o benefício, expressa ou tacitamente, apenas omitiu-se a esse respeito. Não há como inferir-se de norma proibitiva implícita, pois inaplicável o argumento a *contrario sensu*. De outro lado, art.7º, parág. único da Lei 9.278/96, prevê o *jus in re aliena*: 'Dissolvida a união estável por morte de um dos conviventes, o sobrevivente terá o direito real de habitação, enquanto viver ou não constituir nova união ou casamento relativamente ao imóvel destinado à residência da família.' Como a lei não foi revogada o benefício se harmoniza com a *mens legis*, de fundo humanitário, há de se entender que o direito real de habitação é conferido também ao companheiro sobrevivo." (NADER, Paulo. *Curso de Direito Civil*. Direito das sucessões. v. 6. 4. ed. Rio de Janeiro: Forense, 2010. p.162.).

7. STJ, 4ª T, AgRg no AREsp n. 671118, Rel. Min. Luís Felipe Salomão, julg. 3.12.2015: "AGRAVO REGIMENTAL. AGRAVO EM RECURSO ESPECIAL. AÇÃO DE INVENTÁRIO. VIOLAÇÃO A LITERAL DISPOSIÇÃO DE LEI. NÃO CONFIGURAÇÃO. DISSÍDIO JURISPRUDENCIAL. NÃO INDICAÇÃO DO DISPOSITIVO DE LEI CONFRONTADO. DIREITO REAL DE HABITAÇÃO DO CONVIVENTE SOBREVIVENTE. ENTENDIMENTO DO STJ. PRETENSÃO DE REEXAME DE PROVA. ÓBICE DA SÚMULA 7/STJ. DECISÃO MANTIDA PELOS PRÓPRIOS FUNDAMENTOS.AGRAVO NÃO PROVIDO. 1. Companheira que vindica direito real de habitação de imóvel que foi local de residência do casal. Direito Real de Habitação garantido. 2. A ausência de particularização do dispositivo de lei federal a que os acórdãos – recorrido e paradigma – teriam dado interpretação discrepante consubstancia deficiência bastante a atrair a incidência do enunciado nº 284/STF. 3. Não cabe reexame de provas em sede de recurso extremo. óbice da Súmula 7/STJ. 4. A parte agravante não trouxe, nas razões do agravo regimental, argumentos aptos a modificar a decisão agravada, que deve ser mantida por seus próprios e jurídicos fundamentos. 5. Agravo regimental não provido". Superior Tribunal de Justiça, Resp1156744, 4ª Turma, relator Ministro Marco Buzzi: "DIREITO CIVIL. SUCESSÃO. DIREITO REAL DE HABITAÇÃO. COMPANHEIRO SOBREVIVENTE. POSSIBILIDADE. VIGÊNCIA DO ART. 7º DA LEI N.9.278/96. RECURSO IMPROVIDO. 1. Direito real de habitação. Aplicação ao companheiro sobrevivente. Ausência de disciplina no Código Civil. Silêncio não eloquente. Princípio da especialidade. Vigência do art. 7º da Lei n. 9.278/96. Precedente: REsp n. 1.220.838/PR, Rel. Ministro Sidnei Beneti, 3ª Turma, julgado em 19/06/2012, DJe 27/06/2012. 2. O instituto do direito real de habitação possui por escopo garantir o direito fundamental à moradia constitucionalmente protegido (art. 6º, *caput*, da CRFB). Observância, ademais, ao postulado da dignidade da pessoa humana (art. art. 1º, III, da CRFB). 3. A disciplina geral promovida pelo Código Civil acerca do regime sucessório dos companheiros não revogou as disposições constantes da Lei 9.278/96 nas questões em que verificada a compatibilidade. A legislação especial, ao conferir direito real de habitação ao companheiro sobrevivente, subsiste diante da omissão do Código Civil em disciplinar tal direito àqueles que convivem em união estável. Prevalência do princípio da especialidade. 4. Recurso improvido." "APELAÇÃO CÍVEL. AÇÃO DE RECONHECIMENTO DE UNIÃO ESTÁVEL. DIREITO REAL DE HABITAÇÃO RELATIVO AO IMÓVEL RESIDENCIAL DO CASAL. SENTENÇA DE PROCEDÊNCIA. Recurso, que se refere apenas ao direito real de habitação da companheira. Inobstante o artigo 1.831, do Código Civil de 2002 atribuir o direito real de habitação somente ao cônjuge sobrevivente, a jurisprudência do STJ assentou o seu entendimento no sentido da possibilidade de arguição desse direito também à companheira, mesmo na vigência do Código Civil em vigor. Entendimento do STJ de que mesmo havendo outros bens a compor o acervo, o direito real de habitação não deve ser afastado. Eventual locação de apenas uma vaga

vivente, em igualdade de condições com o cônjuge supérstite, o sobredito direito real de habitação, uma vez que estivesse convivendo com o outro no momento da morte do hereditando,[8]/[9] porquanto, nesse ponto, o art. 7º, parágrafo único, da Lei 9.278/96,

---

no apartamento para complementar a renda, por si só, não afasta o direito real de habitação, haja vista estar a companheira gozando das condições de sua moradia. Direito real de habitação, que não se exige contraprestação pecuniária, como o pagamento de aluguel pela companheira sobrevivente Recurso a que se nega provimento" (TJRJ, 29ª CC, AC n. 0138474-55.2014.8.19.0001, Rel. Des. Denise Levy Tredler, julg. 12/11/2019).

"Apelação cível. Imissão de posse. Direito real de habitação. A companheira supérstite tem direito real de habitação sobre o imóvel que servia de residência do casal, ainda que os herdeiros sejam filhos exclusivos do de cujos. Apelação desprovida. (TJRS, 7ª C. Cível, AC n. 70065203408, Rel. Jorge Luís Dall'Agnol, julg. 02/12/2015)."

8. "Agravo de Instrumento. Ação de imissão na posse. Imóvel adjudicado ao autor/agravado nos autos do inventário de seu genitor. Concessão da liminar. Agravada que alega ter sido companheira do inventariado e que faria jus ao direito real de habitação. Conviventes que firmaram, no ano de 2014, escritura declaratória de união estável, reconhecendo a convivência desde 1999 e estabelecendo o regime da comunhão parcial de bens. Imóvel adquirido pelo ex-companheiro/inventariado por herança. Alegação da agravante de que os conviventes firmaram, no ano de 2016, escritura de convenção antenupcial pelo regime da comunhão total de bens. Fato irrelevante nos presentes autos, eis que a agravante e o inventariado não chegaram a contrair matrimônio. Inventariado que, no ano de 2017, ajuizou ação de dissolução de união estável em face da agravada, já não mais residindo os conviventes "more uxorio". *Direito real de habitação que somente é assegurado ao (à) companheiro(a) que, na data do óbito, conviva em união estável.* Ré/agravada devidamente notificada pelo autor/agravado para desocupar o imóvel. Decisão que não merece reforma. Negado provimento ao recurso "(TJRJ, 26ª C.Cível, AI n. 0022187-36.2019.8.19.0000, Rel. Juíza Substituta de Desembargadora Maria Celeste Pinto de Castro Jatahy, julg. 12.6.2019, grifo nosso).

9. *Especificamente quanto a pessoa casada e separada de fato,* entendemos que, apesar da atual redação do art. 1.830 do CC: "Somente é reconhecido direito sucessório ao cônjuge sobrevivente se, ao tempo da morte do outro, não estavam separados judicialmente, nem separados de fato há mais de dois anos, salvo prova, neste caso, salvo prova, neste caso, de que essa convivência se tornara impossível sem culpa do sobrevivente", tal regra, por incompatibilidade com a Emenda Constitucional n. 06 de 2010, pensamos, *deve ser interpretada de acordo com a seguinte redação:* "Somente é reconhecido direito sucessório ao cônjuge sobrevivente se, ao tempo da morte do outro, não estavam separados judicialmente, nem separados de fato de modo inequívoco". Com tal entendimento, apoiado por expressiva maioria doutrinária, com as vênias de estilo, seriam evitadas decisões tais como a proferida no REsp 1281438: "Agravo Interno no recurso especial. Inventário. Direito Real de Habitação da viúva em relação à residência do casal. Decisão monocrática. art. 557 do CPC/1973. julgamento colegiado posterior. superação de eventual irregularidade. Separação de Corpos. Impugnação de herdeiro. Alegação de adultério. separação há menos de dois anos da morte do marido. Exame de eventual culpa do cônjuge sobrevivente. Descabimento. arts. 1.831 e 1.832 do CC/2002. Agravo não provido. [...] 3. O cônjuge herdeiro necessário é aquele que, quando da morte do autor da herança, mantinha o vínculo de casamento, não estava separado judicialmente ou não estava separado de fato há mais de 2 (dois) anos, salvo, nesta última hipótese, se comprovar que a separação de fato se deu por impossibilidade de convivência, sem culpa do cônjuge sobrevivente", sendo certo, outrossim, que "o fato gerador no direito sucessório é a morte de um dos cônjuges e não, como cediço no direito de família, a vida em comum" (STJ, 3ª T, REsp n. 1.294.404/RS, Rel. Min. Ricardo Villas Bôas Cueva, DJE 29.10.2015). 4. *Hipótese em que, conforme consignado pelas instâncias ordinárias, a separação do casal decorre de decisão concessiva de separação de corpos, há menos de dois anos anteriores à data do falecimento do marido, determinando o afastamento temporário da esposa da residência familiar. não se tratando, portanto, de separação judicial, tampouco de separação de fato, exclui-se a possibilidade de exame da culpa pela separação, assegurando-se o direito hereditário, e, por consequência, o direito real de habitação relativamente ao imóvel que servira de residência da família. 5. agravo interno desprovido."* (STJ, 4ª T, AGInt no REsp n. 1281438, Rel. Min. Lázaro Guimaraes, julg. 5.6.2018, grifo nosso).

No entanto, como contraponto ao r. aresto acima, trazemos decisões proferidas pelo Egrégio Tribunal de Justiça de São Paulo em sentido contrário, as quais somos favoráveis: "Agravo de instrumento. Habilitação da viúva como única herdeira. casamento no regime da separação de bens. Circunstância que não a impediria de herdar, precedendo colaterais, *porém, o casal já se achava separado de fato. Convívio por pouco mais de dois meses, não reatado até a morte do marido, cerca de quase um ano depois. ausência de condição de sucessor, mesmo*

DIREITO REAL DE HABITAÇÃO SUCESSÓRIO. CONTEXTO ATUAL **115**

não estaria revogado pelo novo caderno civil, mesmo porque o Código Civil de 2002, em suas disposições transitórias (art. 2.045), afirmou ter sido abolido apenas o Código Civil de1916 e não a legislação extravagante.

Isso sem contar ainda que a extensão do apontado benefício legal ao ex-companheiro não é incompatível com qualquer das regras disciplinadoras dos direitos deste último (vide os arts. 1.723 a 1.727 e 1.790, todos do CC).

Ademais, salta aos olhos não caber a discriminação ora apontada, de vez que, embora o casamento e a união estável apresentem, especialmente na sua *formação, diferentes matizes,* se apresentando o casamento como modelo formal de família, com a formação do vínculo matrimonial a depender especialmente de autorização estatal prévia e cerimônia de acordo com as formalidades próprias e a união estável se exteriorizando como núcleo familiar informal, o conteúdo de ambos, deve ser, ao menos, assemelhado.[10]

Todavia, como há quem afirme que a apontada omissão teria sido intencional,[11] vislumbra-se assim, com clareza, a necessidade de se pôr fim a eventual incerteza, a ser sanada com a inclusão expressa no texto legal do referido benefício a favor do companheiro sobrevivente, até mesmo em atenção ao comando estampado na nossa Carta Magna no art.226, *caput, verbis:* "A família, base da sociedade, tem especial proteção do Estado. [...] § 3º Para efeito de proteção do Estado, é reconhecida a união estável entre o homem e a mulher como entidade familiar, devendo a lei facilitar sua conversão em casamento."

Dentro das mesmas considerações, tendo em vista a equiparação constitucional de muito defendida pelo signatário, bem como por parcela expressiva da doutrina e jurisprudência e, cujo resultado veremos adiante, em especial, por efetivar o já abordado *fundamental direito constitucional à moradia,* consectário do princípio da dignidade da pessoa humana, é de se trazer à baila, inicialmente, o Enunciado 117,

---

diante da regra do art. 1.830 do CC. Interpretação sistemática. decisão mantida. recurso desprovido" (TJSP, 1ª C. de Direito Privado, AI n, 2228909–49.2014.8.26.0000, Rel. Des. Claudio Godoy, julg. 09.6.2015).". "Inventário. Insurgência contra interlocutória que reconheceu a ausência da qualidade de herdeira de cônjuge sobrevivente, determinando sua remoção da inventariança. Decisão acertada. *Própria agravante afirmou que se encontrava separada de fato do falecido por ocasião do óbito. Interpretação sistemática do artigo 1.830 do código civil. Condição de sucessora não configurada. Irrelevância do período de separação e de eventual inexistência de culpa do cônjuge sobrevivente.* Agravo desprovido." (TJSP, 4ª C. de Direito Privado, AI n. 2.053.923-77.2018.8.26.0000, Rel. Des. Natam Zelinschi de Arruda, julg. 19.4.2018, grifo nosso)."

10. "[...] À união estável como entidade familiar, aplicam-se, em conjunto, todos os efeitos jurídicos próprios da família, não diferenciando o constituinte, para efeito da proteção do Estado (e, portanto, para todos os efeitos legais, sendo certo que as normas jurídicas são emanação do poder estatal), a entidade familiar constituída pelo casamento daquela constituída pela conduta espontânea e continuada dos companheiros, não fundada no matrimônio" (TEPEDINO, Gustavo. *Temas de Direito Civil,*4. ed. Rio de Janeiro: Editora Renovar, 2008. p. 408).

11. Nessa direção, p.ex., temos: "O Código de 2002 não manteve para o companheiro o direito real de habitação sobre o imóvel que servia de residência para a família, sendo o único dessa espécie a inventariar. Esse privilégio que lhe fora outorgado pela lei n. 9.278/96, foi reservado somente ao cônjuge sobrevivente." (MONTEIRO, Washington de Barros. *Curso de Direito Civil.* Direito das Sucessões. v. 6. 35. ed. atual. São Paulo: Saraiva, 2003. p.101).

extraído da I Jornada de Direito Civil (CJF – STJ), realizado no período de 11 a13 de setembro de 2002 no âmbito do Superior Tribunal de Justiça, sob a coordenação científica do ínclito Ministro Ruy Rosado de Aguiar, a clamar, *in litteris*: "O direito real de habitação deve ser estendido ao companheiro, seja por não ter sido revogada a previsão da Lei n° 9.278/96, seja em razão da interpretação analógica do art. 1.831, informado pelo art. 6°, *caput*, da CF/88". (grifo nosso)

Nessa trilha, o Supremo Tribunal Federal no julgamento dos RE's n.°s 646.721 e 878.694 (10.05.2017, atas publicadas em 12.05.2017, relator Ministro Luiz Roberto Barroso), declarou inconstitucional o art.1.790 e incisos do Código Civil, restabelecendo a igualdade dos direitos sucessórios entre o cônjuge e o companheiro.[12]

Prosseguindo, é de se esclarecer que, nos moldes do Código Civil de 1916, o direito real de habitação sucessório era assegurado expressamente, segundo o texto estampado no citado § 2° do art. 1.611 do Código Civil acrescido pela Lei n. 4.121 de 1962 (Estatuto da Mulher Casada), tão só ao cônjuge sobrevivente que fora casado pelo regime da comunhão universal de bens.

Através da decisão tomada pela Egrégia 3ª Turma do Superior Tribunal de Justiça no REsp 821.660, julgado em 14/06/2011, relatado pelo Ministro Sidnei Beneti, sobreveio o entendimento no sentido de que, se o direito em questão foi assegurado ao companheiro sobrevivente, independentemente do regime patrimonial adotado

---

12. "DIREITO CONSTITUCIONAL E CIVIL. RECURSO EXTRAORDINÁRIO REPERCUSSÃO GERAL. INCONSTITUCIONALIDADE DA DISTINÇÃO DE REGIME SUCESSÓRIO ENTRE CÔNJUGES E COMPANHEIROS 1. A Constituição brasileira contempla diferentes formas de família legítima, além da que resulta do casamento. Nesse rol incluem-se as famílias formadas mediante união estável. 2. *Não é legítimo desequiparar, para fins sucessórios, os cônjuges e os companheiros, isto é, a família formada pelo casamento e a formada por união estável.* Tal hierarquização entre entidades familiares é incompatível com a Constituição de 1988. 3. Assim sendo, o art. 1790 do Código Civil, ao revogar as Leis n°s 8.971/94 e 9.278/96 e discriminar a companheira (ou o companheiro), dando-lhe direitos sucessórios bem inferiores aos conferidos à esposa (ou ao marido), entra em contraste com os princípios da igualdade, da dignidade humana, da proporcionalidade como vedação à proteção Supremo Tribunal Federal deficiente, e da vedação do retrocesso. 4. *Com a finalidade de preservar a segurança jurídica, o entendimento ora firmado é aplicável apenas aos inventários judiciais em que não tenha havido trânsito em julgado da sentença de partilha, e às partilhas extrajudiciais em que ainda não haja escritura pública.* 5. Provimento do recurso extraordinário. Afirmação, em repercussão geral, da seguinte tese: "No sistema constitucional vigente, é inconstitucional a distinção de regimes sucessórios entre cônjuges e companheiros, devendo ser aplicado, em ambos os casos, o regime estabelecido no art. 1.829 do CC/2002". (grifo nosso) "Apelação. Ação de reintegração de posse. Companheira que permaneceu no imóvel em que residia durante a união estável, após o falecimento de seu companheiro. Herdeiro que afirma ser o legítimo possuidor, alegando a mudança da convivente para outro estado deixando no imóvel os seus dois filhos. Sentença de improcedência. Irresignação. orientação firmada pelo c. STF, no julgamento do Re n° 646.721 e RE n° 878.694, em Repercussão Geral, aos 10/05/2017, apreciando o tema 809, ao reconhecer de forma incidental a inconstitucionalidade do art. 1.790 do CC, declarando o direito da convivente em participar da herança de seu companheiro, em conformidade com o regime jurídico estabelecido no art. 1.829, do código civil de 2002. incidência do art. 1.829, I, do código civil, que atribui à companheira a condição de herdeira, concorrendo com os descendentes nos bens particulares. *Código Civil de 2002 que não revogou as disposições preconizadas na lei n° 9.278/96, notadamente a norma que confere ao companheiro supérstite direito real de habitação.* Posse ilegítima da convivente e de sua filha que não restaria igualmente configurada, sob o ângulo do exercício efetivo da posse, diante do acervo probatório constante dos autos. Manutenção da solução de 1° grau. Recurso conhecido e desprovido" (TJRJ, 16ª C. Cível, AC n. 0010514-03.2017.8.19.0037, Rel. Des. Mauro Dickstein, julg. 24.9.2019, grifo nosso).

DIREITO REAL DE HABITAÇÃO SUCESSÓRIO. CONTEXTO ATUAL **117**

na união estável (Lei 9.278/96, art.7º, parágrafo único), do mesmo modo também deveria ser interpretado o supracitado § 2º do art. 1.611 do Código Civil de 1916, até mesmo nos falecimentos ocorridos sobre a égide do diploma substantivo anterior, embora a Egrégia 4ª Turma do mesmo Tribunal tenha decidido em sentido oposto no julgamento do REsp 1.204.347 em12.01.2012, tendo como relator o Ministro Luis Felipe Salomão, afirmado que, por força do disposto no art. 2.014 das Disposições Transitórias do Código Civil de 2002, o art.1.831 do novo diploma não alcançou as sucessões abertas na vigência da legislação revogada.

Em resumo, no atual sistema substantivo civil pátrio, em relação ao imóvel que vinha sendo utilizado como morada da família do agora hereditando, o direito real de habitação sucessório está firmado a favor do ex-parceiro, qualquer que seja o regime patrimonial aplicado ao casal, declamando, porém, o legislador infraconstitucional, como fizera outrora, que: "desde que seja o único daquela natureza a inventariar", isto é, independentemente de existirem outros imóveis, porém de natureza diversa, tais como lotes de terreno, por exemplo.[13]

Em relação à ressalva legal acima exposta, a melhor doutrina, como p.ex., Maria Berenice Dias[14] e Gustavo René Nicolau,[15] pronunciaram-se no seguinte sentido: mesmo havendo mais de um imóvel residencial no espólio do hereditando, é possível a concessão do direito real de habitação, a incidir no imóvel de menor valor, aplicando-se analogicamente o art. 5º da Lei 8.009/90.[16]/[17]

---

13. Na seara em questão, a proteção ao companheiro sobrevivente independe até mesmo da prova pré-constituída da entidade familiar, nos precisos moldes do aresto do Superior Tribunal de Justiça ora trazido à baila.

14. Aduzindo permitir a lei que a pessoa possa ter mais que uma residência e considerada qualquer delas seu domicílio (art. 71 do CC), sendo a restrição incompreensível, cabendo ao sobrevivente escolher em qual dos imóveis residenciais deve incidir o direito em questão. (DIAS, Maria Berenice. *Manual das sucessões*. 2. ed. São Paulo: Revista dos Tribunais, 2008. p. 59).

15. Explana o autor sobre a injustiça da redação legal, pois pode ocorrer que o sobrevivente não venha a ser contemplado na partilha com qualquer dos imóveis constantes no acervo inventariado. (NICOLAU, Gustavo René. *Direito Civil: sucessões*. v. 9, 2. ed. São Paulo: Atlas, 2006. p. 77-78).

16. Art. 5º da Lei n.8.009/90: "Para os efeitos de impenhorabilidade, de que trata esta lei, considera-se residência um único imóvel utilizado pelo casal ou pela entidade familiar para moradia permanente. Parágrafo único. Na hipótese de o casal, ou entidade familiar, ser possuidor de vários imóveis utilizados como residência, a impenhorabilidade recairá sobre o de menor valor, salvo se outro tiver sido registrado, para esse fim, no Registro de Imóveis e na forma do art. 70 do Código Civil.

17. A propósito, aduz José Fernando Simão (*Código Civil comentado*: doutrina e jurisprudência. São Paulo: Forense, 2019. p. 1.464) que: "Outra questão interessante diz respeito à extensão do direito real de habitação, pois o atual artigo 1.831 do CC limita o direito dizendo que este existe desde que seja o único imóvel daquela natureza a inventariar. Qual seria o alcance da dicção legal? Se o falecido deixou mais de um imóvel residencial, perderia o cônjuge supérstite seu direito real de habitação? A existência de outros imóveis residenciais apenas indica que o direito de habitação *não recairá necessariamente sobre o imóvel em que o viúvo residia com o falecido. Poderá o juiz determinar que o direito recaia sobre outro imóvel residencial equivalente. Para isso se analisa a necessidade do titular do direito real de habitação em confronto com a necessidade dos herdeiros. A solução será aquela que melhor atende às necessidades de todos, causando menor ônus ou desconforto aos interessados.* [...] A melhor interpretação a ser feita do dispositivo é que o direito de habitação recairá, preferencialmente, sobre o imóvel residencial em que o cônjuge ou companheiro morava com o falecido" (grifo nosso).

Em tais termos, ao analisarmos a questão sob o ponto de vista constitucional, de vez que, repisamos, o objetivo desse direito real menor *ex lege* é assegurar moradia ao cônjuge ou ao companheiro supérstite (art. 6º da CRFB), em providência fundamental para garantir uma vida digna ao habitador através da garantia ao patrimônio mínimo (art. 1º, inciso III, da CRFB), é de se endossar tal posicionamento e se impor expressamente que a concessão de tal direito deve incidir no imóvel que servia como residência ao ex-casal, independentemente do número de bens de natureza residencial integrantes do espólio do hereditando.

Afinal, o comando imperativo contido na lei maior deve prevalecer e a norma infraconstitucional a ele deve submeter-se.

É importante frisar que a jurisprudência do Egrégio Superior Tribunal de Justiça, vem trilhando o mesmo caminho, como se verifica dos termos do REsp 1.220.838, julgado em 19/06/2012 por sua Egrégia 3ª Turma, tendo como relator o eminente Ministro Sidnei Benetti, nos termos baixo elencados.[18]

De outra lado, é de se exaltar igualmente que, uma vez reconhecido esse direito, os sucessores plenos do hereditando – em especial seus *herdeiros necessários*,[19] terão,

---

18. CÔNJUGE SOBREVIVENTE, NA RESIDÊNCIA EM QUE VIVIA O CASAL. EXISTÊNCIA DE OUTRO IMÓVEL RESIDENCIAL QUE NÃO EXCLUI ESSE DIREITO. 2) HONORÁRIOS ADVOCATÍCIOS. FIXAÇÃO POR EQUIDADE. MAJORAÇÃO NECESSÁRIA. 3) RECURSO ESPECIAL CONHECIDO E PROVIDO. 1. – O direito real de habitação, assegurado, devido à união estável, ao cônjuge sobrevivente, pelo art. 7º da Lei 9287/96, incide, relativamente ao imóvel em que residia o casal, ainda que haja mais de um imóvel residencial a inventariar. [...] 3. – Recurso Especial conhecido, em parte, e nessa parte provido, reconhecendo-se o direito real de habitação, relativamente ao imóvel em que residia o casal quando do óbito, bem como elevando-se o valor dos honorários advocatícios. "DIREITO DAS SUCESSÕES. RECURSO ESPECIAL. SUCESSÃO ABERTA NA VIGÊNCIA DO CÓDIGO CIVIL DE 2002. COMPANHEIRA SOBRE-VIVENTE. DIREITO REAL DE HABITAÇÃO. ART. 1.831 DO CÓDIGO CIVIL DE 2002. 1. O novo Código Civil regulou inteiramente a sucessão do companheiro, ab-rogando as leis da união estável, nos termos do art. 2º, § 1º da Lei de Introdução às Normas do Direito Brasileiro – LINDB. 2. É bem verdade que o art. 1.790 do Código Civil de 2002, norma que inovou o regime sucessório dos conviventes em união estável, não previu o direito real de habitação aos companheiros. Tampouco a redação do art. 1.831 do Código Civil traz previsão expressa de direito real de habitação à companheira. Ocorre que a interpretação literal das normas conduziria à conclusão de que o cônjuge estaria em situação privilegiada em relação ao companheiro, o que deve ser rechaçado pelo ordenamento jurídico. 3. A parte final do § 3º do art. 226 da Constituição Federal consiste, em verdade, tão somente em uma fórmula de facilitação da conversão da união estável em casamento. Aquela não rende ensejo a um estado civil de passagem, como um degrau inferior que, em menos ou mais tempo, cederá vez a este.4. No caso concreto, o fato de haver outros bens residenciais no espólio, um utilizado pela esposa como domicílio, outro pela companheira, não resulta automática exclusão do direito real de habitação desta, relativo ao imóvel da Av. Borges de Medeiros, Porto Alegre-RS, que lá residia desde 1990 juntamente com o companheiro Jorge Augusto Leveridge Patterson, hoje falecido.5. O direito real de habitação concede ao consorte supérstite a utilização do imóvel que servia de residência ao casal com o fim de moradia, independentemente de filhos exclusivos do *de cujus*, como é o caso.6. Recurso especial não provido". Em idêntica senda, temos o REsp n. 1329993, julgado pela 4ª Turma do mesmo sodalício em 17.12.2013, tendo como relator o eminente Ministro Luís Felipe Salomão.

19. Art.1.845 do CC/2002: "São herdeiros necessários os descendentes, ascendentes e cônjuge". Aliás, de muito defendemos, embora minoritariamente (p.ex., nas palestras proferidas, em 2002, no Hotel Glória por ocasião do evento "CEPAD discute o Novo Código Civil e em 2003 no Seminário "EMERJ Debate o Novo Código Civil", ambas versando sobre "A Sucessão dos Descendentes. Sucessão dos Cônjuges e Sucessão na União Estável", publicada na Revista Especial da Escola da Magistratura do Estado do Rio de Janeiro-EMERJ,2004, Parte II, pg.196/206), ser inconstitucional o art.1.790 e incisos, bem como ser o companheiro sobrevivente

durante o correspondente exercício por parte do habitador (possuidor direto), tão só a nua-propriedade, ou seja, a raiz do bem, assim como a sua *posse indireta*.

Nesse desenho legal, faz-se possível ainda que o habitador seja contemplado na partilha como cotitular do imóvel, em razão da expressão legal supramencionada "sem prejuízo da participação que lhe caiba na herança", tratando-se de exceção à afirmação doutrinária de que ninguém pode, simultaneamente, ser proprietário da coisa e ter sobre ela um direito real menor.

Exemplificando, João casado com Maria pelo regime da comunhão parcial, tendo dois filhos, José e Tereza, vem a falecer em 2020. Dentre os bens a serem inventariados, há imóvel de natureza residencial adquirido antes do matrimônio pelo autor da herança e que era utilizado como moradia da família por ocasião da morte. [20]/[21]

---

igualmente herdeiro necessário, por aplicação analógica a tal regra, de molde a se evitar ofensa ao princípio da vedação do retrocesso, ao valor maior da dignidade da pessoa humana e, especialmente, não haver de 2ª classe etc. Embora o Supremo Tribunal Federal nos julgamentos dos antes mencionados dos RE's 646.721 e 878.694 não tenha discutido tal assunto, inclusive com rejeição dos declaratórios interpostos, na atualidade, a maioria da doutrina vem defendendo tal posicionamento (p.ex., SIMÃO, José Fernando *et al. Código Civil comentado*: doutrina e jurisprudência. São Paulo: Forense, 2019. p.1476.), já constando inclusive no bojo de alguns v. arestos a consagração dessa tese (p.ex., os REsp's 1.357.117, 3ª T, Rel. Min. Villas Bôas Cueva, julg. 13.3.2018 e 1.337.420, 4ª T, Rel. Min. Luis Felipe Salomão, julg. 22.8.2017). Do mesmo modo, vide o Enunciado n. 31, item 2, do I Encontro Estadual de Magistrados de Varas de Família e Sucessões do Estado de São Paulo, organizado pelo Egrégio Tribunal de Justiça de São Paulo e Escola Paulista da Magistratura (EPM): "Ante a decisão do STF no RE 878.694, declarando inconstitucional o art. 1.790 do Código Civil, assentando que, à luz da Constituição, não é cabível distinção nos regimes sucessórios derivados do casamento e da união estável, o companheiro figura em igualdade de condições com o cônjuge: 1) na ordem da vocação hereditária; 2) *como herdeiro necessário*; 3) como titular de direito real de habitação; 4) no direito à quarta parte da herança na concorrência com descendentes; 5) e na obrigação de trazer doações à colação (Código Civil, arts. 1.829, 1.845, 1.831, 1.832 e 2002/2003 respectivamente, grifo nosso)."

20. Art.1.661 do CC: "São incomunicáveis os bens cuja aquisição tiver por título uma causa anterior ao casamento". Sendo o mencionado bem considerado particular, nele não haverá meação, mas, segundo a melhor doutrina e decidido pelo Superior Tribunal de Justiça, a concorrência sucessória envolvendo o cônjuge/companheiro e os descendentes do falecido se tão só faz em relação a tais tipos de bens (STJ, REsp n. 1.368.123, 2ª Seção, julg. 22.4.2015). Destarte, Maria, não sendo meeira, é dele coerdeira juntamente com os filhos de João, José e TEREZA (interpretação da parte final do art.1.829, I do CC).

21. O Superior Tribunal de Justiça vem se manifestando, quando se tratar de um imóvel onde incida o direito real de habitação sucessório (REsp n. 1.846.167, 09.02.2021, REsp n. 234.276 de 14.4.2003, REsp n. 107.273, de 9.12.1996), no sentido de não ser possível a extinção do condominio em relação a nua-propriedade. Com as vênias de estilo, não concordamos com esse posicionamento, a ferir frontalmente o art.1320 do CC, *caput*, do CC: "A todo tempo será lícito ao condômino exigir a divisão da coisa comum, respondendo o quinhão de cada um nas despesas da divisão", bem como a cláusula pétrea contida no art. 5º, II da CRFB: "Ninguém é obrigado a fazer ou deixar de fazer alguma coisa, senão em virtude de lei". Aqui também é de se recordar o velho adágio romano: "O condominio é a mãe das discórdias" (*condominio mater rixarum est*), sendo, portanto, de caráter transitório, e por isso o legislador confere tal direito potestativo a qualquer dos condôminos. E de acentuar também não se tratar de impor a extinção do condômino como um todo, e sim, tão só a sua extinção em relação a nua-propriedade, sendo de curial sabença que, por ser o direito real do habitador ambulatório, ele adere a coisa e a acompanha onde quer que ela esteja e nas mãos de quem quer que seja o seu titular, não havendo, destarte, nenhum prejuízo quanto a posse direta do habitador por força da oponibilidade *erga omnis*. Na direção desse pensamento, consolidado em longeva doutrina, veja-se, p.ex., Francisco Cavalcanti Pontes de Miranda (*Tratado de direito privado*. t. XII. São Paulo: Revista dos Tribunais, 2012), e Francisco Eduardo Loureiro (Da propriedade. *In*: PELUSO, Cezar (coord.). *Código Civil comentado*: doutrina e jurisprudência. 10. ed. São Paulo: Editora Manole, 2016. p. 1249.).

Maria, então, designada sucessora de João em relação à propriedade do imóvel em questão,[22] *ex vi legis*, investe-se igualmente na titularidade do direito real de habitação sobre o referido bem, também objeto do direito de propriedade dos filhos do hereditando, mesmo que esses últimos sejam incapazes e necessitados.

Igualmente, por força da *mens legis* ora sob comentário, é de se investir o parceiro sobrevivente (cônjuge ou companheiro) em tal direito, assenhorando-se da coisa para fins de continuar a habitação, mesmo não sendo considerado meeiro, nem herdeiro em propriedade do falecido.

Ainda na seara do objeto do Direito Real de Habitação Sucessório, entendemos desimportar se o referido bem imóvel foi adquirido por qualquer dos parceiros *antes* da formação da família. Isto porque, além de ser direito de matriz constitucional, reafirmamos, portanto, imperativo a depender circunstâncias do caso concreto, tal distinção a lei não faz e, desse modo, com as vênias de estilo, não somos favoráveis a decisão trazida abaixo.[23]/[24]

De todo modo, *não* se admite que seu objeto possa incidir em bem onde restou estabelecido condomínio, hereditário ou não, anterior ao decesso do parceiro hereditando, mesmo porque, em tal hipótese, o direito de propriedade (art. 5°, XX da CRFB) dos demais condôminos, restaria prejudicado.[25]

---

22. Art. 1.829 do CC/2002: "A sucessão legítima defere-se na ordem seguinte: I - aos descendentes, em concorrência com o cônjuge sobrevivente, salvo se casado este com o falecido no regime da comunhão universal, ou no da separação obrigatória de bens (art. 1.640, parágrafo único); ou se, no regime da comunhão parcial, o autor da herança não houver deixado bens particulares;" Enunciado 270 da III Jornada de Direito Civil (CEJ/JF-STJ): "– Art. 1.829: O art. 1.829, inc. I, só assegura ao cônjuge sobrevivente o direito de concorrência com os descendentes do autor da herança quando casados no regime da separação convencional de bens ou, se casados nos regimes da comunhão parcial ou participação final nos aquestos, o falecido possuísse bens particulares, hipóteses em que a concorrência se restringe a tais bens, devendo os bens comuns (meação) ser partilhados exclusivamente entre os descendentes". Na esteira do Enunciado em questão, vide o REsp n. 1.368.123, 2ª Seção, STJ, Rel. para acórdão Min. Raul Araújo, julg. 22.4.2015.
23. "APELAÇÃO CÍVEL. POSSESSÓRIA. CÔNJUGE SOBREVIVENTE. DOAÇÃO DO IMOVEL ANTERIOR À ABERTURA DA SUCESSÃO. MERA DETENÇÃO. DIREITO REAL DE HABITAÇÃO. NÃO CABIMENTO" (TJRJ, 14ª C. Cível, AC n. 0417041-58.2010.8.19.0001, Rel. Des. José Carlos Paes, julg. 08.6.2016).
24. Com as vênias de estilo, *ab initio*, é de se salientar o disposto no art. 5°, II da CRFB: "Ninguém é obrigado a fazer ou deixar de fazer alguma coisa senão em virtude de lei." Em sentido *contrário ao r. aresto acima e*, de acordo com a nossa opinião, trazemos decisão do mesmo Egrégio Tribunal: "Apelação. Ação de reintegração de posse manejada por filhos do autor da herança em face da companheira supérstite. Julgado de improcedência lastreado no fato de que o direito real de habitação garantido à ré afastaria o alegado esbulho possessório. Bem particular do companheiro falecido. *Aquisição anterior ao início da união estável*. Companheira que não pode ser considerada meeira e tampouco herdeira. Exegese do artigo 1.790 do CC. Tratamento diverso daquele dispensado aos cônjuges, que segue o previsto no artigo 1.829, inciso I do mesmo diploma legal e garante direitos sucessórios sobre a universalidade dos bens deixados pelo cônjuge pré-morto. *Direito real de habitação que, entretanto, é autônomo em relação ao direito de propriedade, possuindo caráter social e alicerçado unicamente nos princípios da solidariedade e mútua assistência inerentes à união estável. Posse da companheira sobre o imóvel que encontra amparo jurídico. Esbulho possessório não caracterizado*. Inoportuna modificação da causa de pedir e do pedido nesta seara recursal. Apelo improvido" (TJRJ,10ª C. Cível AC n. 0007097-75.2009.8.19.0052, Rel. Des. Celso Luiz de Matos Peres, julg. 18.5.2016).
25. "Civil. direito real de habitação. Inoponibilidade a terceiros coproprietários do imóvel. Condomínio preexistente à abertura da sucessão. art. analisado: 1.611, § 2°, do CC/16. 1. Ação reivindicatória distribuída em 07/02/2008, da qual foi extraído o presente recurso especial, concluso ao gabinete em 19/03/2010.2.

DIREITO REAL DE HABITAÇÃO SUCESSÓRIO. CONTEXTO ATUAL **121**

Lembramos que, nos moldes da jurisprudência do Egrégio Superior Tribunal de Justiça, a matéria, independentemente de reconhecimento anterior, pode ser discutida no bojo das ações petitórias e possessórias.[26]

A par de tais considerações, é de se considerar que, consoante os termos do Código Civil anterior, o direito real de habitação sucessório, embora considerado vitalício, vigorava enquanto o cônjuge sobrevivente permanecesse viúvo ou não constituísse nova união (matrimônio ou união estável), por virtude de decorrer do presumido afeto do *autor sucessionis* face ao seu(a) parceiro (a). A propósito, consoante o princípio *tempus regit actum*, temos:

> [...]1. O recurso especial debate a possibilidade de equiparação da união estável ao casamento, para fins de extinção do direito real de habitação assegurado ao cônjuge supérstite. 2. *Em sucessões abertas na vigência do Código Civil de 1916, o cônjuge sobrevivente tem direito real de habitação enquanto permanecer viúvo* [...][27]

O Código Civil atual, todavia, em nosso sentir, de modo despropositado, não mais limita a titularidade do direito real menor em questão, sendo, nos tempos atu-

---

Discute-se a oponibilidade do direito real de habitação da viúva aos coproprietários do imóvel em que ela residia com o falecido. 3. A intromissão do estado-legislador na liberdade das pessoas disporem dos respectivos bens só se justifica pela igualmente relevante proteção constitucional outorgada à família (art. 203, i, da CF/88), que permite, em exercício de ponderação de valores, a mitigação dos poderes inerentes à propriedade do patrimônio herdado, para assegurar a máxima efetividade do interesse prevalente, a saber, o direito à moradia do cônjuge supérstite. 4. No particular, toda a matriz sociológica e constitucional que justifica a concessão do direito real de habitação ao cônjuge supérstite deixa de ter razoabilidade, em especial porque o condomínio formado pelos irmãos do falecido preexiste à abertura da sucessão, pois a copropriedade foi adquirida muito antes do óbito do marido da recorrida, e não em decorrência deste evento. 5. Recurso especial conhecido e provido" (REsp 1.184.492, relatora Ministra Nancy Andrighi, Terceira Turma, julgado em 01/04/2014). "EMBARGOS DE DIVERGÊNCIA. RECURSO ESPECIAL. DIREITO REAL DE HABITAÇÃO. COPROPRIEDADE DE TERCEIRO ANTERIOR À ABERTURA DA SUCESSÃO. TÍTULO AQUISITIVO ESTRANHO À RELAÇÃO HEREDITÁRIA. 1. O direito real de habitação possui como finalidade precípua garantir o direito à moradia ao cônjuge/companheiro supérstite, preservando o imóvel que era destinado à residência do casal, restringindo temporariamente os direitos de propriedade originados da transmissão da herança em prol da solidariedade familiar. 2. A copropriedade anterior à abertura da sucessão impede o reconhecimento do direito real de habitação, visto que de titularidade comum a terceiros estranhos à relação sucessória que ampararia o pretendido direito. 3. Embargos de divergência não providos" (STJ, EREsp n. 1520294, 2ª Seção, Rel. Min. Maria Isabel Gallotti, julg. 26.8.2020).

26. "DIREITO DAS SUCESSÕES E DAS COISAS. RECURSO ESPECIAL. SUCESSÃO. VIGÊNCIA DO CÓDIGO CIVIL DE 2002. COMPANHEIRA SOBREVIVENTE. MANUTENÇÃO DE POSSE. POSSIBILIDADE DE ARGUIÇÃO DO DIREITO REAL DE HABITAÇÃO. ART. 1.831 DO CÓDIGO CIVIL DE 2002. 1. É entendimento pacífico no âmbito do STJ que a companheira supérstite tem direito real de habitação sobre o imóvel de propriedade do falecido onde residia o casal, mesmo na vigência do atual Código Civil. Precedentes. 2. É possível a arguição do direito real de habitação para fins exclusivamente possessórios, independentemente de seu reconhecimento anterior em ação própria declaratória de união estável. 3. No caso, a sentença apenas veio a declarar a união estável na motivação do decisório, de forma incidental, sem repercussão na parte dispositiva e, por conseguinte, sem alcançar a coisa julgada (CPC, art. 469), mantendo aberta eventual discussão no tocante ao reconhecimento da união estável e seus efeitos decorrentes. 4. Ademais, levando-se em conta a posse, considerada por si mesma, enquanto mero exercício fático dos poderes inerentes ao domínio, há de ser mantida a recorrida no imóvel, até porque é ela quem vem conferindo à posse a sua função social. 5. Recurso especial desprovido" (STJ, 4ª T, REsp n. 1203144, Rel. Min. Luis Felipe Salomão, julg. 275.2014).

27. STJ, REsp n. 1.617.636, Rel. Min. Marco Aurélio Bellizze, julg. 27.8.2019, grifo nosso.

ais, considerado *vitalício sem restrições*, pois, como vimos, mesmo que o habitador venha a contrair nova união familiar continuará sendo seu titular, *pois a limitação quedou-se suprimida.*[28]

Ora se tal *fattispecie* legislativa não for alterada,[29] continuaremos a ver o rematado absurdo de tal situação, senão vejamos: o habitador ou habitadora casa-se novamente ou passa a viver em união estável. Leva, então, o seu cônjuge ou companheiro a viver no imóvel cuja raiz vai pertencer, em regra, após seu falecimento, aos herdeiros necessários do hereditando ou até mesmo a outros herdeiros legítimos (familiares) ou mesmo testamentários (indicados em testamento por força da afeição do autor da herança). E, assim, esses últimos, *in concreto*, continuarão a não poder se utilizar desse importante bem, mesmo em estado de carência e necessidade, uma vez que, para tanto, deverão aguardar o falecimento do habitador(a) titular![30]

E mais: mesmo que pretendam alienar onerosamente a nua-propriedade, visando obter os recursos necessários à própria mantença,[31] tendo em vista ser o direito real ambulatório e acompanhar a coisa nas mãos de quem quer que a possua, não encontrarão interessados na aquisição ou, se encontrarem, o preço proposto será ínfimo...

Como o direito em questão efetiva-se no momento do decesso do hereditando, com natureza de direito *ex lege* e por ter natureza real, é oponível *erga omnes*, ou seja, a todos, independentemente de registro no RGI, inclusive aos sucessores titulares da nua-propriedade do imóvel, que nele tão somente poderão residir se devidamente autorizados pelo referido habitador.[32]

---

28. Art.1.831: "Ao cônjuge sobrevivente, qualquer que seja o regime de bens, será assegurado, sem prejuízo da participação que lhe caiba na herança, o direito real de habitação relativamente ao imóvel destinado à residência da família, desde que seja o único daquela natureza a inventariar". "Segundo o artigo 1.831 do Código Civil, o cônjuge tem o direito real de habitação, qualquer que seja o regime de bens, sobreo imóvel destinado a residência da família, desde que seja o único daquela natureza a inventariar. *Não mais condiciona esse direito de habitação à permanência do estado de viuvez, de modo que passa a ser assegurado ao cônjuge sobrevivo independentemente da existência de uma nova relação, seja por casamento ou união estável.* Já no Código Civil de 1916, o direito real de habitação do cônjuge somente era assegurado no regime da comunhão universal de bens e *enquanto permanecesse viúvo.*" (OLIVEIRA, Euclides; AMORIM, Sebastião. *cit.* p.70., grifo nosso).
29. Art.5º, II da Carta Magna/88: "Ninguém pode ser obrigado a fazer ou deixar de fazer alguma coisa senão em virtude de lei."
30. A par do mencionado, no entanto, existe pronunciamento judicial a declamar que, embora não contida expressamente no art.1.831 do CC, continua a vigir em nosso direito, a condição resolutiva legal em apreço: "TJSP, 6ª C. de Direito Privado. Embargos Infringentes n. 0000038-40.2012.8.26.0471, Rel. Des. Francisco Loureiro, julg. 14.8.2014. Trilhando igual caminho o Enunciado n. do I Encontro.
31. "CONDOMÍNIO. EXTINÇÃO. ALIENAÇÃO JUDICIAL DA COISA COMUM. 1. O direito de habitação prescinde de qualquer formalidade como requerimento específico ou averbação em cartório de registro de imóveis. Assim, reconhecido o casamento, bem como a utilização do imóvel para moradia pelo cônjuge sobrevivente, está caracterizado o direito real de habitação. 2. O direito e habitação não obsta a alienação judicial da coisa comum para extinção do condomínio. Na elaboração do edital, deve ser expressamente consignado o direito real de habitação reconhecido em favor da ré. 3. Recurso parcialmente provido para este fim." (TJSP, 10º CDP, AC n. 00069625120138260077 relator Desembargador Carlos Alberto Garib, julgada em 01/09/2015).
32. DIREITO CIVIL. DIREITO DE FAMÍLIA E SUCESSÃO. DIREITO REAL DE HABITAÇÃO DO CÔNJUGE SOBREVIVENTE. RECONHECIMENTO MESMO EM FACE DE FILHOS EXCLUSIVOS DO DE CUJOS.

E assim, se não concordarem com a titularidade do (a) parceiro(a) do habitador(a) à residência do ex-casal, poderão ser licitamente desalijados do bem por esse (a) mesmo habitador(a) e, impedidos de alegar esbulho possessório, uma vez que, por virtude da posse direita desse(a) último(a), ali estão, *in casu*, tão só na qualidade de meros permissionários de uso.[33]

Imperioso, pois, se faz, o retorno ao regramento substantivo atual da condição resolutiva legal presente no código civil anterior, *verbis*:

[...] § 2º do art. 1.611 do CC: Ao cônjuge sobrevivente, casado sob regime da comunhão universal, *enquanto viver e permanecer viúvo*, será assegurado, sem prejuízo da participação que lhe caiba na herança, o direito real de habitação relativamente ao imóvel destinado à residência da família, desde que seja o único bem daquela natureza a inventariar. (grifo nosso)

Ancorado em tais motivos, o Projeto 6.960/2002 (de *lege ferenda*, isto é, lei futura, que, todavia, se encontra arquivado no Congresso Nacional) visa corrigir mais essa imperfeição do novo caderno civil, retomando a possibilidade da extinção do direito real de habitação se o habitador vier a casar-se novamente ou integrar-se a uma união estável.[34]

Quanto ao reconhecimento judicial do direito em tela, pensamos que, se existir prova documental suficiente trazida ao inventário e não houver desacordo quanto a sua existência, ele se opera nos próprios autos; em contrário é de ser reconhecido em procedimento próprio (art. 612 do CC):

Agravo de Instrumento. Ação de Inventário. Reconhecimento de União Estável "post mortem" – Decisão que determinou que a união estável alegada pela agravante deve ser realizada em ação própria. Inconformismo – Alegação de que restou incontroversa a união estável com o autor da herança, não havendo necessidade de se ajuizar ação para tal finalidade. Descabimento. Meros indícios da existência da união estável que não dispensam o ajuizamento da ação própria para o reconhecimento da união estável. Questão de alta indagação que demanda dilação probatória

---

1. O direito real de habitação sobre o imóvel que servia de residência do casal deve ser conferido ao cônjuge/companheiro sobrevivente não apenas quando houver descendentes comuns, mas também quando concorrerem filhos exclusivos do de cujos. 2. Recurso Especial improvido. (STJ, 3ª T, REsp n. 1.134.387/SP Rel. Min. Nancy Andrighi, DJ 29.5.2013).

33. Código Civil, art. 1.208: "Não induzem posse os atos de mera permissão ou tolerância assim como não autorizam a sua aquisição os atos violentos, ou clandestinos, senão depois de cessar a violência ou a clandestinidade". "Direito real de habitação. Ação possessória. Artigos 718, 748, 1.611, § 2º, e 1.572 do Código Civil de 1916. 1. O titular do direito real de habitação tem legitimidade ativa para utilizar a defesa possessória, pouco relevando que dirigida contra quem é compossuidor por força do art. 1.572 do Código Civil de 1916. Fosse diferente, seria inútil a garantia assegurada ao cônjuge sobrevivente de exercer o direito real de habitação. 2. Recurso especial conhecido e provido (STJ, REsp n. 616.027, 3ª T, Rel. Min. Carlos Alberto Menezes Direito, julg. 14.6.2004).

34. "Art. 1.831. Ao cônjuge sobrevivente, qualquer que seja o regime de bens, *enquanto permanecer viúvo ou não constituir união estável*, será assegurado, sem prejuízo da participação que lhe caiba na herança, o direito real de habitação relativamente ao imóvel destinado à residência da família, desde que seja o único daquela natureza a inventariar." Art. 1.831: Não há razão para manter o direito real de habitação, se o cônjuge sobrevivente constituir nova família. "Quem casa faz casa", proclama o dito popular. Melhor e mais previdente a restrição do art. 1.611, § 2º, do Código Civil de 1916".

e é incompatível com o procedimento de inventário, devendo, desse modo, ser remetida às vias ordinárias – Recurso desprovido.[35]

Por fim, a aplicação do direito real de habitação ainda clama por observar, no caso concreto, relevante aspecto quanto ao seu efetivo reconhecimento, *porquanto dois fundamentais direitos, amiúde, estão a colidir.*

De um lado, temos o fundamental *direito de propriedade,* garantido pela Carta Magna em seu art. 5º, XXIII [36] aos herdeiros necessários do hereditando (os preferenciais descendentes do falecido, na conformidade do inciso I do art.1.829 do CC), normalmente, posto já dito, os titulares do bem imóvel objeto do direito pretendido e, de outro, os interesses daquele que afirma sua titularidade no direito real menor, isto é, o *direito real de habitação (direito à moradia,* art.6º da CRFB) assestado a favor do cônjuge ou companheiro sobrevivente.

Para que esse último direito possa ser efetivamente aplicado, somos de opinião que o julgador deve verificar e ponderar se o *seu não reconhecimento implicará efetivamente em sério prejuízo existencial e material ao indicado habitador*, bem como se esse terá sua dignidade aviltada, *ou então, se irá ocorrer a hipótese contrária, caso em que deve prevalecer o direito de propriedade na sua integridade*, sendo esclarecedor, acerca da matéria, p.ex., arestos do Egrégio Tribunal de Justiça do Estado do Rio de Janeiro e do Egrégio Tribunal de Justiça do Estado do Rio Grande do Sul:[37]

---

35. TJSP, 9ª C. de Direito Privado; AI n. 2134660-96.2020.8.26.0000; Rel. Des. José Aparício Coelho Prado Neto, julg. 31/8/2020.
36. Art. 5º Todos são iguais perante a lei, sem distinção de qualquer natureza, garantindo-se aos brasileiros e aos estrangeiros residentes no País a inviolabilidade do direito à vida, à liberdade, à igualdade, à segurança e à propriedade, nos termos seguintes: [...] XXII – *é garantido o direito de propriedade.*"
37. É indispensável destacarmos que, na seara do Egrégio Superior Tribunal de Justiça, ao menos por enquanto, não se acata o que aqui se propugna, conforme passamos a demonstrar, *verbis*: "DIREITO DAS SUCESSÕES. RECURSO ESPECIAL. SUCESSÃO ABERTA NA VIGÊNCIA DO CÓDIGO CIVIL DE 2002.COMPANHEIRA SOBREVIVENTE. DIREITO REAL DE HABITAÇÃO. ART. 1.831 DO CÓDIGO CIVIL DE 2002. 1. O Código Civil de 2002 regulou inteiramente a sucessão do companheiro, ab-rogando, assim, as leis da união estável, nos termos do art. 2º, § 1º da Lei de Introdução às Normas do Direito Brasileiro – LINDB. Portanto, é descabido considerar que houve exceção apenas quanto a um parágrafo. 2. É bem verdade que o art. 1.790 do Código Civil de 2002, norma que inovou o regime sucessório dos conviventes em união estável, não previu o direito real de habitação aos companheiros. Tampouco a redação do art. 1831 do Código Civil traz previsão expressa de direito real de habitação à companheira. Ocorre que a interpretação literal das normas conduziria à conclusão de que o cônjuge estaria em situação privilegiada em relação ao companheiro, o que não parece verdadeiro pela regra da Constituição Federal. 3. A parte final do § 3º do art. 226 da Constituição Federal consiste, em verdade, tão somente em uma fórmula de facilitação da conversão da união estável em casamento. Aquela não rende ensejo a um estado civil de passagem, como um degrau inferior que, em menos ou mais tempo, cederá vez a este. 4. No caso concreto, o fato de a companheira ter adquirido outro imóvel residencial com o dinheiro recebido pelo seguro de vida do falecido não resulta exclusão de seu direito real de habitação referente ao imóvel em que residia com o companheiro, ao tempo da abertura da sucessão. 5. Ademais, o imóvel em questão adquirido pela ora recorrente não faz parte dos bens a inventariar. 6. Recurso especial provido (REsp n. 1249227, 4ª T, Rel. Min. Luís Felipe Salomão, julg. 17.12.2013). Em idêntica senda, vide o REsp n. 1.220.838, 3ª T, julg. 19.6.2012, tendo como relator o Min. Sidnei Benetti. Em idêntica senda, vide a decisão monocrática proferida no REsp n. 1.681.060 pela Min. Maria Isabel Gallotti, Dj 17.11.2020.

APELAÇÃO CÍVEL. Ação de Reintegração de Posse. Espólio autor alega que ré, ex-esposa do inventariado, ocupou irregularmente o imóvel após a morte do autor da herança. Procedência. Ré que sustenta, em sua defesa, o direito real de habitação ao cônjuge sobrevivente, eis que era casada com o titular do espólio sob o regime de separação de bens, e reside no imóvel objeto da demanda há cerca de 14 anos antes da celebração do casamento civil do casal. Alegações autorais não elididas pela parte ré. *Ré que declarou ser proprietária de outro imóvel. Conjunto probatório que demonstrou que a ré não residiu continuamente no imóvel em questão, e que manteve residência em outro endereço até data posterior ao óbito do inventariado. Inaplicabilidade do direito real de habitação ao cônjuge sobrevivente previsto no art. 1.831 do Código Civil à presente hipótese.* Sentença mantida. Precedentes jurisprudenciais desta Corte. Recurso improvido (TJRJ, Apelação Cível n° 0039081-65.2011.8.19.0001, 10ª Câmara Cível, relator Desembargador Pedro Saraiva de Lemos, julgada em 04.03.2015, grifo nosso).

AGRAVO INOMINADO NO AGRAVO DE INSTRUMENTO. INVENTÁRIO. DIREITO REAL DE HABITAÇÃO (ART. 7° PARÁGRAFO ÚNICO, LEI N° 9.278/96 E ART. 1.831, CC). INDEFERIMENTO DO DIREITO À COMPANHEIRA SOBREVIVENTE, *QUE POSSUI OUTRO IMÓVEL RESIDENCIAL INTEGRANTE DO MONTE,* FATO ADMITIDO PELA PRÓPRIA AGRAVANTE E CORROBORADO POR DOCUMENTOS JUNTADOS AOS AUTOS. HIPOSSUFICIÊNCIA NÃO CARACTERIZADA. *DIREITO REAL DE HABITAÇÃO NÃO TEM CARÁTER ABSOLUTO.* DESPROVIMENTO DO AGRAVO INOMINADO (TJRJ, Agravo de Instrumento n.° 006788257.2012.8.19.0000, 20ª Câmara Cível, relatora Desembargadora Inês da Trindade Chaves de Melo, julgado em 26.11.2014, grifo nosso).

AÇÃO DECLARATÓRIA DE UNIÃO ESTÁVEL *POST MORTEM.* COMPROVADA A EXISTÊNCIA DE CONVIVÊNCIA PÚBLICA, CONTÍNUA, DURADOURA E COM OBJETIVO DE CONSTITUIÇÃO DE FAMÍLIA. DESNECESSIDADE DE PROLE EM COMUM PARA CONFIGURAÇÃO DA UNIÃO ESTÁVEL. *DIREITO REAL DE HABITAÇÃO DA COMPANHEIRA. INEXISTÊNCIA.* AUSÊNCIA DE SOLIDARIEDADE FAMILIAR. – A autora trouxe farta prova documental a comprovar o relacionamento afetivo e a convivência, o que também foi corroborado pela prova testemunhal. – A falta de filhos em comum não descaracteriza a união estável, pois se deve considerar que a autora e o falecido já possuíam filhos maiores e já contavam, respectivamente, com 67 (sessenta e sete) e 79 (setenta e nove) anos de idade quando do início da união estável, razão pela qual é compreensível que a família que desejavam estabelecer se resumiria ao convívio como casal e à participação na vida particular e familiar do outro. – Ademais, a união estabelecida atende o requisito do artigo 1.723, § 1° do Código Civil quanto à inexistência de impedimento para o casamento uma vez que a autora era viúva e seu falecido companheiro já se encontrava separado judicialmente. – O direito real de habitação sobre o imóvel destinado à moradia da família, no que tange a união estável, encontra-se positivado no parágrafo único do artigo 7° da Lei 9.278/96. *Entretanto, neste caso concreto, importante observar que existem dois direitos garantidos pela legislação brasileira que se apresentam contrapostos em certas situações: o direito de propriedade sobre a fração de imóvel, buscado pelos filhos que pretendem ver garantido o direito à herança após a morte de seu ascendente e o direito real de habitação do companheiro sobrevivente que residia no imóvel e pretende preservar sua moradia.* – Quanto mais não fosse a legislação especial, quando positivou o direito real de habitação, o fez com relação a bem que tivesse sido adquirido mediante esforço comum dos conviventes, o que não é a hipótese dos autos. – No caso dos autos, o imóvel foi adquirido pelo falecido ao menos dez anos antes da constituição da união estável, inexistindo qualquer esforço da autora que eventualmente tenha contribuído para a aquisição. Ou seja, nunca existiu trabalho ou colaboração comum entre autora e falecido para a aquisição do bem, o que se considera um requisito necessário a configuração do direito real de habitação pela Lei 9.298/96. Precedente. – O regime da separação obrigatória de bens, na forma do artigo 1.641, II do Código Civil, é também aplicável às uniões estáveis. Precedentes. Assim, considerando o regime de bens que regula a união estável do extinto casal, a autora não possui direitos em relação ao imóvel, não figurando como meeira, nem herdeira do falecido. – A procedência parcial dos pedidos atrai a aplicação da regra do *caput* do artigo 21 do Código de Processo Civil. PROVIMENTO PARCIAL DO RECURSO (TJRJ, 22ª Câmara Cível, Apelação Cível n.º 0301422-12.2012.8.19.0001, relator Desembargador Carlos Alberto Santos de Oliveira, julgada em 14.1.2014, grifo nosso).[38]

AGRAVO DE INSTRUMENTO. INVENTÁRIO. DIREITO DE USO DA COMPANHEIRA ESTABE-LECIDO NO TESTAMENTO. INTERESSE DE HERDEIRO INCAPAZ. *Inviável inviabilizar o direito sucessório dos herdeiros necessários ao único bem a inventariar, quando a companheira possui outros imóveis que podem servir para sua moradia. O direito real de habitação é instituto de natureza protetiva da cônjuge supérstite para que não fique desamparada de moradia, que não é a hipótese dos autos.* Agravo de instrumento parcialmente conhecido e, nessa parte, provido. (TJRS, AI, n. 70061624524, 7ª C. Cível, Rel. Des. Jorge Luís Dall'Agnol, julg. 26.11.2014).

Na mesma esteira trazemos:

algumas críticas são direcionadas ao dispositivo em exame, argumentando-se que não se atentou para as condições econômicas do sobrevivo, que pode ter recebido em partilha enorme acervo patrimonial, e não sendo imposta a cessação automática do ônus real na hipótese do beneficiado adquirir outro imóvel [...] Os exemplos acima indicam que, se diante da família instrumento é salutar proteger o cônjuge, não se pode garantir-lhe uma proteção excessiva e em descompasso com a sua realidade, mormente quando em concorrência com outros parentes do *de cujus*, merecedores de especial proteção, retomando-se aqui as já referidas críticas em relação à neutralidade do fenômeno sucessório, tendo em vista que, para a concretização da dignidade da pessoa humana no âmbito da sucessão hereditária, esta deve ter em vista a pessoa do sucessor, ou seja, as suas características e aspectos individuais e, em especial, sua relação com o autor da herança.[39]

E mais:

Em suma, é o caso concreto que vai determinar se o direito real de habitação do cônjuge persiste ou não. A propósito de caso antes aventado, em que o cônjuge já é proprietário de outro imóvel, a solução deve ser a mesma. Assim, se o falecido, casado por separação obrigatória, deixou dois filhos que não possuem casa própria e esposa, que já tem um imóvel anterior, o direito real de

---

38. Contudo, em posicionamento contrário, extraímos aresto mais recente do mesmo Egrégio Tribunal na seguinte direção: "Agravo de Instrumento. Ação de Inventário e Partilha. Casamento sob o regime da separação legal de bens. Decisão agravada que deferiu o pedido de reconhecimento do direito real de habitação da viúva sobre o último imóvel de residência do casal. Irresignação do agravante. alegação de que a cônjuge sobrevivente é proprietária de outros imóveis em São Paulo. Irrelevância, eis que tais bens não integram o acervo hereditário, pois são de propriedade exclusiva da cônjuge supérstite. Aplicação do art. 1.831 do Código Civil: "Ao cônjuge sobrevivente, qualquer que seja o regime de bens, será assegurado, sem prejuízo da participação que lhe caiba na herança, o direito real de habitação relativamente ao imóvel destinado à residência da família, desde que seja o único daquela natureza a inventariar". Precedentes jurisprudenciais. Desprovimento do recurso" (TJRJ, 9ª C.Cível, AI n. 0058931-30.2019.8.19.0000, Rel. Des. Luiz Felipe Miranda Francisco, com julg. 3/12/2019).

39. Dentro do mesmo espírito de equidade, diz o Código Civil português: "ARTIGO 2103º-A (Direito de habitação da casa de morada da família e direito de uso do recheio)1. O cônjuge sobrevivo tem direito a ser encabeçado, no momento da partilha, no direito de habitação da casa de morada da família e no direito de uso do respectivo recheio, devendo tornas aos coerdeiros se o valor recebido exceder o da sua parte sucessória e meação, se a houver.2. Salvo nos casos previstos no nº 2 do artigo 1093º, caducam os direitos atribuídos no número anterior se o cônjuge não habitar a casa por prazo superior a um ano. 3. A pedido dos proprietários, pode o tribunal, quando o considere justificado, impor ao cônjuge a obrigação de prestar caução." (NEVARES, Ana Luiza Maia. *A sucessão do cônjuge e do companheiro na perspectiva do Direito Civil – Constitucional*. 2. ed. São Paulo: Atlas, 2015. p. 111-112).

habitação pode não ser atribuído à última, para a efetiva tutela da moradia dos filhos. Nota-se que, tratando-se de proteção da moradia, direito social e fundamental reconhecido pela Constituição Federal de 1988, não é possível trabalhar com ideias fechadas e imutáveis.[40]

E ainda:

De qualquer modo, de *lege ferenda*, afigura-nos ideal uma alteração legislativa para afastar a concessão do direito real de habitação por força da lei (*ope legis*), indiscriminadamente a qualquer viúva ou viúvo. Para nós, sua concessão deve ser *ope judicis*, por força de decisão judicial, a depender das particularidades da viuvez, ali encartadas a situação patrimonial do sobrevivente, permanente ou transitória, e a própria situação material dos descendentes. Caberia ao magistrado, em cada inventário ou noutra demanda, conceder o viúvo ou viúva o direito de continuar residindo no imóvel que servia de lar para o casal, de acordo com as circunstâncias do caso, evitando claras distorções e prejuízos aos descendentes- que, não raro, não são filhos da viúva ou viúvo.[41]

Dentro do contexto atual, ainda se vislumbra instigante hipótese, nos seguintes contornos: o viúvo ou companheiro sobrevivo, titular do direito real de habitação, vem a remaridar-se e falece anteriormente ao decesso do novo marido (ou novo companheiro). Em tal caso, é de se indagar: este último terá o direito a ali permanecer vitaliciamente, habitando o imóvel que servia como residência do casal? Somos da opinião que não, por tratar-se de *direito personalíssimo* (art. 1.410, inciso I, c/c art. 1.416 do CC), derivado de uma sucessão hereditária da qual esse novo cônjuge, agora viúvo, não fora vocacionado.[42]

No entanto, se no caso concreto, o agora falecido também era cotitular da nua-propriedade do imóvel em questão, aí sim, dentro da dicção legal do art. 1.831 do Código Civil, seu cônjuge ou seu companheiro sobrevivente, em nosso sentir, terá assegurada a habitação gratuita naquela morada.

De todo modo e por fim, em qualquer das hipóteses aqui ventiladas, destacamos tratar-se de direito patrimonial, portanto, disponível, e sujeito à manifestação volitiva de renúncia por parte de seu (sua) titular, na conformidade com o enunciado 271 da III Jornada de Direito Civil (CJF – STJ): "O cônjuge pode renunciar ao direito real de habitação, nos autos do inventário ou por escritura pública, sem prejuízo de sua participação na herança."[43]

---

40. TARTUCE, Flávio. *Direito Civil*. Direito das sucessões. v. 6. 8. ed. São Paulo: Método, 2015. p. 237-238.
41. FARIAS, Cristiano Chaves de; ROSELVALD, Nelson. *Curso de Direito Civil*. Sucessões. v. 7. São Paulo: Atlas, 2015. p. 275.
42. Na lição de Sílvio de Salvo Venosa (*Direito Civil: Direitos Reais*, 10. ed. São Paulo: Editora Atlas, 2010. p.509), extrai-se que, "é direito temporário, tendo por limite máximo a vida do habitador (assim o é na hipótese de habitação sucessória)." Na direção da nossa opinião encontramos o seguinte aresto: TJRJ, 22ª C. Cível, AC n. 0033494-58.2013.8.19.0206, Rel. Rogério de Oliveira Souza, julg. 22.8.2017.
43. Consoante o art. 114 do Código Civil, por ter a renúncia interpretação restrita, tratando-se, *in casu*, de direito real menor a incidir sobre bem imóvel, essa deve ser expressa e solene, isto é, por escritura pública ou termo nos autos do inventário (arts. 1.804, § único, e 1.806 do CC), sob pena de nulidade (art.166, incisos III e VII do CC).

2. CONCLUSÃO

Por todos os motivos elencados concluímos e sugerimos até mesmo por força da importância do tema ora em discussão, pela imperiosa necessidade de alteração e acréscimos concernentes ao art. 1.831 do CC, o qual, através de alteração legislativa, passaria a ter a seguinte leitura ou então, em falta disso, ser interpretado do seguinte modo:

> Art. 1.831 do CC/2002: Ao cônjuge ou ao companheiro sobrevivente, qualquer que seja o regime patrimonial empregado, enquanto viver e não constituir casamento ou união estável, será assegurado, sem prejuízo da participação que lhe caiba na herança, o direito real de habitação relativamente ao imóvel destinado à residência da família, mesmo havendo outros imóveis residenciais no acervo hereditário. Parágrafo único. Não poderá ser reconhecido o direito real de habitação sucessório, quando se verificar ter o cônjuge ou companheiro sobrevivente imóvel residencial próprio, ou plenas condições de, com seus próprios bens ou às suas expensas, garantir a sua moradia.[44]

---

44. Extraído do Parecer n.17/2015 de autoria do signatário do presente, defendido e aprovado pelo Plenário do Instituto dos Advogados Brasileiros (IAB). Na direção proposta no presente ensaio, o novel legislador argentino (Nuevo Código Civil y Comercial de la Nácion Argentina com entrada em vigor no dia 01/08/2015), em seu art.527, dispara com absoluta propriedade: "Atribución de la vivienda en caso de muerte de uno de los convivientes. El conviviente supérstite que carece de vivienda propia habitable o de bienes suficientes que aseguren el acceso a ésta, puede invocar el derecho real de habitación gratuito por un plazo máximo de dos años sobre el inmueble de propiedad del causante que constituyó el último hogar familiar y que a la apertura de la sucesión no se encontraba en condominio con otras personas. Este derecho es inoponible a los acreedores del causante. *Se extingue si el conviviente supérstite constituye una nueva unión convivencial, contrae matrimonio, o adquiere una vivienda propia habitable o bienes suficientes para acceder a ésta*". (grifo nosso) Na mesma linha, e ainda impondo um tempo mínimo de duração da sociedade conjugal para a obtenção do Direito Real de Habitação Sucessório temos o *Código Civil uruguaio* (art.881), *verbis*: "881-1. *Si, una vez pagadas las deudas de la sucesión, quedare en el patrimonio de la misma un inmueble, urbano o rural, destinado a vivienda y que hubiere constituido el hogar conyugal, ya fuere propiedad del causante, ganancial o común del matrimonio y concurrieren otras personas con vocación hereditaria o como legatarios, el cónyuge supérstite tendrá derecho real de habitación en forma vitalicia y gratuita.*
En defecto del inmueble que hubiere constituido el hogar conyugal, los herederos deberán proporcionarle otro que reciba la conformidad del cónyuge supérstite. En caso de desacuerdo el Juez resolverá siguiendo el procedimiento extraordinario.
881-2. Este derecho comprende, además el derecho real de uso vitalicio y gratuito de los muebles que equiparen dicho inmueble (inciso segundo del artículo 469) ya fueren propiedad del causante, gananciales o comunes del matrimonio.
881-3. Ambos derechos se perderán si el cónyuge supérstite contrajere nuevas nupcias, viviere en concubinato o adquiriere un inmueble apto para vivienda, de similares condiciones al que hubiera sido su hogar conyugal.
881-4. Tales derechos se imputarán a la porción disponible; en el supuesto de que ésta no fuere suficiente, por el remanente se imputarán a la porción conyugal y, en último término, a la porción legitimaria.
881-5. Para que puedan imputarse a la porción legitimaria los derechos reales de habitación y de uso concedidos por este artículo, se requiere que el matrimonio haya tenido una duración continua y mínima de dos años, salvo que él se hubiere celebrado para regularizar un concubinato estable, singular y público, de igual duración, durante el cual hubieren compartido el hogar y vida en común." (grifo nosso). Por sua vez, reza o Código Civil peruano: "*Derecho de habitación vitalicia del cónyuge supérstite Artículo 731. Cuando el cónyuge sobreviviente concurra con otros herederos y sus derechos por concepto de legítima y gananciales no alcanzaren el valor necesario para que le sea adjudicada la casa-habitación en que existió el hogar conyugal, dicho cónyuge podrá optar por el derecho de habitación en forma vitalicia y gratuita sobre la referida casa. Este derecho recae sobre la diferencia existente entre el valor del bien y el de sus derechos por concepto de legítima y gananciales. La diferencia de valor afectará la cuota de libre disposición del causante y, si fuere necesario, la reservada a los demás herederos en proporción a*

3. REFERÊNCIAS

BARCELLOS, Ana Paula de. *A eficácia jurídica dos princípios constitucionais* – o princípio da dignidade da pessoa humana. Rio de Janeiro: Renovar, 2002.

CANOTILHO, José Joaquim Gomes. *Curso de Direito Constitucional.* 4. ed. São Paulo: Atlas, 2012.

DANTAS JÚNIOR, Aldemiro Rezende. Sucessão no casamento e na união estável. *In:* FARIAS, Cristiano Chaves de (coord.). *Temas atuais de direito e processo de família.* Rio de Janeiro: Lumen Juris, 2004.

DIAS, Maria Berenice. *Manual das sucessões.* 2. ed. São Paulo: Revista dos Tribunais, 2018.

FARIAS, Cristiano Chaves de; ROSELVALD, Nelson. *Curso de Direito Civil - Sucessões.* v. 7. São Paulo: Atlas, 2015.

MONTEIRO, Washington de Barros. *Curso de Direito Civil.* Direito das Sucessões. v. 6. 35. ed. atual. São Paulo: Saraiva, 2003.

NADER, Paulo. *Curso de Direito Civil.* Direito das Sucessões. v. 6. 4. ed. Rio de Janeiro: Forense, 2010.

NEVARES, Ana Luiza Maia. *A sucessão do cônjuge e do companheiro na perspectiva do Direito Civil* – Constitucional. 2. ed. São Paulo: Atlas, 2015.

NICOLAU, Gustavo René. *Direito Civil:* sucessões. 2. ed. São Paulo: Atlas, 2007.

OLIVEIRA, Euclides e AMORIM, Sebastião. *Inventários e partilhas.* Direito das Sucessões. Teoria e prática. 23. ed. São Paulo: Livraria e Editora Universitária de Direito, 2013.

SARLET, Ingo Wolfang. *A eficácia dos direitos fundamentais.* Porto Alegre: Livraria do Advogado, 2001.

SIMÃO, José Fernando. *Código Civil comentado:* doutrina e jurisprudência. São Paulo: Forense, 2019.

TARTUCE, Flávio. *Direito Civil.* Direito das Sucessões. v. 6. 8. ed. São Paulo: Forense, 2015.

TEPEDINO, Gustavo. *Temas de Direito Civil.* 4. ed. Rio de Janeiro: Renovar, 2008.

VENOSA, Sílvio de Salvo. *Direito Civil:* Direitos Reais. 10. ed. São Paulo: Atlas, 2010.

---

los derechos hereditarios de éstos. En su caso, los otros bienes se dividen entre los demás herederos, con exclusión del cónyuge sobreviviente." Já no Anteprojeto de Direito das Sucessões do Instituto Brasileiro de Direito de Família – IBDFAM encontramos proposta de alteração do prefalado art. 1.831 do CC na seguinte direção: "Ao cônjuge e ao companheiro sobrevivente, aos filhos ou netos menores ou deficientes, bem como aos pais ou avós idosos que residiam com o autor da herança ao tempo de sua morte, será assegurado, sem prejuízo da participação que lhes caibam na herança, o direito real de habitação relativamente ao imóvel que era destinado à residência da família, desde que seja bem a inventariar. O direito real de habitação poderá ser exercido em conjunto pelos respectivos titulares conforme seja a situação na data do óbito. Parágrafo único: Cessará o direito quando o titular adquirir renda ou patrimônio suficiente para manter sua respectiva moradia, bem como se casar ou iniciar união estável."

JURISDIÇÃO BRASILEIRA E LEI APLICÁVEL À SUCESSÃO HEREDITÁRIA QUANDO OS BENS DEIXADOS PELO FALECIDO ESTÃO SITUADOS NO BRASIL E NO EXTERIOR

Nadia de Araujo

Sócia de Nadia de Araujo Advogados. Professora de Direito Internacional Privado, PUC-Rio. Doutora em Direito Internacional, USP. Mestre em Direito Comparado, George Washington University.

Lidia Spitz

Sócia de Nadia de Araujo Advogados. Professora de Direito Internacional Privado, UFRJ. LL.M. em International Business Regulation, Litigation and Arbitration, NYU School of Law. Doutora e Mestre em Direito Internacional, UERJ.

Carolina Noronha

Sócia de Nadia de Araujo Advogados. Mestre em Direito Internacional, UERJ.

Sumário: 1. Introdução – 2. Jurisdição em matéria de sucessão hereditária; 2.1 Os limites da jurisdição nacional; 2.2 Pluralidade de juízos sucessórios quando o falecido deixa bens no Brasil e no exterior; 2.3 Jurisdição brasileira quando a sucessão é aberta no exterior, mas há bens no Brasil; 2.4 Jurisdição brasileira quando a sucessão é aberta no Brasil, mas há bens no exterior – 3. Lei aplicável em matéria de sucessão hereditária; 3.1 Lei aplicável quando os bens estão situados no Brasil; 3.2 Lei aplicável quando os bens estão situados no exterior – 4. Conclusão – 5. Referências.

1. INTRODUÇÃO

O direito à herança é uma garantia fundamental prevista na Constituição da República (Art. 5º, XXX[1]). Também chamada de monte ou massa, a herança consiste no patrimônio transmitido *causa mortis* aos herdeiros do falecido, sendo justamente esses herdeiros o foco da proteção constitucional.

Inexiste herança de pessoa viva, de modo que é somente com a morte que se opera a transmissão hereditária, surgindo então o direito à herança. Enquanto a herança é uma mera expectativa, o Código Civil veda expressamente os pactos sucessórios.[2] Por ocasião da abertura da sucessão, isto é, no instante do óbito, os herdeiros passam

---

1. Art. 5º, XXX, da Constituição da República: "é garantido o direito à herança".
2. O Código Civil dispõe expressamente em seu art. 426 que "não pode ser objeto de contrato a herança de pessoa vida".

a ser qualificados como legítimos, aqueles que recebem o quinhão por força de lei, e testamentários, que sucedem em decorrência de disposição em testamento.

Quando a sucessão *causa mortis* envolve elementos puramente internos, é inequívoca a jurisdição brasileira para processar o inventário e realizar a partilha dos bens deixados pelo falecido entre os seus herdeiros. Igualmente, quando todas as circunstâncias apontam para o ambiente doméstico, é a lei brasileira – em particular os arts. 1.784 e seguintes do Código Civil – que regulará exclusivamente a questão. Sendo assim, sempre que uma pessoa domiciliada no Brasil vier a aqui falecer, deixando todos os seus bens nesse país, a transmissão de seu conjunto patrimonial aos seus herdeiros não ensejará a atuação da Justiça estrangeira e tampouco a aplicação de qualquer lei estranha ao ordenamento brasileiro.

No entanto, a situação é consideravelmente mais complexa quando a sucessão envolve elementos internacionais, podendo-se vislumbrar dois grandes grupos de hipóteses distintas. Em primeiro lugar, temos as situações em que o sujeito domiciliado no Brasil falece aqui, mas deixa bens no exterior. Em segundo lugar, temos os casos que refletem o outro lado dessa moeda, em que a pessoa domiciliada no exterior morre naquele país, mas deixa bens no Brasil.

Em todos esses cenários, duas questões antecedentes e fundamentais precisam ser enfrentadas. A primeira envolve os limites da jurisdição brasileira para decidir a sucessão no caso em concreto. Qual é a autoridade judiciária competente para processar o inventário e a partilha? A segunda questão diz respeito à determinação da lei aplicável para regular a sucessão hereditária. Qual é a lei que determina quem são os herdeiros do *de cujus* e rege seus direitos sucessórios?

O manejo das regras de direito internacional privado brasileiro é fundamental para responder a essas duas questões. As regras sobre a jurisdição internacional constam do Código de Processo Civil, notadamente do art. 23, II. Já no que concerne à determinação da lei aplicável, ao menos parte da resposta deve ser extraída do art. 1.787 do Código Civil e do art. 10 da Lei de Introdução às Normas do Direito Brasileiro ("LINDB"[3]), adiante analisados.

Ocorre que a despeito dos dispositivos legais traçarem um norte quanto às regras aplicáveis à transmissão *mortis causa* envolvendo aspectos internacionais, fato é que os casos em que o *de cujus* deixa bens em mais de um Estado representam um enorme desafio aos operadores do Direito. De um lado, os magistrados se veem obrigados a decidir sobre os limites de sua jurisdição e a lidar com a incidência de leis estranhas à sua usual atuação. De outro lado, não menos laborioso, os advogados são cobrados pelos (supostos) herdeiros do falecido para que haja a individualização do respectivo monte da forma mais célere e menos onerosa possível.

Em nossa prática, temos acompanhado de perto o aumento considerável de sucessões hereditárias com aspectos internacionais. Esta é a realidade de um mundo

---

3. Decreto-Lei n. 4.657/1942, tendo sido a denominação alterada pela Lei n. 12.376/2010.

em que as relações familiares e as questões patrimoniais a elas inerentes não estão circunscritas a um único país. Muitos brasileiros têm parte de seu patrimônio investido no exterior como uma estratégia de diversificação de ativos e de planejamento tributário, além de uma forma de blindagem dos riscos econômicos e políticos no Brasil. Sob a mesma lógica, muitos estrangeiros mantêm uma parcela de seu conjunto patrimonial nesse país. É justo no momento da morte, quando aberta a sucessão, que surgem as questões jurídicas mais intrincadas envolvendo a transmissão desses bens.

O presente artigo tem o propósito de elucidar algumas das questões nebulosas que envolvem o tema da sucessão hereditária com aspectos internacionais. As ideias estão estruturadas em duas sessões. Na primeira, abordamos a questão dos limites da jurisdição brasileira em matéria de sucessão hereditária. Partimos da análise da jurisdição nacional sob uma perspectiva genérica (2.1) e exploramos a adoção em nosso sistema jurídico do princípio da pluralidade de juízos sucessórios quando o falecido deixa bens no Brasil e no exterior (2.2). Em seguida, examinamos os contornos da jurisdição brasileira quando a sucessão é aberta no exterior, mas há bens no Brasil (2.3), e a situação inversa, em que a sucessão é aberta no Brasil, mas há bens no exterior (2.4). Na segunda parte do artigo, a questão da lei aplicável aos direitos sucessórios passa a ser o foco. Examinamos a lei aplicável à sucessão quando os bens estão situados no Brasil (3.1) e a lei que rege a sucessão quando os bens estão situados no exterior (3.2).

2. JURISDIÇÃO EM MATÉRIA DE SUCESSÃO HEREDITÁRIA

2.1 Os limites da jurisdição nacional

A jurisdição, ao lado da legislação e da administração, consubstancia as três funções fundamentais do Estado. Sendo um reflexo do poder soberano, em tese a jurisdição é ilimitada.[4] Todavia, o reconhecimento da existência de outros Estados soberanos, igualmente dotados de jurisdição ilimitada, implica necessária fixação pelo próprio Estado das causas que sejam de seu interesse julgar.[5]

---

4. Carnelutti, ao analisar os possíveis limites da atuação do juiz italiano em um caso concreto, afirmou que não há limites lógicos à jurisdição. Nada impede, em tese, que um juiz italiano decida qualquer lide, independentemente da nacionalidade ou domicílio das partes envolvidas, do local em que se encontrem os bens que constituem objeto do litígio ou do local em que tenham ocorrido os fatos em que se baseia a ação. (CARNELUTTI, Francesco. *Rivista di diritto processuale civile*. v. VIII, pt. II, p. 218-220, 1931. *apud* PORTUGAL, Sílvio. Competência internacional da justiça brasileira. *Revista Forense*, v. 93, p. 274, 1943). No mesmo sentido, mais recentemente, Luiz Fux. Homologação de sentença estrangeira. *In*: TIBURCIO, Carmen; BARROSO, Luís Roberto (org.). *O direito internacional contemporâneo*: estudos em homenagem ao Professor Jacob Dolinger. Rio de Janeiro: Renovar, 2006. p. 643-649.

5. Conforme precisa síntese de Frederico Marques: "Não interessa ao Estado, porém, estender tão ilimitadamente o alcance espacial de sua jurisdição. Além de sobrecarregar inutilmente seus órgãos judicantes, ainda se arriscaria a entrar em conflito com as jurisdições de outros Estados, sem a possibilidade de tornar efetivas as decisões de seus magistrados." (MARQUES, José Frederico. *Instituições de Direito Processual Civil*. v. I. Campinas: Millenium, 2000. p. 294).

O conceito de jurisdição não se confunde com o de competência, embora muitas vezes acabem sendo utilizados indistintamente. A competência pressupõe jurisdição, mas com ela não se confunde, tendo um caráter mais restrito. A jurisdição constitui atributo de todo membro do Poder Judiciário, ao passo que a competência consiste na esfera de atribuições deferida por lei a um órgão do Judiciário, para o exercício de suas funções específicas relativamente a determinadas causas.[6]

Diante de uma controvérsia instaurada, primeiramente o juiz deve recorrer às regras de jurisdição internacional. Se a causa estiver ali enquadrada, significará que possui jurisdição para conhecer da ação. Em seguida, deve analisar as regras de competência interna para verificar se a lide deve ser processada especificamente no seu juízo.[7]

Sob o viés do Direito Internacional Privado, é comum a referência à expressão "jurisdição internacional", a qual, conforme lição de Ralf Michaels, consiste nas regras e princípios que determinam as circunstâncias nas quais um tribunal está autorizado a decidir a causa e a proferir um julgamento no mérito em razão dos contatos internacionais envolvidos.[8]

Em regra, os limites da jurisdição internacional dos Estados são ditados pelas normas internas de cada um desses países.[9] O legislador parte de diversas ponderações para considerar quais são as causas que merecem ser decididas pelo Judiciário nacional. No Brasil, é comum apontar que a escolha do legislador é feita com base na *conveniência* (interessa ao Estado a pacificação dos conflitos no seio de sua própria convivência social) e *efetividade* (a atividade jurisdicional deve resultar em efetiva composição do conflito, sendo por conseguinte excluídos os casos em que não será possível a imposição do cumprimento da sentença pelo juízo brasileiro).[10]

---

6. Veja-se, diferenciando jurisdição de competência, ARMELIN, Donaldo. Competência internacional. *Revista de Processo*, v. 2, p. 131-158, abr./jun. 1976. p. 132; e CARNEIRO, Athos Gusmão. *Jurisdição e competência*. 11. ed. São Paulo: Saraiva, 2001. p. 55.

7. V. BARBI, Celso Agrícola. *Comentários ao código de processo civil*. v. I. 10. ed. Rio de Janeiro: Forense, 1998. p. 295; e BATALHA, Wilson de Souza Campos. *Tratado de direito internacional privado*. v. II. 2. ed. São Paulo: Revista dos Tribunais, 1977. p. 354-358.

8. No original: "Functionally, for purposes of private international law, the law of jurisdiction can be defined as those rules and principles that determine the circumstances under which a court is entitled to adjudicate and render a substantive judgment in view of the international and/ or interstate connections involved" (MICHAELS, Ralf. Jurisdiction, foundations. *In*: BASEDOW, Jürgen; RÜHL, Gisela; FERRARI, Franco; ASENSIO, Pedro de Miguel (Ed.). *Encyclopedia of private international law*. Edward Elgar Publishing, 2017. p. 1042-1051).

9. Sobre os fatores de limitação da jurisdição internacional dos Estados, v. MARQUES, Sergio André Laclau Sarmento. *A jurisdição internacional dos tribunais brasileiros*. Rio de Janeiro: Renovar, 2007. p. 31-108.

10. Tanto o princípio da efetividade quanto o da submissão foram apontados por Amilcar de Castro como sendo os pilares do exercício da atividade jurisdicional. O princípio da efetividade, em sua visão, significa que o juiz é incompetente para proferir sentença que não tenha possibilidade de executar. Isto é, em regra, não havendo texto de lei, o tribunal deve se julgar incompetente quando as coisas ou o réu estejam fora do alcance de sua jurisdição (CASTRO, Amilcar de. *Direito Internacional Privado*. 6. ed. atual. Rio de Janeiro: Forense, 2005. p. 459-460). Botelho de Mesquita é mais específico ao descrever o princípio da efetividade, e elenca três espécies de causas que são excluídas da competência internacional do Estado brasileiro por força do princípio em referência, a saber: I) as que demandem aplicação de Direito estrangeiro e não sejam

JURISDIÇÃO BRASILEIRA E LEI APLICÁVEL À SUCESSÃO HEREDITÁRIA | **135**

Os limites da jurisdição brasileira estão expressos, essencialmente, nos arts. 21 a 25 do CPC. Os arts. 21 e 22 elencam situações em que é conveniente e seria efetivo ao Judiciário brasileiro atuar, mas se admite a atuação de jurisdição estrangeira. Mesmo que caracterizada uma das circunstâncias ali previstas, eventual sentença proferida em outro Estado poderá ser homologada pelo Superior Tribunal de Justiça ("STJ") e então surtir efeitos no Brasil. É o que se chama de "competência internacional concorrente".[11]

Já o art. 23 trata das hipóteses em que não se admite a atuação de outra jurisdição que não a brasileira. Se um tribunal estrangeiro proferir sentença quando restar caracterizada uma das situações ali indicadas, aquele provimento jamais surtirá efeitos no Brasil, conforme explicitamente dispõe o art. 964 do CPC. É o que se chama de "competência internacional exclusiva".

Finalmente, mas não menos importante, vale sublinhar que o Estado brasileiro não tem qualquer ingerência nas hipóteses de jurisdição internacional direta adotadas por outros Estados. Cabe a cada qual determinar as situações que ensejam sua respectiva atuação jurisdicional.[12]

Dito isso, interessa-nos saber os limites da jurisdição brasileira em matéria sucessória, especificamente no que se refere aos casos em que a sucessão apresenta elementos internacionais.

Embora à primeira vista possa parecer que a jurisdição a ser provocada para decidir a sucessão deva ser necessariamente aquela onde o falecido mantinha o seu domicílio, a verdade é que o provimento judicial irá recair é sobre a *partilha* dos bens deixados pelo *de cujus*. Em outras palavras, a *localização* dos bens exerce grande influência na determinação dos juízos que potencialmente poderão ser provocados.

2.2 Pluralidade de juízos sucessórios quando o falecido deixa bens no Brasil e no exterior

A primeira questão que precisa ser enfrentada é como o Judiciário brasileiro se posiciona diante das situações em que o conjunto patrimonial deixado pelo *de cujus* está disperso em mais um país. Como vimos, a jurisdição é reflexo da sobera-

---

suscetíveis de execução no território nacional; II) as que demandem aplicação do Direito nacional, mas a sentença dada não seja suscetível de homologação no país onde deva ser executada; e III) as execuções sobre bens situados fora do território nacional ou referentes a obrigações de cujo título não conste o Brasil como lugar do cumprimento da obrigação (MESQUITA, José Ignacio Botelho de. Da competência internacional e dos princípios que a informam. *Revista de Processo*, v. 50, p. 51-71, abr./jun. 1988. p. 59-60).

11. Para aprofundamento do estudo sobre a competência concorrente e competência exclusiva, v. I) ARAUJO, Nadia de. *Direito Internacional Privado*: teoria e prática brasileira. 9. ed. São Paulo: Revista dos Tribunais, 2020; II) RAMOS, André de Carvalho. *Curso de Direito Internacional Privado*. São Paulo: Saraiva, 2018; e III) BASSO, Maristela. *Curso de Direito Internacional Privado*. 5. ed. São Paulo: Atlas, 2016.

12. Por todos, v. JUENGER, *Friedrich. Judicial jurisdiction in the United States and in the European communities: a comparison*. 82 *Mich. L. Rev.*, p. 1195-1212, 1984.

nia estatal, cabendo a cada Estado decidir as hipóteses que ensejam a sua respectiva atuação jurisdicional.

Quando o falecido deixa bens no Brasil e no exterior, a jurisprudência brasileira privilegia o princípio da pluralidade de juízos sucessórios. Nesses casos, há o reconhecimento de que a jurisdição brasileira não é apta a processar o inventário e partilha dos bens do falecido situados no exterior. Com efeito, adota-se o entendimento de que o juízo do Estado onde situado o bem possui jurisdição em matéria sucessória no que se refere àquele bem.

Tanto o Supremo Tribunal Federal como o Superior Tribunal de Justiça já decidiram que a jurisdição brasileira é limitada aos bens situados no Brasil, posicionando o nosso sistema jurídico em favor da pluralidade de juízos sucessórios.

No Supremo, o caso seminal – e ainda hoje um marco jurisprudencial comumente citado –consistiu no *Recurso Extraordinário 99.230*, decidido em 1984.[13] A questão posta em juízo era se a partilha de certos bens deixados em herança no Uruguai e realizada segundo a lei sucessória local deveria ser computada na quota hereditária a ser partilhada no Brasil. Ou seja, a dúvida era se a autoridade nacional deveria considerar o montante dos bens partilhados no Uruguai quando da determinação da quota dos herdeiros a ser realizada segundo a lei brasileira.

O STF decidiu que deveria prevalecer o princípio da pluralidade dos juízos sucessórios, de modo que a jurisdição brasileira não abarcava os bens situados no Uruguai. E, em não os abarcando, não interessava ao Brasil determinar a lei aplicável a sua partilha (*in casu*, foram partilhados segundo a lei uruguaia). O argumento jurídico utilizado foi o Art. 89, II, do antigo Código de Processo Civil (Lei nº 5.869/73), que tratava da jurisdição exclusiva brasileira para proceder a inventário e partilha de bens situados no Brasil (hoje reproduzido no art. 23, II, do atual CPC).

A lógica esposada pelo Supremo foi espelhar a regra de jurisdição exclusiva interna para o plano internacional. Assim, tal qual a autoridade judiciária brasileira, com exclusão de qualquer outra, possui jurisdição em matéria de sucessão hereditária para proceder a inventário e partilha de bens situados no Brasil, a autoridade judiciária estrangeira possui jurisdição exclusiva para decidir em matéria de sucessão hereditária sobre os bens situados no seu território.

Essa compreensão parte do pressuposto de que Estados estrangeiros também têm jurisdição exclusiva para proceder ao inventário e partilha dos bens situados no seu respectivo território. De acordo com essa lógica, não cabe qualquer ingerência do Poder Judiciário brasileiro na efetivação de direitos relativos a bens localizados no exterior.

---

13. STF, 1ª T, RE n. 99.230, Rel. Min. Rafael Mayer, julg. 22.5.1984. Ementa: "Partilha de bens. Bens situados no estrangeiro. Pluralidade dos juízos sucessórios. Art. 89, II do CPC. Partilhados os bens deixados em herança no estrangeiro, segundo a lei sucessória da situação, descabe a justiça brasileira computá-los na quota hereditária a ser partilhada, no país, em detrimento do princípio da pluralidade dos juízos sucessórios, consagrada pelo art. 89, II.

Há que se considerar nessa linha argumentativa em prol da pluralidade dos juízos sucessórios também um aspecto prático. Qual seria a eficácia de uma sentença brasileira dispondo sobre bens situados em outras jurisdições? Por que um outro país, igualmente soberano, deveria aceitar que a Justiça brasileira intervisse diretamente em seu território, determinando a partilha de um bem ali situado? Na medida em que essa sentença brasileira seria inapta a produzir qualquer efeito no foro onde situado o bem, descabida a interferência da autoridade brasileira sobre a partilha de patrimônio situado no exterior.

Na doutrina, destaca-se sobre esse viés prático o que leciona o professor Hélio Tornaghi: "*a adoção do forum rei sitae decorre de razão de ordem prática, a da quase inutilidade do processo movido fora do país em que o imóvel esteja situado, pois a execução da sentença teria sempre de operar-se nele, após a necessária homologação*".[14]

Na esteira desse precedente, o Superior Tribunal de Justiça confirmou no julgamento do *Recurso Especial 37.356*, com fundamento no art. 89, II, do CPC, que o juízo do inventário e partilha, no Brasil, não deve cogitar de imóveis situados no estrangeiro.[15] Naquela ação, buscava-se a sobrepartilha de imóvel situado na Argentina.

No mesmo sentido, e mais recentemente, o Superior Tribunal de Justiça reiterou ser impossível à Justiça brasileira deliberar sobre bem situado no exterior diante da prevalência do princípio da pluralidade dos juízos sucessórios. No *Recurso Especial 1.362.400*[16], para além da decisão estar ancorada no referido art. 89, II, do antigo CPC, o art. 8º da LINDB também foi utilizado como fundamentação legal.

Esse dispositivo prevê que "*para qualificar os bens e regular as relações a eles concernentes, aplicar-se-á a lei do país em que estiverem situados.*" Considerando que os bens são subordinados à *lex rei sitae*, entendeu o Superior Tribunal de Justiça que caberia à jurisdição estrangeira proceder ao seu inventário e partilha. A bem da verdade, o dispositivo em comento não se presta a servir de amparo a determinação da jurisdição, posto que se trata de regra de conexão para determinação da lei aplicável. Nada obstante, nota-se com frequência certa confusão no endereçamento das duas questões (jurisdição e lei aplicável).

Sendo assim, o reconhecimento de que a autoridade judiciária estrangeira é competente para decidir sobre os bens situados em seu respectivo território, sendo esse um reflexo da soberania estatal, implica na compreensão de que a sucessão com aspectos internacionais é um processo verdadeiramente fracionado. Esse fra-

---

14. TORNAGHI, Helio. *Comentários ao Código de Processo Civil*. v.1. São Paulo: Revista dos Tribunais, 1974. p. 308.

15. STJ, REsp n. 37356, Rel. Min. Barros Monteiro, julg. 22.9.1997. Ementa: "Inventário. Sobrepartilha. Imóvel sito no exterior que escapa à jurisdição brasileira. O juízo do inventário e partilha não deve, no Brasil, cogitar de imóveis sitos no estrangeiro. Aplicação do art. 89, inc. II, do CPC. Recurso especial não conhecido."

16. STJ, REsp n. 1.362.400, Rel. Min. Marco Aurélio Bellizze, julg. 28.4.2015. V. Informativo STJ 563, publ. 29.5 a 14.6.2015.

cionamento não se resume à jurisdição, estendendo-se também à lei de regência dos direitos sucessórios. Explica-se.

O art. 10 da LINDB dispõe que *"a sucessão por morte ou por ausência obedece à lei do país em que domiciliado o defunto ou o desaparecido, qualquer que seja a natureza e a situação dos bens."* Essa é uma regra que diz respeito à determinação do direito aplicável à sucessão, e não propriamente à jurisdição brasileira. O dispositivo fixa que é a lei do país do domicílio do falecido que determina as normas sucessórias aplicáveis, sendo irrelevante a natureza e a localização dos bens.

É bastante evidente que a LINDB promoveu a vocação unitária e universal da lei sucessória, tentando estabelecer um sistema em que a unidade da sucessão implica na utilização de uma única lei independentemente do local onde esteja situado o bem.[17]

Ocorre que, a partir do momento em que reconhecida, pelo ordenamento brasileiro, a jurisdição do Estado alienígena para processar o inventário e partilha dos bens ali localizados, caberá ao direito internacional privado desse mesmo Estado apontar a lei de regência em matéria sucessória. Isso significa que a lei do domicílio do *de cujus*, eleita por nosso sistema jurídico como sendo aplicável à integralidade da sucessão, não irá necessariamente prevalecer.

Com efeito, é fundamental esclarecer que a utilização da lei local pela autoridade judiciária estrangeira não necessariamente resulta na aplicação do direito interno daquele Estado em que situados os bens, eis que as regras de direito internacional privado desse país podem apontar a incidência da lei de um terceiro Estado a depender do elemento de conexão utilizado. Caso o critério para a determinação da lei de regência seja o último domicílio do *de cujus*, mesmo elemento utilizado pelo ordenamento brasileiro, os direitos sucessórios efetivamente serão regulados por uma única lei. Por outro lado, caso o elemento de conexão constante das regras de direito internacional privado do Estado estrangeiro indique, por exemplo, a aplicação da lei da nacionalidade do falecido, os direitos sucessórios serão regidos por essa lei quanto aos bens situados naquele país.

Extrai-se, portanto, que o princípio da pluralidade dos juízos sucessórios surte efeitos tanto no que se refere à jurisdição da autoridade estrangeira, como também na lei de regência dos direitos sucessórios. Reconhecer a atuação jurisdicional estrangeira é uma das facetas do princípio da pluralidade dos juízos sucessórios, que na verdade engloba também a noção de que a partilha dos bens localizados no exterior deve ser regida pelas regras locais de direito internacional privado.

Nesse momento em que estamos analisando tão somente a questão da jurisdição, o importante é frisar que o sistema jurídico brasileiro adota o princípio da pluralidade sucessória quando o falecido deixa bens a inventariar em mais de um país. Daí resulta que a unidade sucessória prevista na LINDB prevalece nos casos

---

17. MEINERO, Fernando. *Sucessões internacionais no Brasil*. Curitiba: Juruá Editora, 2017. p. 89.

em que os bens a serem transmitidos aos herdeiros se encontram exclusivamente no Brasil.[18]

2.3 Jurisdição brasileira quando a sucessão é aberta no exterior, mas há bens no Brasil

O Brasil não tem qualquer ingerência sobre as hipóteses em que a autoridade judiciária estrangeira exerce a sua jurisdição. Por conseguinte, a atuação jurisdicional da autoridade estrangeira é fixada de acordo com o que determina as regras processuais locais.

Não obstante, o Código de Processo Civil estabelece em seu art. 23[19] algumas circunstâncias em que a jurisdição brasileira é exclusiva para apreciar a causa.[20] Eventual sentença proferida alhures em hipótese de jurisdição brasileira exclusiva jamais surtirá qualquer efeito no Brasil, pois não será homologada pelo Superior Tribunal de Justiça.[21] Ou seja, ainda que, porventura, o ordenamento jurídico estrangeiro contenha disposição colidente com a do art. 23, conferindo competência aos seus juízes em uma daqueles hipóteses, prevalecerá a atuação jurisdicional brasileira.

O art. 23, II, do CPC dispõe competir à Justiça brasileira, com exclusão de qualquer outra, *"em matéria de sucessão hereditária, proceder à confirmação de testamento particular e ao inventário e à partilha de bens situados no Brasil, ainda que o autor da herança seja de nacionalidade estrangeira ou tenha domicílio fora do território nacional."*

Para fins de aferição da competência absoluta do juiz brasileiro pouco importa a nacionalidade, residência ou domicílio do autor da herança.[22] Sendo assim, caso

---

18. Na mesma direção, André de Carvalho Ramos pontua o quanto segue: "Conclui-se que o Brasil adota a unidade sucessória na existência de bens somente no Brasil; caso existam bens a inventariar em diversos países, o DIPr brasileiro adota o princípio da pluralidade sucessória" (RAMOS, André de Carvalho. Rev. secr. Trib. perm. Revis., Año 4, n.7, 2016, pp. 307-324, esp. p. 320-321.) No mesmo sentido, Ana Luiza Maia Nevares: "Dessa forma, apesar do disposto no art. 10 da LINDB, é amplamente aceito na jurisprudência que o Brasil adota o princípio da pluralidade dos juízos sucessórios quando se constata a existência de bens situados no exterior, não se admitindo a competência do juízo brasileiro para decidir sobre bens situados fora do território nacional" (NEVARES, Ana Luiza Maia. A sucessão hereditária com bens situados no exterior. *Pensar*, Fortaleza, v. 24, n. 2, p. 1-13, 2019. p. 2).

19. Correspondente ao art. 89 do antigo CPC.

20. "Art. 23. Compete à autoridade judiciária brasileira, com exclusão de qualquer outra: I – conhecer de ações relativas a imóveis situados no Brasil; II – em matéria de sucessão hereditária, proceder à confirmação de testamento particular e ao inventário e à partilha de bens situados no Brasil, ainda que o autor da herança seja de nacionalidade estrangeira ou tenha domicílio fora do território nacional; III – em divórcio, separação judicial ou dissolução de união estável, proceder à partilha de bens situados no Brasil, ainda que o titular seja de nacionalidade estrangeira ou tenha domicílio fora do território nacional".

21. V. Hélio Tornaghi acerca da distinção da competência concorrente e exclusiva, transcreve-se: "[...] no primeiro caso, o Brasil decide litígios enquadrados no art. 88 mas não nega homologação à sentença estrangeira sobre qualquer deles por não se haver exercido aqui o respectivo direito de ação; ao passo que nas hipóteses do art. 89, não seria possível a homologação." (TORNAGHI, Hélio. *Comentários ao Código de Processo Civil*. v. I. São Paulo: Revista dos Tribunais, 1974. p. 307).

22. V. Sentença Estrangeira nº 2.289/EU, Rel. Min. Moreira Alves, julg. 18.9.1975.

um estrangeiro residente no exterior venha a falecer deixando bens no Brasil, caberá à justiça brasileira proceder ao inventário e a partilha desses bens.

São considerados bens situados no Brasil os móveis e imóveis, sendo irrelevante tanto a identificação do local onde o *de cujus* faleceu como também a caracterização de sua residência em algum momento no Brasil. Sempre que uma sentença estrangeira trouxer disposição acerca de partilha de bem situado no Brasil, está-se diante de competência exclusiva da autoridade judiciária brasileira, o que impossibilita a homologação da decisão alienígena.[23]

A competência exclusiva em matéria de sucessão hereditária tem sido flexibilizada pelo Superior Tribunal de Justiça quando a decisão alienígena cumpre a última vontade manifestada pelo *de cujus* e transmite bens localizados no território nacional aos herdeiros indicados no testamento. Nessa circunstância, em que a sentença homologanda tão somente ratifica a vontade última do testador, o STJ compreende que não resta configurada ofensa ao art. 23, II, do CPC.[24] Por outro lado, quando a transferência é feita a terceiro estranho à última vontade do *de cujus*, como por exemplo em hipótese em que recusada a herança pela pessoa indicada pelo falecido, incide a regra de competência exclusiva prevista no CPC.[25]

Bastante ilustrativo é o recente julgado do Superior Tribunal de Justiça no âmbito da *HDE 966*, decidida em outubro de 2020.[26] Tratava-se de ação de homologação de decisão estrangeira proveniente da Alemanha, que reconhecia como válido o testamento realizado pelo falecido. Em contestação, foi alegado que a homologação da referida decisão seria inviável, eis que a mesma disciplinava sobre o modo de partilhar certos bens do falecido situados no Brasil. A Min. Rel. Nancy Andrighi concluiu que a sentença estrangeira somente reconhecia como válido o testamento, possuindo uma eficácia declaratória. O teor da decisão estrangeira consistia no simples reconhecimento de determinada pessoa como sendo herdeira do falecido a partir de disposição testamentária, e não disciplinava propriamente a partilha dos bens no Brasil.

Em suma, o que merece ser sublinhado é que o inventário e a partilha de bens situados no Brasil devem ser feitos pela autoridade judiciária brasileira, independentemente de a sucessão ter sido aberta no exterior. O ordenamento nacional repudia qualquer interferência da Justiça estrangeira nessa seara, de modo que a jurisdição brasileira é exclusiva nos moldes do art. 23, II, do CPC.

---

23. Nesse sentido, v. I) SEC 14.069, STJ. Rel. Min. Raul Araújo, julg. 07.8.2019; II) SEC 9531, STJ. Rel. Min. Mauro Campbell Marques, julg. 19.11.2014 III) AgRg na SE 8502, STJ. Rel. Min. Felix Fischer, julg. 16.10.2013.
24. V. I) SEC 1304, STJ. Rel. Min. Gilson Dipp, julg. 19.12.2007; II) SE 15316, STJ, Rel. Min. Laurita Vaz, julg. 22.5.2017.
25. V. SEC 3532, STJ, Rel. Min. Castro Meira, julg. 15.6.2011.
26. HDE 966, STJ, Rel. Min. Nancy Andrighi, julg. 07.10.2020.

2.4 Jurisdição brasileira quando a sucessão é aberta no Brasil, mas há bens no exterior

A abertura da sucessão ocorre com a morte do indivíduo, momento em que nascem os direitos hereditários. É no exato instante do óbito que a herança se transmite automaticamente aos herdeiros legítimos e testamentários do *de cujus*.[27] Inspirado no *droit de saisine* instituído na França, na Idade Média, o sistema consagrado no Brasil assegura aos herdeiros uma sub-rogação *pleno iure* no patrimônio do *de cujus*, através da imediata mutação subjetiva quando do falecimento.[28]

No que se refere ao local da abertura da sucessão, a regra é que esse lugar corresponda ao último domicílio do falecido.[29]

O local da abertura da sucessão previsto no Código Civil não consiste em uma regra de competência interna. O juízo competente para decidir o inventário, a partilha e ações relacionadas está definido no art. 48 do Código de Processo Civil.[30] Embora o critério utilizado seja também o local do domicílio do autor da herança, fato é que o diploma processual admite outros foros como sendo competentes nas hipóteses em que o falecido não possuía domicílio certo. Trata-se de uma competência territorial, e, portanto, relativa, ao contrário do local de abertura da sucessão, que é insuscetível de modificação.[31]

Quando a sucessão é aberta no Brasil, mas o *de cujus* deixa bens no exterior, a Justiça brasileira compreende que carece de jurisdição para processar o inventário e partilha desses bens situados fora do território nacional. A lógica subjacente a esse entendimento consiste em um espelhamento da regra de jurisdição internacional prevista no art. 23, II, do CPC. Se a Justiça brasileira possui jurisdição exclusiva em matéria de sucessão hereditária para processar o inventário e a partilha de bens situados no país, a Justiça estrangeira onde situado o bem possui jurisdição exclusiva para tratar do mesmo assunto.

Vimos acima que tanto o Supremo Tribunal Federal (*Recurso Extraordinário 99.230*), como o Superior Tribunal de Justiça (*Recurso Especial 37.356, Recurso Especial 1.362.400*) têm posicionamento declarando a ausência de jurisdição da autoridade judiciária brasileira para dispor sobre bens situados no estrangeiro.

---

27. Art. 1.784 do Código Civil: "Aberta a sucessão, a herança transmite-se, desde logo, aos herdeiros legítimos e testamentários."
28. PEREIRA, Caio Mário. *Instituições de Direito Civil*. Rio de Janeiro: Forense, 2018. p. 429.
29. Art. 1.785 do Código Civil: "A sucessão abre-se no lugar do último domicílio do falecido".
30. Art. 48 do Código de Processo Civil: "O foro de domicílio do autor da herança, no Brasil, é o competente para o inventário, a partilha, a arrecadação, o cumprimento de disposições de última vontade, a impugnação ou anulação de partilha extrajudicial e para todas as ações em que o espólio for réu, ainda que o óbito tenha ocorrido no estrangeiro. Parágrafo único. Se o autor da herança não possuía domicílio certo, é competente: I – o foro de situação dos bens imóveis; II – havendo bens imóveis em foros diferentes, qualquer destes; III – não havendo bens imóveis, o foro do local de qualquer dos bens do espólio."
31. TEPEDINO, Gustavo; NEVARES, Ana Luiza Maia; MEIRELES, Rose Melo Vencelau. *Direito das Sucessões*. Rio de Janeiro: Forense, 2020. p. 36.

Conforme consta do voto da Min. Nancy Andrighi proferido no *Recurso Especial 397.769*:

> *Se o ordenamento jurídico pátrio impede ao juízo sucessório estrangeiro de cuidar de bens aqui situados, móveis ou imóveis, em sucessão mortis causa, em contrário senso, em tal hipótese, o juízo sucessório brasileiro não pode cuidar de bens sitos no exterior, ainda que passível a decisão brasileira de plena efetividade lá.*[32]

Parte da doutrina é contrária a essa leitura do art. 23 do CPC, ao menos da forma em que é redigida nas decisões judiciais. Carmen Tiburcio alerta que a regra não deveria ser bilateralizada, a dizer, se compete exclusivamente à autoridade judiciária brasileira conhecer de ações relativas a imóveis situados no Brasil isso não significa que compita exclusivamente à autoridade judiciária de outro Estado conhecer das ações relativas a imóveis ali situados. Somente a legislação desse país pode determinar quais causas são de sua competência absoluta, não sendo possível a autoridade nacional se imiscuir em função legislativa, ligada à soberania do Estado estrangeiro.[33]

Vale sublinhar que na mesma lógica empregada quanto à jurisdição exclusiva brasileira, na hipótese em que os bens são situados no território estrangeiro, pouco importa se o titular de tais bens é brasileiro ou estrangeiro.

Em suma, fato é que cabe ao país em que situados os bens processar e julgar a partilha em sucessão *causa mortis*, sendo essa uma decorrência do poder soberano de que gozam os Estados. Incabível qualquer ingerência do Estado brasileiro nessa função, a despeito de a sucessão ter sido aberta no Brasil.

3. LEI APLICÁVEL EM MATÉRIA DE SUCESSÃO HEREDITÁRIA

3.1 Lei aplicável quando os bens estão situados no Brasil

No que se refere à lei aplicável, a sucessão é regida pela lei vigente ao tempo de sua abertura, isto é, pelo normativo em vigor quando do óbito do *de cujus*.[34] Essa disposição foi inserida no (então novo) Código Civil de 2002 com o propósito de esclarecer que as novas regras ali fixadas não atingiam as sucessões abertas antes de sua entrada em vigor.

---

32. STJ, REsp n. 397.769, Rel. Min. Nancy Andrighi, julg. 25.11.2002.
33. TIBURCIO, Carmen. "Atualidades/Comentários à Jurisprudência. Competência Internacional". (*Temas de Direito Internacional*. Rio de Janeiro: Renovar, 2006. p. 454-455). Para Carmen Tiburcio, age de forma equivocada o Judiciário brasileiro quando recusa-se a conhecer de litígio envolvendo imóveis situados no exterior com fulcro em uma interpretação *a contrário sensu* do Art. 89, I. Em sua opinião, eventual recusa deveria ser embasada, se fosse o caso, no princípio da efetividade, cujo corolário determina que não se deve proferir uma decisão que não possa ser executada.
34. Art. 1787 ("Regula a sucessão e a legitimação para suceder a lei vigente ao tempo da abertura daquela.") e Art. 2041 ("As disposições deste Código relativas à ordem da vocação hereditária (arts. 1.829 a 1.844) não se aplicam à sucessão aberta antes de sua vigência, prevalecendo o disposto na lei anterior.").

JURISDIÇÃO BRASILEIRA E LEI APLICÁVEL À SUCESSÃO HEREDITÁRIA **143**

Vimos que a LINDB prevê em seu art. 10 uma regra de direito internacional privado para determinação da lei aplicável à sucessão. O elemento de conexão utilizado é o domicílio do defunto, de modo que *"a sucessão por morte ou por ausência obedece à lei do país em que domiciliado o defunto ou o desaparecido, qualquer que seja a natureza e a situação dos bens."*

O dispositivo em comento reflete que o legislador brasileiro se filiou à corrente que prestigia a vocação unitária e universal da lei sucessória. A regra é bastante clara: a sucessão deve ser regida pela lei do último domicílio do falecido, sendo irrelevante a natureza ou localização dos bens transmitidos aos herdeiros.

Conforme lucidamente resumido pelo saudoso Amílcar de Castro, a referência à lei do país em que domiciliado o *de cujus* significa que é o direito em vigor no último domicílio do falecido que deve ser contemplado para apreciar as seguintes questões: "(a) a determinação das pessoas sucessíveis e a ordem de vocação hereditária; (b) a quota dos herdeiros necessários; (c) as restrições e cláusulas das legítimas; (d) as causas de deserdação, e (e) as colações."[35]

Desse modo, quando domiciliado no Brasil e aqui situados todos os seus bens, indiscutível que a noção de unidade sucessória é aplicável, sendo a sucessão em sua inteireza regida pela lei brasileira.

Quando o falecido era domiciliado no Brasil e nesse país se encontrava apenas parcela do seu patrimônio, a autoridade brasileira decidirá tão somente sobre os direitos sucessórios relativos a esses bens aqui localizados. A lei aplicável será a brasileira, de acordo com a regra prevista no art. 10 da LINDB.

Por outro lado, quando o falecido era domiciliado no exterior e aqui estavam situados parte de seus bens, a lei aplicável pelo juiz brasileiro para determinar os direitos sucessórios relativos a esses bens é aquela do domicílio do defunto. Ou seja, com base no art. 10 da LINDB, a autoridade nacional deve aplicar o direito material vigente no Estado de domicílio do *de cujus* quando do processamento da partilha de bens situados no Brasil.

Nessa hipótese em que a autoridade judiciária brasileira se vê obrigada a aplicar uma lei estrangeira, é fundamental o papel exercido pelo crivo da ordem pública nacional. Como acertadamente acentuado pela Daniela Vargas, os valores fundamentais consagrados pelo sistema brasileiro, como o de igualdade entre os descendentes sem distinção quanto à ordem de nascimento ou gênero, necessariamente hão de prevalecer sobre a lei estrangeira que dispuser em sentido contrário.[36]

Especificamente quanto aos estrangeiros que detenham bens no país, a Constituição Federal assegura a aplicação à sucessão hereditária da lei mais favorável ao cônjuge sobrevivente ou aos filhos brasileiros, quer seja a lei nacional ou a lei pessoal

---

35. CASTRO, Amílcar de. *Direito Internacional Privado*. v. II. São Paulo: Forense, 1956. p. 190.
36. VARGAS, Daniela T. Patrimônio internacional e sucessões: Perspectiva do direito brasileiro. *In*: TEIXEIRA, Daniele Chaves. *Arquitetura do planejamento sucessório*. 2. ed. Belo Horizonte: Fórum, 2019. p. 104.

do falecido.[37] Com efeito, consta do art. 5º, XXXI, da Constituição da República que *"a sucessão de bens de estrangeiros situados no País será regulada pela lei brasileira em benefício do cônjuge ou dos filhos brasileiros, sempre que não lhes seja mais favorável a lei pessoal do de cujus."* [38] Em sentido idêntico, expressa a regra prevista no art. 10, §1º da LINDB.[39]

A referência à "lei pessoal" do *de cujus* é um tanto imprecisa, eis que a lei pessoal pode significar a lei da nacionalidade, a lei do domicílio ou da lei da residência, conforme usualmente estabelecido pelas regras de direito internacional privado de cada Estado. A redação desse dispositivo preferencial a brasileiros tem origem remota, estando presente já na Constituição da República de 1934[40], e antes disso, constante da prática imperial.[41] A referência ao *estatuto* pessoal acabou sendo reproduzida ao longo das décadas, sem qualquer esclarecimento sobre o elemento de conexão determinante do estatuto pessoal.

No Brasil, desde a promulgação da Lei de Introdução ao Código Civil em 1942 (hoje conhecida como Lei de Introdução às Normas do Direito Brasileiro – LINDB), a lei do domicílio foi adotada como sendo a lei de regência do estatuto pessoal das pessoas físicas.[42] Segundo o art. 7º da LINDB *"a lei do país em que domiciliada a pessoa determina as regras sobre o começo e o fim da personalidade, o nome, a capacidade e os direitos de família."* Na mesma linha, o art. 10, em comento neste trabalho, erige o domicílio do *de cujus* como elemento de conexão para fins de determinação da lei aplicável em matéria sucessória.

Portanto, quando a Constituição da República se refere ao estatuto pessoal, conforme estabelecido pelas regras de direito internacional privado brasileiro, a alusão é à lei do domicílio do *de cujus*.

Temos, assim, que na hipótese em que o estrangeiro é domiciliado no Brasil e vem a falecer, aplicar-se-á a regra geral prevista no art. 10 da LINDB. Ou seja, os direitos sucessórios sobre os bens localizados no país serão regidos pela lei brasileira.

---

37. Como vimos acima, também a união estável estaria abrangida no escopo desse dispositivo, sob uma perspectiva constitucional do que se entende por unidade familiar.
38. Nadia de Araujo esclarece que embora a leitura literal do dispositivo não abarque a união estável em seu alcance, essa compreensão parece ser inadequada face a uma ótica constitucional valorativa da noção de unidade familiar. ARAUJO, Nadia de. *Direito Internacional Privado*: teoria e prática brasileira. 9. ed. São Paulo: Revista dos Tribunais, 2020. p. 323.
39. Art. 10, §1º da LINDB: "§ 1º A sucessão de bens de estrangeiros, situados no País, será regulada pela lei brasileira em benefício do cônjuge ou dos filhos brasileiros, ou de quem os represente, sempre que não lhes seja mais favorável a lei pessoal do de cujus."
40. O art. 134 da Constituição de 1934 dispunha que: "A vocação para suceder em bens de estrangeiros existente no Brasil será regulada pela lei nacional em benefício do cônjuge brasileiro e dos seus filhos, sempre que não lhes seja mais favorável o estatuto do *de cujus*."
41. Sobre a origem desse dispositivo preferencial a brasileiros, v. RAMOS, André de Carvalho. Rev. secr. Trib. perm. Revis., Año 4, nº7, 2016, pp. 307-324, esp. p. 314-315.
42. RAMOS, André de Carvalho. Estatuto pessoal no direito internacional privado: evolução e perspectivas no Brasil. *Revista da Faculdade de Direito da Universidade de São Paulo*, v. 110, p. 451-470, jan./dez. 2015.

Já na circunstância em que o estrangeiro é domiciliado no exterior, a lei aplicável para reger a transmissão dos seus bens não necessariamente será aquela de seu domicílio, tal como determina o art. 10, *caput*, da LINDB. Isso porque, a Constituição Federal estipula (e o §1º do art. 10 da LINDB reproduz) uma regra unilateral de direito internacional privado que privilegia a lei mais benéfica em prol da família brasileira, quer seja a lei brasileira ou a lei estrangeira do domicílio do falecido.

Como apropriadamente já disse Nadia de Araujo em seu manual de direito internacional privado, a regra constitucional requer um prévio estudo de direito comparado, medida fundamental para que possa ser averiguado se a lei pessoal do *de cujus* assegura direitos sucessórios mais favoráveis ao cônjuge e filhos brasileiros do que a nossa lei interna. Ocorre que, no mais das vezes, a autoridade judiciária acaba optando pela utilização da lei nacional, pelo fato de sua aplicação ser mais cômoda e acessível, sem realizar o estudo comparativo das leis potencialmente aplicáveis para fins de identificação daquela que seria mais benéfica à família brasileira.[43] Essa prática contraria o comando constitucional, que justamente visa beneficiar a família brasileira com a lei mais favorável dentre a lei nacional e a lei do domicílio do *de cujus*.[44]

3.2 Lei aplicável quando os bens estão situados no exterior

Quando uma parte dos bens deixados pelo falecido se encontra no exterior, vimos que o sistema jurídico brasileiro consagra o princípio da pluralidade dos juízos sucessórios. Essa noção significa que a Justiça do local onde situado o bem será aquela apta a decidir sobre o inventário e partilha daquele bem. Mas não é só sobre a jurisdição que o princípio da pluralidade dos juízos sucessórios surte efeitos. Também sob a perspectiva da lei aplicável, temos que a Justiça estrangeira irá aplicar a sua própria lei para a determinação dos direitos sucessórios, de forma independente do que disser a lei sucessória de qualquer outra jurisdição.

---

43. ARAUJO, Nadia de. *Direito Internacional Privado*: teoria e prática brasileira. 9. ed. São Paulo: Revista dos Tribunais, 2020. p. 324.
44. Como Nadia de Araujo examinou em um artigo acadêmico versando especificamente sobre o art. 5º, XXXI, da CF, algumas vezes a lei do último domicílio do falecido assegura maiores direitos à família do que a lei brasileira. É o que conclui no seguinte trecho: "Na hipótese de um juiz brasileiro, em face de sua competência exclusiva para inventariar bens aqui situados, decidir sobre a sucessão *causa mortis* de um indivíduo, cujos filhos ou cônjuge são brasileiros, em que a lei aplicável seja a lei francesa, italiana ou portuguesa (ou seja, o *de cujus* ali teve seu último domicílio), à luz da regra constitucional brasileira, que quer proteger esses indivíduos pela aplicação da lei mais benéfica, entendemos que as leis estrangeiras serão mais favoráveis quando se tratar de hipótese em que há mais de um filho brasileiro, pois aumenta-se, em ambos os países, a parcela do patrimônio reservada à legítima. Não há, assim, nenhuma incompatibilidade na aplicação da norma constitucional com a lei estrangeira, já que parece claro da leitura do inciso XXXI do artigo 5º, que o constituinte tinha em mente beneficiar os brasileiros com a lei mais favorável, e não aplicar, indiscriminadamente, a lei brasileira, impedindo, assim, a aplicação da lei estrangeira". (ARAUJO, Nadia de. O princípio constitucional de proteção à família brasileira e o Direito Internacional Privado: sucessão internacional e a aplicação da lei mais benéfica. *In:* PEIXINHO, Manoel Messias; GUERRA, Isabella Franco; e FILHO, Firly Nascimento (org.). *Os princípios da Constituição de 1988.* Rio de Janeiro: Lumen Juris, 2006. p. 681).

Essa assertiva não importa dizer que necessariamente a autoridade estrangeira irá aplicar a sua lei interna aos direitos sucessórios, pelo fato de ali estar situado o bem. Com efeito, as regras locais de direito internacional privado podem fixar um elemento de conexão para determinação da lei de regência do direito sucessório que resulte na aplicação da lei de um outro Estado. Mas fato é que não cabe ao Brasil estabelecer como deve ser feita a fixação da lei aplicável à sucessão de bens situados no estrangeiro.

No julgamento do *Recurso Especial 1.362.400*,[45] supostos herdeiros por representação de seu pai (pré-morto) tinham a pretensão de sobrepartilhar um imóvel situado na Alemanha ou o produto de sua venda, que teria sido recebido unicamente por sua tia. Na Alemanha, a sucessão do imóvel fora regida pela legislação alemã. O Superior Tribunal de Justiça decidiu que a *lex rei sitae* é aquela que rege a sucessão relativa ao bem, sendo afastada a incidência da lei brasileira, que era a lei de domicílio do autor da herança. Foi dito que "*será, portanto, herdeiro do aludido imóvel quem a lei alemã disser que o é.*" Decidiu-se que não se afigurava viável ou lícito que o juízo sucessório brasileiro procedesse à sobrepartilha do imóvel situado no exterior, eis que a lei regente havia fixado a tia dos autores como a única herdeira do falecido.

Com efeito, sobretudo no que se refere aos bens imóveis, é bastante nítido que o solo em que se situam tais bens é um reflexo da soberania do Estado. Em regra, o território serve como limite geográfico para a manifestação da soberania estatal.[46] Como tal, incabível qualquer ingerência de outro Estado sobre bens imóveis situados em outra jurisdição, sob pena de mácula na independência e igualdade de um Estado em suas relações com outros Estados.

No que se refere aos bens móveis, vale a mesma lógica. No *Recurso Especial 698.526*,[47] o espólio do falecido almejava a inclusão no processo de quantia constante em banco na Suíça em conta de sua titularidade. Por essa razão, pleiteava a expedição de carta rogatória solicitando informações sobre o montante mantido junto à instituição financeira estrangeira. Sendo incontroversa a incompetência da Justiça brasileira para a partilha desse bem, o Superior Tribunal de Justiça confirmou o entendimento de que seriam desnecessárias as informações solicitadas, eis que ausente qualquer interesse processual a justificar a obtenção de dados relativos à conta bancária na Suíça, que seria objeto de partilha naquele país.

---

45. STJ, REsp n. 1.362.400, Rel. Min. Marco Aurélio Bellizze, julg. 28.4.2015. V. Informativo STJ n. 563, publ. 29.5 a 14.6.2015.
46. Celso de Albuquerque Mello esclarece que o direito à independência ou soberania se manifesta no aspecto interno e no aspecto externo do Estado: "no aspecto interno ele se manifesta nos diferentes poderes do Estado: no Legislativo, no Executivo e no Judiciário. Ele é a consagração do direito de autodeterminação, isto é, o direito do Estado de ter o governo e as leis que bem entender sem sofrer interferência estrangeira. No seu aspecto externo, o direito à independência ou à soberania se manifesta no: a) direito de convenção; b) direito de legislação e c) direito ao respeito mútuo. Enfim, o Estado tem absoluta liberdade na conduta dos seus negócios." (MELLO, Celso D. de Albuquerque. *Curso de Direito Internacional Público*. v. I. 13. ed. Rio de Janeiro: Renovar, 2001. p. 426).
47. STJ, REsp n. 698.526, STJ, Rel. Min. Nancy Andrighi, julg. 18.5.2006.

JURISDIÇÃO BRASILEIRA E LEI APLICÁVEL À SUCESSÃO HEREDITÁRIA **147**

Em caso semelhante, no *Agravo Interno no Agravo em Recurso Especial nº1.297.819*,[48] o Superior Tribunal de Justiça negou pleito de expedição de ofício à instituição financeira localizada na Suíça sob o fundamento de que, não sendo a Justiça brasileira competente para proceder à partilha do numerário lá constante em conta bancária de titularidade do falecido, inexistia interesse público a amparar o pedido. Entendeu a Corte que o montante total depositado na conta bancária do *de cujus* não deveria integrar o inventário em curso no Brasil, devendo ser partilhado em conformidade com a lei suíça.

Uma vez mais, o Superior Tribunal de Justiça reconheceu que *"a sucessão dos bens do de cujus situados no estrangeiro regula-se pela lei do país de regência, nos termos do vigente art. 23, II, do CPC/2015 (correspondente ao art. 89, II, do CPC/1973). Tal regramento preconiza o princípio da territorialidade."*[49] A lei brasileira não alcança o bem localizado no exterior, cujo inventário e partilha devem ser processados no país alienígena em observância à lei local.

Uma questão interessante diz respeito à possibilidade de cômputo dos bens situados no exterior para fins de equalização do quinhão de cada herdeiro de acordo com a lei brasileira. Nessa circunstância, seria respeitada a jurisdição da autoridade judiciária estrangeira, bem como a lei por ela aplicada para fins de determinação dos direitos sucessórios. No entanto, em âmbito doméstico, a Justiça brasileira procederia com uma compensação de valores para que a partilha de bens aqui levada à cabo levasse em conta o montante já distribuído no exterior.

Com explica André de Carvalhos Ramos, hoje a opção da LINDB pela unidade sucessória ficou descaracterizada na medida em que o Superior Tribunal de Justiça compreende que a lei do domicílio do *de cujus* somente rege a sucessão dos bens aqui situados.[50] Já quanto aos bens deixados pelo falecido no estrangeiro, a regra é que os direitos sucessórios são regidos pela *lex rei sitae*.

Na lógica da compensação, o critério da lei do domicílio do autor da herança para reger a sucessão voltaria a ser observado, eis que os valores partilhados no exterior segundo a lei local integrariam o cômputo do montante devido a cada herdeiro quando do processamento do inventário e partilha no Brasil, a ser concluído em conformidade com a lei nacional.

No *Recurso Especial 275.985* essa questão foi enfrentada.[51] O caso envolvia a análise dos direitos sucessórios de herdeiro de uma pessoa que havia deixado bens no Brasil e no Líbano. A Justiça brasileira entendeu que o processo em curso no país deveria ser suspenso até que fosse concluída a partilha dos bens existentes no Líbano. Somente após ser proferida a decisão final pela autoridade libanesa, deveria ser dado seguimento à partilha dos bens situados no Brasil. Desse modo, aqui no país

---

48. STJ, AgInt no Agravo em REsp n. 1.297.819, Rel. Min. Marco Aurélio Bellizze, julg. 15.10.2018.
49. Agravo em REsp 1.297.819, STJ, Rel. Min. Marco Aurélio Bellizze, julg. 01.8.2018.
50. RAMOS, André de Carvalho. *Curso de Direito Internacional Privado*. São Paulo: Saraiva, 2018. p. 438-439.
51. STJ, REsp n. 275.985, Rel. Min. Sálvio de Figueiredo Teixeira, julg. 17.6.2003.

poderiam ser feitas eventuais compensações de valores caso a decisão estrangeira não contemplasse os direitos das partes em conformidade com a lei brasileira, que era a lei do domicílio do *de cujus*. A conclusão foi que a partilha feita no Brasil deveria considerar, para efeito de compensação, o valor dos bens partilhados no exterior.

Na seara de divórcio, dois casos merecem ser mencionados.

No primeiro, *Recurso Especial 1.410.958*,[52] envolvendo uma ação de divórcio e partilha de bens ajuizada por uma brasileira contra um uruguaio, foi prestigiada a aplicação da norma brasileira, que determinava a distribuição equânime do patrimônio adquirido na constância do casamento. Sendo assim, considerando que a lei material brasileira estabelecia a necessidade de partilha igualitária entre os cônjuges em decorrência de seu regime de bens, foram levados em consideração os valores dos bens apurados no Uruguai quando do rateio do patrimônio ali situado. Embora a Justiça brasileira efetivamente não alcance os bens móveis e imóveis situados fora do Brasil, a Terceira Turma do Superior Tribunal de Justiça entendeu que os seus valores deveriam ser considerados para fins de equalização da distribuição do patrimônio.

No segundo caso, envolvendo a dissolução de casamento no Brasil, no *REsp 1.552.913*,[53] a Quarta Turma do Superior Tribunal de Justiça reconheceu ser possível que a autoridade brasileira disponha sobre diretos patrimoniais decorrentes do regime de bens da sociedade conjugal aqui estabelecida, ainda que a decisão tenha reflexos sobre bens situados no exterior para efeitos da referida partilha. No caso, a separação do casal fora decretada por autoridade judiciária brasileira. Em seguida, fora requerida a partilha de um único bem, a saber, montante depositado em uma instituição financeira nos EUA. Embora tenha sido sublinhado no voto condutor que o princípio da soberania veda ao Poder Judiciário brasileiro interferir na efetivação de direitos relativos a bens situados no exterior, entendeu-se ser possível a fixação do direito material aqui reconhecido. Desse modo, assegurou-se à recorrente, um direito de crédito face ao recorrido, correspondente à metade do montante depositado junto à instituição financeira, a título de meação. Esse montante deveria ser executado dentro das possibilidades do patrimônio do devedor, no Brasil ou no exterior.

Especificamente em matéria de sucessão, essa tentativa de compensação por parte do juízo brasileiro sobre bens localizados exterior parece-nos, no mais das vezes, excessivamente perigosa. Apenas para citar algumas questões que precisariam ser enfrentadas, levantamos os seguintes pontos: como realizar a equalização se a partilha de bens no exterior ainda não houver sido concluída? Deveria a Justiça brasileira necessariamente suspender o processo de partilha processado no Brasil enquanto pendente a partilha de bens no exterior? A decisão estrangeira deveria ser

---

52. STJ, REsp n. 1.410.958, Rel. Min. Paulo de Tarso Sanseverino, julg. 22.4.2014. V. Informativo STJ n. 544, publ. 27.8.2014.

53. STJ, RE n. 1.552.913, Rel. Min. Maria Isabel Gallotti, julg. 08.11.2016. V. Informativo STJ n. 597, publ. 15.3.2017.

objeto de homologação, para se proceder à compensação? E se envolvida mais de duas jurisdições, e todas houverem por bem proceder à compensação?

Se concluída a partilha de acordo com a lei estrangeira, qual o valor do bem a ser considerado para fins da equalização? O valor equivalente em Reais na data do óbito? Ou o valor em Reais no momento da compensação? E no que se refere ao montante relativo aos impostos incidentes sobre a transmissão pagos no local em que situado o bem: esse valor deve de alguma forma ser considerado quando da equalização?

Outra reflexão que tem lugar é como compatibilizar a lei do local onde situado o bem com a lei brasileira. Se de acordo com a lei estrangeira uma certa disposição de última vontade for permitida em benefício de um único herdeiro, o montante equivalente a esses bens deve integrar, no Brasil, a sua quota disponível ou a sua legítima? Por que a compensação deve ser feita de acordo com o direito brasileiro e não estrangeiro?[54]

Não obstante a nossa opinião de que, em regra, a sucessão de bens situados no exterior é regida pela lei do país em que tais bens se encontram, o sistema jurídico brasileiro repudia qualquer tipo de violação às normas fundamentais do ordenamento nacional, conhecidas como ordem pública.

Como se sabe, a ordem pública constitui o núcleo duro do ordenamento jurídico brasileiro e se exprime no conjunto normativo essencial à salvaguarda dos valores basilares de nosso sistema e dos direitos fundamentais albergados por nossa Constituição Federal. Comumente apreendida em dois níveis, a ordem pública representa no plano interno as normas cuja aplicação não pode ser afastada pelas partes. No nível internacional, opera como uma barreira à aplicação da lei estrangeira que seja a ela contrária, possuindo alcance mais limitado.[55]

Em estudo sobre o tema, Nadia de Araujo conferiu um traçado interessante à caracterização da ordem pública. Em sua compreensão, a ordem pública exerce um efeito negativo e outro positivo no ordenamento jurídico. O efeito negativo impede a aplicação de lei estrangeira ou o reconhecimento de uma decisão alienígena por seu conteúdo ser absolutamente incompatível com a lei doméstica. Já o efeito positivo da ordem pública é verificado quando há uma regra material especial para ocupar o seu lugar.[56]

Nessa lógica, as regras sucessórias fundamentais previstas em nosso sistema seriam uma manifestação da ordem pública positivada na lei. Assim, digamos por exemplo, que parcela relevante do patrimônio do *de cujus* esteja situado no exterior e que a partilha ali realizada beneficie um único filho. Nessa circunstância, diante de

---

54. Sobre outros tantos problemas que terão de ser enfrentados na hipótese de uma compensação na sucessão hereditária no Brasil, resultantes da ampla discricionariedade do juiz, vale a leitura de NEVARES, Ana Luiza Maia. A sucessão hereditária com bens situados no exterior. *Pensar*, Fortaleza, v. 24, n. 2, p. 1-13, 2019. p. 6-9.

55. Vide, a respeito, ALMEIDA, Ricardo Ramalho. "A Exceção de Ofensa à Ordem Pública na Homologação de Sentença Arbitral Estrangeira". *In*: ALMEIDA, Ricardo Ramalho (coord.). *Arbitragem interna e internacional* (questões de doutrina e da prática). Rio de Janeiro: Renovar, 2003. p. 132.

56. ARAUJO, Nadia de. *Direito Internacional Privado*: teoria e prática brasileira. 9. ed. São Paulo: Revista dos Tribunais, 2020. p. 92.

flagrante violação da legítima dos demais filhos, concebemos que a ordem pública nacional deve servir de óbice à aplicação cega da lei estrangeira, tanto considerando a sua feição negativa como também o seu efeito positivo.

4. CONCLUSÃO

O presente artigo se propôs a analisar duas questões antecedentes e fundamentais a qualquer sucessão que envolva bens deixados pelo falecido tanto no Brasil, quanto em outros Estados. A primeira, diz respeito à identificação da autoridade judiciária com jurisdição para decidir. A segunda, refere-se à determinação da lei de regência do direito sucessório.

A jurisdição é um reflexo da soberania estatal, cabendo a cada Estado decidir sobre as hipóteses que ensejam a sua respectiva atuação jurisdicional. No Brasil, o art. 23, II, do CPC estabelece a competência exclusiva brasileira, com a exclusão de qualquer outra, para proceder ao inventário e à partilha de bens situados no país. Ou seja, necessariamente a partilha de bens localizados no Brasil será feita pela Justiça nacional, independentemente da nacionalidade ou domicílio do falecido.

Espelhando essa regra para o cenário internacional, a autoridade judiciária brasileira se abstém de processar inventário e partilha de bens situados no exterior.

O sistema consagrado é, portanto, o da pluralidade de juízos sucessórios, prestigiando-se a noção de que o juízo do Estado onde situado o bem possui jurisdição exclusiva em matéria sucessória no que se refere àquele bem.

Já no que diz respeito à lei aplicável, o art. 10 da LINDB utiliza o critério do domicílio do falecido como elemento de conexão para determinação da lei de regência. Com relação aos bens situados no Brasil, a lei de regência será brasileira quando o de cujus era aqui domiciliado. Por outro lado, quando domiciliado no exterior, será a lei de seu domicílio que será utilizada para fins de determinação dos direitos sucessórios de seus herdeiros.

Finalmente, quanto aos bens do falecido situados no exterior, a sucessão regula-se pela lei do país em que situados esses bens. Em outras palavras, a lei brasileira não alcança esses bens, que são partilhados segundo a lei local.

A descrição acima é uma tentativa simplificada de retratar as regras fundamentais sobre a sucessão envolvendo patrimônio disperso globalmente. No entanto, a nossa prática revela que os casos de sucessão com elementos internacionais apresentam nuances e não podem receber enquadramento automático no esquema descrito, merecendo necessariamente um exame individualizado.

5. REFERÊNCIAS

ALMEIDA, Ricardo Ramalho. A exceção de ofensa à ordem pública na homologação de sentença arbitral estrangeira. *In*: ALMEIDA, Ricardo Ramalho (coord.). *Arbitragem interna e internacional* (questões de doutrina e da prática). Rio de Janeiro: Renovar, 2003.

ARAUJO, Nadia de. *Direito Internacional Privado*: teoria e prática brasileira. 9. ed. São Paulo: Revista dos Tribunais, 2020.

ARAUJO, Nadia de. O princípio constitucional de proteção à família brasileira e o Direito Internacional Privado: sucessão internacional e a aplicação da lei mais benéfica. *In*: PEIXINHO, Manoel Messias; GUERRA, Isabella Franco; e FILHO, Firly Nascimento (org.). *Os princípios da Constituição de 1988*. Rio de Janeiro: Lumen Juris, 2006.

ARMELIN, Donaldo. Competência internacional. *Revista de Processo*, v. 2, p. 131-158, abr./jun. 1976.

BARBI, Celso Agrícola. *Comentários ao Código de Processo Civil*. v. I. 10. ed. Rio de Janeiro: Forense, 1998.

BATALHA, Wilson de Souza Campos. *Tratado de Direito Internacional Privado*. v. II. 2. ed. São Paulo: Revista dos Tribunais, 1977.

CARNEIRO, Athos Gusmão. *Jurisdição e competência*. 11. ed. São Paulo: Saraiva, 2001.

CARNELUTTI, Francesco. *Rivista di diritto processuale civile*. v. VIII, pt. II, *apud* PORTUGAL, Sílvio. Competência internacional da justiça brasileira. *Revista Forense*, v. 93.

CASTRO, Amilcar de. *Direito Internacional Privado*. 6. ed. atual. Rio de Janeiro: Forense, 2005.

CASTRO, Amílcar de. *Direito Internacional Privado*. v. II. São Paulo: Forense, 1956.

FUX, Luiz. Homologação de sentença estrangeira. *In*: TIBURCIO, Carmen; BARROSO, Luís Roberto (org.). *O Direito Internacional contemporâneo*: estudos em homenagem ao Professor Jacob Dolinger. Rio de Janeiro: Renovar, 2006.

JUENGER, Friedrich. *Judicial Jurisdiction in the United States and in the European Communities: a comparison*. 82 Mich. L. Rev., p. 1195-1212, 1984.

MARQUES, José Frederico. *Instituições de Direito Processual Civil*. v. I. Campinas: Millenium, 2000.

MARQUES, Sergio André Laclau Sarmento. *A jurisdição internacional dos tribunais brasileiros*. Rio de Janeiro: Renovar, 2007.

MEINERO, Fernando. *Sucessões internacionais no Brasil*. Curitiba: Juruá Editora, 2017.

MELLO, Celso D. de Albuquerque. *Curso de Direito Internacional Público*. v. I. 13. ed. Rio de Janeiro: Renovar, 2001.

MESQUITA, José Ignacio Botelho de. Da competência internacional e dos princípios que a informam. *Revista de Processo*, v. 50, p. 51-71, abr./jun. 1988.

MICHAELS, Ralf. Jurisdiction, foundations. *In*: BASEDOW, Jürgen; RÜHL, Gisela; FERRARI, Franco; ASENSIO, Pedro de Miguel. *Encyclopedia of private international law*. Edward Elgar Publishing, 2017.

NEVARES, Ana Luiza Maia. A sucessão hereditária com bens situados no exterior. *Pensar*, Fortaleza, v. 24, n. 2, p. 1-13, 2019.

PEREIRA, Caio Mário. *Instituições de Direito Civil*. Rio de Janeiro: Forense, 2018.

RAMOS, André de Carvalho. *Curso de Direito Internacional Privado*. São Paulo: Saraiva, 2018

BASSO, Maristela. *Curso de Direito Internacional Privado*. 5. ed. São Paulo: Atlas, 2016.

RAMOS, André de Carvalho. *Curso de Direito Internacional Privado*. São Paulo: Saraiva, 2018.

RAMOS, André de Carvalho. Estatuto pessoal no direito internacional privado: evolução e perspectivas no Brasil. *Revista da Faculdade de Direito da Universidade de São Paulo*, v. 110, p. 451-470, jan./dez. 2015.

RAMOS, André de Carvalho. Rev. secr. Trib. perm. Revis., Año 4, n.7, 2016.

RAMOS, André de Carvalho. Rev. secr. Trib. perm. Revis., Año 4, n°7, 2016, pp. 307-324.

TEPEDINO, Gustavo; NEVARES, Ana Luiza Maia; MEIRELES, Rose Melo Vencelau. *Direito das Sucessões*. Rio de Janeiro: Forense, 2020.

TIBURCIO, Carmen. "Atualidades/Comentários à Jurisprudência. Competência Internacional". *Temas de Direito Internacional*. Rio de Janeiro: Renovar, 2006.

TORNAGHI, Hélio. *Comentários ao Código de Processo Civil*. v. I. São Paulo: Revista dos Tribunais, 1974.

VARGAS, Daniela T. Patrimônio internacional e sucessões: Perspectiva do direito brasileiro. *In*: TEIXEIRA, Daniele Chaves. *Arquitetura do planejamento sucessório*. Belo Horizonte: Fórum, 2019.

OS PLANOS DE PREVIDÊNCIA PRIVADA (VGBL E PGBL) NA PERSPECTIVA FAMILIAR E SUCESSÓRIA: CRITÉRIOS PARA SUA COMPATIBILIZAÇÃO COM A HERANÇA E A MEAÇÃO

Ana Luiza Maia Nevares

Doutora e Mestre em Direito Civil pela UERJ. Professora de Direito Civil da PUC-Rio. Vice-Presidente da Comissão de Estudos Constitucionais da Família do IBDFAM. Diretora Acadêmica do IBDFAM-RJ. Membro do IBDCivil e do IAB. Advogada.

Sumário: 1. Os planos de previdência complementar (VGBL e PGBL) e o planejamento patrimonial na família – 2. A utilidade e os problemas dos planos de previdência privada no âmbito do planejamento sucessório – 3. Critérios para a compatibilização do VGBL e do PGBL com a herança e a meação – 4. À guisa de conclusão – 5. Referências.

1. OS PLANOS DE PREVIDÊNCIA COMPLEMENTAR (VGBL E PGBL) E O PLANEJAMENTO PATRIMONIAL NA FAMÍLIA

A família se conecta com o patrimônio em diversos aspectos: nas relações patrimoniais entre cônjuges e companheiros; no cuidado do patrimônio dos menores e daqueles portadores de deficiência, bem como na transmissão sucessória diante do falecimento de um familiar. De fato, considerando uma sociedade capitalista, fundada na proteção da família e na propriedade privada funcionalizada, resta evidente que a questão do patrimônio é muito sensível no âmbito do Direito de Família e das Sucessões, na medida em que é pressuposto para uma vida digna um patrimônio mínimo, que, à luz das ponderações de Luiz Edson Fachin,

> [...] não é referido por quantidade e pode ir muito além do número ou da cifra mensurável. Tal mínimo é valor e não metrificação, é conceito aberto, cuja presença não viola o sistema. Não é menos nem ínfimo. É um conceito apto a construção do razoável e do justo ao caso concreto – aberto, plural e poroso ao mundo contemporâneo.[1]

Nessa direção, são constantes as preocupações da família com um planejamento patrimonial, almejando segurança nos percalços da vida e na velhice e, ainda, uma transmissão sucessória que atenda aos interesses e afetos do titular do patrimônio.

---

1. FACHIN, Luiz Edson. *Estatuto jurídico do patrimônio mínimo.* Rio de Janeiro: Renovar, 2002. p. 300-301.

ANA LUIZA MAIA NEVARES

Para alcançar dito planejamento, diversas pessoas recorrem ao regime de previdência complementar, previsto na Constituição da República, em seu artigo 202.[2] Em atendimento à referida previsão constitucional, foi editada a Lei Complementar nº 109, de 29 de maio de 2001, que dispõe sobre o Regime de Previdência Complementar e dá outras providências, prevendo em seu artigo 4º que as entidades de previdência complementar são classificadas em fechadas e abertas, determinando em seu art. 73 que estas últimas serão reguladas também, no que couber, pela legislação aplicável às sociedades seguradoras, razão pela qual lhe são aplicáveis as Resoluções do Sistema Nacional de Seguros (CNSP e SUSEP).

Nesta sede, interessa referir a previdência complementar aberta, que oferece planos que podem ser contratados por qualquer pessoa. Dentre eles, estão o VGBL e o PGBL, que são planos por sobrevivência (de seguro de pessoas e de previdência complementar aberta, respectivamente) que, após um período de acumulação de recursos (período de diferimento), proporcionam aos investidores (segurados e participantes) uma renda mensal, que poderá ser vitalícia ou por período determinado ou um pagamento único. O primeiro (VGBL) é classificado como seguro de pessoa, enquanto o segundo (PGBL) é um plano de previdência complementar.[3] Com efeito,

---

2. Art. 202. O regime de previdência privada, de caráter complementar e organizado de forma autônoma em relação ao regime geral de previdência social, será facultativo, baseado na constituição de reservas que garantam o benefício contratado, e regulado por lei complementar. (Redação dada pela Emenda Constitucional nº 20, de 1998. Vide Emenda Constitucional nº 20, de 1998). § 1º A lei complementar de que trata este artigo assegurará ao participante de planos de benefícios de entidades de previdência privada o pleno acesso às informações relativas à gestão de seus respectivos planos. (Redação dada pela Emenda Constitucional nº 20, de 1998). § 2º As contribuições do empregador, os benefícios e as condições contratuais previstas nos estatutos, regulamentos e planos de benefícios das entidades de previdência privada não integram o contrato de trabalho dos participantes, assim como, à exceção dos benefícios concedidos, não integram a remuneração dos participantes, nos termos da lei. (Redação dada pela Emenda Constitucional nº 20, de 1998). § 3º É vedado o aporte de recursos a entidade de previdência privada pela União, Estados, Distrito Federal e Municípios, suas autarquias, fundações, empresas públicas, sociedades de economia mista e outras entidades públicas, salvo na qualidade de patrocinador, situação na qual, em hipótese alguma, sua contribuição normal poderá exceder a do segurado. (Incluído pela Emenda Constitucional nº 20, de 1998. Vide Emenda Constitucional nº 20, de 1998). § 4º Lei complementar disciplinará a relação entre a União, Estados, Distrito Federal ou Municípios, inclusive suas autarquias, fundações, sociedades de economia mista e empresas controladas direta ou indiretamente, enquanto patrocinadores de planos de benefícios previdenciários, e as entidades de previdência complementar. (Redação dada pela Emenda Constitucional nº 103, de 2019). § 5º A lei complementar de que trata o § 4º aplicar-se-á, no que couber, às empresas privadas permissionárias ou concessionárias de prestação de serviços públicos, quando patrocinadoras de planos de benefícios em entidades de previdência complementar. (Redação dada pela Emenda Constitucional nº 103, de 2019) § 6º Lei complementar estabelecerá os requisitos para a designação dos membros das diretorias das entidades fechadas de previdência complementar instituídas pelos patrocinadores de que trata o § 4º e disciplinará a inserção dos participantes nos colegiados e instâncias de decisão em que seus interesses sejam objeto de discussão e deliberação. (Redação dada pela Emenda Constitucional nº 103, de 2019).
3. A principal diferença entre os dois reside no tratamento tributário dispensado a um e outro. Em ambos os casos, o imposto de renda incide apenas no momento do resgate ou recebimento da renda. Entretanto, enquanto no VGBL o imposto de renda incide apenas sobre os rendimentos, no PGBL o imposto incide sobre o valor total a ser resgatado ou recebido sob a forma de renda. No caso do PGBL, os participantes que utilizam o modelo completo de declaração de ajuste anual do I.R.P.F. podem deduzir as contribuições do respectivo exercício, no limite máximo de 12% de sua renda bruta anual. Os prêmios/contribuições pagos a planos VGBL não podem ser deduzidos na declaração de ajuste anual do I.R.P.F e, portanto, este tipo de

a previdência privada está baseada "no regime financeiro de capitalização, no qual as contribuições dos participantes são aplicadas em contas individuais e direcionadas ao pagamento do benefício do próprio participante".[4]

Verifica-se, assim, que os numerários investidos se incorporam ao patrimônio do titular e, ainda, são direcionados para beneficiários indicados por este em caso de seu falecimento. Nesta hipótese, o pagamento ao terceiro beneficiário é realizado independentemente do processo de inventário, ladeando a sucessão hereditária.

Por força do exposto, os instrumentos da previdência privada vêm sendo muito utilizados para fins do planejamento patrimonial da família e, não raras vezes, verificam-se questões tormentosas diante do enquadramento de ditos planos e sua dinâmica na normativa patrimonial cogente do Direito de Família e das Sucessões.

2. A UTILIDADE E OS PROBLEMAS DOS PLANOS DE PREVIDÊNCIA PRIVADA NO ÂMBITO DO PLANEJAMENTO SUCESSÓRIO

Entende-se o planejamento sucessório como um conjunto de medidas levadas a cabo com o objetivo de definir a transmissão hereditária de bens e direitos de uma pessoa previamente ao seu falecimento, sendo certo que é cada vez mais crescente a utilização de figuras contratuais em dito planejamento, através das quais a pessoa efetivamente dispõe de bens para depois de sua morte, bem como estruturam ou organizam a sucessão em determinado aspecto ou modo.

Em virtude de não serem instrumentos sucessórios propriamente ditos, não raras vezes as referidas figuras contratuais são disciplinadas por leis que não se harmonizam com a normativa sucessória e, atuando em complemento à lei e ao testamento na transmissão hereditária, conflitos e dúvidas surgem em relação ao seu papel e interpretação na sucessão *causa mortis* como um todo.

Exemplo do ora exposto é o que vem ocorrendo com o VGBL. De fato, sendo considerado um seguro, argumenta-se que se aplica ao caso o disposto no artigo 794 do Código Civil, que determina que no seguro de vida ou de acidentes pessoais para o caso de morte, o capital estipulado não está sujeito às dívidas do segurado, nem se considera herança para todos os efeitos de direito. Por conseguinte, o VGBL passou a ser muito difundido como instrumento do planejamento sucessório, já que a facilidade de transferir os recursos sem inventário, sem pagamento de imposto e, ainda, com liberdade de escolha do beneficiário, sem dúvida, o torna muito atraente. Em

---

plano seria mais adequado aos consumidores que utilizam o modelo simplificado de declaração de ajuste anual do I.R.P.F ou aos que já ultrapassaram o limite de 12% da renda bruta anual para efeito de dedução dos prêmios e ainda desejam contratar um plano de acumulação para complementação de renda. Disponível em: http://www.susep.gov.br/setores-susep/seger/coate/perguntas-mais-frequentes-sobre-planos-por-sobrevivencia-pgbl-e-vgbl. Acesso em: 12 nov. 2016.

4. GIRARDI, Viviane; MOREIRA, Luana Maniero. A previdência privada aberta como instrumento ao planejamento sucessório. *In:* TEIXEIRA, Daniele Chaves (coord.). *Arquitetura do planejamento sucessório.* 2. ed. Belo Horizonte: Fórum, 2020. p. 631.

muitos casos, os herdeiros não têm recursos para pagar impostos e despesas com o processo de inventário, sendo tal modalidade de plano uma excelente opção para atribuir aos sucessores os meios para tanto.

No sentido de que o VGBL constitui um seguro de pessoa e, assim, sujeito ao art. 794 do CC, não faltam decisões na jurisprudência, como a abaixo citada:

> AGRAVO INTERNO NO AGRAVO EM RECURSO ESPECIAL. INVENTÁRIO. VALORES DEPOSITA-DOS EM PLANO DE PREVIDÊNCIA PRIVADA (VGBL). DISPENSA DE COLAÇÃO. NATUREZA DE SEGURO DE VIDA. DECISÃO MANTIDA. RECURSO DESPROVIDO. 1. O Tribunal de origem, ao concluir que o Plano de Previdência Privada (VGBL), mantido pela falecida, tem natureza jurídica de contrato de seguro de vida e não pode ser enquadrado como herança, inexistindo motivo para determinar a colação dos valores recebidos, decidiu em conformidade com o entendimento do Superior Tribunal de Justiça.
>
> 2. Nesse sentido: REsp 1.132.925/SP, Rel. Ministro Luís Felipe Salomão, Quarta Turma, DJe de 06/11/2013; REsp 803.299/PR, Rel. Ministro Antônio Carlos Ferreira, Rel. p/ acórdão Ministro Luís Felipe Salomão, Quarta Turma, DJe de 03/04/2014; EDcl no REsp 1.618.680/MG, Rel. Ministra Maria Isabel Gallotti, DJe de 1º/08/2017.
>
> 3. Inexistindo no acórdão recorrido qualquer descrição fática indicativa de fraude ou nulidade do negócio jurídico por má-fé dos sujeitos envolvidos, conclusão diversa demandaria, necessariamente, incursão na seara fático-probatória dos autos, providência vedada no recurso especial, a teor do disposto na Súmula 7/STJ. 4. Agravo interno não provido.[5]

Ocorre que a conexão entre os seguros de pessoas e o Direito Sucessório enseja questionamentos de longa data. Com efeito, argumenta-se que o prêmio pago ao beneficiário pela Seguradora jamais pertenceu àquele que contratou o plano, justificando a previsão acima do art. 794 do Código Civil. Dessa forma, o valor do seguro não está sujeito à colação se o beneficiário for descendente, cônjuge ou companheiro do segurado, sendo certo, entretanto, que o herdeiro contemplado com o seguro de vida deve colacionar as prestações pagas pelo ascendente ou pelo seu consorte para contratação do seguro, uma vez que ditas prestações saíram efetivamente do patrimônio do *de cujus*, ao contrário do capital segurado.[6]

No entanto, como pondera Daniel de Bettencourt Rodrigues Silva Morais, embora tecnicamente a argumentação acima esteja correta, "quando se desce ao âmago da questão é fácil compreender que ela não pode ser dada de uma forma tão linear", aduzindo que

> [...] a possibilidade que é conferida ao promissário de dispor de um direito de que não é titular traduz-se economicamente num direito que tem um valor equivalente ao da soma atribuída ao terceiro, o que é comprovado pelo facto da ausência de designação de um terceiro implicar que o bem entre na sucessão do segurado.[7]

---

5. STJ, 4ª T, AgInt nos EDcl no AREsp n. 947006/SP AGRAVO INTERNO NOS EMBARGOS DE DECLARAÇÃO NO AGRAVO EM RECURSO ESPECIAL 2016/0171842-7. Rel. Min. Lázaro Guimarães (Des. Convocado do TRF 5º Região), julg. 15.5.2018, DJe 21.5.2018.

6. MAXIMILIANO, Carlos. *Direito das Sucessões*. v. 2. Rio de Janeiro: Livraria Editora Freitas Bastos, 1937. p. 745.

7. MORAIS, Daniel de Bettencourt Rodrigues Silva. *Revolução sucessória* – Os institutos alternativos ao testamento no século XXI. Cascais: Princípia, 2018. p. 106-107.

Além disso, ainda conforme o Autor acima citado, as características de contratos de seguros como o VGBL ensejam desafios diante da caracterização do próprio contrato de seguro, já que nestes é inerente o risco, enquanto que em modalidades de contratação como o VGBL, o único risco do titular do plano é a falência da empresa Seguradora. Aduz o autor que

> [...] na medida em que, nestes contratos, o capital segurado não é convencionado, mas resulta da aplicação aos prêmios pagos, deduzidos de encargos, de uma taxa de juro técnica (rendibilidade mínima garantida) definida para a modalidade, normalmente acrescida da participação nos resultados anuais do fundo autónomo subjacente, não se verifica uma transferência dos efeitos económicos de um risco para o segurador.[8]

Por essa razão, discute-se a destinação dos recursos aplicados em VGBL no âmbito da sucessão hereditária quando há preterição de herdeiro necessário ou desigualdade entre herdeiros necessários que excede à disponível.[9]

Alguns Estados buscam o pagamento do imposto de transmissão *causa mortis* sobre tais recursos, como ocorreu com o Estado do Rio de Janeiro, onde há lei estadual que expressamente instituiu a incidência do referido imposto (Lei Estadual do Rio de Janeiro, nº 7174/15, art. 23), sendo certo que a previsão legal em referência foi declarada inconstitucional pelo Órgão Especial do Tribunal de Justiça do Estado em questão no que tange à cobrança do imposto sobre valores oriundos de VGBL, tendo sido mantido o tributo em referência sobre valores que advierem de PGBL.[10] Isso porque, segundo o acórdão citado, o PGBL "vem sendo tratado na jurisprudência como uma espécie de aplicação financeira de longo prazo", possuindo "natureza de poupança previdenciária", havendo, assim, por morte de seu titular, transmissão de direitos aos beneficiários suficiente para o fato gerador do imposto de transmissão *causa mortis*, o que não se passa com o VGBL, que tem a natureza de seguro.

---

8. MORAIS, Daniel de Bettencourt Rodrigues Silva. *Revolução sucessória – Os institutos alternativos ao testamento no século XXI*. Cascais: Princípia, 2018. p. 112-113.

9. O TJMG determinou a inclusão de filha do contratante de plano de previdência no rol dos beneficiados, apesar de não ter sido contemplada com dito benefício por seu pai por ocasião da contratação do aludido plano. O fundamento da decisão do Tribunal de Justiça de Minas Gerais é que a CR assegura aos filhos, independentemente de serem ou não nascidos da relação conjugal, os mesmos direitos. "Apelação cível – Ação ordinária – Previdência privada – Pensão por morte – Filha fora do casamento – Inclusão como beneficiária – Possibilidade. Ainda que se admita que a real intenção do contratante do plano era não incluir a autora como sua dependente, não poderia assim agir, porquanto, após o advento da Constituição Federal de 1988, não há como se admitir qualquer discriminação resultante do fato de ter sido filho reconhecido por força de decisão judicial. Em outras palavras, não há que prevalecer qualquer diferença de direitos entre filhos que provenham de justas núpcias e aqueles havidos fora da constância do casamento". (TJMG, AC n. 1.0000.16.073790-4/006, 14ª C. Cível, Rel. Des. Marco Aurelio Ferenzini, julg. 04.6.2020.)

10. TJRJ, ADI n. 0008135-40.2016.8.19.0000, julg. 10.6.2019. No voto da Relatora, Ana Maria Pereira de Oliveira, lê-se o que segue: "O denominado VGBL (Vida Gerador de Benefício Livre), no entanto, tem natureza diversa, sendo classificado com um seguro de pessoa, tanto que a Circular Susep nº 339/2007, em seu art. 2º, o inclui entre os planos de seguro de pessoas com cobertura por sobrevivência. Dessa forma, sendo o VGBL considerado um produto securitário, não é considerado herança, nos termos do que dispõe o art. 794 do Código Civil.

ANA LUIZA MAIA NEVARES

Para o planejamento sucessório, o que vale notar é o fato de que, independentemente de sua natureza, os aportes realizados no VGBL ou no PGBL poderão ser destinados a um beneficiário que seja expressamente indicado pelo titular dos recursos, sendo pagos diretamente pela Instituição Financeira, fora do inventário. A questão ganha contornos ainda mais instigantes na medida em que, sendo as aludidas verbas pagas independentemente do processo de inventário, argumenta-se que não devem sequer ser referidas na declaração de bens do inventário, por não integrarem a herança a ser partilhada.[11]

Dessa maneira, seria fácil burlar a legítima, bastando que o autor da herança aplicasse todos os seus recursos financeiros em um VGBL, destinando-o a apenas um dos herdeiros necessários em caso de falecimento, ou mesmo burlar o regime de bens, na hipótese em que um cônjuge aplicasse os recursos do casal em investimento como o ora mencionado, nomeando um terceiro como beneficiado.

Por essa razão, a jurisprudência vem sendo sensível a essa realidade, reconhecendo que as verbas oriundas do VGBL e do PGBL devem integrar o patrimônio daquele que faleceu ou da pessoa que está partilhando seus bens em virtude de dissolução de sociedade conjugal ou oriunda de união estável. Foi o que ocorreu em julgamento do Superior Tribunal de Justiça de setembro de 2020, que determinou a inclusão de ditas verbas nos bens a serem partilhados pelos cônjuges:

> CIVIL. PROCESSUAL CIVIL. AÇÃO DE DIVÓRCIO E PARTILHA DE BENS. DEVER DE FUNDAMENTAÇÃO. ART. 489, § 1°, VI, DO CPC/15. INOBSERVÂNCIA DE SÚMULA, JURISPRUDÊNCIA OU PRECEDENTE CONDICIONADA À DEMONSTRAÇÃO DE DISTINÇÃO OU SUPERAÇÃO. APLICABILIDADES ÀS SÚMULAS E PRECEDENTES VINCULANTES, MAS NÃO ÀS SÚMULAS E PRECEDENTES PERSUASIVOS. PLANOS DE PREVIDÊNCIA PRIVADA ABERTA. REGIME MARCADO PELA LIBERDADE DO INVESTIDOR. CONTRIBUIÇÃO, DEPÓSITOS, APORTES E RESGATES FLEXÍVEIS. NATUREZA JURÍDICA MULTIFACETADA. SEGURO PREVIDENCIÁRIO. INVESTIMENTO OU APLICAÇÃO FINANCEIRA. DESSEMELHANÇAS ENTRE OS PLANOS DE PREVIDÊNCIA PRIVADA ABERTA E FECHADA, ESTE ÚLTIMO INSUSCETÍVEL DE PARTILHA. NATUREZA SECURITÁRIA E PREVIDENCIÁRIA DOS PLANOS PRIVADOS ABERTOS VERIFICADA APÓS O RECEBIMENTO DOS VALORES ACUMULADOS, FUTURAMENTE E EM PRESTAÇÕES, COMO COMPLEMENTAÇÃO DE RENDA. NATUREZA JURÍDICA DE INVESTIMENTO E APLICAÇÃO FINANCEIRA ANTES DA CONVERSÃO EM RENDA E PENSIONAMENTO AO TITULAR. PARTILHA POR OCASIÃO DO VÍNCULO CONJUGAL. NECESSIDADE. ART. 1.659, VII, DO CC/2002 INAPLICÁVEL À HIPÓTESE. PRESTAÇÃO DE INFORMAÇÕES EQUIVOCADAS E JUNTADA DE DOCUMENTOS DE DECLARAÇÕES DE IMPOSTO DE RENDA FALSEADAS. LITIGÂNCIA DE MÁ-FÉ. IMPOSSIBILIDADE DE REEXAME DA MATÉRIA. SÚMULA 7/STJ. RECURSO ESPECIAL INTERPOSTO APENAS PELO DISSENSO JURISPRUDENCIAL. IMPOSSIBILIDADE. SÚMULA 284/STF. 1. Ação ajuizada em 28/09/2007. Recurso especial interposto em 13/02/2017 e atribuído à Relatora em 09/08/2017. 2. Os propósitos recursais consistem em definir: (i) se o dever de seguir enunciado de súmula, jurisprudência ou precedente invocado pela parte, previsto no art. 489, § 1°, VI, do CPC/15, abrange também o dever de seguir julgado proferido por Tribunal de 2° grau distinto daquele a que o julgador está vinculado; (ii) se o valor existente em previdência

---

11. MAIA JÚNIOR, Mairan Gonçalves. A previdência privada como instrumento de planejamento sucessório. *Revista Pensar*. Fortaleza, v. 25, n. 14, p. 1-13, jan./mar. 2020. p. 6

complementar privada aberta na modalidade VGBL deve ser partilhado por ocasião da dissolução do vínculo conjugal; (iii) se a apresentação de declaração de imposto de renda com informação incorreta tipifica litigância de má-fé; (iv) se é possível partilhar valor existente em conta bancária alegadamente em nome de terceiro. 3. A regra do art. 489, § 1°, VI, do CPC/15, segundo a qual o juiz, para deixar de aplicar enunciado de súmula, jurisprudência ou precedente invocado pela parte, deve demonstrar a existência de distinção ou de superação, somente se aplica às súmulas ou precedentes vinculantes, mas não às súmulas e aos precedentes apenas persuasivos, como, por exemplo, os acórdãos proferidos por Tribunais de 2° grau distintos daquele a que o julgador está vinculado. 4. Os planos de previdência privada aberta, operados por seguradoras autorizadas pela SUSEP, podem ser objeto de contratação por qualquer pessoa física e jurídica, tratando-se de regime de capitalização no qual cabe ao investidor, com amplíssima liberdade e flexibilidade, deliberar sobre os valores de contribuição, depósitos adicionais, resgates antecipados ou parceladamente até o fim da vida, razão pela qual a sua natureza jurídica ora se assemelha a um seguro previdenciário adicional, ora se assemelha a um investimento ou aplicação financeira. 5. Considerando que os planos de previdência privada aberta, de que são exemplos o VGBL e o PGBL, não apresentam os mesmos entraves de natureza financeira e atuarial que são verificados nos planos de previdência fechada, a eles não se aplicam os óbices à partilha por ocasião da dissolução do vínculo conjugal apontados em precedente da 3ª Turma desta Corte (REsp 1.477.937/MG). 6. Embora, de acordo com a SUSEP, o PGBL seja um plano de previdência complementar aberta com cobertura por sobrevivência e o VGBL seja um plano de seguro de pessoa com cobertura por e sobrevivência, a natureza securitária e previdenciária complementar desses contratos é marcante no momento em que o investidor passa a receber, a partir de determinada data futura e em prestações periódicas, os valores que acumulou ao longo da vida, como forma de complementação do valor recebido da previdência pública e com o propósito de manter um determinado padrão de vida. 7. Todavia, no período que antecede a percepção dos valores, ou seja, durante as contribuições e formação do patrimônio, com múltiplas possibilidades de depósitos, de aportes diferenciados e de retiradas, inclusive antecipadas, a natureza preponderante do contrato de previdência complementar aberta é de investimento, razão pela qual o valor existente em plano de previdência complementar aberta, antes de sua conversão em renda e pensionamento ao titular, possui natureza de aplicação e investimento, devendo ser objeto de partilha por ocasião da dissolução do vínculo conjugal por não estar abrangido pela regra do art. 1.659, VII, do CC/2002. 8. Definido, pelo acórdão recorrido, que a prestação de informações equivocadas e a sucessiva juntada de diferentes declarações de imposto de renda se deu com o propósito específico de ocultar informações relacionadas ao patrimônio e, consequentemente, influenciar no desfecho da partilha de bens, disso resultando a condenação da parte em litigância de má-fé, é inviável a modificação do julgado para exclusão da penalidade em razão do óbice da Súmula 7/STJ. 9. É imprescindível a indicação no recurso especial do dispositivo legal sobre o qual se baseia a divergência jurisprudencial, não sendo cognoscível o recurso interposto apenas com base na alínea c do permissivo constitucional em razão do óbice da Súmula 284/STF. 10. Recurso especial parcialmente conhecido e, nessa extensão, desprovido.[12]

O acórdão acima mencionado diferencia os recursos oriundos dos sistemas de previdência aberta e fechada, reconhecendo que quanto aos últimos, estes devem ser considerados incomunicáveis, em virtude de entraves de natureza financeira e atuarial dos planos. Com efeito, em outro julgado, o Superior Tribunal de Justiça analisou se o benefício oriundo de previdência privada fechada está excluído da co-

---

12. STJ, 3ª T, REsp n. 1698774/RS 2017/0173928-2, Rel. Min. Nancy Andrighi, julg. 01.9.2020, DJe 09.9.2020.

munhão de bens por força do disposto no inciso VII do art. 1.659,[13] tendo concluído pela afirmativa, uma vez que

> o equilíbrio financeiro e atuarial é princípio nuclear da previdência complementar fechada, motivo pelo qual permitir o resgate antecipado de renda capitalizada, o que em tese não é possível à luz das normas previdenciárias e estatutárias, em razão do regime de casamento, representaria um novo parâmetro para a realização de cálculo já extremamente complexo e desequilibraria todo o sistema, lesionando participantes e beneficiários, terceiros de boa-fé, que assinaram previamente o contrato de um fundo sem tal previsão.

E mais: o aludido aresto do REsp n.1698774, cuja ementa foi transcrita acima, diferenciou os momentos em que se deve observar os planos VGBL e PGBL: período anterior ou posterior àquele de percepção dos valores com os quais o titular dos recursos contribuiu na vigência do plano. Segundo o julgado,

> [...] a natureza securitária e previdenciária complementar desses contratos é marcante no momento em que o investidor passa a receber, a partir de determinada data futura e em prestações periódicas, os valores que acumulou ao longo da vida, como forma de complementação do valor recebido da previdência pública e com o propósito de manter um determinado padrão de vida.[14]

No entanto, até esse momento,

> [...] no período que antecede à percepção dos valores, ou seja, durante as contribuições e formação do patrimônio, com múltiplas possibilidades de depósitos, de aportes diferenciados e de retiradas, inclusive antecipadas, a natureza preponderante do contrato de previdência complementar aberta é de investimento.[15]

---

13. RECURSO ESPECIAL. DIREITO DE FAMÍLIA. UNIÃO ESTÁVEL. REGIME DE BENS. COMUNHÃO PARCIAL. PREVIDÊNCIA PRIVADA. MODALIDADE FECHADA. CONTINGÊNCIAS FUTURAS. PARTILHA. ART. 1.659, VII, DO CC/2002. BENEFÍCIO EXCLUÍDO. MEAÇÃO DE DÍVIDA. POSSIBILIDADE. SÚMULA Nº 7/STJ. PRECLUSÃO CONSUMATIVA. FUNDAMENTO AUTÔNOMO. 1. Cinge-se a controvérsia a identificar se o benefício de previdência privada fechada está incluído dentro no rol das exceções do art. 1.659, VII, do CC/2002 e, portanto, é verba excluída da partilha em virtude da dissolução de união estável, que observa, em regra, o regime da comunhão parcial dos bens. 2. A previdência privada possibilita a constituição de reservas para contingências futuras e incertas da vida por meio de entidades organizadas de forma autônoma em relação ao regime geral de previdência social. 3. As entidades fechadas de previdência complementar, sem fins lucrativos, disponibilizam os planos de benefícios de natureza previdenciária apenas aos empregados ou grupo de empresas aos quais estão atrelados e não se confundem com a relação laboral (art. 458, § 2º, VI, da CLT). 4. O artigo 1.659, inciso VII, do CC/2002 expressamente exclui da comunhão de bens as pensões, meios-soldos, montepios e outras rendas semelhantes, como, por analogia, é o caso da previdência complementar fechada. 5. O equilíbrio financeiro e atuarial é princípio nuclear da previdência complementar fechada, motivo pelo qual permitir o resgate antecipado de renda capitalizada, o que em tese não é possível à luz das normas previdenciárias e estatutárias, em razão do regime de casamento, representaria um novo parâmetro para a realização de cálculo já extremamente complexo e desequilibraria todo o sistema, lesionando participantes e beneficiários, terceiros de boa-fé, que assinaram previamente o contrato de um fundo sem tal previsão. 6. Na partilha, comunicam-se não apenas o patrimônio líquido, mas também as dívidas e os encargos existentes até o momento da separação de fato. 7. Rever a premissa de falta de provas aptas a considerar que os empréstimos beneficiaram a família, demanda o revolvimento do acervo fático-probatório dos autos, o que atrai o óbice da Súmula nº 7 deste Superior Tribunal. 8. Recurso especial não provido. STJ, 3ª T, REsp n. 1477937/MG 2014/0217855-7, Rel. Min. Ricardo Villas Bôas Cueva, julg.: 27.4.2017, DJe 20.6.2017, RSTJ vol. 247 p. 678.
14. STJ, 3ª T, REsp n. 1698774 RS 2017/0173928-2, Rel. Min. Nancy Andrighi, julg. 01.09.2020, DJe 9.9.2020.
15. STJ, 3ª T, REsp n. 1698774 RS 2017/0173928-2, Rel. Min. Nancy Andrighi, julg. 01.09.2020, DJe 9.9.2020.

Daí a conclusão pela sua partilha por força de dissolução de sociedade conjugal.

E, sem dúvida, seguindo a mesma direção, alcançar-se-ia a determinação de que os recursos oriundos do PGBL e do VGBL devem ser incluídos no monte a ser partilhado, na esteira do julgado abaixo do Tribunal de Justiça do Estado de São Paulo:

> DIREITO DE SUCESSÃO – Autora, cônjuge supérstite, que ajuizou demanda em face dos filhos que teve com o *de cujus*, a fim de excluir da partilha valores aplicados pelo casal em VGBL – Comunhão universal de bens – Autora que havia transferido metade do valor para os filhos, pleiteando neste feito a devolução – Discussão acerca da natureza do VGBL – Contratação realizada quando a autora e o *de cujus* já se encontravam em idade avançada, descaracterizando a natureza securitária – Sequência de volumosos resgates – Aportes realizados como mero investimento – Sentença mantida – Recurso desprovido.[16]

Em suma, ditos planos são contratados por diversas finalidades. Por ocasião da contratação, as Instituições Financeiras informam aos interessados que ditas verbas não entrarão no inventário e estarão isentas do imposto. No entanto, como foi possível observar acima, tais assertivas não podem ser assumidas como verdades absolutas, porque haverá situações nas quais os recursos oriundos desses planos ingressarão no monte a ser partilhado, quer seja em virtude de dissolução de sociedade conjugal, quer seja por conta de sucessão hereditária.

Dessa forma, uma vez que o VGBL e o PGBL, embora tenham natureza securitária, constituem capital de titularidade do segurado, que o administra da maneira que lhe convém, podendo sacá-lo a qualquer tempo, enquanto tal capital não resta convertido em renda periódica, a previdência privada é um investimento como outro qualquer, razão pela qual devem ser contabilizados para fim do estabelecimento do monte a ser dividido por morte ou de partilha decorrente do regime de bens[17].

Com efeito, assiste razão à Viviane Girardi e Luana Maniero Moreira quando assinalam que:

> Por sua essência previdenciária, com expressa previsão de aplicação das normas securitárias, a princípio, os valores vertidos ao plano e pagos aos beneficiários não serão considerados herança para todos os efeitos de direito. Logo, há dispensa do procedimento do inventário e arrolamento, o que confere agilidade no pagamento e isenção tributária [...].

> No entanto, o instituto da previdência privada deve ser aplicado de modo a não se tornar um mecanismo apto a fraudar as normas cogentes de Direito Sucessório, como o direito de herança, a legítima, e do Direito de Família, como o regime de bens, que devem ser necessariamente

---

16. TJSP, AC n. 1089230032018826010/SP 1089230-03.2018.8.26.0100, Rel. Luiz Antônio de Godoy, julg. 13.7. 2020, 1ª C. de Direito Privado, Data de Publicação: 13.7. 2020.

17. "Separação judicial. Partilha consensual realizada, com exclusão apenas do plano de previdência privada. Valores depositados na constância do casamento devem observar a meação. Previdência privada está equiparada a investimento financeiro. Questões outras abrangendo título de crédito não têm pertinência, pois todos os bens, dívidas e créditos já foram partilhados. Sentença válida e eficaz. Devido processo legal observado. Apelo da separanda provido em parte. Recurso do separando desprovido" (TJSP, AC n. 5432614500. 4ª C. de Direito Privado, Rel. Natan Zelinschi de Arruda. julg. 15.10.2009.

respeitadas, para que seja efetivamente respeitada a vontade do titular do plano de previdência privada.[18]

No mesmo sentido são as ponderações de Mairan Gonçalves Maia Júnior, que assevera:

> À reserva constitutiva dos fundos de previdência privada aplica-se o regime jurídico próprio dos capitais de natureza securitária, incluindo-se o disposto pelo artigo 794, que o excluí, expressamente, da herança. [...] A solução, no entanto, pode ser outra se demonstrado que a celebração dos negócios jurídicos de constituição dos fundos de previdência privada (PGBL ou VGBL) ocorreu com o nítido intuito de fraudar a legítima dos herdeiros necessários ou mesmo os credores do falecido.[19]

3. CRITÉRIOS PARA A COMPATIBILIZAÇÃO DO VGBL E DO PGBL COM A HERANÇA E A MEAÇÃO

Como restou demonstrado acima, pode-se dizer que a inclusão dos recursos oriundos do VGBL e do PGBL na herança ou no patrimônio a ser partilhado em decorrência da dissolução da sociedade conjugal ou da união estável ocorrerá quando sua utilização importar em desvio de finalidade, causando um desequilíbrio desautorizado na lei entre a legítima dos herdeiros necessários, uma fraude à meação do cônjuge ou companheiro ou, ainda, quando houver lesão a credores.

De fato, a dinâmica de pagamento por morte de seu titular dos recursos aplicados em planos como o VGBL e o PGBL muito se assemelha à prerrogativa de indicar beneficiários por meio de testamento, cabendo ditos recursos àqueles indicados pelo titular do patrimônio.

Dessa forma, será preciso examinar as circunstâncias em que os recursos oriundos do VGBL e do PGBL estão inseridos, para verificar como compatibilizá-los com a normativa cogente patrimonial do Direito de Família e das Sucessões. Com efeito, não se pode chancelar ato que viole norma imperativa de lei, sendo, portanto, nulo nos termos do disposto no art. 166, inciso VI.

E nem se alegue que ditos recursos oriundos do VGBL e do PGBL poderiam estar inseridos em categorias diversas de bens, em relação às quais não se aplicaria à normativa cogente do Direito de Família e das Sucessões. De fato, apesar de existirem verbas que podem ser afastadas da sucessão hereditária, como ocorre com aquelas previstas na Lei 6.858/80, a saber, os valores devidos pelos empregadores aos empregados e os

---

18. GIRARDI, Viviane; MOREIRA, Luana Maniero. A previdência privada aberta como instrumento ao planejamento sucessório. *cit.*, p. 644/645. No mesmo sentido Mairan Gonçalves Maia Júnior: "À reserva constitutiva dos fundos de previdência privada aplica-se o regime jurídico próprio dos capitais de natureza securitária, incluindo-se o disposto pelo artigo 794, que o exclui, expressamente, da herança. [...] A solução, no entanto, pode ser outra se demonstrado que a celebração dos negócios jurídicos de constituição dos fundos de previdência privada (PGBL ou VGBL) ocorreu com o nítido intuito de fraudar a legítima dos herdeiros necessários ou mesmo os credores do falecido".

19. MAIA JÚNIOR, Mairan Gonçalves. A previdência privada como instrumento de planejamento sucessório. *Revista Pensar*, Fortaleza, v. 25, n. 14, p. 1-13, jan./mar 2020. p. 11.

montantes das contas individuais do Fundo de Garantia do Tempo de Serviço e do Fundo de Participação PIS-PASEP, não recebidos em vida pelos respectivos titulares, que são pagos aos dependentes habilitados perante a Previdência Social e, em sua falta, aos sucessores previstos em lei, deve-se atentar que não há plena liberdade de nomear dependentes perante a Previdência Social e que aqui ocorre uma presunção de que ditas verbas, que eram necessárias à subsistência de seu titular, seguiriam o mesmo destino em relação aos seus dependentes. Em outras palavras, quanto às verbas previstas na Lei 6.858/80[20] não têm o titular plena e total liberdade de escolha dos seus destinatários *post mortem*, o que ocorre com os recursos aportados em sede de VGBL e PGBL.

Por conseguinte, pode-se dizer que a *regra geral* será a não inclusão dos recursos oriundos do VGBL e do PGBL na herança, não sendo obrigação dos beneficiários a inclusão de ditas verbas nas declarações de bens do inventário. Com efeito, a partir de planos como o VGBL e o PGBL pode ser possível alcançar a última vontade do titular do patrimônio de forma célere e sem maior burocracia.

Como explicitado acima, vem sendo cada vez mais recorrente o uso de figuras contratuais no planejamento sucessório, sendo, neste caso, ditos planos de previdência privada institutos alternativos ao testamento, já que, ao permitir disposição de patrimônio *mortis causa*, inserem-se dentre os instrumentos que quebram a hegemonia do testamento como o único negócio jurídico com esta finalidade. Nessa direção, se o *de cujus* não houver deixado herdeiros necessários, não havendo fraude a credores, serão livres as suas disposições *causa mortis* por meio de VGBL e PGBL, não havendo o que se falar na inclusão das verbas referidas na herança.

No entanto, se o titular dos recursos oriundos do VGBL e do PGBL tiver herdeiros necessários, devendo, portanto, respeitar a legítima em caso de disposição de

---

20. Em diversos casos, as verbas incluídas nas previsões da Lei 6.858/80 assumem valores expressivos, podendo distorcer a distribuição dos bens de uma pessoa post mortem. De fato, se o titular de ditas verbas estivesse vivo quando do recebimento, os aludidos recursos seriam transmitidos na forma da lei civil. Por conseguinte, há decisões que afastam a aplicação da lei 6.858/80 quando ditas verbas assumem valores que não se coadunam com a *ratio* da lei citada, que busca celeridade na transmissão de verbas emergenciais ao sustento daqueles que eram dependentes da pessoa falecida. Nesse sentido: "RECURSO ESPECIAL. SERVIDOR PÚBLICO. REAJUSTE DE 28,86%. LEI 8.622 E 8.627 DE 1993. MEDIDA PROVISÓRIA 1704-2 DE 1998. DIFERENÇAS SALARIAIS. FALECIMENTO DO TITULAR. INVENTÁRIO E PARTILHA. LEI 6858/80, § 1º. NÃO APLICAÇÃO. CITAÇÃO DA BENEFICIÁRIA DA PENSÃO. NULIDADE. AUSÊNCIA DE PREJUÍZO. 1. A Lei 6858/80, regulamentada pelo Decreto 85.845/81, destina-se a permitir o rápido acesso a quantias contemporâneas ao óbito, de reduzido montante, notadamente às verbas salariais remanescentes do mês de falecimento do empregado ou do servidor público, e às decorrentes do fim abrupto da relação de trabalho ou do vínculo estatutário, necessárias à sobrevivência imediata de seus dependentes. 2. Os atrasados oriundos de diferenças salariais correspondentes ao reajuste de 28,86% concedido aos servidores públicos federais pelas Leis 8.622 e 8.627, ambas de 1993 e Medida Provisória 1704-2, de 1998, não recebidos em vida pelo titular, devem ser incluídos no inventário e submetidos à partilha entre os herdeiros, da mesma forma como ocorre com as verbas rescisórias obtidas em reclamação trabalhista, não tendo aplicação, nesses casos, a fórmula concebida pela Lei 6858/80. 3. Recurso especial a que se nega provimento". STJ, 4ª T, REsp n. 1.155.832/PB (2009/0168143-4), Rel. Min. Luis Felipe Salomão, R.P/Acórdão, Min. Maria Isabel Gallotti, julg. em 18.02.2014.

bens *causa mortis*, a destinação para um terceiro beneficiário deverá ser imputada na cota disponível do autor da herança. Nessa direção, sendo o beneficiário um terceiro diverso dos herdeiros necessários, os recursos pagos pelo VGBL e pelo PGBL deverão caber na cota disponível do *de cujus*, devendo ser eventual testamento que disponha da disponível reduzido até que se alcance toda a cota livre do autor da herança contando o VGBL e o PGBL com as disposições testamentárias. Neste caso, o VGBL e o PGBL deverão ser apresentados na declaração de bens e direitos do falecido, para que seja possível aferir o valor da cota disponível.

Ainda na hipótese acima, tendo o titular do VGBL ou do PGBL herdeiros necessários, sendo um deles ou alguns deles nomeados como beneficiários, a referida disposição deverá ser imputada na cota disponível do autor da herança, aumentando o quinhão daqueles que já seriam beneficiados com suas respectivas heranças necessárias. Dito de outro modo, se o autor da herança dispõe de parte de seu patrimônio através da destinação *causa mortis* de recursos por força de VGBL ou PGBL, deve-se presumir que, com tal previsão, pretendeu beneficiar de forma diferenciada aquele a quem destinou tais recursos. Nessa direção, não seria conforme a vontade do autor da herança somar os recursos oriundos do VGBL e do PGBL com toda a herança e daí realizar a sua distribuição entre todos os herdeiros necessários. Isso porque, repita-se, deve-se interpretar a previsão quanto à destinação *post mortem* do VGBL ou do PGBL como um meio alternativo ao testamento e, portanto, em atenção ao disposto no art. 1.899 do Código Civil, deve-se buscar a interpretação das disposições *mortis causa* que melhor assegure a vontade do titular do patrimônio.

Entretanto, se o desejo do autor da herança é a divisão de seu patrimônio de forma igualitária, considerando as verbas oriundas do VGBL e do PGBL, terá ele duas opções. Se não houver testamento, deverá o autor da herança indicar todos os herdeiros necessários como beneficiários *post mortem*, em partes iguais, dos recursos oriundos do VGBL e do PGBL. Neste caso, a apresentação de tais verbas na declaração de bens e direitos do falecido não seria obrigatória, já que em nada mudaria a divisão do restante do patrimônio do *de cujus*. No entanto, se na Federação na qual se processa o inventário ditas verbas são tributadas por força do imposto de transmissão *causa mortis*, sua inclusão nas primeiras declarações é mandatória.

Na hipótese de o titular do patrimônio pretender que os recursos oriundos do VGBL ou do PGBL sejam imputados na legítima de um dos herdeiros necessários, assim deverá determinar em ato de última vontade, de forma a restar clara a sua intenção. Com efeito, pode ser desejo do autor da herança que a certos e determinados herdeiros sejam adiantados recursos antes da conclusão do inventário, não obstante pretender que haja uma distribuição igualitária dos seus bens. Nessa direção, a previsão testamentária deverá prever que os recursos do VGBL e do PGBL integram a legítima do herdeiro necessário contemplado, conforme a faculdade que é conferida ao testador de indicar os bens que devem compor os quinhões hereditários, nos termos do disposto no artigo 2.014 do Código Civil.

Aliás, o testamento é sede profícua para elucidar o destino dos recursos oriundos do VGBL ou do PGBL que serão pagos aos beneficiários fora do inventário na forma determinada pelo titular através da respectiva Instituição Financeira, já que, por meio de suas disposições, o titular do patrimônio poderá esclarecer de forma precisa como pretendeu dispor de tais verbas, podendo estas, por exemplo, integrar de forma clara a cota disponível do autor da herança. Por força do exposto, devem ser aceitas todas e quaisquer previsões testamentárias que tenham por finalidade esclarecer o destino do VGBL ou do PGBL, já que, diante das controvérsias de como harmonizá-lo com a normativa sucessória, a previsão testamentária é, sem dúvida, o melhor mecanismo de alcançar tal intento.

Ousa-se afirmar que o titular do patrimônio poderá alterar o beneficiário nomeado para receber os recursos oriundos do VGBL e do PGBL por meio do ato de última vontade, desde que esta previsão seja expressa e posterior à indicação na Instituição Financeira. Apesar de a orientação ao titular do patrimônio ser sempre aquela de que a Instituição Financeira efetuará o pagamento àquele que nela seja indicado como beneficiário do VGBL ou do PGBL, poder-se-ia verificar disposição testamentária por meio da qual o titular do patrimônio pretendesse alterar àquele a quem devem ser destinados tais recursos. Nesse caso, havendo uma indicação pretérita de beneficiário na Instituição Financeira na qual se encontra o VGBL e/ou o PGBL e uma disposição testamentária posterior que claramente disponha das aludidas verbas, alterando o seu destino, o que deve prevalecer?

Em atenção ao disposto no já citado art. 1.899 do Código Civil, deve-se perquirir a interpretação que melhor assegure a vontade do autor da herança e, constituindo ditos recursos investimentos financeiros do *de cujus* como outros quaisquer, o programa testamentário deve poder os abranger. Em outras palavras, caso o autor da herança nomeie beneficiário para o VGBL ou o PGBL diverso daquele indicado na Instituição Financeira por força de disposição testamentária posterior, esta última será aquela que deverá prevalecer quanto ao destino de tais verbas, observadas as ponderações acima.

E diante das presentes ponderações, não seria possível concluir pela incomunicabilidade dos recursos depositados nos planos em questão. Como já apresentado por ocasião da transcrição acima do acórdão do REsp1698774, no período que antecede a percepção dos valores, enquanto o capital do VGBL ou do PGBL é formado, este tem a natureza de investimento

> [...] razão pela qual o valor existente em plano de previdência complementar aberta, antes de sua conversão em renda e pensionamento ao titular, possui natureza de aplicação e investimento, devendo ser objeto de partilha por ocasião da dissolução do vínculo conjugal por não estar abrangido pela regra do art. 1.659, VII, do CC/2002.[21]

---

21. STJ, 3ª T, REsp n.1698774/RS 2017/0173928-2, Rel. Min. Nancy Andrighi, julg. 01.9.2020, DJe 9.9.2020.

Diante disso, vale ressaltar a importância de um planejamento patrimonial. Realmente, seria muito justo que num pacto antenupcial, restasse previsto pelos nubentes a incomunicabilidade de recursos aportados em planos de previdência privada, justamente para que cada um tenha garantida a liberdade de planejar o seu futuro e aposentadoria. Sem dúvida, é preciso explorar a liberdade das convenções antenupciais, de forma criativa e em conformidade com os anseios do casal, dentro dos parâmetros legais (CC, art. 1.639).

Nada impediria que a incomunicabilidade dos recursos oriundos do VGBL e do PGBL fossem acordadas após o casamento, por meio de pactos pós-nupciais. É verdade que não restam previstos formalmente em nosso ordenamento jurídico ditos pactos pós-nupciais. No entanto, não são proibidos, sendo certo que o legislador, expressamente, admite a mudança do regime de bens por força de decisão judicial (CC, art. 1.639, § 2º). Dessa forma, é inegável que o legislador reconhece que ajustes podem ser necessários para a continuidade do casamento e, nessa direção, pactos pós-nupciais seriam muito bem-vindos. Sem dúvida, não é difícil imaginar que rearranjos, em especial patrimoniais, sejam necessários para preservar as relações pessoais.

Poder-se-ia dizer que, nos termos do já citado art. 1.639, § 2º, do Código Civil, seria necessário obter uma autorização judicial que chancelasse dita incomunicabilidade e que, por regra geral, esta teria efeitos *ex nunc*, na esteira do posicionamento do Superior Tribunal de Justiça quanto aos efeitos da mudança do regime de bens,[22] salvo se de forma diversa restasse determinado pela decisão judicial.[23]

O mesmo seria invocado para os pactos de união estável, na medida em que muito se discute se esses podem ter efeitos retroativos, sendo certo que, no âmbito do Superior Tribunal de Justiça, vem prevalecendo a posição da impossibilidade de retroatividade.[24]

---

22. REsp n. 1.300.036/MT e REsp n. 1.533.179/RS.
23. TJSC, Primeira Câmara de Direito Civil, Processo 0310530-68.2016.8.24.0039 (Acórdão), Relator ANDRÉ CARVALHO, julgado em 30/11/2017, Juiz Prolator Monica do Rego Barros Grisolia Mendes. Ementa: APE-LAÇÃO CÍVEL. PEDIDO DE ALTERAÇÃO DO REGIME DE BENS COM PRODUÇÃO DE EFEITOS "EX TUNC". SENTENÇA QUE ACOLHEU O PEDIDO EXORDIAL PARA MODIFICAR O REGIME DE BENS, CONSIGNANDO, ENTRETANTO, QUE OS EFEITOS SE OPERARIAM A PARTIR DO TRÂNSITO EM JULGADO DA SENTENÇA. IRRESIGNAÇÃO. PEDIDO DE RETROAÇÃO DOS EFEITOS DA MUDANÇA À DATA DA CELEBRAÇÃO DO CASAMENTO. ACOLHIMENTO DO PLEITO PARA QUE A ALTERAÇÃO DO REGIME DE BENS PRODUZA EFEITOS RETROATIVOS À DATA DO CASAMENTO COM RELAÇÃO AOS CÔNJUGES, MAS, COM RELAÇÃO A TERCEIROS, APENAS A PARTIR DO TRÂNSITO EM JULGADO. "Na ausência de impedimento legal, é possível retroagir os efeitos da mudança do regime. Como o que não é proibido é permitido, é necessário admitir a possibilidade de a alteração atingir bens adquiridos antes do pedido de alteração, assim como os havidos antes mesmo do casamento. Ou seja, a mudança pode atingir bens comuns ou particulares, bens já existentes ou bens futuros. A retificação pode ter efeitos *ex tunc* ou *ex nunc*, a depender da vontade dos cônjuges. Aliás, o próprio texto legislativo conduz à possibilidade de eficácia retroativa ao ressalvar os direitos de terceiros, ressalva essa que só tem cabimento pela possibilidade de retroação. Adotado o regime da comunhão universal, a retroatividade é decorrência lógica. Impossível pensar em comunhão sem implicar comunicação de todos os bens posteriores e anteriores à modificação" (DIAS, Maria Berenice. Manual de Direito das Famílias. 8. ed. rev. e atual. São Paulo: Revista dos Tribunais, 2011. p. 254-255). RECURSO CONHECIDO E PROVIDO.
24. REsp n. 1.383.624 e REsp n. 1.597.675/SP.

Apesar do acima exposto, a questão da eficácia e da abrangência dos pactos pós-nupciais estão ainda abertas, devendo ser objeto de reflexões e ponderações. Realmente, assiste razão à Marília Pedroso Xavier quando assinala que "a autonomia privada deve ser a regra geral para a condução das situações ocorridas no seio da conjugalidade", salvo quando houver vulnerabilidade de um de seus membros, quando "o Estado deverá intervir com vistas a garantir a dignidade da pessoa que se encontra em condições vulneráveis".[25]

4. À GUISA DE CONCLUSÃO

Como apontado, é cada vez mais frequente a utilização de figuras contratuais no planejamento sucessório e os desafios de sua harmonização com as normas cogentes do Direito de Família e das Sucessões são evidentes.

Por força das divergências doutrinárias e jurisprudenciais em relação ao tema, procurou-se nesta sede analisar a questão proposta à luz da função que os recursos oriundos do VGBL e do PGBL desempenham no planejamento familiar patrimonial, valorizando a autonomia privada na interpretação de seu destino.

5. REFERÊNCIAS

FACHIN, Luiz Edson. *Estatuto jurídico do patrimônio mínimo.* Rio de Janeiro: Renovar, 2002.

GIRARDI, Viviane; MOREIRA, Luana Maniero. A previdência privada aberta como instrumento ao planejamento sucessório. *In:* TEIXEIRA, Daniele Chaves (coord.). *Arquitetura do planejamento sucessório.* 2. ed. Belo Horizonte: Fórum, 2020. p. 629-646.

MAIA JÚNIOR, Mairan Gonçalves. A previdência privada como instrumento de planejamento sucessório. *Revista Pensar.* Fortaleza, v. 25, n. 14, p. 1-13, jan./mar 2020.

MAXIMILIANO, Carlos. *Direito das Sucessões.* v. 2. Rio de Janeiro: Livraria Editora Freitas Bastos, 1937.

MORAIS, Daniel de Bettencourt Rodrigues Silva. *Revolução sucessória* – Os institutos alternativos ao testamento no século XXI. Cascais: Princípia, 2018.

TEPEDINO, Gustavo; NEVARES, Ana Luiza Maia; MEIRELES, Rose Melo Vencelau. *Fundamentos do Direito Civil:* Direito das Sucessões. v. 7. 2. ed. Rio de Janeiro: Forense, 2021.

TESSARI, Cláudio; POHLMANN, Marcelo. A reforma tributária no Rio Grande do Sul: das ilegalidades e inconstitucionalidades da incidência do ITCMD na transmissão das reservas de previdência privada PGBL e VGBL. *Revista de estudos tributários.* n. 137, p. 38-65, jan./fev. 2021.

---

25. XAVIER, Marilia Pedroso. *Contrato de namoro: amor líquido e direito de família mínimo.* Belo Horizonte: Fórum, 2020. p. 82.

HERANÇA DIGITAL:
O QUE SE TRANSMITE AOS HERDEIROS?

Livia Teixeira Leal

Doutoranda e Mestre em Direito Civil pela UERJ. Pós-Graduada pela EMERJ. Professora da PUC-Rio, da EMERJ e da ESAP. Assessora no Tribunal de Justiça do Rio de Janeiro – TJRJ. Autora do livro "Internet e morte do usuário: Propostas para o tratamento jurídico post mortem do conteúdo inserido na rede", publicado pela Editora GZ.

Gabriel Honorato

Mestre em Direito pela UFPB. Pós-graduado em Direito Civil pela ESA/PB. Advogado. Professor. Diretor tesoureiro do IBDFAM/PB. Membro da Comissão Nacional de Direito de Família e Sucessões do CFOAB. Vice-Diretor da ESA-PB. Coordenador da Pós-graduação de Direito das Famílias e Sucessões da ESA-PB.

Sumário: 1. Um olhar amplo sobre o tema – 2. Herança digital: um problema (apenas) sucessório? – 3. O que, afinal, se transmite aos herdeiros? – 4. Considerações finais – 5. Referências.

1. UM OLHAR AMPLO SOBRE O TEMA

Nesta obra em que se debate as tendências e os problemas do Direito Sucessório brasileiro, não se poderia deixar de discutir um dos temas mais sensíveis da área na atualidade: a herança digital. Sobre esta, a doutrina tem se debruçado com muito esmero na construção de soluções jurídicas para os problemas sociais envoltos à tutela e eventual transmissão e/ou conservação do patrimônio digital.

Neste norte, há de se pontuar que o tratamento e a sucessão de ativos digitais adquiriram maior importância com a pandemia da Covid-19, a qual, em virtude das políticas de isolamento social, ensejou uma maior e mais intensa sociabilidade virtual que também refletiu na ampliação da produção de bens digitais existenciais, patrimoniais e híbridos, como será explanado mais adiante.

Importa à doutrina, desta feita, amadurecer cada vez mais os estudos sobre a herança digital, atualizando e reinventando o Direito Sucessório no caminho de uma readequação deste sistema normativo, com o ideal de dar mais estabilidade para enfrentamento das lides que chegam ao Poder Judiciário.

Na jurisprudência pátria, o primeiro caso judicializado de que se tem conhecimento a enfrentar a questão ocorreu em 2013. Uma mãe requereu administrativamente ao *Facebook* que desativasse o perfil da filha falecida, apontando que a página "virou um muro de lamentações", na medida em que os contatos que a jovem tinha na rede social continuavam a postar mensagens, músicas e até fotos para a jovem.[1] Diante da resposta fornecida pelo provedor, que informava que seria necessário que a solicitante recorresse às sedes administrativas localizadas nos Estados Unidos e na Irlanda, foi ajuizada uma ação para a exclusão do perfil. A juíza da 1ª Vara do Juizado Especial Central do Estado de Mato Grosso do Sul deferiu o pedido em sede liminar, determinando a exclusão da página.[2]

A discussão em torno do tema ganhou novos contornos mundiais com um emblemático caso julgado na Alemanha. Os pais de uma menina de 15 anos, que morreu em uma estação subterrânea do metrô em 2012, travaram uma disputa judicial em desfavor do Facebook, requerendo o acesso à conta da filha, a fim de compreenderem se a sua morte decorreu de acidente ou de suicídio, por meio da leitura das suas conversas privadas, o que foi, ao final, deferido pelo *Bundesgerichtshof* – BGH, tribunal alemão equivalente ao Superior Tribunal de Justiça brasileiro.[3]

Para o *Bundesgerichtshof*, pelo princípio da sucessão universal, os herdeiros assumiriam a posição jurídica do usuário falecido na relação contratual estabelecida com o provedor, detendo a legítima pretensão de acessar a conta, de modo que as cláusulas previstas pelos termos de uso que restringissem tal direito seriam consideradas abusivas. Além disso, segundo o tribunal alemão, a prestação do provedor, consistente em viabilizar o acesso e a administração da conta ao usuário, não teria caráter personalíssimo, e o emissor da mensagem suportaria o risco de que terceiro tenha acesso ao material enviado. Assim, as contas firmadas em redes sociais deveriam ser transmitidas, como ocorre com as cartas, diários e informações confidenciais estabelecidas no mundo físico.[4]

Em 2019, no Brasil, o Juízo da Vara Única de Pompeu, de Minas Gerais, seguindo orientação diversa do entendimento alemão, negou aos pais o acesso aos dados contidos no celular da filha falecida, considerando o sigilo das comunicações, a proteção de direitos da personalidade de terceiros e a intimidade da filha.[5]

Mais recentemente, a 31ª Câmara de Direito Privado do Tribunal de Justiça de São Paulo manteve, em sede de Apelo, a improcedência da pretensão de uma mãe que havia ajuizado ação de obrigação de fazer c/c reparatória, com o fito de reativar a conta da filha falecida que havia sido excluída do Facebook e de obter compensação pelos danos morais que alegou ter experimentado.[6] No acórdão, o Relator apontou que,

---

1. G1. *Mãe pede na Justiça que Facebook exclua perfil de filha morta em MS*. Disponível em: http://g1.globo.com/mato-grosso-do-sul/noticia/2013/04/mae-pede-na-justica-que-facebook-exclua-perfil-de-filha-falecida-em-ms.html. Acesso em: 05 mai. 2021.
2. TJMS, 1ª Vara do Juizado Especial Central, Processo n. 0001007-27.2013.8.12.0110, Juíza Vania de Paula Arantes, julg. 19.3. 2013.
3. BGH v. 12.07.2018, III ZR 183/17.
4. MENDES, Laura Schertel Ferreira; FRITZ, Karina Nunes. Case Report: Corte Alemã Reconhece a Transmissibilidade da Herança Digital. *RDU*. Porto Alegre, Volume 15, n. 85, 2019, p. 188-211.
5. TJMG, Vara Única da Comarca de Pompeu, Processo n. 0023375-92.2017.8.13.0520, Juiz Manoel Jorge de Matos Junior, julg. 08.6.2018.
6. TJSP, 31ª C. de Direito Privado, AC n. 1119688-66.2019.8.26.0100, Rel. Des. Francisco Casconi, julg. 09.3.2021.

[...] não há como imputar à apelada responsabilidade pelos abalos morais decorrentes da exclusão dos registros, já que decorreram de manifestação de vontade exarada em vida pela usuária, ao aderir aos Termos de Serviço da apelada, os quais, de um modo ou de outro, previam expressamente a impossibilidade de acesso ilimitado do conteúdo após o óbito.

É importante observar que a análise do tema não se restringe ao dilema da transmissibilidade/intransmissibilidade dos perfis, na medida em que, mesmo que se entenda pela transmissão da titularidade da conta aos herdeiros, que passariam a ter a possibilidade de acesso irrestrito e administração do perfil, será ainda preciso considerar a proteção de direitos da personalidade de terceiros e também de elementos da personalidade do *de cujus* que seguem merecedores de tutela pelo direito. Também não se pode olvidar que nem todos os direitos são transmitidos com a morte do titular[7] e que, com frequência, há outros aspectos e interesses a serem ponderados, como eventuais direitos autorais envolvidos.

De início, portanto, ressalte-se que os estudos envoltos à herança digital perpassam por três pilares principais: I) o possível reconhecimento sobre a titularidade de bens digitais pelos usuários; II) a plausibilidade da projeção destes conteúdos para os herdeiros, por direito sucessório; e, III) a tutela da privacidade dos sujeitos envolvidos e de outros interesses juridicamente protegidos.

Nesse sentido, o presente estudo buscará examinar as controvérsias centrais que permeiam a herança digital, com o fito de responder ao dilema: o que se transmite aos herdeiros?

2. HERANÇA DIGITAL: UM PROBLEMA (APENAS) SUCESSÓRIO?

O descompasso entre o direito e as transformações decorrentes do desenvolvimento tecnológico acarreta a existência de "vácuos legislativos", que geram dúvidas quanto às possibilidades e limites para a atuação nas relações estabelecidas na rede. No entanto, como observa Gustavo Tepedino, nos conflitos do mundo tecnológico, mesmo a liberdade deve ser exercida "dentro e conforme o direito, e não fora dele", não configurando um espaço de *não direito*, de modo que a autonomia deve ser exercida em consonância com os demais preceitos do ordenamento jurídico.[8]

Nesse cenário, é preciso considerar que, mesmo diante da ausência de normas específicas a respeito da herança digital, o arcabouço jurídico vigente já incide como fator de regulação das condutas firmadas na internet. Por outro lado, a previsão legislativa específica pode proporcionar maior segurança jurídica, sobretudo ao se

---

7. "Cumpre, todavia, esclarecer que o conceito de sucessão universal não significa que os direitos de todos os tipos serão transmitidos. Ao revés, alguns não podem sê-lo, como os de família puros (poder familiar, tutela, curatela) ou mesmo alguns de cunho patrimonial (direito real de usufruto), compreendem-se nela os direitos de crédito, mas nem todos o são, como as obrigações *intuitu personae*, e bem assim as faculdades pessoais". (PEREIRA, Caio Mário da Silva. *Instituições de direito civil*. Direito das sucessões. v. VI. 26. ed. rev. e atual. Rio de Janeiro: Forense, 2019. p. 2.)

8. TEPEDINO, Gustavo. Liberdades, tecnologia e teoria da interpretação. *Revista Forense*, Rio de Janeiro: Forense, v. 419, p. 86-87, jan./jun 2014.

considerar que o Código Civil foi elaborado sob a perspectiva do mundo analógico e nem o Marco Civil da Internet nem a Lei de Proteção de Dados Pessoais brasileira (LGPD) – Lei nº 13.709/2018 contêm previsões sobre sucessão de bens digitais.[9]

Nesse cenário, a primeira resposta jurídica para as questões relacionadas aos efeitos da morte sobre o acervo digital do *de cujus* acaba sendo, evidentemente, derivada das regras de direito sucessório, na medida em que, pelo princípio da *saisine*, com a morte da pessoa natural, a sua herança é transmitida, desde logo, aos herdeiros legítimos e testamentários (art. 1.784, CC/02). Assim, as propostas de regulação jurídica do tema incidiram, inicialmente, sobre o Livro V do Código Civil, que trata do Direito das Sucessões.

O Projeto de Lei nº 4.847, de 2012,[10] apresentava uma definição de *herança digital*, caracterizando-a como todo o conteúdo disposto no espaço digital, incluindo senhas, perfis de redes sociais, contas, bens e serviços, e prevendo a transmissão desse conteúdo aos herdeiros, que ficariam responsáveis por sua administração. Tal proposição foi apensada ao Projeto de Lei nº 4.099, de 2012,[11] que também propunha a transmissão, de forma irrestrita, de todo o conteúdo e de todas as contas do usuário aos herdeiros após a sua morte, sem que houvesse qualquer diferenciação entre os conteúdos e a natureza dos arquivos. Insta salientar que o mesmo texto previsto pelo Projeto de Lei nº 4.847/2012 foi reproduzido no Projeto de Lei nº 8.562/2017.[12]

Posteriormente, outras proposições buscaram a inclusão de normas voltadas à herança digital na Lei nº 12.965/2014 – Marco Civil da Internet. Em 2015, foi vez do Projeto de Lei nº 1.331,[13] que buscava a alteração do inciso X do art. 7º do Marco Civil, para determinar a legitimidade do cônjuge, dos ascendentes e dos descendentes para requerer a exclusão dos dados pessoais do usuário falecido. Embora silente em pontos importantes, o projeto parecia prestar contributo positivo, um passo saudável na tutela da privacidade.

---

9. A respeito da regulação da herança digital, remete-se a outro estudo escrito pelos autores deste artigo: HONORATO, Gabriel. LEAL, Livia. Proposta para a regulação da herança digital no direito brasileiro. *In:* EHRHARDT JÚNIOR, Marcos; CATALAN, Marcos; MALHEIROS, Pablo (org.). *Direito Civil e tecnologia.* Belo Horizonte: Fórum, 2020. p. 379-394.

10. BRASIL. Câmara dos Deputados. Projeto de Lei n. 4.847, de 2012. Acrescenta o Capítulo II-A e os arts. 1.797-A a 1.797-C à Lei nº 10.406, de 10 de janeiro de 2002. Disponível em: http://www.camara.gov.br/proposicoesWeb/fichadetramitacao?idProposicao=563396. Acesso em: 05 mai. 2021.

11. BRASIL. Câmara dos Deputados. Projeto de Lei n. 4.099, de 2012. Altera o art. 1.788 da lei n. 10.406, de 10 de janeiro de 2002. Disponível em: https://www.camara.leg.br/proposicoesWeb/fichadetramitacao?idProposicao=548678. Acesso em: 05 mai. 2021.

12. BRASIL. Câmara dos Deputados. Projeto de Lei n. 8562, de 2017. Acrescenta o Capítulo II-A e os arts. 1.797-A a 1.797-C à Lei nº 10.406, de 10 de janeiro de 2002. Disponível em: https://www.camara.leg.br/proposicoesWeb/fichadetramitacao?idProposicao=2151223. Acesso em: 05 mai. 2021.

13. BRASIL. Câmara dos Deputados. Projeto de Lei n. 1.331, de 2015. Altera a Lei nº 12.965, de 23 de abril de 2014 - Marco Civil da Internet, dispondo sobre o armazenamento de dados de usuários inativos na rede mundial de computadores. Disponível em: http://www.camara.gov.br/proposicoesWeb/fichadetramitacao?idProposicao=1227967. Acesso em: 05 mai. 2021.

O Projeto de Lei nº 7.742, apresentado em 2017,[14] sugeria a inclusão do art. 10-A ao Marco Civil da Internet, estabelecendo que os provedores de aplicações de internet deveriam excluir as respectivas contas de usuários brasileiros mortos, imediatamente após a comprovação do óbito, a requerimento do cônjuge, companheiro ou parente, maior de idade, obedecida a linha sucessória, reta ou colateral, até o 2º grau.

Todas as proposições mencionadas encontram-se atualmente arquivadas, estando em tramitação o Projeto de Lei nº 5.820/2019,[15] que visa à alteração do art. 1.881 do Código Civil, com a inclusão de um §4º com a seguinte redação: "Para a herança digital, entendendo-se essa como vídeos, fotos, livros, senhas de redes sociais, e outros elementos armazenados exclusivamente na rede mundial de computadores, em nuvem, o codicilo em vídeo dispensa a presença das testemunhas para sua validade". Também em tramitação, pode ser elencado o Projeto de Lei nº 6468/2019,[16] que, por meio da inclusão de um parágrafo único no art. 1.788 do Código Civil, pretende estabelecer a transmissão aos herdeiros de "todos os conteúdos de contas ou arquivos digitais de titularidade do autor da herança."

Pode-se destacar, ainda, o Projeto de Lei nº 3.050, de 2020,[17] que, apesar de sugerir a transmissão dos conteúdos *de qualidade patrimonial* de titularidade do autor da herança, acaba por veicular proposta similar à do Projeto de Lei nº 6468, de 2019, em sua justificativa[18]; e o Projeto de Lei nº 3.051, de 2020[19], com redação análoga à do Projeto de Lei nº 7.742, de 2017.

Todavia, verifica-se que o tratamento jurídico da herança digital não deve se pautar apenas sobre as normas do Código Civil direcionadas à regulação da sucessão *causa mortis*, mas deve considerar, também, a Lei de Proteção de Dados Pessoais

---

14. BRASIL. Câmara dos Deputados. Projeto de Lei n. 7742, de 2017. Acrescenta o art. 10-A à Lei nº 12.965, de 23 de abril de 2014 (Marco Civil da Internet), a fim de dispor sobre a destinação das contas de aplicações de internet após a morte de seu titular. Disponível em: https://www.camara.leg.br/proposicoesWeb/fichadetramitacao?idProposicao=2139508. Acesso em: 05 mai. 2021.

15. BRASIL. Câmara dos Deputados. Projeto de Lei n. 5820, de 2019. Dá nova redação ao art. 1.881 da Lei nº 10.406, de 2002, que institui o Código Civil. Disponível em: https://www.camara.leg.br/proposicoesWeb/fichadetramitacao?idProposicao=2228037. Acesso em: 05 mai. 2021.

16. BRASIL. Senado Federal. Projeto de Lei n. 6468, de 2019. Altera o art. 1.788 da Lei n.º10.406, de 10 de janeiro de 2002, que institui o Código Civil, para dispor sobre a sucessão dos bens e contas digitais do autor da herança. Disponível em: https://www25.senado.leg.br/web/atividade/materias/-/materia/140239. Acesso em: 05 mai. 2021.

17. BRASIL. Câmara dos Deputados. Projeto de Lei n. 3050, de 2020. Altera o art. 1.788 da Lei n.º 10.406, de 10 de janeiro de 2002. Disponível em: https://www.camara.leg.br/proposicoesWeb/fichadetramitacao?idProposicao=2254247. Acesso em: 05 mai. 2021.

18. "O projeto de lei pretende tratar sobre tema relevante e atual, que possibilita alterar o Código Civil com objetivo de normatizar o direito de herança digital. Há no Judiciário diversos casos que aguardam decisões nesse sentido, situações em que familiares dos falecidas desejam obter acesso a arquivos ou contas armazenadas em serviços de internet. É preciso que a lei civil trate do tema, como medida de prevenção e pacificação de conflitos sociais e compete ao Poder Público, e nós enquanto legisladores viabilizar formas de melhor aplicabilidade da herança digital. [...]".

19. BRASIL. Câmara dos Deputados. Projeto de Lei n. 3051, de 2020. Acrescenta o art. 10-A à Lei nº 12.965, de 23 de abril de 2014 (Marco Civil da Internet), a fim de dispor sobre a destinação das contas de aplicações de internet após a morte de seu titular. Disponível em: https://www.camara.leg.br/proposicoesWeb/fichadetramitacao?idProposicao=2254248. Acesso em: 05 mai. 2021.

(LGPD) e o Marco Civil da Internet, considerando-se o contexto em que os conteúdos se encontram inseridos.

Nesse sentido, em 2021, foi apresentado o Projeto de Lei nº 1144[20], o qual pretende dispor sobre os dados pessoais inseridos na internet após a morte do usuário. A proposta busca, de início, modificar os parágrafos únicos dos arts. 12 e 20 do Código Civil para passar a constar como legitimados para pleitear a tutela *post mortem* dos direitos da personalidade "o cônjuge ou o companheiro sobrevivente, parente em linha reta, ou colateral até o quarto grau, ou qualquer pessoa com legítimo interesse", apresentando também sugestões de alteração nas regras de direito sucessório e no Marco Civil da Internet.

Ressalta-se a proposta de inclusão de um dispositivo no Código Civil (art. 1.791-A), que passaria a prever que "[i]ntegram a herança os conteúdos e dados pessoais inseridos em aplicação da Internet de natureza econômica", o que abrangeria

> [...] dados financeiros, os conteúdos e dados de que trata o caput abrangem, salvo manifestação do autor da herança em sentido contrário, perfis de redes sociais utilizados para fins econômicos, como os de divulgação de atividade científica, literária, artística ou empresária, desde que a transmissão seja compatível com os termos do contrato.

De acordo com a proposição, estariam excluídos da sucessão "o conteúdo de mensagens privadas constantes de quaisquer espécies de aplicações de Internet, exceto se utilizadas com finalidade exclusivamente econômica".

Outrossim, o projeto sugere a inclusão de um dispositivo no Marco Civil da Internet, que passaria a prever que "[o]s provedores de aplicações de internet devem excluir as contas públicas de usuários brasileiros mortos, mediante comprovação do óbito", exceto se houver previsão contratual em sentido contrário e manifestação do titular dos dados pela sua manutenção após a morte, e no caso de perfis de redes sociais utilizados para fins econômicos, como os de divulgação de atividade científica, literária, artística ou empresária. Pela proposição, o encarregado pelo gerenciamento de contas não poderia alterar o conteúdo de escritos, imagens e outras publicações ou ações do titular dos dados, ou ter acesso ao conteúdo de mensagens privadas trocadas com outros usuários, exceto se a conta for utilizada com finalidade patrimonial.

A proposta prevê, ainda, que os legitimados para proteção póstuma dos direitos da personalidade poderiam pleitear a exclusão da conta, em caso de ameaça ou lesão a tais interesses, e que, "[m]esmo após a exclusão das contas, devem os provedores de aplicações manter armazenados os dados e registros dessas contas pelo prazo de 1 (um) ano a partir da data do óbito, ressalvado requerimento em sentido contrário".

Quanto aos dados de pessoas falecidas, cumpre observar que o Regulamento 2016/679 – Regulamento Geral de Proteção de Dados da União Europeia (*General*

---

20. BRASIL. Câmara dos Deputados. Projeto de Lei n 1144, de 2021. Dispõe sobre os dados pessoais inseridos na internet após a morte do usuário. Disponível em: https://www.camara.leg.br/propostas-legislativas/2275941. Acesso em: 03 mai. 2021.

Data Protection Regulation ou GDPR)[21] expressamente exclui tais dados pessoais de seu âmbito de aplicação, deixando tal regulamentação a cargo de cada Estado. Em seu item n. 27, o Regulamento 2016/679 prevê que: "O presente regulamento não se aplica aos dados pessoais de pessoas falecidas. Os Estados-Membros poderão estabelecer regras para o tratamento dos dados pessoais de pessoas falecidas".

A Lei Geral de Proteção de Dados brasileira, por sua vez, não traz qualquer disposição nesse sentido, o que, de outro lado, não deve afastar a aplicação de sua normativa a dados de pessoas falecidas.

Em seu art. 7º, I, determina a LGPD que o consentimento do titular constitui requisito para o tratamento dos dados pessoais, não tendo o legislador previsto, todavia, qual seria o efeito da morte do titular sobre o consentimento. Nota-se, outrossim, que a morte do usuário não se encontra elencada como hipótese de encerramento do tratamento dos dados pessoais nos arts. 15 e 16 da LGPD, sendo essa também uma questão ainda em aberto. Com efeito, estaria o agente operador ou responsável autorizado a manter o tratamento dos dados pessoais mesmo após a morte ou haveria necessidade de manifestação prévia do titular ou autorização dos familiares nesse sentido?

Além disso, a LGPD prevê, em seu art. 6º, incisos I e III, como princípios norteadores das atividades de tratamento de dados pessoais, o *princípio da finalidade*, que determina a "realização do tratamento para propósitos legítimos, específicos, explícitos e informados ao titular, sem possibilidade de tratamento posterior de forma incompatível com essas finalidades", e o *princípio da necessidade,* o qual estabelece a "limitação do tratamento ao mínimo necessário para a realização de suas finalidades, com abrangência dos dados pertinentes, proporcionais e não excessivos em relação às finalidades do tratamento de dados".

Com efeito, a previsão normativa de restrições à atuação dos provedores de aplicações no tratamento de dados pessoais de pessoas falecidas pode resguardar interesses juridicamente relevantes relacionados às contas do *de cujus* quando algum aspecto existencial da pessoa falecida inviabilizar o acesso dos herdeiros à conta.

Outra questão importante refere-se aos aspectos processuais da herança digital. Quanto a este ponto, chama atenção o fato de as decisões brasileiras sobre o tema terem sido prolatadas por juízos cíveis comuns, inclusive sendo uma emanada por um Juizado Especial Cível,[22] o que gera reflexões quanto à competência processual para apreciação de tais demandas. De tal observação surge a seguinte provocação: se estamos discorrendo sobre heranças (digitais), seriam estas matérias de competência de tais órgãos judicantes ou seria mais apropriado que tais demandas fossem recebi-

---

21. UNIÃO EUROPEIA. Regulamento (UE) 2016/679 do Parlamento Europeu e do Conselho, de 27 de abril de 2016. Disponível em: http://eur-lex.europa.eu/legal-content/PT/TXT/?uri=celex%3A32016R0679. Acesso em: 05 mai. 2021.
22. TJMS, 1ª Vara do Juizado Especial Central, Processo n. 0001007-27.2013.8.12.0110, Juíza Vania de Paula Arantes, julg. 19.3.2013.

das e julgadas por Varas de Sucessões? Além disso, como incluir os bens digitais no inventário? Como valorá-los?

Assim, a proposição legislativa que pretenda regular a herança digital deve ser direcionada não apenas ao Livro V do Código Civil, que trata do Direito das Sucessões, mas também à Lei de Proteção de Dados Pessoais (LGPD), Marco Civil da Internet e ainda, o Código de Processo Civil, com o fito de estabelecer um arcabouço normativo que reconheças as particularidades do ambiente digital e os direitos e deveres já incidentes sobre as relações jurídicas ali firmadas.

3. O QUE, AFINAL, SE TRANSMITE AOS HERDEIROS?

A doutrina costuma dividir o patrimônio digital da seguinte forma: I) *bens digitais patrimoniais*, aqueles conteúdos que gozam de valor econômico, como milhas aéreas, bibliotecas musicais virtuais, acessórios de videogames e outros; II) *bens digitais personalíssimos*, que compreendem aquela parte do acervo dotado de valor existencial, seja do titular, seja de terceiros com os quais se envolveu, a exemplo de correios eletrônicos, aplicativos como o *Whatsapp* e o *Facebook*, e outros; III) por fim, os *bens digitais híbridos*, cujo núcleo seja abrangido tanto por conteúdo personalíssimo como patrimonial, como contas do *Youtube* de pessoas públicas que são monetizadas pela elevada quantidade de acessos.

Sobre tais pontos, existem três correntes vistas na atualidade.

A primeira, que aparenta ser majoritária no Direito Civil brasileiro, também defendida por estes autores, entende que deve haver um fracionamento do patrimônio digital, compreendendo a aplicação da regra geral do direito sucessório para transmissão dos bens digitais de natureza patrimonial – ressalvando-se aqueles bens nos quais, na oportunidade da aquisição, restou claro e evidente que o consumidor estava adquirindo o direito de uso e não a propriedade do bem – e também para a projeção dos bens digitais existenciais e híbridos quando houver consentimento, em vida, pelo usuário, e, além disso, quando tal transmissão não gere prejuízos à personalidade de terceiros ou a aspectos da personalidade do falecido que permanecem sob tutela jurídica após a morte.

A segunda corrente proclama a aplicação da regra geral de transmissão sucessória para todos e quaisquer bens digitais, sem diferenciação quanto às categorias destes, seguindo o entendimento do já mencionado Tribunal Constitucional Alemão que, na apreciação do emblemático caso envolvendo o pleito de dois genitores que postulavam o direito de acesso à conta da filha falecida no Facebook, deferiu o pleito destes, garantindo irrestrito acesso à rede social da morta.[23]

---

23. FRITZ, Karina Nunes. Leading case: BGH reconhece a transmissibilidade da herança digital. *Migalhas*. Disponível em: https://www.migalhas.com.br/coluna/german-report/308578/leading-case-bgh-reconhece-a-transmissibilidade-da-heranca-digital. Acesso em: 05 mai. 2021.

A terceira corrente, comumente aclamada pelas plataformas digitais, defende a impossibilidade de projeção tanto de bens digitais patrimoniais como existenciais, aduzindo, no mais das vezes, que se tratam de contratos personalíssimos e intransferíveis, e que não geram titularidade, mas apenas o direito de uso, o que tem ensejado uma discussão sobre os direitos consumeristas dos usuários, ponderando-se, dentre outros fatores, a quebra do dever de informação e o princípio da vinculação da oferta, conforme apregoam os artigos 30 e 31 do Código de Defesa do Consumidor.

Na visão desses autores, como já apontado, deve-se considerar que a análise do tema não se restringe à discussão referente à transmissibilidade ou não dos perfis. Nesse cenário, na regulação da herança digital não se deve abordar a questão apenas sob o aspecto da transmissão patrimonial, desconsiderando a tutela de direitos da personalidade, sob pena de se recair na possibilidade de violação de interesses juridicamente tutelados.

Além disso, a manifestação de vontade deixada pelo usuário é um relevante instrumento de direcionamento do tratamento jurídico do conteúdo deixado na rede, ressaltando-se a importância de mecanismos de planejamento sucessório, que permitam a escolha, pelo próprio titular da conta, da pessoa que poderá administrar a sua rede após a morte, dos limites de atuação deste ou, pelo contrário, da própria exclusão ou congelamento da conta (transformação em memorial).

Neste sentido, ressalte-se que o Código Civil já prevê algumas ferramentas para planejamento da sucessão, como o testamento, seja ele público (art. 1.864 ao art. 1.867), cerrado (art. 1.868 a 1.875), ou particular (art. 1.876 ao art. 1.880). Nota-se, ainda, que, apesar de os testamentos tradicionais serem formas mais seguras para a garantia de efetividade e concretude à manifestação da vontade do falecido, o codicilo (art. 1.881 ao art. 1.885) pode constituir meio hábil para registrar à vontade, sobretudo quando se estiver diante de perfis com baixo ou nenhum valor financeiro.[24]

Deve-se frisar que, além dos meios tradicionais, os provedores de aplicações também vêm desenvolvendo algumas ferramentas no âmbito de suas próprias plataformas para a efetivação do planejamento sucessório digital, a exemplo do Google e do Facebook que já facultam instrumentos sólidos para sucessão das respectivas contas, que não podem ser ignoradas.

Nota-se, outrossim, que, além de responder à pergunta objeto deste artigo (o que se transmite aos herdeiros?), a sucessão testamentária também permite uma maior compreensão sobre a quais herdeiros se projetam os bens passíveis de transmissão. E, de igual importância, cumpre consignar que a disposição testamentária também pode prevenir um conflito muito comum nos processos de inventário: a disputa sobre

---

24. Conforme estabelece o art. 1.881 do Código Civil, "toda pessoa capaz de testar poderá, mediante escrito particular seu, datado e assinado, fazer disposições especiais sobre o seu enterro, sobre esmolas de pouca monta a certas e determinadas pessoas, ou, indeterminadamente, aos pobres de certo lugar, assim como legar móveis, roupas ou joias, de pouco valor, de seu uso pessoa".

os frutos consequentes dos bens inventariados.[25] Diz isto porque desde a abertura da sucessão – com o falecimento do autor da herança –, cria-se um condomínio *pró-indiviso* no qual a relação dos herdeiros com os referidos bens rege-se pelas normas do condomínio, vide art. 1.791 do Código Civil.[26] Com isso, todos os bens que compõem o espólio passam a ter seus frutos divididos entre os sucessores, o que pode ensejar contendas sobre os valores monetizados também por bens digitais, seja em virtude das elevadas importâncias financeiras que estes podem possuir na perspectiva da alienação, seja em razão daquele *quantum* que podem prospectar mensalmente enquanto rendimento, ainda mais com a possível majoração em virtude da ampliação de acessos decorrente do evento morte, consoante já explorados ao longo deste escrito.

A regra,[27] contudo, comporta exceção, conforme inteligência que se extrai do art. 1.326 do Diploma Civil,[28] que condiciona a norma geral à ausência de disposição de última vontade em sentido diverso. Neste sentido, cumpre lembrar, dentre outras possibilidades, a figura do legado na sucessão testamentária que permite ao autor da herança a transferência direta de um bem singular diretamente para o herdeiro legatário. É o que claramente dispõe o art. 1.923 do Código em albergue ao dispor que *"desde a abertura da sucessão, pertence ao legatário a coisa certa, existente no acervo, salvo se o legado estiver sob condição suspensiva"*. Complementando o *caput*, o parágrafo segundo disciplina que *"o legado de coisa certa existente na herança transfere também ao legatário os frutos que produzir, desde a morte do testador, exceto se dependente de condição suspensiva, ou de termo inicial"*.

Desta forma, conclui-se facilmente que a disposição testamentária que atribui um bem digital singularmente como um legado a determinado herdeiro importará a transferência direta sobre a propriedade e os frutos deste bem ao sucessor legatário, minimizando eventuais conflitos familiares no momento do luto, a exemplo de eventual cobiça e desavença pelos rendimentos de uma significativa conta na plataforma do *Youtube*. Ressalte-se, por dever de lembrança, que as disposições testamentárias devem observar a legítima, que não pode ser esquecida na matemática frente à bens digitais de valores expressivos.

---

25. A exemplo do apontado, segue matéria do portal IBDFAM reportando decisão judicial sobre o dever de um herdeiro pagar aluguel sobre o uso de imóvel que poderia prospectar frutos em prol dos demais herdeiros: IBDFAM. Ocupante de imóvel deve pagar aluguel aos demais herdeiros. Disponível em: https://ibdfam.org.br/index.php/noticias/7510/Ocupante+de+im%c3%b3vel+deve+pagar+aluguel+aos+demais+herdeiros. Acesso em: 28 mar. 2021.

26. "Aberta a sucessão, a herança transmite-se, desde logo, aos herdeiros legítimos e testamentários (art. 1.784 do CC/02). A partir dessa transmissão, cria-se um condomínio pro indiviso sobre o acervo hereditário, regendo-se o direito dos coerdeiros, quanto à propriedade e posse da herança, pelas normas relativas ao condomínio, como mesmo disposto no art. 1.791, parágrafo único, do CC/02" (STJ, REsp n. 1.631.859 – SP, Rel. Min. Nancy Andrighi).

27. Art. 2.020. Os herdeiros em posse dos bens da herança, o cônjuge sobrevivente e o inventariante são obrigados a trazer ao acervo os frutos que perceberam, desde a abertura da sucessão; têm direito ao reembolso das despesas necessárias e úteis que fizeram, e respondem pelo dano a que, por dolo ou culpa, deram causa.

28. Art. 1.326. Os frutos da coisa comum, não havendo em contrário estipulação ou disposição de última vontade, serão partilhados na proporção dos quinhões.

Outro aspecto relevante consiste na necessidade de se considerar, nos provedores de conversas privadas, como o *WhatsApp*, o *Messenger* e as contas de e-mail pessoais, a expectativa de privacidade do usuário e da disposição constante no inciso XII do art. 5° da Constituição da República, que determina como "inviolável o sigilo da correspondência e das comunicações telegráficas, de dados e das comunicações telefônicas". Em tais hipóteses, portanto, defende-se o resguardo do segredo constante na relação entre o emissor e o destinatário da mensagem,[29] sendo a funcionalidade da aplicação também um fator relevante nessa seara, não se podendo permitir que os herdeiros tenham acesso a tais conteúdos.

Ocorre, entretanto, que, mesmo havendo bloqueio pelas plataformas, sopesando-se a possibilidade de que um dos herdeiros promova o desbloqueio de aparelhos como computador e telefone, parece salutar a obrigatoriedade para que aquelas criem mecanismos autônomos de tutela da privacidade, permitindo que terceiros possam solicitar diretamente ao provedor a exclusão dos conteúdos privativos das contas do falecido, resguardando-se, o dever de armazenamento pela empresa em prol do interesse público, conforme tratado alhures.

Não se ignora, ainda, que a proteção ao sigilo poderá entrar em conflito com questões de ordem pública, como no caso de eventual investigação criminal em que seja necessário, para a apuração de determinado crime, o acesso a informações constantes em aplicações com caráter privado. Contudo, mesmo em tais casos, a jurisprudência pátria vem se manifestando pela necessidade de ordem judicial para acessar conversas em aplicativos como o *WhatsApp*, como forma de resguardar, a princípio, o sigilo da comunicação ali realizada.[30]

Neste diapasão, conforme capítulo anterior, louvável a proposta contida no Projeto de Lei n° 7.742, apresentado em 2017, que sugeria o armazenamento da conta pelo período de um ano, podendo tal prazo ser prorrogado, a pedido das autoridades públicas, exatamente para preservar o interesse público, norma esta que merece ser incorporada na regulação da herança digital. Some-se a isso a sugestão para que se estabeleça o dever de comunicação aos herdeiros, pelas plataformas, tanto quanto ao arquivamento, como quanto à exclusão definitiva, após decorrido o período de armazenamento.

Assim, a respeito da transmissão do patrimônio digital, ressalta-se, como regra, a impossibilidade de transmissão de conteúdos que contenham aspectos personalíssimos e existenciais que remontem à esfera da privacidade, da intimidade e a reserva do segredo, salvaguardando a pessoa e sua dignidade, devendo-se conferir, portanto, tratamento diferenciado para bens digitais personalíssimos e bens digitais patrimoniais.

---

29. "O sigilo de correspondência advém da obrigação de se respeitar o segredo que se encontra implícito em toda a relação entre o emissor e o destinatário da mensagem escrita, quanto mais se o conteúdo da comunicação é de natureza confidencial". LISBOA, Roberto Senise. A inviolabilidade de correspondência na Internet. *In*: LUCCA, Newton de; SIMÃO FILHO, Adalberto (coord.). *Direito & internet* – aspectos jurídicos relevantes. 2. ed. São Paulo: Quartier, 2005. p. 517.

30. A respeito do tema: STJ, 5ª T, RHC 75055/DF, Rel. Min. Ribeiro Dantas, julg. 21.3.2017, DJe 27.3.2017.

Excepcionalmente, quando o titular manifestar em vida a sua vontade de projeção de suas contas e não houver prejuízo a terceiros, entende-se como plausível tal transmissão. No caso se redes sociais que gozem de mensagens privativas, uma solução poderia ser a exclusão de tais conteúdos exclusivos, projetando a conta com as informações públicas, para gerenciamento, pelo herdeiro administrador, da conta-memorial.

Quanto aos bens digitais patrimoniais, como contas vinculadas a instituições que gerenciam criptomoedas ou milhas aéreas, por exemplo, deve-se, como regra, viabilizar a sua sucessão aos herdeiros, partindo da regra geral da sucessão hereditária. Entende-se que devem se excetuar à regra aquelas contas adquiridas com clareza de informação quanto ao mero direito de uso e não de propriedade.

Todavia, importante observar que em contratos não paritários, a exemplo de contratos de adesão, nos quais as partes não têm a opção de negociar as cláusulas, estas, se verificadas abusivas, podem naturalmente ser revisadas judicialmente. Fala-se, por exemplo, daquelas contas como milhas aéreas, nas quais o titular pode usar, pode vender, pode emprestar, mas não pode projetar aos herdeiros simplesmente porque o termo de uso regrado unilateralmente assim estabelece. Percebe-se, portanto, que a clareza de informação deve vir acompanhada de uma boa-fé contratual que compreenda a sinalagma contratual e a primazia da realidade da relação entre o sujeito e o bem digital.

Nos casos dos bens digitais híbridos, importa observar que a doutrina aponta a necessidade de se analisar dois fatores para a distinção entre situações jurídicas patrimoniais e existenciais: o relativo ao interesse (o que é) e o funcional (para o que serve). Nesse contexto, como pontuam Ana Carolina Brochado Teixeira e Carlos Nelson Konder, a análise funcional, baseada na síntese dos efeitos essenciais da situação jurídica, deve ser realizada em concreto, considerando-se "sob qual finalidade ela serve melhor para o cumprimento dos objetivos constitucionais".[31]

No contexto do tratamento jurídico da herança digital, deve-se buscar identificar se o conteúdo se encontra atrelado a algum aspecto financeiro e se direciona à exploração econômica, ou se o acesso a ele é capaz de macular algum interesse existencial, como a intimidade, a privacidade e até mesmo a identidade, considerando-se que os perfis de redes sociais consistem em elemento de identificação do sujeito perante determinada comunidade.

Um ponto relevante é que, em se tratando de pessoas notórias,[32] em muitos casos o perfil vinculado a uma rede social é utilizado com caráter comercial, devendo ser

---

31. TEIXEIRA, Ana Carolina Brochado; KONDER, Carlos Nelson. Situações jurídicas dúplices: controvérsias na nebulosa fronteira entre patrimonialidade e extrapatrimonialidade. *In*: TEPEDINO, Gustavo; FACHIN, Luiz Edson. *Diálogos sobre Direito Civil*. v. IIII. Rio de Janeiro: Renovar, 2012. p. 7-8.

32. Fernanda Nunes Barbosa define figuras públicas como "todos aqueles cuja obra tenha alcançado uma proporção que o torne reconhecido socialmente", significando que a pessoa possui uma "imagem pública". (BARBOSA, Fernanda Nunes. *Biografias e liberdade de expressão*: critérios para a publicação de histórias de vida. Porto Alegre: Arquipélago Editorial, 2016. p. 241.)

observadas as orientações previstas na Lei nº 9.610/98, de direitos autorais, e na Lei nº 9.279/96, que trata da propriedade industrial e estabelece regras relativas às marcas. Também devem ser respeitadas as condições previstas nos contratos firmados pelo artista em vida em relação à conta.[33]

4. CONSIDERAÇÕES FINAIS

Da exposição carreada ao longo deste escrito, percebe-se que o ordenamento jurídico vigente carece de norma expressa e específica sobre o tema. Vê-se que nem mesmo o Marco Civil da Internet e a Lei Geral de Proteção de Dados – diplomas que dotavam de pertinência temática para tratamento da herança digital – enfrentaram o problema dos bens digitais após o evento morte. Por outro lado, em que pese o número expressivo de projetos de lei versando sobre o assunto, constata-se uma notória insuficiência técnica para regulação da herança digital no Direito brasileiro através das retromencionadas proposituras legislativas.

Diante da omissão do Poder Legiferante, para responder à pergunta objeto deste artigo – "herança digital: o que se transmite aos herdeiros?" – cumpre ao operador do Direito a compreensão hermenêutica do sistema normativo, através da metodologia civil-constitucional, sopesando-se as normas constitucionais, cíveis, consumeristas, além das normas especiais previstas no MCI e na LGPD.

Assim sendo, primeiramente, deve-se compreender quais são as relações jurídicas virtuais que envolvem o falecido, como contas de e-mails, redes sociais, bibliotecas virtuais etc. Logo em seguida, cumpre identificar qual a natureza de cada conteúdo, a fim de entender, a partir desta, sobre a eventual transmissibilidade.

Diz-se isto porque, como pincelado, prefere-se adotar o entendimento segundo o qual somente cabe a transmissão dos bens digitais de natureza patrimonial, aplicando-se a estes a regra geral do Direito Sucessório.

Não se pode desconsiderar, todavia, a descaracterização desta projeção sucessória nas situações jurídicas nas quais são concedidos os "direitos de acesso" e não a propriedade em si. Para identificação da natureza jurídica do negócio firmado, deve-se compreender não apenas as cláusulas previstas nos termos de uso – sobretudo em virtude da consolidada relação de consumo existente –, mas, de igual forma, a essência do contrato avençado e o cumprimento das obrigações legais, à exemplo do dever de transparência e informação previsto no art. 6º do CDC, que, caso descumprido, pode vir a desnaturar "o direito de acesso" para consolidar a propriedade (titularidade sobre o bem digital), como consequência à vinculação da oferta propagada (art. 30 e seguintes do CDC).

---

33. Remete-se, a respeito do tema, a artigo anteriormente publicado por esses mesmos autores: HONORATO, Gabriel; LEAL, Livia Teixeira. Exploração econômica de perfis de pessoas falecidas: reflexões jurídicas a partir do caso Gugu Liberato. *Revista Brasileira de Direito Civil – RBDCivil*, Belo Horizonte, v. 23, p. 155-173, jan./mar. 2020.

Sobre os bens digitais existenciais, em razão de sua natureza personalíssima, defende-se a intransmissibilidade como regra, entendendo-se que somente devem se projetar aquelas contas cujas as plataformas prevejam, como filosofia, o tratamento dos conteúdos privativos a fim de salvaguardar a intimidade do próprio titular e de terceiros com quem este dialogou, a exemplo do Facebook que, ao instituir o "contato herdeiro", possibilita a transformação da conta em um memorial, excluindo as conversas reservadas (*direct messages*) e garantindo à pessoa indicada poderes de administração da conta – e não a titularidade – para manter a memória e a história do falecido.

É por tal razão que se deve preservar, ao máximo, a vontade manifestada pelo titular do patrimônio – ou das relações jurídicas – com o escopo de dar concretude ao direito fundamental à autodeterminação informativa, insculpido, implicitamente, no art. 1°, inciso III, da Constituição Federal e, expressamente, no art. 2°, inciso II, da Lei Geral de Proteção de Dados.

Por fim, sobre os bens digitais de natureza híbrida, cabe ao operador a tarefa ainda mais complexa de compreender a aplicação das diretrizes acima conforme especificidades do patrimônio digital, respectivamente.

5. REFERÊNCIAS

BARBOSA, Fernanda Nunes. *Biografias e liberdade de expressão*: critérios para a publicação de histórias de vida. Porto Alegre: Arquipélago Editorial, 2016.

BRASIL. *Câmara dos Deputados. Projeto de Lei n. 1144, de 2021.* Dispõe sobre os dados pessoais inseridos na internet após a morte do usuário. Disponível em: https://www.camara.leg.br/propostas-legislativas/2275941. Acesso em: 03 mai. 2021.

BRASIL. *Câmara dos Deputados. Projeto de Lei n. 1.331, de 2015.* Altera a Lei n° 12.965, de 23 de abril de 2014 – Marco Civil da Internet, dispondo sobre o armazenamento de dados de usuários inativos na rede mundial de computadores. Disponível em: http://www.camara.gov.br/proposicoesWeb/fichadetramitacao?idProposicao=1227967. Acesso em: 05 mai. 2021.

BRASIL. *Câmara dos Deputados. Projeto de Lei n. 3050, de 2020.* Altera o art. 1.788 da Lei n.° 10.406, de 10 de janeiro de 2002. Disponível em: https://www.camara.leg.br/proposicoesWeb/fichadetramitacao?idProposicao=2254247. Acesso em: 05 mai. 2021.

BRASIL. *Câmara dos Deputados. Projeto de Lei n. 3051, de 2020.* Acrescenta o art. 10-A à Lei n° 12.965, de 23 de abril de 2014 (Marco Civil da Internet), a fim de dispor sobre a destinação das contas de aplicações de internet após a morte de seu titular. Disponível em: https://www.camara.leg.br/proposicoesWeb/fichadetramitacao?idProposicao=2254248. Acesso em: 05 mai. 2021.

BRASIL. *Câmara dos Deputados. Projeto de Lei n. 4.099, de 2012.* Altera o art. 1.788 da lei n. 10.406, de 10 de janeiro de 2002. Disponível em: https://www.camara.leg.br/proposicoesWeb/fichadetramitacao?idProposicao=548678. Acesso em: 05 mai. 2021.

BRASIL. *Câmara dos Deputados. Projeto de Lei n. 4.847, de 2012.* Acrescenta o Capítulo II-A e os arts. 1.797-A a 1.797-C à Lei n° 10.406, de 10 de janeiro de 2002. Disponível em: http://www.camara.gov.br/proposicoesWeb/fichadetramitacao?idProposicao=563396. Acesso em: 05 mai. 2021.

BRASIL. *Câmara dos Deputados. Projeto de Lei n. 5820, de 2019.* Dá nova redação ao art. 1.881 da Lei n° 10.406, de 2002, que institui o Código Civil. Disponível em: https://www.camara.leg.br/proposicoesWeb/fichadetramitacao?idProposicao=2228037. Acesso em: 05 mai. 2021.

BRASIL. *Câmara dos Deputados. Projeto de Lei n. 7742, de 2017.* Acrescenta o art. 10-A à Lei nº 12.965, de 23 de abril de 2014 (Marco Civil da Internet), a fim de dispor sobre a destinação das contas de aplicações de internet após a morte de seu titular. Disponível em: https://www.camara.leg.br/proposicoesWeb/fichadetramitacao?idProposicao=2139508. Acesso em: 05 maio 2021.

BRASIL. *Câmara dos Deputados. Projeto de Lei n. 8562, de 2017.* Acrescenta o Capítulo II-A e os arts. 1.797-A a 1.797-C à Lei nº 10.406, de 10 de janeiro de 2002. Disponível em: https://www.camara.leg.br/proposicoesWeb/fichadetramitacao?idProposicao=2151223. Acesso em: 05 mai. 2021.

BRASIL. *Senado Federal. Projeto de Lei n. 6468, de 2019.* Altera o art. 1.788 da Lei n.º10.406, de 10 de janeiro de 2002, que institui o Código Civil, para dispor sobre a sucessão dos bens e contas digitais do autor da herança. Disponível em: https://www25.senado.leg.br/web/atividade/materias/-/materia/140239. Acesso em: 05 mai. 2021.

FRITZ, Karina Nunes. Leading case: BGH reconhece a transmissibilidade da herança digital. *Migalhas.* Disponível em: https://www.migalhas.com.br/coluna/german-report/308578/leading-case-bgh-reconhece-a-transmissibilidade-da-heranca-digital. Acesso em: 05 mai. 2021.

HONORATO, Gabriel. LEAL, Livia. Proposta para a regulação da herança digital no direito brasileiro. *In:* EHRHARDT JÚNIOR, Marcos; CATALAN, Marcos; MALHEIROS, Pablo (Org.). *Direito Civil e tecnologia.* Belo Horizonte: Fórum, 2020.

HONORATO, Gabriel; LEAL, Livia Teixeira. Exploração econômica de perfis de pessoas falecidas: reflexões jurídicas a partir do caso Gugu Liberato. *Revista Brasileira de Direito Civil – RBDCivil*, Belo Horizonte, v. 23, p. 155-173, jan./mar. 2020.

LISBOA, Roberto Senise. A inviolabilidade de correspondência na Internet. In: LUCCA, Newton de; SIMÃO FILHO, Adalberto (coord.). *Direito & internet* – aspectos jurídicos relevantes. 2. ed. São Paulo: Quartier, 2005.

MENDES, Laura Schertel Ferreira; FRITZ, Karina Nunes. Case Report: Corte Alemã Reconhece a Transmissibilidade da Herança Digital. *RDU.* Porto Alegre, Volume 15, n. 85, 2019.

PEREIRA, Caio Mário da Silva. *Instituições de direito civil.* vol. VI: Direito das sucessões. 26. ed. Revista e atualizada por Carlos Roberto Barbosa Moreira. Rio de Janeiro: Forense, 2019.

TEIXEIRA, Ana Carolina Brochado; KONDER, Carlos Nelson. Situações jurídicas dúplices: controvérsias na nebulosa fronteira entre patrimonialidade e extrapatrimonialidade. *In:* TEPEDINO, Gustavo; FACHIN, Luiz Edson. *Diálogos sobre Direito Civil.* vol. IIII. Rio de Janeiro: Renovar, 2012.

TEPEDINO, Gustavo. Liberdades, tecnologia e teoria da interpretação. *Revista Forense*, Rio de Janeiro: Forense, v. 419, jan./jun. 2014.

UNIÃO EUROPEIA. Regulamento (UE) 2016/679 do Parlamento Europeu e do Conselho, de 27 de abril de 2016. Disponível em: http://eur-lex.europa.eu/legal-content/PT/TXT/?uri=celex%3A32016R0679. Acesso em: 05 mai. 2021.

O PAPEL DO INVENTARIANTE
NA GESTÃO DA HERANÇA DIGITAL

Ana Carolina Brochado Teixeira

Doutora em Direito Civil pela UERJ. Mestre em Direito Privado pela PUC Minas.
Coordenadora editorial da Revista Brasileira de Direito Civil – RBDCivil. Professora
de Direito Civil do Centro Universitário UNA. Advogada.

Sumário: 1. Introdução – 2. O papel do inventariante na administração dos bens inventariados – 3. O acervo digital transmissível – 4. Como conduzir a gestão da herança digital pelo inventariante? – 5. Primeiras conclusões – 6. Referências.

1. INTRODUÇÃO

Muito tem se discutido sobre a herança digital, sobre seu objeto, suas repercussões no Direito Sucessório, Consumerista e no âmbito dos direitos da personalidade. O debate se incrementou[1] com a pandemia da Covid-19, em virtude de a internet ter se tornado fonte principal das relações sociais, com densificação da economia nessa seara. Dessa maneira, o mundo virtual foi alimentado voluntariamente com os dados pessoais, os hábitos de consumo por meio de plataformas digitais se fortaleceram, ao mesmo tempo em que se aceleraram expressivamente as mortes em razão do coronavírus. Por isso, tem crescido a necessidade de se debater o tema da herança digital, de modo a se delimitar quais são os bens transmissíveis, como também os critérios para administração desses bens após a morte, de avaliação e de tributação.

Buscou-se, nesse estudo, investigar como deve ser administrado o patrimônio digital do falecido após a sua morte, enquanto perdurar o processo de inventário, de modo a se investigar se o papel do inventariante difere, em alguma medida, da administração dos bens "analógicos". Isso porque o patrimônio digital tem suas peculiaridades e, por isso, importa investigar (i) quais são elas e (ii) se elas são suficientes para exigir alguma postura específica do inventariante.

---

1. O debate já existia antes: "Vive-se o 'universo digital' tal qual denominado por Gantz e Reinzel (2012, p.1), afirmando que, de agora até 2020, o universo digital dobrará a cada 2 anos, lembrando que este universo compreende todo os dados digitais criados, replicados e consumidos. Melhor ainda, o universo digital é formado pelas imagens e vídeos em telefones celulares enviados ao *Youtube*, filmes digitais para TVs de alta definição, dados bancários em caixas automáticos, imagens de segurança, por exemplo em aeroportos e grandes eventos, como a Copa do Mundo e as Olimpíadas, mensagens de voz veiculadas por linhas telefônicas digitais e mensagens de texto (SMS ou *Whatsapp*), as quais se tornaram um meio generalizado de comunicação." (BOFF, Salete Oro; FORTES, Vinicius Borges; FREITAS, Cinthia Obladen de Almendra. *Proteção de dados e privacidade*: do direito às novas tecnologias na sociedade da informação. Rio de Janeiro: Lumen Juris, 2018. p. 131).

2. O PAPEL DO INVENTARIANTE NA ADMINISTRAÇÃO DOS BENS INVENTARIADOS

Tendo em vista que há um lapso temporal entre a morte e o compromisso do inventariante no inventário judicial e a assunção do encargo no inventário extrajudicial, o art. 1.797 do Código Civil determina que a administração da herança caberá, sucessivamente, (i) ao cônjuge e companheiro contemporâneo ao falecimento, (ii) ao herdeiro que estiver na posse e administração e, se forem vários, ao mais velho, (iii) ao testamenteiro e (iv) à pessoa de confiança do juiz, na falta, escusa ou afastamento por motivos graves das anteriormente enumeradas.

Trata-se da figura nomeada pelo Código de Processo Civil de administrador provisório, que deterá a posse dos bens do espólio até que o inventariante preste compromisso (art. 613 CPC).[2] As funções do administrador são similares às do inventariante, de acordo com o art. 614 CPC – embora mais reduzidas: representar o espólio ativa e passivamente e trazer ao acervo os frutos que percebeu desde a abertura da sucessão; além disso, tem direito ao reembolso das despesas necessárias e úteis que fez e responde pelo dano a que der causa, por dolo ou culpa.

Aberto o inventário, o juiz nomeará inventariante seguindo a ordem estabelecida pelo art. 617 CPC: (i) o cônjuge ou companheiro sobrevivente que vivia com o falecido no momento da morte, (ii) o herdeiro que se achar na posse e na administração do espólio, se não houver cônjuge ou companheiro ou se estes não puderem ser nomeados, (iii) qualquer herdeiro, se nenhum deles estiver na posse e na administração do espólio, (iv) o herdeiro menor, por seu representante legal, (v) o testamenteiro, se lhe tiver sido confiada a administração do espólio ou se toda a herança estiver distribuída em legados, (vi) o cessionário do herdeiro ou do legatário, (vii) o inventariante judicial, se houver e (viii) pessoa estranha idônea, quando não houver inventariante judicial.

O inventariante é responsável pela administração da herança desde a assinatura do compromisso até a homologação da partilha (art. 1.991 CC), sendo representante do espólio em juízo, tanto como autor como réu (art. 75, VII, CPC). Além dessas, o art. 618 CPC determina que o inventariante deve representar o espólio também fora do juízo e que a administração do espólio se dê com a mesma diligência que teria se se tratassem de bens próprios; deve também prestar as primeiras e as últimas declarações pessoalmente ou por procurador com poderes especiais, exibir em cartório, a qualquer tempo, para exame das partes, os documentos relativos ao espólio, juntar aos autos certidão do testamento, se houver, trazer à colação os bens recebidos pelo herdeiro ausente, renunciante ou excluído, prestar contas de sua gestão ao deixar o cargo ou sempre que o juiz lhe determinar e requerer a declaração de insolvência.

---

2. "Na ausência de ação de inventário ou de inventariante compromissado, o espólio será representado judicialmente pelo administrador provisório, responsável legal pela administração da herança até a assunção do encargo pelo inventariante" (REsp 559791/PB, 3ª T., Rel. Min. Nancy Andrighi, j. 28/08/2018, DJe 31/08/2018).

Também cabe ao inventariante, após ouvidos os interessados e de o juiz autorizar: alienar bens de qualquer espécie, transigir em juízo ou fora dele, pagar dívidas do espólio e fazer as despesas necessárias para a conservação e o melhoramento dos bens do espólio (art. 619 CPC).

O inventariante também deve trazer ao acervo os frutos que percebeu desde a abertura da sucessão e pode pedir reembolso das despesas necessárias e úteis que fez, além de responder pelo dano que causar, seja por dolo ou culpa (art. 2.020 CC).

Nota-se, portanto, que o inventariante é figura fundamental na administração da herança enquanto ela não for entregue aos herdeiros, razão pela qual é muito importante que suas funções estejam bem delimitadas e definidas para preservação e potencialização do patrimônio inventariado.

3. O ACERVO DIGITAL TRANSMISSÍVEL

Os bens digitais têm provocado muitos desafios, que vão (i) desde a visão estática da propriedade, demonstrando que, para muito além da ideia de apropriação, o acesso a tais bens é uma nova modalidade de pertencimento,[3] (ii) até a regulação de novos ativos digitais, como as criptomoedas, em razão de sua descentralização. Os mercados são substituídos pela economia em rede, em que a riqueza está concentrada em bens intangíveis, inclusive no patrimônio digital, que precisa ser bem gerido, inclusive após o falecimento do seu titular.

> São esses arquivos digitais que no decorrer do tempo, tornam-se, por questões de facilidade em sua criação, de acesso, transporte e armazenagem e uma série de outras praticidades, não só acumulados, mas também ostentados por seu titulares, bens que muitas vezes recebem de seus titulares uma especial atenção ao ponto de serem tratados como parte de seu patrimônio, inclusive atribuindo valores a eles, tornando-os objetos de negócio jurídico, investimentos e demonstração de acumulação de riquezas, demonstrado ao menos nesse ponto, tratar de uma forma diferenciada de propriedade, a 'propriedade digital', aqueles que somente pode ser produzidas, acessada, reproduzidas e desfrutada por meio de utilização de equipamentos tecnológicos, conectados ou não na rede de computadores.[4]

Conquanto os primeiros estudos afirmem que os bens digitais eram imitações ou reproduções de bens materiais,[5] hoje se nota que o padrão analógico não é mais

---

3. GUILHERMINO, Everilda Brandão. Acesso e compartilhamento: A nova base econômica e jurídica dos contratos e da propriedade. *Migalhas*. Disponível em: https://www.migalhas.com.br/coluna/migalhas-contratuais/311569/acesso-e-compartilhamento-a-nova-base-economica-e-juridica-dos-contratos-e-da-propriedade. Acesso em: 26 jul. 2021.

4. FACHIN, Zulmar Antônio; PINHEIRO, Valter Giuliano Mossini. Bens digitais: análise da possibilidade de tutela jurídica no Direito brasileiro. *In*: DIAS, Feliciano Alcides; TAVARES NETO, José Querino; ASSAFIM, João Marcelo de Lima (coord.). *Direito, inovação, propriedade intelectual e concorrência*. Florianópolis: CONPEDI, 2018. p. 295.

5. EMERENCIANO, Adelmo da Silva. Tributação no comércio eletrônico. *In*: CARVALHO, Paulo de Barros (coord.). *Coleção de Estudos Tributários*. São Paulo: IOB, 2003. p. 41: "Todos os bens digitais fornecidos pela rede imitam o objeto físico, real, material ou produzem os mesmos efeitos em nossos sentidos. Dentro dos mais diversos programas de computador que cumprem esse papel, podemos enumerar: as fotografias

imperativo para a definição de bens digitais, pois se está diante de novos bens criados para os parâmetros digitais para os quais, muitas vezes, o ordenamento atual não é suficiente, posto que concebido para padrões analógicos.

Bens digitais são bens incorpóreos "progressivamente inseridos na Internet por um usuário, consistindo em informações de caráter pessoal que lhe trazem alguma utilidade, tenham ou não conteúdo econômico".[6] Eles estão sujeitos à transmissão hereditária?

Herança é o complexo de relações jurídicas patrimoniais que se transmite aos herdeiros com a morte: "Herança, em sentido estrito, o que passa do morto a outras pessoas, como patrimônio, ou parte do patrimônio. [...] A sucessão a causa de morte nada tem com a personalidade do morto. Herdeiros sucedem nos bens, não na pessoa do decujo".[7] Trata-se da "totalidade de relações econômicas, essa universalidade de direitos e obrigações que formam o patrimônio, recebe a denominação de herança, quando pelo falecimento da pessoa se a considera em relação à transmissão para outra ou outras pessoas".[8] A herança engloba, portanto, tanto bens corpóreos quanto intangíveis, bastando que tenham conteúdo econômico.

Nesse sentido, é fundamental definir, entre os bens digitais, o acervo patrimonial transmissível, tendo em vista que o ambiente virtual permite diversas qualificações dos bens jurídicos. Sugere-se que eles sejam categorizados em patrimoniais, existenciais e híbridos.[9]

A situação jurídica patrimonial é aquela que desempenha função econômica, passível de conversão em pecúnia, tendo por objeto interesses financeiros e por escopo o lucro. Por isso, sua tutela está diretamente ligada à realização da livre iniciativa e se fundamenta no art. 170 da Constituição Federal. Quanto aos bens digitais, a situação será patrimonial quando a informação inserida na rede gerar repercussões econômicas imediatas, sendo dotada de economicidade.[10] Um exemplo bastante elucidativo são as criptomoedas que, embora não tenham regulamentação no Brasil, a Instrução Normativa da Receita Federal nº 1.888/2019 institui e disciplina a obrigatoriedade de prestação de informações relativas às operações realizadas com criptomoedas à Secretaria da Receita Federal do Brasil. Reconhece sua economicidade ao afirmar que

---

digitais, a música transferida por meio digital, os livros eletrônicos, as enciclopédias multimídias, os jogos, os desenhos técnicos, os mapas eletrônicos, as pinturas em museus virtuais, entre outros".

6. LACERDA, Bruno Torquato Zampier. *Bens digitais*. 2. ed. Indaiatuba: Foco, 2021. p. 78.

7. MIRANDA, Pontes de. *Tratado de Direito Privado*. Tomo LV: Direito das sucessões: sucessão em geral, sucessão legítima. São Paulo: Revista dos Tribunais, 2012. p. 54.

8. BEVILAQUA, Clóvis. *Direito das sucessões*. Edição histórica. Rio de Janeiro: Editora Rio, 1978. p. 20.

9. Sobre essa classificação, seja consentido remeter a KONDER, Carlos Nelson; TEIXEIRA, Ana Carolina Brochado. Situações jurídicas dúplices: Controvérsias na nebulosa fronteira entre patrimonialidade e extrapatrimonialidade. *In*: RODRIGUES, Renata de Lima; TEIXEIRA, Ana Carolina Brochado (coord.). *Contratos, família e sucessões*: diálogos interdisciplinares. 2. ed. Indaiatuba: Foco, 2021. p. 165-190. Sobre essa classificação aplicada aos bens digitais: KONDER, Carlos Nelson; TEIXEIRA, Ana Carolina Brochado. O enquadramento dos bens digitais sob o perfil funcional das situações jurídicas. *In*: LEAL, Livia Teixeira; TEIXEIRA, Ana Carolina Brochado (coord.). Indaiatuba: Foco, 2021, p. 21-40.

10. LACERDA, Bruno Torquato Zampier. *Bens digitais*. 2. ed. Indaiatuba: Foco, 2021. p. 79.

são equiparadas aos ativos financeiros e sujeitas à tributação pelo ganho de capital.[11] Possuem caráter patrimonial pois podem ser convertidas em dinheiro ou usadas como meio para aquisição de outros bens.[12]

Os bens digitais existenciais têm ligação direta e imediata com a realização da dignidade humana, razão pela qual estão presentes de forma predominante no âmbito dos direitos da personalidade, haja vista o grande volume de informações pessoais colocadas na rede que demandam tutela prioritária, haja vista a potencialidade da geração de danos. Muitos desses dados estão sob a tutela da Lei Geral de Proteção de Dados – LGPD. Os dados pessoais em geral que identificam ou podem potencialmente identificar alguém, sejam eles sensíveis ou não, são todos expressões da personalidade e, portanto, guarnecidos pela tutela do direito ao livre desenvolvimento da personalidade e do princípio da dignidade da pessoa humana.

As situações jurídicas dúplices são aquelas que repercutem, simultaneamente, na órbita existencial e patrimonial. Os perfis em redes sociais e canais no Youtube podem ser exemplos que se enquadram em situações existenciais – quando feito para realização pessoal, registros de memórias familiares etc. –, ou dúplices, quando a inserção dos dados pessoais na Internet se presta a objetivos financeiros, como é o caso dos blogueiros, *influencers* e *youtubers*. Nessas contas monetizadas, os dados pessoais têm o propósito financeiro, de modo que têm uma parcela existencial e outra patrimonial.

Diante desse rápido exame a respeito da classificação funcional dos bens digitais, os que cumprem função patrimonial e pressupõem a apropriação são, em princípio, transmissíveis e, por isso, presume-se que constituem o conteúdo do que se convencionou chamar herança digital, em razão da identidade, em substância, com o acervo hereditário no âmbito sucessório.

---

11. A referida instrução normativa define criptoativo como "a representação digital de valor denominada em sua própria unidade de conta, cujo preço pode ser expresso em moeda soberana local ou estrangeira, transacionado eletronicamente com a utilização de criptografia e de tecnologias de registros distribuídos, que pode ser utilizado como forma de investimento, instrumento de transferência de valores ou acesso a serviços, e que não constitui moeda de curso legal". As "Perguntas e Respostas" da Receita Federal (2021) faz ainda uma importante diferenciação: (i) criptoativos, do tipo moeda digital, que podem ser os bitcoins ou os demais, conhecidos como altcoins: "Refere-se aos vários outros tipos de criptoativos que podem ser considerados como criptomoedas, tendo utilização semelhante ao Bitcoin". (ii) Há, no entanto, outros criptoativos que não são considerados criptomoedas (*payment tokens*): "criptoativos que prioritariamente não sejam utilizados como criptomoedas, tais como os diversos tokens de utilidade (*utility tokens*), usados para acesso a serviços específicos, como games e para fãs de clubes de futebol, assim como tokens vinculados a ativos reais ou direitos sobre recebíveis, tais como imóveis, ações, precatórios, consórcios contemplados, passes de jogadores de futebol, entre outros". (Disponível em: https://www.gov.br/receitafederal/pt-br/acesso-a-informacao/perguntas-frequentes/declaracoes/dirpf/pr-irpf-2021-v-1-0-2021-02-25.pdf. Acesso em: 10 jul. 2021)

12. Um acórdão do TJSP entendeu pela possibilidade de se penhorar as criptomoedas, em razão do seu conteúdo patrimonial: "Por se tratar de bem imaterial com conteúdo patrimonial, em tese, não há óbice para que a moeda virtual possa ser penhorada para garantir a execução". No entanto, a demonstração de que o devedor é proprietário de moedas virtuais é questão prejudicial à decisão da penhora. TJSP, AI 2202157-35.2017.8.26.0000, 36ª Câm. Dir. Priv., Rel. Des. Milton Carvalho, j. 21.11.2017.

Também podem estar incluídos nesse monte os efeitos patrimoniais das situações dúplices, tal qual ocorre com os direitos autorais. Para efeitos de direito de família, o art. 39 da Lei 9.610/1998 afirma que "os direitos patrimoniais do autor, excetuados os rendimentos resultantes de sua exploração, não se comunicam, salvo pacto antenupcial em contrário". Ou seja, os direitos em si não se comunicam *a priori*, mas suas projeções patrimoniais, sim. Esse parâmetro deve se estender ao direito sucessório, ou seja, para a transmissibilidade dos aspectos patrimoniais desses mesmos direitos da personalidade.[13]

Não há, até o momento, uma definição legal e específica sobre o objeto da herança digital no Brasil, sendo que, conquanto haja divergência entre a doutrina – pela transmissibilidade e acesso dos herdeiros a todo o conteúdo dos bens digitais de um lado e, de outro, da transmissibilidade apenas dos bens patrimoniais –,[14] a jurisprudência parece apontar no sentido de que o que se transmite é o conteúdo patrimonial dos bens digitais.[15]

> Assim sendo, vê-se que a diferença reside especialmente na generalização ou não do acervo digital que será transmitido hereditariamente. Enquanto a primeira corrente defende que todo o acervo se projeto consoante princípio da *saisine*, a segunda corrente sustenta a impossibilidade de transmissão

---

13. A lei 9.610/1998, em seu art. 24, define que são direitos morais do autor: "I – o de reivindicar, a qualquer tempo, a autoria da obra; II – o de ter seu nome, pseudônimo ou sinal convencional indicado ou anunciado, como sendo o do autor, na utilização de sua obra; III – o de conservar a obra inédita; IV – o de assegurar a integridade da obra, opondo-se a quaisquer modificações ou à prática de atos que, de qualquer forma, possam prejudicá-la ou atingi-lo, como autor, em sua reputação ou honra; V – o de modificar a obra, antes ou depois de utilizada; VI – o de retirar de circulação a obra ou de suspender qualquer forma de utilização já autorizada, quando a circulação ou utilização implicarem afronta à sua reputação e imagem; VII – o de ter acesso a exemplar único e raro da obra, quando se encontre legitimamente em poder de outrem, para o fim de, por meio de processo fotográfico ou assemelhado, ou audiovisual, preservar sua memória, de forma que cause o menor inconveniente possível a seu detentor, que, em todo caso, será indenizado de qualquer dano ou prejuízo que lhe seja causado." No rol dos direitos morais do autor, o §1º do art. 24 da Lei 9.610/1998 estabeleceu que apenas os direitos morais descritos nos incisos I a IV transmitem-se aos seus herdeiros, pois se referem a aspectos conservativos da obra, além do que também se transmitem os aspectos patrimoniais, em razão da sua valoração econômica.
14. No mesmo sentido: LEAL, Livia Teixeira. *Internet e morte do usuário:* Propostas para o tratamento jurídico *post mortem* do conteúdo inserido na rede. 2. ed. Rio de Janeiro: GZ, 2020; BURILLE, Cíntia; HONORATO, Gabriel; LEAL, Livia Teixeira. Danos morais por exclusão de perfil de pessoa falecida? Comentários ao acórdão proferido na Apelação Cível nº 1119688-66.2019.8.26.0100 (TJSP). *Revista Brasileira de Direito Civil – RBDCivil*, Belo Horizonte, v. 28, p. 207-227, abr./jun. 2021. Em sentido contrário: FRITZ, Karina Nunes. A garota de Berlim e a herança digital. *In*: LEAL, Livia Teixeira; TEIXEIRA, Ana Carolina Brochado (coord.). *Herança digital:* Controvérsias e alternativas. Indaiatuba: Foco, 2021. p. 227-244; MEDON, Filipe; OLIVA, Milena Donato; TERRA, Aline de Miranda Valverde. Acervo digital: controvérsias quanto à sucessão *causa mortis. In*: LEAL, Livia Teixeira; TEIXEIRA, Ana Carolina Brochado (coord.). *Herança digital:* Controvérsias e alternativas. Indaiatuba: Foco, 2021. p. 55-74.
15. Sobre exclusão de perfil da filha do Facebook: TJMS, 1ª Vara do Juizado Especial Central, Processo nº 0001007-27.2013.8.12.0110, Juíza Vania de Paula Arantes, j. 19.03.2013; Sobre o acesso ao celular da filha: TJMG, Vara Única da Comarca de Pompeu, Processo nº 0023375-92.2017.8.13.0520, Juiz Manoel Jorge de Matos Junior, j. 08.06.2018; Acesso a e-mails do cônjuge falecido para obter documentos referente à aquisição de imóvel: TJSP, 10ª Vara Cível, Processo nº 1036531-51.2018.8.26.0224, Juiz Lincoln Antônio Andrade de Moura, j. 28.02.2020; Pedido de obrigação de fazer mais indenização por danos morais por exclusão da conta da filha do Facebook: TJSP, Apelação Cível nº 1119688-66.2019.8.26.0100, 31ª Câmara de Direito Privado. Rel. Des. Francisco Casconi, j: 09.03.2021

de conteúdos que contenham aspectos personalíssimos e existenciais que remontem à esfera da privacidade, da intimidade e a reserva do segredo, salvaguardando a pessoa e sua dignidade.[16]

Por esse motivo, é de todo conveniente que se incremente os planejamentos sucessórios para destinar os bens digitais, os acessos necessários e determinar diretrizes para a gestão desse patrimônio. De todo modo, em razão do vácuo legislativo sobre o tema no Brasil, é importante que se desenvolva algumas diretrizes sobre a atuação do inventariante no curso do processo de inventário pois, em razão da novidade do tema e da volatilidade da valoração de alguns tipos de bens digitais, é imprescindível que a performance do inventariante seja a mais adequada possível.

4. COMO CONDUZIR A GESTÃO DA HERANÇA DIGITAL PELO INVENTARIANTE?

Partindo da premissa delineada de que o que se transmite aos herdeiros são os bens digitais patrimoniais e os aspectos patrimoniais das situações dúplices, deverá o administrador provisório/inventariante zelar pela administração do patrimônio da forma já explicitada anteriormente: com zelo como se se tratasse de bens próprios.

O cuidado, no caso dos bens digitais, pressupõe um papel ativo do gestor do patrimônio digital pois, a depender do tipo de bem (redes sociais, canais do *Youtube* etc.), a constância de postagens, a presença digital, acaba por garantir a alimentação da conta e, por consequência, a continuidade dos rendimentos.

Nota-se um fenômeno no mínimo peculiar em perfis de pessoas famosas que falecem: logo após a morte da pessoa, seus perfis ganham muitos seguidores. Foi o que aconteceu com o perfil do Gugu Liberato[17] e do Gabriel Diniz,[18] etc. Isso requer do administrador da conta agilidade e conhecimentos bastante específicos da seara digital, de modo que o perfil monetizado continue rendendo frutos pois, muitas vezes, são esses lucros que sustentam a família do falecido e que geram meios para pagamento das despesas do espólio. No entanto, não são todos que têm intimidade com a gestão de perfis, sites e e-commerce, como pode ser o caso do administrador provisório ou do inventariante. Nesses casos, é salutar que o encarregado da gestão do espólio contrate um profissional ou empresa especializada no ramo, dadas as peculiaridades do caso, às expensas do espólio, pois será a forma de fazer com que

---

16. HONORATO, Gabriel; LEAL, Livia Teixeira. Exploração econômica de perfis de pessoas falecidas. *In*: LEAL, Livia Teixeira; TEIXEIRA, Ana Carolina Brochado (coord.). *Herança digital:* Controvérsias e alternativas. Indaiatuba: Foco, 2021. p. 144.

17. O número de seguidores de Gugu Liberato no Instagram aumentou de 1.908.277 para 2.971.434 — um crescimento de 55,7% – desde que sua morte veio a público. Dados da reportagem informam que esse crescimento tem substancial valor econômico, pois um *post* patrocinado em um perfil de mais de 1 milhão de seguidores pode alcançar entre R$20.000,00 e R$30.000,00. (Disponível em: https://noticias.uol.com.br/cotidiano/ultimas-noticias/2019/12/02/aumento-de-seguidores-de-gugu-reacende-debate-sobre-heranca-digital.htm. Acesso em: 10 jul. 2021.

18. Perfil de Gabriel Diniz ganhou quase 1 milhão de seguidores um dia após sua morte: de 3,5 milhões passou para 4,4 milhões. (Disponível em: https://vogue.globo.com/celebridade/noticia/2019/05/perfil-de-gabriel-diniz-aumenta-quase-1-milhao-de-seguidores-um-dia-apos-sua-morte.html . Acesso em: 10 jul. 2021).

o bem seja administrado do melhor modo possível, preservando – ou até maximizando – sua rentabilidade.

Em outras situações de administração de bens de terceiros, especificamente no exercício da tutela (art. 1.743 do Código Civil), o ordenamento estabeleceu que, se os bens e interesses administrativos exigirem conhecimentos técnicos, forem complexos, ou realizados em lugares distantes do domicílio do tutor, ele poderá, por meio de aprovação judicial, delegar a outras pessoas o exercício parcial da tutela. Não há dúvida de que a administração de alguns tipos de bens digitais exige conhecimento específico, em face, inclusive, da novidade do tema. Por isso, com a concordância dos demais herdeiros e, se houver discordância, mediante autorização judicial, o administrador provisório ou o inventariante poderá contratar esse serviço de um *expert*.

Esse pedido pode acontecer até mesmo antes da apresentação das Primeiras Declarações no processo de inventário – uma vez demonstrada a morte e a titularidade do falecido –, ou dos trâmites da lavratura da escritura pública, se o inventário for extrajudicial, pois com a dinâmica do mundo digital, esperar pode não ser a providência mais acertada.

Faz parte das atribuições do inventariante a apresentação das Primeiras Declarações, na qual ele declarará todos os herdeiros, legatários (se houver testamento) e o patrimônio que será transmitido aos sucessores do *de cujus*. Essa petição já deve vir acompanhada dos respectivos documentos que comprovam a propriedade dos bens. Se houver alguma questão diferenciada, ou se os bens não estiverem sob a sua administração por algum motivo, tais razões também devem vir explicadas e justificadas.

No caso de perfis em redes sociais (monetizados ou não, mas para efeitos desse trabalho interessa os que geram frutos financeiros), algumas plataformas oferecem a possibilidade de o usuário nomear um contato herdeiro. Pesquisa realizada em janeiro de 2021 revelou que o Facebook é a rede social mais usada por brasileiros – o que já era uma conclusão provável, já que é proprietária de outras 3 redes sociais muito utilizadas (Instagram, WhatsApp e Messenger). No mundo são 2,7 bilhões de contas ativas, sendo 130 milhões no Brasil.[19] Por isso, essa rede social – que tem características similares ao Instagram, quanto aos termos de uso e serviços ora descritos – será usada como parâmetro dessas reflexões. Em termos de planeamento sucessório específico, o Facebook e o Instagram oferecem a possibilidade do usuário, com seu falecimento, excluir a conta, transformá-la em memorial e nomear um contato herdeiro para fazer a gestão do perfil se este se transformar em memorial.

Entre as possíveis ações do contato herdeiro estão: (i) escrever uma publicação fixada no seu perfil; (ii) ver publicações, mesmo que você tenha configurado sua privacidade como *Somente eu*; (iii) decidir quem pode ver e publicar homenagens, se a conta transformada em memorial tiver uma área para esse fim; (iv) excluir publicações

---

19. Disponível em: https://resultadosdigitais.com.br/blog/redes-sociais-mais-usadas-no-brasil/. Acesso em: 10 jul. 2021.

de homenagens; (v) alterar quem pode ver as publicações em que o usuário estiver marcado; (vi) remover as marcações publicadas por terceiros; (vii) responder a novas solicitações de amizade; (viii) atualizar a foto do perfil e a foto da capa; (ix) solicitar remoção da conta; (x) desativar a exigência de analisar publicações e marcações antes que apareçam na seção de homenagens, caso a análise da linha do tempo tenha sido ativada; (xi) baixar uma cópia do que o usuário compartilhou no Facebook, caso esse recurso tenha sido ativado.[20] No entanto, o contato herdeiro não poderá: (i) entrar na conta do usuário; (ii) ler as mensagens do usuário e (iii) remover amigos ou fazer novas solicitações de amizade.[21] No entanto, o próprio Facebook informa que pode fornecer acesso a outras informações se houver um testamento válido ou outro documento legal que demonstre o consentimento do usuário.

Diante desse cenário de atribuições do contato herdeiro, deve-se entender que sua nomeação se origina de ato de autonomia privada do usuário que tem como base a confiança, a fidúcia, por isso, trata-se de função personalíssima, que se assemelha à do testamenteiro.

Testamenteiro é a pessoa física incumbida de cumprir as disposições de última vontade pelo testador. "É a pessoa que o testador nomeia para o cargo, encarregando-o-a de dar cumprimento às disposições de última vontade".[22] Trata-se de função personalíssima, que não se transmite aos seus herdeiros e nem pode ser objeto de delegação a terceiros. Quando for nomeado pelo próprio testador, presume-se existir uma relação de confiança entre eles para nomeação para o cargo. "No direito brasileiro, a testamentaria tem natureza de cargo privado. Uma vez que sua função diz respeito ao cumprimento da vontade testamentária, o que constitui interesse privado, não se configura como cargo público e sim privado".[23] Ao aceitar o encargo, o exercício da testamentaria é "indelegável e estritamente pessoal, baseado na confiança do testador em determinada pessoa por ele escolhida para executar sua última vontade".[24]

O testamenteiro tem a função de defender as manifestações de vontade do testador, formalizadas pelo testamento; o contato herdeiro, por sua vez, deve gerenciar o perfil do usuário, respeitando a condução feita por ele do perfil até seu falecimento[25] e, nesses limites, potencializando sua rentabilidade.

---

20. O contato herdeiro poderá baixar fotos e vídeos carregados pelo usuário, publicações do mural, informações de contato e de perfil, eventos e lista de amigos. Mas ele não terá acesso a mensagens, anúncios clicados pelo usuário, cutucadas, informações de configurações e segurança, fotos sincronizadas automaticamente, mas não publicadas. (Disponível em: https://www.facebook.com/help/408044339354739/?helpref=related. Acesso em: 21 jul. 2021.

21. Disponível em: https://www.facebook.com/help/1568013990080948. Acesso em: 21 jul. 2021.

22. VELOSO, Zeno. *Testamentos*. 2. ed. Belém: CEJUP, 1993. p. 412.

23. TEPEDINO, Gustavo; NEVARES, Ana Luiza Maia; MEIRELES, Rose Melo Vencelau. *Fundamentos de direito civil*: Direito das Sucessões. v. 7. Rio de Janeiro: Forense, 2020. p. 211.

24. CARVALHO, Luiz Paulo Vieira de. *Direito das sucessões*. São Paulo: Atlas, 2014. p. 819.

25. Reflexões importantes foram feitas por: HONORATO, Gabriel; LEAL, Livia Teixeira. Exploração econômica de perfis de pessoas falecidas: reflexões jurídicas a partir do caso Gugu Liberato. *Revista Brasileira de Direito Civil – RBDCivil*, Belo Horizonte, v. 23, p. 155-173, jan./mar. 2020. DOI:10.33242/rbdc.2020.01.008.

Com base nessas premissas, algumas questões requerem uma análise mais detida, pois a função de gestor do perfil do contato herdeiro pode se sobrepor à do inventariante:

(i) nas redes sociais monetizadas em que se faculta a nomeação do contato herdeiro, sua atuação deve se dar apenas até a nomeação do inventariante? A resposta parece ser negativa. A rigor, a escolha do contato herdeiro, como ato de autonomia privada e escolha personalíssima, prevalece à ordem de prelação do inventariante, devendo ele administrar a conta monetizada, seus frutos, levando-os ao inventário periodicamente enquanto este permanecer ativo. Por isso, a atuação do contato herdeiro não se restringe ao período anterior à nomeação do inventariante, devendo sua atuação ser concomitante à do inventariante.

(ii) um herdeiro poderá contestar a escolha do contato herdeiro, ao argumento de que não se trata da pessoa mais apta à administração da conta, para que o inventariante assuma essa função? Em razão do elemento justificador da nomeação estar calcado na fidúcia do usuário, parece que a resposta a essa pergunta é negativa. Ou seja, não poderiam os herdeiros, fundados em meras suspeitas de inaptidão, pedir sua exclusão, pois o exercício do cargo para o qual foi nomeado é personalíssimo. No entanto, caso a pessoa nomeada, ao gerenciar o perfil, aja de forma disfuncional, causando prejuízos aos herdeiros e à imagem do usuário falecido,[26] parece haver razões suficientes para que ele seja substituído, aí sim pelo inventariante, se isso ocorrer no curso do inventário.

(iii) o inventariante deve prestar contas da conta monetizada que está sob a gestão do contato herdeiro? Segundo o art. 618 CPC, uma das atribuições do inventariante é a prestação de contas de sua gestão ao deixar o cargo ou sempre que o juiz lhe determinar. Essa obrigação engloba eventuais contratações de empresas *experts*, feitas por ele a partir do consenso dos herdeiros e/ou autorização judicial, como já apontado. No entanto, questiona-se se sua obrigação legal de prestar contas alcança perfil e/ou conta monetizados que está sob a responsabilidade da gestão de um terceiro – o contato herdeiro – por força da manifestação de vontade do usuário falecido em vida? Parece que, nesse caso, a obrigatoriedade da prestação de contas transfere-se ao gestor da conta, exclusivamente, não tendo o inventariante ingerência sobre ela, a não ser fiscalizar a atuação do contato herdeiro, cobrar a prestação de contas etc. Mas não tem ele responsabilidade direta sobre a administração dessa conta/perfil, que pertence ao contato herdeiro.

Analogamente ao exercício da testamentaria, deve o contato herdeiro, nesse caso, prestar as respectivas contas, a teor dos arts. 1980 e 1.983, CC. Afinal, se é o contato

---

26. Sobre a polêmica da proteção *post mortem* dos direitos da personalidade: COLOMBO, Maici Barboza dos Santos. Tutela póstuma dos direitos da personalidade e herança digital. *In*: LEAL, Livia Teixeira; TEIXEIRA, Ana Carolina Brochado (coord.). *Herança digital*: Controvérsias e alternativas. Indaiatuba: Foco, 2021. p. 105-136; SÁ, MARIA de Fátima Freire; NAVES, Bruno Torquato de Oliveira. Honra e imagem do morto? *Revista de Informação Legislativa*. Brasília, ano 44, n. 175, jul./set. 2007.

herdeiro quem está à frente da administração do perfil e/ou conta monetizada, deve ele dar contas da sua gestão aos novos proprietários do bem.

(iv) não obstante esteja entre as atribuições do contato herdeiro a remoção da conta ou do perfil, parece que, quando este for monetizado, tanto o contato herdeiro quanto o inventariante estão impedidos de pedir a exclusão do bem que gera renda ao espólio. Afinal, deve administrar o patrimônio do *de cujus* com o mesmo zelo que gere o patrimônio próprio, além do que a exclusão do perfil monetizado poderia equivaler ao vilipêndio ou deterioração dos bens.

Retomando a função do inventariante, caso os bens digitais gerem frutos, é possível requerer ao juiz a antecipação dos rendimentos para pagamento das despesas do espólio ou sustento dos próprios herdeiros? A resposta é positiva. O art. 619 CPC determina ser função do inventariante, ouvidos os interessados e com autorização judicial, pagar dívidas do espólio (inciso III) e fazer as despesas necessárias para conservação e melhoramento dos bens do espólio (inciso IV). Além disso, se se demonstrar que o bem digital tinha por função sustentar o *de cujus* e sua família, é possível que esses rendimentos também sejam utilizados para esse mesmo fim, sob o fundamento do princípio da solidariedade familiar, devendo o juiz se é o caso de se decotar tal valor do quinhão do herdeiro destinatário dos valores.

As peculiaridades da administração de cada bem são norteadas pela singularidade de cada um deles – tanto no universo analógico quanto no digital. Como já mencionado, todos os bens – inclusive os digitais transmissíveis – devem constar das primeiras declarações. E no caso das criptomoedas, como operacionalizar a transferência? As criptomoedas são definidas como um "sistema de pagamento, dotado de valor econômico, inteiramente digital que não dependeria de um ente controlador como um Estado que garantiria seu lastro ou organizaria seu funcionamento. É um sistema criptográfico baseado em códigos informáticos que contém códigos não 'monetários' e códigos 'monetários', correspondendo esses últimos aos Bitcoins"[27] e outros criptoativos.

A compra é feita por meio de transferência digital que é registrada e carimbada com a data, hora e exposta em um bloco – no caso do Bitcoin, no *blockchain*, banco de dados ou livro razão da rede. "A criptografia de chave pública garante que todos os computadores na rede tenham um registro constantemente atualizado e *verificado* de todas as transações dentro da rede *Bitcoins*, o que impede o gasto duplo e qualquer tipo de fraude".[28] Não obstante essas ideias, é necessário se investigar, na hipótese de o inventariante não souber a chave de acesso, se é possível oficiar algum órgão para fornecimento dos tokens?[29] Conquanto uma característica de tais criptoativos

---

27. FREITAS, Cintia Obladen de Almendra; MAFFINI, Maylin. A herança digital no Brasil e o tratamento das criptomoedas e bitcoins como bens digitais. *Prim@ Facie*, v. 19, n. 40, 2020, p. 18.
28. FREITAS, Cintia Obladen de Almendra; MAFFINI, Maylin. A herança digital no Brasil e o tratamento das criptomoedas e bitcoins como bens digitais. *Prim@ Facie*, v. 19, n. 40, 2020, p. 18.
29. Recentemente foi divulgada notícia de um bilionário que faleceu por um acidente sem deixar as senhas de seus criptoativos, deixando "no limbo" sua fortuna. Disponível em: https://economia.uol.com.br/noticias/

sejam a descentralização, a Instrução Normativa da Receita Federal do Brasil nº 1.888/2019 determina a obrigatoriedade de prestação de informações relativas à operações realizadas com criptoativos à Secretaria Especial da Receita, de modo que a informação deverá estar vinculada ao CPF (ou CNPJ, no caso de pessoas jurídicas). A movimentação financeira que envolve criptoativos deve ser informada à receita, inclusive pela *Exchange* de criptoativos (plataformas digitais que facilitam as operações), de modo que o inventariante poderá requerer ofício para a Receita Federal para buscar tais informações, por meio do Infojud. Com a informação, novo ofício deverá ser enviado à corretora, a fim de informar se há saldo no momento da morte.

Portanto, se o falecido tiver deixado suas criptomoedas sob administração de corretoras, é viável trazer ao processo de inventário as informações sobre a titularidade, quantidade etc. das moedas digitais. Problemas podem advir quando as plataformas digitais (*Exchange*) estão no exterior ou quando o próprio titular armazena suas moedas, em uma carteira digital privada (*wallet*) que pode ou não estar na internet, pois seria necessário ter uma chave privada para acesso offline. Nesse caso, é essencial que o usuário tenha feito planejamento sucessório, para registrar a informação sobre tais chaves ou tokens.[30]

5.   PRIMEIRAS CONCLUSÕES

Diante do vazio legislativo que regule de forma específica a herança digital, o planejamento sucessório assume grande relevância. Para além dessa questão, buscou explorar nesse estudo o papel do administrador provisório e, principalmente, do inventariante, na gestão da herança digital – entendendo-se como tal os bens de conteúdo patrimonial dos quais o autor da herança era titular.

O inventariante deverá cuidar com máximo zelo toda a herança, inclusive os bens digitais, exercendo papel ativo na gestão. Como essa gestão requer expertise, é possível que, ouvidos os herdeiros e com autorização judicial, o inventariante contrate empresa às expensas do espólio para cuidar especificamente de bens que requerem ações específicas.

Em relação às redes sociais e perfis na internet que possibilitam a nomeação do contato herdeiro, entendeu-se que a administração dessas contas e perfis monetizados devem incumbir à pessoa eleita pelo falecido, por ser função que pressupõe fidúcia.

---

bbc/2021/07/15/bitcoins-bilionario-que-morreu-afogado-deixa-no-limbo-fortuna-de-r-11-bilhoes-em-criptomoeda.htm. Acesso em: 26 jul. 2021.

30.   Conquanto as informações a seguir se refiram à penhora de criptomoedas, elas são relevantes para este estudo: "Por fim, há notícias de que o governo já trabalha em prol do sistema *Bacenjud*, no sentido de bloquear *criptomoedas*, considerando para além do convênio com os bancos, inserir as corretoras de *criptomoedas*, havendo alguns estudos e um interesse do governo nesse sentido. Portanto, se as corretoras de *criptomoedas* forem incluídas no banco de dados do *Bacenjud*, poderá o juiz utilizar da ferramenta para oficiar todas as corretoras de *criptoativos* a fim de obter uma resposta mais prática a respeito do bloqueio de *criptomoedas*, no intuito de satisfazer a pretensão do credor." (PINHEIRO, Benjamin. Penhora de criptomoedas. Disponível em https://berschadvocacia.com.br/post/12/penhora-de-criptomoedas. Acesso em: 20 jul. 2021).

Ele só poderá ser destituído se agir de forma disfuncional ao encargo e causar prejuízos ao espólio. Para tanto, deverá prestar contas da sua administração, no prazo que o juiz assinalar.

Deverá inventariante assumir papel ativo nessa gestão, inclusive investigando a existência de bens que deverão ser transmitidos aos herdeiros, tais como sites, e-commerces e criptomoedas. Cada um desses bens apresenta desafios próprios, como acesso aos dados de localização, tokens ou chaves dos criptoativos.

Como se constata, ainda são muitos os desafios da herança digital, razão pela qual é necessário se caminhar com o enfrentamento dos muitos problemas que circundam o tema.

6. REFERÊNCIAS

BEVILAQUA, Clóvis. *Direito das sucessões*. Edição histórica. Rio de Janeiro: Editora Rio, 1978.

BOFF, Salete Oro; FORTES, Vinicius Borges; FREITAS, Cinthia Obladen de Almendra. *Proteção de dados e privacidade*: do direito às novas tecnologias na sociedade da informação. Rio de Janeiro: Lumen Juris, 2018.

BURILLE, Cíntia; HONORATO, Gabriel; LEAL, Livia Teixeira. Danos morais por exclusão de perfil de pessoa falecida? Comentários ao acórdão proferido na Apelação Cível nº 1119688-66.2019.8.26.0100 (TJSP). *Revista Brasileira de Direito Civil – RBDCivil*, Belo Horizonte, v. 28, p. 207-227, abr./jun. 2021.

CARVALHO, Luiz Paulo Vieira de. *Direito das sucessões*. São Paulo: Atlas, 2014.

COLOMBO, Maici Barboza dos Santos. Tutela póstuma dos direitos da personalidade e herança digital. *In*: LEAL, Livia Teixeira; TEIXEIRA, Ana Carolina Brochado (coord.). *Herança digital*: Controvérsias e alternativas. Indaiatuba: Foco, 2021. p. 105-136.

EMERENCIANO, Adelmo da Silva. Tributação no Comércio Eletrônico. *In*: CARVALHO, Paulo de Barros (coord.). *Coleção de Estudos Tributários*. São Paulo: IOB, 2003.

FACHIN, Zulmar Antônio; PINHEIRO, Valter Giuliano Mossini. Bens digitais: análise da possibilidade de tutela jurídica no Direito brasileiro. *In*: DIAS, Feliciano Alcides; TAVARES NETO, José Querino; ASSAFIM, João Marcelo de Lima (coord.). *Direito, inovação, propriedade intelectual e concorrência*. Florianópolis: CONPEDI, 2018.

FREITAS, Cintia Obladen de Almendra; MAFFINI, Maylin. A herança digital no Brasil e o tratamento das criptomoedas e bitcoins como bens digitais. *Prim@ Facie*, v. 19, n. 40, 2020.

FRITZ, Karina Nunes. A garota de Berlim e a herança digital. *In*: LEAL, Livia Teixeira; TEIXEIRA, Ana Carolina Brochado (coord.). *Herança digital*: Controvérsias e alternativas. Indaiatuba: Foco, 2021. p. 227-244.

GUILHERMINO, Everilda Brandão. Acesso e compartilhamento: A nova base econômica e jurídica dos contratos e da propriedade. *Migalhas*. Disponível em: https://www.migalhas.com.br/coluna/migalhas-contratuais/311569/acesso-e-compartilhamento-a-nova-base-economica-e-juridica-dos--contratos-e-da-propriedade. Acesso em: 26 jul. 2021.

HONORATO, Gabriel; LEAL, Livia Teixeira. Exploração econômica de perfis de pessoas falecidas: reflexões jurídicas a partir do caso Gugu Liberato. *Revista Brasileira de Direito Civil – RBDCivil*, Belo Horizonte, v. 23, p. 155-173, jan./mar. 2020. DOI:10.33242/rbdc.2020.01.008.

HONORATO, Gabriel; LEAL, Livia Teixeira. Exploração econômica de perfis de pessoas falecidas. *In*: LEAL, Livia Teixeira; TEIXEIRA, Ana Carolina Brochado (coord.). *Herança digital*: Controvérsias e alternativas. Indaiatuba: Foco, 2021.

KONDER, Carlos Nelson; TEIXEIRA, Ana Carolina Brochado. Situações jurídicas dúplices: Controvérsias na nebulosa fronteira entre patrimonialidade e extrapatrimonialidade. *In*: RODRIGUES, Renata; TEIXEIRA, Ana Carolina Brochado (coord.). *Contratos, família e sucessões:* diálogos interdisciplinares. 2. ed. Indaiatuba: Foco, 2021. p. 165-190.

KONDER, Carlos Nelson; TEIXEIRA, Ana Carolina Brochado. O enquadramento dos bens digitais sob o perfil funcional das situações jurídicas. *In*: LEAL, Livia Teixeira; TEIXEIRA, Ana Carolina Brochado (coord.). Indaiatuba: Foco, 2021. p. 21-40.

LACERDA, Bruno Torquato Zampier. *Bens digitais*. 2. ed. Indaiatuba: Foco, 2021.

LEAL, Livia Teixeira. *Internet e morte do usuário:* Propostas para o tratamento jurídico *post mortem* do conteúdo inserido na rede. 2. ed. Rio de Janeiro: GZ, 2020.

MEDON, Filipe; OLIVA, Milena Donato; TERRA, Aline de Miranda Valverde. Acervo digital: controvérsias quanto à sucessão *causa mortis*. *In*: LEAL, Livia Teixeira; TEIXEIRA, Ana Carolina Brochado (coord.). *Herança digital:* Controvérsias e alternativas. Indaiatuba: Foco, 2021. p. 55-74.

MIRANDA, Pontes de. *Tratado de Direito Privado*. Tomo LV: Direito das sucessões: sucessão em geral, sucessão legítima. São Paulo: Revista dos Tribunais, 2012.

PINHEIRO, Benjamin. Penhora de criptomoedas. Disponível em: https://berschadvocacia.com.br/post/12/penhora-de-criptomoedas. Acesso em: 20 jul. 2021.

SÁ, Maria de Fátima Freire; NAVES, Bruno Torquato de Oliveira. Honra e imagem do morto? *Revista de Informação Legislativa*. Brasília, ano 44, n. 175, jul./set. 2007.

TEPEDINO, Gustavo; NEVARES, Ana Luiza Maia; MEIRELES, Rose Melo Vencelau. *Fundamentos de direito civil:* Direito das Sucessões. v. 7. Rio de Janeiro: Forense, 2020.

VELOSO, Zeno. *Testamentos*. 2. ed. Belém: CEJUP, 1993.

PERSPECTIVAS CRÍTICAS A PARTIR DE GÊNERO, AUTONOMIA PRIVADA E DIREITO SUCESSÓRIO

Lígia Ziggiotti de Oliveira

Doutora em Direitos Humanos e Democracia pelo Programa de Pós-Graduação da Universidade Federal do Paraná (2019). Mestra em Direito das Relações Sociais pela mesma instituição (2015). Professora de Direito Civil da graduação e da pós-graduação em Direito da Universidade Positivo. Coordenadora da Pós-Graduação em Direito das Famílias e Sucessões pela mesma instituição. Vice-presidenta da ANAJUDH-LGBTI. Advogada.

Sumário: 1. Introdução – 2. Gênero, relações sucessórias e situações patrimoniais – 3. Ficções sobre autonomia privada a partir de críticas feministas – 4. Autonomia privada, vulnerabilidade e direito sucessório – 5. Considerações finais – 6. Referências.

1. INTRODUÇÃO

É possível se observar como pacífica no campo doutrinário sucessório contemporâneo a conclusão de que aí se depara com um excesso de formalismo, de rigidez e de descompasso com a realidade social.[1] A crítica, em verdade, acerca de sua impermeabilidade a mudanças é conhecida há anos.[2]

As principais considerações neste sentido partem das intensas transformações ocorridas na disciplina jurídica das relações familiares, as quais não se projetaram para as regulações causa mortis das conjugalidades e dos parentescos. E uma parcela dos(as) autores(as) destaca o descrédito à autonomia privada como um ponto especialmente problemático e carente de revisão.

As travas à autonomia privada poderiam ser justificadas de modo fluído, ligadas a contextos históricos mutantes. Se apreciados os contornos do início do século XX, no qual se localiza o Código Civil de 1916, indicam-se a perpetuidade do vínculo jurídico conjugal e a valorização da célula familiar em detrimento dos indivíduos que dela participavam como pano de fundo. Hoje, pelo plano normativo, a facilitação do divórcio e a previsão constitucional do modelo de família eudemonista, em que

---

1. Neste sentido, a título de exemplo: CHAVES, Daniele Chaves Teixeira. *Autonomia privada e flexibilização dos pactos sucessórios no ordenamento jurídico brasileiro. In*: TEPEDINO, Gustavo; MENEZES, Joyceane Bezerra de (org.). *Autonomia privada, liberdade existencial e direitos fundamentais*. Belo Horizonte: Fórum, 2019; e BUCAR, Daniel. Pactos sucessórios: possibilidades e instrumentalização. *In*: TEIXEIRA, Ana Carolina Brochado; RODRIGUES, Renata de Lima (org.). *Contratos, família e sucessões*: diálogos interdisciplinares. Indaiatuba: Foco, 2019.
2. GOMES, Orlando. *Sucessões*. 13. ed. Rio de Janeiro: Forense, 2006.

a satisfação pessoal dos indivíduos da entidade familiar se incrementa,[3] poderiam indicar uma maior flexibilização em relação às normas sucessórias.

Contudo, contrariamente ao que se infere do Direito das Famílias, em que se diagnostica, com frequência, um aumento de liberdade no eixo conjugal,[4] para o Direito das Sucessões, isso não parece óbvio. Pode-se apreciar como uma novidade legislativa, se comparados os Códigos Civis de 1916 e de 2002, a inclusão de cônjuge como herdeiro(a) necessário(a).[5] E, recentemente, o Supremo Tribunal Federal também ascendeu a esta condição os(as) companheiros(as) em união estável.[6] Portanto, torna-se plausível a afirmação de que, em sentido contrário a pretensões de parcela considerável da doutrina, quanto às transformações legislativas e à consolidação jurisprudencial produzida por Cortes superiores, fortaleceram-se certas amarras à autonomia privada.[7]

Em acréscimo, cabe observar que as críticas ao desprestígio da autonomia privada nesta seara circulam, usualmente, por eixos claramente significados por gênero, sem, necessariamente, tomá-lo como marcador relevante de análise. Com efeito, as discussões, por exemplo, sobre possibilidade de pacto antenupcial com conteúdo sucessório e sobre flexibilização da categoria de herdeiro(a) necessário(a) para companheiro(a) em união estável demonstram o cabimento desta perspectiva para tal sorte de tensão.[8]

Radiografadas estas consonâncias e dissonâncias, percebe-se, por vezes, um ponto cego relacionado a gênero em debates sucessórios. Desde o nosso entender, este referencial revela discrepâncias patrimoniais com potenciais implicações graves à dignidade de mulheres, vulneradas, até hoje, de modo agravado em contextos familiares. Neste sentido, o objetivo deste capítulo consiste em costurar as vulnerabilidades de gênero como um aspecto relevante a ser considerado pela doutrina quando se advoga pelo incremento da autonomia privada em torno do Direito Sucessório.

---

3. O parágrafo 8° do art. 226 da Constituição da República Federativa do Brasil indica que "O Estado assegurará a assistência à família na pessoa de cada um dos que a integram, criando mecanismos para coibir a violência no âmbito de suas relações".

4. BODIN DE MORAES, Maria Celina. A nova família, de novo: estruturas e função das famílias contemporâneas. *Revista Pensar,* Fortaleza, v. 18, n. 2, p. 587-628, mai./ago. 2013.

5. GOMES, Orlando. *Sucessões.* 13. Ed. Rio de Janeiro: Forense, 2006, p. 64.

6. STF, *RE n. 878.694.* Rel. Min. Luís Roberto Barroso, julg. 11.5.2017.

7. CHAVES, Daniele Chaves Teixeira. Autonomia privada e flexibilização dos pactos sucessórios no ordenamento jurídico brasileiro. *In*: TEPEDINO, Gustavo; MENEZES, Joyceane Bezerra de (org.). *Autonomia privada, liberdade existencial e direitos fundamentais.* Belo Horizonte: Fórum, 2019. p. 463.

8. Ilustrativamente: "Com efeito, não se põe em questionamento a especial atenção da legislação sucessória aos herdeiros descendentes vulneráveis e tampouco a necessária mantença da legítima relativamente a eles, mas sim a expansão da autonomia privada e a mitigação do direito de dispor quanto aos cônjuges e companheiros, aqui melhor classificados como herdeiros concorrenciais e não herdeiros necessários" (OLIVEIRA, Alexandre Miranda; CARVALHO, Bárbara Dias Duarte de. *In*: TEIXEIRA, Ana Carolina Brochado; LIMA RODRIGUES, Renata de (org.). *Contratos, família e sucessões*: diálogos interdisciplinares. Indaiatuba: Foco, 2019. p. 71).

2. GÊNERO, RELAÇÕES SUCESSÓRIAS E SITUAÇÕES PATRIMONIAIS

As relações de gênero configuram modos de organização social incisivos para o contexto contemporâneo. Longe de constituírem uma ideologia, os efeitos decorrentes de os corpos serem apreendidos como masculinos e como femininos são amplamente sentidos – seja para a produção de nossas próprias subjetividades, seja para as relações que estabelecemos cotidianamente. Em oportunidade anterior, sugerimos, por didatismo, e, ainda que de forma reduzida em complexidade, ao menos três dimensões juridicamente auferíveis para o assentamento desta crítica: patrimonial, relacional e individual.[9]

Projetam-se, para o eixo patrimonial, discrepâncias relevantes atinentes a acesso a patrimônio por homens e por mulheres. Prismas como diferença salarial,[10] taxa de empregabilidade informal, precarizada e desempenho de atividades não-remuneradas, ocupação de cargos de chefia,[11] titularidade de propriedade imobiliária,[12] gestão de empresas familiares,[13] conduzem, invariavelmente, para um diagnóstico de assimetrias que as desfavorecem, de modo brutal, em relação a eles. A inserção de marcadores como o racial agrava ainda mais drasticamente as desigualdades.

É certo que tratar da patrimonialidade como relevante pode parecer um retorno a lógicas civilistas ultrapassadas. A despatrimonialização do Direito Civil representa uma ruptura em comparação com o perfil clássico civilista, porque, em um paradig-

---

9. DE OLIVEIRA, Lígia Ziggiotti. *Olhares feministas sobre o direito das famílias contemporâneo*: perspectivas críticas sobre o individual e o relacional em família. Rio de Janeiro: Lumen Juris, 2016.

10. A diferença é de 20,7% (INSTITUTO BRASILEIRO DE GEOGRAFIA E ESTATÍSTICA. *Cadastro nacional de empresas 2017*. Disponível em: https://www.ibge.gov.br/estatisticas/economicas/comercio/9016-estatisticas-do-cadastro-central-de-empresas.html?=&t=o-que-e. Acesso em: 25 set. 2020).

11. "Enquanto nos países emergentes a participação das mulheres entre trabalhadores familiares não remunerados diminuiu na última década, nos países em desenvolvimento ela continua alta, representando 42% do emprego feminino em 2018, em comparação com 20% do emprego masculino, e sem sinais de melhoria até 2021.Como resultado, as mulheres ainda estão sobre representadas no emprego informal nos países em desenvolvimento. Estes resultados confirmam pesquisas anteriores da OIT que alertaram sobre desigualdades significativas de gênero em relação a salários e proteção social. Analisando as mulheres que administram empresas, o estudo observa que, no mundo todo, quatro vezes mais homens estão trabalhando como empregadores do que mulheres em 2018" (ORGANIZAÇÃO INTERNACIONAL DO TRABALHO. *Mulheres ainda são menos propensas a atuar no mercado de trabalho do que os homens na maior parte do mundo*. Disponível em: https://www.ilo.org/brasilia/noticias/WCMS_619819/lang--pt/index.htm. Acesso em: 25 set. 2020).

12. A título de exemplo, 95% das terras rurais do país têm homens como proprietários (OXFAM BRASIL. *Terrenos da desigualdade*: terra, agricultura e desigualdade no Brasil rural. Disponível em: https://www.oxfam.org.br/publicacao/terrenos-da-desigualdade-terra-agricultura-e-desigualdade-no-brasil-rural/. Acesso em: 25 set. de 2020).

13. "*Another starting point is that family firms, just like households, function through cooperative conflicts (Sen, 1990; Agarwal, 1997; Katz, 1997), on the basis of pillars such as gender or age, which determine the bargaining power of their members, as well as the capacity to control and decide on the resources and work required to sustain them. Family firms are organizations in which gender roles are dually reproduced by bringing into play not only the gendered division of labor, but also the influence of normativity around the traditional nuclear family and the roles associated with women therein*" (RODRÍGUEZ-MODRONO, Paula; GÁLVEZ-MUNOZ, Lina; AGENJO-CALDERÓN, Astrid. *The hidden role of women in family firms*. Disponível em: http://www.upo.es/serv/bib/wphaei/haei1501.pdf. Acesso em: 25 set. 2020).

ma moderno, o Direito Civil ocupou um relevante enfoque para o Estado Liberal, tendente à minoração da participação do Estado em relações denominadas entre particulares, e profícuo para os devaneios de acúmulo de capital pelas vias contratuais e proprietárias.

Contudo, observa-se que o acesso a bens materiais e imateriais conformadores da dignidade da pessoa humana segue atrelado a acesso a patrimônio. E, ao revés da atmosfera constitucional que se seguiu a 1988, enfrenta-se, hoje, no âmbito das políticas públicas, uma aproximação ao modelo de Estado neoliberal, e não de Bem-Estar Social, do que decorre uma responsabilização ainda mais intensa quanto ao oferecimento de soluções jurídicas aplicáveis a relações marcadas por gênero, porque se reduzem as possibilidades de acesso a patrimônio por grupos em situação de maximização de vulnerabilidade.

Estas constatações explanam a necessidade de se ultrapassar a medida da pessoa humana, genericamente presumida, para se avançar para uma concepção interseccional da vulnerabilidade, e grifar, com isso, o eixo patrimonial não em homenagem aos interesses proprietários, mas sim para se debruçar sobre a condição de não proprietários(as).

Assim, conforme observaram Ana Carolina Brochado Teixeira e Carlos Nelson Konder, não basta a separação abstrata entre situações patrimoniais e existenciais, pois se faz imprescindível, ainda, observar a realização da dignidade da pessoa humana que daí se irradia:

> Funcionalizar um instituto é descobrir sob qual finalidade ele serve melhor para o cumprimento dos objetivos constitucionais, qual seja, a tutela da pessoa humana na perspectiva não apenas individual, mas também solidarista e relacional. Por isso, descobrir a função de um instituto é mais importante do que investigar seus aspectos estruturais.[14]

Por consequência, se as relações sucessórias se sedimentam, subjetivamente, entre familiares, e, objetivamente, por transmissão de propriedade, para funcionalizar os institutos que delas emergem é preciso ter em conta as vulnerabilidades a que os eventuais limites de disponibilização do patrimônio atendem para se ultrapassar uma análise puramente individualista a partir da autonomia privada.

E, com efeito, o Direito das Sucessões se revela um campo profícuo para a perpetuação das assimetrias de gênero. Para se ilustrar a partir de instrumentos de planejamento sucessório, é notável que testamentos e constituições de *holdings* familiares imprimem frequentes deixas excludentes às mulheres.[15] A literatura de-

---

14. TEIXEIRA, Ana Carolina Brochado; KONDER, Carlos Nelson. Situações jurídicas dúplices: controvérsias sobre a nebulosa fronteira entre patrimonialidade e extrapatrimonialidade. *In*: TEIXEIRA, Ana Carolina Brochado; RODRIGUES, Renata de Lima (org.). *Contratos, família e sucessões*: diálogos interdisciplinares. Indaiatuba: Foco, 2019. p. 140.

15. TEIXEIRA, Danielle Chaves; RAMOS, André Luiz Arnt. Como o gênero pode interferir no planejamento sucessório? *In*: TEIXEIRA, Ana Carolina Brochado; MENEZES, Joyceane Bezerra de (coord.). *Gênero, vulnerabilidade e autonomia*: repercussões jurídicas. Indaiatuba: Foco, 2020. p. 400.

dicada ao tema descreve o ceticismo masculino em relação à competência delas para sucederem negócios familiares como obstáculo.[16]

De fato, sob a égide da autonomia privada, "abre-se a possibilidade de agravar ainda mais a condição da desigualdade das mulheres no processo de sucessão, devido à perpetuação dos reflexos do patriarcado."[17]

O Supremo Tribunal Federal, inclusive, ao ponderar sobre a equiparação de companheiros(as) em união estável a cônjuges, para fins sucessórios, acionou com frequência a questão de gênero, pontuando serem as mulheres em união estável as usuais destinatárias da norma em questão.[18] Embora, em seu voto, o Relator Ministro Luís Roberto Barroso tenha vinculado referida observação ao fato de que a expectativa de vida feminina é superior que a masculina, também é legítimo fundamentar o interesse das companheiras em união estável a partir da usual ausência de titularidade imobiliária em nome de mulheres em analogia aos homens do mesmo núcleo relacional.

Em suma, a despeito da aparentemente óbvia correlação entre Direito Sucessório e situações patrimoniais – especialmente quanto às relações conjugais, sobre as que se conclui, equívoca, mas, frequentemente, haver posições subjetivas de igualdade entre o casal e nas quais encontraria terreno produtivo uma égide descomplicada da autonomia privada –, é necessário introduzir a vulnerabilidade decorrente de gênero como um importante alerta para os(as) operadores(as) jurídicos(as), vez que dadas situações podem refletir a concretização de vida digna de cônjuges, companheiros(as) e parentes mais ou menos dependente do acesso aos bens do *de cujus*.

3. FICÇÕES SOBRE AUTONOMIA PRIVADA A PARTIR DE CRÍTICAS FEMINISTAS

Em Direito Civil, a autonomia privada, um verdadeiro espaço de criação de normas jurídicas por particulares, costuma ser referenciada como central. Tal é o seu prestígio que autores como Otávio Luiz Rodrigues Júnior a indicam como o seu fundamento epistemológico e diferenciador de outros ramos jurídicos.[19]

Para a doutrina que advoga pela repersonalização do campo, a autonomia se caracteriza como ações humanas voluntárias, configuradas, estas, como patrimoniais ou como existenciais,[20] conforme interpretação funcional dos institutos proposta acima para as situações de natureza dúplice, ao passo que a proteção das vulnerabilidades

---

16. MARTINEZ JIMENEZ, Rocio. Research on women in family firms: current status and future directions. Family Business Review, v. 22, n. 1, p. 53-64, 2009.
17. MATOS, Ana Carla Harmatiuk; HUMMELGEN, Isabela. Notas sobre as relações de gênero no planejamento sucessório. *In*: TEIXEIRA, Daniele Chaves (org.). *Arquitetura do planejamento sucessório*. 2. ed. Belo Horizonte: Fórum, 2019. p. 57.
18. STF, *RE n. 878.694*. Rel. Min. Luís Roberto Barroso, julg. 11.5.2017.
19. RODRIGUES JÚNIOR, Otávio Luiz. *Direito Civil contemporâneo*: estatuto epistemológico, constituição e direitos fundamentais. Rio de Janeiro: Forense Universitária, 2019.
20. FACHIN, Luiz Edson. *Teoria crítica do Direito Civil*. Rio de Janeiro: Renovar, 2000. p. 70-71.

é a via que potencializa a participação de grupos e de indivíduos social, cultural e historicamente excluídos em seus espaços.

Não há dúvidas de que as perspectivas de autonomia – considerada, inclusive, a passagem entre autonomia da vontade e autonomia privada[21] – marcaram a trajetória civilista, historicamente. Contudo, perceber o contexto de criação de tais narrativas, bem como o seu comprometimento com arquétipos patriarcais, produz rasuras relevantes. A prevalente filosofia moral contemporânea – com a qual dialogam as correntes do Direito Civil – afirma a autonomia privada como parâmetro ideal da experiência humana, tratando a vulnerabilidade como mera exceção.[22]

A chave de leitura da vulnerabilidade como circunstância excepcional constitui o principal equívoco da narrativa prevalente. A vulnerabilidade deve ser destacada como constitutiva da experiência humana; e não como uma linha divisória para a exaltação da autonomia como regra.

Em um sentido próximo, Heloísa Helena Barboza observa:

> Todos os humanos são, por natureza, vulneráveis, visto que todos os seres humanos são passíveis de serem feridos, atingidos em seu complexo psicofísico. Mas nem todos serão atingidos do mesmo modo, ainda que se encontrem em situações idênticas, em razão de circunstâncias pessoais, que agravam o estado de suscetibilidade que lhes é inerente.[23]

Ainda que todos os indivíduos se beneficiem do cuidado, é preciso destacar que cada qual o demanda uma forma distinta e conta com uma rede de apoio mais ou menos atuante para responder a tais necessidades. Portanto, a atribuição da vulnerabilidade diferenciada a circunstâncias pessoais deve ser deslocada para uma contextualização mais ampla.

Por tal perspectiva, é preciso se ter em conta "a condição politicamente induzida na qual certas populações sofrem com redes sociais e econômicas de apoio deficientes e ficam expostas de forma agravada às violações, à violência e à morte", em uma situação de "maximização de precariedade."[24] Logo, não se pode tratar a

---

21. "O direito privado, ao longo do século XX, foi se afastando das concepções excessivamente centradas na igualdade puramente formal e em uma autonomia da vontade tendencialmente ilimitada, para se reconstruir em consonância com novos valores que se incorporam à esfera de relevância das relações jurídicas privadas. Não mais o dogma da vontade, mas a autonomia privada desde logo balizada por normas de ordem pública e inserida em um contexto axiológico que extrapolava a liberdade negativa e formal. Do mesmo modo, não mais se limitou o direito privado à igualdade formal, passando a atribuir caráter normativo à igualdade substancial" (PIANOVSKI RUZYK, Carlos Eduardo. Relações privadas, dirigismo contratual e relações trabalhistas. *In*: TEPEDINO, Gustavo; MELLO FILHO, Luiz Philippe Vieira; FRAZÃO, Ana; DELGADO, Gabriela Neves (org.). *Diálogos entre o Direito do Trabalho e o Direito Civil*. São Paulo: RT, 2013. p. 98-99).
22. TRONTO, Joan. Mulheres e cuidados: o que as feministas podem aprender sobre a moralidade a partir disso? *In*: JAGGAR, Alison; BORDO, Susan (org.). *Gênero, corpo, conhecimento*. Tradução de Britta Lemos de Freitas. Rio de Janeiro: Record: Rosa dos Ventos, 1997. p. 195.
23. BARBOSA, Heloísa Helena. Vulnerabilidade e cuidado: aspectos jurídicos. *In*: PEREIRA, Tânia da Silva; OLIVEIRA, Guilherme de (org.). *Cuidado e vulnerabilidade*. São Paulo: Atlas, 2009. p. 107.
24. BUTLER, Judith. *Quadros de guerra*: quando a vida é passível de luto? Tradução de Sérgio Tadeu de Niemeyer Lamarão; Arnaldo Marques da Cunha. Rio de Janeiro: Civilização Brasileira, 2015. p. 46.

vulnerabilidade como um dado natural, como uma circunstância individual, mas, sim, como um processo histórico e informado por uma pluralidade de elementos.

Esta é uma análise que desmonta o argumento individualista de que o engajamento útil se concentra em uma transformação de vulnerabilidade – que é socialmente significada – em autonomia privada – que é ficcional. Com a perspectiva individualista ainda prevalente, quem não se recepciona, por completo, em uma sociedade pautada na ficção da autonomia e da racionalidade, vê-se, constantemente, em situação de confinamento em espaços domésticos, nos quais se impõe, espontaneamente, o dever de cuidado das chamadas vulnerabilidades de crianças, de adolescentes, de idosos(as) e de pessoas com deficiência,[25] ou em instituições apartadas, muitas vezes tidas como substitutas das famílias.

Nesta cadência, os investimentos teóricos contemporâneos para o Direito Civil devem ser no sentido de desvelar as práticas produtoras de agravamento de vulnerabilidade em determinadas relações sociais – sabidamente, as contratuais, proprietárias e familiares – porque, mesmo que seja a vulnerabilidade inerente à condição humana, percebe-se que determinadas condições políticas, históricas e culturais a agravam.

Com isso, a interpretação adequada das assimetrias revela que quem mais aparenta deter autonomia em relações privadas costuma ser quem mais se favorece com os critérios de hierarquização social[26]. Não por menos, a causa do vazio patrimonial de titularidade delas costuma ter íntima relação com os vínculos de cuidado demandados por cônjuges, companheiros e parentes, em um cenário que não se reproduz para eles, os quais constituem os principais destinatários deste tempo e deste esforço não remunerados. Favorecem-se tanto como destinatários finais quanto como indiretos, consideradas as situações nas quais as mulheres respondem às necessidades de personagens que estariam, inclusive juridicamente, sob responsabilidade de outros agentes da família que do encargo se desoneram graças a elas.

Cabem, pois, verdadeiros "mecanismos de intervenção reequilibradora do ordenamento"[27] em prol da igualdade material. Portanto, as travas e as aberturas sucessórias devem ser lidas através do enfrentamento das situações de maximização de vulnerabilidade familiar, extrapolando, com isso, as narrativas sobre autonomia privada.

---

25. DAMAMME, Aurélie; PAPERMAN, Patricia. Care domestique: délimitations et transformations. *In*: MOLINIER, Pascale; LAUGIER, Sandra; PAPERMAN, Patricia (org.). *Qu'est ce que le "care"?*: Souci des autres, sensibilité, responsabilité. Paris: Edition PAYOT, 2005. p. 133.

26. MOLINIER, Pascale; LAUGIER, Sandra; PAPERMAN, Patricia. Introduction. *In*: MOLINIER, Pascale; LAUGIER, Sandra; PAPERMAN, Patricia (org.). *Qu'est ce que le "care"?*: Souci des autres, sensibilité, responsabilité. Paris: Edition PAYOT, 2005. p. 19.

27. KONDER, Carlos Nelson. Vulnerabilidade patrimonial e vulnerabilidade existencial: por um sistema diferenciador. *Revista de Direito do Consumidor*. vol. 99, p. 101-123, mai./jun. 2015.

4. AUTONOMIA PRIVADA, VULNERABILIDADE E DIREITO SUCESSÓRIO

Segundo se introduziu, observa-se da doutrina que "a autonomia privada só tem tido avanços no âmbito do Direito de Família e permanece estanque no campo das sucessões."[28] Contudo, "as perspectivas críticas apontam para a necessidade de se demarcar a fronteira de situações em que a autonomia pode ser mascarada pela coerção da vontade, explicitando um dos aspectos fundamentais da perspectiva política do conceito de vulnerabilidade."[29]/[30]

Ora, sendo a titularidade patrimonial, habitualmente, relacionada aos homens, é lógico que se presuma como deles, em tais ocasiões, o controle dos bens do núcleo familiar. Por consequência, representariam, à primeira vista, interesses destes proprietários a flexibilização de determinadas normas de ordem pública, pelo que as amarras do ordenamento jurídico, indicadas como restritivas à autonomia privada, por vezes, podem funcionar como blindagem para os grupos cuja vulnerabilidade se encontra agravada. Neste sentido, deve "a autonomia ser pensada em função da vulnerabilidade, como seu componente indispensável"[31] para que não se conduza a soluções de empobrecimento de demais personagens do núcleo familiar – sabidamente, dos(as) que sofrem por uma maximização de precariedade social.

Sendo a *saisine*, nos termos do Superior Tribunal de Justiça, uma verdadeira modalidade de aquisição proprietária,[32] a crítica civilista contemporânea deve superar o estatuto da mera garantia de prerrogativas para quem detém a propriedade com o fito de incluir o estatuto do acesso a quem dela se encontra privado(a).[33] Assim se conduz às perspectivas solidaristas e relacionais para a funcionalização de institutos de que tratam Ana Carolina Brochado Teixeira e Carlos Nelson Konder.[34] E a função, neste caso, consiste em promover a continuidade da vida digna dos membros de uma entidade familiar após o falecimento do proprietário,[35] o qual costuma se situar em uma posição de privilégio social por motivos como desigualdade de gênero, capacistimo, discriminação em função da faixa etária, entre outros.

---

28. MADALENO, Rolf. O fim da legítima. *Revista IBDFAM*. Belo Horizonte, n. 16, p. 31-72, jul./ago. 2016.
29. DINIZ, Débora; GUILHEM, Dirce. *Bioética feminista*: o resgate político do conceito de vulnerabilidade. Disponível em: http://revistabioetica.cfm.org.br/index.php/revista_bioetica/article/view/310/449. Acesso em: 22 ago. 2020.
30. O termo "coerção da vontade" nesta citação empregado, evidentemente, não se equivale ao vício do negócio jurídico presente em nosso vocabulário técnico.
31. BARBOSA, Heloisa Helena; ALMEIDA, Vitor. A tutela das vulnerabilidades na legalidade constitucional. *In*: PEREIRA, Tânia da Silva; OLIVEIRA, Guilherme de (org.). *Cuidado e vulnerabilidade*. Belo Horizonte: Fórum, 2017. p. 46.
32. STJ, *REsp n. 48199*. Rel. Min. Sálvio de Figueiredo Teixeira, julg. 27.6.1994.
33. FACHIN, Luiz Edson. *Teoria crítica do Direito Civil*. Rio de Janeiro: Renovar, 2000. p. 289.
34. TEIXEIRA, Ana Carolina Brochado; KONDER, Carlos Nelson. Situações jurídicas dúplices: controvérsias sobre a nebulosa fronteira entre patrimonialidade e extrapatrimonialidade. *In*: TEIXEIRA, Ana Carolina Brochado; RODRIGUES, Renata de Lima (org.). *Contratos, família e sucessões*: diálogos interdisciplinares. Indaiatuba: Foco, 2019. p. 140.
35. CORTIANO JÚNIOR, Eroulths; ROBL FILHO, Ilton. O ensino do direito civil: breve ensaio sobre o ensino do direito das sucessões. *In*: TEPEDINO, Gustavo (org.). *Diálogos sobre Direito Civil*, vol. II. Rio de Janeiro: Renovar, 2008. p. 659.

Portanto, com razão, Ana Luiza Nevares observa:

Nessa perspectiva, a legislação sucessória deveria prever uma especial atenção aos herdeiros menores, deficientes e idosos e, ainda, aos cônjuges e companheiros quanto a aspectos nos quais realmente dependiam do autor da herança, buscando concretizar na transmissão hereditária um espaço de promoção da pessoa, atendendo às singularidades dos herdeiros, em especial diante de sua vulnerabilidade e de seus vínculos com os bens que compõem a herança e, ainda, atendendo à liberdade do testador quando não se vislumbrar na família aqueles que necessitam de uma proteção patrimonial diante da morte de um familiar.[36]

Ainda, conforme a autora:

Para dar concretude à transmissão da herança, algumas legislações sucessórias, como a legislação civil francesa e a recente legislação civil argentina, preveem o expediente da atribuição preferencial, permitindo, assim, que determinados herdeiros e o cônjuge requeiram que sejam imputados em seus quinhões ou meação com os quais mantêm vínculos específicos, como o imóvel em que residem ou a empresa em que trabalham[37].

Significa dizer que a impermeabilidade do Direito Sucessório deve significar preocupação mais intensa à medida em que o formalismo que o acompanha resulte em segurança jurídica abstrata comprometida com uma pseudoneutralidade.[38] Como descrevem Ana Carla Harmatiuk Matos e Isabela Hummelgen, o Direito Sucessório raramente considera aspectos subjetivos entre os indivíduos da relação para a produção de seus efeitos.[39]

Logo, qualquer flexibilização deve ter os riscos de reprodução de vulnerabilidade agravada intersubjetiva em relações familiares como foco para a regulação dos efeitos *causa mortis*. Este parece configurar o melhor encaminhamento para as políticas legislativas futuras e para as práticas jurisprudencial e doutrinária.

Portanto, ao revés de se centrarem as narrativas em torno da valorização da autonomia privada como principal movedora para as prospectivas transformações do campo sucessório, talvez, caiba a pretensão de que se abra para a concretude das relações familiares assimétricas subjacentes à transmissão patrimonial, pautando-se pela vulnerabilidade como chave principal de interpretação.

Com isso, estimula-se a criação e o reajuste das ferramentas sucessórias para se operar contrariamente às situações de vulnerabilidade agravada, ao revés de articu-

---

36. NEVARES, Ana Luiza. A crise da legítima no direito brasileiro. *In*: TEIXEIRA, Ana Carolina Brochado; RODRIGUES, Renata de Lima (org.). *Contratos, família e sucessões*: diálogos interdisciplinares. Indaiatuba: Foco, 2019. p. 271.

37. NEVARES, Ana Luiza. A crise da legítima no direito brasileiro. *In*: TEIXEIRA, Ana Carolina Brochado; RODRIGUES, Renata de Lima (org.). *Contratos, família e sucessões*: diálogos interdisciplinares. Indaiatuba: Foco, 2019. p. 272.

38. BUCAR, Daniel. Pactos sucessórios: possibilidades e instrumentalização. *In*: TEIXEIRA, Ana Carolina Brochado; RODRIGUES, Renata de Lima (org.). *Contratos, família e sucessões*: diálogos interdisciplinares. Indaiatuba: Foco, 2019. p. 279.

39. MATOS, Ana Carla Harmatiuk; HUMMELGEN, Isabela. Notas sobre as relações de gênero no planejamento sucessório. *In*: TEIXEIRA, Daniele Chaves (org.). *Arquitetura do planejamento sucessório*. Belo Horizonte: Fórum, 2019. p. 65.

lá-las para a mitigação patrimonial de quem já se encontra abatido(a) pela assimetria econômica em dada relação familiar.[40]

Consideradas as relações de cuidado como produtoras de uma condição acrescida de vulnerabilidade em conjugalidades e em parentalidades, e, ainda, a assunção usual de tais papeis não-remunerados por mulheres na sociedade brasileira, é desejável aportar a soluções que desloquem o Direito Sucessório em prol de não desampará-las, desde uma perspectiva de mitigar disposições que as prejudiquem, e, ademais, de prestigiar o engajamento que tiveram, às vezes por anos e exclusivamente, com o autor da herança, desde uma perspectiva de abonar especial destinação de bens a esta personagem. Por evidência, como se trata de uma abertura atenta aos contornos do caso concreto, não se trata de se aplicar uma presunção abstrata pautada em gênero, mas de uma solução que parte da observância precisa da dinâmica dos indivíduos de uma dada entidade familiar, e do entrelaçamento desta dinâmica à eventual pobreza patrimonial por parte deles(as) auferida.

Ilustrativamente, a doação remuneratória[41] em favor da principal cuidadora do *de cujus* representa uma alternativa já inserida no ordenamento jurídico vigente e que pode ser estimulada a título de um planejamento sucessório que observe a vulnerabilidade como principal condutora de suas reflexões.

Assim, às demandas de liberdade sobre efeitos sucessórios se devem atrelar esforços para a criação de mecanismos de contenção ao desamparo de indivíduos já privados(as) de bens em uma dada esfera familiar,[42] considerando-se que perspectivas de gênero são relevantes em nosso contexto para a apreciação de tal desigualdade.

5. CONSIDERAÇÕES FINAIS

O Direito das Famílias costuma ser indicado como um dos ramos mais disponíveis aos impactos das modificações sociais. Contudo, também ele parece se encontrar parcialmente fechado para o reconhecimento pleno das permanências desconfortáveis em relações familiares pelas quais se perpetuam hierarquizações excludentes.

Aspectos como o descredenciamento dos alimentos a ex-cônjuge ou a ex-companheira pela jurisprudência[43] ou como a fixação de guarda compartilhada sem o

---

40. MATOS, Ana Carla Harmatiuk; HUMMELGEN, Isabela. Notas sobre as relações de gênero no planejamento sucessório. *In*: TEIXEIRA, Daniele Chaves (org.). *Arquitetura do planejamento sucessório*. Belo Horizonte: Fórum, 2019. p. 68.

41. Trata-se de doação feita a título de recompensa. A previsão do Código Civil a propósito: "Art. 540. A doação feita em contemplação do merecimento do donatário não perde o caráter de liberalidade, como não o perde a doação remuneratória, ou a gravada, no excedente ao valor dos serviços remunerados ou ao encargo imposto".

42. NEVARES, Ana Luiza. A crise da legítima no direito brasileiro. *In*: TEIXEIRA, Ana Carolina Brochado; RODRIGUES, Renata de Lima (org.). *Contratos, família e sucessões*: diálogos interdisciplinares. Indaiatuba: Foco, 2019. p. 274.

43. MATOS, Ana Carla Harmatiuk; MENDES, Anderson Pressendo; DOS SANTOS, Andressa Regina Bissolotti; DE OLIVEIRA, Ligia Ziggiotti; IWASAKI, Micheli Mayumi. Alimentos em favor de ex-cônjuge ou companheira: reflexões sobre a (des)igualdade de gênero a partir da jurisprudência do STJ. *Revista Quaestio Juris*, vol. 8, n. 4, p. 2474-2492. 2015.

efetivo compartilhamento de cuidados entre crianças e adolescentes por genitores e genitoras[44] revelam que, a despeito de avanços, existem contrassensos provenientes de uma ficção de superação das barreiras sexistas impostas pelas normas do Código Civil de 1916. É necessário, porém, ponderar que a garantia da igualdade de gênero, por via normativa, não significa um reflexo automático em práticas conjugais e parentais livres de opressão, incluída a sua faceta patrimonial, cuja perpetuidade em determinado núcleo relacional depende da sucessão.

Conforme visto, as críticas civilistas contemporâneas quanto ao fechamento do Direito Sucessório às transformações sociais são providas de sentido. Para se aproveitar o movimento de pressão doutrinária em prol de sua repaginação, incluiríamos, portanto, à análise um necessário incremento de proteção quanto às relações produtoras de vulnerabilidade agravada, que parecem figurar como o mais novo ponto de implosão ao antropocentrismo liberal dominante do Direito Civil clássico.

Desamarrar as travas estabelecidas pelo ordenamento jurídico para a autonomia privada no Direito das Sucessões constitui uma pretensão válida de se oxigená-lo, mas referida transformação, legislativa ou jurisprudencial, necessita se acompanhar, ao menos, de permeabilidade para se contornarem as vulnerabilidades agravadas em família. Entre elas, gênero segue como um importante marcador de análise crítica, de modo que parece indispensável articular medidas sucessórias para a potencialização da igualdade material representada pelo efetivo acesso aos bens a grupos dele excluídos.

6. REFERÊNCIAS

BARBOSA, Heloísa Helena. Vulnerabilidade e cuidado: aspectos jurídicos. *In:* PEREIRA, Tânia da Silva; OLIVEIRA, Guilherme de (org.). *Cuidado e vulnerabilidade.* São Paulo: Atlas, 2009.

BODIN DE MORAES, Maria Celina. A nova família, de novo: estruturas e função das famílias contemporâneas. *Revista Pensar*, Fortaleza, v. 18, n. 2, p. 587-628, mai./ago. 2013.

BUCAR, Daniel. Pactos sucessórios: possibilidades e instrumentalização. *In:* TEIXEIRA, Ana Carolina Brochado; RODRIGUES, Renata de Lima (org.). *Contratos, família e sucessões:* diálogos interdisciplinares. Indaiatuba: Foco, 2019.

BUTLER, Judith. *Quadros de guerra:* quando a vida é passível de luto? Trad. Sérgio Tadeu de Niemeyer Lamarão; Arnaldo Marques da Cunha. Rio de Janeiro: Civilização Brasileira, 2015.

CHAVES, Daniele Chaves Teixeira. Autonomia privada e flexibilização dos pactos sucessórios no ordenamento jurídico brasileiro. *In:* TEPEDINO, Gustavo; MENEZES, Joyceane Bezerra de (org.). *Autonomia privada, liberdade existencial e direitos fundamentais.* Belo Horizonte: Fórum, 2019

CORTIANO JÚNIOR, Eroulths; ROBL FILHO, Ilton. O ensino do direito civil: breve ensaio sobre o ensino do direito das sucessões. *In:* TEPEDINO, Gustavo (org.). *Diálogos sobre Direito Civil*, vol. II. Rio de Janeiro: Renovar, 2008.

---

44. DE OLIVEIRA, Ligia Ziggiotti. *Cuidado como valor jurídico:* crítica aos direitos da infância a partir do feminismo. Tese (Doutorado) – Universidade Federal do Paraná, Curitiba, 2019.

DAMAMME, Aurélie; PAPERMAN, Patricia. Care domestique: délimitations et transformations. *In*: MOLINIER, Pascale; LAUGIER, Sandra; PAPERMAN, Patricia (org.). *Qu'est ce que le "care"?*: Souci des autres, sensibilité, responsabilité. Paris: Edition PAYOT, 2005.

DE OLIVEIRA, Ligia Ziggiotti. *Cuidado como valor jurídico*: crítica aos direitos da infância a partir do feminismo. Tese (Doutorado) – Universidade Federal do Paraná, Curitiba, 2019.

DE OLIVEIRA, Lígia Ziggiotti. *Olhares feministas sobre o direito das famílias contemporâneo*: perspectivas críticas sobre o individual e o relacional em família. Rio de Janeiro: Lumen Juris, 2016.

DINIZ, Débora; GUILHEM, Dirce. *Bioética feminista*: o resgate político do conceito de vulnerabilidade. Disponível em: http://revistabioetica.cfm.org.br/index.php/revista_bioetica/article/view/310/449. Acesso em 22 set. 2020.

FACHIN, Luiz Edson. *Teoria crítica do Direito Civil*. Rio de Janeiro: Renovar, 2000.

GOMES, Orlando. *Sucessões*. 13. ed. Rio de Janeiro: Forense, 2006.

INSTITUTO BRASILEIRO DE GEOGRAFIA E ESTATÍSTICA. *Cadastro nacional de empresas 2017*. Disponível em: https://www.ibge.gov.br/estatisticas/economicas/comercio/9016-estatisticas-do--cadastro-central-de-empresas.html?=&t=o-que-e. Acesso em: 25 set. 2020.

KONDER, Carlos Nelson. Vulnerabilidade patrimonial e vulnerabilidade existencial: por um sistema diferenciador. *Revista de Direito do Consumidor*. v. 99, p. 101-123, mai./jun. 2015.

MADALENO, Rolf. O fim da legítima. *Revista IBDFAM*. Belo Horizonte, n. 16, p. 31-72, jul./ago. 2016.

MARTINEZ JIMENEZ, Rocio. Research on women in family firms: current status and future directions. *Family Business Review*, v. 22, n. 1, p. 53-64, 2009.

MATOS, Ana Carla Harmatiuk; HUMMELGEN, Isabela. Notas sobre as relações de gênero no planejamento sucessório. *In*: TEIXEIRA, Daniele Chaves (org.). *Arquitetura do planejamento sucessório*. Belo Horizonte: Fórum, 2019.

MATOS, Ana Carla Harmatiuk; MENDES, Anderson Pressendo; SANTOS, Andressa Regina Bissolotti dos; OLIVEIRA, Ligia Ziggiotti de; IWASAKI, Micheli Mayumi. Alimentos em favor de ex-cônjuge ou companheira: reflexões sobre a (des)igualdade de gênero a partir da jurisprudência do STJ. *Revista Quaestio Juris*, vol. 8, n. 4, p. 2474-2492, 2015.

MOLINIER, Pascale; LAUGIER, Sandra; PAPERMAN, Patricia. Introduction. *In*: MOLINIER, Pascale; LAUGIER, Sandra; PAPERMAN, Patricia (org.). *Qu'est ce que le "care"?*: Souci des autres, sensibilité, responsabilité. Paris: Edition PAYOT, 2005.

NEVARES, Ana Luiza. A crise da legítima no direito brasileiro. *In*: TEIXEIRA, Ana Carolina Brochado; RODRIGUES, Renata de Lima (org.). *Contratos, família e sucessões*: diálogos interdisciplinares. Indaiatuba: Foco, 2019.

OLIVEIRA, Alexandre Miranda; CARVALHO, Bárbara Dias Duarte de. *In*: TEIXEIRA, Ana Carolina Brochado; LIMA RODRIGUES, Renata de (org.). *Contratos, família e sucessões*: diálogos interdisciplinares. Indaiatuba: Foco, 2019.

ORGANIZAÇÃO INTERNACIONAL DO TRABALHO. *Mulheres ainda são menos propensas a atuar no mercado de trabalho do que os homens na maior parte do mundo*. Disponível em: https://www.ilo.org/brasilia/noticias/WCMS_619819/lang--pt/index.htm. Acesso em 25 set. 2020.

OXFAM BRASIL. *Terrenos da desigualdade*: terra, agricultura e desigualdade no Brasil rural. Disponível em: https://www.oxfam.org.br/publicacao/terrenos-da-desigualdade-terra-agricultura-e-desigualdade-no-brasil-rural/. Acesso em: 25 set. 2020.

PIANOVSKI RUZYK, Carlos Eduardo. Relações privadas, dirigismo contratual e relações trabalhistas. *In*: TEPEDINO, Gustavo; MELLO FILHO, Luiz Philippe Vieira; FRAZÃO, Ana; DELGADO, Gabriela Neves (org.). *Diálogos entre o Direito do trabalho e o Direito civil*. São Paulo: RT, 2013.

RODRIGUES JÚNIOR, Otávio Luiz. *Direito Civil contemporâneo:* Estatuto epistemológico, Constituição e direitos fundamentais. Rio de Janeiro: Forense Universitária, 2019.

RODRÍGUEZ-MODRONO, Paula; GÁLVEZ-MUNOZ, Lina; AGENJO-CALDERÓN, Astrid. *The hidden role of women in family firms.* Disponível em: http://www.upo.es/serv/bib/wphaei/haei1501.pdf. Acesso em: 25 set. 2020

TEIXEIRA, Ana Carolina Brochado; KONDER, Carlos Nelson. Situações jurídicas dúplices: controvérsias sobre a nebulosa fronteira entre patrimonialidade e extrapatrimonialidade. *In:* TEIXEIRA, Ana Carolina Brochado; RODRIGUES, Renata de Lima (org.). *Contratos, família e sucessões:* Diálogos Interdisciplinares. Indaiatuba: Foco, 2019.

TEIXEIRA, Danielle Chaves; RAMOS, André Luiz Arnt. Como o gênero pode interferir no planejamento sucessório? *In:* TEIXEIRA, Ana Carolina Brochado; MENEZES, Joyceane Bezerra de (coord.). *Gênero, vulnerabilidade e autonomia:* repercussões jurídicas. Indaiatuba: Foco, 2020.

TRONTO, Joan. Mulheres e cuidados: o que as feministas podem aprender sobre a moralidade a partir disso? *In:* JAGGAR, Alison; BORDO, Susan (org.). *Gênero, corpo, conhecimento.* Tradução de Britta Lemos de Freitas. Rio de Janeiro: Record: Rosa dos Ventos, 1997.

O DIREITO BRASILEIRO POSSUI INSTRUMENTOS EFICAZES PARA O PLANEJAMENTO SUCESSÓRIO?

Daniele Chaves Teixeira

Doutora e Mestre em Direito Civil pela Universidade do Estado do Rio de Janeiro (UERJ). Pesquisadora bolsista no *Max Planck Institut für Ausländisches und Internationales Privatrecht*, na Alemanha. Especialista em Direito Civil pela *Università degli Studi di Camerino*, na Itália. Especialista em Direito Privado pela Pontifícia Universidade Católica do Rio de Janeiro. Professora de cursos de Pós-Graduação em Direito Civil.

Danielle Tavares Peçanha

Mestranda em Direito Civil da Faculdade de Direito da Universidade do Estado do Rio de Janeiro (UERJ). Advogada.

Sumário: 1. Introdução – 2. Crise do direito das sucessões e planejamento sucessório como resposta à insuficiência normativa – 3. Determinação de instrumentos viáveis de planejamento sucessório; 3.1 Instrumentos de planejamento *causa mortis;* 3.2 Instrumentos de planejamento *inter vivos* – 4. Notas conclusivas – 5. Referências.

1. INTRODUÇÃO

O Direito das Sucessões evidencia-se em constrangedora incompatibilidade com os avanços e conquistas sociais, com regras em manifesto descompasso com a sociedade contemporânea, ancorando-se em normas obsoletas e desatualizadas. Nesse cenário, ganha especial destaque a temática do planejamento sucessório, com as ferramentas disponíveis no ordenamento que permitem funcionalizar tal direito com base nos princípios constitucionais da autonomia privada e da solidariedade familiar. Propugna-se, pois, pela verdadeira arquitetura da sucessão patrimonial,[1] garantida em termos de planejamento sucessório, capaz de atender às demandas atuais da sociedade e da família brasileiras.

Daqui a importância do esmiuçado exame das ferramentas de planejamento sucessório disponíveis no ordenamento jurídico brasileiro e de seus principais contornos jurídicos, a serem utilizadas com o propósito de afastar reversões de expectativas vãs e conflitos familiares desnecessários, além de proporcionar eficiência e redução de custos às partes, com a consequente afirmação dos princípios da igualdade e da solidariedade na legalidade constitucional.

---

1. Para o aprofundamento do tema, cfr. TEIXEIRA, Daniele Chaves (coord.). *Arquitetura do planejamento sucessório*, tomo II, Belo Horizonte: Fórum, 2021.

Diante da imprescindibilidade da via do planejamento sucessório no atual cenário brasileiro, elencam-se instrumentos que podem ser vocacionados à máxima realização da autonomia privada e da harmonização dos interesses sobrepostos na transmissão dos bens. Tais instrumentos podem subdividir-se, de acordo com os modos de sua efetivação, em instrumentos tradicionais de transmissão *mortis causa,* dentre os quais o testamento apresenta papel de destaque, embora não seja o único remédio à disposição no sistema, ou negócios *inter vivos,* bipartidos em negócios com efeitos *post mortem* e com eficácia imediata. Em uma ou em outra vias, verdade é que o direito brasileiro possui instrumentos eficazes para concretizar o planejamento patrimonial e sucessório, cada qual com suas peculiaridades, a serem direcionadas à eficaz consagração dos objetivos daquele que planeja a sucessão de seus bens, como se pretende demonstrar ao longo do trabalho.

Não há mais o que postergar:[2] o planejamento patrimonial e sucessório é realidade inarredável e imprescindível ao contexto das sociedades contemporâneas, e deve ser funcionalizado à promoção dos valores constitucionais superiores Constituição da República. Assim, o delicado xadrez que envolve a escolha de instrumentos e institutos a utilizar, separadamente ou em conjunto, dentre todos os disponíveis no ordenamento pátrio, requer uma forte interação entre os envolvidos e o profissional, de forma que o planejamento não se transforme em algo dissociado das intenções de quem o procura e dissociado da realidade jurídica patrimonial do interessado.[3] Daí a imprescindibilidade de que a comunidade jurídica se dedique com cada vez mais afinco ao estudo da matéria, sempre à luz da complexidade própria do ordenamento jurídico constitucionalizado, e é precisamente neste caminho que o presente trabalho se situa.

2. CRISE DO DIREITO DAS SUCESSÕES E PLANEJAMENTO SUCESSÓRIO COMO RESPOSTA À INSUFICIÊNCIA NORMATIVA

Como se sabe, o Direito das Sucessões volta-se à análise de questão muito delicada, da qual normalmente as pessoas buscam se esquivar, que é, exatamente, encarar a finitude humana: a própria morte. Como a morte é fato inexorável, abordar esse tema tabu requer esforço que demanda atitude de compreensão íntima e de observação externa. A única certeza que se pode ter na vida é a de que todo ser humano morrerá; e tal certeza vem acompanhada de uma incerteza, que é a de se precisar o momento exato do fim.[4]

---

2. MUCILO, Daniela de Carvalho; TEIXEIRA, Daniele Chaves. Covid-19 e planejamento sucessório: não há mais momento para postergar. *In*: NEVARES, Ana Luiza Maia; XAVIER, Marília Pedroso; MARZAGÃO, Silvia Felipe (coord.). *Coronavírus*: impactos no Direito de Família e Sucessões, Indaiatuba: Editora Foco, 2020, p. 333-350.

3. BUCAR, Daniel; TEIXEIRA, Daniele Chaves. As armadilhas do planejamento sucessório. *Consultor Jurídico – CONJUR*, publicado em 17.7.2020. Disponível em: https://www.conjur.com.br/2020-jul-17/bucar-teixeira-armadilhas-planejamento-sucessorio. Acesso em: 14. jun. 2021.

4. Permita-se remeter a TEIXEIRA, Daniele Chaves. Noções prévias do direito das sucessões: sociedade, funcionalização e planejamento sucessório. *In*: TEIXEIRA, Daniele Chaves (coord.). *Arquitetura do planejamento*

A sucessão pode ocorrer durante a vida (*inter vivos*) ou após a morte (*causa mortis*),[5] ficando a cargo do Direito Sucessório disciplinar a sucessão *causa mortis*, que, por seu turno, pode ocorrer a título universal, em que se fala em herança, a ser recebida pelos herdeiros, ou a título singular, em que há o legado, e quem o recebe é o legatário. Com a morte, ocorre a abertura da sucessão e é nesse momento que nascem os direitos hereditários.

O Código Civil brasileiro, todavia, pouco avançou na parte do livro do Direito das Sucessões, refletindo institutos que não se coadunam com a sociedade contemporânea. A bem da verdade, no que concerne ao Direito Sucessório, baseia-se ainda numa família tradicional, que não corresponde ao perfil das famílias da atual sociedade brasileira. Por outro lado, assistiu-se à paradigmática mudança de perspectiva do conceito de família, com efeitos diretos no âmbito das sucessões. Novas entidades familiares passaram a ser admitidas em igualdade de condições, atribuindo-se efeitos sucessórios à união estável e às famílias homoafetivas, sem falar das famílias simultâneas[6] e das relações plúrimas que envolvem o poliamor.[7] A renovação da realidade sucessória decorre também do mundo globalizado, tecnológico, imediatista, consumista e fluido vivenciado,[8] apresentando sucessões hereditárias com componentes cada vez mais complexos e internacionais.[9]

Desse contexto, se extrai o desconcertante descompasso entre a sociedade contemporânea e o Direito Sucessório brasileiro, que importa na necessidade de adequar o Direito das Sucessões a essa nova realidade, em cotejo com a renovação de seus fundamentos, à luz da tábua axiológica constitucional, conducente ao planejamento sucessório e sua consolidação na prática jurídica.[10] Tal expediente encontra guarida

---

sucessório. 2. ed. Belo Horizonte: Fórum, 2019. p. 29-46.

5. A sucessão *inter vivos* trata da transferência de direitos e obrigações entre pessoas vivas, como exemplo, a doação. Na segunda forma, da sucessão causa mortis, em que ocorre morte, os direitos e obrigações de uma pessoa são transferidos a seus herdeiros legítimos, testamentários e legatários. (TEIXEIRA, Silvia Maria Benedetti. Planejamento sucessório: uma questão de reflexão, *Revista Brasileira de Direito de Família*, Porto Alegre, a. VIII, n. 31, ago./set. 2005. p. 5-18).

6. Sobre as famílias simultâneas, destaque-se, contudo, o recente RE 1.045.273, julgado pelo STF, em que, por maioria dos votos, considerou-se ilegítima a existência paralela de duas uniões estáveis, ou de um casamento e uma união estável, inclusive para efeitos previdenciários. (STF, Tribunal Pleno, RE 1.045.273, Rel. Min. Alexandre de Moraes, julg. 21.12.2020, publ. DJ 9.4.2021). O tema, longe de estar imune a discussões, sobretudo à luz do julgado mencionado, reforça a importância do planejamento patrimonial e sucessório como remédio possível a salvaguardar os interesses daqueles que optem pelo arranjo das famílias simultâneas, de modo que poderão utilizar-se de alguns dos instrumentos que se pretende elencar no presente trabalho, no que for viável a casa caso, concretamente considerado.

7. TEPEDINO, Gustavo. Editorial: Solidariedade e autonomia na sucessão entre cônjuges e companheiros. *Revista Brasileira de Direito Civil – RBDCivil*. Belo Horizonte, vol. 14, p. 11-13, out./dez. 2017.

8. Nesse sentido, Zygmunt Bauman retrata precisamente essa sociedade instantânea e fluida, denominando de "'fluidez' a principal metáfora para o estágio presente da era moderna". (BAUMAN, Zygmunt. *Modernidade líquida*. Tradução de Plínio Dentzien. Rio de Janeiro: Jorge Zahar, 2001. p. 8-10).

9. V. TEIXEIRA, Daniele Chaves. Sucessão internacional com ativos no exterior na perspectiva do direito brasileiro. *In*: TEIXEIRA, Daniele Chaves (coord.). *Arquitetura do planejamento sucessório*, tomo II, Belo Horizonte: Fórum, 2021. p. 119-130.

10. Nessa direção: "a relevância do planejamento sucessório e sua respectiva demanda são crescentes nos dias de hoje, em razão de diversos motivos. Entre eles, então: as transformações das famílias e seus desdobramentos

em mecanismos conformes ao direito que permitem abrandar eventuais conflitos sucessórios, assegurar o cumprimento dos desígnios do titular do patrimônio a ser sucedido, e reduzir os elevados custos da sucessão.

O planejamento sucessório, no atual contexto, é mais que aconselhável: cuida-se de expediente essencial ao salutar desenrolar da sucessão de bens, tornando-se instrumento cada vez mais indispensável à efetivação dos direitos dos envolvidos, permitindo-se corrigir boa parte das distorções que o ultrapassado sistema legal provoca. O adequado planejamento tem o condão de democratizar e internalizar a vontade do autor da herança,[11] atendendo à demanda por organização. Com isso, a procura crescente por maiores informações acerca da sucessão em relação ao patrimônio e à família é notável, em prol do exercício da liberdade dos indivíduos.[12] Afinal, não parece condizente com a sociedade contemporânea, o impedimento aos interessados de exercerem sua liberdade na escolha do modelo mais adequado a regular a sucessão hereditária entre pessoas não vulneráveis.

Em termos conceituais, importante destacar que o planejamento sucessório nada mais é que o instrumento jurídico que permite a adoção de uma estratégia voltada para a transferência eficaz e eficiente do patrimônio de uma pessoa após a sua morte.[13] Esse planejamento é realizado em vida e sua completa aplicabilidade de efeitos ocorrerá somente com a morte do sujeito que planeja. Além disso, ele pode ser realizado por meio de diversos instrumentos jurídicos: o testamento é apenas um deles.

A rigor, o planejamento sucessório contém amplo caráter multidisciplinar, podendo envolver várias áreas do direito civil, como o próprio direito das sucessões, o direito de família, o direito dos contratos, além de conjugar-se, não raro, ao direito empresarial e ao direito tributário.[14] Ainda assim, o planejamento não se restringe

---

jurídicos; a valorização e fluidez dos bens; a economia no pagamento de impostos; a possibilidade de maior autonomia do autor de herança; a celeridade da sucessão; a prevenção de litígios futuros; e o evitamento da dilapidação do patrimônio." (TEIXEIRA, Daniele Chaves. *Planejamento sucessório*: pressupostos e limites. 2. ed. Belo Horizonte: Fórum, 2019. p. 67).

11. OLIVA, Milena Donato. *Do negócio fiduciário à fidúcia*, São Paulo: Atlas, 2014, p. 118.

12. HIRONAKA, Giselda Maria Fernandes Novaes; Flávio Tartuce, Planejamento sucessório: conceito, mecanismos e limitações. *In*: TEIXEIRA, Daniele Chaves (coord.). *Arquitetura do planejamento sucessório*. 2. ed. Belo Horizonte: Fórum, 2019. p. 433-450.

13. TEIXEIRA, Daniele Chaves. Noções prévias do direito das sucessões: sociedade, funcionalização e planejamento sucessório. *In*: TEIXEIRA, Daniele Chaves (coord.). *Arquitetura do planejamento sucessório*. 2. ed. Belo Horizonte: Fórum, 2019. p. 41.

14. Destaque-se a imprescindibilidade de que o estudo do planejamento patrimonial e sucessório seja feito atentamente à luz do direito tributário e das normas específicas que disciplinam a matéria no direito brasileiro. A título de exemplo, pode-se citar a obrigatoriedade do pagamento do ITCMD – Imposto de Transmissão Causa Mortis e de Doação para que seja julgada a partilha, nos moldes do art. 654 do CPC/2015, que deve ser analisado com especial cautela, levando-se em conta que se trata de tributo de competência dos Estados e Distrito Federal, de acordo com o art. 155, inciso I, da C.R./1988, cuja identificação é essencial para fins de identificação, por exemplo, da alíquota incidente ao caso concreto. A análise atenta acerca do sistema tributário é crucial na escolha de um planejamento patrimonial e sucessório adequado a cada caso concreto possuidor de peculiaridades que lhe são próprias. Sobre o tema, v. BUCAR, Daniel; PIRES, Caio Ribeiro, Sucessão e tributação: perplexidades e proposições equitativas. *In*: TEIXEIRA, Daniele Chaves (coord.). *Arquitetura do planejamento sucessório*. 2. ed. Belo Horizonte: Fórum, 2019. p. 91-110; e, mais especificamente sobre o

ao direito privado, mas pode ter por base diversas áreas de direito, como o direito processual, o direito administrativo, o direito internacional privado, à luz da globalização e da facilidade de se adquirir e administrar bens no exterior.

Destaque-se, ainda, que o planejamento envolve a flexibilização dos instrumentos jurídicos de que ele se vale para adequar-se às variáveis das situações fáticas, segundo cada caso concretamente considerado e os interesses em jogo. Não há, portanto, um modelo padrão ou aplicável indistintamente. Inclusive, em outra sede, já se buscou enumerar certos aspectos a serem observados na construção de um planejamento, que podem ser divididos entre os subjetivos – identificados com um conjunto de procedimentos, como a necessidade de customização do planejamento para obter um resultado efetivo ao caso concreto –; e os objetivos – compreendidos na qualidade dos bens que compõem o patrimônio e os custos incidentes sobre o respectivo planejamento.[15]

Há ainda que se desmistificar algumas falaciosas críticas que de tempos em tempos vêm à tona como reflexo de certo preconceito contra o planejamento sucessório enquanto projeto organizacional do patrimônio. Em primeiro lugar, há que se suplantar a falsa crença de que ele seria direcionado apenas às grandes riquezas. Tanto não é verdade que muito da demanda por informação de projeto patrimonial origina-se de pessoas que possuem patrimônio pequeno ou médio.[16]

O grande desafio aqui será a utilização dos instrumentos mais adequados e compatíveis com as características do arranjo que se visa organizar, sem prescindir da constatação de que o patrimônio deve ser tomado tanto em termos quantitativos, quanto em termos qualitativos, à luz da identificação em pormenores da qualidade e espécie dos bens que o compõem, ou seja, se há ativos financeiros, bens móveis ou imóveis, bens incorpóreos, com especial acento aos bens digitais, objeto de instigantes discussões no contexto atual.[17] A análise perpassa, indubitavelmente, o exame dos bens em perspectiva funcional, levando em consideração que o conceito de riqueza

---

ITCMD, cfr. BUCAR, Daniel. Planejamento sucessório e isenção do ITCMD. *In:* TEIXEIRA, Daniele Chaves (coord.). *Arquitetura do planejamento sucessório*, tomo II, Belo Horizonte: Fórum, 2021. p. 97-118.

15. BUCAR, Daniel; TEIXEIRA, Daniele Chaves. As armadilhas do planejamento sucessório. *Consultor Jurídico – CONJUR*, publicado em 17.7.2020. Disponível em: https://www.conjur.com.br/2020-jul-17/bucar-teixeira-armadilhas-planejamento-sucessorio. Acesso em: 14 jun. 2021.

16. MAMEDE, Gladston; MAMEDE, Eduarda Cotta. *Planejamento sucessório*: introdução à arquitetura estratégica – patrimonial e empresarial – com vistas à sucessão causa mortis. São Paulo: Atlas, 2015. p. 3.

17. Para a análise do tema em perspectiva de planejamento sucessório, permita-se remeter a TEIXEIRA, Daniele Chaves; POMJÉ, Caroline. Caminhos para a tutela dos bens digitais no planejamento sucessório. *In:* TEIXEIRA, Ana Carolina Brochado; LEAL, Livia Teixeira (coord.). *Herança Digital:* controvérsias e alternativas. Indaiatuba: Editora Foco, 2021. p. 289-302, de que se extrai: "Apesar da inexistência de regulação específica quanto à sucessão de conteúdos digitais no direito brasileiro, verificou-se a necessidade de estudo sobre os instrumentos disponibilizados pelo ordenamento jurídico contemporâneo para fins de viabilizar um planejamento sucessório que tenha, dentre seus objetos, bens digitais".

se alterou substancialmente,[18] e tendo em mira as funções a que se destinam e as relações que se poderão estabelecer entre eles e os possíveis titulares.

O segundo pressuposto a ser desconstruído é o de que, ao se falar de planejamento sucessório, sempre se estaria diante de uma tentativa de fraudar a legítima. O presente estudo tem em mira um planejamento efetuado entre os limites legais. Desse modo, o planejamento bem-sucedido não deve dar origem a demandas judiciais, tendo em vista que um dos seus objetivos é, exatamente, evitar litígios jurídicos. Por isso, também se deverá proceder a um exame de merecimento de tutela acerca da vontade do titular da herança, de modo compatível com a função desempenhada pelos bens, cabendo ao profissional do direito afastar-se de uma leitura que privilegia cegamente a vontade do titular, a todo e qualquer custo.

Ou seja, importante que se observem certos limites funcionais desse ato de vontade, para fins de evitar, por exemplo, eventuais discriminações sociais e, em especial, de gênero.[19] O planejamento deve funcionar como mecanismo propiciador da efetivação da autonomia privada, mas sem prescindir da salvaguarda de partes vulneráveis e dos limites postos pela ordem constitucional. Na verdade, os instrumentos de planejamento patrimonial e sucessório podem figurar como verdadeiros aliados na proteção de pessoas vulneráveis, como ocorre em casos em que se lhe utiliza com o fito de salvaguardar os interesses de idosos em situação de vulneração e de menores incapazes.[20] Tal temática fica ainda mais latente quando se debate o tema da viabilidade de aglutinação do planejamento sucessório com os métodos alternativos de solução de conflitos, em especial, a arbitragem e a mediação, grandes aliados à solução de conflitos também em âmbito de direito sucessório.[21]

---

18. Conforme observado em outra sede, a constatação parte da premissa de que "admite-se contemporaneamente uma infinidade de bens passíveis de tutela pelo ordenamento jurídico, a depender dos interesses que neles são introjetados e à luz da função à qual se destinam nas concretas relações jurídicas. Redimensiona-se a própria noção de bens, os quais, consistindo-se em objeto de aproveitamento econômico e integrando o patrimônio dos sujeitos, demandam tutela por parte do ordenamento jurídico." (PEÇANHA, Danielle Tavares; MOREIRA, Amanda Pierre. Os chamados novos danos e admissibilidade do tempo como bem jurídico passível de tutela no ordenamento jurídico brasileiro. *In*: TEPEDINO, Gustavo; SILVA, Rodrigo da Guia. *Relações patrimoniais*: contratos, titularidades e responsabilidade civil, no prelo).

19. Em atualíssima análise acerca do tema, v. MATOS, Ana Carla Harmatiuk; HÜMMELGEN, Isabela. Notas sobre as relações de gênero no planejamento sucessório. *In*: TEIXEIRA, Daniele Chaves (coord.). *Arquitetura do planejamento sucessório*. Belo Horizonte: Fórum, 2019. p. 63-78.

20. Em interessante recorte que se dedica ao paralelo entre o planejamento patrimonial e sucessório e o tema da avosidade, tendo como objetivo tanto a proteção dos avós idosos, quanto de netos incapazes, cfr. CARVALHO, Felipe Quintella Machado de; MAFRA, Tereza Cristina Monteiro. Planejamento patrimonial e avosidade: proteção patrimonial de avós idosos e de netos incapazes. *In*: PEREIRA, Tânia da Silva; COLTRO, Antônio Carlos Mathias; RABELO, Sofia Miranda; LEAL, Livia Teixeira (coord.). *Avosidade: relação jurídica entre avós e netos* – enfoque multidisciplinar. Indaiatuba: Editora Foco, 2021. p. 141-154.

21. Nesta toada, destacando-se a necessidade de se levar em conta a presença de eventual vulnerabilidade, dentre outras possíveis dificuldades que se possam vislumbrar quando da análise da utilização de métodos alternativos de solução de conflitos no direito de família e sucessões, v. TEPEDINO, Gustavo; PEÇANHA, Danielle Tavares. Métodos alternativos de solução de conflitos no direito de família e sucessões e a sistemática das cláusulas escalonadas. *In*: TEIXEIRA, Ana Carolina Brochado; RODRIGUES, Renata de Lima. *Contratos, família e sucessões*: diálogos complementares. 2. ed. Indaiatuba: Editora Foco, 2021. p. 31-46. Na ocasião, afirmou-se, acerca dos conflitos de direito de família e sucessões, que: "há que se identificar a

A despeito de todos os benefícios que consagra, o planejamento sucessório enfrenta algumas dificuldades para sua efetivação, como aquela relativa à demanda por maior autonomia do autor da herança perante os limites de sistema sucessório. Tal deslinde decorre exatamente da procura da sociedade por maior autonomia ao dispor de seu patrimônio, em contraposição à rigidez do sistema brasileiro, expresso nas disposições de limite da legítima,[22] na proibição dos pactos sucessórios, nas limitações às doações, e nos regimes de bens e seus respectivos efeitos no ordenamento. Sob a égide do Código Civil, agravou-se a situação de pouca liberdade com a controversa inserção do cônjuge como herdeiro necessário defendida por muitos; à luz do RE nº 878.694/MG,[23] julgado pelo STF, em que se tem entendido ter havido a equiparação dos regimes jurídicos do casamento e da união estável.[24]

Todavia, a análise da maior ou menor liberdade deve ser sempre realizada com base nos direitos e garantias fundamentais expressos na Constituição, em que estão presentes não só os direitos à propriedade privada, à livre iniciativa, à herança, como também princípios da solidariedade, da proteção familiar e, principalmente, da funcionalização dos institutos do direito civil.[25] Somado a isso, deve-se levar em

---

possível presença de desigualdade substancial entre as partes, com consequente desequilíbrio entre elas, esvaindo-se assim a liberdade e a autonomia necessárias à adoção de meios alternativos de solução de conflitos. Nessas circunstâncias, coloca-se em xeque a própria manifestação de vontade das partes, seja na eleição da arbitragem, seja na elaboração de acordo no curso da mediação, que deve se dar sempre de forma expressa, livre e hígida, sob pena de desnaturar a essência dos institutos, encontrem-se eles aplicados isoladamente ou em combinação, em cláusulas escalonadas."

22. Cfr. OLIVEIRA, Alexandre Miranda; TEIXEIRA, Ana Carolina Brochado. Qualificação e quantificação da legítima: critérios para partilha de bens. *In*: TEIXEIRA, Daniele Chaves (coord.). *Arquitetura do planejamento sucessório*, tomo II. Belo Horizonte: Fórum, 2021. p. 27-40.

23. O Supremo Tribunal Federal julgou os Recursos Extraordinários 646.721/RS e 878.694/MG, em sede de Repercussão Geral, fixando a seguinte tese: "No sistema constitucional vigente, é inconstitucional a distinção de regimes sucessórios entre cônjuges e companheiros, devendo ser aplicado, em ambos os casos, o regime estabelecido no art. 1.829 do CC/2002". A inclusão do companheiro no rol de herdeiros necessários, ampliando-se a interpretação do art. 1.845 do Código Civil, ainda está pendente de julgamento em sede de embargos declaratórios.

24. O entendimento e os contornos oriundos da aludida decisão não são, todavia, pacíficos entre os estudiosos do tema. A título de exemplo, cfr. ROSA, Conrado Paulino da. "Liberdade" Liberdade" Abre as asas sobre nós": uma análise sobre o status jurídico do companheiro após a declaração de inconstitucionalidade do art. 1.790 do Código Civil". *In*: TEIXEIRA, Daniele Chaves (coord.). *Arquitetura do planejamento sucessório*. tomo II. Belo Horizonte: Fórum, 2021. p. 85-96, para quem: "Tendo como premissa que a declaração de inconstitucionalidade julgada pelo Supremo Tribunal Federal em 10.5.2017, por meio do Recurso Extraordinário n. 878.694, disse respeito tão somente ao art. 1.829 do Código Civil, evidentemente, não pode espraiar seus efeitos sobre todas as demais questões previstas no libre de sucessões do diploma civil.". V. ainda: XAVIER, Luciana Pedroso; XAVIER, Marília Pedroso. O planejamento sucessório colocado em xeque: afinal, o companheiro é herdeiro necessário? *In*: TEIXEIRA, Daniele Chaves (coord.). *Arquitetura do planejamento sucessório*. 2. ed. Belo Horizonte: Fórum, 2019. p. 239-252; e, PEREIRA, Rodrigo da Cunha. *Direito das Famílias*. Rio de Janeiro: Forense, 2020. p. 229-230, em que se aduz expressamente, com base na leitura do julgado do STF, que "o cônjuge é herdeiro necessário (art. 1.845 do CCB/2002) e o companheiro não o é".

25. São nesse sentido as valiosas lições do Prof. Pietro Perlingieri: "Na identificação da função dever-se-á considerar os princípios e valores do ordenamento que a cada vez permitem proceder à valoração do fato. Ao valorar o fato, o jurista identifica a função, isto é, constrói a síntese global dos interesses sobre os quais o fato incide." (PERLINGIERI, Pietro, *O direito civil na legalidade constitucional*. Rio de Janeiro: Renovar, 2008. p. 642).

conta o potencial e contornos impostos pelas denominadas cláusulas restritivas de propriedade – de inalienabilidade, de impenhorabilidade e de incomunicabilidade – que podem perfeitamente funcionar como instrumento válido e eficaz de planejamento patrimonial e sucessório,[26] desde que em consonância com o sistema legal.

Em que pese as pontuais dificuldades por vezes levantadas, que devem ser enfrentadas com máxima cautela pelo intérprete à luz das circunstâncias concretas, a relevância do planejamento sucessório e sua respectiva demanda são crescentes nos dias de hoje, em decorrência de diversos motivos, entre os quais é possível citar as transformações das famílias e seus desdobramentos jurídicos; a valorização e fluidez dos bens;[27] a economia no pagamento de impostos; a possibilidade de maior autonomia do autor da herança; a celeridade da sucessão; a prevenção de litígios futuros; e o evitamento da dilapidação do patrimônio.

Entre as principais vantagens de se optar por fazer o planejamento sucessório, destaca-se a economia relativa ao pagamento de impostos, dentro dos limites legais impostos pelo ordenamento. Além disso, uma de suas principais justificativas está na busca de maior autonomia pelo autor da herança, para organizar, da forma que melhor lhe aprouver, o que deseja dentro de sua parte disponível, respeitados os limites da legítima quando houver herdeiros necessários; assim, evitam-se, para o futuro, litígios sobre a herança e, consequentemente, dilapidação patrimonial.

3. DETERMINAÇÃO DE INSTRUMENTOS VIÁVEIS DE PLANEJAMENTO SUCESSÓRIO

Verificada a grande utilidade do planejamento sucessório ante a insuficiência da legislação brasileira, merecem nota os instrumentos disponíveis em nosso ordenamento e seus principais contornos jurídicos, a serem levados em conta com fins de propiciar verdadeiro desenho sob medida para cada situação concretamente considerada. Destaque-se que os instrumentos apresentados no presente item são meramente exemplificativos, pois existem vários tipos de ferramentas que podem ser aplicadas no planejamento. A variabilidade dos instrumentos associa-se aos objetivos daquele que pretende planejar sua sucessão, podendo o planejamento ocorrer ou não a partir de um conjunto de atos simultâneos interrelacionados entre si.[28]

---

26. Em estudo sobre o tema, v. OTERO, Marcelo Truzzi, As cláusulas restritivas de propriedade como instrumento de planejamento sucessório. *In*: TEIXEIRA, Daniele Chaves (coord.). *Arquitetura do planejamento sucessório*. tomo II. Belo Horizonte: Fórum, 2021. p. 585-599, para quem: "Observadas as particularidades e necessidades específicas de cada caso, as cláusulas de inalienabilidade, de impenhorabilidade e de incomunicabilidade representam uma forma eficiente, barata e pouco burocrática de proteger o interesse do sucessor incapaz de administrar o próprio patrimônio."

27. "A multiplicidade e diversidade de bens tornam mais possível o conflito entre os herdeiros e, pior, tornam mais difícil a solução" (MAMEDE, Gladston; MAMEDE, Eduarda Cotta. *Planejamento sucessório*: introdução à arquitetura estratégica – patrimonial e empresarial – com vistas à sucessão causa mortis. São Paulo: Atlas, 2015. p. 3).

28. Vale dizer, "nem sempre o planejamento sucessório ocorre a partir de um conjunto de atos inter-relacionados, praticados em conjunto para aquele fim. De fato, por vezes, o planejamento ocorre de forma paulatina, através

Selecionaram-se alguns dos veículos mais empregados, de modo que sua aplicação alterna conforme o grau de complexidade das situações patrimoniais. Os instrumentos jurídicos aqui desenvolvidos em breve revista para a concretização do planejamento, de caráter meramente exemplificativo, foram divididos em dois conjuntos, de acordo com o modo de efetivação do planejamento: os tradicionais de transmissão *mortis causa,* a saber, o testamento, o fideicomisso e o codicilo, presentes no Código Civil; e alguns *inter vivos,* que se podem identificar em negócios com efeitos *post mortem* ou com eficácia imediata.

3.1 Instrumentos de planejamento *causa mortis*

O primeiro e mais tradicional instrumento de planejamento sucessório é o testamento, um dos mais importantes institutos do direito sucessório.[29] Como se sabe, a sucessão dá-se por lei ou por disposição de última vontade, conforme prevê o art. 1.786 do Código Civil. Quando decorre exclusivamente da lei, a sucessão *mortis causa* diz-se legítima, e está regulada nos arts. 1.829 a 1.856 do Código Civil. Quando, por outro lado, se baseia nas disposições de última vontade do autor da herança, em testamento, chama-se testamentária. Cuida-se, portanto, de negócio jurídico que regula a sucessão de uma pessoa para depois da sua morte. Ressalta-se que não é permitido no ordenamento brasileiro o pacto sucessório,[30] conforme disposto no art. 426 do Código Civil,[31] sendo também proibidos os testamentos conjuntivos,[32]

---

de diversos atos, sucessivos ou não, praticados ao longo de toda uma vida, sempre visando à programação do destino da herança. Por isso, é tarefa árdua analisar a temática em perspectiva sistemática, na medida em que esta está subordinada, em cada caso concreto, às peculiaridades do titular do patrimônio, de seus objetivos e da natureza dos seus bens." (TEPEDINO, Gustavo; NEVARES, Ana Luiza Maia; MEIRELES, Rose Melo Vencelau. *Fundamentos do Direito Civil*: Direito das Sucessões. Rio de Janeiro: Forense, 2020. v. 7. p. 280-281).

29. Para ampla análise sobre o testamento como instrumento de planejamento sucessório, remeta-se a NEVARES, Ana Luiza Maia. O testamento e sua instrumentalidade no planejamento sucessório: limites e potencialidades. *In:* TEIXEIRA, Daniele Chaves (coord.). *Arquitetura do planejamento sucessório*, tomo II. Belo Horizonte: Fórum, 2021. p. 447-466, para quem "No Brasil, o instrumento por excelência para o planejamento sucessório é o testamento".

30. Sobre a discussão em torno da flexibilização e autonomia no que tange aos pactos sucessórios, permita-se remeter a TEIXEIRA, Daniele Chaves. Autonomia privada e a flexibilização dos pactos sucessórios no ordenamento jurídico brasileiro. *In:* TEIXEIRA, Daniele Chaves (coord.). *Arquitetura do planejamento sucessório.* 2. ed. Belo Horizonte: Fórum, 2019. p. 137-154. E, ainda, cfr. SILVA, Rafael Cândido da. O pacto sucessório como instrumento de planificação da herança. *In:* TEIXEIRA, Daniele Chaves (coord.). *Arquitetura do planejamento sucessório.* 2. ed. Belo Horizonte: Fórum, 2019. p. 619-632. Vale, ainda, ressaltar que há grande parcela da doutrina que, embora a favor da autonomia no âmbito dos pactos sucessórios, identifica a necessidade de alteração legislativa para tanto. Nesse sentido: TEPEDINO, Gustavo. Editorial: Solidariedade e autonomia na sucessão entre cônjuges e companheiros. Revista Brasileira de Direito Civil – RBDCivil. Belo Horizonte, vol. 14, p. 11-13, out./dez. 2017.

31. CC/2002, "Art. 426. Não pode ser objeto de contrato a herança de pessoa viva."

32. Segundo Zeno Veloso, "a doutrina dominante, no Brasil, conceitua testamento conjuntivo como aquele em que duas ou mais pessoas, num só instrumento, num mesmo ato, fazem disposições de última vontade, de maneira que a vedação não vai atingir disposições de última vontade feitas em atos separados, ainda que desses instrumentos se depreenda identidade ou correspondência entre as cláusulas testamentárias" (VELOSO, Zeno; AZEVEDO, Antônio Junqueira de (coord.). *Comentário ao Código Civil* – Parte especial: direito das sucessões. São Paulo: Saraiva, 2003. v. 1. p. 50).

sejam simultâneos (quando os testadores fazem disposições comuns em favor de terceiros), recíprocos (quando cada testador beneficia o outro), ou correspectivos (quando, além da reciprocidade, cada testador beneficia o outro na mesma proporção em que este o gratifica, ou às pessoas que tenha cada testador indicado).

A possibilidade de dispor de bens para depois da morte constitui corolário do direito de propriedade, que tem garantia constitucional conforme o art. 5º, XXII.[33] Dessa forma, o Código Civil o consagra na esfera da autonomia privada,[34] concretizando, assim, certo grau de liberdade no direito sucessório. O direito brasileiro optou pela liberdade limitada de testar, ou seja, adota a legítima, de modo que, havendo herdeiros necessários, o testador só pode dispor da metade de seu patrimônio, conforme dispõe o art. 1.789, do CC. Ademais, o art. 1.845 estabelece que são herdeiros necessários os descendentes, ascendentes e o cônjuge sobrevivente.

Como dispõe o art. 1.857, *caput*, toda pessoa capaz pode dispor, por testamento, da totalidade, dos seus bens, ou de parte deles, para depois de sua morte. O §2º do mesmo artigo esclarece: "São válidas as disposições testamentárias de caráter não patrimonial, ainda que o testador somente a elas se tenha limitado". Dessa forma, o testamento pode conter disposições patrimoniais ao lado de disposições não patrimoniais e até aquelas sem conteúdo econômico, embora, no geral dos casos, o disponente dê destino a seus bens, ao seu patrimônio, concretizando assim sua autonomia privada e seu direito de propriedade.

O testamento é negócio jurídico unilateral, personalíssimo, gratuito, solene, revogável e de disposições de bens de última vontade,[35] cujos efeitos ficam suspensos até o evento futuro e indeterminado no tempo, qual seja, a morte do testador.[36] Além disso, exige a observância de algumas formalidades, para que o ato seja válido, que desempenham tríplice função: *preventiva*, visando assegurar a livre e consciente manifestação de vontade do testador; *precatória*, relativa à veracidade das disposições; e *executiva*, que fornece aos interessados título eficaz ao reconhecimento de seus direitos.[37]

Na seara do planejamento sucessório, há quem entenda que as previsões desempenhadas pelo testamento de forma exclusiva seriam insuficientes ao satisfatório planejamento sucessório, sendo necessário realizar harmonização com outros recursos e caminhos existentes para facilitar a sucessão.[38] Ainda assim, parece-nos que o testamen-

---

33. Art. 5º, CRFB: "Todos são iguais perante a lei, sem distinção de qualquer natureza, garantindo-se aos brasileiros e aos estrangeiros residentes no País a inviolabilidade do direito à vida, à liberdade, à igualdade, à segurança e à propriedade, nos termos seguintes: [...] XXII – é garantido o direito de propriedade".

34. Que é "o poder que os particulares têm de regular, pelo exercício de sua própria vontade, as relações que participa, estabelecendo-lhes o conteúdo e a respectiva disciplina jurídica" (AMARAL, Francisco. *Direito civil*: introdução. 6. ed. Rio de Janeiro: Renovar, 2006. p. 347).

35. PEREIRA, Caio Mário da Silva. *Instituições de direito civil*: direito das sucessões. 15. ed. Rio de Janeiro: Forense, 2005. v. VI. p. 195-201.

36. LÔBO, Paulo Luiz Netto. *Direito civil*: sucessões. 7. ed. São Paulo: Saraiva, 2021. p. 213.

37. GOMES, Orlando. *Sucessões*. 17. ed. Rio de Janeiro: Forense, 2019. p. 74.

38. MADALENO, Rolf. Planejamento sucessório. *Revista IBDFAM: Famílias e Sucessões*, Belo Horizonte, v. 1, jan./fev. 2014, p. 11-33.

to figure como instrumento de extrema relevância ao planejamento, principalmente, em razão da liberdade que tem o testador de dispor sobre metade de seu patrimônio. O que o planejamento proporciona é o uso de outros instrumentos além dos tradicionais de transmissão *mortis causa*, mediante o recurso a diversos negócios *inter vivos* de eficácia imediata, e outros com efeitos *post mortem*. O planejamento sucessório, desse modo, amplia as possibilidades de organizar com harmonia os diversos interesses patrimoniais do autor da herança e o testamento tem papel crucial nessa organização.

Há que se analisar a autonomia privada testamentária à luz dos princípios constitucionais da solidariedade e da liberdade, corolários do princípio constitucional da dignidade humana. Necessário, portanto, examinar o fenômeno sucessório na perspectiva das pessoas envolvidas – seja dos sucessores, seja do autor da herança e testador –, demonstrando-se, como fez autorizada doutrina, que o momento econômico da transmissão de bens deve ser instrumento para a concretização da dignidade da pessoa humana, e não um fim em si mesmo.[39]

Destaca-se, nessa esteira, a necessidade de revisar a autonomia privada testamentária e a multiplicidade de conteúdo do testamento com base na normativa constitucional e, principalmente, registrar a mudança do perfil no qual se fundamentam a sucessão *causa mortis*, a propriedade e a família. É indispensável que se busquem mecanismos capazes de tutelar adequadamente as disposições testamentárias que contenham objetivos qualificados do testador, para, assim, verificar se a função promocional do testamento resta aplicada.[40]

Embora ainda seja relativamente baixa a incidência de aplicação do testamento na sociedade brasileira, este cenário vem se alterando. Segundo o Colégio Notarial do Brasil, levando em conta dados estatísticos de uso do testamento em todos os estados do Brasil, de 2011 a 2014, houve um crescimento de 44,18%,[41] e, com a pandemia da Covid-19, recentemente vivenciada em escala global, os testamentos concretizados em cartórios de notas mostraram aumento crescente ao longo dos últimos meses,[42] chegando a 134% na comparação entre abril e julho de 2020.[43] Assim, apesar da ainda

---

39. NEVARES, Ana Luiza Maia. O testamento e sua instrumentalidade no planejamento sucessório: limites e potencialidades. *In*: TEIXEIRA, Daniele Chaves (coord.). *Arquitetura do planejamento sucessório*. Belo Horizonte: Fórum, 2021. p. 447-466.

40. NEVARES, Ana Luiza Maia. O testamento e sua instrumentalidade no planejamento sucessório: limites e potencialidades. *In*: TEIXEIRA, Daniele Chaves (coord.). *Arquitetura do planejamento sucessório*. Belo Horizonte: Fórum, 2021. p. 447-466.

41. No Brasil o número de testamentos realizados em 2015 foi de 31.917; em 2016 passou para 32.603; e, em 2017, para 34.737. Cf. Central Notarial de Serviços Eletrônicos Compartilhados – Censec, mantida e organizada pelo Colégio Notarial do Brasil – Conselho Federal (Disponível em: https://censec.org.br/Censec/Home.aspx?AspxAutoDetectCookieSupport=1. Acesso em: 8 dez. 2020).

42. V. NEVARES, Ana Luiza Maia. Como testar em momento de pandemia e isolamento social? *In*: NEVARES, Ana Luiza Maia; XAVIER, Marília Pedroso; MARZAGÃO, Silvia Felipe (coord.). *Coronavírus*: impactos no Direito de Família e Sucessões, Indaiatuba: Editora Foco, 2020. p. 351-357.

43. "Os dados são de um levantamento feito pelo Colégio Notarial do Brasil – Conselho Federal (CNB-CF), por meio da Central Notarial de Serviços Eletrônicos Compartilhados (CENSEC), e mostram que o crescimento começou um mês após o início da pandemia, em março, e continuou mês a mês em diversos estados brasileiros. Em números absolutos, o Brasil passou de 1.249 testamentos validados em abril para 2.918 em

baixa utilização do testamento quanto observado seu grande potencial em termos de planejamento, o uso vem crescendo como reflexo das transformações socioeconômicas já mencionadas.

Ao lado do testamento, as figuras do fideicomisso e do codicilo podem significar instrumentos de grande valia ao planejamento sucessório. Embora o fideicomisso seja uma das formas de substituição autorizadas no direito brasileiro, o tema é polêmico. O fideicomisso é a "destinação de bem, como propriedade resolúvel, feita pelo testador (fideicomitente) a uma pessoa de sua estrita confiança (fiduciário) para que o transmita ao destinatário final (fideicomissário), quando ocorrer determinado evento".[44]

O Código Civil alterou significativamente a finalidade do fideicomisso.[45] O instituto passou a ser apenas, conforme o art. 1.952,[46] um benefício para a prole eventual de pessoas designadas pelo testador, com a restrição, ainda, de que o fideicomissário (prole eventual) não esteja concebido na data da abertura da sucessão. De todo modo, os efeitos subjetivos essenciais do fideicomisso – quais sejam, de atribuição de dois direitos sucessórios distintos e sucessivos – permanecem no momento da abertura da sucessão: a transmissão do domínio e da posse dos bens ao fiduciário e "dos direitos expectativas do fideicomissário".[47]

Vale lembrar que o testamento é o instrumento jurídico hábil para instituir o fideicomisso; todavia, pode o testador determinar que incida sobre a sucessão legítima, desde que não atinja a cota dos herdeiros necessários.[48] O fideicomisso importa em instituição de herdeiros sucessivos, sendo mais uma "modalidade de programar a divisão de patrimônio".[49] Assim, o instituto pode ser ferramenta útil para a planificação patrimonial;[50] não se limitando ao fideicomisso testamentário.[51]

---

julho." (Colégio Notarial do Brasil. Disponível em: https://www.cnbsp.org.br/index.php?pG=X19leGliZ-V9ub3RpY2lhcw==&in=MjAwODA=&filtro=&Data=. Acesso em: 14 jun. 2021).

44. LÔBO, Paulo Luiz Netto. *Direito civil*: sucessões. 7. ed. São Paulo: Saraiva. 2021. p. 231.

45. O Código Civil de 1916 admitiu o fideicomisso; contudo, proibia que o testador o constituísse em mais de um grau. Na sistemática do Código Civil de 2002, o fideicomisso só é permitido em favor dos não concebidos ao tempo da facção do testamento. (WALD, Arnoldo. *Direito civil*: direito das sucessões. 18. ed. São Paulo: Saraiva, 2009. v. 6. p. 276-280).

46. Art. 1.952, CC: "A substituição fideicomissária somente se permite em favor dos não concebidos ao tempo da morte do testador. Parágrafo único. Se, ao tempo da morte do testador, já houver nascido o fideicomissário, adquirirá este a propriedade dos bens fideicometidos, convertendo-se em usufruto o direito do fiduciário"; e Art. 1.953, CC: "O fiduciário tem a propriedade da herança ou legado, mas restrita e resolúvel".

47. LÔBO, Paulo Luiz Netto. Direito civil: sucessões. 7. ed. São Paulo: Saraiva, 2021. p. 231.

48. TEPEDINO, Gustavo; BARBOZA; Heloisa Helena; MORAES, Maria Celina Bodin de. *Código Civil interpretado conforme a Constituição da República IV*. Rio de Janeiro: Renovar, 2014. p. 795.

49. DIAS, Maria Berenice. *Manual das sucessões*. São Paulo: Revista dos Tribunais, 2009. p. 384.

50. A doutrina tem defendido a necessidade de releitura do fideicomisso para fins do planejamento sucessório. Afirmando-se a versatilidade do instituto, propõe-se a utilização associada entre o fideicomisso e o *trust* como figuras que podem colmatar as lacunas da legislação pátria. Nesse sentido, VIEIRA, Cláudia Stein; HIRONAKA, Giselda Maria Fernandes Novaes. Um novo fideicomisso: proposta de transformação do instituto em prol do planejamento sucessório. *In*: TEIXEIRA, Daniele Chaves (coord.). *Arquitetura do planejamento sucessório*. Belo Horizonte: Fórum, 2019. p. 511-526.

51. MADALENO, Rolf. Planejamento sucessório. *Revista IBDFAM: Famílias e Sucessões*, Belo Horizonte, v. 1, jan./fev. 2014, p. 11-33.

O codicilo, por seu turno, é instituto que se vem observando em decadência, constituindo figura em extinção, pouco encontrada na prática, sendo o Brasil um dos últimos países a admiti-lo.[52] Disciplinado nos arts. 1.881 a 1.885 do Código Civil, cuida-se de escrito particular singelo, sem as formalidades de um testamento, que pode ser utilizado para disposições de última vontade de fins não econômicos ou de pequena monta financeira.[53]

Para que se possa dispor de bens por meio de codicilo, deve-se possuir a capacidade testamentária ativa. O codicilo possui existência autônoma em relação ao testamento, sem que este possa existir, ou, ainda, podendo coexistir com a cédula testamentária.[54] O instituto não pode modificar nem revogar testamento, pois é instrumento informal por natureza e destinação. Caso haja codicilo sem testamento, a sucessão será legítima, e não testamentária, mas o inventariante ou os herdeiros têm o dever de cumprir com as últimas vontades declaradas no codicilo.[55]

A lei brasileira refere-se às disposições do codicilo em escopo específico. Dispõem, desse modo, sobre enterro do autor, ou sobre esmolas de pequeno valor, ou, ainda, sobre pequenos legados de objetos pessoais, como móveis, roupas ou joias. Devido ao engessamento do direito das sucessões, o codicilo pode apresentar papel fundamental, demonstrando grande potencial. Para além desses casos, é possível que se faça uso deste instrumento para fins de planejamento sucessório vinculado à transmissão de bens digitais que não possuam conteúdo financeiro ou que contenham baixo valor econômico.[56] A doutrina tem entendido que "o pouco valor" a que se refere a normativa, impõe a verificação do limite do codicilo na situação concreta, a partir do monte hereditário,[57] havendo ainda quem entenda que tais valores não devem exceder de 20% do tamanho do patrimônio líquido a ser inventariado.[58]

3.2   Instrumentos de planejamento *inter vivos*

Além dos instrumentos *causa mortis*, é possível verificar a pertinência de ferramentas *inter vivos*, que se podem vislumbrar em negócios com efeitos *post mortem*, como ocorre no seguro de vida, no usufruto e na doação; ou em negócios com eficácia

---

52. VELOSO, Zeno; AZEVEDO, Antônio Junqueira de (coord.). *Comentário ao Código Civil – Parte especial*: direito das sucessões. São Paulo: Saraiva, 2003. v. 21. p. 149.

53. LÔBO, Paulo Luiz Netto. *Direito civil*: sucessões. 7. ed. São Paulo: Saraiva, 2021. p. 263.

54. TEPEDINO, Gustavo; BARBOZA; Heloisa Helena; MORAES, Maria Celina Bodin de. *Código Civil interpretado conforme a Constituição da República IV*. Rio de Janeiro: Renovar, 2014. p. 711-712.

55. LÔBO, Paulo Luiz Netto. *Direito civil*: sucessões. 7. ed. São Paulo: Saraiva, 2021. p. 264-265.

56. TEIXEIRA, Daniele Chaves; POMJÉ, Caroline. Caminhos para a tutela dos bens digitais no planejamento sucessório. *In*: TEIXEIRA, Ana Carolina Brochado; LEAL, Livia Teixeira (coord.). *Herança Digital*: controvérsias e alternativas. Indaiatuba: Editora Foco, 2021. p. 289-302.

57. TEPEDINO, Gustavo; NEVARES, Ana Luiza Maia; MEIRELES, Rose Melo Vencelau. *Fundamentos do Direito Civil*: Direito das Sucessões. Rio de Janeiro: Forense, 2020. v. 7. p. 152.

58. ROSA, Conrado Paulino da; RODRIGUES, Marco Antônio. *Inventário e partilha*. Teoria e prática. 2. ed. rev. atual. e ampl. Salvador: Editora JusPodivm, 2020. p. 259.

imediata, como no caso da partilha em vida, da previdência complementar, do *trust*,[59] da *holding*,[60] dos fundos de investimentos, dentre tantos outros, sobre os quais não se poderá tratar com minúcias neste ensaio, mas aos quais tem se dedicado a doutrina com grande força e seriedade. Vale lembrar que a escolha da ferramenta adequada para tal fim irá variar consoante algumas circunstâncias, tais como: a qualificação da pessoa, a dimensão e a natureza do patrimônio, e a intenção do autor da herança. Além disso, destaca-se, uma vez mais, que o planejamento só pode incidir sobre a parte disponível, caso haja herdeiros necessários.

Entre os negócios com efeitos *post mortem* realizados para fins de planejamento sucessório encontra-se o contrato de seguro. O art. 757 do Código Civil define o seguro quando uma das partes (segurador) se obriga com a outra parte (segurado), mediante o recebimento de um prêmio, a garantir interesse legítimo, relativo à pessoa ou à coisa, contra riscos futuros predeterminados. O contrato de seguro é bilateral, oneroso, aleatório e sua estrutura fundamental reside no Código Civil, tomando duas formas possíveis: o seguro de pessoa (arts. 789 a 802) e seguros de dano (arts. 778 a 788). Além disso, o seguro é regulado por legislação especializada, advinda da Superintendência de Seguros Privados (SUSEP).

Para fins de planejamento sucessório, pode ser utilizado o seguro de pessoa, especificamente o seguro de vida com cobertura por morte. Este é um bom exemplo de estipulação em favor de terceiro, na medida em que uma pessoa contrata com a seguradora o pagamento do prêmio a terceiro ou terceiros por ocasião de sua morte ou de outrem.[61]

Destaquem-se algumas das vantagens do seguro de vida ao planejamento sucessório: a indenização do seguro não é herança; assim, a liquidação do sinistro não está sujeita às dívidas do segurado, nem recai sobre ele o imposto de transmissão

---

59. Sobre o tema, v. OLIVA, Milena Donato. Trust. *In*: TEIXEIRA, Daniele Chaves (coord.), *Arquitetura do planejamento sucessório*. 2. ed. Belo Horizonte: Fórum, 2019. p. 529-546.

60. Acerca da utilização da *holding* para fins de planejamento sucessório, há que se destacar que, a despeito de sua enorme vocação para este fim, não se pode prescindir do exame de seus limites e nuances práticas. Além disso, convém advertir que o instituto não pode ser lido como solução abstrata a toda e qualquer situação, não se restringir o planejamento sucessório em sua complexidade à figura da *holding*, vale dizer, sempre será necessário que se promova um exame cauteloso e crítico do caso concreto, levando-se em conta todos os matizes, inclusive em termos de custos do planejamento às partes. Sobre o tema, cfr., com ampla doutrina, cfr. FLEISCHMANN, Simone Tassinari Cardoso; GRAEFF, Fernando René, Contornos jurídicos da holding familiar como instrumento de planejamento sucessório. *In*: TEIXEIRA, Daniele Chaves (coord.). *Arquitetura do planejamento sucessório*. tomo II. Belo Horizonte: Fórum, 2021. p. 675-712; FLEISCHMANN, Simone Tassinari Cardoso; TREMARIN JUNIOR, Valter. Reflexões sobre holding familiar no planejamento sucessório. *In*: TEIXEIRA, Daniele Chaves (coord.). *Arquitetura do planejamento sucessório*. Belo Horizonte: Fórum, 2019. p. 607-628; e, ainda, BRITO, Rodrigo Toscano de. Planejamento sucessório por meio de *holdings*: limites e suas principais funções. *In*: PEREIRA, Rodrigo da Cunha; DIAS, Maria Berenice (coord.). *Famílias e sucessões*: polêmicas, tendências e inovações. Belo Horizonte: IBDFAM, 2018. p. 669-682.

61. CRUZ, Elisa; AZEVEDO, Lilibeth. Planejamento sucessório. *In*: TEPEDINO, Gustavo; FACHIN, Luiz Edson (org.). *Diálogos sobre direito civil*. Rio de Janeiro: Renovar, 2012. v. III. p. 547. Sobre o tema, ainda, v. CARLINI, Angélica. Seguro de vida na aplicação do planejamento sucessório. *In*: TEIXEIRA, Daniele Chaves. *Planejamento sucessório: pressupostos e limites*. 2. ed. Belo Horizonte: Fórum, 2019. p. 403-416.

mortis causa. Não deve, também, levar-se seu valor à colação, caso o beneficiado seja herdeiro necessário, nem se computa na meação do cônjuge supérstite.[62] A soma paga pela seguradora nunca passou pelo patrimônio do estipulante; por isso, o capital está inacessível aos herdeiros necessários e a possíveis credores, salvo se o segurado tiver efetuado o seguro com esse fim específico. A soma paga pela seguradora, portanto, não é herança, nem está sujeita às dívidas do segurado.[63]

Outro instituto de eficácia *post mortem* é o usufruto.[64] Trata-se de direito real de gozo ou fruição, muito difundido em diversas áreas do direito civil, como nas relações de família, no caso do usufruto dos bens dos filhos sob poder familiar.[65] Entende-se em doutrina que na constituição do usufruto "dá-se um desmembramento da propriedade, permanecendo esta na titularidade de uma pessoa (nu proprietário), enquanto a outra tem o uso e fruição da coisa, como se fosse o seu proprietário".[66]

Como direito real, grava o bem sobre o que incide, acompanhando-o em poder de quem quer que o adquira. Quanto ao objeto, o usufruto pode ser sobre todos os bens frugíferos, móveis ou imóveis (neste último caso, exigirá o registro no Cartório de Registro de Imóveis, quando não resultar de usucapião, conforme art. 1.391, CC), corpóreos ou incorpóreos, além de garantir a seu titular a faculdade de fruir as utilidades das coisas aos acessórios e aos acrescidos, salvo cláusula expressa em contrário (art. 1.392, CC). Para a utilização da coisa, atribui a posse direta e a indireta ao nu proprietário, podendo ser constituído em caráter vitalício, como a termo ou sob condição.

Nestes termos, o usufruto traduz-se em ferramenta viável e atrativa ao planejamento sucessório. Pode ocorrer, inclusive, a pluralidade usufrutuária, ou seja, pode ser constituído o usufruto em favor de duas ou mais pessoas, e a extinção ocorrerá por

---

62. Na jurisprudência, "[...] o fato de a companheira ter adquirido outro imóvel residencial com o dinheiro recebido pelo seguro de vida do falecido não resulta exclusão de seu direito real de habitação referente ao imóvel em que residia com o companheiro, ao tempo da abertura da sucessão. 5. Ademais, o imóvel em questão adquirido pela ora recorrente não faz parte dos bens a inventariar. 6. Recurso especial provido" (STJ, 4ª T., REsp 1.249.227, Rel. Min. Luis Felipe Salomão, julg. 25.3.2014)

63. Afirma-se que "uma apólice de seguro de vida guarda certa relação com o planejamento sucessório, em virtude do beneficiário adquirir uma soma de capital com a morte do segurado cujo montante é desligado do patrimônio deixado pelo sucedido, pois sai do patrimônio da companhia seguradora" (MADALENO, Rolf. Planejamento sucessório. *Revista IBDFAM: Famílias e Sucessões*, Belo Horizonte, vl. 1, jan./fev. 2014, p. 26).

64. V. MUCILO, Daniela de Carvalho. O usufruto como instrumento de planejamento sucessório. *In*: TEIXEIRA, Daniele Chaves. *Planejamento sucessório: pressupostos e limites*. 2. ed. Belo Horizonte: Fórum, 2019. p. 417-432.

65. PEREIRA, Caio Mário da Silva. *Instituições de direito civil: direitos reais*. 25. ed. Rio de Janeiro: Forense, 2017. v. 4. p. 256 e seguintes.

66. Vale ressaltar a distinção entre usufruto e fideicomisso: "o que se torna tanto mais necessário quanto mais frequente têm sido as confusões a respeito, no plano doutrinário como no jurisprudencial (v. n 472, vol.VI). Num e noutro – usufruto e fideicomisso – ocorre a utilização e fruição de um bem, em caráter temporário, e ao fim de certo tempo, sob certa condição, ou pela morte de uma pessoa, a propriedade se reintegra num destinatário. Não obstante as semelhanças, os pontos de diversificação repontam, permitindo estremar os dois institutos" (PEREIRA, Caio Mário da Silva. *Instituições de direito civil: direitos reais*. 25. ed. Rio de Janeiro: Forense, 2017. v. 4. p. 256).

parte, em relação a cada uma das que falecerem, salvo se, por estipulação expressa, o quinhão deste couber ao sobrevivente.

Além disso, é muito aplicada no planejamento sucessório a associação do usufruto ao contrato de doação, inclusive de cotas.[67] Pode o doador, nesse sentido, reservar para si o usufruto do bem doado e, desse modo, manter o uso e a fruição do bem, mantendo-se ativo no aproveitamento econômico do patrimônio.[68] O Código Civil no art. 538 estabeleceu que: "considera-se doação o contrato em que uma pessoa, por liberalidade, transfere do seu patrimônio bens ou vantagens para o de outra". São elementos desse negócio jurídico, gratuito por natureza: um subjetivo, o *animus donandi*, que tem como essência a liberalidade, ou seja, a vontade de enriquecer o beneficiário a expensas própria; e outro objetivo, que é a diminuição do patrimônio do doador e o correspondente enriquecimento do donatário.

A doação, que outrora já fora identificada como instrumento de simples aplicação em termos de planejamento sucessório, comporta hoje diversas discussões atinentes, por exemplo, ao instituto da colação, à doação inoficiosa e às doações sucessões. A vantagem do contrato de doação no planejamento sucessório consiste em permitir que, ainda em vida, o titular do patrimônio disponha de seus bens e verifique se os atos de disposição atenderam aos seus desígnios,[69] sendo possível, conforme o caso, revogar a liberalidade realizada.[70] Entretanto, apesar das vantagens de se utilizar a doação no planejamento sucessório, existem, dependendo do caso, algumas restrições: a) a doação não pode compreender todos os bens do titular; b) não pode exceder a parte disponível do titular do patrimônio se houver herdeiros necessários; c) a doação feita a herdeiro necessário se torna adiantamento da legítima e o bem vem à colação, salvo se, expressamente, se consignar que o bem seja destacado da parte disponível.

A primeira restrição disposta no art. 548 do Código Civil impede a doação em sua totalidade, ou, ainda, deixar ao doador bens que sejam insuficientes à própria sobrevivência, sob pena de nulidade do negócio. A outra restrição, disposta no art.

---

67. Sobre o usufruto de cotas, v. MAIA, Roberta Mauro Medina. Usufruto de quotas: desafios e peculiaridades. *In*: TEIXEIRA, Daniele Chaves (coord.). *Arquitetura do planejamento sucessório*. tomo III, no prelo.

68. TEPEDINO, Gustavo; NEVARES, Ana Luiza Maia; MEIRELES, Rose Melo Vencelau. *Fundamentos do Direito Civil*: Direito das Sucessões. Rio de Janeiro: Forense, 2020. PEREIRA, Caio Mário da Silva. *Instituições de direito civil*: direitos reais. 25. ed. Rio de Janeiro: Forense, 2017. v. 4. p. 285.

69. Em síntese estreita, destacam Carlos Nelson Konder e Camila Ferrão dos Santos algumas vantagens dignas de nota da doação no âmbito do planejamento sucessório, especialmente quando comparadas ao testamento: "os donatários, salvo reserva, passam a usar e gozar imediatamente dos bens; o doador receberá gratidão em vida dos donatários; a distribuição equânime dos bens poderá contar com o consenso dos herdeiros em potencial; os donatários poderão se beneficiar de eventual variação da alíquota tributária em razão da transmissão mortis causa etc." (KONDER, Carlos Nelson; SANTOS, Camila Ferrão dos. A doação como instrumento de planejamento sucessório. *In*: TEIXEIRA, Daniele Chaves (coord.). *Arquitetura do planejamento sucessório*. tomo II. Belo Horizonte: Fórum, 2021. p. 492).

70. V. os arts. 555 e 557 do Código Civil, que tratam dos casos de revogação, como pode o doador determinar que haja a reversão dos bens doados caso sobreviva ao donatário, conforme art. 547 do Código Civil. Cf. CRUZ, Elisa; AZEVEDO, Lilibeth. Planejamento sucessório. *In*: TEPEDINO, Gustavo; FACHIN, Luiz Edson (org.). *Diálogos sobre direito civil*. Rio de Janeiro: Renovar, 2012. v. III. p. 544.

549[71] do Código Civil, trata de não ser possível doar mais do que se poderia dispor em testamento, para o caso de haver herdeiros necessários, o excedente será considerado como doação inoficiosa,[72] nula em seu excesso da legítima, que será apreciado no momento da doação.

A última restrição trata da doação para herdeiros necessários, que importa em adiantamento da legítima e impõe o dever de trazer o bem à colação, salvo se expressamente consignado que o bem ou vantagem seja destacado da parte disponível.[73] Destaque-se que a violação da restrição constante do referido art. 2.005 caracteriza sonegação,[74] que acarretará ao herdeiro a perda do direito sobre o bem sonegado.

A doação diferencia-se da partilha em vida, ou seja, "a partilha em vida não é doação, nem testamento, ainda que o autor da herança possa lançar mão dessas formas para exteriorizar a sua vontade".[75] Além disso, o desenvolvimento do seguro de vida, já abordado, e da doação são bastante diversos. O seguro tem como maior vantagem em um planejamento o fato de não ser incluído no inventário, por isso há rápida liquidez. Já a doação, muito aplicada também, é geralmente associada ao usufruto. O vínculo do contrato de doação ao usufruto dá maiores garantias ao doador, por isso, a sua aplicabilidade no planejamento sucessório.

Além dessas ferramentas, ganham cada vez mais destaque os negócios jurídicos com eficácia imediata, multiplicados na prática nacional e internacional de forma veloz, a exemplo da *previdência complementar privada*,[76] que possibilita ao cidadão uma renda complementar na fase em que já não exerce sua atividade profissional. Dentre as principais vantagens da previdência privada para o planejamento sucessório, destaca-se a complementação da renda auferida, conforme os arts. 79 a 81 da Lei nº 11.196/2005; a possibilidade de que se estabeleçam benefícios assistenciais aos dependentes ou a terceiros designados, como dispõe a Circular Susep nº 320/2006,

---

71. Art. 549, CC: "Nula é também a doação quanto à parte que exceder à de que o doador, no momento da liberalidade, poderia dispor em testamento".

72. Entende-se por doação inoficiosa "aquela em que o doador, no momento da liberalidade, excede a legítima dos herdeiros. Não se lhe concede que doe, além do que poderia dispor em testamento, mas a ineficácia não atinge todo o contrato, senão apenas na parte excedente. Faz-se, portanto, a *redução*. Há, na inoficiosidade, uma relação entre doação, a legítima e mais a metade, disponível" (GOMES, Orlando. *Contratos*. 27. ed. Rio de Janeiro: Forense, 2019. p. 221).

73. Importante ressaltar que, embora o doador tenha feito dispensa expressa da colação do bem doado, os interessados podem alegar que o benefício foi imoderado e a doação, inoficiosa. A dispensa da colação não pode ser tácita, exige solenidade especial. Mas, se o autor da liberalidade nada disse, omitiu-se, vigorando a disposição do art. 544, de que a doação importa adiantamento do que cabe ao donatário por herança. Cf. TEPEDINO, Gustavo; BARBOZA; Heloisa Helena; MORAES, Maria Celina Bodin de. *Código Civil interpretado conforme a Constituição da República IV*. Rio de Janeiro: Renovar, 2014. p. 422-423.

74. TEPEDINO, Gustavo; BARBOZA; Heloisa Helena; MORAES, Maria Celina Bodin de. *Código Civil interpretado conforme a Constituição da República IV*. Rio de Janeiro: Renovar, 2014. p. 855.

75. LEITE, Eduardo de Oliveira. *Comentários ao Novo Código Civil*: do direito das sucessões (arts. 1.784 a 2.027). Rio de Janeiro: Forense, 2009. v. XXI. p. 963-965.

76. A previdência privada é o contrato pelo qual "uma pessoa, denominada participante, se obriga a pagar contribuições periódicas a uma entidade de previdência privada, aberta ou fechada, que, por sua vez, se compromete a conceder benefícios previdenciários ao próprio participante ou aos seus beneficiários" (WALD, Arnoldo. Direito civil: direito das sucessões. 18. ed. São Paulo: Saraiva, 2009. v. 6. p. 388).

já que os planos de benefícios podem oferecer pecúlio por morte, pensão por morte, pecúlio por invalidez ou pensão por invalidez.[77] Além disso, grande vantagem está na liberalidade conferida na indicação do beneficiário. Na ausência de apontamento dos beneficiários, entende-se ser aplicável o 792[78] do Código Civil.[79] Sobre a previdência privada, destaque-se que não se confunde com a herança,[80] de modo que a liquidação do sinistro não integra o inventário, assim como não será devido o imposto de transmissão *causa mortis*.[81]

Em que pese ainda seja utilizada de forma recorrente para efeitos de planejamento sucessório, sendo crucial a identificação de sua natureza jurídica (securitária, previdenciária ou de investimento), há que se destacar que o a previdência está atrelada, atualmente, a diversas controvérsias, como aquela concernente à sua associação com eventuais fraudes. Em todo caso, não se deve perder de vista que fraudes podem se fazer presentes no uso de quaisquer instrumentos jurídicos, o que não afasta sua potencialidade para o planejamento sucessório ou o desnaturaliza em abstrato, mas, ao contrário, impõe o uso da disciplina própria com fins de sanar tais vícios, além da sempre vantajosa e necessária leitura atenta das condições contratuais da previdência.[82]

Neste ensaio, representando a categoria dos instrumentos de eficácia imediata, alude-se à partilha em vida, regulada no art. 2.018 do Código Civil. Quando realizada por ascendente, é ato unilateral, "podendo ser feita por ato entre vivos ou ato *causa mortis*, a primeira, por meio de escritura pública ou instrumento particular (art. 108), e a segunda, por testamento (art. 1.014). Aquela costuma ser designada

---

77. CRUZ, Elisa; AZEVEDO, Lilibeth. Planejamento sucessório. *In*: TEPEDINO, Gustavo; FACHIN, Luiz Edson (org.). *Diálogos sobre direito civil*. Rio de Janeiro: Renovar, 2012. v. III. p. 551.
78. Art. 792. CC: "Na falta de indicação da pessoa ou beneficiário, ou se por qualquer motivo não prevalecer a que for feita, o capital segurado será pago por metade ao cônjuge não separado judicialmente, e o restante aos herdeiros do segurado, obedecida a ordem da vocação hereditária.

    Parágrafo único. Na falta das pessoas indicadas neste artigo, serão beneficiários os que provarem que a morte do segurado os privou dos meios necessários à subsistência".
79. MADALENO, Rolf. Planejamento sucessório. *Revista IBDFAM: Famílias e Sucessões*, Belo Horizonte, v. 1, jan./fev., 2014, p. 25.
80. Nesse sentido, já afirmou o Superior Tribunal de Justiça: "O Tribunal de origem, após a análise o contrato de VGBL firmado pelo de cujus, e dos elementos fático-probatório dos autos, concluiu que o plano de previdência privada firmado pelo falecido possui natureza securitária, não podendo ser incluído na partilha, pois não integra a herança." (STJ, 4ª T., AgInt no AREsp 1204319/SP, Rel. Min. Luis Felipe Salomão, julg. 10.4.2018, publ. DJ 20.4.2018).
81. No Rio de Janeiro, a Lei Estadual n. 7.174/2015 estabeleceu a tributação sobre a previdência privada, todavia, o TJRJ, na Ação declaratória de Inconstitucionalidade n. 0008135-40.2016.8.19.0000, por unanimidade, declarou inconstitucional a cobrança de ITCMD sobre as quantias aplicadas em planos VGBL por considera-lo seguro pessoal, mantendo-se a incidência, contudo, sobre os planos PGBL, entendo se tratar de aplicação financeira de longo prazo, com natureza de poupança previdenciária transmissível aos beneficiários. (TJRJ, Órgão Especial, A.D.I. n. 0008135-40.2016.8.19.0000, Rel Des. Ana Maria Pereira de Oliveira, julg. 10.6.2019)
82. Cfr., sobre a matéria, GIRARDI, Viviane; MOREIRA, Luana Maniero, A previdência privada aberta como instrumento ao planejamento sucessório. *In*: TEIXEIRA, Daniele Chaves (coord.). *Arquitetura do planejamento sucessório*. 2. ed. Belo Horizonte: Fórum, 2019 2. p. 629-646.

de *partilha-doação*, esta de *partilha-testamento*".[83] A partilha realizada por ato entre vivos[84] deve obedecer aos requisitos de forma e de fundo das doações e tem efeito imediato à divisão entre os herdeiros. Dessa forma, ocorre uma antecipação do que eles iriam receber com a morte do ascendente; se for omitido algum herdeiro necessário, a partilha será nula; se sobrevém herdeiro necessário, trata-se de partilha ineficaz.[85]

A questão nodal é distinguir partilha em vida da doação, por isso, a imprescindibilidade de cumprimento de uma série de formalidades para que reste configurada a partilha em vida e seja consequentemente afastada a colação. A diferença, nesse momento, se o bem será ou não colacionado, sofreu significativa alteração com o Código de Processo Civil de 2015. O art. 639 do CPC, em seu parágrafo único, determina que os bens a serem conferidos na partilha, assim como as acessões e as benfeitorias que o donatário fez, calcular-se-ão pelo valor que tiverem ao tempo da abertura da sucessão. Controverte-se acerca de suposta antinomia entre o dispositivo e os artigos do Código Civil, que informam que o valor seria aquele da data da liberalidade.[86]

A partilha em vida tem sido utilizada para fins de planejamento sucessório,[87] sobretudo quando o interessado é titular de participações em atividades empresariais. Em razão da rigidez do direito das sucessões e na tendência de potencializar os institutos disponíveis no ordenamento, tem-se buscado reforçar o uso da partilha em vida. Todavia, devido ao fato de estar sua disciplina concentrada em dispositivo único, sem tratamento pormenorizado por doutrina e jurisprudência, acabam sendo casos muito específicos que estarão sujeitos à partilha em vida, sob pena de gerar insegurança jurídica, de modo que muitas dúvidas ainda estão em aberto nessa seara. É também meio lícito para afastar a sucessão concorrente do cônjuge ou do

---

83. TEPEDINO, Gustavo; BARBOZA; Heloisa Helena; MORAES, Maria Celina Bodin de. *Código Civil interpretado conforme a Constituição da República IV*. Rio de Janeiro: Renovar, 2014. p. 894.

84. À partilha em vida incide a norma do art. 548 do CC: "É nula a doação de todos os bens sem reserva de parte, ou renda suficiente para a subsistência do doador". Segundo Luiz Edson Fachin, o art. 548 do CC "veda a doação de todos os bens sem reserva de uma parte suficiente a garantir a subsistência do doador, é dispositivo que autoriza a formulação do conceito aqui discutido. De fato, percebe-se que o dispositivo legal procura evitar a situação de miséria do indivíduo, obrigando-o a manter-se com bens suficientes para a sua sobrevivência, de modo que se pode haurir que há preocupação do estatuto civilístico com a subsistência patrimonial do indivíduo, mediante a percepção de um patrimônio líquido" (FACHIN, Luiz Edson. Bem de família e o patrimônio mínimo. *In*: PEREIRA, Rodrigo da Cunha (org.). *Tratado de direito das famílias*, Belo Horizonte: IBDFAM, 2015. p. 682).

85. VELOSO, Zeno; AZEVEDO, Antônio Junqueira de (coord.). *Comentário ao Código Civil – Parte especial: direito das sucessões*. São Paulo: Saraiva, 2003. v. 21. p. 437.

86. Sobre a intensa discussão em torno do tema do valor do bem a ser colacionado, v. TEPEDINO, Gustavo. A disciplina da colação no Código Civil: proposta para um diálogo com o Código de Processo Civil. *In*: Rodrigo da Cunha Pereira; DIAS, Maria Berenice (org.). *Famílias e sucessões*: polêmicas, tendências e inovações. Belo Horizonte: IBDFAM, 2018. p. 327-346. O autor propõe solução assentada na análise da função do instituto da colação, ou seja, tendo em mira a finalidade última de se preservar a igualdade das legítimas dos herdeiros necessários, de modo a ter em mira o real benefício econômico angariado pelo herdeiro beneficiado pela doação.

87. CC/2002, "Art 2.018. É válida a partilha feita por ascendente, por ato entre vivos ou de última vontade, contanto que não prejudique a legítima dos herdeiros necessários."

companheiro.[88] Cabe frisar que se deve aplicar na partilha em vida[89] a restrição do art. 548, de modo que se deixe reserva de parte da renda ou bens suficiente para a subsistência do partilhante.

4. NOTAS CONCLUSIVAS

Em panorama assim delineado, constata-se que as regras específicas de Direito Sucessório disponíveis no ordenamento pátrio se encontram em dissonância com o atual estágio da sociedade brasileira. As transformações socioeconômicas experimentadas nas últimas décadas abalaram diametralmente os tradicionais alicerces do Direito das Sucessões, consubstanciados em grande medida nos conceitos de família e propriedade, impondo-se adequá-las aos ditames constitucionais. Exige-se com urgência a revisão de seus antigos dogmas, que demandam atualizações da legislação sucessória; como também dos bens, que sofreram grandes modificações, além do surgimento de novos bens, que constituem hoje o patrimônio de diversas formas de riquezas, não só mais na propriedade, cuja função social é elemento interno seu.

Empreendendo-se medidas para organizar a sucessão hereditária de bens e direitos, previamente ao falecimento do titular, o planejamento sucessório visa, tanto quanto possível, evitar conflitos, garantir que as aspirações fundamentais do indivíduo sejam privilegiadas após o seu falecimento, privilegiar uma melhor distribuição da herança entre os sucessores, reduzir a carga tributária, além de se privilegiar a determinação do momento de realização do plano pelo autor da herança, não ficando assim vulnerável à lentidão própria de um processo de inventário, dentre tantas outras vantagens. Na pendência da desejada alteração legislativa, devem-se aplicar as regras e institutos disponíveis no ordenamento e que possuem evidente vocação à organização patrimonial, sempre dentro dos limites da lei, garantindo-se, assim, interpretação sistêmica na legalidade constitucional.

A discussão já não se coloca tanto na demonstração da importância e das vantagens do planejamento sucessório na prática brasileira, que felizmente já resta consagrado enquanto pujante realidade, tendo em vista a o desconcertante descompasso do Direito das Sucessões com a atual sociedade. Em verdade, o olhar do operador volta-se mais, neste momento, aos contornos e parâmetros objetivos aptos a promover seu melhor aproveitamento possível.

---

88. LÔBO, Paulo Luiz Netto. Direito civil: sucessões. 7. ed. São Paulo: Saraiva, 2021. p. 325.

89. "A partilha em vida abrange apenas os bens presentes no momento do ato, enquanto a partilha por ato de última vontade pode incluir bens futuros, pois a primeira produz efeito desde logo, já a partilha em testamento somente terá efeito após a morte do testador. A partilha em vida pode ser conjuntiva, não sendo admitido o testamento conjuntivo, seja simultâneo, conjuntivo ou recíproco (art. 1.863). E regra, é irrevogável, enquanto a partilha em testamento, por ser ato de última vontade, poderá ser revogada a qualquer momento, na medida em que o testador tenha capacidade de testar. A partilha em vida pode ser revogada por ingratidão e esta sujeita à rescisão pelos credores que por ela forem fraudados" (TEPEDINO, Gustavo; BARBOZA; Heloisa Helena; MORAES, Maria Celina Bodin de. *Código Civil interpretado conforme a Constituição da República IV*. Rio de Janeiro: Renovar, 2014. p. 896).

Desse modo, o planejamento sucessório se torna absolutamente relevante e necessário para a funcionalização do Direito das Sucessões com base nos princípios da autonomia e da solidariedade familiar. Objetivando-se aportar segurança ao destino dos bens e direitos, é importante que se proceda às escolhas dos instrumentos adequados à concretização de um planejamento sucessório, conforme o grau de complexidade das situações patrimoniais e as finalidades a serem atingidas. Nessa esteira, há certos requisitos que devem ser cautelosamente observados pelo operador do direito encarregado por conduzir o procedimento, sob pena de se comprometer todo o planejamento, referentes à qualificação da pessoa, ao levantamento do patrimônio, aos objetivos a serem alcançados e à veracidade das informações.

No direito brasileiro, vislumbram-se disponíveis desde institutos com maior facilidade de execução até instrumentos mais alinhados com patrimônios compostos por complexas redes de relações jurídicas e interesses. Diante de tamanha variedade, deve-se ter cautela e máxima responsabilidade na escolha da(s) ferramenta(s) mais adequada(s) a cada situação concretamente considerada, podendo elas, inclusive, serem utilizadas de forma simultânea, desde que não sejam excludentes entre si. Dessa maneira, subtrai-se a sucessão hereditária de seu atual engessamento e suposta neutralidade, inserindo-a na realidade atual, dentro da axiologia constitucional, e privilegiando-se, ao mesmo passo, segurança, autonomia e solidariedade familiar.

5. REFERÊNCIAS

BAUMAN, Zygmunt. *Modernidade líquida*. Tradução de Plínio Dentzien. Rio de Janeiro: Jorge Zahar, 2001.

BRITO, Rodrigo Toscano de. Planejamento sucessório por meio de *holdings*: limites e suas principais funções. *In*: PEREIRA, Rodrigo da Cunha; DIAS, Maria Berenice (coord.). *Famílias e sucessões*: polêmicas, tendências e inovações. Belo Horizonte: IBDFAM, 2018.

BUCAR, Daniel; PIRES, Caio Ribeiro, Sucessão e tributação: perplexidades e proposições equitativas. *In*: TEIXEIRA, Daniele Chaves (coord.). *Arquitetura do planejamento sucessório*. 2. ed. Rio de Janeiro: Fórum, 2019.

BUCAR, Daniel; TEIXEIRA, Daniele Chaves. As armadilhas do planejamento sucessório. *Consultor Jurídico – CONJUR*, publicado em 17.7.2020. Disponível em: https://www.conjur.com.br/2020-jul-17/bucar-teixeira-armadilhas-planejamento-sucessorio. Acesso em: 14 jun. 2021.

CRUZ, Elisa; AZEVEDO, Lilibeth. Planejamento sucessório. *In*: TEPEDINO, Gustavo; FACHIN, Luiz Edson (org.). *Diálogos sobre direito civil*. Rio de Janeiro: Renovar, 2012. v. III.

DIAS, Maria Berenice. *Manual das sucessões*. São Paulo: Revista dos Tribunais, 2009.

FACHIN, Luiz Edson. Bem de família e o patrimônio mínimo. *In*: PEREIRA, Rodrigo da Cunha (org.). *Tratado de direito das famílias*. Belo Horizonte: IBDFAM, 2015.

FLEISCHMANN, Simone Tassinari Cardoso; GRAEFF, Fernando René, Contornos jurídicos da *holding* familiar como instrumento de planejamento sucessório. *In*: TEIXEIRA, Daniele Chaves (coord.). *Arquitetura do planejamento sucessório*. tomo II. Belo Horizonte: Fórum, 2021.

GOMES, Orlando. *Sucessões*. 17. ed. Rio de Janeiro: Forense, 2019.

HIRONAKA, Giselda Maria Fernandes Novaes; Flávio Tartuce, Planejamento sucessório: conceito, mecanismos e limitações. *In*: TEIXEIRA, Daniele Chaves (coord.). *Arquitetura do planejamento sucessório*. 2. ed. Belo Horizonte: Fórum, 2019.

KONDER, Carlos Nelson; SANTOS, Camila Ferrão dos. A doação como instrumento de planejamento sucessório. *In*: TEIXEIRA, Daniele Chaves (coord.). *Arquitetura do planejamento sucessório*. tomo II. Belo Horizonte: Fórum, 2021. p. 492.

LEITE, Eduardo de Oliveira. *Comentários ao Novo Código Civil*: do direito das sucessões (arts. 1.784 a 2.027). Rio de Janeiro: Forense, 2009. v. XXI.

LÔBO, Paulo Luiz Netto. *Direito civil*: sucessões. 7. ed. São Paulo: Saraiva, 2021.

MADALENO, Rolf. Planejamento sucessório. *Revista IBDFAM: Famílias e Sucessões*, Belo Horizonte, v. 1, jan./fev. 2014, p. 26.

MAMEDE, Gladston; MAMEDE, Eduarda Cotta. *Planejamento sucessório*: introdução à arquitetura estratégica – patrimonial e empresarial – com vistas à sucessão causa mortis, São Paulo: Atlas, 2015.

MATOS, Ana Carla Harmatiuk; HÜMMELGEN, Isabela. Notas sobre as relações de gênero no planejamento sucessório. *In*: TEIXEIRA, Daniele Chaves (coord.). *Arquitetura do planejamento sucessório*. Belo Horizonte: Fórum, 2019.

MUCILO, Daniela de Carvalho; TEIXEIRA, Daniele Chaves. Covid-19 e planejamento sucessório: não há mais momento para postergar. *In*: NEVARES, Ana Luiza Maia; XAVIER, Marília Pedroso; MARZAGÃO, Silvia Felipe (coord.). Coronavírus: impactos no Direito de Família e Sucessões, Indaiatuba: Editora Foco, 2020.

NEVARES, Ana Luiza Maia. Como testar em momento de pandemia e isolamento social?. *In*: NEVARES, Ana Luiza Maia; XAVIER, Marília Pedroso; MARZAGÃO, Silvia Felipe (coord.). Coronavírus: impactos no Direito de Família e Sucessões, Indaiatuba: Editora Foco, 2020.

NEVARES, Ana Luiza Maia. O testamento e sua instrumentalidade no planejamento sucessório: limites e potencialidades. *In*: TEIXEIRA, Daniele Chaves (coord.)., *Arquitetura do planejamento sucessório*. tomo II. Belo Horizonte: Fórum, 2021.

OLIVA, Milena Donato. Trust. *In*: TEIXEIRA, Daniele Chaves (coord.). *Arquitetura do planejamento sucessório*. 2. ed. Belo Horizonte: Fórum, 2019.

OLIVEIRA, Alexandre Miranda; TEIXEIRA, Ana Carolina Brochado. Qualificação e quantificação da legítima: critérios para partilha de bens. *In*: TEIXEIRA, Daniele Chaves (coord.). *Arquitetura do Planejamento Sucessório*. tomo II. Belo Horizonte: Fórum, 2021.

PEÇANHA, Danielle Tavares; MOREIRA, Amanda Pierre. Os chamados novos danos e admissibilidade do tempo como bem jurídico passível de tutela no ordenamento jurídico brasileiro. *In*: TEPEDINO, Gustavo; SILVA, Rodrigo da Guia. *Relações patrimoniais*: contratos, titularidades e responsabilidade civil, no prelo.

PEREIRA, Caio Mário da Silva. *Instituições de direito civil*: direitos reais. 25. ed. Rio de Janeiro: Forense, 2017. v. 4.

PEREIRA, Rodrigo da Cunha. *Direito das Famílias*. Rio de Janeiro: Forense, 2020.

PERLINGIERI, Pietro, *O direito covil na legalidade constitucional*. Rio de Janeiro: Renovar, 2008.

ROSA, Conrado Paulino da. "Liberdade" Liberdade" Abre as asas sobre nós": uma análise sobre o status jurídico do companheiro após a declaração de inconstitucionalidade do art. 1.790 do Código Civil". *In*: TEIXEIRA, Daniele Chaves (coord.). *Arquitetura do planejamento sucessório*. tomo II. Belo Horizonte: Fórum, 2021.

ROSA, Conrado Paulino da; RODRIGUES, Marco Antônio. *Inventário e partilha*. Teoria e prática. 2. ed. rev. atual. e ampl. Salvador: Editora JusPodivm, 2020.

TEIXEIRA, Daniele Chaves. Noções prévias do direito das sucessões: sociedade, funcionalização e planejamento sucessório. *In*: TEIXEIRA, Daniele Chaves (coord.). *Arquitetura do planejamento sucessório*. 2. ed. Belo Horizonte: Fórum, 2019.

TEIXEIRA, Daniele Chaves. *Planejamento sucessório: pressupostos e limites*. 2. ed. Belo Horizonte: Fórum, 2019.

TEIXEIRA, Daniele Chaves. Sucessão internacional com ativos no exterior na perspectiva do direito brasileiro. *In*: TEIXEIRA, Daniele Chaves (coord.)., *Arquitetura do planejamento sucessório*, tomo II, Belo Horizonte: Fórum, 2021.

TEIXEIRA, Daniele Chaves; POMJÉ, Caroline. Caminhos para a tutela dos bens digitais no planejamento sucessório. *In*: TEIXEIRA, Ana Carolina Brochado; LEAL, Livia Teixeira, *Herança Digital: controvérsias e alternativas*, Indaiatuba: Editora Foco, 2021.

TEPEDINO, Gustavo. A disciplina da colação no Código Civil: proposta para um diálogo com o Código de Processo Civil. In: Rodrigo da Cunha Pereira; Maria Berenice Dias (org.)., *Famílias e sucessões: polêmicas, tendências e inovações*, Belo Horizonte: IBDFAM, 2018.

TEPEDINO, Gustavo. Editorial: Solidariedade e autonomia na sucessão entre cônjuges e companheiros. *Revista Brasileira de Direito Civil – RBDCivil*, Belo Horizonte, v. 14, out./dez. 2017.

TEPEDINO, Gustavo; BARBOZA; Heloisa Helena; MORAES, Maria Celina Bodin de. *Código Civil interpretado conforme a Constituição da República IV*. Rio de Janeiro: Renovar, 2014.

TEPEDINO, Gustavo; NEVARES, Ana Luiza Maia; MEIRELES, Rose Melo Vencelau. *Fundamentos do Direito Civil*: Direito das Sucessões. Rio de Janeiro: Forense, 2020. v. 7.

TEPEDINO, Gustavo; PEÇANHA, Danielle Tavares. Métodos alternativos de solução de conflitos no direito de família e sucessões e a sistemática das cláusulas escalonadas. *In*: TEIXEIRA, Ana Carolina Brochado; RODRIGUES, Renata de Lima. (coord.). *Contratos, família e sucessões*: diálogos complementares. 2. ed. Indaiatuba: Editora Foco, 2021.

VELOSO, Zeno; AZEVEDO, Antônio Junqueira de (coord.). *Comentário ao Código Civil –* Parte especial: direito das sucessões. São Paulo: Saraiva, 2003. v. 21.

VIEIRA, Cláudia Stein; HIRONAKA, Giselda Maria Fernandes Novaes. Um novo fideicomisso: proposta de transformação do instituto em prol do planejamento sucessório. *In*: TEIXEIRA, Daniele Chaves (coord.). *Arquitetura do planejamento sucessório*, Belo Horizonte: Fórum, 2019.

WALD, Arnoldo. *Direito civil*: contratos em espécie. 18. ed. São Paulo: Saraiva, 2009. v.6.

XAVIER, Luciana Pedroso; XAVIER, Marília Pedroso. O planejamento sucessório colocado em xeque: afinal, o companheiro é herdeiro necessário? *In*: TEIXEIRA, Daniele Chaves (coord.). *Arquitetura do planejamento sucessório*. 2. ed. Belo Horizonte: Fórum, 2019.

CONTROVÉRSIAS HERMENÊUTICAS SOBRE A COLAÇÃO

Gustavo Tepedino*

Professor Titular de Direito Civil e ex-Diretor da Faculdade de Direito da Universidade do Estado do Rio de Janeiro – UERJ.

Sumário: 1. Dever de colacionar os bens recebidos por doação em aditamento da legítima – 2. Critério de cálculo do valor dos bens doados para fins de colação – 3. Não incidência de juros moratórios ou compensatórios – 4. Notas conclusivas – 5. Referências.

1. DEVER DE COLACIONAR OS BENS RECEBIDOS POR DOAÇÃO EM ADITAMENTO DA LEGÍTIMA

O instituto da colação, regulamentado nos arts. 2.002 e seguintes do Código Civil, tem por objetivo conferir as liberalidades efetuadas em vida pelo falecido aos seus herdeiros necessários, de modo a garantir a igualdade das legítimas.[1] Reúnem-se, dessa forma, no monte partilhável, todas as liberalidades realizadas aos descendentes e ao cônjuge;[2] ou, na ausência de descendentes, também a ascendentes, que serão

---

* O autor agradece à Dra. Danielle Tavares Peçanha, Mestranda em Direito Civil da Universidade do Estado do Rio de Janeiro – UERJ, pela pesquisa e revisão dos originais.

1. Na definição de Carlos Maximiliano, "colação (*rapport,* dos franceses; *collazione,* dos italianos; *colación,* dos hespanhoes; *Ausgleichung,* dos alemães) é o ato de reunir ao monte-partível quaisquer liberalidades, diretas ou indiretas, claras ou dissimuladas, recebidas do inventariado, por herdeiro descendente, antes da abertura da sucessão. [...] A finalidade do instituto jurídico ora em apreço é assegurar a *igualdade das legítimas*; reconstitui-se o patrimônio hereditário mediante a resolução do ato benéfico; a colação consiste num aumento levado à massa sucessora; torna comum a cousa conferida" (MAXIMILIANO, Carlos. *Direito das Sucessões.* v. II. Rio de Janeiro: Freitas Bastos, 1937. p. 716). Na lição de Roberto Rosas, "Colação é a conferência, na massa hereditária a ser dividida, das doações feitas pelo *de cujus* aos herdeiros, tendo por finalidade igualar as legítimas dos herdeiros" (ROSAS, Roberto. Colação – valor dos bens doados. *Revista dos Tribunais.* a. 67, v. 516, out. 1978, p. 22). V. tb. ASCENSÃO, José de Oliveira. *Direito Civil:* sucessões. 4. ed. Coimbra: Coimbra Editora, 1989, p. 543; e FRANÇA, Rubens Limongi. Colação de bens doados. *Revista dos Tribunais,* a. 59, v. 415, maio 1970, p. 26. A propósito da relevância da sucessão legítima e da proteção à reserva legitimária, afirma-se: "a sucessão legítima baseia-se fundamentalmente no Princípio da Solidariedade, previsto no art. 3º, I, da Constituição Federal. Seu escopo é proteger a família, proporcionando-lhe condições de continuar a subsistir sem aquele que poderia ser o provedor. A justificativa da sucessão legítima e da reserva da herança necessária, é assegurar uma solidariedade econômica entre os membros da mesma família" (TEIXEIRA, Ana Carolina Brochado; RETTORE, Anna Cristina de Carvalho. Divergências doutrinárias e jurisprudenciais no direito sucessório: a sucessão do cônjuge no regime da separação convencional de bens e a sua concorrência com descendentes nos casos de filiação híbrida. *Revista Brasileira de Direito Civil.* v. 5, p. 126, jul./set. 2015).

2. Como já se teve oportunidade de registrar, a relevante decisão do Supremo Tribunal Federal no RE n. 646.721 e do RE n. 878.694 acerca da inconstitucionalidade do art. 1.790 do Código Civil deixou em aberto a questão referente ao reconhecimento dos companheiros como herdeiros necessários: "A recente decisão do Supremo Tribunal Federal, no RE n. 646.721, que considerou inconstitucional o regime sucessório diferenciado entre cônjuge e companheiro, previsto pelo art. 1.790 do Código Civil, no âmbito da sucessão legítima, suscita ao

chamados a suceder (arts. 1.829[3] e 1.845[4] do Código Civil). Tais bens doados em vida serão, portanto, trazidos a inventário e considerados no cálculo dos quinhões dos herdeiros necessários.

No sistema do Código Civil, a colação das liberalidades permitirá que se apure eventual desequilíbrio entre os herdeiros, identificando-se se a doação tornou desiguais as parcelas do acervo hereditário atribuídas aos demais herdeiros não donatários. Em uma palavra, a colação destina-se a igualar as legítimas dos herdeiros necessários (art. 2.003, *caput*,[5] Código Civil),[6] garantindo-lhes idêntica participação econômica nos bens do espólio.[7]

---

menos duas reflexões inadiáveis. A primeira delas, de ordem técnica, decorre da ausência de enfrentamento, pela Corte, da legitimidade do art. 1.845 do Código Civil, que contempla o cônjuge entre os herdeiros necessários sem a inclusão, ao menos em sua expressão literal, do companheiro (na letra da lei: 'são herdeiros necessários os descendentes, os ascendentes e o cônjuge'). Daqui a incerteza quanto à extensão do entendimento da Suprema Corte, que se pronunciou no âmbito da sucessão legítima, à sucessão testamentária. A matéria não foi ainda solucionada" (TEPEDINO, Gustavo. Solidariedade e autonomia na sucessão entre cônjuges e companheiros. Editorial. *Revista Brasileira de Direito Civil – RBDCivil*. Belo Horizonte, v. 14, p. 11, out./dez. 2017). Nessa direção, a análise da jurisprudência revela a ausência de entendimento consolidado na matéria atinente à necessidade de que os bens doados em vida a companheiros sejam levados à colação. O Tribunal de Justiça do Estado Rio de Janeiro, por exemplo, já determinou ser imperativo que o bem nesta hipótese seja levado à colação, em respeito à igualdade de tratamento entre cônjuge e companheiro, considerando-os, portanto, herdeiros necessários (TJRJ, 1ª C.C., Agravo de Instrumento n. 0062098-65.2013.8.19.0000, Rel. Des. Camilo Ribeiro Ruliere, julg. 13.5.2014). Por outro lado, entendeu o Tribunal de Justiça do Estado de São Paulo ser desnecessária a colação, justamente por concluir que o companheiro não é herdeiro necessário (TJSP, 1ª C.C., Apel. Cív. n. 14821719998260099, Rel. Des. De Santi Ribeiro, julg. 14.2.2012).

3. "Art. 1.829. A sucessão legítima defere-se na ordem seguinte: I – aos descendentes, em concorrência com o cônjuge sobrevivente, salvo se casado este com o falecido no regime da comunhão universal, ou no da separação obrigatória de bens (art. 1.640, parágrafo único); ou se, no regime da comunhão parcial, o autor da herança não houver deixado bens particulares; II – aos ascendentes, em concorrência com o cônjuge; III – ao cônjuge sobrevivente; IV – aos colaterais."

4. "Art. 1.845. São herdeiros necessários os descendentes, os ascendentes e o cônjuge."

5. "Art. 2.003. A colação tem por fim igualar, na proporção estabelecida neste Código, as legítimas dos descendentes e do cônjuge sobrevivente, obrigando também os donatários que, ao tempo do falecimento do doador, já não possuírem os bens doados."

6. Na síntese de Silvio Rodrigues: "Dá-se o nome colação ao ato de retorno ao monte partível das liberalidades feitas pelo de cujus, antes de sua morte, a seus descendentes. Seu fim é igualar a legítima desses herdeiros e do cônjuge sobrevivente" (RODRIGUES, Silvio. *Direito Civil*: Direito das Sucessões. v. 7. São Paulo: Saraiva, 2006. p. 307). Na mesma direção, assevera Caio Mário da Silva Pereira: "No direito sucessório moderno, o princípio dominante é o da igualdade dos quinhões. O monte partível se dividirá em tantas quotas iguais quanto são os herdeiros. Quando o ascendente beneficia um descendente, seja com uma doação, seja com a constituição de um dote, seja com a provisão de fundos com que pagar suas dívidas, estará rompendo aquela *par conditio* e desfalcando o monte em detrimento dos demais, mesmo que não haja ultrapassado a metade assegurada dos herdeiros. Presume-se que a liberalidade teve caráter de antecipação de seu quinhão, salvo declaração expressa, em contrário, da parte do doador. Com o fito de restabelecer a igualdade rompida, criou o Direito Romano a *collatio bonorum* e a *collatio dotis*, de elaboração pretoriana, de que provém a colação no direito moderno (*collazione* no italiano, *rapport* no francês, *colación* no espanhol, *Kollation* no germânico). Consiste ela na restituição, ao monte, das liberalidades recebidas em vida, para obter-se a igualdade dos quinhões hereditários, ao se realizar a partilha. [...] A colação tem em vista restabelecer a igualdade das legítimas dos herdeiros necessários, ainda quando as liberalidades se compreendam no âmbito da meação disponível do doador" (PEREIRA, Caio Mário da Silva. *Instituições de Direito Civil*: Direito das Sucessões. v. VI. Rio de Janeiro: Forense, 2016. p. 382).

7. Como sublinha Luiz Edson Fachin, "As doações realizadas por genitores aos filhos sem qualquer ressalva por parte dos doadores reputam-se adiantamento de legítima. Por isso, visando a assegurar a divisão equânime da

Caso haja excesso na doação, vale dizer, se com a liberalidade o doador houver desrespeitado a legítima dos demais herdeiros necessários, a doação, naquilo que ultrapassa a parte disponível na data da liberalidade, considera-se inoficiosa.[8] Nesse caso, as doações serão reduzidas com a restituição ao monte do excesso apurado (art. 2.007,[9] Código Civil).[10]

A obrigatoriedade da colação tem por pressuposto a sucessão legítima, não incorrendo colação na sucessão testamentária. Além disso, pressupõe também a existência de coerdeiros necessários[11] e ao menos uma liberalidade efetuada durante a vida do autor da herança.[12] Por dizer respeito exclusivamente à sucessão legítima, observou-se na jurisprudência que os bens conferidos na colação "não aumentam a metade disponível do autor da herança, de sorte que benefício algum traz ao herdeiro testamentário a reivindicação de bem não colacionado no inventário".[13]

---

legítima, tem lugar a conferência dos bens doados em inventário" (FACHIN, Luiz Edson. Colação e doação em perspectiva sucessória. *In*: FACHIN, Luiz Edson. *Soluções práticas de direito*: Pareceres. v. II. São Paulo: Revista dos Tribunais, 2011. p. 279). Depreende-se, ainda, de monografia específica sobre o tema: "Isso porque o herdeiro donatário colaciona o valor correspondente ao benefício econômico que efetivamente alcançou com aquele bem – nem mais, nem menos –, e as quotas ideais dos demais herdeiros serão com base nesse valor calculadas, de forma que a divisão seja equânime e justa para todos" (FERNANDES, Mariana. *O instituto da colação e o momento de aferição do valor dos bens*. 2015. Monografia (Faculdade de Direito) – Universidade de Brasília, Brasília, 2017. Disponível em: http://bdm.unb.br/bitstream/10483/16301/1/2015MarianaFernandes.pdf. Acesso em: 3 jan. 2017).

8. Registra Orlando Gomes: "Não é permitida, igualmente, a doação inoficiosa. Por tal se entende aquela em que o doador, no momento da liberalidade, excede a legítima dos herdeiros. Não se lhe concede que doe, além do que poderia dispor em testamento, mas a ineficácia não atinge todo o contrato, senão apenas na parte excedente. Faz-se, portanto, a redução" (GOMES, Orlando. *Contratos*. 26. ed. Rio de Janeiro: Forense, 1997. p. 258).

9. "Art. 2.007. São sujeitas à redução as doações em que se apurar excesso quanto ao que o doador poderia dispor, no momento da liberalidade."

10. Quanto às doações inoficiosas, anota Paulo Luiz Neto Lôbo: "Não se trata de impedimento, pois essas doações podem ser feitas, mas o legislador as inibe, na medida em que obriga os donatários à colação, reduzindo-se proporcionalmente o que lhes caberá como herança quando da abertura da sucessão do doador" (LÔBO, Paulo Luiz Neto; AZEVEDO, Antônio Junqueira de (coord.). *Comentários ao Código Civil*: parte especial: das várias espécies de contratos. v. 6. São Paulo: Saraiva, 2003. p. 311).

11. O Tribunal de Justiça do Rio Grande do Sul considerou ser necessária a colação de todos os bens doados por ascendente a descendentes, nos termos do art. 2002 do Código Civil, ainda que no tempo da doação questionada, os indivíduos ainda não houvessem sido reconhecidos como filhos do doador. (TJRS, 20ª C.C., Apel. Cív. 70075914853, Rel. Des. Dilso Domingos Pereira, julg. 13.6.2018).

12. A Terceira Turma do Superior Tribunal de Justiça decidiu que não devem ser levados à colação os valores correspondentes à ocupação e ao uso de unidade imóvel, com a respectiva garagem, realizados por uma das coerdeiras a título gratuito. Na ocasião, identificando tratar-se de comodato e diferenciando-o da doação, afirmou-se que "somente a doação transfere a propriedade do bem, tendo, por isso, o condão de provocar eventual desequilíbrio entre as quotas-partes atribuídas a cada herdeiro necessário (legítima), importando, por isso, em regra, no adiantamento do que lhe cabe por herança" (STJ, 3ª T., REsp 1722691/SP, Rel. Min. Paulo de Tarso Sanseverino, julg. 12.3.2019, *DJe* 15.3.2019).

13. STJ, 3ª T., REsp. 400.948, Rel. Min. Vasco Della Giustina, julg. 23.03.2010. Nesta direção, o Tribunal de Justiça de São Paulo considerou que não há que se falar em colação ou aditamento da legítima quando o imóvel a que se refere a discussão "nunca ingressou na propriedade do falecido que tinha apenas direitos de negociação sobre o bem, mediante procuração outorgada por terceiro" (TJSP, 2ª Câm. Dir. Priv., Agravo de Instrumento n. 2157242-95.2017.8.26.0000, Rel. Des. José Joaquim dos Santos, julg. 13.6.2018).

2. CRITÉRIO DE CÁLCULO DO VALOR DOS BENS DOADOS PARA FINS DE COLAÇÃO

O critério de cálculo do valor dos bens doados para fins de colação variará em função da permanência dos bens no patrimônio dos donatários. A matéria encontra-se regulada no Código Civil e no Código de Processo Civil, cujos dispositivos, aparentemente contraditórios, hão de ser harmonizados, com vistas a garantir a coerência do sistema.[14] Dito diversamente, devem-se interpretar sistematicamente as normas dos diferentes diplomas legais com o intuito de conferir-lhes interpretação que as compatibilize, permitindo-se atingir a finalidade almejada com a colação, a qual, como visto, consiste em garantir aos herdeiros necessários equivalência das legítimas.

Ao propósito, o parágrafo único do art. 2.003 do Código Civil estabelece que os herdeiros contemplados com doações em vida pelo *de cujus*, que representaram adiantamento de legítima, devem colacionar tais doações em espécie, caso os bens ainda estejam sob sua titularidade e não haja no acervo bens suficientes para igualar as legítimas; ou, em dinheiro, na hipótese de tais bens não serem mais de sua propriedade, atribuindo-se às doações o seu valor ao tempo da liberalidade.[15]

Em consonância com esse dispositivo, o art. 2.004 do Código Civil dispõe que o valor de colação dos bens doados consistirá naquele que lhes atribuir o negócio jurídico gratuito, reiterando o critério do valor do bem vigente na data da doação.[16] Por outro lado, o Código de Processo Civil de 2015, repetindo a disposição vigente no CPC de 1973, prevê, no art. 639, que o donatário deverá colacionar os bens que

---

14. Já se afirmou em outra sede que o diálogo de fontes normativas deve representar técnica hermenêutica destinada à harmonização do sistema, não à sua fragmentação. Desse modo, do ponto de vista da teoria da interpretação, "mostra-se imprescindível que a pluralidade de fontes normativas não acarrete a ruptura do sistema, disperso em lógicas setoriais, em detrimento da unidade essencial ao próprio conceito de ordenamento" (TEPEDINO, Gustavo. Diálogos entre fontes normativas na complexidade do ordenamento. Editorial. *Revista Brasileira de Direito Civil – RBDCivil*. Belo Horizonte, v. 5, jul./set. 2015, p. 4-9).

15. "Art. 2.003. A colação tem por fim igualar, na proporção estabelecida neste Código, as legítimas dos descendentes e do cônjuge sobrevivente, obrigando também os donatários que, ao tempo do falecimento do doador, já não possuírem os bens doados.
    Parágrafo único. Se, computados os valores das doações feitas em adiantamento de legítima, não houver no acervo bens suficientes para igualar as legítimas dos descendentes e do cônjuge, *os bens assim doados serão conferidos em espécie, ou, quando deles já não disponha o donatário, pelo seu valor ao tempo da liberalidade*." (Grifo nosso).

16. "Art. 2.004. O valor de colação dos bens doados será aquele, certo ou estimativo, *que lhes atribuir o ato de liberalidade*. § 1º Se do ato de doação não constar valor certo, nem houver estimação feita naquela época, *os bens serão conferidos na partilha pelo que então se calcular valessem ao tempo da liberalidade*. § 2º Só o valor dos bens doados entrará em colação; não assim o das benfeitorias acrescidas, as quais pertencerão ao herdeiro donatário, correndo também à conta deste os rendimentos ou lucros, assim como os danos e perdas que eles sofrerem." (Grifo nosso) Em comentário ao dispositivo, registra Zeno Veloso: "Se no ato de doação não constar valor certo, nem houver estimação feita na data da liberalidade, os bens serão conferidos, na partilha, pelo valor que tinham ao tempo da liberalidade, o que se terá de calcular. O juiz, no processo de inventário, ordenará a avaliação do bem, estabelecendo-se o seu valor. Não o valor contemporâneo, mas o valor que tinha na época em que a doação foi feita. A avaliação, portanto, é retrospectiva" (VELOSO, Zeno; AZEVEDO, Antônio Junqueira de (coord.). *Comentários ao Código Civil:* parte especial: do Direito das Sucessões. v. 21. São Paulo: Saraiva, 2003. p. 420).

CONTROVÉRSIAS HERMENÊUTICAS SOBRE A COLAÇÃO | **241**

recebeu e, caso não os tenha, trar-lhe-á o seu valor, apurado na data da abertura da sucessão.[17]

A aparente antinomia entre os dispositivos suscitou acalorado debate doutrinário e jurisprudencial quanto à interpretação das normas, especialmente quanto ao valor a ser atribuído aos bens recebidos por doação que não mais pertençam aos donatários.[18] Parte da doutrina[19] e da jurisprudência[20] entendem que tais bens devem

---

17. "Art. 639. No prazo estabelecido no art. 627, o herdeiro obrigado à colação conferirá por termo nos autos ou por petição à qual o termo se reportará os bens que recebeu ou, *se já não os possuir, trar-lhes-á o valor.* Parágrafo único. *Os bens a serem conferidos na partilha,* assim como as acessões e as benfeitorias que o donatário fez, *calcular-se-ão pelo valor que tiverem ao tempo da abertura da sucessão.*" (Grifo nosso)

18. Nesta direção: "Justamente pela dificuldade no convívio de situações dúbias, o instituto da colação tem se mostrado, na dinâmica da patrimonialidade, problemático em seu estudo e no campo de sua execução prática. Se ainda não bastasse a complexidade de sua aplicação, disfarçada por uma aparente simplicidade conceitual, as reviravoltas que o legislador empreendeu no modo de calcular a colação tornaram ainda mais tortuoso o seu estudo" (BUCAR, Daniel; TEIXEIRA, Daniele. A colação no Código de Processo Civil de 2015. *In*: EHRHARDT JÚNIOR, Marcos (Coord.). *Impactos do novo CPC e do EPD no Direito Civil brasileiro.* Belo Horizonte: Fórum, 2016. p.107).

19. Humberto Theodoro Júnior, em comentários ao dispositivo, aduz: "O valor básico para a colação, segundo o art. 2.004 do Código Civil, será aquele pelo qual o bem figurou no ato de liberalidade. O novo CPC, entretanto, restabeleceu antiga regra do Código de 1973, determinando que os bens doados assim como suas acessões e benfeitorias, sejam colacionados 'pelo valor que tiverem ao tempo da abertura da sucessão' (NCPC, art. 639, parágrafo único), ou seja, a avaliação deverá reportar-se ao momento da morte do autor da herança. Com essa regra processual superveniente restou revogado o dispositivo do Código Civil que preconizava a colação pelo valor do tempo da doação" (THEODORO JÚNIOR, Humberto. *Curso de Direito Processual Civil.* v. II. Rio de Janeiro: Forense, 2017. p. 284-285). Também nesta direção, v. MARINONI, Luiz Guilherme; ARENHART, Sérgio Cruz; MITIDIERO, Daniel. *Novo curso de processo civil.* v. 3. São Paulo: Revista dos Tribunais, 2015. p. 200. Flávio Tartuce, ao tecer comentários sobre o tema, evidencia tratar-se de questão intertemporal, de modo que "caso o falecimento tenha ocorrido em período anterior à vigência do Código Civil de 2002 – antes de 11 de janeiro de 2003 –, as suas regras não produzem efeitos, aplicando-se apenas o previsto no Código de Processo Civil de 1973, ou seja, o valor dos bens a ser colacionado seria o do tempo da abertura da sucessão. Por outro turno, para as sucessões abertas na vigência do novo Código Civil, o valor deveria ser o do tempo da liberalidade, subsumindo-se o art. 2004 do Código Civil de 2002. Como a sucessão envolve o plano da eficácia, deve ser aplicada a norma do momento da produção dos efeitos, pensamento retirado do *caput* do art. 2035 da codificação material privada em vigor. Com a emergência do Novo CPC, é forçoso concluir que o seu conteúdo passa a ter incidência para os falecimentos ocorridos após a entrada em vigor da nova legislação processual, a partir de março de 2015". (TARTUCE, Flávio. *Direito Civil:* Direito das Sucessões. v. 6. 9. ed. Rio de Janeiro: Forense, 2016. p. 584).

20. Na jurisprudência, confiram-se, exemplificativamente, as seguintes decisões: "[...] é sabido que os bens do espólio, colacionados ou não, devem ser avaliados, para fins de partilha, na data da abertura da sucessão, como previsto no art. 1.014, parágrafo único, do CPC" (TJRS, 7ª C.C., Ap. 70061873899, Rel. Des. Sandra Brisolara Medeiros, julg. 30.9.2014); "O herdeiro M.A.G.M. recebeu de sua mãe A.G., em 07 janeiro 1994 uma fração de terras equivalente a 385ha 52a e 81ca, conforme faz prova a escritura pública de fls. 50/51. E, na mesma data, também por meio de escritura pública, houve a doação, de mãe para filho, de mais 169ha, 27a e 19ca (fl. 52). O total doado, portanto, foi de 554ha 79a e 100ca. Recebida a doação, o herdeiro procedeu na venda do campo, conforme faz prova o contrato particular de compra e venda de fls. 203/207, formalizado em 10 de janeiro de 1994. [...] É sabido que os bens do espólio, colacionados ou não, devem ser avaliados, para fins de partilha, na data da abertura da sucessão. Tal procedimento está, inclusive, previsto em nosso ordenamento jurídico, no art. 1.014, parágrafo único, do CPC [...] Todos os bens pertencentes ao espólio, alienados ou não, recebidos por meio de doação ou não, devem ser avaliados quando da abertura da sucessão a fim de que integrem o monte mor. Tal regra é de simples compreensão, e visa, basicamente, manter a igualdade entre os herdeiros, de modo que não sejam prejudicados no recebimento do seu quinhão quando da partilha dos bens. Isso porque, no momento da abertura da sucessão, os bens a serem partilhados são os mesmos que foram amealhados durante a vida do "de cujus". Se os herdeiros optam por vender os

ser quantificados segundo o seu valor na data da abertura da sucessão, em interpretação literal da norma contida no Código de Processo Civil, a qual, por se tratar de norma posterior ao Código Civil, sobre essa prevaleceria, revogando-a neste ponto. Tal construção antepõe a lei processual à lei civil, considerando que aquela, por ser mais recente, teria revogado esta, sem procurar conciliar ambos os preceitos.

De outra parte, na tentativa de compatibilizar as leis civil e processual civil, construiu-se entendimento no sentido de que o valor do bem na abertura da sucessão será apurado quando os bens ainda se encontram na titularidade do herdeiro (tal qual prevê o art. 639 do CPC). Em contrapartida, nas hipóteses em que o bem não mais se encontre no patrimônio do donatário, deve-se-lhe atribuir o valor vigente na data do ato de liberalidade, seguindo-se a dicção literal do art. 2.004 do Código Civil, corrigindo monetariamente o valor do bem até a data da abertura da sucessão.[21] Justifica-se tal entendimento no princípio geral do ordenamento jurídico

---

bens que receberam em doação, o bem partilhável não será o valor obtido com a venda, mas o imóvel em si" (TJRS, Ap. 70028884682, 8ª CC, Rel., Des. José S. Trindade, julg. 22.6.2009). O Superior Tribunal de Justiça, embora aplicando o dispositivo do Código Civil, o fez diante do que considerou ser uma antinomia legal, ao aplicar o princípio de direito intertemporal *tempus regit actum* a situação regida pelo Código de Processo Civil anterior. Ou seja, uma vez que a sucessão tenha sido aberta no ano de 2004, seria necessário observar a regra segundo a qual o valor do bem é aquele pelo qual o bem figurou no ato de liberalidade, afinal "a regra do parágrafo único do art. 1.014 do Código de Processo Civil de 1973, que previa a colação pelo valor do bem ao tempo da abertura da sucessão foi implicitamente revogada pelo novo Código Civil". Mantendo tal raciocínio, contudo, chega-se à conclusão de que o art. 639 do Novo Código de Processo Civil teria revogado o art. 2.004 do Código Civil de 2002, em análise estritamente intertemporal. (STJ, 4ª T., REsp n. 1.166.568/SP, julg. 12.12.2017). Na mesma linha de aplicação do critério da temporalidade, afirmou-se que "tendo o autor da herança falecido antes da entrada em vigor do CC/2002, aplica-se a regra do art. 1.014, parágrafo único, do CPC/73, devendo a colação se dar pelo valor do bem ao tempo da abertura da sucessão" (STJ, 3ª T., REsp 1698638/RS, julg. 14.5.2019).

21. Este entendimento restou consagrado no Enunciado n. 119 da I Jornada de Direito Civil, promovida em Brasília pelo Conselho da Justiça Federal em setembro de 2002, com o seguinte teor: "Para evitar o enriquecimento sem causa, a colação será efetuada com base no valor da época da doação, nos termos do *caput* do art. 2.004, exclusivamente na hipótese em que o bem doado não mais pertença ao patrimônio do donatário. Se, ao contrário, o bem ainda integrar seu patrimônio, a colação se fará com base no valor do bem na época da abertura da sucessão, nos termos do art. 1.014 do CPC, de modo a preservar a quantia que efetivamente integrará a legítima quando esta se constituiu, ou seja, na data do óbito (resultado da interpretação sistemática do art. 2.004 e seus parágrafos, juntamente com os arts. 1.832 e 884 do Código Civil)". A jurisprudência do Superior Tribunal de Justiça acolheu esse entendimento, como se extrai dos seguintes precedentes: STJ, EDcl no AREsp. 673249, Dec. Mon., Rel. Min. Luis Felipe Salomão, julg. 14.2.2017; STJ, AREsp. 958397, Dec. Mon., Rel. Min. Aussete Magalhães, julg. 7.12.2016; STJ, AREsp 673249, Dec. Mon., Rel. Min. Luis Felipe Salomão, julg. 29.11.2016. Neste mesmo sentido: "Divergência entre o artigo 2.004 do CC/02 e o artigo 1.014 do CPC/73. Controvérsia que deve ser dirimida à luz do enunciado nº119 da I Jornada de Direito Civil promovida pelo Conselho da Justiça Federal, que prevê que, visando manter a igualdade de legítimas, deve ser colacionado o valor do bem à época do ato de liberalidade, devidamente corrigido, caso o bem não integre o patrimônio da donatária, ou ainda o valor atribuído ao bem ao tempo da abertura da sucessão caso ainda o possua" (TJRJ, 12ª C.C., AI n. 0029866-58.2017.8.19.0000, Rel. Des. José Acir Lessa Giordani, julg. 8.8.2017). Na mesma direção, ressalta a doutrina sob a égide do CPC/1973, cuja disposição foi repetida pelo NCPC/2015: "[...] É evidente e de bom senso que, na hipótese do valor atribuído ao bem – certo ou estimado – no título de doação claramente não corresponder ao valor do bem à época da liberalidade, será perfeitamente possível ao juízo determinar, através de perícia, o valor que o mesmo teria à época da doação, procedendo-se, em seguida, à correção até o dia da abertura da sucessão, evitando que a finalidade da colação – igualar as legítimas – não ocorra na prática. Entender de maneira diversa seria o mesmo que deixar a critério exclusivo do doador o alcance da finalidade da lei, pois ele poderia estimar o valor de um bem em

de vedação ao enriquecimento sem causa, pois, caso se calculasse o valor do bem na data da abertura da sucessão, a sua oscilação beneficiaria um dos herdeiros em detrimento dos demais, acarretando-lhe proveito econômico sem título jurídico justificativo.[22]

Reconheça-se a tal entendimento a tentativa de harmonizar o sistema, embora a data da liberalidade, extraída da linguagem do art. 2.004 do Código Civil, nem sempre traduza o benefício econômico que o bem propiciou ao beneficiário, contrariando, em alguma medida, a preocupação do legislador processual civil em preservar, sempre que possível, o valor real do bem enquanto esteve na titularidade do herdeiro, daí resultando a opção legislativa por colacioná-lo com base na data da abertura da sucessão, segundo prevê o art. 639 do CPC.

Diante da aparente antinomia, a interpretação dos preceitos legais mencionados deve ter por baliza a função ou finalidade da colação. Como antes observado, a colação tem por função preservar a igualdade das legítimas dos herdeiros necessários, garantindo-lhes os quinhões que traduzam valor econômico equivalente do acervo

---

montante infinitamente menor do que, na realidade, valeria. Para valer o que está escrito, nestas situações, é necessário que o valor atribuído pelo doador, seja certo ou estimado, tenha um mínimo de razoabilidade. Foi exatamente por isto que o legislador admitiu que a conferência se dê pelo valor do bem ao tempo da liberalidade. Não seria razoável nesta última hipótese apurar o valor do bem à data do passamento, pelo simples fato de que ele não mais pertence ao herdeiro. Admitir tese contrária poderia trazer graves consequências não só para o herdeiro donatário, como também para os demais herdeiros, dependendo da situação. [...] Portanto, o valor a ser conferido será o valor do benefício: se o herdeiro ainda tiver o bem, seu valor será o da época do passamento; se já não mais o possuir, o valor do benefício será aferido à época em que ele ocorreu, devidamente corrigido" (CARNEIRO, Paulo Cezar Pinheiro. *Comentários ao Código de Processo Civil*. v. IX. t. I. Rio de Janeiro: Forense, 2003. p. 153-154). Também nesta direção, MEIRELES, Rose Melo Venceslau. Colação pelo valor do benefício: uma análise funcional. *In:* TEPEDINO, Gustavo; MENEZES, Joyceane Bezerra de (coord.). *Autonomia privada, liberdade existencial e direitos fundamentais*. Belo Horizonte: Fórum, 2019. p. 511-522. Registre-se que o entendimento espelhado pelo Enunciado n. 119 da I Jornada de Direito Civil veio a ser reforçado, mais recentemente, pelo Enunciado n. 644 da VIII Jornada de Direito Civil: "Os arts. 2.003 e 2.004 do Código Civil e o art. 639 do CPC devem ser interpretados de modo a garantir a igualdade das legítimas e a coerência do ordenamento. O bem doado, em adiantamento de legítima, será colacionado de acordo com seu valor atual na data da abertura da sucessão, se ainda integrar o patrimônio do donatário. Se o donatário já não possuir o bem doado, este será colacionado pelo valor do tempo de sua alienação, atualizado monetariamente". Sobre o tema, v. também TEPEDINO, Gustavo. Colação: em busca de critérios sistemáticos entre o CC e o CPC. Editorial. *Revista Brasileira de Direito Civil – RBDCivil*. Belo Horizonte, v. 17, jul./set. 2018, p. 11-14.

22. Como observado em outra sede: "se o donatário ainda possui o bem na época da abertura da sucessão, o valor deve ser o da época do óbito; todavia, se o donatário não mais possui o bem, o *valor deve ser o da época em que o benefício ocorreu, devidamente corrigido*. Desta forma, respeita-se a correta distribuição dos quinhões, assim como a igualdade dos quinhões dos descendentes. Mas, também, evita-se o enriquecimento sem causa (art. 884). Afinal, se o bem doado se valoriza e é colacionado o valor que detinha no momento da liberalidade, o donatário, que recebeu o bem como adiantamento da legítima, sem justa causa se enriquece à custa dos outros herdeiros, uma vez que se desrespeita a proporção legal estabelecida (arts. 1.829 e ss.). Da mesma forma, se o bem doado se desvaloriza e é colacionado o valor que possuía no momento da doação, os outros herdeiros é que, sem justa causa, enriquecem à custa do donatário, ficando efetivamente com uma parcela maior que a do donatário, embora a doação seja adiantamento da mesma legítima" (TEPEDINO, Gustavo *et al. Código Civil interpretado conforme a Constituição da República*. v. IV. Rio de Janeiro: Renovar, 2014. p. 878).

hereditário.[23] Com tal escopo, a lei ora se refere ao momento da liberalidade, ora se refere à abertura da sucessão, tendo o legislador em mira situações díspares, em que o bem recebido pelo herdeiro se encontra ou não no seu patrimônio no momento da abertura da sucessão.[24] Desse modo, pretende a ordem jurídica assegurar que o benefício econômico auferido pelo beneficiário seja apurado *in natura* ou por estimativa de seu valor.

Diversos cenários poderão então se verificar: se o bem permanece até o óbito em poder do donatário, será trazido à colação por valor presente. Se, por outro lado, o bem não mais se encontra no patrimônio do donatário por ter sido consumido, transferido a terceiros gratuitamente ou perecido por culpa do donatário, será calculado por seu valor à época da liberalidade. Em contrapartida, se o bem houver sido alienado onerosamente pelo beneficiário, a colação deverá refletir o valor econômico que o beneficiou, apurado no momento da alienação, a fim de que se possam preservar as legítimas dos demais herdeiros necessários. Todas essas soluções têm em comum a aferição do real benefício econômico angariado pelo herdeiro, finalidade pretendida pelo legislador com os referidos dispositivos das leis civil e processual civil.[25]

Por outros termos, tendo-se presente que a *ratio* da colação consiste na igualdade das legítimas, há de se levar em conta o valor econômico obtido por cada um dos herdeiros. Para tanto, o proveito econômico angariado pelo donatário há de ser aferido mediante a avaliação do bem ou da contrapartida recebida na data de sua alienação. Tal critério permite harmonizar a lei processual civil, que se refere ao valor do bem na abertura da sucessão – justamente por este ser o benefício atual recebido pelo herdeiro – com a lei civil – que, ao aludir à data da liberalidade, pretende alcançar a estimativa econômica que a liberalidade proporcionou ao patrimônio do herdeiro despojado do bem, sendo certo que, na hipótese de alienação onerosa, tal estimativa econômica corresponde aos valores obtidos com a venda.[26]

---

23. Em perspectiva crítica, em defesa da interpretação funcional das categorias do direito civil, v. RAMOS, André Luiz Arnt; ALTHEIM, Roberto. Colação hereditária e legislação irresponsável: descaminhos da segurança jurídica no âmbito sucessório. *REDES – Revista Eletrônica Direito e Sociedade*, v. 6, p. 33-46, 2018.

24. Quanto a esses possíveis cenários, assinala a doutrina especializada: "ambas as possibilidades apresentadas visam à garantia de preservar a quantia efetivamente antecipada da parte legítima, de modo a adequar cada caso *ao real proveito econômico percebido pelo herdeiro donatário*" (COSTA, Anderson Rocha Luna da. A antecipação de herança aos descendentes e ao cônjuge: procedimento de colação e avaliação dos bens à luz do Código de Processo Civil de 2015. *Revista de Direito Privado*, v. 68, p. 165-179, ago. 2016, grifo nosso).

25. Cfr., na mesma direção, TEPEDINO, Gustavo; NEVARES, Ana Luiza Maia; MEIRELES, Rose Melo Vencelau. *Fundamentos do Direito Civil*. Direito das Sucessões. v. 7. Rio de Janeiro: Forense, 2020. p. 260-264.

26. Nesta direção, aliás, registram-se precedentes na jurisprudência: "O instituto da colação tem por objetivo igualar a legítima, trazendo à partilha os bens ausentes ao acervo. *Curial dizer-se que, em ciclo inflacionário, na conferência, se o bem doado já fora alienado antes da abertura da sucessão, seu valor há de ser atualizado na data desta, eis que a correção monetária tem por objetivo precípuo elevar o valor nominal da moeda ao seu nível real*" (STJ, 3ª T., REsp 10428, Rel. Min. Waldemar Zveiter, julg. 9.12.1991, grifo nosso). Ainda sobre tal perspectiva: "Inventário. Colação. Falecimento antes da vigência do Código Civil de 2002. Aplicação do Código Civil de 1.916. Artigo 1.792 do Código Civil/16 e 1.014, parágrafo único, do Código de Processo Civil. Alienação do bem doado precedente ao passamento. Valor do bem correspondente ao da data da abertura da sucessão, mediante avaliação. Agravo de instrumento. Entendimento que pode levar a distorções, gerando enriquecimento sem causa. Valor que deve corresponder ao da alienação do bem,

Nesta direção, o critério do valor do bem na data de alienação revela o benefício econômico efetivamente obtido pelo donatário com o adiantamento de sua legítima, neutralizando eventuais oscilações de valor verificadas entre a data da liberalidade e o momento posterior de sua avaliação, quer por estimativa (data da alienação), quer por sua avaliação atual (abertura da sucessão). Prestigia-se, assim, a opção legislativa, já que o mesmo critério que pretende evitar que a oscilação dos valores entre a liberalidade e a abertura da sucessão possa beneficiar um herdeiro em detrimento do outro deverá impedir que a variação de valores entre as datas da liberalidade e da alienação possa prejudicar a igualdade entre as legítimas.

Fundamenta-se ainda tal raciocínio na proibição de enriquecimento sem causa, vedado pelo art. 884 do Código Civil.[27] Isto porque, no caso do bem que não se encontra na titularidade do beneficiário, caso tenha havido valorização do bem (já transferido onerosamente a terceiros) até a abertura da sucessão, e se considere o valor do momento da morte do doador, haveria enriquecimento sem causa dos herdeiros não beneficiados antecipadamente, já que aquele contemplado pela doação teria o dever de restituir ao monte valor superior à quantia auferida. Pelas mesmas razões, se houvesse diminuição do valor do bem, que não mais se encontra no patrimônio do donatário, no momento da abertura da sucessão, a atribuição na colação desse valor inferior prejudicaria os demais herdeiros não donatários, que receberiam, na colação, quantia menor daquela granjeada pelo herdeiro donatário.

O mesmo raciocínio, portanto, de que o Código Civil cogitou na hipótese de permanência do bem em poder do donatário até a abertura da sucessão, em que o valor do bem revela o benefício econômico atual, serve a justificar que a estimativa, na hipótese de o beneficiário não mais possuir o bem recebido, por tê-lo transferido onerosamente a terceiros, seja efetuada com base na data da alienação, e não na data da liberalidade, para que o risco de eventual oscilação de preço entre as datas da liberalidade e da alienação seja debelado. Afinal, a quantia recebida com a alienação revela o real proveito econômico obtido, cuja igualdade em face dos demais herdeiros a colação pretende preservar, e evita, adicionalmente, o descolamento entre o valor colacionado e o benefício econômico recebido antecipadamente por herdeiros, que propiciaria eventual enriquecimento sem causa de uns em detrimento de outros. Daí

---

corrigido monetariamente pelos índices oficiais na data da abertura da sucessão. [...] *Se a intenção da lei é igualar os quinhões hereditários, deve-se trazer à colação o valor do bem que efetivamente acresceu ao patrimônio do donatário*, sob pena de enriquecimento sem causa por parte dos demais herdeiros, ou mesmo do próprio donatário. Se o bem foi alienado antes da abertura da sucessão, *o valor a ser integrado ao inventário deve corresponder ao valor da alienação do bem devidamente corrigido na data da abertura da sucessão*, e não o do valor do bem avaliado na data da abertura da sucessão, sob pena de se impor ao donatário ônus – ou bônus – futuros, que nada lhe representou a título de acréscimo ou decréscimo patrimonial. Não se estará, assim, igualando, senão desigualando o valor dos quinhões hereditários" (TJPR, 12ª C.C., Ap. 415333-5, Rel. Des. José Cichocki Neto, julg. 5.11.2008, grifo nosso).

27. "Art. 884. Aquele que, sem justa causa, se enriquecer à custa de outrem, será obrigado a restituir o indevidamente auferido, feita a atualização dos valores monetários. Parágrafo único. Se o enriquecimento tiver por objeto coisa determinada, quem a recebeu é obrigado a restituí-la, e, se a coisa não mais subsistir, a restituição se fará pelo valor do bem na época em que foi exigido."

concluir-se que o critério de cálculo do valor do bem na data da alienação consiste no único capaz de concretizar, nesta hipótese, a finalidade da colação.[28]

3. NÃO INCIDÊNCIA DE JUROS MORATÓRIOS OU COMPENSATÓRIOS

O dever de colação aplica-se reciprocamente a todos os herdeiros que concorrem na mesma sucessão, conforme exposto. Em consequência, todos os herdeiros terão que trazer à partilha, com critérios idênticos, o valor de cada um dos bens ou quantias antecipadamente recebidos, para que o ajuste atenda aos objetivos legais e preserve a igualdade dos quinhões hereditários entre os herdeiros. Os valores colacionados deverão ser corrigidos monetariamente até a data da abertura da sucessão,[29] com vistas a atualizar o valor da moeda e impedir a sua corrosão pela inflação.[30]

---

28. Nesse sentido, cfr. interessante julgado do TJSP: "E assim o faço para reconhecer que o negócio jurídico de compra e venda do imóvel, como não contou com a aquiescência dos demais herdeiros e também por não haver prova suficiente de qualquer pagamento, deve ser entendido como negócio jurídico de doação, de forma que reconheço em favor dos autores a possibilidade de colação do valor do bem para corrigir a distorção relacionada à falta de igualdade da legítima dos descendentes. E como a doação realizada pelos ascendentes a descendente, mesmo sem a aquiescência dos demais descendentes, não seria ato anulável, mas apenas sujeita à colação, nos termos do disposto no artigo 2.002 e seguintes do Código Civil de 2002, reconheço em favor dos autores o direito ao recebimento do valor correspondente à quota parte que lhes caberia por força da herança. Em outras palavras, entendo que deva ser reconhecido o direito dos autores em receber valor correspondente àquele percentual do imóvel que naturalmente herdariam, caso não alienado de forma fraudulenta à corré SUZANA WIK CORNÉLIO e seu esposo, pelos genitores. *Para apuração do quantum devido a cada um dos herdeiros deverá ser considerado o valor da alienação do imóvel feita pelos donatários à FRATTA CONSTRUTORA E INCORPORADORA LTDA – (R$ 500.000,00).* [...] De forma a evitar prejuízo a terceiros, reconhece-se que a alienação assim realizada, sem aquiescência dos demais descendentes, e em especial neste caso, na qual não se demonstrou minimamente o pagamento do preço, ainda que vil, estabelecido para o negócio jurídico de compra e venda, caracterizar-se-ia verdadeira doação, a obrigar a colação. *RECONHEÇO AOS AUTORES o direito de receber dos réus, solidariamente, valor correspondente àquele percentual do valor do imóvel que naturalmente herdariam, tomando por base o valor da alienação efetuada pelos donatários à construtora* FRATA CONSTRUTORA E INCORPORADORA LTDA – (R$ 500.000,00)" (TJSP, 7ª Câm. de Dir. Priv., Reexame Necessário 40055755420138260554, Rel. Des. Luis Mario Galbetti, julg. 14.12.2016, grifo nosso).
29. Na jurisprudência: "Recurso Especial. Sucessão. Bens à colação. Valor dos bens doados. Aplicação da lei vigente à época da abertura da sucessão. Aplicação da regra do art. 2.004 do CC/2002. Valor atribuído no ato de liberalidade com correção monetária até a data da sucessão. Recurso Especial improvido" (STJ, 4ª T., REsp. 1166568, Rel. Des. Conv. Lázaro Guimarães, julg. 12.12.2017). V. tb. STJ, 3ª T., REsp. 3212, Rel. Min. Waldemar Zveiter, julg. 23.10.1990. Nos tribunais estaduais, cfr.: "Agravo de Instrumento. Inventário. Bens Trazidos à Colação. Fixação do Valor Considerado à Época da Liberalidade. Garantia da Igualdade Patrimonial entre os Herdeiros. Recurso Desprovido. Cabe ao intérprete determinar o sentido vigente da norma, considerando os fatos sociais envolvidos, os interesses que o legislador visa tutelar, as particularidades de cada caso e, sobretudo, a igualdade patrimonial entre os herdeiros. Tendo em vista as particularidades do caso concreto, onde a doação envolve cotas de empresas comerciais, *a única solução justa é a de exigir que a colação seja feita pelo valor atribuído ao tempo da liberalidade, com o acréscimo da correção monetária do período*" (TJSC, 1ª Câmara de Direito Civil, AI 20020034967, Rel. Des. José Volpato de Souza, julg. 20.8.2002, grifo nosso). E ainda: TJSP, 5ª Câmara de Direito Privado, AI 5719014700, Rel. Des. Oscarlino Moeller, julg. 20.8.2008; TJSP, 7ª Câmara de Direito Privado, AI. 2024357-20.2017.8.26.0000, Rel. Des. Rômolo Russo, julg. 23.8.2017.
30. Sobre a finalidade da correção monetária, cfr. a jurisprudência do Superior Tribunal de Justiça: "Sob essa ótica, a jurisprudência desta Corte, há muito, assenta o entendimento de que 'a correção monetária plena é mecanismo mediante o qual se empreende a recomposição da efetiva desvalorização da moeda, com o escopo de se preservar o poder aquisitivo original, sendo certo que independe de pedido expresso da parte

CONTROVÉRSIAS HERMENÊUTICAS SOBRE A COLAÇÃO **247**

A correção monetária funciona, então, como modo de preservar o valor da moeda, não incidindo, evidentemente, juros legais moratórios a que se refere o art. 406[31] do Código Civil,[32] cuja função associa-se ao agravamento da prestação do devedor pelo não cumprimento culposo de sua obrigação no modo, tempo e/ou lugar pactuados, ou seja, pela mora.[33] Aqui não se trata de descumprimento obrigacional, vez que não há qualquer dever (legal ou contratual) dos donatários perante os demais herdeiros que tenha sido descumprido. Discute-se, ao contrário, o dever legal (ainda inexigível) de colacionar os bens, que se deflagra apenas por ocasião da abertura da sucessão do doador, como forma de garantir a igualdade das legítimas dos herdeiros necessários, bem como o valor que será atribuído a esses bens.

---

interessada, não constituindo um *plus* que se acrescenta ao crédito, mas um *minus* que se evita' (REsp 1.112.524/DF, Rel. Ministro Luiz Fux, Corte Especial, julgado em 01.09.2010, *DJe* 30.09.2010)" (STJ, 4ª T., REsp 1340199, Rel. Min. Luis Felipe Salomão, julg. 10.10.2017). É ver-se: "A avaliação, nesse caso, é "retrospectiva", mas encontrado aquele valor, procede-se à sua atualização monetária, sem a qual será impossível compará-lo aos dos demais bens, avaliados no curso do inventário, e, em consequência, repartir igualitariamente o patrimônio hereditário" (PEREIRA, Caio Mário da Silva. *Instituições de Direito Civil*: Direito das Sucessões. v. VI. 21. ed. Rio de Janeiro: Forense, 2014. p. 386). Em comentários sobre o tema, Arnaldo Rizzardo: "Não se mostra coerente, e muito menos justa, a fixação do valor pelo momento do ato de liberalidade – art. 2.004 (art. 1792 do CC presente), ou da abertura da sucessão (parágrafo único do art. 1.014 do CPC), desacompanhada de correção monetária" (RIZZARDO, Arnaldo. *Direito das Sucessões*. 7. ed., Rio de Janeiro: Forense, 2013. p. 657).

31. "Art. 406. Quando os juros moratórios não forem convencionados, ou o forem sem taxa estipulada, ou quando provierem de determinação da lei, serão fixados segundo a taxa que estiver em vigor para a mora do pagamento de impostos devidos à Fazenda Nacional."

32. Sobre a natureza jurídica de juros moratórios referidos no art. 406, Código Civil: "Permite o Código Civil de 2002 que as partes convencionem a taxa dos juros moratórios. Se, porém, não houver convenção ou forem convencionados sem taxa estipulada, ou quando provierem de determinação da lei (juros legais), serão fixados segundo a taxa que estiver em vigor para a mora do pagamento de impostos devidos à Fazenda Nacional (art. 406 do Cód. Civil de 2002)" (MONTEIRO, Washington de Barros. *Curso de Direito Civil*: Direito das Obrigações – 1ª parte. v. IV. São Paulo: Saraiva, 2007. p. 334). Como registrado em outra sede: "Juros legais são aqueles estipulados pela lei em caráter supletivo à vontade das partes. Valem, em outras palavras, apenas se não houver convenção em sentido contrário ou se outra norma não os afastar. Assim, o art. 406 indica como taxa legal de juros moratórios, a prevalecer na ausência de convenção ou norma mais específica, a 'taxa que estiver em vigor para a mora do pagamento de impostos devidos à Fazenda Nacional'" (TEPEDINO, Gustavo *et al*. *Código civil comentado*: direito das obrigações. v. IV. São Paulo: Atlas, 2008. p. 382). Na jurisprudência: STJ, 3ª T., REsp. 1367932, Rel. Min. Paulo de Tarso Sanseverino, julg. 17.10.2013; STJ, 3ª T., REsp. 1279173, Rel. Min. Paulo de Tarso Sanseverino, julg. 4.4.2013; TJSC, AI 20100225816, 1ª Câmara de Direito Civil, Rel. Des. Joel Figueira Junior, julg. 19.4.2011; TJRJ, 11ª C.C., Ap. 00199200220048190038, Rel. Des. Luiz Eduardo Guimarães Rabello, julg. 16.8.2006.

33. Acerca da finalidade dos juros moratórios, sublinha a doutrina especializada: "Os juros moratórios, por sua vez, são aqueles devidos em decorrência da mora numa obrigação legal ou contratual. Os juros de mora tanto remuneram o credor pelo período adicional em que este fica privado do uso do capital, como se destinam a punir o devedor pelo atraso no cumprimento da obrigação" (FONSECA, Rodrigo Garcia da. Os juros à luz do Código Civil de 2002. *In*: TEPEDINO, Gustavo *et al*. *O direito e o tempo*, Rio de Janeiro: Renovar, 2008, p. 503). Já se pôde afirmar em outra sede: "De um lado, os juros de mora teriam por função, sob a ótica da responsabilidade civil, indenizar a vítima do descumprimento, privada, indevidamente, do capital de que poderia dispor. [...] De outra parte, alude-se ao aspecto punitivo dos juros de mora, associado à vedação ao enriquecimento sem causa. Assume-se, como premissa, que a disponibilidade do capital representa lucro, de modo que, se é alheio o capital, tal lucro deve ser revertido àquele que legitimamente deveria tê-lo auferido" (TEPEDINO, Gustavo; VIÉGAS, Francisco. Notas sobre o termo inicial dos juros de mora e o artigo 407 do Código Civil. *Scientia Iuris*. v. 21, n. 1, p. 59-60, mar. 2017).

Por maioria de razão não se poderia cogitar da incidência de juros compensatórios ou remuneratórios. Tais juros, que se destinam a compensar o credor pela privação do capital, apenas incidem na hipótese de terem sido convencionados pelas partes contratualmente, em razão do empréstimo do capital,[34] o que não ocorre na espécie. Cuida-se aqui de dever legal (não já contratual) de ajustes de valores dos bens recebidos por doação legalmente admitida, o qual incide apenas supervenientemente, na data do óbito do ascendente. Pode-se afirmar, ao propósito, que a cogitação de incidência de juros, de qualquer natureza, desvirtuaria o instituto da colação, gerando transferência patrimonial aos demais herdeiros em valor superior ao benefício recebido pelo donatário, a caracterizar, também nesta hipótese, enriquecimento sem causa (daqueles em desfavor deste), como tal vedado pelo art. 884 do Código Civil.

4. NOTAS CONCLUSIVAS

Doação realizada pelo ascendente ao descendente, ou por um cônjuge ao outro, antes da abertura da sucessão, impõe aos herdeiros donatários o dever de levar os bens recebidos à colação (arts. 544; 2.002 e ss., Código Civil). Contemporaneamente, há que se proceder a ajustes recíprocos entre todos os herdeiros que concorrem na mesma sucessão, trazendo-se à partilha, com critérios idênticos, o valor de cada um dos bens ou quantias antecipadamente recebidos, de modo a se preservar a igualdade dos quinhões hereditários entre os herdeiros.

Uma vez que os bens não mais integrem o patrimônio dos donatários, a colação há de se realizar por estimativa, tendo-se em conta o valor do bem no momento da sua alienação pelos donatários, corrigido monetariamente até a data da abertura da sucessão.

Tal critério mostra-se o único capaz de harmonizar os dispositivos do Código Civil e do Código de Processo Civil, sem presumir que o legislador ordinário pudesse, sucessivamente, contradizer-se quanto à data a ser levada em conta para o valor do bem a ser colacionado. A partir da interpretação sistemática e finalística dos arts. 2.003 e 2.004 do Código Civil e do art. 639 do Código de Processo Civil, na mesma esteira dos diplomas civil e processual civil anteriores, conclui-se que o legislador brasileiro pretende levar à colação o bem segundo o real benefício econômico anga-

---

34. É ver-se: "Surgem, dessa maneira, as duas espécies de juros: compensatórios e moratórios. Os primeiros são devidos como compensação pelo uso do capital de outrem, os segundos pela mora, pelo atraso, em sua devolução. *Os juros compensatórios são previstos no contrato. As partes os fixam, estabelecendo os limites de seu proveito, enquanto durar essa convenção.* Se os não fixarem, sua taxa será a que consta da lei, se convencionados. Assim, temos certo que os juros compensatórios resultam de uma utilização consentida de capital alheio. As partes, aqui, combinam os juros pelo prazo do contrato" (AZEVEDO, Álvaro Villaça. *Teoria geral das obrigações e responsabilidade civil.* São Paulo: Atlas, 2011. p. 202-203, grifo nosso). Cfr. ainda Paulo Luiz Netto Lôbo: "São compensatórios os devidos desde o início da dívida e moratórios os decorrentes do inadimplemento da obrigação. Os juros compensatórios ou remuneratórios, quando convencionados e não proibidos por lei, constituem rendimento de crédito que o credor tem contra o devedor, em qualquer relação jurídica obrigacional" (LÔBO, Paulo Luiz Netto. *Teoria geral das obrigações.* São Paulo: Saraiva, 2005. p. 290).

CONTROVÉRSIAS HERMENÊUTICAS SOBRE A COLAÇÃO **249**

riado pelos herdeiros donatários, que poderá ocorrer: I) na data da liberalidade (bens consumíveis; que foram transferidos a terceiros gratuitamente; ou que se deterioram por culpa do donatário); II) na abertura da sucessão (bens que permanecem com o donatário até a data do óbito do doador); ou III) na data da alienação onerosa a terceiros dos bens recebidos, hipótese em que tal momento traduzirá o efetivo benefício econômico auferido pelo donatário. Sobre tais valores não incidirão evidentemente juros de qualquer natureza, vez que desvirtuariam a natureza da liberalidade, restando ausentes os seus pressupostos fáticos de incidência.

5. REFERÊNCIAS

ASCENSÃO, José de Oliveira. *Direito Civil*: sucessões. 4. ed. Coimbra: Coimbra Editora, 1989.

AZEVEDO, Álvaro Villaça. *Teoria geral das obrigações e responsabilidade civil*. São Paulo: Atlas, 2011.

BUCAR, Daniel; TEIXEIRA, Daniele. A colação no Código de Processo Civil de 2015. *In*: EHRHARDT JÚNIOR, Marcos (coord.). *Impactos do novo CPC e do EPD no Direito Civil brasileiro*. Belo Horizonte: Fórum, 2016.

CARNEIRO, Paulo Cezar Pinheiro. *Comentários ao Código de Processo Civil*. v. IX. t. I. Rio de Janeiro: Forense, 2003.

COSTA, Anderson Rocha Luna da. A antecipação de herança aos descendentes e ao cônjuge: procedimento de colação e avaliação dos bens à luz do Código de Processo Civil de 2015. *Revista de Direito Privado*. v. 68, p. 165-179, agosto 2016.

FACHIN, Luiz Edson. Colação e doação em perspectiva sucessória. *In*: FACHIN, Luiz Edson. *Soluções práticas de direito*: Pareceres. São Paulo: Revista dos Tribunais, 2011, v. II.

FERNANDES, Mariana. *O instituto da colação e o momento de aferição do valor dos bens*. 2015. Monografia, Faculdade de Direito da Universidade de Brasília, Brasília. Disponível em: http://bdm.unb.br/bitstream/10483/16301/1/2015MarianaFernandes.pdf. Acesso em: 3 jan. 2017.

FONSECA, Rodrigo Garcia da. Os juros à luz do Código Civil de 2002. *In*: TEPEDINO, Gustavo *et al*. *O direito e o tempo*. Rio de Janeiro: Renovar, 2008.

FRANÇA, Rubens Limongi. Colação de bens doados. *Revista dos Tribunais*. a. 59, v. 415, maio 1970.

GOMES, Orlando. *Contratos*. 26. ed. Rio de Janeiro: Forense, 1997.

LÔBO, Paulo Luiz Netto. *Teoria geral das obrigações*. São Paulo: Saraiva, 2005.

LÔBO, Paulo Luiz Netto; AZEVEDO, Antônio Junqueira de (coord.). *Comentários ao Código Civil*: parte especial: das várias espécies de contratos. v. 6. São Paulo: Saraiva, 2003.

MARINONI, Luiz Guilherme; ARENHART, Sérgio Cruz; MITIDIERO, Daniel. *Novo curso de processo civil*. v. 3. São Paulo: Revista dos Tribunais, 2015.

MAXIMILIANO, Carlos. *Direito das Sucessões*. v. II. Rio de Janeiro: Freitas Bastos, 1937.

MEIRELES, Rose Melo Vencelau. Colação pelo valor do benefício: uma análise funcional. *In*: TEPEDINO, Gustavo; MENEZES, Joyceane Bezerra de (coord.). *Autonomia privada, liberdade existencial e direitos fundamentais*. Belo Horizonte: Fórum, 2019.

MONTEIRO, Washington de Barros. *Curso de Direito Civil*: direito das obrigações – 1ª parte. v. IV. São Paulo: Saraiva, 2007.

PEREIRA, Caio Mário da Silva. *Instituições de Direito Civil*: direito das sucessões. v. VI. 21. ed. Rio de Janeiro: Forense, 2014.

PEREIRA, Caio Mário da Silva. *Instituições de Direito Civil*: direito das sucessões. v. VI. Rio de Janeiro: Forense, 2016.

RAMOS, André Luiz Arnt; ALTHEIM, Roberto. Colação hereditária e legislação irresponsável: descaminhos da segurança jurídica no âmbito sucessório. *REDES – Revista Eletrônica Direito e Sociedade*, v. 6, p. 33-46, 2018.

RIZZARDO, Arnaldo. *Direito das Sucessões*. 7. ed. Rio de Janeiro: Forense, 2013.

RODRIGUES, Silvio. *Direito Civil*: Direito das Sucessões. v. 7. São Paulo: Saraiva, 2006.

ROSAS, Roberto. Colação – valor dos bens doados. *Revista dos Tribunais*. a. 67, v. 516, out. 1978.

TARTUCE, Flávio. *Direito civil*: direito das sucessões. 9. ed., Rio de Janeiro: Forense, 2016, v. 6.

TEIXEIRA, Ana Carolina Brochado; RETTORE, Anna Cristina de Carvalho. Divergências doutrinárias e jurisprudenciais no direito sucessório: a sucessão do cônjuge no regime da separação convencional de bens e a sua concorrência com descendentes nos casos de filiação híbrida. *Revista Brasileira de Direito Civil*. v. 5, jul./set. 2015.

TEPEDINO, Gustavo *et al*. *Código civil comentado*: Direito das Obrigações. v. IV. São Paulo: Atlas, 2008.

TEPEDINO, Gustavo *et al*. *Código Civil interpretado conforme a Constituição da República*. v. IV. Rio de Janeiro: Renovar, 2014.

TEPEDINO, Gustavo. Editorial. Solidariedade e autonomia na sucessão entre cônjuges e companheiros. *Revista Brasileira de Direito Civil – RBDCivil*. Belo Horizonte, v. 14, out./dez. 2017.

TEPEDINO, Gustavo. Colação: em busca de critérios sistemáticos entre o CC e o CPC. Editorial. *Revista Brasileira de Direito Civil – RBDCivil*. Belo Horizonte, v. 17, jul./set. 2018.

TEPEDINO, Gustavo. Diálogos entre fontes normativas na complexidade do ordenamento. Editorial. *Revista Brasileira de Direito Civil – RBDCivil*. Belo Horizonte, v. 5, jul./set. 2015.

TEPEDINO, Gustavo; NEVARES, Ana Luiza Maia; MEIRELES, Rose Melo Vencelau. *Fundamentos do direito civil*. Direito das Sucessões. v. 7. Rio de Janeiro: Forense, 2020.

TEPEDINO, Gustavo; VIÉGAS, Francisco. Notas sobre o termo inicial dos juros de mora e o artigo 407 do Código Civil. *Scientia Iuris*, v. 21, n. 1, p. 59-60, mar. 2017.

THEODORO JÚNIOR, Humberto. *Curso de Direito Processual Civil*. v. II. Rio de Janeiro: Forense, 2017.

VELOSO, Zeno; AZEVEDO, Antônio Junqueira de (coord.). *Comentários ao Código Civil*: parte especial: do direito das sucessões. v. 21. São Paulo: Saraiva, 2003.

CRITÉRIOS DIFERENCIADORES DA DOAÇÃO E PARTILHA EM VIDA

Conrado Paulino da Rosa

Advogado especializado em Direito de Família e Sucessões. Pós-doutor em Direito pela UFSC. Doutor em Serviço Social pela PUC-RS. Mestre em Direito pela UNISC, com a defesa realizada na Università Degli Studi di Napoli Federico II, em Nápoles, Itália. Professor da graduação e do mestrado em Direito da Fundação Escola Superior do Ministério Público (FMP/RS). Coordenador da pós-graduação *lato sensu* em Família e Sucessões EAD e presencial na FMP/RS. Presidente da Comissão Especial de Direito de Família e Sucessões da OAB/RS (triênio 2019/2021). Membro da Diretoria Executiva do Instituto Brasileiro de Direito de Família (IBDFAM/RS). Autor de livros sobre Direito de Família, Sucessões e Mediação Familiar.

Fernanda Rosa Coelho

Advogada. Mestranda em Direito Processual pela Universidade de São Paulo (USP). Pós-graduada em Direito de Família e Sucessões pela Fundação Escola Superior do Ministério Público (FMP/RS). Graduada pela FMP. Pesquisadora do Grupo de Estudos Família, Sucessões, Criança e Adolescente e Direitos Transindividuais, coordenado pelo Prof. Dr. Conrado Paulino da Rosa, vinculado ao PPGD/FMP.

Sumário: 1. Introdução – 2. Noções preliminares e limitações ao planejamento sucessório; 2.1 Reserva da legítima; 2.2 Proibição do pacto sucessório (*pacta corvina*) – 3. Doação; 3.1 Restrições legais à doação; 3.2 Possibilidades de doação; 3.3 Doação para ascendente, descendente e cônjuge – 4. Partilha em vida – 5. Diferença entre a partilha em vida e a doação – 6. Conclusão – 7. Referências.

1. INTRODUÇÃO

Não é novidade a ninguém, sobretudo aos operadores do Direito, a morosidade que assola o Poder Judiciário desde há muito. Em se tratando de Direito Sucessório, a demora na tramitação e conclusão dos inventários judiciais são latentes. Não por acaso um dos processos mais longos da história do Brasil foi justamente um inventário: o inventário do Comendador Domingos Faustino Correa, que faleceu em 1873, tendo a ação tramitado por cerca de 107 anos.[1] Em tempo de tramitação esse inventário talvez perca apenas para a disputa judicial acerca da posse do Palácio da Guanabara, ajuizada em 1895 por Isabel de Orleans e Bragança (Princesa Isabel) que

---

1. O inventário do Comendador Domingos Faustino Correa conta com mais de 2,4 mil volumes de documentos acondicionados em 520 caixas acomodadas em 13 estantes, que chegavam a encher uma sala inteira do Foro de Rio Grande. Atualmente os arquivos históricos do processo encontram-se no Centro de Documentação Histórica da Fundação Universidade Federal do Rio Grande (Furg.). Cf. ANOREG. *Inventário mais longo do país agora é material de pesquisa*. Disponível em: https://www.anoreg.org.br/site/2006/06/06/imported_6430/. Acesso em: 19 set. 2020.

teve seu término recentemente com o julgamento pelo Supremo Tribunal Federal, tramitando por 125 anos.[2]

Muito além das questões imensamente debatidas acerca da gestão de processos pelo Poder Judiciário, que foge ao tema desse artigo, nos inventários judiciais muitas vezes o grande motivador da sua exaustiva demora é o litígio entre os herdeiros. Na maioria dos casos, inclusive, parece haver uma lógica simples, quase matemática: quanto maior o patrimônio inventariado, maior a briga por ele e, assim, maior o tempo de tramitação do processo.

Pensando nessa situação (ou complicação, melhor dizendo) pode-se fazer uso de alguns instrumentos legais com a finalidade de organizar a sucessão dos bens e direitos em momento anterior ao falecimento, mitigando a possibilidade de litígios e ainda atendendo, tanto quanto possível, a vontade da pessoa mesmo após sua morte. Tem-se, aqui, o chamado planejamento sucessório. É normal, no entanto, que haja muitas dúvidas acerca da melhor maneira de se realizar o planejamento sucessório, sobretudo no que tange às diferenças entre os instrumentos disponíveis para exercer tal função.

Nesse contexto, o presente artigo tem como objetivo analisar dois desses instrumentos de planejamento sucessório, quais sejam, a doação e a partilha em vida, traçando as características e distinções entre si. Para isso, *ab initio*, são apontadas algumas linhas iniciais e preliminares acerca do planejamento sucessório e suas limitações, notadamente no que diz respeito à reserva da legitima e à proibição do pacto sucessório, o chamado *pacta corvina*. Ato contínuo, examina-se a doação e seu regramento no ordenamento jurídico pátrio, suas restrições e possibilidades, bem como os efeitos da doação praticada em favor de ascendente, descendente ou cônjuge. Logo após, passa-se ao estudo da partilha em vida e do debate doutrinário que ronda a sua aplicação e efetividade na prática forense. Por fim, verifica-se quais as principais diferenças entre os institutos em questão, a partir das análises realizadas, apoiada também no entendimento jurisprudencial sobre o tema.

2. NOÇÕES PRELIMINARES E LIMITAÇÕES AO PLANEJAMENTO SUCESSÓRIO

A morte certamente não é um dos temas mais populares entre nós, "o brasileiro não gosta, em princípio, de falar a respeito da morte, e sua circunstância é ainda bastante mistificada e resguardada, como se isso servisse para 'afastar maus fluidos e más agruras'".[3] No entanto, para além das perdas afetivas e sentimentais que envolvem a

---

2. CONJUR. *Supremo coloca fim a processo de 125 anos, iniciado pela Princesa Isabel.* Disponível em: https://www.conjur.com.br/2020-set-02/stf-poe-fim-processo-125-anos-iniciado-princesa-isabel. Acesso em: 19 set. 2020.
3. CAHALI, Francisco José; HIRONAKA, Giselda Maria Fernandes Novaes. *Direito das Sucessões.* 3. ed. São Paulo: Revista do Tribunais, 2007. p. 215. Complementam, os autores: "Assim, por exemplo, não se encontra arraigado em nossos costumes o hábito de adquirir, por antecipação, o lugar destinado ao nosso túmulo

morte de um familiar, "não se olvide que o processo sucessório implica em desgastes temporais, financeiros e emocionais, gerando, não raro, desavenças e conflitos entre os herdeiros e a deterioração ou mesmo o perecimento do patrimônio transmitido, ou de parte dele".[4]

Buscando minimizar esses possíveis conflitos entre familiares e proteger o patrimônio que será transmitido pela via sucessória é que se encontra o chamado planejamento sucessório.

O planejamento sucessório pode ser considerado um "conjunto de medidas empreendidas para organizar a sucessão hereditária de bens e direitos previamente ao falecimento de seu titular."[5] Trata-se de uma

> [...] providência preventiva, permitindo ao titular de um patrimônio definir, ainda vivo, o modo como deve se concretizar a transmissão dos bens aos sucessores, [...] com vistas a precaver conflitos, cujos reflexos deletérios podem ocasionar, até mesmo, a perda ou deterioração de bens e de pessoas jurídicas.[6]

O que busca, precipuamente, o planejamento sucessório, é evitar conflitos, assegurar que o desejo da pessoa seja executado após o seu falecimento, garantir a continuidade de empresas e negócios, permitir uma melhor distribuição da herança entre os sucessores, além de buscar formas de gestão e de transmissão do patrimônio que tenham a menor carga tributária possível[7]. Conforme assevera Moacir César Pena Júnior,

> [...] faz muito mais sentido discutir abertamente com todos os interessados no assunto e, assim, por meio de um planejamento bem elaborado, com regras apropriadas, [...] garantir, em caso de falecimento, não só a sobrevivência do patrimônio, como da própria família, na pessoa dos sucessores.[8]

Existem diversos instrumentos aptos a estruturar o planejamento sucessório, que podem ser utilizados tanto de maneira individual quanto conjunta, comungando o uso de mais de um instrumento para contemplar a vontade dos interessados. Ressalta-se no ordenamento jurídico a possibilidade da elaboração de um testamento, a celebração de doações em vida, a efetivação de uma partilha em vida e até mesmo a criação de empresas gestoras dos bens familiares, a chamada *holding* patrimonial familiar.

---

ou sepultura, bem como não temos, de modo mais amplamente difundido, o hábito de contratar seguro de vida, assim como não praticamos, em escala significativa, a doação de órgãos para serem utilizados após a morte. Parece que essas atitudes, no dito popular, 'atraem o azar'".

4. FARIAS, Cristiano Chaves de; ROSENVALD, Nelson. *Curso de Direito Civil*: sucessões. 4.ed. Salvador: Juspodivm, 2018. p. 85.
5. NEVARES, Ana Luiza Maia; MEIRELES, Rose Melo Vencelau; TEPEDINO, Gustavo. *Direito das Sucessões*. Rio de Janeiro: Forense, 2020. p. 273.
6. FARIAS, Cristiano Chaves de; ROSENVALD, Nelson. *Curso de Direito Civil*: sucessões. 4. ed. Salvador: Juspodivm, 2018. p. 86.
7. NEVARES, Ana Luiza Maia; MEIRELES, Rose Melo Vencelau; TEPEDINO, Gustavo. *Direito das Sucessões*. Rio de Janeiro: Forense, 2020. p. 273.
8. PENA JÚNIOR, Moacir César. *Curso completo de Direito das Sucessões*. São Paulo: Método, 2009. p. 21.

A liberdade de planejamento sucessório, porém, não é irrestrita. Vale dizer, há limites legais que devem ser respeitados. No Brasil, são dois os principais limitadores do livre planejamento sucessório: a reserva da legítima aos herdeiros necessários e a proibição aos pactos de herança de pessoa vida (*pacta corvina*).

2.1 Reserva da legítima

A presença de herdeiros necessários, expressos no artigo 1.845 do Código Civil, quais sejam, descendentes, ascendentes e cônjuge, importa em restrição à autonomia do disponente, uma vez que metade dos bens da herança lhes serão reservados. Essa reserva é chamada de legítima. Assim, alguém nessa estrutura poderá dispor de 50% de seus bens em testamento – sendo chamada essa parcela como parte disponível – e, por sua vez, o restante do patrimônio (legítima) será dividido pelos herdeiros necessários, os quais serão chamados de acordo com a ordem de vocação hereditária prevista no artigo 1.829 do Código Civil.

A reserva hereditária não é conhecida no direito anglo-saxão (Inglaterra, Estados Unidos), que, segundo Zeno Veloso, num individualismo exacerbado, confere liberdade praticamente absoluta para que um indivíduo disponha de seus bens para depois da morte. Nos países de raiz latina, porém, a liberdade de testar é limitada e tem de observar o instituto da legitima, sendo uma figura construída com base em regras jurídicas, éticas, morais, econômicas, considerando sobretudo a necessidade de preservar e defender os interesses da família.[9]

Essa limitação tem reflexos no contrato de doação, já que o sistema proíbe a chamada doação inoficiosa, ou seja, aquela que excede o que o doador poderia dispor por testamento (artigo 549 do Código Civil[10]). A limitação da autonomia testamentária reflete sobre a autonomia de doar para se evitar que, por doação, se atinja o fim vedado de se obter por testamento.[11]

Alerta Daniele Chaves Teixeira que o instituto da legítima nasceu para garantir a propriedade e para manter o patrimônio na família, especificamente na linha reta masculina, pois a mulher, até bem pouco tempo, não podia sequer administrar bens particulares.[12] No Brasil, adota-se o sistema de legítima fixa, por meio da limitação de metade do patrimônio líquido do autor da herança no momento da abertura da sucessão. Ainda, a legítima dos herdeiros necessários jamais poderá ser afetada por

---

9. VELOSO, Zeno. *Direito hereditário do cônjuge e do companheiro*. São Paulo: Saraiva, 2010. p. 26.
10. Art. 549 do Código Civil: Nula é também a doação quanto à parte que exceder à de que o doador, no momento da liberalidade, poderia dispor em testamento.
11. SIMÃO, José Fernando. É possível converter os bens da legítima em dinheiro? *In*: PEREIRA, Rodrigo da Cunha; DIAS, Maria Berenice (coord.). *Famílias e sucessões*: polêmicas, tendências e inovações. Belo Horizonte: IBDFAM, 2018. p. 487.
12. TEIXEIRA, Daniele Chaves. *Planejamento sucessório*: pressupostos e limites. 2. ed. Belo Horizonte: Fórum, 2019. p. 89.

disposição testamentária[13] e, havendo excesso por parte do disponente, será realizada a redução das disposições testamentárias até o limite possível.[14]

A reserva da legítima como posta atualmente tem simpatia de muitos que, entre outros argumentos, entendem que outorgar ao indivíduo plena liberdade de testar seria conferir preeminência ao elemento individual, em detrimento do social, podendo prevalecer em alguns casos o abuso de direito.[15] Em nosso entendimento, a legítima importa em restrição à autonomia privada, vetando que alguém lhe possa escolher livremente a disposição de um patrimônio que lhe é seu, sendo injusto presumir laços afetivos puramente baseados em vínculos parentais ou relacionais.[16]

Desse modo, a presunção absoluta de afeto que fundamenta a legítima com base no vínculo de parentesco mostra-se excessivamente abstrata, pois deixa de contemplar circunstâncias concretas que podem exigir maior ou menor proteção patrimonial dos membros da família, como a existência de fator de vulnerabilidade ou a independência financeira, respectivamente. Nesses casos, a liberdade de testar poderia instrumentalizar a igualdade material dos herdeiros do *de cujus*, na medida em que corrigiria distorções decorrentes da igualdade formal com que são tratados os herdeiros legítimos abstratamente pela lei.[17]

Importa atentar, porém, que "dita flexibilização só será possível de *lege ferenda*, não havendo espaço para interpretar a lei no sentido de uma mitigação da reserva dos herdeiros necessários, pelo seu caráter cogente."[18]

2.2 Proibição do pacto sucessório (*pacta corvina*)

O artigo 426 do Código Civil é claro ao determinar que "não pode ser objeto de contrato herança de pessoa viva". Trata-se da proibição do *pacta corvina*, o pacto sucessório. Isso porque até a morte do autor da herança os sucessores só possuem

---

13. Artigo 1.857 do Código Civil: Toda pessoa capaz pode dispor, por testamento, da totalidade dos seus bens, ou de parte deles, para depois de sua morte. § 1º A legítima dos herdeiros necessários não poderá ser incluída no testamento.

14. Art. 1.967 do Código Civil: As disposições que excederem a parte disponível reduzir-se-ão aos limites dela, de conformidade com o disposto nos parágrafos seguintes. § 1º Em se verificando excederem as disposições testamentárias a porção disponível, serão proporcionalmente reduzidas as quotas do herdeiro ou herdeiros instituídos, até onde baste, e, não bastando, também os legados, na proporção do seu valor. § 2º Se o testador, prevenindo o caso, dispuser que se inteirem, de preferência, certos herdeiros e legatários, a redução far-se-á nos outros quinhões ou legados, observando-se a seu respeito a ordem estabelecida no parágrafo antecedente.

15. MALUF, Carlos Alberto Dabus; MALUF, Adriana Caldas do Rego Farias Dabus. *Curso de Direito das Sucessões*. São Paulo: Saraiva, 2013. p. 76.

16. ROSA, Conrado Paulino da; RODRIGUES, Marco Antonio. *Inventário e partilha*. Salvador: Juspodivm, 2020. p. 223.

17. TEIXEIRA, Daniele Chaves; COLOMBO, Maice Barboza dos Santos. Faz sentido a permanência do princípio da intangibilidade da legítima no ordenamento jurídico brasileiro? In: TEIXEIRA, Daniela Chaves (coord.). *Arquitetura do planejamento sucessório*. Belo Horizonte: Fórum, 2019. p. 137.

18. NEVARES, Ana Luiza Maia; MEIRELES, Rose Melo Vencelau; TEPEDINO, Gustavo. *Direito das Sucessões*. Rio de Janeiro: Forense, 2020. p. 274.

expectativa de direito, não podendo, portanto, dispor ou fazer planos referente aos bens que poderão ser alvo de herança futura.

Doutrinariamente, pode-se classificar os pactos sucessórios em três espécies conforme sua natureza: I) *renunciativos*, quando se renuncia a uma sucessão ainda não aberta; II) *designativos*, quando são celebrados para regular a sucessão do próprio pactuante; e III) *dispositivos,* através dos quais se dispõe de um eventual direito à herança, sendo todos eles proibidos no Brasil por força do art. 426 do Código Civil.[19]

Não obstante, hodiernamente existem vozes importantes defendendo a relativização dessa normativa entre cônjuges e companheiros. Nessa linha, Mário Delgado defende que nada impede, em regra, a renúncia dos direitos concedidos por lei, salvo se contrariar a ordem pública ou se for em prejuízo de terceiro, o que não ocorre na específica hipótese do direito à concorrência sucessória do cônjuge ou companheiro, que não se confunde com a hipótese de ser chamado sozinho à sucessão, como herdeiro único e universal. Assim, entende validamente renunciável o direito concorrencial na hipótese em que o cônjuge é chamado a suceder em conjunto com descendentes ou ascendentes, porque não viola o princípio da intangibilidade da legítima.[20]

Rolf Madaleno, indo além, entende ser permitido o *pacto sucessório positivo* em que o cônjuge institui seu parceiro como sucessor e, também, o *pacto sucessório negativo* ou *de renúncia,* afastando essa condição. Para o doutrinador, tal postura em "nada afeta a vedação do artigo 426 do Código Civil a despeito do *pacto de corvina*, haja vista que a renúncia hereditária por antecipação não abarca qualquer gesto abjeto de cobiça e expectativa pela morte do titular dos bens", em razão de que "a sua prévia abdicação não traz nenhum benefício ao herdeiro renunciante".[21]

Em nosso sentir, ausente alteração legislativa, não se mostra juridicamente possível a renúncia antecipada de direitos hereditários, pelo menos em relação aos cônjuges. Isso porque, de forma bastante clara, nosso ordenamento jurídico elevou o cônjuge supérstite ao status de herdeiro necessário, sendo imperiosa a reserva da legítima em seu favor. Dessa forma, não se trata de direito disponível passível de renúncia entre os cônjuges.[22]

Entretanto, em se tratando de uniões estáveis, considerando a natureza jurídica diferenciada, comungamos ser possível o afastamento da herança. Esse posicionamento se justifica sob a nossa ótica de que a decisão do Recurso Extraordinário n. 878.694 no qual o Supremo Tribunal Federal decidiu, por maioria, "reconhecer

---

19. NEVARES, Ana Luiza Maia; MEIRELES, Rose Melo Vencelau; TEPEDINO, Gustavo. *Direito das Sucessões*. Rio de Janeiro: Forense, 2020. p. 274.

20. DELAGADO, Mário Luiz. Posso renunciar à herança em pacto antenupcial? *Revista IBDFAM:* famílias e sucessões. Belo Horizonte: IBDFAM, v. 31, p. 18-19, jan./fev., 2019.

21. MADALENO, Rolf. Renúncia de herança no pacto antenupcial. *In:* PEREIRA, Rodrigo da Cunha; DIAS, Maria Berenice (coord.) *Famílias e sucessões:* polêmicas, tendências e inovações. Belo Horizonte: IBDFAM, 2018. p. 90.

22. ROSA, Conrado Paulino da; RODRIGUES, Marco Antonio. *Inventário e partilha*. Salvador: Juspodivm, 2020. p. 127-128.

de forma incidental a inconstitucionalidade do artigo 1.790 do Código Civil/2002 e declarar o direito da recorrente a participar da herança de seu companheiro em conformidade com o regime jurídico estabelecido no artigo 1.829 do Código Civil de 2002", não elencou companheiro ao status de herdeiro necessário. Nessa toada, assim como por qualquer documento escrito – na dicção do artigo 1.725 do Código Civil – os companheiros podem eleger o regime de bens, pela mesma via ou por testamento, poderão os integrantes de relações convivenciais afastar a participação sucessória do convivente supérstite.[23]

Percebe-se, feita essa análise, que embora sejam protagonistas de grande debate doutrinário atualmente, e ao nosso sentir merecem uma revisão legislativa, em atenção sobretudo à autonomia privada, as restrições examinadas ainda se mantém nosso ordenamento jurídico, e, portanto, devem ser obedecidas. Assim, a análise dos instrumentos de planejamento sucessório a seguir atenta para os limites estabelecidos pela reserva da legítima e a proibição do pacto sucessório.

3. DOAÇÃO

A doação é tratada no Código Civil, especificamente no seu Capítulo IV, compreendendo os artigos 538 ao 564. O conceito legal de doação pode ser extraído do artigo 538 do Código Civil como "o contrato em que uma pessoa, por liberalidade, transfere do seu patrimônio bens ou vantagens para o de outra". A doação é, portanto, "ato de *disposição gratuita da coisa*, decorrente do exercício do direito de propriedade. Destarte, é uma *liberalidade*, praticada pelo titular ainda em vida".[24]

Destaca-se os elementos caracterizadores da doação, quais sejam, I) o *animes donandi* (intenção do doador de praticar liberalidade); II) a transferência de bens ou vantagens em favor do donatário; e III) a aceitação de quem recebe (que não precisa, necessariamente, ser expressa).[25]

Pode-se dizer que "embora gratuito, em geral, é um contrato de adesão, uma vez que, ao donatário, somente cabe anuir ou não à liberalidade do doador, não podendo discutir os seus termos."[26]

Sob esse prisma, a doação pode ser um mecanismo eficaz para antecipação da transmissão de seus bens para os sucessores ou para terceiros que legalmente não seriam beneficiados pela abertura da sucessão do doador, sendo imperioso, no entanto, a atenção às suas características e limitações legais.

---

23. ROSA, Conrado Paulino da; RODRIGUES, Marco Antonio. *Inventário e partilha*. Salvador: Juspodivm, 2020. p. 128.
24. FARIAS, Cristiano Chaves de; ROSENVALD, Nelson. *Curso de Direito Civil*: contratos. 3. ed. Salvador: Juspodivm, 2013. p. 700.
25. FARIAS, Cristiano Chaves de; ROSENVALD, Nelson. *Curso de Direito Civil*: contratos. 3. ed. Salvador: Juspodivm, 2013. p. 703.
26. GAGLIANO, Pablo Stolze; PAMPLONA FILHO, Rodolfo. *Manual de Direito Civil*. 3. ed. São Paulo: Saraiva, 2019. p. 598.

3.1 Restrições legais à doação

Como já mencionado, a reserva da legítima impacta diretamente a liberdade de doação. O artigo 549 do Código Civil[27] traz a proibição da chamada doação inoficiosa, tida por aquela que excede o valor que o doador poderia dispor em testamento no momento da liberalidade. A limitação da autonomia testamentária reflete sobre a autonomia de doar para se evitar que, por doação, se atinja o fim vedado de se obter por testamento.[28] Nas palavras de Cristiano Chaves de Farias e Nelson Rosenvald

> Em sendo assim, o fundamento da *vedação à doação inoficiosa* é a proteção da legítima, explicitando um verdadeiro encontro entre a autonomia privada e a solidariedade familiar: a autonomia privada é explicitada pela possibilidade de o doador determinar, livremente, o destino da metade disponível do seu patrimônio; já a solidariedade familiar se concretiza pela garantia de uma preservação mínima de patrimônio para os componentes do núcleo familiar, visando ao bem comum.[29]

A caracterização da nulidade depende da concorrência de dois diferentes elementos: I) existência de herdeiros necessários; II) doação ultrapassando o limite disponível.[30]

Exemplificando: supondo que o sujeito A tem patrimônio total avaliado em R$ 100.000,00 e possui dois filhos (B e C), pode ele doar seu patrimônio no limite de R$ 50.000,00 para um terceiro sem qualquer constrangimento legal. No entanto, se a doação for de R$ 60.000,00, por exemplo, o valor excedente ao disponível (R$ 10.000,00, no exemplo exposto) será considerado nulo em razão da disciplina do art. 549 do Código Civil.

A partir do exemplo, nota-se outra peculiaridade em relação à doação inoficiosa: trata-se de uma nulidade parcial, que incide apenas no que exceder a legítima, permanecendo válida no que se refere à parte disponível do patrimônio do doador.

Nota importante a se fazer é o momento em que se analisa o excesso na doação. Tal cálculo deve ser realizado considerando o patrimônio do doador no momento da doação, de maneira que "eventuais variações patrimoniais para mais ou para menos, posteriores à liberalidade, não validam o que é inválido ou invalidam o válido. Fundamental é a aferição do valor do patrimônio contemporâneo a cada ato dispositivo."[31]

---

27. Art. 549 do Código Civil: Nula é também a doação quanto à parte que exceder à de que o doador, no momento da liberalidade, poderia dispor em testamento.
28. SIMÃO, José Fernando. É possível converter os bens da legítima em dinheiro? *In:* PEREIRA, Rodrigo da Cunha; DIAS, Maria Berenice. (coord.). *Famílias e sucessões:* polêmicas, tendências e inovações. Belo Horizonte: IBDFAM, 2018. p. 487.
29. FARIAS, Cristiano Chaves de; ROSENVALD, Nelson. *Curso de Direito Civil:* sucessões. 4. ed. Salvador: Juspodivm, 2018. p. 71.
30. FARIAS, Cristiano Chaves de; ROSENVALD, Nelson. *Curso de Direito Civil:* contratos. 3. ed. Salvador: Juspodivm, 2013. p. 724.
31. FARIAS, Cristiano Chaves de; ROSENVALD, Nelson. *Curso de Direito Civil:* sucessões. 4. ed. Salvador: Juspodivm, 2018. p. 71.

Outra restrição legal, expressa no artigo 548 do Código Civil, é a proibição da doação universal, ou seja, na dicção legal, "é nula a doação de todos os bens sem reserva de parte, ou renda suficiente para a subsistência do doador".

O fundamento para essa limitação, diferente do que ocorre com a doação inoficiosa, é a proteção do próprio doador, no sentido de que garantindo-lhe um patrimônio mínimo, garante-se também a manutenção da sua dignidade. A regra, sob essa ótica, tem o "propósito direto de proteger o doador, não permitindo que, por sua leviandade ou imprevidência, caia em penúria."[32]

Sem dúvida, a norma possui um forte conteúdo ético, pois impede que o doador seja privado do mínimo existencial,[33] ficando desprovido de mínimo patrimonial o qual possa extrair rendas ou alimentos imprescindíveis à sua sobrevivência.[34]

Por fim, olhando o instituto como instrumento de planejamento sucessório, o artigo 550 do Código Civil proíbe a doação em favor da concubina. Trata-se de disposição legal excessivamente moralista e preconceituosa, explicitando uma exacerbada preocupação com o adultério e ignorando as novas formas de composição de núcleos familiares baseados no afeto.[35] Proíbe-se uma pessoa casada de dispor, gratuitamente, de seu patrimônio em favor do concubino ou sua concubina. Com isso, o sistema acaba promovendo uma *interdição parcial* de uma pessoa plenamente capaz, pois retira do titular o direito de livre dispor de seu patrimônio, como se fosse incapaz para tanto[36]. Seguindo a mesma lógica, é vedada a lavratura de testamento em favor do concubino do testador casado (artigo 1.801, inciso III, do Código Civil).

---

32. RODRIGUES, Silvio. *Direito Civil:* dos contratos e das declarações unilaterais de vontade. 28. ed. São Paulo: Saraiva, 2002. p. 204.
33. Para Ingo Wolfgang Sarlet, é importante diferenciar o mínimo existencial do mínimo vital. Este último relaciona-se com garantia de existência física do indivíduo, corolário de seu direito à vida, ao passo que o mínimo existencial é mais abrangente, porquanto também assegura um padrão de inclusão social, cultural e político mínimo (decorrente do Estado Social). O conteúdo do mínimo existencial deve permanecer em aberto, especialmente tendo em vista sua correlação com necessidades sociais concretas de uma determinada época e de uma comunidade específica. (SARLET, Ingo Wolfgang. Estado socioambiental e mínimo existencial (ecológico) algumas aproximações. *In:* SARLET, Ingo Wolfgang (org.). *Estado socioambiental e direito fundamentais.* Porto Alegre: Livraria do Advogado, 2010. p. 251).
34. FARIAS, Cristiano Chaves de; ROSENVALD, Nelson. *Curso de Direito Civil:* contratos. 3. ed. Salvador: Juspodivm, 2013. p. 723.
35. Diante do dever de proteção do Estado, não é conferida a possibilidade de o Estado-Juiz simplesmente ignorar os direitos que decorrem da família simultânea, pois inexiste mandamento legal que a equipare a um caso de bigamia ou a qualquer outra situação que proíba o reconhecimento dos seus efeitos, ainda que isso implique "repartir" direitos entre ambas as famílias e seus componentes. (FERRARINI, Letícia. *Famílias simultâneas e seus efeitos jurídicos:* pedaços da realidade em busca da dignidade. Porto Alegre: Livraria do Advogado, 2010. p. 135). Na mesma esteira, o Enunciado n. 04 do Instituto Brasileiro de Direito de Família – IBDFAM, aprovado durante a realização do IX Congresso Brasileiro de Direito de Família, no ano de 2013, na cidade de Araxá, interior de Minas Gerais: "A constituição de entidade familiar paralela pode gerar efeito jurídico".
36. FARIAS, Cristiano Chaves de; ROSENVALD, Nelson. *Curso de Direito Civil:* sucessões. 4. ed. Salvador: Juspodivm, 2018, p. 147.

3.2 Possibilidades de doação

A doação pode ser pura e simples, explicitando a mera liberalidade do doador no momento da disposição, mas ela também pode trazer alguma condição, termo ou encargo para que perfectibilize seus efeitos. A condição é atrelada a um evento futuro e incerto ao passo que o termo remete a um evento futuro e certo. Em ambas situações a doação apenas se perfectibilizará quando (e se) ocorrer o evento indicado pelo doador. Já o encargo traz um ônus a ser cumprido para a produção plena de efeitos da doação. A inexecução do encargo é causa de revogação da doação (art. 555, Código Civil[37]).

Além disso, uma medida interessante nas doações baseadas no planejamento sucessório é a reserva do usufruto do bem ao doador. Desta forma, o disponente pode conciliar a antecipação da transferência de bens e a manutenção do uso e fruição do bem, mantendo consigo, também, o aproveitamento econômico do patrimônio.

Indo além e atento a possibilidade de morte não apenas do doador, mas também do donatário, o artigo 547 do Código Civil[38] permite que seja estipulado o retorno dos bens doados ao patrimônio do doador em caso de falecimento do donatário. É a chamada cláusula de reversão. Importante, nesse aspecto, atentar para vedação do parágrafo único do mesmo artigo que proíbe a reversão em favor de terceiro.

3.3 Doação para ascendente, descendente e cônjuge

É muito comum, em se tratando de planejamento sucessório, que os beneficiários dessas doações sejam os descendentes, ascendentes ou cônjuge do doador. No entanto, a doação realizada nesses moldes ganha um contorno diferente e passa a ser considerada como adiantamento da herança (artigo 544 do Código Civil[39]).

Isso faz toda a diferença com o falecimento do doador.

Com a abertura da sucessão do doador, aqueles que tiverem sido beneficiados com o adiantamento da herança devem trazê-los à colação (artigo 2.002 a 2.012 do Código Civil), a fim de igualar as legítimas, sob pena de sonegação.[40] A colação é

---

37. Art. 555 do Código Civil: A doação pode ser revogada por ingratidão do donatário, ou por inexecução do encargo.
38. Art. 547 do Código Civil: O doador pode estipular que os bens doados voltem ao seu patrimônio, se sobreviver ao donatário. Parágrafo único. Não prevalece cláusula de reversão em favor de terceiro.
39. Art. 544 do Código Civil: A doação de ascendentes a descendentes, ou de um cônjuge a outro, importa adiantamento do que lhes cabe por herança.
40. A sonegação de bens pelo inventariante ou pelo herdeiro é conduta grave, pois desrespeita a finalidade do inventário de coleta do patrimônio do falecido, de modo a pagar as dívidas e distribuir o monte partível aos herdeiros. Caso seja constatada a sonegação, a consequência jurídica para aquele que sonegou é a perda do direito que lhe cabia sobre o bem sonegado, consoante prevê o artigo 1.992 do Código Civil, e sendo o sonegador o inventariante, também será removido de tal função, conforme estabelece o artigo 1.993 do diploma civil. No entanto, para que seja aplicada a pena de sonegados do artigo 1.992, o artigo 1.994 do Código Civil impõe que seja decorrente de ação própria – a ação de sonegados –, que é da legitimidade ativa dos herdeiros ou dos credores da herança, e que terá prazo prescricional de 10 anos, por força do artigo 205 do Código Civil. É legitimado passivo aquele que tinha o dever de informação quanto ao bem no inventário.

CRITÉRIOS DIFERENCIADORES DA DOAÇÃO E PARTILHA EM VIDA

ato pelo qual se "promove o retorno da coisa, ou do seu valor, excepcionalmente, ao monte partível, para garantir a igualdade de quinhões entre os herdeiros necessários."[41]

A partir das colações será verificado se existe parte das liberalidades do falecido a herdeiro que seja inoficiosa – ou seja, que tenha ultrapassado a legítima deste, mais a metade disponível – pois deverá ser reduzida, conforme prevê o artigo 2.007, § 3º, do diploma civil.[42] A obrigação de trazer os bens à colação também incide sobre o herdeiro que renunciou à herança ou que dela foi excluído, por força da expressa imposição do artigo 640, *caput*, do Código de Processo Civil.[43]

Para fins de partilha, a definição do valor dos bens trazidos à colação ficou estabelecida, no artigo 639, parágrafo único, do Código de Processo Civil,[44] com base no montante a que correspondem ao tempo da abertura da sucessão. Tal regra parece ser acertada, pois no momento da abertura da sucessão tem-se a transmissão da herança aos herdeiros; assim, o valor da herança, de modo a dividi-la, deve ser verificado com base nesse momento.[45]

No entanto, é possível que o doador dispense a colação de determinado patrimônio, conforme se depreende do artigo 2.006 do Código Civil.[46] A dispensa da colação deve ser expressa em testamento ou no próprio título de liberalidade.

4. PARTILHA EM VIDA

O artigo 2.018 do Código Civil traz a possibilidade da chamada partilha em vida ao dispor que "é válida a partilha feita por ascendente, por ato entre vivos ou de última vontade, contanto que não prejudique a legítima dos herdeiros necessários".

Considerada por muitos como uma exceção aos pactos sucessórios, a partilha em vida pressupõe a doação de todo o patrimônio do disponente, devendo, no entanto, reservar recursos suficientes para sua subsistência, o que pode ser realizado por meio de reserva de usufruto, por exemplo. Isso porque se assim não fosse ficaria

---

41. FARIAS, Cristiano Chaves de; ROSENVALD, Nelson. *Curso de Direito Civil*: sucessões. 4. ed. Salvador: Juspodivm, 2018. p. 600.

42. Art. 2.007 do Código Civil: [...] § 3º Sujeita-se a redução, nos termos do parágrafo antecedente, a parte da doação feita a herdeiros necessários que exceder a legítima e mais a quota disponível.

43. Art. 640 do Código de Processo Civil: O herdeiro que renunciou à herança ou o que dela foi excluído não se exime, pelo fato da renúncia ou da exclusão, de conferir, para o efeito de repor a parte inoficiosa, as liberalidades que obteve do doador.

44. Art. 639 do Código de Processo Civil: [...] Parágrafo único. Os bens a serem conferidos na partilha, assim como as acessões e as benfeitorias que o donatário fez, calcular-se-ão pelo valor que tiverem ao tempo da abertura da sucessão.

45. ROSA, Conrado Paulino da; RODRIGUES, Marco Antonio. *Inventário e partilha*. Salvador: Juspodivm, 2020. p. 419.

46. Art. 2.006 do Código Civil: A dispensa da colação pode ser outorgada pelo doador em testamento, ou no próprio título de liberalidade.

caracterizada a doação universal, o que, como já abordado, é pratica vedada pelo nosso ordenamento jurídico (artigo 548 do Código Civil[47]).

"Trata-se de instrumento de grande valia para o planejamento sucessório, quando o titular do patrimônio tem certeza quanto à destinação a ser atribuída a seus bens."[48] "A partilha em vida é uma doação verdadeira e própria, sujeita às regras da doação – nomeadamente à revogação por ingratidão."[49] Mas é importante atentar que a partilha em vida deve englobar todos os bens do titular e não apenas alguns bens específicos (oportunidade em que caberia, respeitados os limites legais, a doação). Outra exigência, assim como aos demais instrumentos de planejamento sucessório, é o respeito à legítima dos herdeiros necessários e a impossibilidade de renúncia prévia à herança. Sobre o tema, vale a lição de Zeno Veloso

> Quando realizada por ato entre vivos, a partilha deve obedecer aos requisitos de forma e de fundo das doações. A divisão entre os herdeiros tem efeito imediato, antecipando o que eles iriam receber somente com o passamento do ascendente. Se foi omitido algum herdeiro necessário, a partilha em vida é nula; se sobrevém herdeiro necessário, é ineficaz.[50]

Atendendo a todos os requisitos, a partilha em vida também dispensa a abertura de inventário, pois, com a transferência integral do patrimônio do *de cujus* em vida, nada haveria a ser inventariado e partilhado.[51]

A intenção, no caso, é de uma partilha definitiva, não constituindo um adiantamento de legítima pelo fato de, em tese, abranger todos os bens a serem distribuídos, excluindo qualquer outra partilha na qual a matéria viesse a ser discutida. Sendo a partilha em vida exaustiva, descabem qualquer outra e a própria abertura do inventário. As eventuais lesões de direito deverão ser apreciadas em ações próprias de redução, anulação ou nulidade.[52]

Caso o disponente adquira novos bens após a realização da partilha em vida, estes sim serão alvo de inventário e partilha (nesse caso *post mortem*) entre os herdeiros legítimos, ressalvado eventual testamento. Por essa razão, a partilha em vida "não se trata de 'adiantamento' de legítima, visto ser a própria legítima que é entregue ao virtual herdeiro, nem há obrigatoriedade de colação, que só cabe quando há adiantamento."[53]

---

47. Art. 548 do Código Civil: É nula a doação de todos os bens sem reserva de parte, ou renda suficiente para a subsistência do doador.
48. NEVARES, Ana Luiza Maia; MEIRELES, Rose Melo Vencelau; TEPEDINO, Gustavo. *Direito das Sucessões*. Rio de Janeiro: Forense, 2020. p. 273.
49. ASCENSÃO, José de Oliveira. *Direito Civil*: sucessões. 5. ed. Coimbra: Coimbra Editora, 2000. p. 24.
50. VELOSO, Zeno. *Comentários ao Código Civil*. São Paulo: Saraiva, 2003. p. 437.
51. CARNEIRO, Paulo Cezar Pinheiro. *Comentários ao Código de Processo Civil*. 3. ed. Rio de Janeiro: Forense, 2003. p. 13.
52. WALD, Arnoldo. O regime jurídico da partilha em vida. *In*: CAHALI, Yussef Said; CAHALI, Francisco José (org.). *Doutrinas essenciais*: família e sucessões. São Paulo: Revista dos Tribunais, p. 1202.
53. BARBOZA, Heloisa Helena. A disciplina jurídica da partilha em vida: validade e efeitos. *Civilistica.Com*. Rio de Janeiro, a. 5, n. 1, 2016, p. 16. Disponível em: http://civilistica.com/a-disciplina-juridica-da-partilha-em-vida/. Acesso em: 18 set. 2020.

CRITÉRIOS DIFERENCIADORES DA DOAÇÃO E PARTILHA EM VIDA **263**

Cumpre notar que a partilha feita em vida pelos autores da herança não pode ser alterada. O que se admite é, por ação própria e quando cabível, a redução dos quinhões hereditários ou a declaração de invalidade da partilha. Aqueles que expressamente aceitaram a partilha tal como foi feita somente através de ação própria poderão provar que, ao aceitá-la, foram enganados, pleiteando, então, a sua anulação ou a correção, tão somente, neste último caso, quanto ao desrespeito das legítimas, apurado o seu valor ao tempo do ato jurídico de disposição.[54]

Não obstante a vedação legal, pode ocorrer de algum herdeiro ter a legítima desrespeitada quando da realização da partilha em vida. Nesse ponto, diverge a doutrina e a jurisprudência acerca da nulidade da partilha[55] ou hipótese de redução de suas disposições, nos termos da previsão para redução das disposições testamentárias.[56]

Assim, diante da incerteza quanto às suas consequências, a fim de dar maior efetividade ao planejamento sucessório, "parece mais seguro que todos os descendentes participem da partilha em vida, dispensando-se consensualmente a colação nos termos do artigo 2.005 do Código Civil, sendo eventual excesso da legítima imputado na parte disponível do autor da herança."[57]

O artigo 2.018 do Código Civil ainda traz a possibilidade da realização da partilha em vida por ato de última vontade. Nesse ponto, importa trazer a dicção do artigo 2.014 do mesmo diploma: "pode o testador indicar os bens e valores que devem compor os quinhões hereditários, deliberando ele próprio a partilha, que prevalecerá, salvo se o valor dos bens não corresponder às quotas estabelecidas".

É o que doutrinariamente costuma-se chamar de *partilha-testamento*, em contraponto à *partilha-doação,*[58] até aqui examinada. Grande diferença desta modalidade, sem dúvidas, é a necessidade de realização do inventário, ante a existência do testamento. Vale lembrar que havendo consenso entre os herdeiros e sendo todos maiores e capazes, pode-se realizar o inventário pela via extrajudicial, desde que registrado judicialmente o testamento.[59] Com essa modalidade "o intuito é facilitar a fase da

---

54. WALD, Arnoldo. O regime jurídico da partilha em vida. *In:* CAHALI, Yussef Said; CAHALI, Francisco José (org.). *Doutrinas essenciais:* família e sucessões. São Paulo: Revista dos Tribunais, 2011. p. 1202.

55. Em julgado do Superior Tribunal de Justiça, restou assentado que "eventual prejuízo à legítima do herdeiro necessário, ora recorrente, em decorrência de partilha em vida dos bens feita pelos pais, deve ser buscada pela via anulatória apropriada e não por meio de ação de inventário". Conclui, ainda, o relator: "afinal, se não há bens a serem partilhados, não há a necessidade de processo do inventário". (STJ, 3ª T, REsp n. 1.523.552/PR, Rel. Min. Marco Aurélio Bellizze, julg. 3.11.2015, DJe 13.11.2015, p. 9).

56. Nesse sentido: MAXIMILIANO, Carlos. *Direito das Sucessões*. v. 2. Rio de Janeiro: Freitas Bastos, 1937, p. 636 e BEVILÁQUA, Clovis. *Código Civil dos Estados Unidos do Brasil comentado*. v. VI. Rio de Janeiro: Imprenta, 1976. p. 270.

57. NEVARES, Ana Luiza Maia; MEIRELES, Rose Melo Vencelau; TEPEDINO, Gustavo. *Direito das Sucessões.* Rio de Janeiro: Forense, 2020. p. 273.

58. Nesse sentido: VELOSO, Zeno. *Comentários ao Código Civil.* São Paulo: Saraiva, 2003. p. 437. VENOSA, Sílvio de Salvo. *Direito Civil:* sucessões. 17.ed. São Paulo: Atlas, 2017. p. 423.

59. Entendimento firmado pelo Superior Tribunal de Justiça com o julgamento do REsp 1.808.767/RJ, sob relatoria do Ministro Luis Felipe Salomão, julgado em 15/10/2019, DJe 03/12/2019.

liquidação do inventário. [...] A disposição testamentária já envolve a partilha. Existe uma atribuição de bens."[60]

Sendo ela realizada por meio do testamento, submete-se às regras e princípios estabelecidos ao testamento: forma, caducidade, revogação, entre outros. Nessa hipótese não se trata de um testamento de forma especial, mas de um testamento organizado sob uma das formas que a lei reconhece, no qual o ascendente distribui e divide os seus bens entre os seus herdeiros.[61] Ao contrário da *partilha-doação*, que é irrevogável, a *partilha-testamento* pode ser alterada posteriormente, para isso basta que o disponente realize um novo testamento e revogue o anterior.[62]

Embora existente em nosso ordenamento jurídico desde o Código Civil de 1916, a partilha em vida é comumente criticada pela doutrina, dado que possui um certo grau de imprecisão quanto aos seus limites e consequências. Bem ilustrando o incômodo com o instituto, é a lição de Orlando Gomes

> De configuração imprecisa e natureza controvertida, é condenada, na sua extensão, advogando-se a eliminação da modalidade de partilha-doação. Justificar-se-ia a abolição por três principais razões: 1ª) a dificuldade de sua construção jurídica, em virtude de sua natureza anômala; 2ª) o desatendimento de sua finalidade própria por se prestar a graves iniquidades, tendo-se em vista que o sentimento de respeito impede os filhos de se rebelarem contra a vontade paterna; 3ª) a possibilidade de alcançar-se a sua finalidade mediante simples doação.[63]

Percebe-se que "a singeleza dessa disposição legal de efeitos patrimoniais tão importantes continua a desafiar os intérpretes e a gerar insegurança nos interessados, por falta de regulamentação adequada."[64]

5. DIFERENÇA ENTRE A PARTILHA EM VIDA E A DOAÇÃO

A partilha em vida possui traços da doação e também da partilha, mas não se identifica integralmente com eles, motivo pelo qual pode-se dizer que é um "ato *sui generis* ou complexo, no qual se encontram elementos de ambos os institutos. A analogia com a doação deflui do fato de se tratar de ato *inter vivos*, enquanto as regras técnicas são as da partilha."[65]

"A partilha em vida feita por ascendente configura-se, desse modo, como um instituto jurídico independente, especial, distinto da doação que é revogável,

---

60. RIZZARDO, Arnaldo. *Direito das Sucessões*. 11. ed. Rio de Janeiro: Forense, 2019. p. 667.
61. BEVILÁQUA, Clóvis. *Código Civil dos Estados Unidos do Brasil comentado*. v. VI. Rio de Janeiro: Imprenta, 1976. p. 1001.
62. RIZZARDO, Arnaldo. *Direito das Sucessões*. 11. ed. Rio de Janeiro: Forense, 2019. p. 668.
63. GOMES, Orlando. *Sucessões*. 16. ed. Rio de Janeiro: Forense, 2015. p. 331.
64. BARBOZA, Heloísa Helena; ALMEIDA, Vitor. Partilha em vida como forma de planejamento sucessório. *In*: TEIXEIRA, Daniela Chaves (coord.). *Arquitetura do planejamento sucessório*. Belo Horizonte: Fórum, 2019. p. 326.
65. WALD, Arnoldo. O regime jurídico da partilha em vida. *In*: CAHALI, Yussef Said; CAHALI, Francisco José (org.). *Doutrinas essenciais*: família e sucessões. São Paulo: Revista dos Tribunais, 2011. p. 1203.

CRITÉRIOS DIFERENCIADORES DA DOAÇÃO E PARTILHA EM VIDA

enquanto a partilha não é, nem pode ser."[66] É dizer: "a partilha feita em vida pelo ascendente, quando não seja testamento, é um instituto especial, que não se pode reger pelas regras da doação."[67] Dessa forma, é possível indicar a diferença entre a partilha em vida e a doação:

> Não há na partilha uma liberalidade, característica da doação, mas uma renúncia ao domínio dos bens (*demission de biens*). O ascendente ao dividir os bens opera sua transmissão definitiva (posse e propriedade) aos beneficiários. Nesses termos, a partilha não pode ser condicional, nem onerosa, diversamente das doações que admitem condições de vários tipos. Aquele que partilha em vida não tem intuito de fazer uma liberalidade, substrato da doação, mas o de demitir de si a posse e o domínio dos bens, de renunciar a esses bens, ao seu gozo.[68]

No âmbito jurisprudencial, o Superior Tribunal de Justiça fora instado a manifestar-se sobre o tema, apontando o cotejo entre os institutos da partilha em vida e da doação.

Em julgamento do REsp 730.483/MG, a relatora, da Ministra Nancy Andrighi, afirmou que "o negócio jurídico da partilha em vida envolve cumprimento de formalidades, inclusive com aceitação expressa de todos os herdeiros que não se compatibiliza com o dever de colacionar."[69] Em comparativo, conclui que "a partilha em vida é como um 'inventário em vida', dispensando, até o inventário *post mortem*."[70]

A Ministra, em seu voto, alude a julgado mais antigo da Corte, do REsp 6.528/RJ, sob relatoria do Ministro Nilson Naves, que teria diferenciado os institutos da partilha em vida e da doação, destacando o seguinte trecho:

> [...] 5. Definido, pois, o negócio em questão como partilha em vida ('os disponentes não quiseram doar, mas sim distribuir, através de partilha em vida, todos os seus bens, obtendo – porque necessário à sua validade – o consentimento dos descendentes' do acórdão, fls. 518/9), não vejo como escapar da ponderação do Desembargador Fernando Whitaker, ao notar a inviabilidade do recurso pela alínea a, verbis:
>
> "Não se constatam as negativas de vigência, cuidando-se, sim, de razoável interpretação dada às normas, haja vista ter o aresto examinado acuradamente a questão para concluir no sentido de que teria havido uma partilha antecipada, por terem sido distribuídos todos os bens, em um mesmo dia, no mesmo Cartório e mesmo livro, com o expresso consentimento dos descendentes, não a desvirtuando o fato de terem sido feitas através de cinco escrituras, e não de uma única, além de ter a menor sido assistida por sua genitora, considerando-se, ainda, ter o decisório buscado robustos subsídios doutrinários para excluir a colação e apontar outra via judicial, que não o inventário, para a apuração de eventuais prejuízos às legítimas, pelo que se tem como incidente a Súmula 400 do Egrégio Supremo Tribunal Federal"

---

66. BARBOZA, Heloisa Helena. A disciplina jurídica da partilha em vida: validade e efeitos. *Civilistica.Com*. Rio de Janeiro, a. 5, n. 1, 2016, p. 11. Disponível em: http://civilistica.com/a-disciplina-juridica-da-partilha-em-vida/. Acesso em: 18 set. 2020.
67. REZENDE, Astolpho de. Direito das sucessões. *In*: LACERDA, Paulo. *Manual do Código Civil brasileiro*. Rio de Janeiro: Jacintho Ribeiro dos Santos, 1917. p. 299.
68. REZENDE, Astolpho de. Direito das sucessões. *In*: LACERDA, Paulo. *Manual do Código Civil brasileiro*. Rio de Janeiro: Jacintho Ribeiro dos Santos, 1917. p. 210.
69. STJ, 3ª T, REsp n. 730.483/MG, Rel. Min. Nancy Andrighi, julg. 03.5.2005, DJe 20.6.2005, p. 5.
70. STJ, 3ª T, REsp n. 730.483/MG, Rel. Min. Nancy Andrighi, julg. 03.5.2005, DJe 20.6.2005, p. 5.

6. Vou além: na espécie em comento, irrepreensível, ao que suponho a conclusão das instâncias ordinárias. É que não se cuidando, como não se cuida de doação, não se tem como aplicar o citado art. 1.786, que limita, de modo expresso, a conferência às hipóteses de doação e de dote.[71]

Partindo desse entendimento, definiu que no caso *sub judice*, tratava-se, em verdade, de doação: "não foi considerado o quinhão de herdeira necessária, não houve expressa aceitação de todos os herdeiros, de modo que não há como considerar os negócios jurídicos ou as liberalidades que envolveram os bens imóveis como partilha em vida, exatamente pela inexistência da formalidade que ela exige."[72]

Bem elucidados os contornos da doação e da partilha em vida sob a ótica legal, doutrinária e jurisprudencial, apresenta-se um breve quadro comparativo entre ambas, à guisa de conclusão e sistematização da temática apresentada:

DOAÇÃO	PARTILHA EM VIDA
Apenas parte do patrimônio	Todo o patrimônio
Está sujeito a colação	Dispensa colação
Aceitação apenas do donatário	Aceitação de todos os herdeiros
Pode ser feito sob condição	Não pode ser feito sob condição
Ato revogável	Ato irrevogável
Não dispensa o inventário	Dispensa o inventário

Fonte: Dados de pesquisa.

6. CONCLUSÃO

A despeito da sociedade brasileira ainda emprestar um certo tabu à temática da morte, sabe-se que é um fato inevitável para cada um de nós. Não obstante os impactos sentimentais e afetivos que a perda de alguém pode trazer, tal evento gera também reflexos jurídicos e patrimoniais que merecem atenção a fim de evitar mais um sofrimento aqueles que aqui ficaram. E é nesse cenário que o planejamento sucessório tem ganhado maior destaque e sendo alvo de grandes debates doutrinários e jurisprudenciais no âmbito do direito nacional.

Olhando o ordenamento jurídico pátrio sob essa ótica, pode-se identificar uma gama de instrumentos aptos a trazer uma maior segurança e tranquilidade no que tange ao destino dos bens e direitos de determinado sujeito por ocasião de sua morte. Importante notar também que o mesmo ordenamento traz algumas limitações para tal prática que devem ser consideradas quando da realização do planejamento sucessório, sob pena de nulidade dos negócios jurídicos praticados com tal fim.

---

71. STJ, 3ª T, REsp n. 6.528/RJ, Rel. Min. Nilson Naves, julg.11.6.1991, DJe 12.8/1991.
72. STJ, 3ª T, REsp n. 730.483/MG, Rel. Min. Nancy Andrighi, julg. 03.5.2005, DJe 20.6.2005,p. 6.

Dentre esses instrumentos estão a doação e a partilha em vida, ambas analisadas no presente trabalho, com vistas a esclarecer seus contornos e limites, bem como traçar as distinções entre elas. A necessidade dessa abordagem se dá em razão da comum confusão entre ambos os institutos, o que pode ser atribuído a semelhança de suas características e de seus efeitos práticos. Contudo, como tentou-se demonstrar, não se pode confundi-los.

De pouco uso na prática do planejamento sucessório, a partilha em vida conta com uma regulação prevista em um único e tímido artigo do Código Civil, que deixa margem a interpretações e possibilidades diversas, o que se nota sobretudo na doutrina acerca do tema. Assim, seja em razão de seu regramento lacunoso ou de seu pouco uso na prática (pensando, também, que tais hipóteses podem decorrer uma da outra), a partilha em vida enquanto prática para o planejamento sucessório apresenta certas inseguranças e eventuais efeitos práticos que podem prejudicar aquele que busca, sobretudo, uma garantia de efetividade da sua vontade manifestada em vida quando do seu falecimento. Nesse aspecto, por exemplo, havendo alguma alteração patrimonial do momento da realização da partilha em vida até a morte do autor da herança, haverá, também, reflexos no planejamento sucessório.

Por outro lado, a doação possui um vasto regramento no ordenamento jurídico, mas também uma maior limitação quanto aos valores e pessoas que podem ser beneficiadas pela doação (*v.g.*, respeito à legítima e a necessidade de colação dos bens recebidos por ascendente, descendente e cônjuge, podendo, no entanto, ser dispensada por formalidade própria). Todavia, ainda que seja mais limitada, a doação afigura-se mais segura e efetiva (em vida e *post mortem*) tanto ao doador quanto ao donatário.

7. REFERÊNCIAS

ANOREG. *Inventário mais longo do país agora é material de pesquisa.* Disponível em: https://www.anoreg. org.br/site/2006/06/06/imported_6430/. Acesso em: 19 set. 2020.

ASCENSÃO, José de Oliveira. *Direito Civil:* sucessões. 5. ed. Coimbra: Coimbra Editora, 2000.

BARBOZA, Heloisa Helena. A disciplina jurídica da partilha em vida: validade e efeitos. *Civilistica.com.* Rio de Janeiro, a. 5, n. 1, 2016, p. 16. Disponível em: http://civilistica.com/a-disciplina-juridica-da--partilha-em-vida/. Acesso em: 18 set. 2020.

BEVILÁQUA, Clóvis. *Código Civil dos Estados Unidos do Brasil comentado.* v. VI. Rio de Janeiro: Imprenta, 1976.

CAHALI, Francisco José; HIRONAKA, Giselda Maria Fernandes Novaes. *Direito das Sucessões.* 3. ed. São Paulo: Revista do Tribunais, 2007.

CARNEIRO, Paulo Cezar Pinheiro. *Comentários ao Código de Processo Civil.* 3. ed. Rio de Janeiro: Forense, 2003.

CONJUR. *Supremo coloca fim a processo de 125 anos, iniciado pela Princesa Isabel.* Disponível em: https://www.conjur.com.br/2020-set-02/stf-poe-fim-processo-125-anos-iniciado-princesa-isabel. Acesso em: 19 set. 2020.

DELGADO, Mário Luiz. Posso renunciar à herança em pacto antenupcial? *Revista IBDFAM:* famílias e sucessões. Belo Horizonte: IBDFAM, v. 31, p.9-21, jan./fev. 2019.

FARIAS, Cristiano Chaves de; ROSENVALD, Nelson. *Curso de Direito Civil*: sucessões. 4. ed. Salvador: Juspodivm, 2018.

FARIAS, Cristiano Chaves de; ROSENVALD, Nelson. *Curso de Direito Civil*: contratos. 3. ed. Salvador: Juspodivm, 2013.

FERRARINI, Letícia. *Famílias simultâneas e seus efeitos jurídicos*: pedaços da realidade em busca da dignidade. Porto Alegre: Livraria do Advogado, 2010.

GAGLIANO, Pablo Stolze; PAMPLONA FILHO, Rodolfo. *Manual de Direito Civil*. 3. ed. São Paulo: Saraiva, 2019.

GOMES, Orlando. *Sucessões*. 16. ed. Rio de Janeiro: Forense, 2015.

MADALENO, Rolf. Renúncia de herança no pacto antenupcial. *In:* PEREIRA, Rodrigo da Cunha; DIAS, Maria Berenice (coord.). *Famílias e sucessões*: polêmicas, tendências e inovações. Belo Horizonte: IBDFAM, 2018.

MALUF, Carlos Alberto Dabus; MALUF, Adriana Caldas do Rego Farias Dabus. *Curso de Direito das Sucessões*. São Paulo: Saraiva, 2013.

NEVARES, Ana Luiza Maia; MEIRELES, Rose Melo Vencelau; TEPEDINO, Gustavo. *Direito das sucessões*. Rio de Janeiro: Forense, 2020.

PENA JÚNIOR, Moacir César. *Curso completo de Direito das Sucessões*. São Paulo: Método, 2009.

REZENDE, Astolpho de. Direito das sucessões. *In:* LACERDA, Paulo. *Manual do Código Civil brasileiro*. Rio de Janeiro: Jacintho Ribeiro dos Santos, 1917.

RIZZARDO, Arnaldo. *Direito das Sucessões*. 11. ed. Rio de Janeiro: Forense, 2019.

RODRIGUES, Silvio. *Direito Civil*: dos contratos e das declarações unilaterais de vontade. 28.ed. São Paulo: Saraiva, 2002.

ROSA, Conrado Paulino da; RODRIGUES, Marco Antonio. *Inventário e partilha*. Salvador: Juspodivm, 2020.

SARLET, Ingo Wolfgang. Estado socioambiental e mínimo existencial (ecológico) algumas aproximações. *In:* SARLET, Ingo Wolfgang (org.). *Estado socioambiental e direito fundamentais*. Porto Alegre: Livraria do Advogado, 2010.

SIMÃO, José Fernando. É possível converter os bens da legítima em dinheiro? *In:* PEREIRA, Rodrigo da Cunha; DIAS, Maria Berenice. (coord.). *Famílias e sucessões*: polêmicas, tendências e inovações. Belo Horizonte: IBDFAM, 2018.

TEIXEIRA, Daniele Chaves. *Planejamento sucessório*: pressupostos e limites. 2.ed. Belo Horizonte: Fórum. 2019.

TEIXEIRA, Daniele Chaves; COLOMBO, Maice Barboza dos Santos. Faz sentido a permanência do princípio da intangibilidade da legítima no ordenamento jurídico brasileiro? *In:* TEIXEIRA, Daniela Chaves (coord.). *Arquitetura do planejamento sucessório*. Belo Horizonte: Fórum, 2019.

VELOSO, Zeno. *Comentários ao Código Civil*. São Paulo: Saraiva, 2003.

VELOSO, Zeno. *Direito hereditário do cônjuge e do companheiro*. São Paulo: Saraiva, 2010.

WALD, Arnoldo. O regime jurídico da partilha em vida. *In:* CAHALI, Yussef Said; CAHALI, Francisco José (org.). *Doutrinas essenciais*: família e sucessões. São Paulo: Revista dos Tribunais, 2011.

A FUGA DO TESTAMENTO

Anderson Schreiber

Professor Titular de Direito Civil da UERJ. Professor da Fundação Getúlio Vargas. Membro da Academia Internacional de Direito Comparado. Advogado.

Felipe Ribas

Mestre e Doutorando em Direito Civil pela UERJ. Ex-Professor Substituto de Direito Civil da Faculdade Nacional de Direito – UFRJ. Advogado.

Sumário: 1. O testamento: suas limitações e desincentivos – 2. O custo tributário da transmissão *causa mortis* – 3. Planejamento sucessório e instrumentos "alternativos" ao testamento: seguros de vida, planos de previdência e *trust* – 4. Além do planejamento sucessórios: instrumentos de efetiva antecipação da distribuição patrimonial como doação, compra e venda e constituição de *holding* familiar – 5. Conclusão – 6. Referências.

1. O TESTAMENTO: SUAS LIMITAÇÕES E DESINCENTIVOS

Não é de hoje que se registra que o testamento é figura pouco frequente na prática brasileira. Há, naturalmente, diferentes razões para isso. Há razões de natureza econômica: os custos envolvidos na realização de um testamento somente costumam ser tidos como justificados diante de patrimônio relativamente amplo, a ser distribuído entre uma pluralidade de herdeiros. Há razões de natureza cultural: muitos brasileiros consideram que tratar da própria morte traz mau agouro, ou encaram o tema da morte como tabu ou, simplesmente, preferem não falar disso.[1] A essas razões econômicas e culturais, somam-se também razões jurídicas, o que não deixa de ser curioso. De fato, a mesma ordem jurídica brasileira que, por um lado, oferece a possibilidade de celebração do testamento, desestimula, por outros caminhos, a sua realização.

Os desincentivos jurídicos mais conhecidos ao testamento são aqueles inerentes ao próprio instrumento: há muito, já se denuncia, por exemplo, o excessivo formalismo do instrumento testamentário, além do risco de invalidade. Não são raras, na nossa prática judicial, ações que pretendem anular as disposições de última vontade do testador, com base em alegações que se centram ora em vícios formais, ora em uma

---

1. Como destaca HIRONAKA, Giselda Maria Fernandes Novaes. *Direito das Sucessões*. 4. ed. São Paulo: Revista dos Tribunais, 2012. p. 263-264: "o brasileiro não gosta, em princípio, de falar a respeito da morte, e sua circunstância é ainda bastante mistificada e resguardada, como se isso servisse para 'afastar maus fluidos e más agruras...'. Assim, por exemplo, não se encontra arraigado em nossos costumes o hábito de adquirir, por antecipação, o lugar destinado ao nosso túmulo ou sepultura, bem como não temos, de modo mais amplamente difundido, o hábito de contratar seguro de vida, assim como, ainda não praticamos, em escala significativa, a doação de órgãos para serem utilizados após a morte. Parece que essas atitudes, no dito popular, 'atraem o azar'."

alegada divergência entre o testamento e a vontade real do testador, ora, ainda, em estados de vulnerabilidade mental que podem ter, de algum modo, maculado a livre manifestação de vontade do testador. E, muito embora nossa jurisprudência venha mostrando um crescente rigor na análise dessas pretensões,[2] o fato é que a simples propositura da demanda já cria um transtorno considerável aos demais herdeiros e abala, de certo modo, a segurança que o testamento, por definição, procura imprimir à transmissão *causa mortis*.

Outro desincentivo jurídico à celebração do testamento reside na exigência legal de abertura de processo judicial para o cumprimento do testamento, ainda que, posteriormente, o inventário possa tramitar de forma extrajudicial. O artigo 610 do Código de Processo Civil chega a afirmar que, "havendo testamento ou interessado incapaz, proceder-se-á ao inventário judicial." A norma exprime um verdadeiro contrassenso: a celebração do testamento indica justamente a intenção do testador de organizar o próprio patrimônio e facilitar a sua futura partilha, evitando processos judiciais entre os herdeiros. Nesse contexto, a exigência legal deve e tem sido interpretada restritivamente, sendo admitido o processamento extrajudicial dos inventários após a ação judicial de cumprimento de testamento.[3] Apesar do avanço, a exigência de ação judicial prévia à fase extrajudicial continua importando em restrição excessiva e injustificável ao célere cumprimento das disposições testamentárias.

A verdade é que a disciplina jurídica do testamento está a merecer, já há algum tempo, reforma para reduzir a complexidade e o formalismo do instrumento, mas

---

2. Merece destaque o crescente afastamento de nulidades em virtude de vícios puramente formais, como se vê do seguinte acórdão do STJ: "Evidenciada, tanto a capacidade cognitiva do testador quanto o fato de que testamento, lido pelo tabelião, correspondia, exatamente à manifestação de vontade do *de cujus*, não cabe então, reputar como nulo o testamento, por ter sido preterida solenidades fixadas em lei, porquanto o fim dessas – assegurar a higidez da manifestação do *de cujus* –, foi completamente satisfeita com os procedimentos adotados" (STJ, REsp n. 1.677.931/MG, Rel. Min. Nancy Andrighi, j. 15.8.2017). Na mesma direção: "A regra segundo a qual a assinatura de próprio punho é requisito de validade do testamento particular, pois, traz consigo a presunção de que aquela é a real vontade do testador, tratando-se, todavia, de uma presunção *juris tantum*, admitindo-se, ainda que excepcionalmente, a prova de que, se porventura ausente a assinatura nos moldes exigidos pela lei, ainda assim era aquela a real vontade do testador. Hipótese em que, a despeito da ausência de assinatura de próprio punho do testador e do testamento ter sido lavrado a rogo e apenas com a aposição de sua impressão digital, não havia dúvida acerca da manifestação de última vontade da testadora que, embora sofrendo com limitações físicas, não possuía nenhuma restrição cognitiva" (STJ, REsp n. 1.633.254/MG, Rel. Min. Nancy Andrighi, j. 11.3.2020).
3. Por exemplo, a Corregedoria Geral da Justiça do Estado do Rio de Janeiro, por meio do Provimento nº 21/2017, adequou o artigo 297 da Consolidação Normativa do Estado do Rio de Janeiro ao Enunciado 77 do Conselho Nacional de Justiça, para admitir a realização de inventário extrajudicial, quando aberto judicialmente o testamento: "Art. 297. § 1º Diante da expressa autorização do juízo sucessório competente nos autos da apresentação e cumprimento de testamento, sendo todos os interessados capazes e concordes, poderá fazer-se o inventário e a partilha por escritura pública, a qual constituirá título hábil para o registro." O próprio Superior Tribunal de Justiça decidiu ser "possível o inventário extrajudicial, ainda que exista testamento, se os interessados forem capazes e concordes e estiverem assistidos por advogado, desde que o testamento tenha sido previamente registrado judicialmente ou haja a expressa autorização do juízo competente" (STJ, REsp n. 1.808.767/RJ, Rel. Min. Luis Felipe Salomão, j. 15.10.2019). A possibilidade foi também endossada pelo Enunciado n. 600 da VII Jornada de Direito Civil: "Após registrado judicialmente o testamento e sendo todos os interessados capazes e concordes com os seus termos, não havendo conflito de interesses, é possível que se faça o inventário extrajudicial".

também para assegurar a eficiência e a celeridade do seu cumprimento. O maior desincentivo ao testamento não advém, contudo, da sua disciplina jurídica, mas de outras intervenções do Poder Legislativo e do Poder Judiciário. No próprio campo do direito sucessório, por exemplo, é inegável que as sucessivas alterações de entendimento na jurisprudência acerca das regras de sucessão legítima acabam minando a utilidade do testamento, na medida em que as declarações do testador ficam sujeitas ao sabor dos ventos nos tribunais, que modificam, sem muito pudor, a sua interpretação das regras que irão reger a distribuição coercitiva do patrimônio do testador, o que impacta necessariamente no modo como prevê a distribuição da parcela disponível do seu patrimônio.

Nesse contexto, já proliferam disposições testamentárias condicionadas ao entendimento que vier a prevalecer nos tribunais: "se os tribunais entenderam assim, distribuo assado... se entenderem o oposto, distribuo diversamente...". Esse fenômeno, verdadeira jabuticaba, representa, em larga medida, a antítese da ideia de um direito sucessório, que consiste precisamente em fornecer previsibilidade e segurança ao modo como o patrimônio do *de cujus* será distribuído após a sua morte. Sem essa previsibilidade e segurança, a própria realização de um testamento acaba se tornando uma (custosa) obra de ficção, incapaz de fornecer ao testador aquilo que mais deseja: deixar tudo já previamente definido para evitar disputas hereditárias.

O maior desincentivo à celebração de testamento na atualidade não reside, porém, no direito sucessório, nem mesmo no direito civil, mas advém do direito financeiro e tributário.

2. O CUSTO TRIBUTÁRIO DA TRANSMISSÃO *CAUSA MORTIS*

A crise econômica vivenciada já há alguns longos anos no Brasil tem produzido efeitos severos no ambiente público, especialmente entre os Estados federados. Quer pelo próprio desenho do pacto federativo – que, reconhecidamente, acaba por atribuir fontes de receita mais generosas para a União federal que para os Estados federados –, quer pelo descompromisso continuado de diferentes governos estaduais com a austeridade fiscal, vive-se hoje uma crise que já foi denominada uma "crise dos Estados". Diferentes Estados do Brasil encontram-se em grave situação econômica, tendo Minas Gerais, Rio de Janeiro, Rio Grande do Sul, Roraima, Rio Grande do Norte, Goiás e Mato Grosso decretado estado de calamidade financeira nos últimos anos.[4]

Nesse contexto, muitos Estados têm buscado ampliar suas receitas com base nos instrumentos que a legislação brasileira lhes oferece. Foi nessa esteira que diferentes Secretarias Estaduais de Fazenda optaram e ainda vem optando pela majoração da

---

4. RIBEIRO, Mariana. 7 Estados já decretaram calamidade financeira; entenda o que significa. *Poder360*, 27 jan. 2019. Disponível em: https://www.poder360.com.br/economia/7-estados-ja-decretaram-calamidade--financeira-entenda-o-que-significa/. Acesso em: 02 mai. 2021.

alíquota do Imposto de Transmissão *Causa Mortis* e Doação (ITCMD).[5] Tome-se, como exemplo, o Estado do Rio Grande do Sul, que, em 2015, alterou as alíquotas do imposto, passando a prever percentuais progressivos de até 6% sobre o valor do patrimônio transferido.[6] O mesmo caminho foi seguido pelo Estado do Sergipe, que, desde 2020, adota alíquotas progressivas do ITCMD, em percentuais que variam entre 3% a 8% do patrimônio transferido.[7]

Outro exemplo marcante tem-se no Estado do Rio de Janeiro, que, por meio da Lei Estadual 7.786/2017, alterou a alíquota do referido tributo, que sofreu um aumento de 4% para 8%, a depender do valor do patrimônio transferido.[8] Curioso notar, contudo, que, mesmo com a alteração legislativa que elevou a alíquota do ITCMD, a receita proveniente da tributação das transmissões *causa mortis* e doação vem diminuindo nos últimos anos no Estado do Rio de Janeiro.[9]

Independentemente da diminuição de arrecadação verificada na experiência do Estado do Rio de Janeiro, outros Estados da federação buscam, ainda, implementar tal aumento do ITCMD. É o caso do Estado de São Paulo, onde tramita atualmente na Assembleia Legislativa o Projeto de Lei 250/2020, que prevê a instituição de uma alíquota progressiva do ITCMD que pode chegar também a 8%, conforme o valor do patrimônio transferido.[10]

---

5. Reportagem publicada em maio de 2016 indicava que, desde o segundo semestre de 2015, era possível verificar o movimento de 13 estados, dentre eles Piauí, Rio Grande do Norte, Rio Grande do Sul e Mato Grosso do Sul, para aumentar as alíquotas cobradas sobre a transmissão de heranças e doações a fim de alavancar a arrecadação. (13 Estados já aumentaram impostos sobre herança e doação. *SINDIFISCO*, 09 mai. 2016. Disponível em: http://www.sindifisco.org.br/noticias/13-estados-ja-aumentaram-imposto-sobre-heranca--e-doacao. Acesso em: 06 nov. 2020.)
6. Lei Estadual 14.741/2015.
7. Lei Estadual 8.729/2020.
8. "Art. 3° Fica alterado o art. 26 da Lei n° 7.174, de 28 de dezembro de 2015, que passa a vigorar com a seguinte redação: 'Art. 26. O imposto é calculado aplicando-se, sobre o valor fixado para a base de cálculo, considerando-se a totalidade dos bens e direitos transmitidos, a alíquota de: I – 4,0% (quatro e meio por cento), para valores até 70.000 UFIR-RJ; II – 4,5% (quatro e meio por cento), para valores acima de 70.000 UFIR-RJ e até 100.000 UFIR-RJ; III – 5,0% (cinco por cento), para valores acima de 100.000 UFIR-RJ e até 200.000 UFIR-RJ; IV – 6% (seis por cento), para valores acima de 200.000 UFIR-RJ até 300.000 UFIR-RJ; V – 7% (sete por cento), para valores acima de 300.000 UFIR-RJ e até 400.000 UFIR-RJ; VI – 8% (oito por cento) para valores acima de 400.000 UFIR-RJ'".
9. Confira-se a reportagem "Aumento de alíquota do ITCMD não eleva arrecadação no Rio", publicada pelo Valor Econômico, segundo a qual "A arrecadação, no entanto, não acompanhou a escalada da alíquota. Em 2016, quando ainda eram cobrados 4%, o Estado arrecadou R$ 1,39 bilhão. No ano de 2017, com as novas alíquotas em vigor, R$ 1,19 bilhão. Já em 2014, contabilizou R$ 1,12 bilhão e em 2019, R$ 1,04 bilhão." (BACELO, Joice. Aumento de alíquota do ITCMD não eleva arrecadação no Rio. Valor Econômico, 11 jan. 2021. Disponível em: https://valor.globo.com/legislacao/noticia/2021/01/11/aumento-de-aliquota-do-itcmd-nao-eleva-arrecacao-no-rio.ghtml. Acesso em: 02 mai. 2021).
10. "Artigo 16. O imposto é calculado aplicando-se os porcentuais, a seguir especificados, sobre o valor fixado para a base de cálculo, esta convertida em UFESPs, na seguinte progressão; I – 0% (zero por cento) sobre a parcela da base de cálculo que for igual ou inferior a 10.000 UFESPs na hipótese de transmissão "causa mortis" ou igual ou inferior a 2.500 UFESPs na hipótese de transmissão por doação; II – 4% (quatro por cento) sobre a parcela da base de cálculo que exceder 10.000 UFESPse for igual ou inferior a 30.000 UFESPs na hipótese de transmissão "causa mortis" ou superior a 2.500 UFESP se igual ou inferior a 15.000 UFESPs na hipótese de transmissão por doação; III – 5% (cinco por cento) sobre a parcela da base de cálculo que exceder 30.000 UFESPs e for igual ou inferior a 50.000 UFESPs; na hipótese de transmissão "causa mortis"

A substancial elevação do imposto de transmissão *causa mortis* impacta diretamente no recurso ao testamento. Atualmente, cresce a cada dia o interesse pelo chamado *planejamento sucessório*, assim denominado o conjunto de técnicas jurídicas lícitas que permite à pessoa humana definir, ainda em vida, como se dará a distribuição do seu patrimônio, ou parte dele, evitando conflitos entre os seus sucessores e permitindo o melhor aproveitamento dos bens que angariou.[11] Idealmente, o testamento deveria ser o principal instrumento de planejamento sucessório, desempenhando o fim que a ordem jurídica lhe atribui, qual seja, permitir o pleno exercício da autonomia do testador na definição da distribuição do respectivo patrimônio no espaço que a lei reserva (parcela disponível da herança). Todavia, a prática advocatícia tem preferido se valer de outras técnicas, abandonando o testamento por completo ou o relegando a uma função secundária no âmbito do planejamento sucessório, como uma espécie de "*rede de segurança*" ou mecanismo subsidiário. E uma das principais razões para isso é justamente a elevada carga tributária representada pela majoração das alíquotas de imposto de transmissão *causa mortis*.

3. PLANEJAMENTO SUCESSÓRIO E INSTRUMENTOS "ALTERNATIVOS" AO TESTAMENTO: SEGUROS DE VIDA, PLANOS DE PREVIDÊNCIA E *TRUST*

Se é verdade que o testamento é o negócio jurídico tradicionalmente associado ao planejamento da transmissão *causa mortis*, não se pode desdenhar o papel que sempre desempenhou neste campo o seguro de vida. Seguro é, como se sabe, o contrato por meio do qual o segurador se obriga, mediante pagamento do prêmio, a garantir interesse legítimo do segurado, relativo à pessoa ou coisa, contra riscos predeterminados.[12] O seguro de vida, em particular, tem como objetivo resguardar financeiramente os dependentes do contratante, chamados de beneficiários,[13] con-

---

ou superior a 15.000 UFESP se igual ou inferior a 50.000 UFESPs na hipótese de transmissão por doação; IV – 6% (seis por cento) sobre a parcela da base de cálculo que exceder 50.000 UFESPs e for igual ou inferior a 70.000 UFESPs seja na transmissão causa mortis ou doação; V – 7% (sete por cento) sobre a parcela da base de cálculo que exceder 70.000 UFESPs e for igual ou inferior a 90.000 UFESPs seja na transmissão causa mortis ou doação; VI – 8% (oito por cento) sobre a parcela da base de cálculo que exceder 90.000 UFESPs seja na transmissão causa mortis ou doação." De acordo com informações extraídas do site da Assembleia Legislativa do Estado de São Paulo, o Projeto de Lei 250/2020, encontra-se na Comissão de Constituição, Justiça e Redação desde 26 de junho de 2020. Nos últimos meses, as câmaras de vereadores de diversos municípios do estado de São Paulo registraram moção de protesto contra o referido projeto de lei.

11. Em sentido semelhante, ver PENA JÚNIOR, Moacir César. *Curso completo de Direito das Sucessões*: doutrina e jurisprudência. São Paulo: Método, 2009. p. 21: "em caráter preventivo, o planejamento sucessório permite ao titular do patrimônio definir, ainda em vida, o modo como deve ocorrer a transferência dos bens (imóveis, móveis, ações, aeronaves, fazendas, empresas, controles dos negócios etc.) aos seus sucessores após sua morte, evitando, assim, eventuais conflitos, cujos reflexos negativos possam recair sobre o patrimônio deixado." Ver, ainda sobre o tema, TEIXEIRA, Daniele Chaves. *Planejamento sucessório*: pressupostos e limites. Belo Horizonte: Fórum, 2017.

12. Código Civil, art. 757.

13. Na definição de GOMES, Orlando. *Contratos*. 26. ed. Rio de Janeiro: Forense, 2009. p. 511: "[...] o seguro de vida é o contrato pelo qual uma parte, denominada segurador, em contraprestação ao recebimento de certa soma chamada prêmio, se obriga a pagar à outra parte, ou terceiro, intitulada aquela, segurado, uma

sistindo em verdadeira estipulação em favor de terceiros.[14] O artigo 794 do Código Civil prevê, expressamente, que o valor pago a título de seguro de vida não é considerado herança,[15] razão pela qual não se sujeita à partilha,[16] nem sofre a incidência do imposto de transmissão *causa mortis*.[17]

É evidente que o seguro de vida não é capaz, isoladamente, de solucionar todos os embaraços associados à sucessão. Não se trata de um meio viável para disposição de todo o patrimônio, por exemplo. A utilidade do seguro de vida está, na prática, mais associada a assegurar aos herdeiros o pronto recebimento de quantias que permitam realizar despesas pelos anos que se seguem imediatamente ao falecimento do segurado. Pense-se, por exemplo, em um pai cujos filhos ainda estejam em idade escolar. Para que os seus descendentes tenham suporte econômico, na eventual falta do pai, faz-se útil a instituição de seguro de vida cuja indenização, na hipótese de falecimento, seja suficiente para arcar com as despesas dos filhos até, digamos, a conclusão do ensino superior.[18] Também é bastante frequente a instituição de seguro de vida em valor destinado a auxiliar os herdeiros com as próprias despesas de inventário.[19] Seja qual for a motivação de sua contratação, o seguro de vida, se comparado

---

quantia determinada, sob a forma de capital ou de renda, quando se verifique o evento previsto. O seguro de vida, quando privado, tem natureza contratual."

14. "No direito moderno há uma grande aplicação do contrato em favor de terceiro. Basta que se pense [...] no seguro, onde muitas vezes se pactua em favor de terceiro, como nos seguros de vida" (DANTAS, San Tiago. *Programa de Direito Civil*. v. II. Rio de Janeiro: Rio, 1978. p. 212-213).

15. "Art. 794. No seguro de vida ou de acidentes pessoais para o caso de morte, o capital estipulado não está sujeito às dívidas do segurado, nem se considera herança para todos os efeitos de direito."

16. Veja-se, entre tantos acórdãos, TJMG, AC n. 1.0433.08.247021-5/001, Rel. Des. Dárcio Lopardi Mendes, j. 14.12.2017: "O art. 794 do Código Civil dispõe que no seguro de vida ou de acidentes pessoais para o caso de morte, o capital estipulado não se considera herança para todos os efeitos de direito. A indenização securitária não integra o espólio e, assim, não está sujeita à partilha em sede de inventário."

17. Na jurisprudência, ver, entre outros, TJMG, AC n. 1.0000.18.037212-0/001, Rel. Des. Renato Dresch, j. 4.10.2018: "A exclusão do ITCMD sobre o seguro de vida decorre da previsão do art. 794 do Código Civil, pelo qual 'no seguro de vida ou de acidentes pessoais para o caso de morte, o capital estipulado não está sujeito às dívidas do segurado, nem se considera herança para todos os efeitos de direito'."

18. Ver, na jurisprudência, por exemplo, TJSP, AI n. 2214717-14.2014.8.26.0000, Rel. Des. Teixeira Leite, j. 26.3.2015: "Alvará. Seguro de vida deixado pelo falecido genitor das agravantes, menores, únicas beneficiárias. Medida inicialmente apresentada para o fim de quitar despesas escolares do ano de 2013. Opção por desarquivar o feito, com novo pedido, por mera petição, de levantamento dos valores necessários à quitação das despesas de 2014. Economia processual, evitando o ajuizamento de nova demanda autônoma. [...] Valor que é razoável. Agravantes que prestaram integrais e suficientes contas sobre o montante já levantado, demonstrando boa-fé. Decisão reformada. Recurso provido."

19. São recorrentes os casos de herdeiros pegos desprevenidos pelos custos do inventário, como divulgado em reportagem do jornal Folha de São Paulo: "[...] foi o caso do militar da reserva João Luiz dos Reis, 50. Em novembro de 2014, após a morte da mãe, a família (ele, cinco irmãos e o pai) se deparou com um valor de R$ 15.500 referente ao ITCMD (Imposto de Transmissão Causa Mortis e Doação, que é cobrado sobre heranças). Cada um precisou arcar com R$ 2.100. João ficou devendo R$ 1.000 para o pai. Em abril deste ano, quando Reis se preparava para quitar a dívida, sua esposa morreu. Com dois dos três filhos sem condições de pagar o imposto de R$ 4.500, o militar pegou um empréstimo de antecipação do 13º salário." (BRANT, Danielle. Custo de inventário pega herdeiro desprevenido e pode causar dívida. *Folha de São Paulo*, 24 ago. 2015. Mercado. Disponível em: https://m.folha.uol.com.br/mercado/2015/08/1672592-custo-de-inventario-pega-herdeiro-desprevenido-e-pode-causar-divida.shtml. Acesso em: 06 nov. 2020.).

ao testamento, apresenta elevada liquidez e ausência de custos adicionais quando resgatado, em especial a ausência de incidência do ITCMD.

Por razões semelhantes, tem se tornado mais e mais frequente o recurso aos chamados planos de previdência privada, notadamente PGBL (Plano Gerador de Benefícios Livres) e VGBL (Vida Gerador de Benefícios Livres). Ambos são planos de previdência privada que, após um período de acumulação de recursos, proporcionam aos investidores uma renda mensal periódica ou um pagamento único, sendo habitualmente buscados como forma de complementação da aposentadoria do regime geral de previdência[20] ou do regime próprio (servidores públicos). Esses planos integram o patrimônio do próprio instituidor, responsável por operar esses recursos e por escolher o tipo de fundo previdenciário, com diferentes taxas de rendimento. Nesse sentido, trata-se de um capital de livre disposição do titular, visto que é ele quem detém o controle desses haveres, devendo apenas respeitar o período de carência mínimo a partir da contratação.[21]

Quanto à natureza jurídica, a maior parte da doutrina entende que, enquanto o VGBL consiste em um seguro de pessoa,[22] o PGBL constitui autêntico plano de previdência complementar.[23] Nenhum dos dois, todavia, é considerado parcela integrante da herança, tendo em vista sua natureza securitária ou previdenciária. Com isso, tornam-se instrumentos úteis ao planejamento sucessório, na medida em que escapam à incidência do imposto de transmissão causa mortis e são pagos independentemente de inventário, dotando os sucessores de recursos financeiros de

---

20. MADALENO, Rolf. Planejamento sucessório. *In:* PEREIRA, Rodrigo da Cunha; DIAS, Maria Berenice (coord.). *Famílias:* pluralidade e felicidade. Belo Horizonte: IBDFAM, 2014. p. 203: "Os planos de previdência privada funcionam como uma alternativa de investimento para garantir complementação à aposentadoria do INSS, oferecendo o mercado o Plano Gerador de Benefício Livre (PGBL) e o plano Vida Gerador de Benefício Livre (VGBL). Trata-se de um regime de capitalização, no qual o investidor decide como e quanto receberá, ficando à sua escolha o valor da contribuição e a realização de depósitos adicionais. Os recursos podem ser resgatados antecipadamente, no valor total ou em benefícios mensais até o final da vida."

21. GIRARDI, Viviane. MOREIRA, Luana Maniero. A previdência privada aberta como instrumento ao planejamento sucessório. *In:* TEIXEIRA, Daniele Chaves (coord.). *Arquitetura do planejamento sucessório.* 2. ed. Belo Horizonte: Fórum, 2019. p. 443.

22. Em virtude da sua regulamentação pela Superintendência de Seguros Privados (SUSEP). O Regulamento do Plano VGBL pode ser consultado em: http://www.susep.gov.br/menu/informacoes-ao-mercado/informacoes-tecnicas-e-planos-padroes/seguro-de-pessoas. Acesso em: 06 nov. 2020.

23. Ver, por todos, MAIA JUNIOR, Mairan Gonçalves. A previdência privada como instrumento de planejamento sucessório. *Revista Pensar*, Fortaleza, v. 25, n. 14, jan./mar. 2020. p. 3-4: "O VGBL é classificado como seguro de pessoa. Por seu turno, o PGBL constitui plano de previdência complementar. Ambos, portanto, possuem natureza securitária, de acordo com a feição que a Lei Complementar n.º 109/01 lhes atribui. Em virtude da natureza securitária que apresentam, se lhes aplica o art. 794 CC02, o qual prescreve que, no seguro de vida ou de acidentes pessoais para o caso de morte, o capital estipulado não está sujeito às dívidas do segurado, nem se considera herança para todos os efeitos de direito. [...] Como as reservas constituídas nos planos VGBL e PGBL possuem natureza e finalidade securitárias, não são transmissíveis, por sucessão *mortis causa*, aos herdeiros legítimos ou testamentários do falecido, quando indicados beneficiários no plano de previdência privada. Ausente a indicação de beneficiários, a reserva constituída, como direito de crédito, será incorporada ao patrimônio transmissível do falecido e, nesse caso, transferida a seus herdeiros legítimos ou testamentários."

disponibilidade imediata, que lhes permitem atender às despesas com a transmissão hereditária e aos dispêndios de sua própria subsistência.

Em alguns Estados, o Fisco tem procurado qualificar esses planos como herança, cobrando dos beneficiários o ITCMD, postura que é rechaçada pela jurisprudência.[24] Isso não impede que, em determinadas situações excepcionais, os tribunais requalifiquem esses negócios privando-lhes da natureza securitária ou previdenciária a depender do caráter que lhes emprestaram as próprias partes com seu comportamento. É emblemático caso julgado pelo Tribunal de Justiça do Estado de São Paulo, em que uma viúva havia ajuizado ação de restituição de enriquecimento sem causa em face de seus dois filhos, alegando que o plano VGBL contratado por ela e seu falecido marido havia sido erroneamente partilhado entre todos os herdeiros, em contrariedade à sua natureza securitária. A 1ª Câmara de Direito Privado daquele Tribunal entendeu, no entanto, que, naquele caso específico, em razão da realização de sucessivos resgates de valores expressivos desde a contratação do plano, teria restado desnaturada a natureza securitária dos planos, que configurariam mera aplicação revestida de intuito de investimento, devendo, portanto, compor o acervo hereditário.[25]

Registre-se, ainda sobre os planos de previdência complementar, que, no Estado do Rio de Janeiro, foi editada a Lei Estadual 7.174/2015, que passou a determinar expressamente a incidência do imposto de transmissão *causa mortis* sobre os planos de VGBL e PGBL.[26] Em junho de 2019, porém, o Tribunal de Justiça do Estado do Rio de Janeiro julgou a ADI 0032730-06.2016.8.19.0000, na qual se questionava a constitucionalidade da referida tributação, reconhecendo a procedência do pedido, ao fundamento de que, "*não sendo considerado herança, no VGBL não há fato gerador que dê ensejo à incidência do ITCMD, devendo, por isso, ser declarada a inconstitucionalidade do artigo 23 da Lei nº 7.174/2015 quanto ao VGBL (Vida Gerador de Benefício Livre).*"[27] O julgado está em linha com a jurisprudência do Superior Tribunal de Justiça, que tem reconhecido que "*o Plano de Previdência Privada (VGBL), mantido pela*

---

24. Veja-se, entre tantos outros: "[...] resta sedimentado o entendimento de que o VGBL tem natureza securitária, de modo que não se considera como herança (art. 794 do CC), não caracterizando, portanto, transmissão de valores por força da morte, inviabilizando a incidência do art. 2º, II da Lei Estadual 8.821/89. [...] Nesses termos, considerando que o VGBL não perde sua natureza securitária pelo fato de ser utilizado como espécie de previdência privada, bem assim que o patrimônio afetado, em caso de morte do contrate, não transita pelos bens do espólio, mas sim é alcançado diretamente ao beneficiário eleito pelo contratante, imperiosa a manutenção da decisão monocrática objurgada." (TJRS, AI n. 0076794-57.2020.8.21.7000, Rel. Des. Carlos Roberto Lofego Canibal, j. 30.9.2020).
25. O processo se encontra em segredo de justiça, tendo a decisão sido noticiada em reportagem do site JOTA. Disponível em: https://www.jota.info/justica/tjsp-plano-de-previdencia-vgbl-de-idosa-deve-entrar-na-partilha-com-filhos-03082020. Acesso em: 06 nov. 2020.
26. "Art. 23. Na transmissão *causa mortis* de valores e direitos relativos a planos de previdência complementar com cobertura por sobrevivência, estruturados sob o regime financeiro de capitalização, tais como Plano Gerador de Benefício Livre (PGBL) ou Vida Gerador de Benefício Livre (VGBL), para os beneficiários indicados pelo falecido ou pela legislação, a base de cálculo é: I – o valor total das quotas dos fundos de investimento, vinculados ao plano de que o falecido era titular na data do fato gerador, se o óbito ocorrer antes do recebimento do benefício; ou II – o valor total do saldo da provisão matemática de benefícios concedidos, na data do fato gerador, se o óbito ocorrer durante a fase de recebimento da renda."
27. TJRJ, ADI n. 0032730-06.2016.8.19.0000, Rel. Des. Ana Maria Pereira de Oliveira, j. 10.6.2019.

falecida, tem natureza jurídica de contrato de seguro de vida e não pode ser enquadrado como herança, inexistindo motivo para determinar a colação dos valores recebidos".[28]

Aspecto que exige especial atenção é o risco de utilização de planos previdenciários como instrumento de burla à legítima, por meio da aplicação de integralidade do patrimônio em fundo que tenha como beneficiário apenas um dos herdeiros necessários, por exemplo. Sabe-se, com efeito, que é nulo o negócio jurídico que *"tiver por objetivo fraudar lei imperativa",*[29] mas o propósito fraudulento não pode ser simplesmente presumido, devendo-se, ao contrário, perquirir a existência de elementos concretos que comprovem a motivação ilícita.

Outro instrumento a que se tem recorrido para fins de planejamento sucessório, mesmo na ausência de previsão legal sobre o tema no Brasil, é o *trust*. Típico dos ordenamentos de *common law*, o *trust* viabiliza a divisão entre propriedade material e formal de um ou vários bens.[30] Assim, por meio do *trust*, um instituidor (*settlor*) atribui a titularidade material de certos bens ou direitos ao *trustee*, pessoa de confiança indicada para gerir o patrimônio com poderes de proprietário,[31] mas com vistas à realização de um determinado fim ou interesse estabelecido pelo instituidor. Dessa forma, o instituidor permanece com uma propriedade meramente formal dos bens, que deixam de estar ao dispor de seus credores.

O *trust* não encontra guarida na ordem jurídica brasileira, embora nossa lei reconheça hipóteses específicas de afetação patrimonial.[32] Argumenta-se frequen-

---

28. STJ, AI nos EDcl no AREsp 947.006/SP, Rel. Min. Lázaro Guimarães, j. 15.5.2018.
29. Código Civil, art. 166, VI.
30. Remete-se, aqui, à noção de *trust* trazida pela Convenção de Haia, em seu artigo 2º: "Para os fins desta Convenção, termo 'trust' refere-se às relações jurídicas criadas – inter vivos e causa mortis – por uma pessoa, o settlor, por meio das quais são colocados sob o controle de um trustee em proveito de um beneficiário ou para um propósito específico. O trust tem as seguintes características: a) os bens constituem massa separada, que não integra o patrimônio do trustee; b) a titularidade dos bens e trust fica em nome do trustee ou de outra pessoa por conta do trustee; c) o trustee tem o poder e o dever, do qual deve prestar contas, de administrar, gerir ou dispor dos bens, de acordo com os termos do trust e com os deveres específicos que lhe são impostos pela lei. O fato de o settlor se reservar certos direitos e poderes e o fato de o trustee poder ter direitos na qualidade de beneficiário não são necessariamente incompatíveis com a existência de um trust. (tradução nossa)."
31. Segundo WATERS, Donovan. The Hague Trust Convention twenty years on. *In*: GRAZIADEI, Michele; MATTEI, Ugo; SMITH, Lionel (coord.). *Commercial trusts in European private law*. Cambridge: Cambridge University Press, 2005. p. 57: "O trust é normalmente compreendido ao redor do mundo para se referir a noção legal por meio da qual a propriedade é mantida como um ativo segregado ou uma reserva de ativos, o benefício de que se acumula unicamente pessoas determinadas ou para a realização de propósito de caridade. [...] A reserva, segregada dos ativos do próprio trustee, é retida, administrada ou investida pelo trustee." (tradução nossa). Confira-se, também, MAZZIERI, Andrea Mazzieri; NAPOLITANO, Gianfranco; NAPOLITANO, Diego. *Il 'project financing'*. Napoli: Jovene, 2006. p. 63-64: "O trust é o conjunto de relações jurídicas caracterizadas pela presença de um sujeito (settlor ou disponente) que transfere bens ou direitos a outro sujeito (o trustee) que assume o dever de empregar o quanto recebeu para a satisfação do interesse de um ou mais sujeitos (beneficiários) ou para um fim determinado." (tradução nossa).
32. O patrimônio de afetação encontra previsão neste sentido no direito brasileiro: "em outras palavras: determinados bens ou direitos podem ser destinados a finalidade especial e, para alcançá-la, seriam dotados da autonomia necessária à consecução desse fim. Para constituição desses patrimônios de afetação não é necessário que o bem seja excluído do patrimônio do titular, mas, sim, que seja submetido a regime especial para atender a determinada finalidade, sempre mediante expressa autorização legal. [...] A afetação não

temente que, na tradição romano-germânica, a propriedade é una, o que impediria a existência de duas propriedades separadas de um mesmo bem. Há, todavia, recente Projeto de Lei em trâmite no Congresso Nacional que visa estabelecer o chamado regime jurídico geral da operação de fidúcia,[33] iniciativa que permitirá alcançar os mesmos efeitos do *trust*,[34] com base na experiência de países de tradição romano--germânica que passaram a incorporar o instituto, tais como Luxemburgo, Suíça, Itália, França, Holanda.[35]

Em que pese a ausência de disciplina no direito positivo brasileiro, pessoas que possuem patrimônio no Brasil, mas também em países que reconhecem o *trust*, tem se valido deste instrumento como meio de planejamento sucessório, constituindo patrimônios segregados para destinação futura a um ou mais de seus herdeiros. Mais uma vez, é preciso evitar a ocorrência de fraude à legítima, partindo-se da lei aplicável à sucessão *causa mortis* (LINDB, art. 10) e aos demais elementos do caso concreto.

4. ALÉM DO PLANEJAMENTO SUCESSÓRIOS: INSTRUMENTOS DE EFETIVA ANTECIPAÇÃO DA DISTRIBUIÇÃO PATRIMONIAL COMO DOAÇÃO, COMPRA E VENDA E CONSTITUIÇÃO DE *HOLDING* FAMILIAR

A majoração das alíquotas de imposto de transmissão *causa mortis* não tem apenas despertado um crescente interesse por meios de planejamento sucessório alternativos ao testamento, mas tem, adicionalmente, suscitado busca por meios de

---

importa em cisão do patrimônio, mas implica atribuição de autonomia funcional a certos bens ou acervos para cumprimento de determinada função, sem se criar uma nova personalidade, continuando aqueles bens encravados no patrimônio do sujeito. Por isso, a expressão patrimônio separado, embora de uso corrente, deve ser tomada com reserva, pois, na verdade, o acervo segregado para fins especiais não é excluído do patrimônio do sujeito, continuando a integrá-lo, mas com destaque, em razão de tratamento especial compatível com sua função.". (CHALHUB, Melhim Namem. *Direitos Reais*. 2. ed. São Paulo: Revista dos Tribunais, 2014. p. 31-32.)

33. CHALHUB, Melhim Namem; FILHO, Gustavo Alberto Villela. OLIVA, Milena Donato. *Regime jurídico geral do contrato fiduciário*. Migalhas. Disponível em: https://migalhas.uol.com.br/coluna/migalhas-edilicias/334443/regime-juridico-geral-do-contrato-fiduciario. Acesso em: 23 out. 2020.

34. Como se sabe, para constituir um trust o proprietário de certo bem, denominado settlor, afeta-o a uma determinada finalidade e o transmite a um terceiro (trustee), que o recebe com o encargo de dar cumprimento a essa finalidade e, uma vez cumprida, transmiti-lo a um beneficiário (denominado cestui que trust), que pode ser o próprio transmitente (settlor). Nos sistemas de tradição romano-germânica é possível alcançar esses efeitos jurídicos e econômicos mediante transmissão fiduciária, pois tanto o trust como a fidúcia produzem o mesmo efeito de definir uma destinação para o bem transmitido e vinculá-lo à realização desse escopo específico, excluindo-o dos efeitos de eventuais situações de crise do fiduciário. (BRASIL. Congresso Nacional. *Projeto de Lei 4.758/2020*. Dispõe sobre a fidúcia e dá outras providências. Disponível em: https://www.camara.leg.br/proposicoesWeb/prop_mostrarintegra?codteor=193317. Acesso em: 23 out. 2020.)

35. "Os países que participaram da 15ª Sessão da Conferência de Direito Internacional Privado em Haia, realizada de 8 a 20 de outubro de 1984, em que se discutiu a Convenção em exame [de Haia], foram: Argentina, Austrália, Áustria, Bélgica, Canadá, Chipre, Tchecoslováquia, Dinamarca, Irlanda, Israel, Itália, Japão, Luxemburgo, Noruega, Países Baixos, Polônia, Portugal, Espanha, Suécia, Suíça, Suriname, Turquia, Reino Unido, Estados Unidos, Uruguai, Venezuela, Iugoslávia". (OLIVA, Milena. *Patrimônio separado*: herança, massa falida, securitização de créditos imobiliários, incorporação imobiliária, fundos de investimento imobiliário, trust. Rio de Janeiro: Renovar, 2009. p. 331.)

A FUGA DO TESTAMENTO **279**

efetiva antecipação da distribuição do patrimônio, de modo a se reduzir a parcela de bens e direitos que somente virá a ser transmitida com a morte.

Não se trata exatamente de uma novidade. Há muito, emprega-se o contrato de doação como meio de distribuição de bens em vida, evitando-se futura discussão em inventário.[36] Não raro, doações para este fim são realizadas com reserva de usufruto ao doador, transmitindo-se, desde logo, ao herdeiro tão-somente a nua-propriedade. Isso permite que o doador preserve as faculdades de uso e gozo do bem, podendo, por exemplo, continuar a residir no imóvel doado ou dele auferir renda por meio de aluguel. Também é frequente a doação de ações com reserva de usufruto, que permite ao doador continuar a receber os dividendos advindos das mesmas ações ou reservar para si apenas os direitos políticos, continuando a exercer voto nas deliberações da respectiva sociedade empresária.[37]

O artigo 544 do Código Civil determina, como se sabe, que *"a doação de ascendentes a descendentes, ou de um cônjuge a outro, importa adiantamento do que lhes cabe por herança"*.[38] Assim, os bens doados por ascendente a descendente, ou entre cônjuges, devem ser colacionados no momento da abertura da sucessão, salvo se o doador tiver determinado que a doação saia da metade disponível da herança.[39] E a doação não pode ultrapassar 50% do patrimônio do doador, sob pena de configurar doação inoficiosa, nula de pleno direito.[40]

Uma das vantagens da utilização da doação como instrumento de planejamento sucessório diz respeito à possibilidade de gravar os bens doados com cláusulas de incomunicabilidade, impenhorabilidade ou inalienabilidade.[41] Esses gravames precisam

---

36. Deve-se recordar que há limites para a doação, sendo vedada, por exemplo, a doação universal: "Art. 548. É nula a doação de todos os bens sem reserva de parte, ou renda suficiente para a subsistência do doador." Sobre o tema, ver FACHIN, Luiz Edson. *Estatuto jurídico do patrimônio mínimo*. 2. ed. Rio de Janeiro: Renovar, 2006. p. 2: "Tal proposição parte de um fundamento que se pode extrair do Código Civil brasileiro, mediante legítimo recurso de hermenêutica. O dispositivo, focalizado especialmente, está contido no artigo 548 da nova codificação civil, do qual se pode inferir que a ordem jurídica, ao vedar, mediante regra cogente cuja violação comina com nulidade absoluta, a autorredução à miserabilidade, faz emanar princípio que, também obsta a instauração de estado de paupérrimo por qualquer meio, voluntário ou forçado, judicial ou extrajudicial, de interesse público ou privado. Ali se garante o direito fundamental à subsistência e veicula princípio geral que não se restringe à hipótese enunciada."

37. O direito de voto das ações gravadas com usufruto é regulado pelo artigo 114 da Lei nº 6.404/1976: "O direito de voto da ação gravada com usufruto, se não for regulado no ato de constituição do gravame, somente poderá ser exercido mediante prévio acordo entre o proprietário e o usufrutuário."

38. LÔBO, Paulo Luiz Netto. *Comentários ao Código Civil*: parte especial. v. VI. São Paulo: Saraiva, 2003, p. 544, ao comentar a previsão contida no artigo 544 do Código Civil afirma que "não se trata de impedimento, pois essas doações podem ser feitas, mas o legislador as inibe, na medida em que obriga os donatários à colação, reduzindo-se proporcionalmente o que lhes caberá como herança quando da abertura da sucessão do doador."

39. "Art. 2.005. São dispensadas da colação as doações que o doador determinar saiam da parte disponível, contanto que não a excedam, computado o seu valor ao tempo da doação. Parágrafo único. Presume-se imputada na parte disponível a liberalidade feita a descendente que, ao tempo do ato, não seria chamado à sucessão na qualidade de herdeiro necessário."

40. Art. 549 do Código Civil.

41. "A legítima pertence de pleno direito ao herdeiro necessário. Não obstante, pode o testador clausulá-la, impondo restrições, que atingem até o próprio poder de dispor dos bens herdados. As cláusulas restritivas

ser apostos com base em justificativa que não se afigure genérica, mas, ao contrário, se exprima de modo específico e detalhado.[42] Registre-se que a prática advocatícia destaca, nesse campo, o uso frequente das cláusulas de incomunicabilidade, fruto de uma certa tentação de pais e mães em buscar proteger seus filhos de futuros cônjuges ou companheiros "oportunistas", interessados exclusivamente em seu patrimônio. Não raro, o titular de um patrimônio vasto acredita que seus filhos jamais brigariam pela herança, salvo em caso de má influência de maridos ou mulheres animados por instintos mercenários.

Embora possa oferecer algumas vantagens em relação ao testamento, o uso de contratos de doação para a distribuição do patrimônio ainda em vida não tem sido buscado com tanta frequência, pois implica igualmente custo tributário. A maior parte dos Estados tem majorado as alíquotas também para fins de doação, como ocorreu, por exemplo, nos estados do Rio Grande do Sul e do Rio de Janeiro.[43] Mesmo nos Estados em que não houve a majoração, o recolhimento imediato do imposto sobre a doação pode funcionar como desestímulo ao seu emprego: afinal, se antecipa a distribuição, antecipa também o custo tributário e isso nem sempre é visto como boa solução.

Nesse cenário, tem-se recorrido, por vezes, a operações de compra e venda que dependem, contudo, de disponibilidade patrimonial dos herdeiros para efetuar a aquisição.[44] A conversão do monte em pecúnia facilita a distribuição futura, mas também aqui há que se observar restrições legais como a necessária autorização de todos os descendentes e cônjuges na hipótese de venda de um bem pelo ascendente a um descendente, nos exatos termos do artigo 496 do Código Civil.[45]

---

permitidas são:1 a) inalienabilidade; b) incomunicabilidade; c) impenhorabilidade;" (GOMES, Orlando. *Sucessões*. 15. ed. Rio de Janeiro: Forense, 2012. p. 181).

42. Ver, por exemplo, TJSP, AC n. 4004152-26.2013.8.26.0565, Rel. Des. Milton Carvalho, j. 23.10.2014: "Repisa-se que as cláusulas de inalienabilidade foram estabelecidas pelos doadores por tempo determinado e, ademais, cumpre salientar que a justificativa explicitada na escritura pública de doação para embasá-las (inserida apenas por cautela, para evitar futura anulação do ato) é genérica e não evidencia a existência de situação concreta que pudesse lesar o patrimônio dos donatários." No mesmo sentido, TJSP, AI n. 2061442-35.2020.8.26.0000, Rel. Des. João Pazine Neto, j. 20.4.20; TJSP, AC n. 1003647-28.2018.8.26.0269, Rel. Des. Rodolfo Pellizari, j. 30.7.2020.

43. No Rio Grande do Sul, o artigo 19 da Lei Estadual 14.741/2015 elevou a alíquota do imposto de doação para 4%, para doação de bens com valor superior a 10.000 UPF-RS. Já no Rio de Janeiro, o artigo 3º da Lei Estadual 7.786/2017 alterou o artigo 26 da Lei 7.174/2015 e passou a prever alíquotas de até 8% para as doações.

44. Essa hipótese tem sido contornada muitas vezes por meio da conjugação da compra e venda com contratos de mútuo, no qual o descendente fica responsável pelo pagamento do preço de forma gradual ao longo do tempo. A celebração desses negócios de forma combinada pode acabar por configurar simulação relativa, nos termos do artigo 167, *caput*, do Código Civil, especialmente quando se verifica, à luz das circunstâncias do caso concreto, que a compra e venda é utilizada para dissimular uma doação de ascendente a descendente.

45. "Art. 496. É anulável a venda de ascendente a descendente, salvo se os outros descendentes e o cônjuge do alienante expressamente houverem consentido. Parágrafo único. Em ambos os casos, dispensa-se o consentimento do cônjuge se o regime de bens for o da separação obrigatória." Como explica WALD, Arnoldo. *Direito Civil*: contratos em espécie. v. III. 19. ed. São Paulo: Saraiva, 2012. p. 28: "Para evitar litígios na família, o Código Civil exige, sob pena de anulação do negócio, que na venda dos ascendentes para os descendentes haja o consentimento expresso dos outros descendentes e do cônjuge (art. 496), a fim de

Há, além dos instrumentos contratuais, instrumentos societários que têm sido utilizados com frequência cada vez maior para obter a antecipação da distribuição patrimonial. Figura que tem se tornado usual nos debates sobre planejamento sucessório é a chamada *holding* familiar. A *holding* consiste, como se sabe, em pessoa jurídica constituída com o fim de adquirir e administrar participação societária em outras sociedades empresárias, conforme dispõe o artigo 2º, § 3º, da Lei das S/A (Lei 6.404/76).[46] Quando a *holding* reúne como sócios integrantes da mesma família e é constituída para fins de facilitar a sucessão recebe a alcunha de *holding familiar.*[47]

Embora possa parecer, à primeira vista, que a constituição de uma *holding familiar* signifique economia tributária, isso nem sempre acontece, mesmo porque qualquer doação de quotas ou ações da *holding familiar* ensejará naturalmente a incidência do imposto de transmissão e suscitará as mesmas questões já abordadas em relação à doação. Além disso, recente julgado do Supremo Tribunal Federal (Tema 796 da Repercussão Geral) fixou o entendimento de que "a imunidade em relação ao ITBI, prevista no inciso I do § 2º do art. 156 da Constituição Federal, não alcança o valor dos bens que exceder o limite do capital social a ser integralizado".[48] Significa dizer, ainda de acordo com o Supremo Tribunal Federal, que "sobre a diferença do valor dos bens imóveis que superar o capital subscrito a ser integralizado, incidirá a tributação pelo ITBI."

A utilização das *holdings familiares* pode, por outro lado, facilitar a celebração de compra e venda de quotas ou ações das *holdings* entre os partícipes do planejamento sucessório. Embora, tal como em qualquer compra e venda, seja necessária a autorização dos demais descendentes para esse tipo de negócio entre o ascendente e

---

evitar que a doação seja simulada em compra e venda. Ressalta-se que o Código Civil de 1916 apenas exigia a manifestação favorável dos demais descendentes, e o atual Código passou a exigir também a concordância do cônjuge, que somente é dispensada se o regime de casamento for de separação obrigatória (art.496, parágrafo único)."

46. "Art. 2º. Pode ser objeto da companhia qualquer empresa de fim lucrativo, não contrário à lei, à ordem pública e aos bons costumes. [...] § 3º A companhia pode ter por objeto participar de outras sociedades; ainda que não prevista no estatuto, a participação é facultada como meio de realizar o objeto social, ou para beneficiar-se de incentivos fiscais."

47. Com relação a denominação "holding familiar", TEIXEIRA, João Alberto Borges. (*Holding familiar*: tipo societário e seu regime tributário. Disponível em: http://www.g-10.net/12_33.htm. Acesso em: 04 set. 2020) diz: "A doutrina aponta, ainda, outras classificações para as empresas holding (tais como: holding administrativa, holding de controle, holding de participação, holding familiar etc.) Entre esses tipos é muito conhecido a holding familiar, que apresenta grande utilidade na concentração patrimonial e facilita a sucessão hereditária e a administração dos bens, garantindo a continuidade sucessória".

48. "A Constituição de 1988 imunizou a integralização do capital por meio de bens imóveis, não incidindo o ITBI sobre o valor do bem dado em pagamento do capital subscrito pelo sócio ou acionista da pessoa jurídica (art. 156, § 2º,). A norma não imuniza qualquer incorporação de bens ou direitos ao patrimônio da pessoa jurídica, mas exclusivamente o pagamento, em bens ou direitos, que o sócio faz para integralização do capital social subscrito. Portanto, sobre a diferença do valor dos bens imóveis que superar o capital subscrito a ser integralizado, incidirá a tributação pelo ITBI. Recurso Extraordinário a que se nega provimento. Tema 796, fixada a seguinte tese de repercussão geral: 'A imunidade em relação ao ITBI, prevista no inciso I do § 2º do art. 156 da Constituição Federal, não alcança o valor dos bens que exceder o limite do capital social a ser integralizado' (STF, RE n. 796376, Rel. Min. Marco Aurélio, Rel. p/ Acórdão Min. Alexandre de Moraes, j. 05.8.2020).

um filho ou neto (com base no já citado art. 496 do Código Civil), o pagamento parcelado do preço das quotas ou ações acaba sendo, por vezes, facilitado por eventuais resultados positivos da própria *holding*, distribuídos aos seus sócios. Também tem sido comum que o instituidor principal da *holding* se reserve uma *golden share*, ou seja, uma ação ou quota que lhe confere poderes especiais, como poder de veto sobre as matérias atinentes à sociedade. Também aqui avulta em importância a necessidade de se evitar fraude às regras cogentes da herança legítima.

5. CONCLUSÃO

A majoração de alíquotas de imposto de transmissão *causa mortis* talvez tenha sido capaz de ampliar, em um primeiro momento, a arrecadação dos Estados e, nesse sentido, pode ter se revelado boa estratégia para lidar com emergências econômicas. A médio prazo, contudo, a preservação de uma carga tributária elevada sobre a distribuição *post mortem* do patrimônio tende a incentivar o uso de instrumentos de planejamento sucessório diversos do testamento, especialmente aqueles que permitem afastar a incidência do imposto de transmissão *causa mortis*.

O uso de tais instrumentos traz sempre alguma possibilidade de discussão sobre a sua legitimidade, especialmente no direito brasileiro que se filia historicamente à proibição do chamado *pacta corvina*, consagrada no artigo 426 do Código Civil, segundo o qual "*não pode ser objeto de contrato a herança de pessoa viva*". Mais que a subserviência a uma regra antiga, tem-se em vista aí uma vedação amparada em razões substanciais, como a proteção da solidariedade familiar,[49] a garantia de permanente revogabilidade das disposições patrimoniais para depois da morte (como ocorre no testamento), entre outras razões.[50] De outro lado, cresce a defesa de um espaço de autonomia para que a pessoa humana possa, nos limites da lei, dispor livremente e do modo mais eficiente possível de seu patrimônio, prevenindo, ademais, futuros litígios entre os potenciais herdeiros.[51]

---

49. "Essa sincronização, baseada igualmente na solidariedade familiar, tem justificado a manutenção da legítima, quota dos herdeiros necessários, em percentual fixo de 50%. E a legítima, sem dúvida alguma relacionada a citados fundamentos do Direito das sucessões, impede, no atual sistema legislativo brasileiro, a tão mencionada 'contratualização' da matéria, que pode representar até o seu fim, com o afastamento da sua justificação." (TARTUCE, Flávio. Os fundamentos do Direito das Sucessões e a tendência de 'contratualização' da matéria. *Academia.edu*. Disponível em: https://www.academia.edu/. Acesso em: 06 nov. 2020).

50. "Os fundamentos acerca da proibição dos pactos sucessórios são os mais diversos. O principal deles é a característica dessas convenções de alimentar a esperança na morte alheia, o *votum alicujus mortis*, sendo ofensiva à moral e aos bons costumes. Além o contrato determinaria uma sucessão pactícia, em violação à ordem pública sucessória, que estabelece o regime dual de delação sucessória com base na lei e no testamento. Os pactos seriam atentatórios à liberdade de testar, pois as disposições de última vontade têm como traço marcante a revogabilidade do ato até o momento da morte do autor da herança. Por fim, esses negócios teriam potencial de criar situações lesivas ao herdeiro presuntivo, que não teria condições de avaliar e precificar o seu direito." (SILVA, Rafael Cândido da. *Pactos sucessórios e contratos de herança*. Salvador: JusPodvim, 2019. p. 242).

51. Ainda uma vez, SILVA, Rafael Cândido. A proibição dos pactos sucessórios: releitura funcional de uma antiga Regra. *Revista de Direito Privado*, São Paulo, v. 72, 2016, acesso pela plataforma RTonline: "Associado a isso

Não há dúvida de que um planejamento sucessório adequado não pode se limitar a um único instrumento, mas deve combinar ferramentas jurídicas distintas de modo a atender o desejo do titular do patrimônio na exata medida do espaço que a lei legitimamente confere para tanto. Parece certo, contudo, que outros campos do direito – especialmente o campo financeiro e tributário – devem ser chamados a desempenhar seu papel, de modo a não permitir que custos tributários demasiadamente elevados acabem por reduzir a sucessão *causa mortis* das grandes riquezas do país, esvaziando a solução legislativa habitual na mesma proporção em que oneram mais severamente a imensa maioria das sucessões nacionais. É preciso que os diferentes ramos do direito se conjuguem em um sistema previsível, seguro e equilibrado para a transmissão do patrimônio em razão da morte, no qual se limitar a celebrar um testamento não seja visto como mera tolice ou falta de atualidade.

6. REFERÊNCIAS

ALVES, João Luiz. *Código Civil da República do Estados Unidos do Brasil*. v. I. 3. ed. Rio de Janeiro: Borsoi, 1957.

BACELO, Joice. Aumento de alíquota do ITCMD não eleva arrecadação no Rio. *Valor Econômico*, 11 jan. 2021. Disponível em: https://valor.globo.com/legislacao/noticia/2021/01/11/aumento-de-aliquota-do-itcmd-nao-eleva-arrecadacao-no-rio.ghtml. Acesso em: 02 mai. 2021

BARBOZA, Heloisa Helena; ALMEIDA, Vitor. Partilha em vida como forma de planejamento sucessório. *In*: TEIXEIRA, Daniele Chaves (coord.). *Arquitetura do planejamento sucessório*. 2. ed. Belo Horizonte: Fórum, 2019.

BEVILÁQUA, Clóvis. *Código Civil comentado*. v. VI. Rio de Janeiro: Francisco Alves, 1919.

BEVILÁQUA, Clóvis. *Direito das Obrigações*. 5. ed. Rio de Janeiro: Freitas Bastos, 1940.

BRASÍLIA. Congresso Nacional. *Projeto de Lei 4.758/2020*. Dispõe sobre a fidúcia e dá outras providências. Disponível em: https://www.camara.leg.br/proposicoesWeb/prop_mostrarintegra?codteor=193317. Acesso em: 23 out. 2020.

BRANT, Danielle. Custo de inventário pega herdeiro desprevenido e pode causar dívida. *Folha de São Paulo*, 24 ago. 2015. Mercado. Disponível em: https://m.folha.uol.com.br/mercado/2015/08/1672592-custo-de-inventario-pega-herdeiro-desprevenido-e-pode-causar-divida.shtml. Acesso em: 06 nov. 2020.

CHALHUB, Namen Melhim. *Direitos Reais*. 2. ed. São Paulo: Revista dos Tribunais, 2014.

CHALHUB, Namen Melhim; FILHO, Gustavo Alberto Villela; OLIVA, Milena Donato. Regime jurídico geral do contrato fiduciário. *Migalhas*. Disponível em: https://migalhas.uol.com.br/coluna/migalhas-edilicias/334443/regime-juridico-geral-do-contrato-fiduciario. Acesso em: 23 out. 2020.

DANTAS, San Tiago. *Programa de Direito Civil*. v. II. Rio de Janeiro: Rio, 1978.

FACHIN, Luiz Edson. *Estatuto jurídico do patrimônio mínimo*. 2. ed. Rio de Janeiro: Renovar, 2006.

FLEISCHMANN; Simone Tassinari Cardoso; TREMARIN JUNIOR; Valter. Reflexões sobre holding familiar no planejamento sucessório. *In*: TEIXEIRA; Daniele Chaves (coord.). *Arquitetura do planejamento sucessório*. 2. ed. Belo Horizonte: Fórum, 2019.

---

deve ser reconhecido o fato de que os pactos sucessórios teriam grande utilidade na prevenção de situações recorrentemente conflitivas."

GIRARDI, Viviane. MOREIRA, Luana Maniero. A Previdência privada aberta como instrumento ao planejamento sucessório. *In*: TEIXEIRA, Daniele Chaves (coord.). *Arquitetura do planejamento sucessório*. 2. ed. Belo Horizonte: Fórum, 2019.

GOMES, Orlando. *Contratos*. 26. ed. Rio de Janeiro: Forense, 2009.

GOMES, Orlando. *Sucessões*. 15. ed. Rio de Janeiro: Forense, 2012.

HIRONAKA, Giselda Maria Fernandes Novaes. *Direito das Sucessões*. 4. ed. São Paulo: Revista dos Tribunais, 2012.

LEITE, Eduardo de Oliveira. *Comentários ao Novo Código Civil*. v. XXI. Rio de Janeiro: Forense, 2003.

LÔBO, Paulo Luiz Netto. *Comentários ao Código Civil*: Parte Especial. v. VI. São Paulo: Saraiva, 2003.

MADALENO, Rolf. Planejamento sucessório. *In*: PEREIRA, Rodrigo da Cunha; DIAS, Maria Berenice (coord.). *Famílias*: pluralidade e felicidade. Belo Horizonte: IBDFAM, 2014.

MAIA JUNIOR, Mairan Gonçalves. A previdência privada como instrumento de planejamento sucessório. *Revista Pensar*, Fortaleza, v. 25, n. 14, jan./mar. 2020.

MAXILIANO, Carlos. *Direito das Sucessões*. v. II. Rio de Janeiro: Freitas Bastos, 1937.

MAZZIERI, Andrea Mazzieri; NAPOLITANO, Gianfranco; NAPOLITANO, Diego. *Il 'project financing'*. Napoli: Jovene, 2006.

MIRANDA, Pontes de. *Tratado de Direito Privado*. t. I. 3. ed. Rio de Janeiro: Borsoi, 1970.

NEVARES, Ana Luiza Maia. Perspectivas para o planejamento sucessório. *In*: TEIXEIRA, Daniele Chaves (coord.). *Arquitetura do planejamento sucessório*. 2. ed. Belo Horizonte: Fórum, 2019.

OLIVA, Milena Donato. *Patrimônio separado*: herança, massa falida, securitização de créditos imobiliários, incorporação imobiliária, fundos de investimento imobiliário, trust. Rio de Janeiro: Renovar, 2009.

OLIVEIRA, Itabaiana de. *Tratado de Direito das Sucessões*. v. III. Rio de Janeiro: Max Limonad, 1952.

PENA JÚNIOR, Moacir César. *Curso completo de Direito das Sucessões*: doutrina e jurisprudência. São Paulo: Método, 2009.

PEREIRA, Caio Mário da Silva. *Instituições de Direito Civil*. v. I. 30. ed. Rio de Janeiro: Forense, 2017.

PERLINGIERI, Pietro. *Perfis do Direito Civil*: Introdução ao Direito Civil Constitucional. Tradução de Maria Cristina de Cicco. 3. ed. Renovar: Rio de Janeiro, 2007.

RIBEIRO, Mariana. 7 Estados já decretaram calamidade financeira; entenda o que significa. *Poder360*, 27 jan. 2019. Disponível em: https://www.poder360.com.br/economia/7-estados-ja-decretaram-calamidade-financeira-entenda-o-que-significa/. Acesso em: 02 mai. 2021.

RUGGIERO, Roberto de. *Instituições de Direito Civil*. v. III. São Paulo: Saraiva, 1934.

SANTOS, J. M. de Carvalho. *Código Civil interpretado*. v. XXIV. Rio de Janeiro: Freitas Bastos, 1981.

SCHREIBER, Anderson. *Manual de Direito Civil contemporâneo*. 3. ed. São Paulo: Saraiva, 2020.

SILVA, Rafael Cândido. A proibição dos pactos sucessórios: releitura funcional de uma antiga regra. *Revista de Direito Privado*, São Paulo, v. 72, 2016.

SILVA, Rafael Cândido da. *Pactos sucessórios e contratos de herança*. Salvador: JusPodvim, 2019.

TARTUCE, Flávio. Os fundamentos do Direito das Sucessões e a tendência de 'contratualização' da matéria. *Academia.edu*. Disponível em: https://www.academia.edu/. Acesso em: Acesso em: 06 nov. 2020.

TEIXEIRA, Daniele Chaves. *Planejamento sucessório*: pressupostos e limites. Belo Horizonte: Fórum, 2017.

TEIXEIRA, João Alberto Borges. *Holding familiar*: tipo societário e seu regime tributário. Disponível em: http://www.g-10.net/12_33.htm. Acesso em: 4 set. 2020.

TEPEDINO, Gustavo; BARBOZA, Heloisa Helena; MORAES, Maria Celina Bodin de (coord.). *Código Civil interpretado conforme a Constituição da República*. v. IV. Rio de Janeiro: Renovar, 2014.

TEPEDINO, Gustavo; NEVARES, Ana Luiza Maia; MEIRELES. Rose Melo Vencelau. *Fundamentos do Direito Civil*: Direito das Sucessões. v. 7. Rio de Janeiro: Forense, 2020.

TREZE Estados já aumentaram impostos sobre herança e doação. *SINDIFISCO*, 09 mai. 2016. Disponível em: http://www.sindifisco.org.br/noticias/13-estados-ja-aumentaram-imposto-sobre-heranca-e--doacao. Acesso em: 06 nov. 2020.

VELOSO, Zeno. *Comentários ao Código Civil*. São Paulo: Saraiva, 2003.

VENOSA, Sílvio de Salvo. *Direito Civil*. v. VII. 4. ed. São Paulo: Atlas, 2004.

WALD, Arnoldo. *Direito Civil*: contratos em espécie. v. III. 19. ed. São Paulo: Saraiva, 2012.

WALD, Arnoldo. *O regime jurídico da partilha em vida*. São Paulo: Revista dos Tribunais, 1987, v. 7, n. 622.

WATERS, Donovan. The Hague Trust Convention twenty years on. *In:* GRAZIADEI, Michele; MATTEI, Ugo; SMITH, Lionel (coord.). *Commercial trusts in European private law*. Cambridge: Cambridge University Press, 2005.

A INTERPRETAÇÃO DOS TESTAMENTOS NA VISÃO DOS TRIBUNAIS

Daniela de Carvalho Mucilo

Mestre em Direito das Relações Sociais pela Pontifícia Universidade Católica de São Paulo (PUC/SP). Especialista em Direito Civil pela Università degli Studi di Camerino, Itália. Professora e Coordenadora de Cursos de Pós-graduação em Direito de Família e Sucessões. Advogada.

Sumário: 1. A importância do testamento – 2. A rigidez testamentária – 3. Natureza jurídica do testamento – 4. O discernimento do testador (vícios sanáveis e vícios não sanáveis) – 5. Vícios extrínsecos do testamento. *Vícios puramente formais e vícios formais-materiais* – 6. Considerações finais – 7. Referências.

1. A IMPORTÂNCIA DO TESTAMENTO

Falar de testamento é tratar, acima de tudo, da expressão da vontade. Da realização da vontade do autor da herança para que fique gravada e executada fazendo sua voz ecoar com o seu desaparecimento físico.

Alie-se a isso, a perpetuidade ou destinação do direito de propriedade,[1] aqui, obrigatoriamente, visto, em sua mais ampla concepção, abrangendo desde a clássica ideia de herança imobilizada para chegar à contemporaneidade e realidade da herança digital.

Referendando, de maneira quase insistente, a necessária prática da autonomia da vontade, da autorregulamentação, como forma de atuar em escolhas pessoais, ou melhor, na lição de Pietro Perlingieri *o poder, reconhecido ou concedido pelo ordenamento estatal a um indivíduo ou a um grupo, de determinar vicissitudes jurídicas [...] como consequência de comportamentos – em qualquer medida – livremente assumidos,*[2] o testamento marca no tempo a vereda das escolhas do testador.

Assim é que, novamente e de maneira insistente, o testamento deveria ser mecanismo natural, inserido e propagado socialmente, para que as pessoas pudessem

---

1. "A possibilidade de transmitir bens por testamento, a despeito de atacada por alguns, representa, de certo modo, um corolário do direito de propriedade" (RODRIGUES, Silvio, *Direito das sucessões.* v. 7. 25. ed. São Paulo: Saraiva, 2002. p. 143). Ainda sobre o impacto do direito de propriedade para o direito das sucessões, ensina Pontes de Miranda que *enquanto não apareceu a propriedade individual, o conceito de sucessão a causa de morte não podia corresponder ao dos tempos de hoje. Os filhos já eram titulares do direito em comum* (MIRANDA, Francisco Pontes de. *Tratado de direito privado,* direito das sucessões. t. LV. Rio de Janeiro: Borsoi, 1968. p. 7).

2. PERLINGIERI, Pietro. *Perfis do Direito Civil:* Introdução ao Direito Civil Constitucional. Tradução de Maria Cristina de Cicco. 2. ed. São Paulo: Renovar, 2002. p. 17.

ao menos, exercitar e decidir sobre sua necessidade ao não; sobre a opção entre a sucessão legítima ou a testamentária.[3]

Ao contrário, a sucessão testamentária é, ainda hoje, de maneira quase ingênua, vista como algo distante, mal agourado, distante da realidade de uma grande parte da população, servindo, definitiva e equivocadamente, apenas para poucas e aquinhoadas pessoas.[4] A crença se completa, afastando-se da sucessão testamentária, a pessoa sem grande patrimônio a partilhar (não obstante, talvez, maior preocupação recaia sobre os mais vulneráveis).

Mas não é apenas esta *lenda* popular que repousa sobre o manto do testamento. A sua rigidez e seu excesso de formalismo, em muito contribuem para que de pouco uso fosse adotado e absorvido pela cultura nacional, afastando, a sociedade, de um exercício poderoso e eficaz de manifestação de vontade.

Não bastasse esta fulcral relevância – a de permitir a autodeterminação, da autorregulamentação da pessoa para além de sua vida, organizando e planejando a sua sucessão – o direito das sucessões, pelas suas importantes e recentes mudanças, calcadas nas últimas duas décadas impõem uma nova forma de olhar para a finitude e para a organização da sucessão.

Estas mudanças que obrigam um novo olhar ou, muito mais do que isso, um importante exercício de autorreflexão, foram motivadas por questões econômicas e sociais. A reorganização da família, a sua pluralidade, a sua convivência intergeracional, tudo isso leva ao questionamento (e a não mais a singela aceitação sem preceder de uma necessária escolha) da pertinência e absolutismo da sucessão legítima,[5] como única forma de suceder.

Alie-se a todos estes motivos, a finitude que se fez mais acentuada e presente, promovida à dura realidade da perda de milhares de brasileiros, vitimados pela pandemia causada pelo vírus da COVID-19 que assolou o mundo no ano de 2020.[6]

---

3. E não esta ideia quase obrigatória, tão fomentada pela legislação civil, da sucessão legítima como única ou melhor forma de sucessão *mortis causa*.

4. É interessante notar como parte da própria doutrina clássica civilística brasileira não via no testamento algo de inovador, tampouco revelador da verdadeira vontade do testador, talvez reflexo de não ser a forma de sucessão praticada no país: "Os autores são unânimes em acentuar a vetustez do direito de testar e não se cansam de pôr ênfase na importância que ostentava no passado, principalmente entre os romanos, em que o testamento era usado já antes da Lei das XII Tábuas. Todavia, no Brasil é reduzida a difusão da sucessão testamentária, e o eminente Washington de Barros Monteiro, com sua enorme autoridade de grande juiz que foi, informa que, em cada dez sucessões legítimas que se abrem, ocorre uma sucessão testamentária, fixando-se, portanto, uma proporção de dez por um em favor da primeira." (RODRIGUES, Silvio, *Direito das Sucessões*. v. 7. 25. ed. São Paulo: Saraiva, 2002. p. 143).

5. Assim, é fundamental verificar a evolução da família e de seus conceitos e de que forma o Código Civil, na legalidade constitucional, é capaz de acompanhar essas transformações. É essencial, ainda, refletir sobre o direito sucessório no contexto da família com suas atuais características. (MUCILO, Daniela; TEIXEIRA, Daniele Chaves. COVID-19 e planejamento sucessório: não há mais momento para postergar. *In:* NEVARES, Ana Luiza Maia; XAVIER, Marília Pedroso; MARZAGÃO, Silvia Felipe. *Coronavírus:* impacto no direito de família e sucessões. Indaiatuba: Foco, 2020. p. 336.).

6. O ano de 2020 foi, fatalmente, marcado pela pandemia da Covid-19 e suas quase 200.000 vítimas fatais, apenas no Brasil.

Assim, não há mais como negar a própria finitude como algo tão real e presente quanto incerto, carregado de nuances não apenas emocionais, psicológicas, mas, e porque não assumir, patrimoniais e existenciais.

Reavaliando-se o testamento a partir da visão de sua interpretação pelos Tribunais brasileiros, pode-se ter uma ideia de uma necessária mudança de foco, onde há de preponderar a vontade da pessoa em detrimento de sua forma, sem perda de sua segurança jurídica, mas sim como forma de colocar no mais alto grau de importância aquilo que verdadeiramente quis o autor do testamento retratar em letras a preocupação e as ordens decorrentes de seu desaparecimento.

2. A RIGIDEZ TESTAMENTÁRIA

A eficácia do testamento está condicionada à morte do testador, deflagrando-se, a partir daí, todas as "vontades" contidas e manifestadas no instrumento testamentário.

Dos requisitos do testamento – revogabilidade, unilateralidade, pessoalidade – a formalidade sempre foi um forte anteparo à prática testamentária, colocando-se, indevidamente, anote-se, como freio à busca pela sucessão testamentária, não apenas por fazer parte do ideal comum de que apenas a classe materialmente mais rica da sociedade pudesse fazer uso do testamento, como também, os entraves – inexistentes, anote-se, uma vez mais – para elaboração do instrumento de última vontade.

A partir do requisito da formalidade, há que se analisar sobre a eficácia da vontade do testador – e não do testamento como ato jurídico – *vis a vis* o atendimento ou não de todos os requisitos formais impostos à modalidade testamentária escolhida pelo testador.

Entretanto, os planos de existência e validade, seguindo a escada ponteana que controla os elementos estruturais do negócio jurídico são igualmente indispensáveis para que a vontade do testador efetivamente seja cumprida.

No plano da existência, o testamento tem que ser emanado pela vontade do testador. Deve ter, necessariamente, saído do plano do pensamento, do plano da cogitação, do mero desejo para encontrar sua confirmação expressa numas das formas testamentárias dispostas pelo Código Civil.[7]

Superado o plano da existência, questão de delicada verificação é o plano de validade do testamento.

Aberto o testamento, como já se disse, deflagrando-se a sua eficácia, esta segue contida e dependente da verificação da validade da cédula testamentária, isto é, a comprovação de que a formalidade para apuração da vontade do testador foi observada.

Antes de tudo, cumpre-se destacar qual a finalidade de uma forma rígida e instrumentalizada para apuração da vontade do testador?

---

7. Considerando também o testamento digital como forma de o testador deixar gravado, digitalmente, sua manifestação de última vontade.

A ideia de que a vontade do testador possa ser manipulada ou mesmo fraudada para obtenção de injusto enriquecimento por parte de terceiros está intimamente atrelada ao excesso de formalismo da peça testamentária e muito de sua pouca utilização nacional, deve-se, certamente, aliada a fortes fatores culturais, como já exposto, à suposta dificuldade encontrada para alguns de manifestar sua vontade com tantos requintes de forma e tanta rigidez.

Ousa-se acrescentar que muito também deste rigorismo, praticamente, mantido do Código Civil de 1916 para a atual codificação deve-se ao pouco conhecimento ainda no início do século XX quando a morte era pouco investigada e correlacionada à algumas poucas doenças conhecidas e catalogadas pela medicina.

A situação binária da pessoa estar viva ou estar morta era, muitas vezes, suficiente e a única expressão de sua capacidade, sem se perquirir o grau de lucidez causado pela doença.

O regime das incapacidades do Código Civil de 1916 revelava o quanto de desconhecido era o universo das doenças capazes de atingir a manifestação volitiva da pessoa e, assim, tolher a capacidade civil impondo sua *interdição* equivalente à sua morte civil.[8]

O avanço galopante dos meios diagnósticos, oferecidos pela ciência médica causaram uma verdadeira revolução na determinação da capacidade, mostrando a interrelação entre os modelos médico e social de aferição da vontade.

Com a descoberta de novas doenças, do seu diagnóstico e de profunda evolução no tratamento médico chegou-se à necessidade de sair-se de um modelo médico de aferição de capacidade para alcançar-se um modelo híbrido, onde apenas um laudo médico é insuficiente para detecção de incapacidade da pessoa.[9]

Não por outro motivo, o formalismo excessivo e limitante na aferição da vontade do testador não pode ser tratado como o era no início do século XX. Preferia-se a forma em detrimento da vontade, chegando ao absurdo de imaginar-se que mesmo diante de uma vontade duvidosa do testador, mas presentes os requisitos formais do testamento, haveria de ser o mesmo confirmado.

Conhecendo-se novas formas de reconhecimento da intenção e da real vontade do testador, não se pode simplesmente aceitar que a preterição de uma das formas exigidas seja suficiente para o reconhecimento de sua nulidade, impondo-se uma análise específica de cada cédula testamentária para que, acima de tudo, busque-se a harmonia entre o conteúdo do testamento e a real vontade ali manifestada pelo testador.

---

8. A expressão "loucos de todo gênero" estampada no inc. II, do art. 5º. do Código Civil de 1916 revelava esta falta de conhecimento médico capaz de diagnosticar as doenças psíquicas e cognitivas que pudessem reduzir ou excluir o discernimento levando a pessoa à incapacidade civil.
9. Prova desta situação é a alteração do regime das incapacidades advindo com o Estatuto da Pessoa com Deficiência (Lei no. 13.146/2015) alterando os artigos 3º e 4º. do Código Civil.

A INTERPRETAÇÃO DOS TESTAMENTOS NA VISÃO DOS TRIBUNAIS **291**

3. NATUREZA JURÍDICA DO TESTAMENTO

Conceituar o testamento se faz imprescindível para aferir quais são os requisitos exigidos para sua elaboração e, mais do que isso, para sua validade.

Testamento é negócio jurídico unilateral de última vontade, essencialmente formal, pelo qual uma pessoa dispõe sobre a própria sucessão,[10] acrescentando-se: *É, ainda, negócio pessoal, unilateral, gratuito, formal, de última vontade e, eminentemente revogável.*[11]

Não, é, portanto, demasiado nem tampouco despiciendo, repisar que o testamento é negócio jurídico que deve atender, para além dos requisitos formais de cada uma de suas espécies[12] os requisitos do art. 104, do Código Civil:[13]

> Ademais, como negócio jurídico, o testamento para ser válido requer também a presença dos requisitos do art. 104 do CC/02, quais sejam, agente capaz, objeto lícito e forma prescrita ou não defesa em lei, sendo que no caso, o último requisito não se mostrou presente, porque a lei exige expressamente a assinatura do tabelião que presenciou e registrou o negócio jurídico, que, como visto, tem fé pública e confere legitimidade a ele. (REsp n. 1703376/PB)

Assim é que, aos requisitos de validade específicos do testamento, há se somarem os requisitos gerais do negócio jurídico.

E a forma, a que alude o mencionado art. 104 vem especificada no art. 1.864, do Código Civil tratando-se de testamento público;[14] no art. 1.868 (CC) tratando-se de testamento cerrado[15] e, finalmente, no art. 1.876 (CC) tratando-se de testamento particular.[16]

---

10. GOMES, Orlando. *Sucessões*. 14. ed. Rio de Janeiro: Forense, 2007. p. 94.
11. Idem, p. 94. Neste mesmo sentido: "Trata-se de negócio jurídico *unilateral*, pois se aperfeiçoa com a exclusiva manifestação de vontade do testador. De ato *personalíssimo*, pois sua feitura reclama a presença do testador, afastada a interferência de procurador" (RODRIGUES, Silvio. *Direito das sucessões*. v. 7. 25. ed. São Paulo: Saraiva, 2002, p. 145).
12. O Código Civil trata das seguintes espécies de testamentos: a) Testamentos ordinários: testamento público; testamento cerrado e testamento particular (art. 1.862, Código Civil); b) Testamentos especiais: testamento marítimo; testamento aeronáutico e testamento militar (art. 1.886, Código Civil).
13. Art. 104. A validade do negócio jurídico requer: I – agente capaz; II – objeto lícito, possível, determinado ou determinável; III – forma prescrita ou não defesa em lei.
14. Art. 1.864. São requisitos essenciais do testamento público: I – ser escrito por tabelião ou por seu substituto legal em seu livro de notas, de acordo com as declarações do testador, podendo este servir-se de minuta, notas ou apontamentos; II – lavrado o instrumento, ser lido em voz alta pelo tabelião ao testador e a duas testemunhas, a um só tempo; ou pelo testador, se o quiser, na presença destas e do oficial; III – ser o instrumento, em seguida à leitura, assinado pelo testador, pelas testemunhas e pelo tabelião.
15. Art. 1.868. O testamento escrito pelo testador, ou por outra pessoa, a seu rogo, e por aquele assinado, será válido se aprovado pelo tabelião ou seu substituto legal, observadas as seguintes formalidades: I – que o testador o entregue ao tabelião em presença de duas testemunhas; II – que o testador declare que aquele é o seu testamento e quer que seja aprovado; III – que o tabelião lavre, desde logo, o auto de aprovação, na presença de duas testemunhas, e o leia, em seguida, ao testador e testemunhas; IV – que o auto de aprovação seja assinado pelo tabelião, pelas testemunhas e pelo testador. Parágrafo único. O testamento cerrado pode ser escrito mecanicamente, desde que seu subscritor numere e autentique, com a sua assinatura, todas as páginas.
16. Art. 1.876. O testamento particular pode ser escrito de próprio punho ou mediante processo mecânico. § 1º Se escrito de próprio punho, são requisitos essenciais à sua validade seja lido e assinado por quem

A análise, portanto, da flexibilização das normas testamentárias, só pode gravitar em torno do requisito formal, mas nunca sobre a capacidade do testador e do conteúdo das cláusulas testamentárias que devem manter o atendimento à legislação sucessória, sob pena de nulidade do testamento.

E isso porque, tratando-se de negócio jurídico como tal se expôs, impõe-se a observância de normas de ordem pública que não se ocupam de mero formalismo, mas sim, de pressupostos para o reconhecimento de validade do ato.

4. O DISCERNIMENTO DO TESTADOR (VÍCIOS SANÁVEIS E VÍCIOS NÃO SANÁVEIS)

O vetor testamentário é, sem dúvida, a vontade do testador.

Este é o princípio que rege a cártula testamentária, é o norte a ser buscado na execução do testamento.[17]

E quando esta vontade não se revela de forma clara e precisa pelo instrumento testamentário é necessário todo um esforço hermenêutico na busca da real vontade do testador ao dispor, ainda que se forma, pouco clara e por vezes até confusa, em testamento.

Desta forma, não é possível fazer-se qualquer aferição da nulidade ou não do testamento, ou ainda, de uma determinada cláusula testamentária, como se verá adiante, sem o indispensável cotejo com a busca da vontade do testador ao escolher determinado caminho preterindo outro em suas determinações de última vontade.

Nesta toada, não é possível aceitar-se, *sic et simpliciter*, que a preterição de uma das formas exigidas seja suficiente para o reconhecimento de sua nulidade, impondo-se uma análise específica de cada testamento para que acima de tudo, busque-se a harmonia entre o conteúdo do testamento e a real vontade ali manifestada pelo testador.

Por isso, sendo a viga mestra do testamento a livre manifestação de vontade do testador, será este o requisito cuja transgressão não se poderá cogitar, sendo os demais, passíveis de convolação em prol da função promocional das cláusulas apostas, não apenas tendo como base a figura do testador, mas e, também, a proteção do herdeiro contemplado.

---

o escreveu, na presença de pelo menos três testemunhas, que o devem subscrever. § 2 º Se elaborado por processo mecânico, não pode conter rasuras ou espaços em branco, devendo ser assinado pelo testador, depois de o ter lido na presença de pelo menos três testemunhas, que o subscreverão.

17. "Não é correto dizer-se que a *sucessão testamentária* opera por efeito da expressa vontade do homem. Sua viabilidade decorre de permissão do direito positivo. É a lei que põe à disposição das pessoas capazes um *meio técnico* de regulação da própria sucessão, assegurando-lhes o direito de dispor dos seus bens para depois de sua morte, observadas certas exigências. A vontade humana não é a causa da sucessão. Sua intervenção ocorre apenas para regrar a devolução sucessória (GOMES, Orlando. *Sucessões*. 14. ed. Rio de Janeiro: Forense, 2007. p. 86).

Nesta linha, a aferição da capacidade e discernimento do testador há que ser revelada na cláusula testamentária, sob pena de nulidade do testamento:

> DIREITO CIVIL E PROCESSUAL CIVIL. RECURSO ESPECIAL. AÇÃO DE NULIDADE DE TESTA-MENTO. COMPROVAÇÃO DO RECOLHIMENTO DAS CUSTAS RECURSAIS POSTERIOR À INTERPOSIÇÃO DA APELAÇÃO. DESERÇÃO. RECONHECIDA. EMBARGOS DE DECLARAÇÃO. OMISSÃO. CONTRADIÇÃO. OBSCURIDADE. NÃO OCORRÊNCIA. CAPACIDADE PARA TES-TAR. DEMÊNCIA SENIL. INTERVALOS DE LUCIDEZ. CC/16. PROVA ROBUSTA. NECESSIDADE. SÚMULA 7/STJ. (...) 5. É inegável a relevância que o Ordenamento Jurídico pátrio emprega em favor de se preservar a vontade de disposição patrimonial dos sujeitos que assim desejarem fazer. Por outro lado, questão de alta indagação na doutrina e na jurisprudência se coloca acerca da demonstração inequívoca de que o testador, ao testar, se encontrava ou não em perfeito juízo, isto é, se tinha pleno discernimento da formalidade que o testamento encerra. 6. A capacidade para testar é presumida, tornando-se indispensável prova robusta de que efetivamente o testador não se encontrava em condições de exprimir, livre e conscientemente, sua vontade acerca do próprio patrimônio ao tempo em que redigido o testamento. 7. Na hipótese, o Tribunal de origem registrou que, sem risco de equívocos, a prova foi robusta diante do comprovado estado precário de sanidade mental da testadora em momento anterior à lavratura dos testamentos públicos. Rever essa conclusão demandaria o reexame de fatos e provas (Súmula 7/STJ). 8. Recursos especiais conhecidos e não providos. (REsp 1694965/MG, Rel. Ministra NANCY ANDRIGHI, TERCEIRA TURMA, julgado em 05/12/2017).

A verificação da plena capacidade civil do testador – para os atos da vida civil e não apenas ao ato de testar – preambula a análise de sua vontade, antes mesmo de se dedicar a interpretar a higidez das cláusulas testamentárias:

> A nulidade do testamento pela falta de discernimento do testador requer prova contundente de que à época da elaboração do ato o testante se achava impossibilitado de compreender e mani-festar real e juridicamente sua vontade. A idade avançada, por si só, não gera a incapacidade de testar de forma pública.
>
> "Inexistentes indícios que maculem a veracidade da declaração constante do testamento, não há razão que impeça a confirmação em juízo da última declaração de vontade.
>
> "Não se deve alimentar a superstição do formalismo obsoleto, que prejudica mais do que ajuda. Embora as formas testamentárias operem como jus cogens, entretanto a lei da forma está sujeita à interpretação e construção apropriadas às circunstâncias"(REsp n. 1422, Min. Gueiros Leite).[18]

A capacidade do testador é, portanto, elemento intransponível para a eficácia do testamento, sem o qual não se poderá dar a ele outro destino que não o reconhe-cimento de sua nulidade:

> [...] Evidenciada, tanto a capacidade cognitiva do testador quanto o fato de que testamento, lido pelo tabelião, correspondia exatamente à manifestação de vontade do de cujus, não cabe, então, reputar como nulo o testamento, por ter sido preterida solenidades fixadas em lei, porque o fim dessas – assegurar a higidez da manifestação de vontade do de cujus foi completamente satisfeita com os procedimentos adotados (REsp n. 1.677.931/MG, Rel. Min. Nancy Andrighi).

---

18. TJSC, AC. n. Rel. Des. Luiz Cézar Medeiros, j. 13.11.2009.

E, também:[19]

APELAÇÃO CÍVEL – TESTAMENTO PARTICULAR – NULIDADE – AUTENTICIDADE DAS DISPOSI-
ÇÕES DE ÚLTIMA VONTADE – PROVA – PERSUASÃO RACIONAL – INTENÇÃO DO TESTADOR
– RECURSO PROVIDO. 1. Em respeito ao princípio da persuasão racional ou do convencimento
motivado, cumpre ao magistrado valorar a prova, consoante as circunstâncias do caso concreto
(artigo 371, CPC/2015). 2. Se o acervo probatório reunido nos autos não infirma a autenticidade
do testamento particular, impõe-se a improcedência do pedido de declaração de nulidade, prestigiando-se a vontade do testador de contemplar a sobrinha com o seu patrimônio (TJMG. Apelação
10035160153454001, Rel. Edilson Olímpio Fernandes, julgado em 02/04/2019).

APELAÇÃO CÍVEL. PROCESSO CIVIL E CIVIL. ANULAÇÃO DE TESTAMENTO. CERCEAMENTO
DE DEFESA. PROVA TESTEMUNHAL. DESCABIMENTO. MÉRITO. PRONTUÁRIO MÉDICO.
QUADRO DEMENCIAL PROGRESSIVO. ETILISMO CRÔNICO. INCAPACIDADE PARA TESTAR.
RECURSO NÃO PROVIDO. 1. O depoimento de testemunhas não técnicas não se constitui em
meio hábil para refutar as alegações de fato trazidas em relatório médico fundado na opinião de
dois especialistas em neurocirurgia acerca do quadro demencial progressivo do testador. Cerceamento de defesa não configurado. 2. Decerto que a escritura pública de testamento é negócio
jurídico unilateral, perfeito e acabado, o qual possui presunção relativa de veracidade que somente
pode ser afastada por prova inequívoca em sentido contrário. 2.1 A ausência de capacidade para
testar foi atestada pela comprovação de quadro demencial progressivo do testador e etilismo
crônico ocasionando a nulidade do testamento. 3. Recurso conhecido e não provido (TJDF, AC
n. 0017350-52.2016.8.07.0007, j. 22/10/2020).

Os artigos 1.860 e 1.861, do Código Civil tratam, especificamente, da capacidade
de testar, tanto como desdobramento do regime das incapacidades,[20] consignando
norma especial sobre a capacidade do testador aferida no momento em que faz o
testamento.[21]

Extrai-se, portanto, dos precedentes colacionados, que a tendência contemporânea de mitigação das solenidades do testamento reduz-se aos aspectos formais de
cada uma das espécies testamentárias, mas jamais do requisito subjetivo quanto à
capacidade do testador na prática do negócio jurídico unilateral que é o testamento.

Não se olvide que, sendo o testamento ato personalíssimo e intransferível, caberá
apenas e tão somente à pessoa do testador a sua elaboração, descabendo, portanto,
a sucessão testamentária em casos em que a capacidade seja reduzida ou mesmo
inexistente, restando, neste caso, apenas a via da sucessão legítima.

Assim e, em resumo, tratando-se de testamento, vícios sanáveis seriam aqueles
que dizem sobre a forma do instrumento testamentário e que, portanto, não maculam
a vontade do testador e não incitam o testamento *contra legem* (sendo estes dois últimos, portanto, vícios não sanáveis), permitindo um maior poder do julgador quanto
à mitigação de seus elementos e preterição de alguma de suas formas, justificadas na
busca da vontade do testador.

---

19. TJDF, AC. n. 0017350-52.2016.8.07.0007, j. 22.10.2020.
20. Artigos 3º e 4º, CC.
21. Art. 1.861, CC: A incapacidade superveniente do testador não invalida o testamento, nem o testamento do
incapaz se valida com a superveniência da capacidade.

Importante ter que quando se fala em preterição de uma das formas ou das exigências de uma certa espécie testamentária, está a se considerar a obediência e a escolha do testador a um modelo de testamento definido em lei. *Não se consente a sucessão testamentária por outro instrumento jurídico. Tal negócio há de se realizar, ademais, por uma das formas exclusivas autorizadas na lei.*[22]

Desta forma, não é equivocado concluir que a mitigação do testamento quanto ao requisito formal só pode ser considerada se superados, obrigatoriamente, a presença de dois requisitos de forma: (I) forma expressa[23] (forma *ad solemnitatem*) e (II) obediência a um modelo de testamento previsto em lei.

5. VÍCIOS EXTRÍNSECOS DO TESTAMENTO. *VÍCIOS PURAMENTE FORMAIS E VÍCIOS FORMAIS-MATERIAIS*

Ultrapassada a distinção entre os elementos que mantêm a validade do testamento (como negócio jurídico unilateral de última vontade) daqueles elementos formais – caracterizados na disciplina testamentária – apenas com relação a estes últimos é que será possível tratar-se de mitigação na interpretação e eficácia testamentária, objeto do presente estudo.

Atente-se que o critério de aplicação da lei, para a devida análise desta possível flexibilização, deve levar em conta dois momentos distintos, conforme imperiosa lição do mestre Orlando Gomes:[24]

A lei vigente na data do testamento regula: a) A capacidade do testador; b) A forma extrínseca do testamento. A lei vigente ao tempo da abertura da sucessão regula: a) A capacidade para suceder testamentariamente; b) A eficácia jurídica das disposições testamentárias.

Estes dois momentos distintos que ocorrem na sucessão testamentária obrigam o intérprete a aplicar a lei reguladora do testamento – e, portanto, analisar-se se é o caso de mitigação de sua forma ou se se trata de nulidade testamentária – levando-se

---

22. Assim, não se poderia cogitar de uma manifestação de última vontade ser aposta em um papelucho dispondo sobre questões de relevância tais como transferência de bens de valor, reconhecimento de filho, afastamento de herdeiro etc. (GOMES, Orlando. *Sucessões*. 14. ed. Rio de Janeiro: Forense, 2007. p. 88).

23. Entende-se como forma expressa não apenas o testamento reduzido a termo, quer seja público ou privado, assinado, fisicamente, pelo testador, mas, também, o testamento digital onde o testador manifesta sua vontade em arquivos digitais, assinando por certificado digital e gravando o conteúdo de sua manifestação de vontade em arquivos digitais e vídeos. Neste sentido: "A partir deste Projeto [Projeto de Lei no. 3799/2019, de autoria da senadora Soraya Thronicke, do PSL/MS, formulado em parceria com o IBDFAM], propõe-se uma adequação dos testamentos aos meios digitais. Nessa direção, no artigo 1.862 do Código Civil, que enumera os testamentos ordinários, propôs-se a inclusão de um parágrafo único, admitindo que os testamentos ordinários sejam escritos ou gravados, desde que gravadas imagens e voz do testador e das testemunhas, por sistema digital de som e imagem e, então, em cada modelo testamentário, suas solenidades foram adequadas para também contemplar a possibilidade do testamento digital. (NEVARES, Ana Luiza Maia. Como testar em momento de pandemia e isolamento social? *In:* NEVARES, Ana Luiza Maia; XAVIER, Marília Pedroso; MARZAGÃO, Silvia Felipe (coord.). *Coronavírus:* impacto no direito de família e sucessões. Indaiatuba: Foco, 2020. p. 356).

24. GOMES, Orlando. *Sucessões*. 14. ed. Rio de Janeiro: Forense, 2007. p. 87.

em conta (i) o momento da confecção do instrumento testamentário e (ii) o momento de abertura da sucessão, logicamente, momentos que não coincidem num único ato.

Tomando-se como base os requisitos do testamento público (apenas para fins elucidativos sem qualquer predileção desta forma de testar) a flexibilização da presença de um deles só pode ser avaliada em conjunto com os princípios que regem a matéria sucessória, em alinhamento com as diretrizes contemporâneas a reger o instituto, a saber, a buscar pela real vontade do testador sem se descurar da função promocional do testamento em prol dos herdeiros e suas diferentes vulnerabilidades.

Nesta toada, os requisitos de forma seriam a presença das testemunhas instrumentárias, o documento reduzido a escrito e a assinatura do tabelião (tomando-se, particularmente, neste caso, como hipótese argumentativa, o testamento público).

Havendo vício na constatação de um destes requisitos seria, ainda assim, possível reconhecer-se a validade do testamento?

O enfretamento destas questões já vem ocupando a pauta dos Tribunais estaduais e especiais. A efetivação da vontade do testador não poderá ser barrada, de modo exclusivo, pela inobservância da forma, sem se ater as questões correlatas à vontade do testador:

> CIVIL. PROCESSUAL CIVIL. RECURSO ESPECIAL. TESTAMENTO. FORMALIDADES LEGAIS NÃO OBSERVADAS. NULIDADE. 1. Atendido os pressupostos básicos da sucessão testamentária – i) capacidade do testador; ii) atendimento aos limites do que pode dispor e; iii) lídima declaração de vontade – a ausência de umas das formalidades exigidas por lei, pode e deve ser colmatada para a preservação da vontade do testador, pois as regulações atinentes ao testamento tem por escopo único, a preservação da vontade do testador. 2. Evidenciada, tanto a capacidade cognitiva do testador quanto o fato de que testamento, lido pelo tabelião, correspondia, exatamente à manifestação de vontade do de cujus, não cabe então, reputar como nulo o testamento, por ter sido preterida solenidades fixadas em lei, porquanto o fim dessas – assegurar a higidez da manifestação do de cujus –, foi completamente satisfeita com os procedimentos adotados. 3. Recurso não provido. (REsp n. 1.677.931/MG, 3ª T, Rel. Min. Nancy Andrighi, j. 15/8/2017, DJe 22/8/2017).

> CIVIL. SUCESSÃO. TESTAMENTO. FORMALIDADES. EXTENSÃO. O testamento é um ato solene que deve submeter-se a numerosas formalidades que não podem ser descuradas ou postergadas, sob pena de nulidade. Mas todas essas formalidades não podem ser consagradas de modo exacerbado, pois a sua exigibilidade deve ser acentuada ou minorada em razão da preservação dos dois valores a que elas se destinam – razão mesma de ser do testamento –, na seguinte ordem de importância: o primeiro, para assegurar a vontade do testador, que já não poderá mais, após o seu falecimento, por óbvio, confirmar a sua vontade ou corrigir distorções, nem explicitar o seu querer que possa ter sido expresso de forma obscura ou confusa; o segundo, para proteger o direito dos herdeiros do testador, sobretudo dos seus filhos. Recurso não conhecido. (REsp n. 302.767/PR, Rel. Min. Cesar Asfor Rocha).

Por outro lado, vícios que não são apenas formais, mas sim materiais, justificam a invalidade do instrumento testamentário e, assim, a impossibilidade de mitigação da forma escolhida pelo testador.

A esse respeito, veja-se julgado reconhecendo a impossibilidade de transpor-se, em testamento público, a ausência de assinatura do tabelião:

Observa-se, portanto, das transcrições supracitadas, que o acórdão estadual reconheceu que a jurisprudência do STJ vem flexibilizando os requisitos formais do testamento para fazer prevalecer a vontade do testador, mas entendeu que tal orientação não se aplicava ao caso, com suporte na doutrina e jurisprudência pátria, porque a ausência de assinatura do tabelião no testamento é de tal importância e imprescindibilidade que prejudica a própria validade do ato, na medida em que cabe a ele atestar a presença dos requisitos dos incisos do art. 1.864, CC/02, e a sua assinatura é o fechamento do testamento e aplicação da fé pública. (REsp n. 1703376/ PB).

Se o demasiado formalismo serve para que não se tenha dúvida quanto ao teor revelador da vontade do testador – que não estará ali para confirmar e ratificar seus termos – será possível buscar-se esta vontade em torno do contexto daquele testamento, não apenas sob o ponto de vista soberano da vontade do testador, mas, também, sobre sua intenção nas pessoas a quem procurou contemplar e, a *contrario sensu*, àquelas pessoas que não se preocupou em proteger (porque já estão albergadas por recursos próprios, porque não havia mais nenhuma determinação existencial a deixar grifada, apenas para exemplificar).

Então, qualquer análise sobre a validade ou não do testamento passa, obrigatoriamente, pela análise casuística dos herdeiros que gravitam em torno daquela herança e, especialmente, qual foi a intenção de proteção do testador.[25]

Há uma forte tendência, a partir do julgamento de precedentes, que indispensável se faz a verificação (que não é estanque nem taxativa) de quais formalidades, ditas, assim, de menor gravidade, poderiam ser mitigadas pela presença de outras indicações que confirmassem a vontade do testador.

Para enfrentar a possibilidade da preterição de alguma solenidade de forma (o que remeteria à exigência do art. 104, CC e, assim, instransponível sua flexibilização), a jurisprudência passou a analisar qual formalidade contaminaria na essência a vontade do legislador, elegendo-a como "formalidade essencial" para com isso criar uma alternativa à possibilidade de preterir-se a forma, em outras circunstâncias tais onde ela (formalidade) fosse de menor importância ou gravidade:

De fato, verifica-se que há defeitos de menor gravidade, que se pode denominar como *puramente formais* e que se relacionam essencialmente com aspectos externos do documento que formaliza o testamento, como é a hipótese, por exemplo, da inexistência de testemunhas na quantidade legal ou da ausência de leitura do testamento a todas elas de forma conjunta. Todavia, há defeitos de muito maior gravidade e que, a despeito de se relacionarem inicialmente com a forma do ato de disposição, possuem aptidão para contaminar o seu próprio conteúdo, colocando em dúvida

---

25. Neste sentido: [...] Observa-se, então, a preocupação da doutrina com a necessidade de observância das formalidades legais para a confecção do testamento, a qual também é compartilhada pela jurisprudência desta Casa que, em determinados casos, flexibiliza o rigor delas, como nas hipóteses em que se constatar inequivocamente que o instrumento representava exatamente a manifestação de vontade da testadora, com a feitura do ato de forma livre e com higidez mental [...] Diante das considerações doutrinárias e jurisprudenciais a respeito dos testamentos, pode-se a afirmar que o rigorismo das formalidades impostas pela lei deve ser observado com grande parcimônia e de acordo com as peculiaridades do caso concreto, sendo desejável que haja conciliação com a preservação da real vontade manifestada pelo testador. (REsp n. 1703376 /PB, pb 24/11/2020).

a sua exatidão e, consequentemente, a sua validade. Essa espécie de vício, que se pode chamar se *formal-material*, tem como exemplos a ausência de assinatura do testador ou a assinatura por terceiro a seu pedido. A consequência prática dessa classificação é que os vícios pertencentes à primeira espécie – *puramente formais* – *são suscetíveis de superação quando não houver mais nenhum outro motivo* para que se coloque em dúvida a vontade do testador, ao passo que os vícios pertencentes à segunda espécie – *formais-materiais* –, por atingirem diretamente a substância do ato de disposição, implicam na impossibilidade de se reconhecer a validade do próprio testamento. (REsp n. 1.583.314/MG, Rel. Min. Nancy Andrighi, grifo nosso).

O vício puramente formal, fazendo uso da categorização utilizada no julgado sob comento, mostra a fragilidade de certas exigências do instrumento testamentário, que não se mostram aptas a afastar a vontade e, com isso, o requisito formal-material da validade do testamento que se revela, precipuamente, como já aqui se repisou à exaustão, através da capacidade do testador:

PROCESSUAL CIVIL. DIREITO CIVIL. AGRAVO REGIMENTAL NO RECURSO ESPECIAL. NULIDADE DE TESTAMENTO. PRETERIÇÃO DE FORMALIDADE LEGAL. VÍCIOS FORMAIS INCAPAZES DE COMPROMETER A HIGIDEZ DO ATO OU POR EM DÚVIDA A VONTADE DO TESTADOR. SÚMULA N. 7/STJ. 1. A análise da regularidade da disposição de última vontade (testamento particular ou público) deve considerar a máxima preservação do intuito do testador, sendo certo que a constatação de vício formal, por si só, não deve ensejar a invalidação do ato, máxime se demonstrada a capacidade mental do testador, por ocasião do ato, para livremente dispor de seus bens. Precedentes do STJ. [...] (AgRgREsp n. 1.073.860/PR, Rel. Min. Antônio Carlos Ferreira).

Sopesando o necessário confronto entre a vontade do testador (que deixou de ser observada ou está viciada) e a prevalência do testamento, este último há que preponderar, reforçado pelo princípio do aproveitamento do negócio jurídico nulo (art. 170, CC) em conversão ao negócio jurídico válido, possibilitando-se, assim, converter cláusulas do testamento a favor da verdadeira intenção do testador (art. 1.889, CC), equalizando-se esta aparente dicotomia e fazendo mais viva a função social do testamento.

Por fim, há que se ponderar sobre o reconhecimento de nulidade ou anulabilidade de determinada cláusula, intransponível ainda que com a mitigação das formalidades testamentárias, como aqui retratado, se seria possível o aproveitamento do testamento em parte intocada pelo vício.

A resposta há que ser positiva. A mitigação do formalismo testamentário combinado com a busca da realizada da vontade do falecido, ganha o reforço do princípio da conservação do negócio jurídico (art. 184, Código Civil), fazendo coro à primazia da vontade do testador no cumprimento das disposições predispostas.

A esse respeito, Paulo Lôbo:

O princípio da conservação serve também para a invalidade parcial de alguma cláusula do testamento, quando for possível dar sentido útil à parte restaurante. Até mesmo quando parte do testamento é ilícita, em virtude da simulação, não se contamina a totalidade do negócio jurídico, desde que a parte sã seja separável [...],[26]

---

26. LÔBO, Paulo. *Direito Civil*: sucessões. 3. ed. São Paulo: Saraiva, 2016. p. 215.

que ainda suscita a norma do art. 170, Código Civil, igualmente aplicável ao testamento, tudo visando o aproveitamento do testamento, dispensando-se e preterindo solenidades a princípio, intransponíveis, como forma de não permitir que a rigidez da solenidade impeça a realização da sucessão testamentária.

Em vista de tudo quanto tratado, o que, se propõe, seja um norte interpretativo, já anunciado pelos Tribunais Superiores no sentido de não permitir-se que o excesso de solenidade do testamento seja um fim em si mesmo, não podendo sobrepujar-se à vontade do testador.

Outros mecanismos, aqui tratados, hão de ser considerados na busca da melhor interpretação do testamento inquinando de nulidade, primando, acima de tudo, por seu aproveitamento e conservação, partindo-se da ideia da boa-fé do testador que não o teria feito em vão (tampouco com objetivos ilícitos).

Aliás, não é outra a interpretação do STJ chancelada no julgado REsp nº 828616, emblemático e orientador no assunto:[27]

> RECURSO ESPECIAL. TESTAMENTO PARTICULAR. VALODADE. ABRANDAMENTO DO RIGOR FORMAL. RECONHECIMETNO PELAS INSTÂNCIAS DE ORIGEM DA MANIFESTAÇÃO LIVRE DE VONTADE DO TESTADOR E DE SUA CAPACIDADE MENTAL. REAPRECIAÇÃO PROBATÓRIA. INADMISSIBILIDADE. SÚMULA 7/STJ.
>
> [...] II – Não há falar em nulidade do ato de disposição de última vontade (testamento particular), apontando-se preterição de formalidade essencial (leitura do testamento perante as três testemunhas), quando as provas dos autos confirmam, de forma inequívoca, que o documento foi firmado pelo próprio testador, por livre e espontânea vontade, e por três testemunhas idôneas, não pairando qualquer dúvida quanto à capacidade mental do de cujus, no momento do ato. O rigor formal deve ceder ante a necessidade de se atender à finalidade do ato, regularmente praticado pelo testador. Recurso especial não conhecido, com ressalva quanto à terminologia.[28]

Todo este suposto abrandamento das formalidades testamentárias não pode, contudo, ser interpretado como um clientelismo ou favor legal das regras hermenêuticas, que estariam, suposta e equivocadamente, condescendendo com uma nulidade formal do negócio jurídico de última vontade. A autonomia da vontade não é um princípio em si mesmo a ser buscado incessantemente.[29]

---

27. "Em relação à invalidade do testamento, algumas matérias se consolidaram na jurisprudência do STJ: a) não se deve priorizar a forma em detrimento da vontade do testador (REsp 828616); b) o nascimetno de um novo descendente não torna inválido o testamento em relação aos bens integrantes da parte disponível, destinados a terceira pessoa (REsp 240720); c) dá-se o aproveitamento do testamento quando, nõa obstante a existência de certos vícios formais, a essência do ato se mantém íntegra (REsp 600746); [...]." (LÔBO, Paulo. *Direito Civil:* sucessões. 3. ed. São Paulo: Saraiva, 2016. p. 216.)

28. STJ, 3ª T, REsp n. 828616/MG, Rel. Min. Castro Filho, DJ 23.10.2006.

29. Importante a lição de Pietro Perlingieri sobre a autonomia privada: "São esses princípios que servem de base para avaliar se a autonomia privada é digna de proteção por parte do ordenamento: ela não é portanto, um valor em si. Revela-se indispensável o reexame da noção à luz do juízo de valor (*giudizio di meritevolezza*) de cada ato realizado, de modo tal que se possa deduzir se estes, individualmente considerados, podem ser regulados, pelos menos em parte, pela autonomia privada" (PERLINGIERI, Pietro. *Perfis do direito civil:* Introdução ao Direito Civil Constitucional. Tradução de Maria Cristina de Cicco. 2. ed. São Paulo: Renovar, 2002. p. 18).

Antes disso, o que se busca é o descortinamento de ideias de proteção (ínsitos no excessivo formalismo legal testamentário) que não mais se coadunam com a realidade civil-constitucional[30] onde a Família ganha adornos de entidade familiar de aspecto plural e não se conforma com a ideia única da formatação da família tendo por base o modelo matrimonial.

6. CONSIDERAÇÕES FINAIS

O direito das sucessões aponta para um caminho presumido da sucessão legítima. Definitivamente, a opção pela sucessão legítima não foi incentivada pelo legislador. A evidência desta situação revela-se em várias passagens do Código Civil de 2002, quase que dificultando a opção pela via testamentária.

Várias são as potencialidades do testamento e não se pode pensar que todo ele seja simplesmente apagado, pelo descumprimento de uma ou outra formalidade que não impactam na vontade do testador, mas, tão somente, na preterição da forma solene empregada para uma dada espécie testamentária.

Como o testamento pode tratar de questões múltiplas, desde o patrimônio até questões existenciais, sendo possível que uma prevaleça e outra não, corroborado pela possibilidade de conter cláusula irrevogável,[31] há que se fomentar e validar a cédula testamentária, procurando tirar dele todas as múltiplas vontades, até mesmo nas entrelinhas, do testador.

Sobreleva enfatizar que a própria decisão do testador de desviar-se da sucessão legítima, optando pela sucessão testamentária, já demonstra que, preambularmente, e esta intenção há de ser considerada, sua vontade não encontrava respaldo na sucessão legítima, mas sim na sucessão testamentária.

Não caberia, portanto, afirmar que a vontade presumida do testador, seria a sucessão legítima, da forma como comumente afirma-se quando a pessoa falece sem deixar testamento.

Vem da revogabilidade do testamento o reforço da afirmação de que o testamento não revogado tende a ser a última manifestação de vontade do falecido, sendo este mais um elemento a recomendar que todo o esforço deve ser empreendido no sentido de aproveitarem-se as disposições testamentárias como efetiva revelação da vontade do testador.

Feitas tais considerações, caberia questionar (I) quais seriam os vícios que tornariam o testamento inaproveitável ao ponto de não ser, sequer, parcialmente, aproveitado, inquinando-o de nulo (porque absolutamente necessários para a completa

---

30. Com profundas consequências ao direito de família e das sucessões, a partir do reconhecimento da pluralidade de entidades familiares, consagradas pelo art. 226, da Constituição Federal de 1988.
31. Art. 1.609, inc. III, Código Civil.

aferição e, portanto, eficácia das cláusulas testamentárias) e (II) quais seriam aqueles em que a flexibilização em prol da vontade do testador poderiam ser preteridos.

Em resumida conclusão, quais seriam os vícios meramente formais e quais seriam os vícios formais-materiais, capazes de invalidar o testamento. Este o norte sugerido para uma análise da mitigação do testamento, tal como já vêm se ocupando os Tribunais pátrios.

Sendo o testamento, como sabido, ato solene formal, importante buscar o sentido deste formalismo exacerbado para se entender ser possível (ou não) sua flexibilização.

O formalismo e a solenidade remontam ao Código Civil de 1916 onde já se tinha a ideia de que a sucessão legítima era a que mais representaria a vontade da sociedade, uma sociedade, anote-se, casamentária, paternalista, patrimonialista e, acima de tudo, conservadora.

Nunca se teve, portanto, qualquer incentivo para a sucessão testamentária, por não ver o legislador, qualquer razão para que se pretendesse testar ao invés de seguir a ordem sucessória legítima, já que os filhos eram, suposta e unicamente, comuns, e a família, unicamente, advinda do matrimônio.

Um passo a frente deste momento, o testamento encontra hoje um lugar de destaque, como importante instrumento de planejamento sucessório, tornando-se inócuas as tentativas de engessamento e dificuldades apostas na sucessão testamentária, tudo no esforço de que esta forma de suceder deixasse de ser uma opção, não obstante o Código Civil assim a trate desde a codificação anterior.

A conclusão é que a contemporaneidade mostra a mudança no comportamento das pessoas e a presença maciça do estado para assegurar que a vontade revelada no testamento passe a ter peso muito maior do que a formalidade em si, não justificando que a mera inobservância da solenidade afaste o desejo do testador, impingindo-o de nulo.

É o feliz anúncio de novos tempos e a revitalização da matéria sucessória na legislação brasileira. Que bom!

7. REFERÊNCIAS

GOMES, Orlando. *Sucessões*. 14. ed. Rio de Janeiro: Forense, 2007.

LÔBO, Paulo. *Direito Civil*: sucessões. 3. ed. São Paulo: Saraiva, 2016.

MIRANDA, Francisco Pontes de. *Tratado de Direito Privado*. Direito das Sucessões. t. LV. Rio de Janeiro: Borsoi, 1968.

MUCILO, Daniela de Carvalho; TEIXEIRA, Daniele Chaves. Covid-19 e planejamento sucessório: não há mais momento para postergar, *In*: NEVARES, Ana Luiza Maia; XAVIER, Marília Pedroso; MARZAGÃO, Silvia Felipe (coord.). *Coronavírus*: impacto no direito de família e sucessões. Indaiatuba: Foco, 2020.

NEVARES, Ana Luiza Maia. Como testar em momento de pandemia e isolamento social? *In*: NEVARES, Ana Luiza Maia; XAVIER, Marília Pedroso; MARZAGÃO, Silvia Felipe (coord.). *Coronavírus*: impacto no direito de família e sucessões. Indaiatuba: Foco, 2020.

PEREIRA, Caio Mario da Silva. *Instituições de Direito Civil*: direito das sucessões. 15. ed. rev. e atual. Rio de Janeiro: Forense, 2005.

PERLINGIERI, Pietro. *Perfis do Direito Civil*: Introdução ao Direito Civil Constitucional. Tradução Maria Cristina de Cicco. 2. ed. São Paulo: Renovar, 2002.

RODRIGUES, Silvio. *Direito das Sucessões*. v. 7. 25. ed. São Paulo: Saraiva, 2002.

TEIXEIRA, Daniele. Autonomia privada e a flexibilização dos pactos sucessórios no ordenamento jurídico brasileiro. *In*: TEIXEIRA, Daniele Chaves (coord.). *Arquitetura do planejamento sucessório*. 2. ed. Belo Horizonte: Fórum, 2019.

TEPEDINO, Gustavo; NEVARES, Ana Luiza Maia; MEIRELES, Rose Melo Vencelau. *Fundamentos do Direito Civil*: Direito das Sucessões. v. 7. São Paulo: Forense, 2020.

TESTAMENTO E SUAS FORMALIDADES: O HOJE E O AMANHÃ

Silvia Felipe Marzagão

Mestranda em Direito Civil pela PUC-SP. Extensão em Direito Processual Civil pela PUC-SP. Diretora do Instituto Brasileiro de Direito de Família – IBDFAM/SP; Secretária da Comissão de Direito de Família do Instituto dos Advogados de São Paulo – IASP. Advogada especializada em Direito de Família e das Sucessões.

Eleonora G. Saltão de Q. Mattos

Especialista em Direito Processual Civil pela PUC/SP. Membro do Instituto Brasileiro de Direito de Família – IBDFAM. Membro da Comissão de Direito de Família e das Sucessões do Instituto dos Advogados de São Paulo – IASP. Advogada especializada em Direito de Família e das Sucessões.

"A franqueza é a primeira virtude de um defunto, pois na vida, o olhar da opinião, o contraste dos interesses, a luta das cobiças, obrigam a gente a calar os trapos velhos, a disfarçar os rasgões e os remendos, a não estender ao mundo as revelações que faz à consciência."

Memórias Póstumas de Brás Cubas

Machado de Assis

Sumário: 1. Introdução: sua majestade, a vontade do testador. – 2. Formalidades testamentárias: um paradoxo – 3. O testamento do futuro: a antecipação do amanhã – 4. Considerações finais – 5. Referências.

1. INTRODUÇÃO: SUA MAJESTADE, A VONTADE DO TESTADOR.

O testamento pode ser considerado o ápice da autonomia da vontade privada[1]. É neste negócio jurídico unilateral que o ser humano, já deliciando-se com a *franqueza própria dos defuntos*, pode gozar inteiramente de sua vontade que, plena no momento, só terá consequências quando as cobranças e julgamentos de terceiros não terão, ao menos para o morto, qualquer relevância.

Pondere-se, por oportuno, que a autonomia privada também no contexto testamentário precisa ser encarada em sua mais moderna tradução, que perpasse sempre na sua análise associada sob o viés da dignidade e da responsabilidade, já

---

1. "Conceitua-se aqui testamento como negócio jurídico pelo qual uma pessoa dispõe no todo ou em parte de seu patrimônio ou faz de outras determinações de última vontade. A autonomia privada se afirma e manifesta, exuberantemente, atrtavés do testamento, que, como visto, pode apresentar e resolver tanto questões patrimoniais, como existenciais" (VELOSO, Zeno. *Direito Civil*: temas. Belém: ANOREGPA, 2018. p. 331.).

que é somente com essa trilogia que será possível que cada pessoa construa, de fato, autonomia em todas as suas potencialidades.[2]

Considerando o aspecto sociológico (e não apenas jurídico) do ato de testar, podemos considerar que aquele que deixa consignada a sua vontade para ser conhecida e cumprida após a sua morte, estende a sua existência, cunha a sua concretude mesmo em momento posterior ao falecimento. Por fim, testar significa estender, pela vontade, a personalidade daquele que existiu um dia.

Deste modo, a manifestação de última vontade, por meio do testamento, constitui expressão da personalidade humana[3] e, assim, é que a sua plenitude – como manifestação póstuma de elemento da personalidade – deve ser salvaguardada com todos os esforços. Deve ser *plena*. De tão plena – e de tão livre – impinge em si necessidade de amarras formais que assegurem a sua indenidade. Com efeito:

> [...] as formalidades testamentárias têm tríplice função. A primeira delas seria a função preventiva, pois pretende evitar que o testador seja vítima de captações, dolo, fraude ou violências. Já a segunda seria uma função probante, uma vez que pela forma assegura-se a demonstração da última vontade do testador. A forma do testamento desempenha, ainda, uma função executiva, eis que fornece aos beneficiários do testamento um instrumento para o exercício dos respectivos direitos.[4]

Em outras palavras, não observando o testador as formalidades elencadas no diploma legal, seu testamento é eivado de vício que, em tese, culmina com a sua nulidade. Assim é que, em um verdadeiro paradoxo, a forma prescrita em lei – que, lembre-se, tem como principal objetivo assegurar a plenitude da vontade-, pode fazer com que ela jamais se concretize. Paradoxalmente, o elemento objetivo – *protetor* –, se não observado, macula de morte o elemento subjetivo – *protegido*.

Esse trabalho, após a análise das formalidades testamentárias (aqui elencadas aquelas dos testamentos ordinários, diga-se: público, particular e cerrado) questionará até que ponto a rigidez da forma deve – ou não – se sobrepor à supremacia da vontade do testador, lembrando que o testamento serve, essencialmente, como instrumento de comunicação entre a pessoa que morreu e as que ficaram.[5]

Pretende-se, ainda, analisar para onde caminha o testamento no futuro, suas possíveis inovações (em forma e conteúdo) e a necessária manutenção de alguns elementos conservadores. Tudo isso, diga-se, diante da necessidade de adequação das formalidades testamentárias às novas tecnologias (por vezes muito mais seguras, pontue-se), também considerando, desde já, os necessários ajustes que vieram,

---

2. TEIXEIRA, Ana Carolina Brochado. Autonomia existencial. *In*: TEPEDINO, Gustavo; OLIVA, Milena Donato (coord.). *Teoria geral do Direito Civil*. Questões controvertidas. Belo Horizonte: Fórum, 2019. p. 159.
3. TEPEDINO, Gustavo; NEVARES, Ana Luiza Maia; MEIRELES, Rose Melo Vencelau. *Fundamentos do Direito Civil*. Direito das Sucessões. v. 7. Rio de Janeiro: Forense, 2020. p. 130.
4. TEPEDINO, Gustavo; NEVARES, Ana Luiza Maia; MEIRELES, Rose Melo Vencelau. *Fundamentos do Direito Civil*. Direito das Sucessões. v. 7. Rio de Janeiro: Forense, 2020. p. 128.
5. ANDRADE, Gustavo Henrique Baptista. *O direito de herança e a liberdade de testar*: um estudo comparado entre os sistemas jurídicos brasileiro e inglês. Belo Horizonte: Fórum, 2019. p. 75.

açodadamente (mas não sem atraso), quando a humanidade se deparou, em curto espaço de tempo, com o coletivo medo da morte.

Ressalte-se que tal análise levará em consideração, também, que eventuais adaptações nas formalidades testamentárias poderão significar maior acessibilidade aos testamentos, mudando a realidade vivida no Brasil, onde a difusão da sucessão testamentária é minúscula.[6] Vejamos.

2. FORMALIDADES TESTAMENTÁRIAS: UM PARADOXO

O testamento é, por essência, ato formal. A árdua tarefa de dar efetividade à vontade daquele que não mais está entre os vivos para se manifestar precisa ser exercida, dentro do possível, o mais próximo da realidade imaginada pelo testador. E isto porque:

> São muitas as peculiaridades que envolvem a declaração de vontade do testador, que, quanto mais solenemente captada, mais seguramente inspira ao intérprete, bem como, quanto mais débil a formalidade do testamento, ou mais equívoca a revelação da potência intelectiva do testador, mais dúvida suscita quanto à vontade real ali expressada.[7]

A verdade, portanto, é que aquele que desejar testar deve estar adstrito a requisitos formais para que a sua manifestação de última vontade tenha plena validade após sua partida deste plano. O testador é um escravizado pela forma, como nos ensina Zeno Veloso: "escravidão de forma, nesse ato de última vontade, que regula e prevê relações jurídicas para o tempo em que o testador já não existe, é a libertação da ideia, do pensamento e da vontade, por meio da certeza, da segurança e da garantia de sua autenticidade".[8]

De fato, faz sentido dizermos que o testamento nos parece ser dos negócios jurídicos, previstos na atual codificação privada, que apresenta o maior número de formalidades necessárias à sua validade.[9] E, como se sabe, a consequência da inobservância das formalidades testamentárias são vastíssimas. O princípio da liberdade de forma – que é uma conquista das civilizações modernas, já consagrado no Código Civil de 1916, art. 129, adotado pelo vigente Código no art. 107 – não se aplica ao testamento.[10]

Há de se considerar, deste modo, que o testamento é negócio formal e solene, e essa é uma característica capital, marcante, que vem do direito antigo. A validade do

---

6. CAHALI, Francisco José; HIRONAKA, Giselda Maria Fernandes Novaes. *Direito das Sucessões*. 5. ed. São Paulo: Revista dos Tribunais, 2014. p.262.
7. NERY, Rosa Maria de Andrade. *Instituições de Direito Civil*. Teoria geral do direito de sucessões – Processo judicial e extrajudicial de inventário. v. VI. São Paulo: Editora Revista dos Tribunais, 2017. p. 110.
8. VELOSO, Zeno. Testamentos. *In*: HIRONAKA, Giselda Maria Fernandes Novaes; PEREIRA, Rodrigo da Cunha. *Direito das Sucessões*. Belo Horizonte: Del Rey, 2007. p. 134.
9. TARTUCE, Flávio. *Direito Civil*: direito das sucessões. v. 6. Rio de Janeiro: Forense, 2020. p. 404.
10. VELOSO, Zeno. *Direito Civil*: temas. Belém: ANOREGPA, 2018. p. 335.

testamento está condicionada a formas e tipos prescritos minuciosamente na lei.[11] Pode-se falar, então, que uma das características essenciais desse negócio jurídico de última vontade é que ele é formal e solene (alguns autores preferem dizer formalíssimo, soleníssimo).[12]

Muito embora as formalidades tenham sofrido mudanças ao longo dos séculos, sempre existiram. Desde o direito romano aspectos ligados à forma do testamento foram considerados para conferir – ou não – validade à manifestação de vontade daquele que testa.

Em nosso ordenamento, podemos considerar que a primeira formalidade comum a todos os testamentos ordinários é o fato de que eles devem, por determinação legal, ser escritos. Assim, portanto, não basta que o testador diga a outrem – ainda que com testemunhas – qual a sua vontade para depois do falecimento. É imprescindível que a vontade seja escrita.

Cada testamento ordinário tem especificidades quanto à forma de serem escritos. O testamento público, previsto nos artigos 1864, deve ser redigido por tabelião ou seu substituto legal. O cerrado, por sua vez, será escrito pelo testador ou por outra pessoa a seu rogo, para posterior aprovação pelo tabelião ou seu substituto legal (artigo 1868, Código Civil). Já o testamento particular, nos termos do artigo 1876 do Código Civil, pode ser escrito pelo testador de próprio punho ou mediante processo mecânico.

Vale lembrarmos que, a teor do que prescreve o artigo 1871 do Código Civil, o testamento pode ser elaborado em língua nacional ou estrangeira.

Assim é que podemos afirmar que, atualmente, não são ainda possíveis testamentos exclusivamente filmados em substituição ao documento escrito. Como nos relembra Priscila M. P. Corrêa da Fonseca, ainda não se admite, entre nós, testamento gravado por vídeo, o denominado "videotestamento".[13]

Há também o requisito formal ligado à assinatura do testamento. De fato, via de regra, devem as disposições de última vontade serem assinadas pelos testadores. A tendência atual de flexibilização, pelo Superior Tribunal de Justiça, das formalidades testamentárias tem permitido a substituição da assinatura pela impressão digital de quem está testando, ainda que o testador seja alfabetizado e possa, a princípio, apostar seu nome no documento. Como já consignou a Min. Nancy Andrighi no julgamento do REsp 1.633.254-MG: "em uma sociedade menos formalista as pessoas se identificam, cada vez mais, por seus *tokens*, chaves, *logins*, senhas, *ids*, certificações digitais, reconhecimentos faciais, digitais, oculares, celebrando negócios complexos". No referido julgado foi confirmado testamento particular só com a impressão digital

---

11. VELOSO, Zeno. Testamentos. *In*: HIRONAKA, Giselda Maria Fernandes Novaes; PEREIRA, Rodrigo da Cunha. *Direito das Sucessões*. Belo Horizonte: Del Rey, 2007. p. 133.

12. VELOSO, Zeno. *Direito Civil*: temas. Belém: ANOREGPA, 2018. p. 335.

13. FONSECA, Priscila Corrêa da. *Manual do planejamento patrimonial das relações afetivas e sucessórias*. São Paulo: Thompson Reuterus, 2018. p. 360.

da testadora, relativizando a exigência da assinatura do testador, um dos requisitos essenciais do art. 1.876 do Código Civil.

Claro que a flexibilização da ausência de assinatura, como não poderia ser diferente, precisa atender requisitos que demonstrem a higidez testamentária. As condições nas quais o testamento foi lavrado (como local, forma de escrita condizente com o grau de escolaridade do morto, vontade dentro de uma lógica razoável – com a contemplação de pessoas próximas e que, por qualquer motivo, tenha o testador razão para agraciar com seus bens – são fatores que o julgador poderá considerar para permitir que o testamento tenha validade. A flexibilização da formalidade não significa ausência de análise acurada dos demais elementos testamentários que sejam capazes de demonstrar que, de fato, a vontade do testador era mesmo aquela indicada no documento testamentário.

Outra formalidade é a exigência da presença de testemunhas. É que, tendo em vista que as formalidades testamentárias têm como objetivo assegurar que a vontade do testador seja livre e fielmente externada para, depois de sua morte, ser devidamente cumprida,[14] mostra-se relevante a presença, no ato da exposição da vontade do testador, de testemunhas. Vale aqui pontuarmos que a presença de testemunhas é um elemento substancial do ato jurídico, essencial para a sua validade, e não serve somente como simples meio de prova.[15] E isso porque são elas que fiscalizam e certificam a que a vontade do testador está sendo fidedignamente observada, além da plena liberdade daquele que está testando.

A presença de testemunhas é obrigatória em todos os testamentos ordinários, diferindo apenas, entre eles, o número exigido pela lei. No testamento público, a teor do que prescreve o artigo 1864, II, do Código Civil, são necessárias duas testemunhas que, além de estarem concomitantemente presentes, precisam ouvir a leitura das disposições de última vontade deixadas pelo testador.

No testamento cerrado também são necessárias duas testemunhas que acompanharão a entrega do instrumento ao tabelião, o qual o lerá para que também as testemunhas ouçam o seu conteúdo (artigo 1868, II, Código Civil). Já para o testamento particular exige o legislador a presença de três testemunhas, as quais também devem ouvir a sua leitura e o subscrever (artigo 1876 do Código Civil).

Além das formalidades comuns aos três testamentos, há também aquelas que são próprias a cada uma das espécies. O testamento público, por exemplo, exige que o tabelião o subscreva e deve estar escrito no livro de notas do cartório em que foi lavrado (art. 1864, I e III). Há formalidades específicas para o testador que não possa ou não saiba assinar (art. 1865), o testador surdo (art. 1866) e o testador cego (art.

---

14. FONSECA, Priscila Corrêa da. *Manual do planejamento patrimonial das relações afetivas e sucessórias*. São Paulo: Thompson Reuterus, 2018. p. 359.
15. MAXIMILIANO, Carlos. *Direito das Sucessões*. v. II. n. 532. 5. ed. Rio de Janeiro: Livraria Freitas Bastos, 1964. p. 25.

1867). O testamento cerrado também contém especificidades próprias ao fato dele ser registrado e lacrado após registro (art. 1869 a 1875 do Código Civil).

O grande paradoxo que se aponta é o fato de que, por vezes, as formalidades necessárias à proteção da vontade morto podem, muitas vezes, aniquilá-la. É que, no rigor (necessário, diga-se) de fazer assegurar que o testador está livre e desimpedidamente trazendo ao mundo o que realmente deseja, muitas vezes pode-se anular totalmente o conteúdo de um testamento, ficando a vontade do morto sem execução.

Não há como não considerar que tal aspecto suscita verdadeiro conflito entre interesses juridicamente relevantes: as formalidades testamentárias são instituídas para garantir a vontade do testador, a qual por vezes resta prejudicada justamente por não se terem observado algumas das solenidades previstas para a validade do testamento[16]. Faltando as formalidades ou havendo falhas, a sanção será a nulidade absoluta do testamento, nos termos do art. 166, incisos IV e V, do Código Civil"[17]

Até mesmo diante desse ponto – e do paradoxo vontade do testador *versus* formalidade –, o Superior Tribunal de Justiça tem, como já dito, atenuado as exigências legalmente previstas, já tendo apontado que "a jurisprudência desta *eg.* Corte Superior entende que, na elaboração de testamento particular, é possível sejam flexibilizadas as formalidades prescritas em lei na hipótese em que o documento foi assinado por testador e por testemunhas idôneas."[18]

Não há como não reconhecer que parece acertado o mais recente posicionamento do Superior Tribunal de Justiça ao atenuar o rigor com as formalidades testamentárias e, em contrapartida, dar mais valia e valor à vontade do morto. De fato, havendo elementos suficientes para atestar a idoneidade do testamento, ainda que todas as formalidades não estejam intactas, nos parece acertado fazer valer a última vontade daquele que testou.

3. O TESTAMENTO DO FUTURO: A ANTECIPAÇÃO DO AMANHÃ

A análise do testamento do futuro, neste estudo, será feita considerando dois aspectos do testar: a forma – e as eventuais flexibilizações e adequações diante de novas tecnologias – e os conteúdos dos testamentos – possibilidades diante de novos bens digitais e conteúdo inserido nas redes.

Antes, todavia, é preciso sublinhar dois pontos cruciais para a análise da temática. O primeiro deles é o fato de que a sucessão testamentária no Brasil ainda se configura uma exceção, como bem pontua Paulo Lôbo: "Na tradição de alguns

---

16. TEPEDINO, Gustavo; NEVARES, Ana Luiza Maia; MEIRELES, Rose Melo Vencelau. *Fundamentos do Direito Civil:* Direito das Sucessões. v. 7. Rio de Janeiro: Forense, 2020. p. 129.

17. TARTUCE, Flávio. *Direito Civil: Direito das Sucessões.* v. 6. Rio de Janeiro: Forense, 2020. p. 404.

18. STJ, 4ª T, AgInt no Resp n. 1521371/MG, Rel. Min. Marco Buzzi, julg. 28.3.2017, DJe 03.4.2017. No mesmo sentido: AgRg nos EAREsp n. 365011/SP, Rel. Min. Marco Aurélio Belizze, DJe de 20.11.2015.; REsp n. 302767/PR, Rel. Min. Cesar Asfor Rocha, DJe de 24.9.2001; REsp n. 753261/SP, Rel. Min. Paulo de Tarso Sanseverino, DJE de 05.4.2011.

TESTAMENTO E SUAS FORMALIDADES: O HOJE E O AMANHÃ **309**

povos é a modalidade de sucessão hereditária preferencial. No Brasil, teve sempre utilidade secundária e residual, não penetrando nos hábitos da população, como se vê na imensa predominância da sucessão legítima nos inventários abertos."[19]

Tal circunstância, certamente, decorre não só do fato de que grande parte da população sequer possui qualquer patrimônio[20] – não havendo, portanto, sobre o que decidir ou ajustar em termos patrimoniais –, mas também da circunstância de que muitas vezes a ordem vocacional da sucessão legítima já atende a vontade daquele que tem bens[21] (parece natural ao homem médio deixar o seu patrimônio aos descendentes ou companheiros de uma vida). Outros tantos, todavia, deixam de fazer o testamento por desconhecimento das possibilidades de como fazê-lo e também pelo custo do ato (especialmente o público).

Assim é que podemos considerar que um dos grandes desafios para o testamento do futuro (ou futuro dos testamentos) é sua maior democratização, sua inserção social de maneira mais ampla e disseminada. A incorporação do testamento na cultura brasileira poderá, inclusive, permitir que o planejamento da sucessão patrimonial se dê até mesmo para aqueles que tenham um acervo de bens mais modesto, garantindo economia e praticidade na hora da morte.

Aliás, muitas vezes, o planejamento faz até mais sentido àqueles que possuem um patrimônio menor. Não raras vezes nos deparamos, na prática advocatícia, com montes partilháveis simplesmente consumidos pelas despesas de inventários ou em decorrência da manutenção dos bens propriamente dita. Ao estabelecer, em testamento, como a sucessão se dará, muitas vezes o testador acaba por fornecer verdadeiro norte aos herdeiros, poupando esforços e recursos.

Outro aspecto que precisa ser levado em consideração é que o testamento do futuro não é tão *futuro* assim. É que a pandemia ocasionada pelo Coronavírus fez com que houvesse uma clara necessidade de adequação de todos os campos da sociedade às possibilidades tecnológicas, as quais por sua vez dispensam a presença física das pessoas no mesmo ambiente espacial.

Houve, em razão do evento pandêmico, evidente antecipação de processos digitais que durante muito tempo ficaram em segundo plano (como se verá, grande exemplo disso é o provimento 100 do Conselho Nacional de Justiça), o que certa-

---

19. LÔBO, Paulo. *Direito Civil*: Sucessões. 3. ed. São Paulo: Saraiva, 2016. p. 202
20. De início, como primeiro fator do afastamento testamentário, cite-se a falta de patrimônio para dispor, que atinge muitos dos brasileiros, ainda na atualidade, mesmo com a melhora no nível econômico do brasileiro médio. O que testar, se não há nada de relevante que pode ser objeto do conteúdo testamentário? (TARTUCE, Flávio. *Direito Civil*: Direito das Sucessões. v. 6. Rio de Janeiro: Forense, 2020. p. 401.).
21. Por um lado, é possível considerarmos que "há certamente outra razão a ser invocada para justificar a pouca frequência de testamentos entre nós. Esta razão estaria diretamente relacionada à excelente qualidade de nosso texto legislativo, a respeito da sucessão legítima. Quer dizer, o legislador brasileiro, quando produziu as regras gerais relativas à sucessão ab intestato, o fez de maneira primorosa, chamando a suceder exatamente aquelas pessoas que o de cujus elencaria se, na ausência de regras, precisasse produzir testamento. (CAHALI, Francisco José; HIRONAKA, Giselda Maria Fernandes Novaes. *Direito das Sucessões*. 5. ed. São Paulo: Revista dos Tribunais, 2014. p. 264.).

mente será incorporado – e aprimorado – quando o assunto é testamento e demais instrumentos jurídicos que auxiliem na sucessão patrimonial.

Tratando inicialmente dos aspectos formais, a primeira grande inovação que urge ser incorporada à legislação para que possamos falar em um testamento vanguardista é a possibilidade de feitura de testamentos exclusivamente gravados, por meio de captura de imagem e som do testador e testemunhas, o que facilitaria e popularizaria a sucessão testamentária no país.

Aliás, considerando a massiva popularização dos *smartphones* no Brasil – mais de 1 por habitante, já que temos hoje em uso 230 milhões em funcionamento[22] – e o fato desses aparelhos contarem com vídeo câmeras acopladas, a incomplexidade para o manuseio da tecnologia seria um grande facilitador para aquele que deseja registar sua última vontade. De fato, como também nos lembra Priscila M. P. Corrêa da Fonseca: "Diante das evoluções tecnológicas verificadas nas últimas décadas, trata-se de modalidade que já deveria ter sido contemplada pelo legislador, em razão das inúmeras vantagens que apresenta: praticidade, baixo custo, facilidade de armazenamento etc."[23]

Não faz nenhum sentido que, em pleno século XXI, não se tenha a possibilidade de testar via vídeo. Além das questões ligadas ao custo e facilidade, temos que considerar que a possibilidade de manifestação de vontade por meio de um elemento tecnológico permitirá, no caso de eventual dúvida, que o juiz venha a ouvir e ver o testador se expressando, suas intenções, sua forma de falar e agir no momento, enfim, a higidez de sua vontade livre e desembaraçada.

Muitas vezes, aliás, algumas cláusulas testamentárias são apostas nas disposições de última vontade por razões específicas inerentes à realidade familiar do morto, aos seus anseios e expectativas. Nada impede, portanto, que além das disposições em si, o testador deixe também alguma explicação sobre uma ou outra determinação testada, fato que poderá arrefecer (ou não, é verdade) os ânimos dos herdeiros que eventualmente venham a questionar alguma cláusula testamentária.

Em nosso ordenamento, de todo modo, ainda não há lei que preveja o testamento via vídeo. O que se tem, por ora, são alguns projetos de lei, cabendo destaque ao de número 3799, de 2019, que altera o Livro V da Parte Especial da Lei nº 10.406, de 10 de janeiro de 2002, e o Título III do Livro I da Parte Especial da Lei nº 13.105, de 16 de março de 2015, para dispor sobre a sucessão em geral, a sucessão legítima, a sucessão testamentária, o inventário e a partilha, projeto este que faz previsões específicas sobre os testamentos filmados, prevendo a possibilidade de sua feitura por meio dessa tecnologia.

---

22. *Brasil tem 424 milhões de dispositivos digitais em uso, revela a 31ª Pesquisa Anual do Fgvcia.* Disponível em: https://portal.fgv.br/noticias/brasil-tem-424-milhoes-dispositivos-digitais-uso-revela-31a-pesquisa-anual-fgvcia. Acesso em: 07 jan. 2021.

23. FONSECA, Priscila Corrêa da. *Manual do planejamento patrimonial das relações afetivas e sucessórias.* São Paulo: Thompson Reuterus, 2018. p. 360.

De fato, a proposta para o novo parágrafo único do artigo 1.862 é no sentido que os testamentos ordinários possam vir a ser escritos *ou* gravados, desde que gravadas imagens e voz do testador e das testemunhas, por sistema digital de som e imagem. Para o testamento público, por sua vez, a proposta de redação do artigo 1864, I, indica que os testamentos nessa modalidade poderão ser escritos ou gravados em sistema digital de som e imagem por tabelião ou por seu substituto legal, de acordo com as declarações do testador, podendo este servir-se de minuta, notas ou apontamentos

Ainda com relação ao testamento público, a sugestão do inciso IV do mesmo artigo 1864 é no sentido de que quando o testamento vier a ser realizado mediante gravação em sistema digital de som e imagem, esta será exibida pelo tabelião ao testador e a duas testemunhas, a um só tempo, que confirmarão, por escrito, o teor das declarações.

A previsão da modalidade gravada para o testamento cerrado vem indicada no referido projeto de lei na nova redação que seria dada ao artigo 1868 do Código Civil, que passará a prever que o testamento escrito ou gravado em sistema digital de som e imagem pelo testador ou por outra pessoa, a seu rogo, será válido se aprovado pelo tabelião ou seu substituto legal.

Há também previsão para o testamento particular, com a nova redação sugerida ao artigo 1876, no sentido de que tal modalidade testamentária poderá ser escrita de próprio punho ou mediante processo mecânico, ou ainda poderá ser gravada em sistema digital de som e imagem. O parágrafo 3º do referido artigo prevê que se o testamento for realizado por sistema digital de som e imagem, deve haver nitidez e clareza na gravação das imagens e sons, bem como ser declarada a data da gravação, sendo esses os requisitos essenciais à sua validade.

Além disso, conforme dispõe o parágrafo 4º, o testamento deverá ser gravado em formato compatível com os programas computadorizados de leitura existentes na data da celebração do ato, contendo a declaração do testador de que no vídeo consta o seu testamento, bem como sua qualificação completa e a das testemunhas.

O citado projeto de lei estava – e continua – em trâmite quando o isolamento social foi necessário em razão da pandemia, ainda sem previsão para ser aprovado. Outro projeto de lei, o nº 2947, de 2020, que dispunha sobre normas de caráter transitório e emergencial para a regulação de relações jurídicas de Direito de Família e das Sucessões no período da pandemia do Coronavírus SARS-CoV2 (Covid-19), também abordou o tema, indicando, em seu artigo 9º, que os testamentos particulares poderiam ser escritos ou gravados, desde que capturadas, ao mesmo tempo, as imagens e as vozes do testador e das testemunhas, quando exigidas, por sistema digital de som e imagem.

Mesmo com essas propostas legislativas em curso, não foi possível ser implementado, durante a pandemia, o vídeo testamento para atender aqueles que, impossibilitados de circular em razão das restrições impostas pelo vírus, queriam ou precisavam testar. Surgiu, então, uma solução intermediária, aplicada exclusivamente aos testamentos públicos.

De fato, considerando que o presente já é digital e a pandemia da Covid-19 apenas mostrou ao mundo como a tecnologia promove o bem-estar e equilibra a comunicação,[24] o Conselho Nacional de Justiça se viu obrigado a tomar providências para permitir que, mesmo à distância, o serviço notarial prosseguisse.

Foi assim que o Provimento 100 do CNJ instituiu, no auge do evento pandêmico, o Sistema de Atos Notariais Eletrônicos, o *e-notariado*, que, muito embora ainda não tenha instituído o testamento somente filmado, já permitiu que a presença física do testador e das testemunhas fosse dispensável com a realização de videoconferência notarial para captação do consentimento das partes e a exaração de suas respectivas assinaturas digitais (art. 3º, Provimento 100, CNJ).

Vê-se, portanto, que a videoconferência não se presta a substituir o testamento escrito (que ainda se faz necessário), mas apenas e tão somente passou a ser utilizada como ferramenta para poupar a ida das pessoas até os tabelionatos durante o período de distanciamento social. Há que se pontuar que a realização de atos notariais por meios eletrônicos, certamente, será definitivamente incorporada à realidade prática, ainda que as restrições de circulação venham um dia a cessar.

Talvez o Provimento 100 do CNJ seja um verdadeiro catalisador para, em curto espaço de tempo, seja implementado o vídeo testamento em nosso ordenamento, de modo a facilitar e desburocratizar a possibilidade de concretização das disposições de última vontade. E isso não pode ser diferente, até mesmo porque a utilização de recursos audiovisuais na feitura do testamento tendem a proteger, ainda mais, a vontade daquele que testa. De fato:

> Como não imaginar, todos os meios digitais em prol da obtenção da vontade do testador revestindo o ato de testar da segurança, quanto à capacidade do testador em fazer uso da declaração de última vontade e também quanto à certeza de que sua vontade está inexoravelmente ligada ao conteúdo que restou determinado na cédula testamentária.[25]

Outra ferramenta que pode se tornar útil aos testamentos – e eventualmente ser incorporada como prática de validação e segurança ainda maior para as disposições de última vontade –, é a chamada certificação *blockchain*. Simplificando a definição para entendimento, podemos dizer que o *blockchain* é uma espécie de livro certificador compartilhado e imutável que registra transações e rastreia ativos. O acesso a esse

---

24. MUCILO, Daniela de Carvalho; TEIXEIRA, Daniele Chaves. COVID-19 e planejamento sucessório: não há mais momento para postergar. *In*: NEVARES, Ana Luiza Maia; XAVIER, Marília Pedroso Xavier; MARZAGÃO, Silvia Felipe (coord.). *Coronavírus*: impactos no direito de família e sucessões. Indaiatuba: Foco, 2020. p. 346.

25. MUCILO, Daniela de Carvalho; TEIXEIRA, Daniele Chaves. COVID-19 e planejamento sucessório: não há mais momento para postergar. *In*: NEVARES, Ana Luiza Maia; XAVIER, Marília Pedroso Xavier; MARZAGÃO, Silvia Felipe (coord.). *Coronavírus*: impactos no direito de família e sucessões. Indaiatuba: Foco, 2020. p. 346.

livro se dá somente por pessoas previamente autorizadas pela rede, que é dotada de absoluta confiança e credibilidade: "A tecnologia blockchain se trata de verdadeira evolução na economia P2P ("peer to peer"), ou de "ponta-a-ponta", marcada notadamente pela colaboração entre os usuários dentro de uma rede descentralizada de computadores. Ao combinar uma rede "ponta-a-ponta", algoritmos de criptografia, armazenamento de dados em nuvem e um mecanismo de consenso descentralizado, a tecnologia blockchain propicia, por exemplo, que seus usuários expressem sua concordância em determinados negócios jurídicos, bem como armazenem certos documentos de maneira segura e publicamente verificável.

A utilização da tecnologia se dá com criptografia própria para cada rede específica *blockchain*, o que garante evidente segurança e transparência na operação. No Brasil, para atos notariais, a tecnologia já é utilizada pelos Cartórios de Notas,[26] por meio do *e-notariado*. Não há como não pontuarmos, todavia, que a utilização do *blockchain* via Cartório de Notas acaba por desvirtuar uma das principais características da tecnologia que é, justamente, a completa ausência de intermediários (nesse caso, o cartório), na operação integral.

Muito embora tenha havido essa adaptação no sistema para que ele pudesse ser incorporado às práticas notariais, mostra-se bastante válida a sua aplicação na realização de testamentos, especialmente se considerarmos que a busca pela segurança de que a vontade do testador seja incólume tem sido, desde os mais remotos textos legais, a maior preocupação do legislador.

Além das mudanças na forma dos testamentos, prevê-se que os seus conteúdos também terão alteração no futuro.

De fato, novos bens e tecnologias, passaram a fazer parte da nossa vida cotidiana, ocasionando até mesmo uma mudança cultural quando se fala em acúmulo de riqueza e tipos de bens. Se antes a sociedade tinha verdadeira fixação por bens corpóreos – metais valiosos, pedras preciosas, imóveis –, hoje a riqueza circula naquilo que não se vê – perfis digitais, criptomoedas, cotas em *startups*.

Como nitidamente o tempo da vida é muito mais veloz que o tempo do direito (especialmente o do processo legislativo, diga-se), a verdade é que o direito sucessório brasileiro necessita adaptar-se para incorporar as inovações patrimoniais que o mundo moderno nos traz. O fato é que, como nos lembra Everilda Brandão Guilhermino, há clara residência na nossa legislação codificada civil em reconhecer bens e direitos extracorpóreos:

> A resistência do Código Civil em abarcar o que não seja corpóreo se mostra latente. Projetado para uma propriedade corpórea, sempre delegou à legislação extravagante qualquer tipo de

---

26. CNBSP. *Exame*: Cartórios de notas no Brasil passam a autenticar documentos com *blockchain*. 2020. Disponível em: https://www.cnbsp.org.br/index.php?pG=X19leGliZV9ub3RpY2lhcw==&in=MjAzNzc=&filtro=1. Acesso em: 07. Jan. 2021.

tutela. Basta visualizar as leis que cuidam da propriedade intelectual, do meio ambiente e mais recentemente dos dados digitais.[27]

Assim é que também os testamentos ainda têm deixado, muitas vezes, de tratar daquilo que se convencionou chamar de herança digital. A primeira pergunta que nos fazemos nesse aspecto é quanto a possibilidade de transmissibilidade dos bens digitais por herança. Nos parece, de plano, que são evidentemente transmissíveis aos herdeiros os bens digitais que cabiam ao morto, especialmente aqueles que possuam valor patrimonial.

Daí então podemos chegar a primeira conclusão: se são transmissíveis, os bens digitais podem (e devem) constar de disposição testamentária. Daí então que podemos prever que os testamentos do futuro terão, necessária e frequentemente, previsões específicas acerca de bens digitais.

Há bens digitais que parecem mais factíveis para a transmissão para os herdeiros. É indiscutível que as *bitcoins* pertencentes a alguém sejam, por ocasião de sua morte, transmitidos aos seus herdeiros. Mas há outros, todavia, em que a aferição de transmissibilidade não parece tão lógica assim.

A grande questão é que pensarmos somente no aspecto estritamente patrimonial para fins sucessórios não se mostrará suficiente para a solução da questão envolvendo transmissibilidade de bens digitais. Há bens que, muito embora não possam ser comercializados, têm valor inestimável para, simplesmente, desaparecer com a morte de seu titular.

Vejamos o exemplo trazido por Bruno Zampier[28] relativo ao ator Bruce Willis. O ator americano vem travando árdua briga com a *Apple* para transmissão, via testamento, do conteúdo não físico adquirido junto à loja digital, conteúdo este composto por vídeos, músicas e livros *on-line*. Imaginemos o tempo gasto pelo ator para a escolha das músicas e filmes, o valor emocional que isso possa a vir a ter para seus filhos, por exemplo. Por outro lado, as companhias que comercializam esses ativos digitais, muitas vezes, incluem em seus termos de aceitação e uso cláusulas restritivas de transmissão dos dados adquiridos. O que será passível de discussão é a validade desse tipo de restrição sob o ponto de vista da legislação consumerista frente a eventual previsão, em testamento, da transmissão desses bens aos herdeiros.

Mas não é só. Há nas redes também bens que, muito embora não tenham valor patrimonial, possam ser caros àqueles que eventualmente venham recebê-los por herança. Um perfil pessoal de um filho pré-morto – sua continuidade e possibilidade de interação – pode significar muitas vezes um sopro de vida àquele pai e àquela mãe que o perdeu. Seria justo não permitirmos que um jovem em estado terminal, por exemplo, consigne em seu testamento que seu perfil pessoal (que muitas vezes não

---

27. GUILHERMINO, Everilda Brandão. Para novos bens, um novo direito sucessório. *In*: TEIXEIRA, Daniele Chaves (coord.). *Arquitetura do planejamento sucessório*. t. II. Belo Horizonte: Fórum, 2020. p.163.
28. ZAMPIER, Bruno. *Bens digitais*. Indaiatuba, São Paulo: Foco, 2021. p. 131.

tem valor patrimonial nenhum) seja passado à administração plena de seus pais? A resposta nos parece negativa.

Por outro lado, há também a questão ligada à privacidade do *de cujus* e a inviolabilidade do conteúdo digital em razão de sua morte. Do mesmo modo, fica o questionamento: parece correto impedir que um testador consigne em sua disposição de última vontade que quer que todas as suas contas pessoais sejam imediatamente deletadas, incumbindo, por exemplo, o testamenteiro dessa providência? E se a conta tiver milhões de seguidores e muita rentabilidade? São questões que urgem regulamentação e debate amplo.

Nesse sentido, há em trâmite um projeto de Lei (PL 5820/2019) que define a herança digital – os vídeos, fotos, livros, senhas de redes sociais e outros elementos armazenados exclusivamente na rede mundial de computadores e em nuvem – e prevê que para a sua transmissão pode ser utilizado o codicilo em vídeo, com a dispensa da presença das testemunhas para sua validade.

A verdade, portanto, é que o conteúdo do testamento do futuro também tende a mudar. Cada vez mais nos depararemos com a inserção de disposições sobre bens que, até pouco tempo atrás, sequer eram conhecidos e que não possuem necessariamente viés patrimonial.

4. CONSIDERAÇÕES FINAIS

A morte é um dia que, a despeito de ter que ser vivido por todos nós, ainda nos apavora e intriga. Todo ser humano já se perguntou (ou irá se perguntar) o que acontece quando partimos daquilo que conhecemos como vida? Como nos ensina Maria Homem:

> Para onde vamos? Também aqui os humanos se dividem: retornamos ao pó de onde viemos e esse é o fim. Uma parte de nós retorna ao pó de onde viemos e outra parte segue a viagem. Para destinos mais ou menos conhecidos, de acordo com o desenho teórico ou mítico que tecemos com mais ou menos detalhes. Para alguns teremos céus e virgens, para outros beatitudes abstratas, para outros punições. Sem dúvida esse é um vastíssimo campo com o qual ocupamos há séculos nossas mentes e nossas imaginações.[29]

Por ser assunto tão desconhecido e intrigante, tudo que se relaciona à morte traz inquietações, estigmas e aflições. Com o testamento não poderia ser diferente, até mesmo porque, diante dele, o testador realmente se dá conta que um dia não estará mais vivo.

E como testar é manifestação plena, livre e desembaraçada da autonomia da vontade humana reveste-se de grande importância por ser a extensão da personalidade daquele que morreu para o além de sua existência. Filosoficamente falando, podemos

---

29. HOMEM, Maria. *Lupa da alma*. Quarentena-revelação. Luto e Morte: a sua e a minha. São Paulo: Todavia POD, 2020. *E-book*.

considerar o ato de testar como ampliação da vontade aos limites da vida material, a concretização daquilo que se pretende para depois da partida do plano físico.

Pensando por este prisma, testar se reveste de um ar, até mesmo, de ampliação da vida. É imaginar que, mesmo quando findado o tempo de vida de alguém, quem esta pessoa foi, com quem ela se relacionou e o que ela possui ainda será considerado. Sua presença, mesmo após morte, ainda se mostra concreta.

Diante dessa circunstância – e da importância que ela apresenta – é natural que à vontade daquele que já morreu se dê plena importância. A vontade do testador é majestosa e elemento que deve ser protegido de maneira veemente. Decorre disso, não há dúvida, o rigor formal que o testamento apresenta.

É importante que recordemos que a existência do testamento remonta à antiguidade, já havendo previsão autorizativa para a sua lavratura na Lei das XII Tábuas. Já em Roma, portanto, era possível, àqueles que quisessem transmitir a sua vontade para o pós-morte, fazê-lo. Desde então, diante da dificuldade de aferir a vontade daquele que já não está neste plano, se pensava em formalidades testamentárias.

É fato, portanto, que as formalidades testamentárias sempre existiram (e arriscamos dizer sempre existirão), sendo, contudo, variáveis de acordo com o tempo e as circunstâncias. A flexibilização que temos visto recentemente em nosso Tribunal Superior tem demonstrado que ao que parece as formalidades hoje exigidas em nosso ordenamento talvez precisem ser adequadas às novas realidades da vida moderna e tecnológica.

Não restam dúvidas que o testamento tomará rumos diferentes no amanhã que se aproxima. Adequações não só às formalidades, mas também aos conteúdos são imprescindíveis também para que falemos numa maior democratização da sucessão testamentária, com o uso mais disseminado de tão importante instrumento.

De fato, não há como negar que o testamento do futuro, mesmo sem descuidar da forma, precisará refletir sobre formalidades testamentárias que se adéquem à rotina digital da sociedade.[30] É imprescindível que os projetos legislativos que tratam da matéria tenham andamento efetivo para que se permita, por exemplo, a realização de vídeo testamento ou mesmo a utilização de outras tecnologias que, com segurança e fidedignidade, captem a vontade do testador.

O amanhã chegou e a hora do testamento do futuro é agora.

5. REFERÊNCIAS

ANDRADE, Gustavo Henrique Baptista. *O direito de herança e a liberdade de testar*: um estudo comparado entre os sistemas jurídicos brasileiro e inglês. Belo Horizonte: Fórum, 2019.

BRASILEIRO, Luciana. *As famílias simultâneas e seu regime jurídico*. Belo Horizonte: Fórum, 2019.

---

30. NEVARES, Ana Luiza Maia. Como testar em momento de pandemia e isolamento social? *In*: NEVARES, Ana Luiza Maia; XAVIER, Marília Pedroso Xavier; MARZAGÃO, Silvia Felipe (coord.). *Coranavírus*: impactos no direito de família e sucessões. Indaiatuba: Foco, 2020. p. 356.

CAHALI, Francisco José; HIRONAKA, Giselda Maria Fernandes Novaes. *Direito das Sucessões*. 5. ed. São Paulo: Revista dos Tribunais, 2014.

FONSECA, Priscila Corrêa da. *Manual do planejamento patrimonial das relações afetivas e sucessórias*. São Paulo: Thompson Reuterus, 2018.

GUILHERMINO, Everilda Brandão. Para novos bens, um novo direito sucessório. *In*: TEIXEIRA, Daniele Chaves (coord.). *Arquitetura do planejamento sucessório*. t. II. Belo Horizonte: Fórum, 2020.

HOMEM, Maria. *Lupa Da Alma*. Quarentena-revelação. Luto e Morte: a sua e a minha. São Paulo: Todavia POD, 2020. *E-book*.

LACERDA, Bruno Torquato Zampier. *Bens digitais*. Indaiatuba: Foco, 2021.

LEAL, Livia. *Internet e a morte do usuário*: propostas para o tratamento jurídico post mortem do conteúdo inserido na rede. 2. ed. Rio de Janeiro: GZ, 2020.

LÔBO, Paulo Luiz Netto. *Direito Civil*: Sucessões. 3. ed. São Paulo: Saraiva, 2016.

MAXIMILIANO, Carlos. *Direito das Sucessões*. v. II. n. 532. 5. ed. Rio de Janeiro: Livraria Freitas Bastos, 1964.

ROCHA, Lucas Salles Moreira; GOMES, Frederico Félix Gomes; MAFRA, Tereza Cristina Monteiro. Validade e eficácia dos "testamentos inteligentes" via tecnologia *blockchain*. 2019. *SCIENTIA IURIS*, Londrina, v. 23, n. 1, p. 63-80, mar. 2019. DOI: 10.5433/2178-8189.2019v23n1p63. Disponível em: file:///C:/Users/silvi/AppData/Local/Temp/33991-172023-1-PB.pdf. Acesso em: 07 jan. 2021.

TARTUCE, Flávio. *Direito Civil*: Direito das Sucessões. v. 6. Rio de Janeiro: Forense, 2020.

TEPEDINO, Gustavo; NEVARES, Ana Luiza Maia; MEIRELES, Rose Melo Vencelau. *Fundamentos do Direito Civil*. Direito das Sucessões. Rio de Janeiro: Forense, 2020. v. 7.

TEIXEIRA, Ana Carolina Brochado. Autonomia existencial. *In*: TEPEDINO, Gustavo; OLIVA, Milena Donato (coord.). *Teoria geral do Direito Civil*. Questões controvertidas. Belo Horizonte: Fórum, 2019.

MUCILO, Daniela de Carvalho; TEIXEIRA, Daniele Chaves. COVID-19 e planejamento sucessório: não há mais momento para postergar. *In*: NEVARES, Ana Luiza Maia; XAVIER, Marília Pedroso Xavier; MARZAGÃO, Silvia Felipe (coord.). *Coronavírus*: impactos no direito de família e sucessões. Indaiatuba: Foco, 2020.

NERY, Rosa Maria de Andrade. *Instituições de Direito Civil*. Teoria geral do Direito de Sucessões – Processo Judicial e Extrajudicial de Inventário. v. VI. São Paulo: Revista dos Tribunais, 2017.

NEVARES, Ana Luiza Maia, XAVIER, Marília Pedroso Xavier, MARZAGÃO, Silvia Felipe. *Conronavírus*: impactos no direito de família e sucessões. Indaiatuba: Foco, 2020.

VELOSO, Zeno. *Direito Civil*: temas. Belém: ANOREGPA, 2018.

VELOSO, Zeno. Testamentos. *In*: HIRONAKA, Giselda Maria Fernandes Novaes; PEREIRA, Rodrigo da Cunha (coord.). *Direito das Sucessões*. Belo Horizonte: Del Rey, 2007.

CLÁUSULAS TESTAMENTÁRIAS PARA PROTEÇÃO DE HERDEIROS MENORES

Luciana Pedroso Xavier

Professora da graduação da Faculdade de Direito da UFPR. Doutora e Mestre em Direito Civil pela UFPR. Diretora do Instituto Brasileiro de Direito Contratual – IBDCONT. Advogada. Contato: luciana@pxadvogados.com.br

Marília Pedroso Xavier

Professora da graduação e da pós-graduação *stricto sensu* da Faculdade de Direito da UFPR. Doutora em Direito Civil pela USP. Mestre e graduada em Direito pela UFPR. Coordenadora de Direito Privado da Escola Superior de Advocacia do Paraná. Diretora do Instituto Brasileiro de Direito Contratual – IBDCONT e do Instituto Brasileiro de Direito de Família – IBDFAM/PR. Advogada. Contato: marilia@pxadvogados.com.br

> *[...] eu, muitas noites,*
> *me debrucei sobre o teu berço e*
> *verti sobre teu pequenino corpo adormecido*
> *as minhas mais indefesas lágrimas de amor,*
> *e pedi a todas as divindades que cravassem na*
> *minha carne as farpas feitas para a tua [...]*
>
> Pedro, meu filho
> Vinícius de Moraes

Sumário: 1. Introdução – 2. A tutela jurídica do menor no Brasil: do paradigma da situação irregular para o sistema de proteção integral – 3. As capacidades e o direito sucessório – 4. A cláusula de reconhecimento de filiação – 5. Cláusulas testamentárias de caráter não patrimonial – 6. Nomeação de tutor ou curador especial – 7. Cláusulas sobre seguro de vida – 8. Legado de alimentos ou verba periódica – 9. Bem de família voluntário – 10. Direito real de habitação – 11. Usufruto – 12. Fideicomisso – 13. Conclusão – 14. Referências

1. INTRODUÇÃO

O tema das cláusulas testamentárias para proteção de herdeiros menores está na pauta do dia. As razões são várias. A primeira delas guarda relação com o contexto contemporâneo. Na atualidade, o mundo experimenta os efeitos de uma pandemia sem precedentes. A presença de Tânatos talvez nunca tenha sido tão sentida pela sociedade. Com isso, a lembrança da finitude da vida é diariamente escancarada nos rostos dos que atônitos anseiam por dias melhores calcados na esperança do advento das vacinas.

Nesse sentido, Daniela Mucilo e Daniele Teixeira advertem que em tempos de *COVID*-19 não há mais momento para postergar a elaboração de um planejamento sucessório.[1] Dentre as várias maneiras de levá-lo a efeito, o presente texto abordará o clássico instituto do testamento.

Mas por qual razão os pais deveriam testar em favor dos filhos? A resposta encontra justificativas de ordem jurídica e meta jurídica. Começaremos pela última com amparo na epígrafe deste texto. Proteger a prole é um anseio atávico do ser humano, está ligado ao desejo de perpetuação da vida e da própria família. Para muitos, o que dá sentido à vida é deixar esse legado aos filhos para que sejam felizes, prosperem e se realizem.

No que toca às questões de ordem jurídica, merece destaque o fato de que a transmissão patrimonial aos filhos se dá de forma imediata após o falecimento dos pais, estejam aqueles preparados ou não para gerir suas vidas patrimoniais. Conforme ensina Giselda Hironaka, o famoso adágio francês *le mort saisit le vif* (o morto agarra o vivo) dá origem ao chamado *droit de saisine* ou princípio de *saisine*. Com raízes no medievo e extensões na contemporaneidade, esse princípio faz com que haja imediata transmissão do patrimônio do *de cujus* para o de seus herdeiros ou legatários.[2]

Por essa razão, no momento em que ocorrer o falecimento do pai ou da mãe de determinada criança ou adolescente, este será imediatamente considerado herdeiro e, por essa ficção jurídica, terá imediatamente transferido para si determinado quinhão (independentemente de qualquer ato ou expediente para a regularização formal do patrimônio).

Outro ponto que clama por uma proteção testamentária na contemporaneidade é o fato de que as regras da sucessão legítima nem sempre estão em harmonia com as necessidades de todas as famílias. Conforme explica Daniele Teixeira, o direito sucessório brasileiro está em descompasso com a sociedade brasileira. Isso porque, nas palavras da autora, "está baseado em uma família que não corresponde ao perfil das famílias da atual sociedade".[3]

Logo, nas famílias em que os pais deixam de exercer a autonomia privada para amoldar os efeitos jurídicos *causa mortis*, há o risco de gerar frustração aos envolvidos, pois a regra prevista na lei pode não ser exatamente justa ou adequada para aquela determinada realidade.

---

1. MUCILO, Daniela de Carvalho; TEIXEIRA, Daniele Chaves. COVID-19 e planejamento sucessório: não há mais momento para postergar. *In*: NEVARES, Ana Luiza Maia; XAVIER, Marília Pedroso; MARZAGÃO, Silvia Felipe (coord.). *Coronavírus*: impactos no direito de família e sucessões. Indaiatuba: Foco, 2020. p. 333.
2. HIRONAKA, Giselda Maria Fernandes Novaes. *Morrer e suceder*: passado e presente da transmissão sucessória concorrente. São Paulo: Thomson Reuters Revista dos Tribunais, 2014. p. 317.
3. TEIXEIRA, Daniele Chaves. Autonomia privada e flexibilização dos pactos sucessórios no ordenamento jurídico brasileiro. *In*: MENEZES, Joyceane Bezerra de; TEPEDINO, Gustavo (coord.). *Autonomia privada, liberdade existencial e direitos fundamentais*. Belo Horizonte: Fórum, 2019. p. 464.

É nesse contexto que surge a necessidade de reflexão sobre o que os pais podem fazer em termos jurídicos preventivos para zelar pelo bem estar integral dos filhos menores na eventualidade de ocorrer o falecimento de um ou mais ascendentes, de modo que não fiquem à mercê de sua própria sorte.

2. A TUTELA JURÍDICA DO MENOR NO BRASIL: DO PARADIGMA DA SITUAÇÃO IRREGULAR PARA O SISTEMA DE PROTEÇÃO INTEGRAL

A elaboração de cláusulas testamentárias para a proteção de crianças e adolescentes encontra amparo e pertinência no cenário contemporâneo como um verdadeiro anseio dos pais e mães (autoridades parentais e em regra provedores), ou de outros ascendentes ou parentes que nutram afeto e responsabilidade por esse absoluta ou relativamente incapaz. Porém, ainda que essa preocupação possa parecer como sendo emanada de modo inerente e uniforme tanto pelas famílias como pela sociedade, a história legislativa brasileira sobre os menores espelha outro panorama. Nas últimas décadas, mudanças verdadeiramente paradigmáticas foram operadas e alteraram radicalmente a forma como o Estado regula tais relações.

A utilização do próprio termo "menores" é, atualmente, bastante controversa.[4] Isso porque sua origem guarda relação com o Código de Menores (Decreto n.º 17.943-A de 1927), o chamado "Código Mello Mattos". Tal legislação estava calcada na chamada doutrina da situação irregular, a qual previa que seriam objeto de intervenção estatal apenas menores de dezoito anos que estivessem, na dicção da lei, abandonados, expostos ou na delinquência. Assim, a crítica doutrinária é que essa teoria

> tratava as crianças e os adolescentes como objeto de medidas sociais, porque não os colocava na posição de sujeitos de direitos, tratando apenas dos conflitos decorrentes da situação irregular, como instrumento de controle social, e não da prevenção e proteção de forma integral.[5]

Sob inspiração da Declaração Universal dos Direitos da Criança UNICEF (1959) e da Constituição Federal de 1988,[6] o vigente Estatuto da Criança e do Adolescente (Lei n.º 8.069/1990), a seu turno, segue a doutrina da proteção integral, ampliando sobremaneira o manto de proteção estatal para toda e qualquer criança ou adolescente, ainda que estejam convivendo com suas famílias. Como explica Luciana Berlini, crianças e adolescentes

---

4. Em que pese a controvérsia sobre o termo, para fins didáticos o presente artigo empregará essa terminologia, ciente da necessária crítica ao vocábulo.

5. BERLINI, Luciana Fernandes. *Lei da palmada*: uma análise sobre a violência doméstica infantil. Belo Horizonte: Arraes Editores, 2014. p. 22.

6. Por todos, destaca-se o Art. 227 da Constituição da República: "É dever da família, da sociedade e do Estado assegurar à criança, ao adolescente e ao jovem, com absoluta prioridade, o direito à vida, à saúde, à alimentação, à educação, ao lazer, à profissionalização, à cultura, à dignidade, ao respeito, à liberdade e à convivência familiar e comunitária, além de colocá-los a salvo de toda forma de negligência, discriminação, exploração, violência, crueldade e opressão".

[...] foram elevados à condição de sujeitos de direitos e passaram a desfrutar de proteção integral, sem necessidade de verificar situação de risco ou vitimização, haja vista que, pelo simples fato de serem crianças e adolescentes, gozam de proteção ampla e irrestrita, tendo assegurados todos os seus direitos e garantias.[7]

Além disso, o ECA prevê a prioridade absoluta para o atendimento dos direitos de crianças e adolescentes, sendo que estes devem sempre ser tratados como pessoas em condição peculiar de desenvolvimento.[8] Ademais, para o ECA, são consideradas crianças as pessoas até doze anos de idade incompletos, e os adolescentes aqueles entre doze e dezoito anos de idade.[9]

Acompanhando essa profunda ressignificação, a codificação civil de 2002 passou a utilizar a expressão "poder familiar" em substituição à "pátrio poder" (então adotada no Código de 1916 e com inspiração romanista, era baseada em uma perspectiva patriarcal e assimétrica nas relações conjugais) para designar o feixe de direitos e deveres que permeiam a relação paterno-filial.

E como os menores, crianças e adolescentes, podem ser protegidos a partir de cláusulas testamentárias? Pois bem, é certo que pela legislação vigente menores podem ser protegidos na condição de herdeiros e também de legatários. Mas não é só. Poderão se utilizar da possibilidade de elaboração do seu próprio testamento,[10] fazendo valer sua última vontade, abarcando conteúdos de cunho patrimonial e existencial. Para bem aquilatar os limites e possibilidades desse exercício, cabe agora a analisar a complexa figura da "capacidade sucessória", a qual compreende a capacidade para testar e a capacidade para adquirir por testamento. Feito esse exame, serão apresentados exemplos de cláusulas testamentárias que podem salvaguardar direitos e interesses de crianças e adolescentes.

3. AS CAPACIDADES E O DIREITO SUCESSÓRIO

A prática de atos no direito brasileiro passa pelo crivo da existência de capacidade de direito e de fato pelo agente que os executa, as quais são necessárias para o regular e pleno exercício dos atos da vida civil. A regra geral é a capacidade dos sujeitos, sendo os casos de incapacidade regulados nos artigos 3.º[11] e 4.º[12] do Código

---

7. BERLINI, Luciana Fernandes. *Lei da palmada*: uma análise sobre a violência doméstica infantil. Belo Horizonte: Arraes Editores, 2014. p. 23.

8. Art. 6.º do ECA: "Na interpretação desta Lei levar-se-ão em conta os fins sociais a que ela se dirige, as exigências do bem comum, os direitos e deveres individuais e coletivos, e a condição peculiar da criança e do adolescente como pessoas em desenvolvimento".

9. Art. 2.º do ECA: "Considera-se criança, para os efeitos desta Lei, a pessoa até doze anos de idade incompletos, e adolescente aquela entre doze e dezoito anos de idade".

10. Prerrogativa existente aos maiores de 16 anos, conforme art. 1.860, parágrafo único do Código Civil brasileiro.

11. Art. 3.º do Código Civil: "São absolutamente incapazes de exercer pessoalmente os atos da vida civil os menores de 16 (dezesseis) anos".

12. Art. 4.º do Código Civil: "São incapazes, relativamente a certos atos ou à maneira de os exercer: I – os maiores de dezesseis e menores de dezoito anos; II – os ébrios habituais e os viciados em tóxico; III – aqueles que,

Civil. Atualmente, os únicos considerados absolutamente incapazes são os menores de 16 anos de idade, ao passo que os relativamente incapazes são os maiores de dezesseis e menores de dezoito anos, os ébrios habituais e os viciados em tóxico, bem como aqueles que, por causa transitória ou permanente, não puderem exprimir sua vontade e os pródigos.

Ocorre que, para além da capacidade, no direito sucessório cabe diferenciar, como bem apontado por Sílvio de Salvo Venosa, dois tipos específicos de legitimação: a para testar e a para adquirir bens pela via testamentária. Podem testar as pessoas físicas que no momento da realização do testamento possuem discernimento e idade igual ou maior a 16 anos.[13] Ainda que a preocupação em redigir um testamento seja mais frequente em pessoas de faixa etária mais avançada, o menor com idade entre 16 e 17 anos incompletos pode testar,[14] inclusive podendo estabelecer cláusulas que protejam outros menores, tais como irmãos, primos e amigos que sejam ainda crianças ou adolescentes.[15] O limite será o respeito à parcela legítima destinada aos herdeiros necessários.[16]

Cabe ressaltar que a capacidade é averiguada no momento da celebração do testamento, ou seja, nem antes nem depois de sua realização.[17] Desse modo, testamento celebrado por menor de 16 anos será considerado nulo, não podendo ser confirmado pelo testador após completar a idade exigida.[18] Outro ponto importante é diferenciar as situações que geram a nulidade do testamento, cuja validade poderá ser inquirida até 5 anos após o seu registro, das que geram anulabilidade, tais como a ocorrência de vícios da vontade, os quais poderão atingir total ou parcialmente o

---

por causa transitória ou permanente, não puderem exprimir sua vontade; IV – os pródigos. Parágrafo único. A capacidade dos indígenas será regulada por legislação especial".

13. Art. 1.860 do Código Civil: "Além dos incapazes, não podem testar os que, no ato de fazê-lo, não tiverem pleno discernimento. Parágrafo único. Podem testar os maiores de dezesseis anos".

14. Nas palavras de Sílvio de Salvo Venosa: "o interesse é, como regra, teórico, pois nessa idade dificilmente alguém pensará em ato de última vontade". (VENOSA, Sílvio de Salvo. Capacidade de testar e capacidade de adquirir por testamento. *In*: GUERRA, Alexandre Dartanhan de Mello (coord.). *Estudos em homenagem a Clóvis Beviláqua por ocasião do centenário do Direito Civil codificado no Brasil*. v. 2. São Paulo: Escola Paulista da Magistratura, 2018. p. 1020. Disponível em: https://www.tjsp.jus.br/download/EPM/Publicacoes/ObrasJuridicas/cc47.pdf?d=636808166395003082. Acesso em: 22 jan. 2021.).

15. Hodiernamente, a capacidade para testar é adquirida com a mesma idade exigida para a capacidade para o casamento. Isso porque a Lei n.º 13.811/2019 alterou o art. 1.520 do Código Civil e retirou as exceções que permitiam o casamento de menores de 16 anos, os quais, a partir da celebração do ato, eram emancipados. Para grande parte da doutrina, a emancipação não gerava a aquisição de capacidade testamentária. O debate restou prejudicado pela alteração apontada.

16. Art. 1.857 do Código Civil de 2002: "Toda pessoa capaz pode dispor, por testamento, da totalidade dos seus bens, ou de parte deles, para depois de sua morte. § 1.º A legítima dos herdeiros necessários não poderá ser incluída no testamento".

17. Art. 1.861 do Código Civil de 2002: "A incapacidade superveniente do testador não invalida o testamento, nem o testamento do incapaz se valida com a superveniência da capacidade".

18. Como afirma Marcos Bernardes de Mello: "Ao adquirir, posteriormente, a capacidade, o agente poderá praticar novo ato jurídico, repetindo o anterior nulo. O ato de repetição, no entanto, mesmo que declare estar *confirmando* o ato jurídico nulo, constitui ato novo, independente do primeiro, e os efeitos jurídicos produzidos serão dele, não do ato nulo que se pensou confirmar". (MELLO, Marcos Bernardes de. *Teoria do fato jurídico*: plano da validade. 9. ed. São Paulo: Saraiva, 2009. p. 87).

testamento e cujo prazo é de 4 anos após o conhecimento do vício pelo interessado. Caso se trate de testamento feito sem a vontade do testador, a sua inexistência poderá ser declarada a qualquer tempo.

No que concerne à legitimidade para adquirir bens pela via testamentária, as possibilidades legislativas direcionadas aos menores de idade são mais amplas. Isso porque, além das crianças e adolescentes, podem também figurar como herdeiros e legatários os nascituros e a prole eventual, desde que concebida até dois anos após a abertura da sucessão. Acerca do nascituro, caso não ocorra seu nascimento com vida e consequente aquisição de personalidade, os bens a ele destinados serão encaminhados aos herdeiros legítimos ou a quem tiver sido indicado a substituí-lo. Ainda, o Enunciado n.º 267 da III Jornada de Direito Civil do Conselho da Justiça Federal determina que a capacidade testamentária passiva conferida aos nascituros seja estendida aos embriões obtidos por meio das técnicas de reprodução assistida,[19] as quais estão cada vez mais presentes no cotidiano das famílias brasileiras.

Portanto, os menores de idade com idade igual ou superior a 16 anos detêm capacidade testamentária ativa, ao passo que as crianças e adolescentes, a prole eventual, os nascituros (e, para parcela da doutrina, os embriões) possuem capacidade testamentária passiva.

Feitas essas considerações, serão em seguida apresentados e explicados modelos de cláusulas que usualmente são empregadas para resguardar e favorecer crianças e adolescentes. Registra-se que cada contexto deve ser analisado com cautela a fim de que se verifique quais cláusulas são compatíveis e pertinentes com determinada realidade familiar.

4. A CLÁUSULA DE RECONHECIMENTO DE FILIAÇÃO

Um traço marcante da regulamentação das relações de parentesco do Código Civil de 1916 era a classificação dos filhos em legítimos e ilegítimos. O que diferenciava ambos era o fato de que os assim ditos "legítimos" haviam sido concebidos na constância do casamento.

A referida codificação, em seu artigo 357, previa a possibilidade de reconhecimento de filhos ilegítimos no próprio termo de nascimento da criança, por escritura pública ou por testamento. Tal prerrogativa só era conferida aos filhos naturais, uma vez que o artigo 358 previa que os filhos incestuosos e os adulterinos simplesmente não podiam ser reconhecidos (ainda que o pai desejasse).

Zeno Veloso adverte que tal vedação não foi prevista por Clóvis Beviláqua no projeto original do Código. Inclusive, tal inserção posterior foi fruto de grande dis-

---

19. Enunciado n. 267 da III Jornada de Direito Civil do Conselho da Justiça Federal: "A regra do art. 1.798 do Código Civil deve ser estendida aos embriões formados mediante o uso de técnicas de reprodução assistida, abrangendo, assim, a vocação hereditária da pessoa humana a nascer cujos efeitos patrimoniais se submetem às regras previstas para a petição da herança". Disponível em: https://www.cjf.jus.br/enunciados/enunciado/526. Acesso em: 24 jan. 2021.

córdia, pois Beviláqua entendia que dessa maneira a falta era cometida pelos pais e a desonra recaía sobre os filhos que nada tinham feito.[20] Por ironia do destino, Beviláqua parecia sensível ao tema, pois era justamente filho de um padre.

Considerando o verdadeiro tabu social diante do tema, não raro a opção eleita para reconhecer um filho ilegítimo natural era a inserção de cláusula de reconhecimento de filhos em testamentos. Nessa hipótese, geralmente as partes optavam pela elaboração de testamentos particulares ou cerrados para que o segredo da filiação fora do casamento só viesse à tona após o falecimento do testador.

No Código Civil de 2002 é bem verdade que não mais persiste qualquer classificação discriminatória quanto aos filhos (como decorrência lógica da Constituição Federal de 1988 e a consagração do princípio da igualdade), porém, persiste a disposição expressa sobre a possibilidade de reconhecimento dos filhos havidos fora do casamento.

Merece destaque o fato de que na codificação de 2002 tal reconhecimento produzirá efeitos legais ainda que seja incidentalmente manifestado (nos termos do artigo 1.609, inc. III). De acordo com o artigo 1.610, o reconhecimento não pode ser revogado, nem mesmo quando feito por testamento. Portanto, uma vez inserida uma cláusula de reconhecimento de filhos, esta produzirá efeitos jurídicos quando da morte do testador.

Para além da cláusula de reconhecimento de filiação, em prosseguimento abordam-se outros exemplos de cláusulas testamentárias de caráter não patrimonial.

5. CLÁUSULAS TESTAMENTÁRIAS DE CARÁTER NÃO PATRIMONIAL

Em que pese o testamento seja mais comumente associado à disposições patrimoniais, ele não só pode contemplar cláusulas existenciais, como pode ser constituído apenas por elas.[21] Na prática, muitas vezes não se encontram nos testamentos prescrições com esse caráter. As razões são de duas ordens. A primeira é que muitos testadores optam por utilizar modelos fornecidos pelos cartórios ou até mesmo buscam inspirações nos sites de pesquisas, tais como o Google. Nesse caso, de fato as "matrizes" apresentam conteúdo simplificado e centrado na destinação de bens. Infelizmente, pode ocorrer também de a(o) advogada(o) contratada(o) não esclarecer ao testador que existe essa possibilidade no direito pátrio.

A segunda razão é de ordem pessoal do testador. Redigir cláusulas existenciais exige certa reflexão sobre temas bastante complexos, como por exemplo quais são os valores e as diretrizes educacionais que escolherá para nortear a criação de seus filhos. Outro ponto sensível é a formação da criança ou adolescente de acordo com certa religião ou fé. Numa sociedade em que muitos vivem quase que robotizados,

---

20. VELOSO, Zeno. *Direito Civil*: temas. Belém: Artes Gráficas Perpétuo Socorro, 2018. p. 158.
21. Art. 1.857, § 2.º do *Código Civil de 2002*: "São válidas as disposições testamentárias de caráter não patrimonial, ainda que o testador somente a elas se tenha limitado".

apenas vendo os dias passar, sem exercer liderança sobre suas vidas, tomar as decisões acima pode ser altamente difícil e angustiante para o testador. Isso sem mencionar o desafio de lidar com o tabu de reconhecer a óbvia finitude humana.

Sendo o testamento personalíssimo e tendo por objetivo contemplar as disposições de última vontade do testador, a inclusão de cláusulas não patrimoniais é extremamente oportuna a fim de que os seus anseios em relação aos menores por ele contemplados sejam satisfeitos. Basta que o testador tenha clareza sobre a sua vontade e seja adotada uma redação adequada. Desse modo, recomenda-se que disponha sobre os valores que deverão guiar a educação dos filhos, a opção por determinado colégio, a participação em determinada comunidade religiosa etc. Essas disposições serão executadas por pessoas previamente apontadas pelo testador, sobretudo pelas figuras do tutor ou para situações específicas, um curador especial.

6. NOMEAÇÃO DE TUTOR OU CURADOR ESPECIAL

Uma das cláusulas mais habituais em testamentos cujo testador possui filhos menores é a pela qual é nomeado um tutor ou curador especial para zelar pelos interesses dos absolutamente ou relativamente incapazes. A relevância de se prever quem poderá exercer a tutoria dos filhos menores é enorme, pois caberá a essa(s) pessoa(s) cuidar, proteger, representar e administrar os bens do menor.[22]

É bem verdade que a própria legislação civil já prevê uma ordem de nomeação de tutor para o caso de os pais não terem o feito em testamento ou outro documento.[23] Contudo, essa estruturação pode não espelhar os interesses do testador, que dispondo de sua última vontade tem a possibilidade de prever uma ordenação diferente da legal. As razões podem ser variadas. Como exemplos, é concebível que o testador não tenha um relacionamento harmonioso com os seus ascendentes, que possa divergir sobre os valores de criação dos filhos, que seus pais contem com idade avançada e sem a energia suficiente para educar os netos. É também verossímil existirem casos em que os ascendentes moram em outra cidade, o que poderia acarretar na necessidade de mudança das crianças ou adolescentes e ser negativo para a rotina deles.

Além disso, a disposição expressa pode evitar a ocorrência de conflitos caso haja mais de um parente na mesma linha de preferência que esteja interessado em atuar

---

22. Art. 1.740 do *Código Civil de 2002*: "Incumbe ao tutor, quanto à pessoa do menor: I – dirigir-lhe a educação, defendê-lo e prestar-lhe alimentos, conforme os seus haveres e condição; II – reclamar do juiz que providencie, como houver por bem, quando o menor haja mister correção; III – adimplir os demais deveres que normalmente cabem aos pais, ouvida a opinião do menor, se este já contar doze anos de idade.
Art. 1.741. Incumbe ao tutor, sob a inspeção do juiz, administrar os bens do tutelado, em proveito deste, cumprindo seus deveres com zelo e boa-fé".

23. Art. 1.731 do *Código Civil de 2002*: "Em falta de tutor nomeado pelos pais incumbe a tutela aos parentes consanguíneos do menor, por esta ordem: I – aos ascendentes, preferindo o de grau mais próximo ao mais remoto; II – aos colaterais até o terceiro grau, preferindo os mais próximos aos mais remotos, e, no mesmo grau, os mais velhos aos mais moços; em qualquer dos casos, o juiz escolherá entre eles o mais apto a exercer a tutela em benefício do menor".

como tutor. Frise-se que é possível a nomeação de tutores ou curadores de forma compartilhada ou conjunta.[24] Como bem explica Ana Luiza Maia Nevares

> Na primeira hipótese, ou seja, havendo tutela ou curatela compartilhada, aqueles nomeados exercerão simultaneamente o *múnus*. Já na hipótese de tutela ou curatela conjunta, fraciona-se o exercício do ofício, podendo um dos designados exercer a tutela ou curatela pessoal e o outro a tutela ou curatela patrimonial do menor ou do maior portador de deficiência.[25]

Como sugestão de boas práticas, recomenda-se que seja feita uma nomeação de tutor (seja ela singular ou em conjunto) e que igualmente sejam previstas outras opções alternativas. Assim, como exemplo, poderiam ser apontados os nomes de um dos casais de tios da criança (seus padrinhos) e, em sua impossibilidade, indicado outra(o) tia(o). A ordem de precedência entre os indicados deve ficar bem evidente, sob pena de ser atribuída ao primeiro mencionado.[26]

Para situações específicas, para além da tutoria, o testador poderá instituir um curador especial para zelar sobre determinados bens.[27] O curador especial indicado poderá apresentar uma qualificação profissional específica e compatível com a área e complexidade do bem que deverá ser administrado. Desse modo, terá mais condições de realizar uma boa gestão do bem (material ou imaterial) em prol do menor, contribuindo para sua manutenção e frutificação.

Como medida de salvaguarda dos interesses dos menores, o tutor deverá apresentar anualmente balanço e prestar contas a cada dois anos.[28] Tais obrigações minoram o risco de uso desvirtuado do instituto. A fim de promover a mais completa proteção das crianças e dos adolescentes, examinam-se outras cláusulas frequentes em testamentos.

7. CLÁUSULAS SOBRE SEGURO DE VIDA

O seguro de vida é um importante instrumento de planejamento sucessório para a proteção de menores. Angélica Carlini nos ensina que, de início, havia certa polêmica em torno do instituto em razão da complexidade matemática e até mesmo ética em quantificar em termos pecuniários o valor da vida humana. Porém, esse

---

24. Art. 1.775-A do *Código Civil de 2002*: "Na nomeação de curador para a pessoa com deficiência, o juiz poderá estabelecer curatela compartilhada a mais de uma pessoa".

25. NEVARES, Ana Luiza Maia. O planejamento sucessório e a proteção de herdeiros menores ou com deficiência pelo testamento. *GenJurídico.com.br*, 18 ago. 2020. Disponível em: http://genjuridico.com.br/2020/08/18/protecao-de-herdeiros-menores-deficiencia/. Acesso em: 22 jan. 2021.

26. Art. 1.733 do *Código Civil de 2002*: "Aos irmãos órfãos dar-se-á um só tutor. §1.º o caso de ser nomeado mais de um tutor por disposição testamentária sem indicação de precedência, entende-se que a tutela foi cometida ao primeiro, e que os outros lhe sucederão pela ordem de nomeação, se ocorrer morte, incapacidade, escusa ou qualquer outro impedimento".

27. Art. 1.733, § 2.º do *Código Civil de 2002*: "Quem institui um menor herdeiro, ou legatário seu, poderá nomear-lhe o curador especial para os bens deixados, ainda que o beneficiário se encontre sob o poder familiar, ou tutela".

28. Art. 1.755 do *Código Civil de 2002*: "Os tutores, embora o contrário tivessem disposto os pais dos tutelados, são obrigados a prestar contas da sua administração".

debate acabou sendo superado quando percebeu-se que, na verdade, o valor pago está ancorado na estimativa do montante necessário para que os beneficiários possam se sentir amparados quando o segurado faltar. Assim, as razões que geralmente motivam a pactuação desse tipo de contrato estão ligadas à prevenção da perda futura de renda e de poder aquisitivo, garantindo, por exemplo, que filhos possam finalizar seus estudos nas melhores escolas e universidades mesmo quando os pais venham a óbito precocemente.[29]

A outra face da moeda é que o seguro de vida tem o condão de conferir tranquilidade aos pais que assim contratam em favor dos filhos, já que geralmente figuram como provedores da família. O desejo maior de ver a prole bem encaminhada e com condições de subsistência digna impulsiona, sem dúvida, tal pactuação.

Duas características marcantes do seguro de vida que fazem com que seja por vezes uma opção extremamente vantajosa é que, conforme determina o artigo 794 do Código Civil, o capital estipulado não está sujeito às dívidas do segurado, nem se considera herança para todos os efeitos de direito. Assim, o recebimento do valor é célere, não sendo necessário passar pelo procedimento do inventário. Também, o montante é destinado para aquele indicado como beneficiário, não se aplicando em regra a ordem de vocação hereditária do Código Civil.

Para que o pagamento possa ocorrer de forma regular e célere, o segurado deve ter o cuidado de fazer a indicação do beneficiário de forma clara e inequívoca. É possível, inclusive, indicar mais de um beneficiário.

Na eventualidade de não ter sido feita a indicação de beneficiário, a codificação civil prevê em seu artigo 792 que "o capital segurado será pago por metade ao cônjuge não separado judicialmente e o restante aos herdeiros do segurado, obedecida a ordem da vocação hereditária" e, ainda, "na falta das pessoas indicadas neste artigo, serão beneficiários os que provarem que a morte do segurado os privou dos meios necessários à subsistência".

Por vezes, verifica-se a irresignação daqueles que são preteridos no recebimento do seguro de vida. Porém, a questão já foi apreciada pelo Superior Tribunal de Justiça e está pacificada. Assim, como pode ser extraído do julgado abaixo, o mencionado artigo 792 só se aplica quando da ausência de indicação do beneficiário no contrato:

> AGRAVO INTERNO NO AGRAVO EM RECURSO ESPECIAL. SEGURO DE VIDA. BENEFICIÁRIO DETERMINADO PELO PRÓPRIO CONTRATO. PAGAMENTO INTEGRAL A ESTE. INVIÁVEL REVER AS PROVAS E ANALISAR O CONTRATO. SÚMULAS N. 5 E 7 DO STJ. AGRAVO DESPROVIDO. 1. A regra do 792 do CC prevê o pagamento de metade do capital ao cônjuge e a outra metade aos herdeiros do segurado quando este não indicar o beneficiário. Todavia, o Tribunal *a quo*, soberano na análise das provas e das cláusulas contratuais, consignou não ser aplicável a referida regra ao caso em apreço, porquanto o contrato prevê expressamente quem será o beneficiário quando da morte do segurado, que, na hipótese, é a autora da presente demanda.

---

29. CARLINI, Angélica. Seguro de vida na aplicação do planejamento sucessório. *In*: TEIXEIRA, Daniele Chaves (coord.). *Arquitetura do planejamento sucessório*. 2. ed. Belo Horizonte: Fórum, 2019. p. 403.

Inviável modificar tais conclusões sem incorrer nos óbices das Súmulas n. 5 e 7 do STJ.2. Agravo interno desprovido.[30]

Recentemente, o Superior Tribunal de Justiça apreciou demanda em que o pagamento do seguro de vida foi feito integralmente para a viúva do segurado em detrimento do filho menor concebido fora do casamento. Isso porque havia disposição contratual expressa prevendo que, na hipótese de ausência de indicação de beneficiários na apólice, o pagamento da indenização securitária deveria ser feito em favor do cônjuge supérstite. O STJ conheceu e deu provimento ao recurso do filho para afastar a cláusula contratual por entender que ela viola o contido no artigo 972 do Código Civil:

> RECURSO ESPECIAL. DIREITO CIVIL. SEGURO DE VIDA. AÇÃO DE COBRANÇA DE INDENIZA-ÇÃO SECURITÁRIA. MORTE DO SEGURADO. AUSÊNCIA DE INDICAÇÃO DE BENEFICIÁRIO. DIREITO DOS HERDEIROS. PREVISÃO DO ART. 792, CAPUT, DO CÓDIGO CIVIL. 1. Controvérsia em torno do direito do recorrente, filho do segurado falecido, ao recebimento de parte da indenização securitária, considerando a ausência de estipulação expressa dos beneficiários na apólice de seguro 2. Polêmica em torno da interpretação do disposto no art. 792 do Código Civil. 3. Precedente jurisprudencial específico desta Terceira Turma do Superior Tribunal de Justiça no sentido de que, no seguro de vida, na falta de indicação da pessoa ou beneficiário, o capital segurado deverá ser pago metade aos herdeiros do segurado, segundo a ordem legal de vocação hereditária, e a outra metade ao cônjuge não separado judicialmente e/ou ao companheiro, desde que comprovada, nessa última hipótese, a união estável. 4. RECURSO ESPECIAL CONHECIDO E PROVIDO.[31]

Portanto, em consonância com o entendimento jurisprudencial, se o segurado não indicar na apólice o beneficiário, o pagamento do seguro de vida seguirá a regra do artigo 792 do Código Civil. Porém, nota-se que tal dispositivo fala apenas em "falta de indicação", sem precisar que a escolha deve ser feita necessariamente na apólice. Por isso, sustenta-se nesse texto que seria permitido ao segurado indicar em seu testamento quem seria o beneficiário. Para além da simples indicação, uma cláusula testamentária poderia inclusive já estipular de modo sucessivo novos beneficiários para o caso da falta daqueles previstos originalmente.

Uma cláusula testamentária nesse sentido poderá representar importante expediente para proteger os filhos menores e cercar as várias possibilidades de fortuito. Também, poderá prevenir longos e exaustivos litígios que atrasam muito o recebimento do capital segurado.

Por fim, ressalta-se que, apesar dos seguros de vida ou de acidentes pessoais não serem considerados herança, há uma corrente doutrinária que sustenta que "o herdeiro contemplado com o seguro deve colacionar as prestações pagas pelo ascendente para a contratação do seguro, uma vez que saíram efetivamente do patrimônio do *de cujus* ao contrário do capital segurado".[32]

---

30. STJ, 3ª T, *AgInt no AREsp n. 951.922/SP*, Rel. Min. Marco Aurélio Bellizze, Julg. 25.10.2016, DJe 14.11.2016.
31. STJ, 3ª T, *Resp n. 1.767.972-RJ*, Rel. Min. Paulo de Tarso Sanseverino. Julg. 24.11.2020.
32. NEVARES, Ana Luiza Maia. Perspectivas para o planejamento sucessório. *In*: TEIXEIRA, Daniele Chaves (coord.). *Arquitetura do planejamento sucessório*. 2. ed. Belo Horizonte: Fórum, 2019. p. 391.

A seguir, será analisada a possibilidade de instituição de legado de alimentos ou de uma verba periódica que possa suprir as necessidades de sustento das crianças e dos adolescentes.

8. LEGADO DE ALIMENTOS OU VERBA PERIÓDICA

Diferentemente do que ocorre com a herança, na hipótese em que os pais deixam determinado patrimônio aos filhos sob a forma de legado, este, em regra, não responde por eventuais passivos deixados pelo falecido. Trata-se de um patrimônio separado e que pode ser destinado para o fim de prestar alimentos. Segundo a regra do artigo 1.920, o legado de alimentos abrange "o sustento, a cura, o vestuário e a casa, enquanto o legatário viver, além da educação, se ele for menor."

É de fundamental importância que o testador apresente cláusulas bastante claras acerca de sua real vontade de fazer frente a tais despesas. Isso poderá guiar com mais fidelidade aqueles que deverão interpretar e fazer valer os ditames da sucessão. É possível, por exemplo, fixar a quantia devida, sua periodicidade, o modo de correção ou atualização e até mesmo as situações que levarão a sua extinção.

Quando, por qualquer razão, o valor do legado não estiver bem delimitado, seria possível aferi-lo de duas formas: mantendo o valor já pago à título de pensionamento em vida ou estipula-lo a partir do binômio necessidade x possibilidade. Ainda, quando não ocorrer menção às causas de exoneração, entende-se que apenas a morte do contemplado encerra o pagamento. Por isso a importância de fazer constar, caso seja a vontade dos pais, expressões como "enquanto não puder manter o seu próprio sustento", conforme sugestão de Gustavo Tepedino, Ana Nevares e Rose Meireles.[33]

Afora os alimentos necessários para a adequada subsistência dos menores, impende que haja condições de moradia apropriadas. Para tanto, analisam-se as figuras do direito real de habitação e do usufruto, as quais podem contribuir para assegurar às crianças e adolescentes local digno para habitarem.

9. BEM DE FAMÍLIA VOLUNTÁRIO

Sem dúvida, um dos direitos mais importantes a serem garantidos para qualquer pessoa e, em especial, para uma criança ou um adolescente que se vê repentinamente sem a presença de um ou de ambos os pais é o direito à moradia. Trata-se de um direito fundamental constitucionalmente previsto e que encontra concretude no instituto do bem de família, o qual tem o condão de tornar, como regra, o imóvel impenhorável.

No ordenamento jurídico brasileiro há duas espécies de bem de família: o legal, regido pela Lei n.º 8.009/1990, e o voluntário, regido pelo artigo 1.711 do Código Civil e seguintes. Na primeira, a proteção se opera de forma automática, por força

---

33. TEPEDINO, Gustavo; NEVARES, Ana Luiza Maia; MEIRELES, Rose Melo Vencelau. *Fundamentos do Direito Civil*: Direito das Sucessões. v. 7. Rio de Janeiro: Forense, 2020.

de lei, sem necessidade de haver qualquer diligência prévia das partes. Na segunda, é preciso que as partes queiram dispor nesses termos, o que poderá ser realizado por meio de testamento.

Uma das vantagens de proteger o patrimônio dos filhos menores instituindo bem de família voluntário (se comparado com a modalidade legal) é que nessa espécie é possível também proteger valores mobiliários atrelados ao imóvel, conforme o artigo 1.712 do Código Civil.[34] Também, destaca-se que, ao passo que o bem de família legal possui uma gama de exceções à regra da impenhorabilidade (art. 3.º), o bem de família voluntário "admite a constrição judicial apenas para a quitação de dívidas anteriores à sua constituição, dívidas de tributos relacionados ao próprio imóvel e débitos condominiais. Por isso, a proteção acaba sendo significativamente maior com o bem de família voluntário".[35]

De acordo com o artigo 1.722 do Código Civil, o bem de família voluntário é extinto quando da morte de ambos os cônjuges e a maioridade dos filhos, desde que não sujeitos a curatela. Essa regra hoje tem sido bastante problematizada, pois raramente o advento da maioridade significa independência financeira. Tanto é assim que o Superior Tribunal de Justiça, em sua Súmula 358, dispõe que "o cancelamento de pensão alimentícia de filho que atingiu a maioridade está sujeito à decisão judicial, mediante contraditório, ainda que nos próprios autos".

Conforme o exposto, resta evidente que uma cláusula testamentária instituindo bem de família voluntário poderá e muito contribuir para que os filhos menores possam subsistir em condições dignas.

10. DIREITO REAL DE HABITAÇÃO

Por força do artigo 1.831 do Código Civil, o cônjuge sobrevivente tem direito real de habitação relativamente ao imóvel destinado à residência da família, desde que seja o único daquela natureza a inventariar. Ainda, o dispositivo prevê que tal direito resta configurado independentemente do regime de bens adotado no casamento e sem que haja qualquer prejuízo em relação a sua participação na herança do *de cujus*.

Hodiernamente, doutrina e jurisprudência tornaram inequívoco esse direito para os casais em união estável. Nesse sentido, é cristalino o Enunciado n.º 117 da I Jornada de Direito Civil promovida pelo Conselho da Justiça Federal: "O direito real de habitação deve ser estendido ao companheiro, seja por não ter sido revogada a previsão da Lei n. 9.278/96, seja em razão da interpretação analógica do art. 1.831, informado pelo art. 6.º, caput, da CF/88".

---

34. Art. 1.712. O bem de família consistirá em prédio residencial urbano ou rural, com suas pertenças e acessórios, destinando-se em ambos os casos a domicílio familiar, e poderá abranger valores mobiliários, cuja renda será aplicada na conservação do imóvel e no sustento da família.

35. FERRIANI, Adriano. O bem de família voluntário apresenta vantagens em relação ao bem de família legal? *Migalhas*. Disponível em: https://migalhas.uol.com.br/coluna/civilizalhas/160226/o-bem-de-familia-voluntario-apresenta-vantagens-em-relacao-ao-bem-de-familia-legal. Acesso em: 24 jan. 2021.

O diálogo que é possível entabular entre o direito real de habitação o tema das cláusulas testamentárias em favor de filhos menores gira em torno de um repensar do primeiro instituto. Ocorre que o modo pelo o Código Civil captou o direito real de habitação por vezes poderá produzir graves assimetrias e, até mesmo, injustiças. Não seria legítimo que o cônjuge e o companheiro "monopolizassem" o imóvel em detrimento de um filho menor que, por vezes, precisará muito mais dessa proteção legislativa para ter uma vida digna. Isso ganha ainda mais sentido quando temos novas núpcias e o cônjuge ou companheiro sobrevivente tem expectativa de vida longa o suficiente para praticamente privar os herdeiros menores da chance de usufruir em vida do bem.

Nesse sentido, Ana Nevares tece importante crítica acerca da opção legislativa de privilegiar os vínculos familiares fundados no sexo, critério que não parece o mais adequado. A autora propõe uma acertada flexibilização do direito real de habitação na qual seja perquirido no caso concreto as condições pessoais do beneficiado, sendo que na hipótese dele ser "titular de imóvel próprio que lhe garanta morada ou se titular de renda suficiente para tanto, não fará jus ao benefício".[36]

Enquanto a dicção legal ainda permanecer privilegiando apenas o cônjuge e o companheiro, cabe aos pais preocupados com o bem estar dos filhos pensar em um planejamento sucessório que leve isso em consideração para preventivamente buscar outras proteções jurídicas para que os menores não sejam preteridos.

11. USUFRUTO

Dentre as opções legislativas para proteção de menores por meio do testamento, está a possibilidade de instituição de usufruto. O usufruto, como é cediço, trata-se de direito real limitado, por meio do qual alguém, chamado de nu-proprietário, dá a outrem, o usufrutuário, o direito de usar e fruir sobre determinado bem ou sobre um patrimônio inteiro. O nu-proprietário, porém, conserva consigo a propriedade mutilada.

Esta configuração permite, por exemplo, que os avós instituam usufruto em favor dos netos, deixando os filhos com a nua-propriedade, a fim de garantir o sustento dos menores. A figura guarda algumas peculiaridades que exigem atenção quando da sua utilização. Justamente por alijar a propriedade, o usufruto só pode ser instituído sobre a parte disponível do patrimônio. Daí a necessidade de verificar se essa instituição não afeta a legítima, sob pena de ser reduzida na parte que a exceder, conforme previsão do art. 1.967 do Código Civil de 2002.[37]

---

36. NEVARES, Ana Luiza. Uma releitura do direito real de habitação previsto no art.1831 do Código Civil. *In:* PEREIRA, Rodrigo da Cunha; DIAS, Maria Berenice. *Famílias e sucessões*: polêmicas, tendências e inovações. Belo Horizonte: IBDFAM, 2018. p. 170-171.

37. Art. 1.967 do Código Civil de 2002: As disposições que excederem a parte disponível reduzir-se-ão aos limites dela, de conformidade com o disposto nos parágrafos seguintes.

Outro cuidado necessário na instituição do usufruto, quando haja o intuito de se beneficiar dois ou mais menores, é o de estipular expressamente a destinação de cada quinhão em caso de falecimento de algum deles. Isso porque o art. 1.411 do Código Civil de 2002, prevê a extinção do usufruto sobre a quota-parte em caso de falecimento de um dos múltiplos usufrutuários. Assim, é recomendável que o testamento preveja que, em caso de passamento de um dos usufrutuários, a sua quota-parte beneficiará os demais.

Uma das vantagens mais interessantes do usufruto é a da inalienabilidade, prevista pelo art. 1.393 do Código Civil de 2002.[38] Isso implica na impenhorabilidade e incomunicabilidade do usufruto que permanecerá existente, válido e eficaz por todo o tempo previsto pelo instituidor, mesmo em caso de alienação da nua-propriedade.[39] Ainda, outro benefício é o de que o usufruto pode ser instituído de forma vitalícia ou por prazo determinado. Sua elasticidade permite boas opções em prol da proteção dos menores, devendo ser feito estudo específico do patrimônio e dos desejos do testador para uma elaboração sob medida.

12. FIDEICOMISSO

Por "fideicomisso" entende-se a determinação realizada via testamento de transmissão de herança ou legado em favor de um fiduciário para que, ocorrendo a morte do fideicomitente ou ocorrendo determinado termo ou condição, os bens em questão sejam transmitidos em caráter definitivo a um terceiro, o fideicomissário.[40] Participam do fideicomisso três espécies de sujeitos: em primeiro lugar, o fideicomitente, que é o testador que decide instituir o fideicomisso; em segundo lugar, há o fiduciário, que, no momento da morte do fideicomitente, receberá em caráter resolúvel os bens objeto do fideicomisso e, em terceiro lugar, tem-se o fideicomissário, que será o titular em caráter permanente dos bens. O fideicomisso pode ser universal, recaindo sobre todos os bens deixados em herança, ou particular, incidindo apenas sobre bens determinados.

O art. 1.952 do Código Civil reduz a utilização da substituição fideicomissária apenas em benefício "dos não concebidos ao tempo da morte do testador".[41] Logo, a princípio limita-se a aplicação do fideicomisso em proveito da prole eventual, a qual recebeu capacidade testamentária passiva, conforme art. 1.799, I do Código Civil.[42]

---

38. Art. 1.393 do Código Civil de 2002: Não se pode transferir o usufruto por alienação; mas o seu exercício pode ceder-se por título gratuito ou oneroso.
39. Vide o interessante STJ, 3ª T, REsp n. 1712097/RS, Rel. Ministra Nancy Andrighi, julg. 22.3.2018, DJe 13.4.2018.
40. Artigo 1.951 do Código Civil de 2002: Pode o testador instituir herdeiros ou legatários, estabelecendo que, por ocasião de sua morte, a herança ou o legado se transmita ao fiduciário, resolvendo-se o direito deste, por sua morte, a certo tempo ou sob certa condição, em favor de outrem, que se qualifica de fideicomissário.
41. Art. 1.952 do Código Civil de 2002: A substituição fideicomissária somente se permite em favor dos não concebidos ao tempo da morte do testador.
42. Art. 1.799 do Código Civil de 2002: Na sucessão testamentária podem ainda ser chamados a suceder: I – os filhos, ainda não concebidos, de pessoas indicadas pelo testador, desde que vivas estas ao abrir-se a sucessão.

Entretanto, o art. 1.800, § 4.º, do Código Civil, estabelece prazo de dois anos após a abertura da sucessão para haver a concepção do herdeiro.[43]

Sendo assim, a opção da atual legislação civil em restringir as hipóteses de instituição de fideicomisso acabaram por esvaziar a relevância do instituto, hoje pouco utilizado. A incorporação ao ordenamento jurídico pátrio de figuras mais abrangentes, tais como o *trust*, poderia ampliar as possibilidades de disposição em benefício das crianças e adolescentes, bem como contemplar com maior precisão as suas demandas protetivas.[44]

13. CONCLUSÃO

Diante do panorama de descompasso de muitas normas jurídicas sucessórias ante inúmeras transformações experimentadas pela sociedade, parece imperioso concluir que permanecer inerte e deixar que o arcabouço jurídico da sucessão legítima regule a transmissão patrimonial *causa mortis* pode, em muitos casos, não atender às expectativas daqueles que se vão e muito menos às necessidades daqueles menores de idade que ficam.

Com isso, ganha sentido a chamada função promocional do testamento, conforme preconizado por Ana Luiza Maia Nevares.[45] Sem dúvida, o exercício da autonomia privada pode ser justamente o caminho para assegurar o respeito à dignidade da pessoa humana. É certo que esse exercício não pode ser feito de forma desmedida, antes precisa ser equilibrado com os ditames cogentes das normas sucessórias e com os valores constitucionais. Hodiernamente, em que tanto se comenta sobre a importância do planejamento sucessório, é necessário enaltecer as virtudes do testamento, negócio jurídico que não enseja despojamento de patrimônio pelo titular, podendo, ainda, ser mudado a qualquer tempo. Ainda, é possível serem redigidas cláusulas que estabeleçam condições ou encargos, de modo a resguardar o cumprimento da vontade do testador.

Destaca-se que para assegurar que o testamento permaneça hígido e seja devidamente cumprido em sua integralidade, é muito importante que o testador seja alertado por seu advogado sobre as causas geradoras do rompimento[46] deste negócio

---

43. Art. 1.800, § 4.º, do Código Civil de 2002: Se, decorridos dois anos após a abertura da sucessão, não for concebido o herdeiro esperado, os bens reservados, salvo disposição em contrário do testador, caberão aos herdeiros legítimos.

44. Seja consentido remeter a: XAVIER, Luciana Pedroso. *O direito brasileiro à procura de um conceito*: encontros e desencontros com o trust. Tese (Doutorado em Direito) – Universidade Federal do Paraná, Curitiba, 2016. Disponível em: https://acervodigital.ufpr.br/bitstream/handle/1884/53523/R%20-%20T%20-%20 LUCIANA%20PEDROSO%20XAVIER.pdf?sequence=1&isAllowed=y. Acesso em: 21 jan. 2021.

45. NEVARES, Ana Luiza Maia. *A função promocional do testamento*: tendências do direito sucessório. Rio de Janeiro: Renovar, 2009.

46. De acordo com os artigos 1.973 e 1.974 do Código Civil, são duas as hipóteses em que o rompimento poderá ocorrer. A primeira é quando sobrevier um descendente sucessível ao testador "que não o tinha ou não o conhecia quando testou", se esse descendente sobreviver ao testador. A segunda é quando o testamento é feito na ignorância de existirem outros herdeiros necessários. Os herdeiros necessários previstos no Código

jurídico e, caso necessário, elabore um novo testamento. Isso porque, o rompimento torna as disposições de caráter patrimonial ineficazes, subsistindo apenas conteúdos de natureza extrapatrimonial, tal como a cláusula de reconhecimento de filhos. Como resultado, haveria a aplicação ao caso das regras gerais da sucessão legítima, de modo que ao menos algumas das disposições de última vontade pereceriam.

No presente artigo foram explanados exemplos de cláusulas bastante comuns em testamentos que estabelecem determinações em prol de menores. Ressalta-se que a utilização de um ou mais dos modelos ilustrados dependerá de análise minuciosa das características particulares do testador, seus objetivos, seu patrimônio, bem como a situação dos menores que se intenciona proteger. Mais do que uma prescrição ou fórmula, pretendeu-se explorar as potencialidades do testamento como instrumento para a proteção de crianças e adolescentes.

14. REFERÊNCIAS

ANDRADE, Gustavo Henrique Baptista. *O direito de herança e a liberdade de testar*: um estudo comparado entre os sistemas jurídicos brasileiro e inglês. Belo Horizonte: Fórum, 2019.

BERLINI, Luciana Fernandes. *Lei da palmada*: uma análise sobre a violência doméstica infantil. Belo Horizonte: Arraes Editores, 2014.

BERMUDES, Sérgio. Interpretação de cláusula testamentária. *In*: CAHALI, Yussef Said;

CAHALI, Francisco José (org.). *Família e sucessões*: direito das sucessões. São Paulo: Revista dos Tribunais, 2011.

CALDERÓN, Ricardo; GRUBERT, Camila. Projeções sucessórias da multiparentalidade. *In*: TEIXEIRA, Daniele Chaves (coord.). *Arquitetura do planejamento sucessório*. 2. ed. Belo Horizonte: Fórum, 2019.

CARLINI, Angélica. Seguro de vida na aplicação do planejamento sucessório. *In*: TEIXEIRA, Daniele Chaves (coord.). *Arquitetura do planejamento sucessório*. 2. ed. Belo Horizonte: Fórum, 2019.

CONSELHO DA JUSTIÇA FEDERAL. Enunciado n.º 117 da I Jornada de Direito Civil: O direito real de habitação deve ser estendido ao companheiro, seja por não ter sido revogada a previsão da Lei n. 9.278/96, seja em razão da interpretação analógica do art. 1.831, informado pelo art. 6.º, caput, da CF/88. Disponível em: https://www.cjf.jus.br/enunciados/enunciado/758. Acesso em: 22 jan. 2021.

CONSELHO DA JUSTIÇA FEDERAL. Enunciado n.º 267 da III Jornada de Direito Civil: A regra do art. 1.798 do Código Civil deve ser estendida aos embriões formados mediante o uso de técnicas de reprodução assistida, abrangendo, assim, a vocação hereditária da pessoa humana a nascer cujos efeitos patrimoniais se submetem às regras previstas para a petição da herança. Disponível em: https://www.cjf.jus.br/enunciados/enunciado/526. Acesso em: 24 jan. 2021.

CORTIANO JUNIOR, Eroulths. Conexões: sucessão e direitos fundamentais. *In*: MENEZES, Joyceane Bezerra de; TEPEDINO, Gustavo (coord.). *Autonomia privada, liberdade existencial e direitos fundamentais*. Belo Horizonte: Fórum, 2019.

Civil são os descendentes, os ascendentes e o cônjuge (artigo 1.845). É importante enfatizar o conteúdo do artigo 1.975 da codificação civil, o qual estabelece que não se rompe o testamento quando o testador dispuser da sua metade disponível, não contemplando os herdeiros necessários de cuja existência saiba, ou quando os exclua dessa parte. Isso porque, nessa hipótese, não há qualquer violação à chamada herança legítima, estabelecida pelo artigo 1.789.

DOMINGUES, Claudia do Nascimento Domingues. Transmissão da propriedade imobiliária ao concepturo na sucessão testamentária aspectos práticos no registro de imóveis. *Revista de Direito Imobiliário*, v. 73, p. 85-149, jul./dez. 2012.

FERRIANI, Adriano. O bem de família voluntário apresenta vantagens em relação ao bem de família legal? *Migalhas*. Disponível em: https://migalhas.uol.com.br/coluna/civilizalhas/160226/o-bem-de-familia-voluntario-apresenta-vantagens-em-relacao-ao-bem-de-familia-legal. Acesso em: 24 jan. 2021.

GOMES, Orlando. *Sucessões*. Rio de Janeiro: Forense, 1970.

HIRONAKA, Giselda Maria Fernandes Novaes. *Morrer e suceder*: passado e presente da transmissão sucessória concorrente. São Paulo: Thomson Reuters Revista dos Tribunais, 2014.

LÔBO, Paulo. *Direito Civil*: sucessões. 3. ed. São Paulo: Saraiva, 2016.

MAMEDE, Gladston. *Blindagem patrimonial e planejamento jurídico*. 5. ed. São Paulo: Atlas, 2015.

MAMEDE, Gladston; MAMEDE Eduarda Cotta. *Divórcio, dissolução e fraude na partilha de bens*: simulações empresariais e societárias. 4. ed. São Paulo: Atlas, 2014.

MAMEDE, Gladston; MAMEDE Eduarda Cotta. *Planejamento sucessório*: introdução à arquitetura estratégica – patrimonial e empresarial – com vistas à sucessão causa mortis. São Paulo: Atlas, 2015.

MARCHIORO, Mariana Demetruk. A transmissibilidade da obrigação alimentar no ordenamento jurídico brasileiro. *In*: GHILARDI, Doris; GOMES, Renata Raupp (coord.). *Estudos avançados de direito de família e sucessões*. v. 1. Rio de Janeiro: Lumen Iuris, 2020.

MATOS, Ana Carla Harmatiuk; HÜMMELGEN, Isabela. Notas sobre as relações de gênero no planejamento sucessório. *In*: TEIXEIRA, Daniele Chaves (coord.). *Arquitetura do planejamento sucessório*. 2 ed. Belo Horizonte: Fórum, 2019.

MEIRELES, Jussara Maria Leal de. Sucessão do embrião. *In*: TEIXEIRA, Daniele Chaves (coord.). *Arquitetura do planejamento sucessório*. 2. ed. Belo Horizonte: Fórum, 2019.

MELLO, Marcos Bernardes de. *Teoria do fato jurídico*: plano da validade. 9. ed. São Paulo: Saraiva, 2009.

MENEZES, Joyceane Bezerra de; LOPES, Ana Beatriz Lima Pimentel. A sucessão testamentária da pessoa com deficiência intelectual e/ou psíquica. *In*: TEIXEIRA, Daniele Chaves (coord.). *Arquitetura do planejamento sucessório*. 2. ed. Belo Horizonte: Fórum, 2019.

MINAS GERAIS. Tribunal de Justiça do Estado de Minas Gerais. Processo n.º 0058435-49. Juiz Milton Biagioni Furquim, Guaxupé-MG 16 de julho de 2018. Disponível em: https://www.conjur.com.br/dl/processo-testamento-guaxupe.pdf. Acesso em: 22 jan. 2021.

MUCILO, Daniela de Carvalho; TEIXEIRA, Daniele Chaves. COVID-19 e planejamento sucessório: não há mais momento para postergar. *In*: NEVARES, Ana Luiza Maia; XAVIER, Marília Pedroso; MARZAGÃO, Silvia Felipe (coord.). *Coronavírus*: impactos no direito de família e sucessões. Indaiatuba: Foco, 2020.

MULTEDO, Renata Vilela. *Liberdade e família*: limites para a intervenção do estado nas relações conjugais e parentais. Rio de Janeiro: Processo, 2017.

NEVARES, Ana Luiza Maia. *A função promocional do testamento*: tendências do direito sucessório. Rio de Janeiro: Renovar, 2009.

NEVARES, Ana Luiza Maia. Fundamentos da sucessão legítima. *In*: TEIXEIRA, Ana Carolina Brochado; RIBEIRO, Gustavo Pereira Leite (coord.). *Manual de direito das família e das sucessões*. 3. ed. rev. atual. Rio de Janeiro: Processo, 2017.

NEVARES, Ana Luiza. Uma releitura do direito real de habitação previsto no art.1831 do Código Civil. *In*: PEREIRA, Rodrigo da Cunha; DIAS, Maria Berenice. *Famílias e sucessões*: polêmicas, tendências e inovações. Belo Horizonte: IBDFAM, 2018.

NEVARES, Ana Luiza Maia. Perspectivas para o planejamento sucessório. *In*: TEIXEIRA, Daniele Chaves (coord.). *Arquitetura do planejamento sucessório*. 2. ed. Belo Horizonte: Fórum, 2019.

NEVARES, Ana Luiza Maia. Uma releitura do direito real de habitação na sucessão hereditária. *GenJurídico. com.br*, 29 jun. 2020. Disponível em: http://genjuridico.com.br/2020/06/29/releitura-direito-real- -de-habitacao/. Acesso em: 22 jan. 2021.

NEVARES, Ana Luiza Maia. O planejamento sucessório e a proteção de herdeiros menores ou com deficiência pelo testamento. *GenJurídico.com.br*, 18 ago. 2020. Disponível em: http://genjuridico.com. br/2020/08/18/protecao-de-herdeiros-menores-deficiencia/. Acesso em: 22 jan. 2021.

OLIVEIRA, Alexandre Miranda; TEIXEIRA, Ana Carolina Brochado. A colação e seus reflexos no planejamento sucessório. *In*: TEIXEIRA, Daniele Chaves (coord.). *Arquitetura Do Planejamento Sucessório*. 2. ed. Belo Horizonte: Fórum, 2019.

PONTES DE MIRANDA, Francisco Cavalcanti. *Tratado de Direito Privado*. t. LVI. São Paulo: Revista dos Tribunais, 2012.

PONTES DE MIRANDA, Francisco Cavalcanti. *Tratado de Direito Privado*. t. LVIII. São Paulo: Revista dos Tribunais, 2012.

PONTES DE MIRANDA, Francisco Cavalcanti. *Tratado de Direito Privado*. t. LXI. São Paulo: Revista dos Tribunais, 2012.

RETTORE, Anna Cristina de Carvalho; SILVA, Beatriz de Almeida Borges e. Sobre um dos dilemas patrimoniais da autoridade parental: o usufruto legal previsto pelo art. 1.689, I, do Código Civil. *In*: TEIXEIRA, Ana Carolina Brochado; DADALTO, Luciana (coord.). *Autoridade parental*: dilemas e desafios contemporâneos. Indaiatuba: Foco. 2019. p. 289-304.

ROVER, Tadeu. Por ver discriminação, juiz inclui netas de relação não matrimonial em testamento. *Consultor Jurídico*, de 31 jul. 201. Disponível em: https://www.conjur.com.br/2018-jul-31/testamento-nao-discriminar-netos-relacao-nao-matrimonial. Acesso em: 22 jan. 2021.

SIMÃO, José Fernando. O testamento magistral: uma nova figura criada em Guaxupé (parte 1). *Consultor Jurídico*, 05 ago. 2018. Disponível em: https://www.conjur.com.br/2018-ago-05/processo-familiar- -testamento-magistral-figura-criada-guaxupe-parte. Acesso em: 22 jan. 2021.

SIMÃO, José Fernando. O testamento magistral: uma nova figura criada em Guaxupé (parte 2). *Consultor Jurídico*, 12 ago. 2018. Disponível em: https://www.conjur.com.br/2018-ago-12/processo-familiar- -testamento-magistral-figura-criada-guaxupe-parte. Acesso em: 22 jan. 2021.

SURGIK, Aloísio. A influência da história na sucessão testamentária. *In*: CAHALI, Yussef Said; CAHALI, Francisco José (org.). *Família e sucessões*: Direito das Sucessões. São Paulo: Revista dos Tribunais, 2011.

TARTUCE, Flávio. *Direito Civil*: Direito das Sucessões. v. 6. 9. ed. rev. e atual. Rio de Janeiro: Forense, 2016.

TEIXEIRA, Ana Carolina Brochado; RODRIGUES, Renata de Lima. *O direito das famílias entre a norma e a realidade*. São Paulo: Atlas, 2010.

TEIXEIRA, Ana Carolina Brochado; RODRIGUES, Renata de Lima. Regime das incapacidades e autoridade parental: qual o legado do Estatuto da Pessoa com Deficiência para o direito infanto-juvenil? *In*: TEIXEIRA, Ana Carolina Brochado; DADALTO, Luciana (coord.). *Autoridade parental*: dilemas e desafios contemporâneos. Indaiatuba: Foco, 2019.

TEIXEIRA, Daniele Chaves. *Planejamento sucessório*: pressupostos e limites. Belo Horizonte: Fórum, 2017.

TEIXEIRA, Daniele Chaves. Autonomia privada e flexibilização dos pactos sucessórios no ordenamento jurídico brasileiro. *In*: MENEZES, Joyceane Bezerra de; TEPEDINO, Gustavo (coord.). *Autonomia privada, liberdade existencial e direitos fundamentais*. Belo Horizonte: Fórum, 2019.

TEIXEIRA, Daniele Chaves. Noções prévias do direito das sucessões: sociedade, funcionalização e planejamento sucessório. *In*: TEIXEIRA, Daniele Chaves (coord.). *Arquitetura do planejamento sucessório*. 2. ed. Belo Horizonte: Fórum, 2019.

TEIXEIRA, Daniele Chaves; COLOMBO, Maici Barboza dos Santos. Faz sentido a permanência do princípio da intangibilidade da legítima no ordenamento jurídico brasileiro? *In:* TEIXEIRA, Daniele Chaves (coord.). *Arquitetura do planejamento sucessório.* 2. ed. Belo Horizonte: Fórum, 2019.

TEPEDINO, Gustavo; BARBOZA, Heloisa Helena; MORAES, Maria Celina Bodin de. *Código Civil interpretado conforme a constituição da república.* v. 4. Rio de Janeiro: Renovar, 2014.

TEPEDINO, Gustavo; NEVARES, Ana Luiza Maia; MEIRELES, Rose Melo Vencelau. *Fundamentos do Direito Civil:* Direito das sucessões. v. 7. Rio de Janeiro: Forense, 2020.

UNICEF. Declaração Universal dos Direitos das Crianças, 20 de novembro de 1959. Disponível em: http://www.dhnet.org.br/direitos/sip/onu/c_a/lex41.htm. Acesso em: 21 jan. 2021.

VELOSO, Zeno. *Direito Civil:* temas. Belém: Artes Gráficas Perpétuo Socorro, 2018.

VENOSA, Sílvio de Salvo. Capacidade de testar e capacidade de adquirir por testamento. *In:* GUERRA, Alexandre Dartanhan de Mello (coord.). *Estudos Em Homenagem A Clóvis Beviláqua por ocasião do centenário do Direito Civil codificado no Brasil.* v. 2. São Paulo: Escola Paulista da Magistratura, 2018. p. 1019-1036. Disponível em: https://www.tjsp.jus.br/download/EPM/Publicacoes/ObrasJuridicas/cc47.pdf?d=636808166395003082. Acesso em: 22 jan. 2021.

XAVIER, Luciana Pedroso. *O direito brasileiro à procura de um conceito:* encontros e desencontros com o trust. Tese (Doutorado em Direito) – Universidade Federal do Paraná, Curitiba, 2016. Disponível em: https://acervodigital.ufpr.br/bitstream/handle/1884/53523/R%20-%20T%20-%20LUCIANA%20PEDROSO%20XAVIER.pdf?sequence=1&isAllowed=y. Acesso em: 21 jan. 2021.

XAVIER, Luciana Pedroso; XAVIER, Marília Pedroso. O planejamento sucessório colocado em xeque: afinal, o companheiro é herdeiro necessário? *In:* TEIXEIRA, Daniele Chaves (coord.). *Arquitetura do planejamento sucessório.* 2. ed. rev. ampl. 1.ª reimp. Belo Horizonte: Fórum, 2019.

XAVIER, Marilia Pedroso. *Contrato de namoro:* amor líquido e direito de família mínimo. 2. ed. Belo Horizonte: Fórum, 2020.

XAVIER, Marília Pedroso; COLOMBO, Maici Barbosa dos Santos. Guarda e autoridade parental: por um regime diferenciador. *In:* TEIXEIRA, Ana Carolina Brochado; DADALTO, Luciana. *Autoridade parental:* dilemas e desafios contemporâneos. São Paulo: Foco, 2019.

AS CLÁUSULAS RESTRITIVAS DE PROPRIEDADE E A JUSTA CAUSA TESTAMENTÁRIA: UM ESTUDO A PARTIR DA PRÁTICA DOS TRIBUNAIS

Simone Tassinari Cardoso Fleischmann

Professora permanente da graduação, mestrado e doutorado na Universidade Federal do Rio Grande do Sul. Doutora e Mestra em Direito. Mediadora. Advogada. E-mail: *sitassinari@hotmail.com.*

Caroline Pomjé

Mestra em Direito Privado pela Universidade Federal do Rio Grande do Sul (UFRGS). Pesquisadora do Núcleo de Estudos e Pesquisa em Direito Civil-Constitucional, Família, Sucessões e Mediação de Conflitos (UFRGS) e do Núcleo de Estudos em Direito Civil-Constitucional (Grupo Virada de Copérnico – UFPR). Advogada. E-mail: *caroline@scarparo.adv.br.*

Sumário: 1. Introdução – 2. Da teoria quanto às restrições ao direito de propriedade; 2.1 Inalienabilidade; 2.2 Impenhorabilidade; 2.3 Incomunicabilidade; 2.4 Justa causa em direito sucessório – 3. Da interpretação civil-constitucional das restrições e do modo pelo qual se dá a aplicação pelos tribunais de justiça nacionais – 4. Considerações finais – 5. Referências.

1. INTRODUÇÃO

Contemporaneamente compreendido a partir da intenção entre a sua estrutura e a sua função,[1] o direito de propriedade é encarado por Pietro Perlingieri como situação subjetiva complexa, na medida em que referido direito é composto por limites e obrigações o constituem.[2] Na legislação civil brasileira, o direito de propriedade é conceituado a partir dos feixes de faculdades que o compõem: uso, gozo, disposição e possibilidade de reaver a propriedade do poder de quem quer injustamente a possua ou detenha (na forma do art. 1.228, do CCB/2002).

Enquanto os três primeiros direitos (uso, gozo e disposição) correspondem ao conteúdo econômico e jurídico do direito de propriedade, a faculdade de repelir a ingerência alheia por meio de ações próprias representa o "conteúdo propriamente

---

1. TEPEDINO, Gustavo; MONTEIRO FILHO, Carlos Edison do Rêgo; RENTERIA, Pablo. *Direitos Reais*. Rio de Janeiro: Forense, 2020. p. 89.
2. PERLINGIERI, Pietro. *Perfis do Direito Civil:* Introdução ao Direito Civil Constitucional. Tradução de Maria Cristina de Cicco. 3. ed. Rio de Janeiro: Renovar, 2007. p. 224-225.

jurídico ou núcleo externo do domínio".[3] No entanto, o "direito de propriedade" não corresponde a sinônimo de "domínio".

Apesar de se tratar de conceitos "complementares e indissociáveis", são coisas diversas.[4] Ricardo Aronne, a respeito, distingue a conceituação de domínio e de direito de propriedade a partir da configuração interna de cada termo. O domínio seria composto por quatro faculdades: de usar (*jus utendi*), gozar (*jus fruendi*), dispor (*jus disponendi*) e de reaver o bem de quem injustamente o possua.[5] O direito de propriedade, compreendido como a titularidade sobre o bem, somente corresponderá ao domínio quando houver a propriedade plena, com a consolidação do domínio. Nesta hipótese, o mesmo sujeito deterá tanto a titularidade sobre o bem quanto todas as faculdades que integram o domínio.[6/7]

Considerando a distinção proposta por Aronne, pode-se analisar sua aplicabilidade em um exemplo vinculado ao exercício de direitos em um imóvel sobre o qual haja a incidência de usufruto. Embora o imóvel seja definido como propriedade do sujeito "A", encontrando-se registrado em nome de tal indivíduo no Registro de Imóveis competente, na forma do art. 1.245, do CCB/2002, a averbação de usufruto sobre o bem faz com que faculdades inerentes à propriedade plena não possam ser exercidas, de pronto, pelo proprietário. Assim, o sujeito "B", usufrutuário do imóvel, é quem poderá exercer o direito de uso, de fruição e de reaver a coisa de quem injustamente a possua (arts. 1.394, 1.197 c/c 1.210, CCB/2002). Embora "B" não seja o proprietário do imóvel, exerce faculdades inerentes à propriedade, que compõem o domínio sobre o bem.

Com a extinção do usufruto (na forma do art. 1.410, do CCB/2002), consolida-se a propriedade de "A", que passará a poder exercer todas as faculdades dominiais que, até então, estavam atribuídas ao usufrutuário "B". Por conseguinte, tem-se que

---

3. TEPEDINO, Gustavo; MONTEIRO FILHO, Carlos Edison do Rêgo; RENTERIA, Pablo. *Direitos Reais*. Rio de Janeiro: Forense, 2020. p. 89.

4. ARONNE, Ricardo. *Propriedade e domínio*. A teoria da autonomia. titularidades e direitos reais nos fractais do direito civil-constitucional. 2. ed. rev., atual. e ampl. Porto Alegre: Livraria do Advogado, 2014. p. 67-68.

5. "O domínio é o complexo de direitos reais de um bem. É o conjunto de faculdades jurídicas que o sujeito potencialmente tem reconhecido sobre o objeto de direito patrimonial. Implica em traduzir pretensões jurídicas derivadas, das quais a coisa não pode resistir, fundamentalmente por sua condição inanimada, importando em uma gama de direitos reais". (ARONNE, Ricardo. Os direitos reais na constitucionalização do Direito Civil. *Direito & Justiça*, Porto Alegre, v. 39, n. 2, p. 175-196, jul./dez. 2013, p. 184).

6. ARONNE, Ricardo. *Propriedade e domínio*. A teoria da autonomia. Titularidades e direitos reais nos fractais do Direito Civil-Constitucional. 2. ed. rev., atual. e ampl. Porto Alegre: Livraria do Advogado, 2014. p. 78.

7. Para além do critério vinculado às faculdades que integram o domínio, Ricardo Aronne destaca a diferenciação entre direito de propriedade e domínio a partir da compreensão de que "O domínio é uno e indivisível, somente podendo ser visto em sua unidade, mesmo havendo pluralidade de sujeitos, quando tratar-se de um condomínio, não há que se falar em frações, por inexistirem direitos se sobreporem uns aos outros. Ao contrário do domínio, a propriedade se mostra divisível, pois quando vislumbrada a compropriedade, pode ser precisado o quanto de tal direito é de cada um, podendo o direito de um sujeito se sobrepor ao do outro". (ARONNE, Ricardo. *Propriedade e domínio*. A teoria da autonomia. Titularidades e direitos reais nos fractais do Direito Civil-Constitucional. 2. ed. rev. atual. e ampl. Porto Alegre: Livraria do Advogado, 2014. p. 67-68).

os direitos de uso, de gozo e de disposição "integram o domínio e com ele passam a quem o possui, independentemente da propriedade".[8]

Para além da relevante distinção quanto à composição do domínio e da propriedade, ressalta-se a imposição de limites e restrições ao exercício do próprio direito de propriedade, não necessariamente vinculados às faculdades que integram o domínio. Nesse sentido, serão objeto específico de estudo por meio do presente ensaio as restrições ao exercício do direito de propriedade, especialmente a partir do disposto no art. 1.848, *caput*, do CCB/2002, de acordo com o qual *"salvo se houver justa causa, declarada no testamento, não pode o testador estabelecer cláusula de inalienabilidade, impenhorabilidade, e de incomunicabilidade, sobre os bens da legítima"*. Inserida no capítulo de Direito das Sucessões da legislação civil brasileira, a disposição retrata três cláusulas restritivas de propriedade, estabelecendo critérios para a possibilidade de sua incidência.

O problema de pesquisa que será objeto de investigação por meio do presente estudo, assim, corresponde à identificação dos critérios utilizados para avaliação da justa causa testamentária no que se refere à inclusão de cláusulas restritivas de propriedade. A análise estará centrada, em um primeiro momento, no reconhecimento das diferenciações entre as limitações e as restrições à propriedade, com a indicação da conceituação tradicionalmente atribuída às cláusulas de inalienabilidade, impenhorabilidade e incomunicabilidade de bens. Na sequência, o estudo será centrado na análise do entendimento dos Tribunais de Justiça nacionais quanto à interpretação judicial conferida às cláusulas supra referidas, visando à identificação do modo pelo qual se dá o preenchimento do sentido à justa causa.

A fim de possibilitar o desenvolvimento da pesquisa jurisprudencial pretendida, procedeu-se à realização de busca junto aos repositórios de jurisprudência dos Tribunais de Justiça da Federação, com a utilização dos termos "justa causa" e "testamento", no dia 06 de março de 2021. A partir dos dados coletados, procedeu-se, entre os dias 07 e 14 de março de 2021, à análise das decisões monocrática e acórdãos localizados que abordavam a temática envolvendo a interpretação da justa causa testamentária, com o objetivo de identificação dos critérios utilizados pelos julgadores para a caracterização de uma justificativa como apta ou não a autorizar a incidência de uma cláusula restritiva sobre os bens que compõem a parte legítima do patrimônio.

Tendo como base as informações coletadas, sistematizou-se a partir dos critérios recorrentes na jurisprudência pátria, empregando-se o método indutivo para fins de interpretação dos julgados e discussão dos resultados, além da metodologia do direito civil-constitucional para análise qualitativa de conteúdo.

---

8. ARONNE, Ricardo. *Propriedade e domínio*. A teoria da autonomia. Titularidades e direitos reais nos fractais do Direito Civil-Constitucional. 2. ed. rev. atual. e ampl. Porto Alegre: Livraria do Advogado, 2014. p. 78.

2. DA TEORIA QUANTO ÀS RESTRIÇÕES AO DIREITO DE PROPRIEDADE

O ordenamento jurídico estabelece distinções às restrições impostas ao direito de propriedade conforme decorram do exercício da autonomia de seu titular ou de uma imposição do sistema jurídico, ainda que por intermédio de uma convenção entre particulares.[9] Discorrendo sobre o tema, Pietro Perlingieri destaca que o limite corresponde ao "instrumento com o qual o interesse público ou privado circunscreve o direito, sacrificando a sua extensão e determinando o seu conteúdo concreto",[10] não necessariamente se referindo "à fonte legal, já que existem limites que atendem a um interesse público ou privado, que têm a sua fonte na autonomia privada".[11] No entanto, prossegue o doutrinador afirmando que se "uma convenção concretiza uma limitação prevista pelo Código, tem-se não uma autolimitação, mas uma heterolimitação".[12]

No que importa ao objeto do presente estudo, o Código Civil Brasileiro de 2002 prevê a viabilidade de utilização de cláusulas restritivas ao direito de propriedade vinculada ao Direito Sucessório, cogitando de sua utilização em sede de testamento, por parte do autor da herança.[13] Com efeito, o art. 1.848, do CCB/2002, disciplina que "salvo se houver justa causa, declarada no testamento, não pode o testador estabelecer cláusula de inalienabilidade, impenhorabilidade, e de incomunicabilidade, sobre os bens da legítima".

---

9. "O direito de propriedade pode sofrer limitações variadas, por força de interesse público ou em razão de interesses particulares. No primeiro caso, estão as chamadas limitações de Direito Administrativo ou de Direito Público, no mais das vezes veiculadas por intermédio de posturas municipais acerca de proibição ou obrigação de construir e edificar em bens imóveis, ou as limitações de requisição temporária de bens. As limitações administrativas envolvem, em suma, a subtração de certas faculdades ao proprietário ou a atribuição de certos deveres a ele.

   No segundo caso estão as chamadas limitações de direito privado ou de direito civil. São também imposições de deveres ou retiradas de certas faculdades ao proprietário, mas que decorrem da necessidade de harmonizar, entre vários particulares, o exercício das respectivas titularidades". (CORTIANO JUNIOR, Eroulths. Sucessão e cláusulas restritivas. *In*: TEIXEIRA, Daniele Chaves (coord.). *Arquitetura do planejamento sucessório*. Belo Horizonte: Fórum, 2019. p. 311-312).

10. PERLINGIERI, Pietro. *Perfis do Direito Civil:* Introdução ao Direito Civil Constitucional. Tradução de Maria Cristina de Cicco. 3. ed. Rio de Janeiro: Renovar, 2007. p. 231.

11. PERLINGIERI, Pietro. *Perfis do Direito Civil:* Introdução ao Direito Civil Constitucional. Tradução de Maria Cristina de Cicco. 3. ed. Rio de Janeiro: Renovar, 2007. p. 231.

12. PERLINGIERI, Pietro. *O Direito Civil na legalidade constitucional.* Tradução de Maria Cristina de Cicco. Rio de Janeiro: Renovar, 2008. p. 954.

13. Além disso, a viabilidade de inclusão de cláusulas restritivas de propriedade encontra-se prevista no Código Civil Brasileiro de 2002 vinculada à realização de doações, conforme se depreende do art. 1.911, do CCB/2002. Conforme lecionam Gustavo Tepedino, Ana Luiza Maia Nevares e Rose Melo Vencelau Meireles, os gravames de inalienabilidade, impenhorabilidade e incomunicabilidade "só poderão ser apostos a atos gratuitos, sendo vedados nos negócios onerosos". (TEPEDINO, Gustavo; NEVARES, Ana Luiza Maia; MEIRELES, Rose Melo Vencelau. *Fundamentos do Direito Civil*: Direito das Sucessões. v. 7. Rio de Janeiro: Forense, 2020. p. 163).

   Desta maneira, "o autor de uma liberalidade *inter vivos* (doação) ou *causa mortis* (testamento) pode estipular uma restrição ao exercício dos poderes proprietários pelo beneficiário, clausulando-o com a inalienabilidade, com a incomunicabilidade e/ou com a impenhorabilidade". (CORTIANO JUNIOR, Eroulths. Sucessão e cláusulas restritivas. *In*: TEIXEIRA, Daniele Chaves (coord.). *Arquitetura do planejamento sucessório*. Belo Horizonte: Fórum, 2019. p. 313).

AS CLÁUSULAS RESTRITIVAS DE PROPRIEDADE E A JUSTA CAUSA TESTAMENTÁRIA

A aposição de cláusulas restritivas sobre o direito de propriedade, por parte daquele que está realizando um ato de liberalidade – seja uma doação, seja uma previsão testamentária incidente sobre a parte disponível de seu patrimônio –, vincula-se, em um primeiro momento, com a valorização da própria propriedade, em si considerada. Isso porque privilegia a conservação do próprio bem sobre o qual o gravame é instituído, com o objetivo de que não saia do patrimônio do donatário/ herdeiro. A previsão de tais cláusulas insere-se, assim, em um contexto sucessório no qual permanece vigendo um paradigma calcado na conservação da propriedade.

O estabelecimento de gravames sobre o direito de propriedade pode significar uma limitação ao exercício de tal direito por parte daquele que é beneficiado pelo recebimento de determinado bem (impondo, consequentemente, uma limitação à autonomia do donatário/herdeiro) ao mesmo tempo em que pode ser compreendido como a garantia do pleno exercício da vontade do então proprietário do patrimônio sobre o qual as cláusulas são instituídas.

Esta limitação, embora coerente com a vontade de quem a institui é medida diametralmente oposta à necessidade da circulação de bens. Por conseguinte, a depender da perspectiva pela qual a questão reste analisada, pode-se entender pela adequação de concessão de um privilégio à autonomia do proprietário (doador/testador) ou pelo descabimento da possibilidade de inclusão injustificada de tais gravames. Ou ainda, pode ser compreendida como uma limitação imposta aos valores de uma sociedade capitalista. A tensão relaciona-se com a mudança de perspectiva perceptível na civilística contemporânea, marcada pela "liberdade do indivíduo em desenvolver suas relações existenciais e patrimoniais, uma vez demarcados os limites normativos dentro dos quais essa liberdade pode ser legitimamente exercida".[14]

Com o objetivo de delimitar as cláusulas restritivas e seus respectivos conteúdos, passa-se à análise específica dos gravames de inalienabilidade, impenhorabilidade e incomunicabilidade, procedendo-se, na sequência, ao estudo sobre a interpretação conferida a referidas cláusulas pelo Poder Judiciário, notadamente no que se refere à análise da justa causa autorizadora de sua imposição sobre a legítima dos herdeiros necessários.

2.1 Inalienabilidade

A cláusula de inalienabilidade, passível de aposição sobre os atos de liberalidade *inter vivos* (doação) ou *causa mortis* (testamento),[15] enseja a inviabilidade de que o

---

14. SOUZA, Eduardo Nunes de. Autonomia privada e boa-fé objetiva em direitos reais. *Revista Brasileira De Direito Civil*, Rio de Janeiro, v. 4, p. 55-80, abr./jun. 2015, p. 56-58.

15. "A cláusula de inalienabilidade, vem presente nos testamentos. Imaginem só aquele sujeito que tem um filho pródigo, que gasta mais do que tem, e gera assim a preocupação do genitor quanto ao seu futuro. Impõe-se através das cláusulas uma limitação ao direito de propriedade do beneficiário da herança, limitando-lhe a fruição do bem, um dos atributos da propriedade" (MALUF, Carlos Alberto Dabus. Limitações do direito de propriedade. *Revista da Faculdade de Direito da Universidade de São Paulo*, São Paulo, v. 106/107, p. 839-855, jan./dez. 2011/2012, p. 851-852).

destinatário do patrimônio exerça as prerrogativas inerentes ao *jus abutendi* (seja de maneira gratuita ou onerosa). Em outros termos, impede o titular do patrimônio (seja o herdeiro, legatário ou donatário) de "vendê-lo, permutá-lo, dá-lo em pagamento, doá-lo ou mesmo partilhá-lo em vida, como também de fazê-lo objeto de direitos reais de garantia, como a hipoteca, já que o fim desta importa em alienação forçada do bem".[16]

A incidência do gravame em questão pode se dar de maneira temporária ou perdurar durante toda a vida do beneficiário, ensejando, em caso de descumprimento, a "nulidade do ato de alienação, viciado pela impossibilidade jurídica de seu objeto (CC, art. 166, II)".[17] Afasta-se a nulidade do ato de alienação em duas hipóteses previstas na legislação: quando houver desapropriação ou restar comprovada a necessidade econômica do donatário ou do herdeiro[18] (conforme art. 1.911, parágrafo único, do CCB/2002). Ainda, o adimplemento de dívidas decorrentes do próprio bem, caracterizadas como obrigações *propter rem*, também é possível independentemente da cláusula de inalienabilidade (como nos casos de execuções de impostos e de cotas condominiais).[19]

O afastamento do gravame de inalienabilidade pode ocorrer por meio de decisão judicial em procedimento de jurisdição voluntária; no entanto, "a restrição vai se sub-rogar no produto da venda, nos termos do § 1º do artigo 1.848 e do parágrafo único do art. 1.911 do Código Civil".[20] O *caput* de referido dispositivo prevê, ainda, que "a cláusula de inalienabilidade, imposta aos bens por ato de liberalidade, implica impenhorabilidade e incomunicabilidade", gravames que serão analisados na sequência.

2.2   Impenhorabilidade

O gravame da impenhorabilidade, como o nome sugere, "torna o bem gravado insuscetível de penhora por dívidas, contraídas por seu titular ou por terceiros".[21] Corresponde a "exceção à regra de que o patrimônio do devedor responde por suas dívidas, na medida em que subtrai o bem da qualidade de garantia dos credores";[22] por outro lado, o patrimônio impenhorável poderá ser alienado livremente.[23]

---

16. OTERO, Marcelo Truzzi. As cláusulas restritivas de propriedade como instrumento de planejamento sucessório. *In*: TEIXEIRA, Daniele Chaves (Coord.). *Arquitetura do planejamento sucessório*. t. II. Belo Horizonte: Fórum, 2021. p. 589.
17. TEPEDINO, Gustavo; NEVARES, Ana Luiza Maia; MEIRELES, Rose Melo Vencelau. *Fundamentos do Direito Civil*: Direito das Sucessões. v. 7. Rio de Janeiro: Forense, 2020. p. 164.
18. TEPEDINO, Gustavo; NEVARES, Ana Luiza Maia; MEIRELES, Rose Melo Vencelau. *Fundamentos do Direito Civil*: Direito das Sucessões. v. 7. Rio de Janeiro: Forense, 2020. p. 164.
19. TEPEDINO, Gustavo; NEVARES, Ana Luiza Maia; MEIRELES, Rose Melo Vencelau. *Fundamentos do Direito Civil*: Direito das Sucessões. v. 7. Rio de Janeiro: Forense, 2020. p. 164.
20. CORTIANO JUNIOR, Eroulths. Sucessão e cláusulas restritivas. *In*: TEIXEIRA, Daniele Chaves (coord.). *Arquitetura do planejamento sucessório*. Belo Horizonte: Fórum, 2019. p. 315-316.
21. TEPEDINO, Gustavo; NEVARES, Ana Luiza Maia; MEIRELES, Rose Melo Vencelau. *Direito das Sucessões*. Rio de Janeiro: Forense, 2020. p. 164-165.
22. OTERO, Marcelo Truzzi. As cláusulas restritivas de propriedade como instrumento de planejamento sucessório. *In*: TEIXEIRA, Daniele Chaves (coord.). *Arquitetura do planejamento sucessório*. t. II. Belo Horizonte: Fórum, 2021. p. 589.
23. TEPEDINO, Gustavo; NEVARES, Ana Luiza Maia; MEIRELES, Rose Melo Vencelau. *Fundamentos do Direito Civil*: Direito das Sucessões. v. 7. Rio de Janeiro: Forense, 2020. p. 164-165.

Como referido anteriormente, o Código Civil Brasileiro de 2002, no art. 1.911, estabelece que a cláusula de impenhorabilidade está inserida no conteúdo da inalienabilidade. Apesar disso, pode ser aposta de modo exclusivo, ensejando, consequentemente, um alcance menor do que aquele decorrente da instituição da inalienabilidade sobre um bem.

Importa realizar distinção significativa entre a imposição de impenhorabilidade decorrente do instituto ora proposto e aquela decorrente da Lei 8.009/1990. Aqui, destaca-se a impenhorabilidade clausulada na transmissão proprietária, a outra decorre da lei.

2.3 Incomunicabilidade

O gravame da incomunicabilidade, por fim, da mesma forma que a cláusula de impenhorabilidade, corresponde a um desdobramento da inalienabilidade, podendo ser instituída de maneira exclusiva, com alcance limitado. Circunscreve-se ao impedimento de que o bem em questão seja objeto de comunicação patrimonial em virtude do regime de bens de casamento ou de união estável.[24]

O patrimônio clausurado não integrará "a comunhão estabelecida com o casamento ou com a união estável, mantendo-o particular ao beneficiário, sem constituir coisa comum".[25] Poderá, no entanto, ser alienado – mantendo-se a incomunicabilidade do produto da venda[26] – e a prática dos atos previstos no art. 1.647, do Código Civil Brasileiro de 2002,[27] dependerá de outorga conjugal (apesar da instituição do gravame da incomunicabilidade).[28] Há uma advertência necessária relacionada ao instituto da incomunicabilidade que se refere à limitação ao próprio bem. Os frutos e rendimentos dele não estão incluídos na incomunicabilidade. Ou seja, embora os bens sejam incomunicáveis nos regimes comunheiros, os frutos integram o patrimônio comum.

---

24. A cláusula da incomunicabilidade "pressupõe, portanto, a existência de regime de bens compatível com a comunhão, da qual é excluído o bem gravado por conta da sua incomunicabilidade" (TEPEDINO, Gustavo; NEVARES, Ana Luiza Maia; MEIRELES, Rose Melo Vencelau. *Fundamentos do Direito Civil*: Direito das Sucessões. v. 7. Rio de Janeiro: Forense, 2020. p. 164-165).

25. OTERO, Marcelo Truzzi. As cláusulas restritivas de propriedade como instrumento de planejamento sucessório. *In*: TEIXEIRA, Daniele Chaves (coord.). *Arquitetura do planejamento sucessório*. t. II. Belo Horizonte: Fórum, 2021. p. 589.

26. OTERO, Marcelo Truzzi. As cláusulas restritivas de propriedade como instrumento de planejamento sucessório. *In*: TEIXEIRA, Daniele Chaves (coord.). *Arquitetura do planejamento sucessório*. t. II. Belo Horizonte: Fórum, 2021. p. 589.

27. Código Civil Brasileiro de 2002. Art. 1.647. Ressalvado o disposto no art. 1.648, nenhum dos cônjuges pode, sem autorização do outro, exceto no regime da separação absoluta: I – alienar ou gravar de ônus real os bens imóveis; II – pleitear, como autor ou réu, acerca desses bens ou direitos; III – prestar fiança ou aval; IV – fazer doação, não sendo remuneratória, de bens comuns, ou dos que possam integrar futura meação. Parágrafo único. São válidas as doações nupciais feitas aos filhos quando casarem ou estabelecerem economia separada.

28. TEPEDINO, Gustavo; NEVARES, Ana Luiza Maia; MEIRELES, Rose Melo Vencelau. *Fundamentos do Direito Civil*: Direito das Sucessões. v. 7. Rio de Janeiro: Forense, 2020. p. 165.

2.4 Justa causa em direito sucessório

Como referido anteriormente, a viabilidade de inclusão de cláusulas restritivas sobre a propriedade está presente, no Código Civil Brasileiro de 2002, vinculada à realização de liberalidades. Nesse sentido, prevê o diploma civil a possibilidade de cláusulas de inalienabilidade, incomunicabilidade e impenhorabilidade sobre bens que sejam objeto de doação ou de transmissão *mortis causa*, com instituição das restrições por intermédio de previsão testamentária.

Especificamente na seara sucessória, a inclusão de restrições à propriedade que será transmitida aos herdeiros encontra limites explicitados pela própria legislação. Isso porque o art. 1.848, do CCB/2002, estabelece a inviabilidade de estabelecimento de cláusulas restritivas sobre o patrimônio que compõe a parte legítima reservada aos herdeiros necessários, salvo se houver justa causa para referida restrição.

O primeiro problema que se estabelece a partir da disposição presente do Código Civil vincula-se com a indeterminação do conceito empregado pela legislação. Não são estabelecidos maiores parâmetros para fins de definição do que corresponderia a uma justa causa apta a legitimar a imposição de restrições sobre a legítima dos herdeiros necessários.

Doutrinariamente, a justa causa, no ambiente sucessório, é entendida como "o motivo lícito, sério e concreto apontado pessoalmente pelo autor da liberalidade no instrumento de doação ou no testamento que, se persistentes ao tempo da abertura da sucessão, justificam a inalienabilidade, a impenhorabilidade e a incomunicabilidade impostas sobre a legítima do herdeiro necessário, a bem de seus próprios interesses".[29] A incidência das cláusulas restritivas sobre a herança sofreu significativa modificação na passagem do Código Civil de 1916 para o atualmente vigente: enquanto sob a égide da Codificação anterior podia o testador clausular total e imotivadamente o patrimônio a ser transmitido a seus herdeiros (fosse referente aos bens que comporiam a parte disponível, fosse em relação aos bens da parte legítima), o diploma civil vigente passou a exigir a declaração da justa causa como forma de limitar a autonomia do testador sobre o patrimônio que compõe a legítima de seus herdeiros necessários.[30]

Nesse sentido, como destaca Eroulths Cortiano Junior, "se antes o Direito assegurava ampla discricionariedade ao testador, que podia apregoar livremente a cláusula a todo o patrimônio testado, agora, as cláusulas restritivas sobre bens da

---

29. OTERO, Marcelo Truzzi. *Justa causa testamentária*: inalienabilidade, impenhorabilidade e incomunicabilidade sobre a legítima do herdeiro necessário. Porto Alegre: Livraria do Advogado, 2012. p. 167-168.

30. No ponto, destaca-se a observação realizada por Ana Luiza Nevares quanto à necessidade de exposição de justa causa por parte do titular do patrimônio também quando da realização de doações que se constituam em adiantamento de legítima (NEVARES, Ana Luiza Maia. O testamento e sua instrumentalidade no planejamento sucessório: limites e potencialidades. *In*: TEIXEIRA, Daniele Chaves (coord.). *Arquitetura do planejamento sucessório*. t. II. Belo Horizonte: Fórum, 2021. p. 458.).

legítima exigem justa causa".[31] Justa causa esta que, reitera-se, tem seu conteúdo discutido doutrinária e jurisprudencialmente em virtude da ausência de delimitação legal.

Prosseguindo na tentativa de delimitação do que seria uma "justa causa" apta a legitimar a instituição de restrição sobre os bens da legítima, a doutrina recolhe alguns sinais que auxiliariam na interpretação acerca da adequação ou não dos motivos indicados pelo testador:

> A conceituação de sua justiça (ou justeza) é extremamente subjetiva, e isso deve ser apreendido por três ângulos. Em primeiro lugar, o motivo determinante dela deve ser correlato à realidade dos fatos. Em segundo lugar, a cláusula deve ser medida salutar aos interesses do herdeiro (eventualmente, da família), e não do testador (é o interesse do herdeiro que justifica a clausulação). Em terceiro lugar, deve haver uma correlação entre a modalidade de cláusula e a necessidade antevista pelo testador (num caso que só se justifique a impenhorabilidade, a inalienabilidade será cláusula exagerada e injusta).[32]

No mesmo sentido, Marcelo Truzzi Otero afirma que "generalidades, ilegalidades e as preocupações comuns a todo ascendente, como temor pelo futuro da prole, igualmente não são admitidas, cumprindo ao instituidor especificar, concretamente, o motivo pelo qual, naquele caso particular, a restrição é medida salutar aos interesses do herdeiro, cuidando de observar criteriosamente se a restrição imposta guarda conexão com o motivo declarado, sob pena de insubsistência da cláusula restritiva".[33]

Cabe firmar entendimento no sentido de que não se trata de mera liberalidade, mas de liberalidade exercida em razão da proteção de certos bens considerados mais relevantes do que a simples disponibilidade patrimonial de quem recebe. Na avaliação das autoras, o *telos axiológico* presente na normativa que apresenta exigência de justificativa parece ser a proteção dos interesses dos próprios herdeiros, que, perante avaliação realizada pelo testador, devem estar em conformidade com a proteção de interesses superiores dos herdeiros que recebem os bens, e não o oposto. Tem-se uma autonomia vinculada às razões justificatórias de fixação das cláusulas.

Na tentativa de sistematizar o tema, sugere-se a avaliação de dois eixos fundamentais, o primeiro relacionado aos sujeitos da relação, em que se deve verificar e analisar as condições dos envolvidos, suas questões pessoais, relacionais e socioeconômicas. E, em um segundo momento, as questões que dizem respeito ao objeto em si. Nesta segunda etapa, analisa-se a natureza jurídica, a função socioeconômica e ambiental, bem como a tradição na forma-destino-utilidade

---

31. CORTIANO JUNIOR, Eroulths. Sucessão e cláusulas restritivas. *In*: TEIXEIRA, Daniele Chaves (coord.). *Arquitetura do planejamento sucessório*. Belo Horizonte: Fórum, 2019. p. 318.
32. CORTIANO JUNIOR, Eroulths. Sucessão e cláusulas restritivas. *In*: TEIXEIRA, Daniele Chaves (coord.). *Arquitetura do planejamento sucessório*. 2. ed. Belo Horizonte: Fórum, 2019. p. 320.
33. OTERO, Marcelo Truzzi. As cláusulas restritivas de propriedade como instrumento de planejamento sucessório. *In*: TEIXEIRA, Daniele Chaves (coord.). *Arquitetura do planejamento sucessório*. t. II. Belo Horizonte: Fórum, 2021. p. 594.

realizada pelo próprio proprietário originário. Assim, para que a justa causa seja reconhecida como juridicamente coerente com a teleologia do sistema jurídico pátrio, deve atender a interesses superiores relevantes relacionados à esfera jurídica do beneficiário. A mera manifestação de vontade individualista e de retenção da titularidade não seria suficiente para manter a restrição. E, considerando os elementos acima, o encerramento das condições que ensejaram a "causa justa", também dá ensejo ao seu fim.

Como exemplo, tem-se a cláusula de incomunicabilidade. Imagine-se que a justa causa tenha sido apostada no testamento para fins de proteção com relação a determinado cônjuge específico que tem ações de execução contra si e risco de envolvimento patrimonial nos débitos. Na análise das questões subjetivas, tem-se a tentativa de preservação do beneficiário, no que tange às relações jurídicas. Encerrado o casamento pelo divórcio, não mais haveria motivo relevante para servir de justa causa para proteção deste bem específico, por esta cláusula. Neste caso, não há questões relacionadas ao objeto em si para serem analisadas.

Em um segundo exemplo, poder-se-ia tomar com um imóvel rural, tradicionalmente considerado para fins de garantia para financiamento da safra pelo testador. Eventual cláusula de inalienabilidade (que contém a de impenhorabilidade), precisa ser analisada com muita parcimônia pelo sistema, pois no tocante à função socioeconômica e ambiental daquele bem específico, tem-se que, eventual restrição de garantia contraria todo o comportamento anterior realizado com o bem. Lembre-se que a destinação do imóvel rural é seu aproveitamento socioeconômico. Eventual uso continuado do proprietário das terras como garantia demonstra que, para o adequado aproveitamento do mesmo, esta conduta veio sendo reiteradamente utilizada. Ou seja, é de conhecimento do testador que a destinação do imóvel ao longo do tempo esteve vinculada a sua capacidade de garantir produção. Eventual mudança nesta característica precisa de mais estrutura argumentativa que outro, não destinado anteriormente a isso. Se o comportamento do proprietário original vinculou a utilidade, a fruição da terra e sua disposição de determinado modo, restringir o herdeiro naquilo que é exatamente a natureza do bem, pode ser considerado ônus excessivo. A propriedade sem a faculdade daquilo que é essencial para realização da função do bem, pode não estar de acordo com a proposta de estrutura e função prevista na Constituição Federal.

Em suma, entende-se que são motivos relevantes para levantamentos dos gravames, ainda que presentes a justa causa, o fato de serem excessivamente onerosos em relação ao sujeito ou no momento do encerramento do motivo que determinou a justa causa. E, em relação ao objeto, quando a estipulação do gravame inviabilizar ou reduzir significativamente a própria manutenção dos sujeitos e/ou da atividade que depende daquele bem. Este entendimento é o mais alinhado com a compatibilização dos valores do sistema jurídico.

3. DA INTERPRETAÇÃO CIVIL-CONSTITUCIONAL DAS RESTRIÇÕES E DO MODO PELO QUAL SE DÁ A APLICAÇÃO PELOS TRIBUNAIS DE JUSTIÇA NACIONAIS

Diante da inexistência de definição legal sobre o conteúdo de uma justa causa apta a legitimar a incidência de cláusulas restritivas sobre a legítima dos herdeiros necessários, coube à doutrina o estabelecimento de padrões mínimos para fins de direcionar a aplicabilidade da disposição legislativa. No entanto, como visto acima, a averiguação casuística do preenchimento ou não de critérios de razoabilidade e adequação ainda se faz necessária e presente.

Cabe essencialmente ao Poder Judiciário, assim, a verificação, em concreto, sobre a existência ou não de justificativa à incidência de restrição sobre a legítima. A análise, assim, a teor do art. 1.848, *caput*, do Código Civil Brasileiro de 2002, deve se dar a partir da consideração sobre a existência de justa causa *declarada pelo autor da herança* em testamento. Ou seja: o foco, de acordo com o expresso teor da lei civil, encontra-se na vontade manifestada pelo testador, avaliando-se a partir da justificativa por ele apresentada, se haveria espaço para a limitação ao direito de propriedade por intermédio da imposição de cláusulas de inalienabilidade, incomunicabilidade e/ou impenhorabilidade. O §2º do mesmo artigo faculta que, mediante autorização judicial e justa causa *manifestada pelo herdeiro*, ocorra a alienação dos bens gravados pelas cláusulas restritivas, com a conversão do "produto em outros bens, que ficarão sub-rogados nos ônus dos primeiros". Assim, a lei faculta a sub-rogação, e não, em princípio, um efetivo levantamento das cláusulas restritivas sobre os bens transmitidos aos herdeiros.

A partir de pesquisa jurisprudencial realizada junto aos repositórios virtuais dos Tribunais de Justiça nacionais, foi possível verificar que, na prática, a situação é diversa daquela prevista legislativamente. Como mencionado na introdução do presente estudo, foi desenvolvida pesquisa com a utilização dos termos "justa causa" e "testamento" nos buscadores de jurisprudência dos vinte e sete Tribunais de Justiça dos Estados e do Distrito Federal e Territórios. Foram localizados acórdãos a partir das palavras-chaves indicadas em treze Tribunais, nas seguintes quantidades:

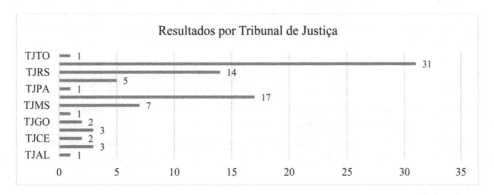

Gráfico 01: Resultados por Tribunal de Justiça.

A análise específica dos oitenta e oito acórdãos localizados permitiu a classificação dos julgamentos em três diferentes grupos: o primeiro, vinculado à verificação da subsistência ou não das cláusulas restritivas ao direito de propriedade a partir da consideração sobre a aplicabilidade das disposições do Código Civil Brasileiro de 2002 ou do Código Civil Brasileiro de 1916, referindo-se, assim, a questão de direito intertemporal; o segundo, relacionado à análise quanto à possibilidade de levantamento das cláusulas restritivas em virtude de *justa causa suscitada pelos herdeiros*; e, por fim, o terceiro grupo, referente à avaliação sobre a viabilidade de restrição à legítima dos herdeiros a partir de *justa causa declarada pelo testador*.

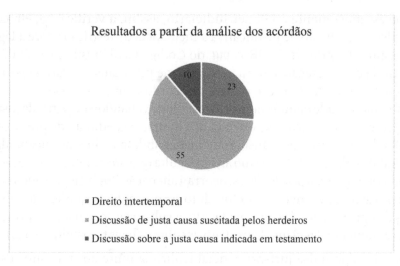

Gráfico 02: Resultados a partir da análise dos acórdãos.

No primeiro grupo de decisões, vinte e três acórdãos avaliam a subsistência ou não de cláusulas restritivas sobre a propriedade instituídas durante a vigência do Código Civil Brasileiro de 1916. O art. 1.723, de referida Codificação, estabelecia que:

> *Código Civil Brasileiro de 1916, Art. 1.723.* A legítima dos herdeiros, fixada pelo art. 1.721, não impede que o testador determine que sejam convertidos em outras espécies os bens que a constituam, lhes prescreva a incomunicabilidade, atribua à mulher herdeira a livre administração, estabeleça as condições de inalienabilidade temporária ou vitalícia, a qual não prejudicará a livre disposição testamentária, e, na falta desta, a transferência dos bens aos herdeiros-legítimos, desembaraçados de qualquer ônus.

Depreende-se da disposição acima que o Código Civil de 1916 estabelecia um amplo poder ao autor da herança, que viabilizava inclusive a instituição de cláusulas restritivas sobre a parcela legítima destinada aos seus herdeiros necessários. Como a lei que rege a transmissão sucessória é a vigente no momento da abertura da sucessão (art. 1.787, do CCB/2002)[34], tem-se que se o autor da herança faleceu até o dia 10

---

34. BRASIL. *Código Civil Brasileiro de 2002*, Art. 1.787. Regula a sucessão e a legitimação para suceder a lei vigente ao tempo da abertura daquela.

de janeiro de 2003, serão aplicadas à sua sucessão as disposições do Código Civil de 1916. Logo, em ocorrendo o óbito do testador até referida data, não haveria sequer margem para perquirição acerca da justa causa para fins de viabilizar a aposição de restrições à propriedade, uma vez que o diploma civil anterior não exigia a apresentação de justa causa por parte do testador para a inclusão de cláusulas restritivas.

Diante da mudança legislativa operada com a superveniência do CCB/2002 e com a exigência de declaração de justa causa para possibilitar a incidência de cláusulas restritivas sobre a parcela legítima da herança (art. 1.848, CCB/2002), o questionamento que passou a ser apreciado pelo Poder Judiciário vincula-se à necessidade ou não de justificativa para a aplicação das cláusulas restritivas previstas em testamento lavrado durante a vigência do CCB/1916, mas cujo óbito do testador ocorreu após 10 de janeiro de 2003 – ou seja, durante a vigência do CCB/2002. Para tais hipóteses, dispõe o art. 2.042, do CCB/2002, que:

> *Código Civil Brasileiro de 2002, Art. 2.042.* Aplica-se o disposto no caput do art. 1.848, quando aberta a sucessão no prazo de um ano após a entrada em vigor deste Código, ainda que o testamento tenha sido feito na vigência do anterior, Lei n º 3.071, de 1 º de janeiro de 1916 ; se, no prazo, o testador não aditar o testamento para declarar a justa causa de cláusula aposta à legítima, não subsistirá a restrição.

Verifica-se que o legislador optou "pela aplicação da nova lei, mesmo para os testamentos lavrados em data anterior, quando vigente o CC/1916, porém concedendo o prazo de um ano para que o testador venha a aditar o testamento, declarando a justa causa da cláusula aposta à legítima".[35] Consequência da regra de transição é que, aberta a sucessão até o dia 10 de janeiro de 2004 (ou seja, um ano após a entrada em vigor do CCB/2002), são aplicáveis as restrições à propriedade previstas no testamento, mesmo que incidentes sobre a legítima dos herdeiros necessários e que não haja justa causa declarada no instrumento.[36] Por outro lado, ultrapassado

---

35. SCHREIBER, Anderson; TARTUCE, Flávio; *et al. Código Civil comentado.* Doutrina e jurisprudência. Rio de Janeiro: Forense, 2019. p. 1.574.

36. Nesse sentido, entendimento do Tribunal de Justiça do Estado do Rio Grande do Sul: "Mostra-se hígida a observância das cláusulas de inalienabilidade, incomunicabilidade e impenhorabilidade, determinadas por testamento, sobre o quinhão hereditário do executado, não sendo possível sobre estes bens imóveis recair a penhora pretendida. Embora o Código Civil vigente condicione o estabelecimento de gravames à legítima mediante 'justa causa' declarada expressamente no testamento (caput do art. 1.848), a sucessão foi aberta sob a égide do Código de 1916. A declaração de última vontade da testadora deve ser respeitada, porquanto em conformidade com a lei vigente ao tempo da abertura da sucessão, nos termos do artigo 1.787 do Código Civil (art. 1.577 do CC de 1916)". (TJRS, 8ª C. Cível, *AI* n. 70022453740, Rel. Des. José Trindade, julg. 24.1.2008, p. 01).

No mesmo sentido, tratando sobre sucessão aberta no curso do prazo concedido pelo CCB/2002 para aposição de justa causa à restrição instituída sobre a legítima, confira-se o seguinte julgado do Tribunal de Justiça de Alagoas: "1. É perfeitamente válida a estipulação de cláusula de inalienabilidade, impenhorabilidade e incomunicabilidade, mesmo sem justificação, nos testamentos confeccionados na vigência do Código Civil de 1916. 2. Nos termos do art. 2.042 do atual Código Civil, foi conferido um prazo de 1 (um) ano, após a sua vigência, para que os testadores declarassem a justa causa para a subsistência dessas cláusulas. 3. *In casu*, a testadora faleceu no curso do prazo estabelecido pelo Código Civil, não restando caracterizada a sua mora, razão pela qual deve ser respeitada a sua última vontade, mesmo que sem justificação, impondo a

referido prazo e não tendo sido realizado o aditamento do testamento para fins de declaração da justa causa na cláusula aposta à legítima, "as cláusulas restritivas não justificadas serão tidas como não escritas, sem qualquer comprometimento da validade do testamento".[37]/[38]

Esse entendimento é o que vem sendo aplicado pelos Tribunais de Justiça nacionais em relação à discussão sobre a manutenção ou não de cláusulas restritivas inseridas durante a vigência do CCB/1916, sem declaração de justa causa. A questão, portanto, perpassa pela verificação do momento do óbito (e, consequentemente, da abertura da sucessão) e, a depender da data, pela análise sobre a ocorrência de aditamento ao testamento para fins de declaração de justa causa.

O segundo grupo de decisões, por sua vez, é composto pelos acórdãos por meio dos quais o Poder Judiciário procedeu à avaliação de processos por meio dos quais pretendiam os herdeiros o levantamento das cláusulas restritivas – tivessem sido impostas à parte disponível do patrimônio do testador, fossem instituídas sobre a legítima. Em referidos julgamentos (no total de cinquenta e cinco), a análise restou centrada nas justificativas apresentadas pelos sucessores para fins de cancelamentos das cláusulas restritivas. Ou seja, não se questionava a validade ou não das razões elencadas pelo testador; buscava-se, isso sim, o reconhecimento de que as restrições ao direito de propriedade dos herdeiros estariam causando prejuízos a estes, sendo justificável o levantamento das cláusulas.

Em trinta acórdãos (correspondentes a 55% dos julgamentos inseridos, nesta análise, no "grupo dois"), o Poder Judiciário entendeu pela comprovação, por parte dos herdeiros, de existência de justa causa para fins de levantamento das cláusulas restritivas impostas ao patrimônio herdado – fosse ele integrante da parte legítima ou da parte disponível dos bens do testador. Nos demais casos (no total de vinte e cinco, o que corresponde a 45% dos acórdãos analisados no grupo dois), o entendimento dos Tribunais de Justiça foi no sentido da manutenção das cláusulas restritivas em virtude da ausência de motivo determinante apto a autorizar o levantamento pleiteado pelos sucessores do testador.

---

preservação da cláusula de impenhorabilidade". (TJAL, 1ª C. Cível, *AC n. 2011.000299-8*, Rel. Des. Tutmés Airan de Albuquerque Melo, julg. 25.5.2011, p. 01).

37. SCHREIBER, Anderson; TARTUCE, Flávio; *et al. Código Civil comentado*. Doutrina e jurisprudência. Rio de Janeiro: Forense, 2019. p. 1.574.

38. Exemplificativamente, veja-se o seguinte trecho de julgamento proferido pelo TJDFT: "Atualmente, a legislação civil (CC/02, art. 1.848) impõe que o testador declare justa causa caso queira opor restrição em relação aos bens que comporão a legítima, sob pena de não ser eficaz sua eventual disposição de última vontade nesse ponto. [...]. Conquanto a testamenteira não tenha aditado os testamentos que elaborou sob à vigência do Código Civil de 1916 para indicar a justa causa em relação às cláusulas restritivas que desejou estabelecer sobre à legítima, *ex vi* do art. 2.042 do CC/02, observado que o seu efetivo intuito era propiciar a preservação do patrimônio de dois dos seus filhos, por motivos que não declarou, tal circunstância não enseja a nulidade das referidas cláusulas em sua totalidade, mas apenas a ineficácia da parte que recairia sobre à legítima". (TJDF, 1ª T. Cível, *AC n. 0002229-36.2015.8.07.0001*, Rel. Des. Alfeu Machado, julg. 27.5.2017, p. 01-02).

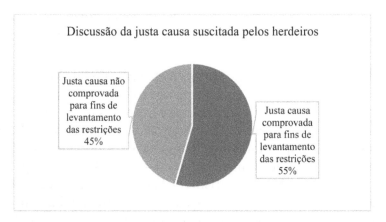

Gráfico 03: Discussão da justa causa suscitada pelos herdeiros.

Em tais julgados, a atenção do Poder Judiciário restou centrada *nas justificativas apresentadas pelos herdeiros*, como se houvesse uma categoria de "justa causa aos sucessores" apta a legitimar o levantamento das cláusulas restritivas impostas pelo autor da herança. Em um primeiro momento, importa reiterar que o Código Civil Brasileiro prevê unicamente a possibilidade de sub-rogação das cláusulas (conforme art. 1.848, §2º, do CCB/2002); não haveria, *prima facie*, uma autorização para levantamento das restrições impostas sobre a parte disponível (que não exigem justa causa declarada pelo testador) e sobre a legítima, desde que justificadas pelo autor da herança.

A partir de tal panorama, cotejado com a interpretação jurisprudencial presente nos julgamentos envolvendo o pedido de levantamento de cláusulas restritivas formulado por herdeiros, verifica-se a incidência do fenômeno da constitucionalização do Direito Civil contemporâneo, com o deslocamento dos valores que orientam a disciplina da pertença da codificação para a Constituição.[39] Com isso, "a propriedade desloca-se para uma condição de meio para a realização do homem, e não mais condição de fim para que este ascenda à dimensão jurídica".[40]

A construção jurisprudencial decorrente de tal percepção pode ser verificada a partir do entendimento do Superior Tribunal de Justiça sobre a temática. Quando do julgamento do Recurso Especial nº 303.424/GO, em 02 de setembro de 2004, a Quarta Turma do Superior Tribunal de Justiça consignou o entendimento acerca da possibilidade de desconstituição parcial de cláusula de impenhorabilidade incidente sobre imóvel rural[41] diante de situação em que seu levantamento "se faz imprescindível

---

39. ARONNE, Ricardo. *Direito Civil-Constitucional e teoria do caos*. Estudos preliminares. Porto Alegre: Livraria do Advogado, 2006. p. 111.
40. ARONNE, Ricardo. *Direito Civil-Constitucional e teoria do caos*. Estudos preliminares. Porto Alegre: Livraria do Advogado, 2006. p. 111.
41. No caso concreto, herdeira apresentou pedido de alvará judicial para fins de desconstituição parcial de cláusula de impenhorabilidade incidente sobre propriedade rural (com o objetivo de liberar o equivalente a 20% do imóvel, possibilitando, com isso, a solicitação de financiamento junto a instituição financeira para

354 SIMONE TASSINARI CARDOSO FLEISCHMANN E CAROLINE POMJÉ

para proporcionar o melhor aproveitamento do patrimônio deixado e o bem-estar do herdeiro, o que se harmoniza com a intenção real do primeiro [testador], de proteger os interesses do beneficiário".[42]

Entendimento similar é verificado por meio da análise do Recurso Especial nº 1.158.679/MG, julgado pela Terceira Turma do Superior Tribunal de Justiça em 07 de abril de 2011. Em acórdão de relatoria da Ministra Nancy Andrighi, o posicionamento do Tribunal foi no sentido da revogação de cláusulas de inalienabilidade, incomunicabilidade e impenhorabilidade impostas por testamento sobre imóvel a partir de uma compatibilização entre as restrições, a função social da propriedade, a dignidade da pessoa humana (sob o prisma do beneficiário) e a situação excepcional de necessidade financeira do requerente. De acordo com o entendimento proveniente de tal julgamento, "se a alienação do imóvel gravado permite uma melhor adequação do patrimônio à sua função social e possibilitar ao herdeiro sua sobrevivência e bem-estar, a comercialização do bem vai ao encontro do propósito do testador, que era, em princípio, o de amparar adequadamente o beneficiário das cláusulas de inalienabilidade, impenhorabilidade e incomunicabilidade".[43] Em seu voto, a Ministra Relatora destacou que:

> [...] se a manutenção das cláusulas de inalienabilidade, impenhorabilidade e incomunicabilidade instituídas em testamento acabam por constituir verdadeiros obstáculos à própria fruição do imóvel pelo proprietário, sua relativização não só é possível como é também necessária.
>
> Essa necessidade decorre do fato de que a supressão ao direito de livremente dispor dos bens – ainda que eficazmente instituída por meio de testamento válido – não pode ser considerada de modo absoluto, devendo ser delimitada por preceitos de ordem constitucional, como a função social da propriedade e a dignidade da pessoa humana. Não parece razoável admitir que a sobrevivência e o bem-estar da recorrida sejam prejudicados, em prol da obediência irrestrita às cláusulas de inalienabilidade, impenhorabilidade e incomunicabilidade.
>
> [...].
>
> Os gravames, além do mais, devem sempre ter em vista a função social da propriedade sobre a qual foram impostos, pois não é possível admitir a manutenção de um bem que acabe por prejudicar seu proprietário, de modo a causar-lhe aflições e frustrações. O exercício do direito de propriedade, nesses casos, descaracteriza-se tanto jurídica quanto economicamente, sendo importante destacar que a hipótese dos autos trata de uma pequena propriedade rural, que evidentemente necessita de investimentos para que se torne produtiva e atinja seus fins sociais. Daí

---

desenvolvimento de atividade agropecuária). O juízo de primeira instância deferiu o pedido de alvará para desconstituição da restrição sobre 20% do imóvel; o Ministério Público do Estado de Goiás, então, interpôs recurso de apelação, alegando que "*somente é permitido mitigar a rigidez dos artigos 1676 e 1677, ambos do Código Civil, quando houver substituição do bem gravado por outro, que ficará sub-rogados com aqueles ônus*". O Tribunal de Justiça de Goiás negou provimento à apelação, entendendo que "*a busca da apelada é tornar sua propriedade produtiva, atendendo, consequentemente, o princípio constitucional da função social da propriedade*". O Ministério Público estadual procedeu à interposição do Recurso Especial, analisado pela Quarta Turma do STJ e por meio do qual restou reconhecida a possibilidade de desconstituição parcial da cláusula de impenhorabilidade (STJ, 4ª T, *REsp n. 303.424/GO*, Rel. Min. Aldir Passarinho Junior, julg. 02.9.2004, DJe 13.12.2004).

42. STJ, 4ª T. REsp n. 303.424/GO, Rel. Min. Aldir Passarinho Junior, julg. 02.9.2004, DJe 13.12.2004, p. 01.

43. STJ, 3ª T. *REsp n. 1.158.679/MG*, Rel. Min. Nancy Andrighi, julg. 07.4.2011, DJe 15.4.2011, p. 01.

AS CLÁUSULAS RESTRITIVAS DE PROPRIEDADE E A JUSTA CAUSA TESTAMENTÁRIA

decorre, ainda, que o impedimento ao exercício dos direitos decorrentes da propriedade por um longo período de tempo e na presença de circunstâncias que justifiquem a disposição do bem constitui ofensa ao princípio da função social da propriedade, já que impede a livre circulação e exploração da riqueza.[44]

Depreende-se, assim, que a mitigação das restrições impostas em testamento sobre a propriedade dos beneficiários acaba sendo possibilitada, de acordo com o entendimento do STJ, em situações nas quais vise à manutenção da sobrevivência ou do bem-estar do beneficiário ou quando busque garantir a função social da proprie-dade.[45] A partir da análise dos cinquenta e cinco acórdãos provenientes dos Tribunais de Justiça estaduais, o levantamento das restrições incidentes sobre o patrimônio transmitido *causa mortis* (seja correspondente à parte legítima ou à parte disponível dos bens do autor da herança) perpassa pela averiguação sobre a presença ou não de justa causa a partir da perspectiva do herdeiro. Assim, condições especiais vinculadas à vida do beneficiário são consideradas, cabendo a apresentação de algumas hipóteses entendidas, pela jurisprudência pátria, como passíveis de ensejar o levantamento das restrições.

O Tribunal de Justiça do Estado de São Paulo, em julgamento de recurso de apelação em junho de 2011, entendeu pela viabilidade de cancelamento de grava-mes (inalienabilidade, incomunicabilidade e impenhorabilidade) incidentes sobre imóveis herdados, ainda sob a égide do CCB/1916. De acordo com o Tribunal, a livre circulação da riqueza seria um fundamento apto a autorizar o levantamento das restri-ções, destacando-se a medida para viabilizar o "melhor aproveitamento do patrimônio deixado e o bem-estar do herdeiro", tratando-se de medida que se harmonizaria com a "intenção real dos testadores, de proteger os interesses do beneficiário".[46]

O Tribunal de Justiça do Estado do Mato Grosso do Sul, em recente julgamento, entendeu pela viabilidade de cancelamento das restrições impostas, em testamento, sobre imóveis da requerente, com fundamento no fato de que a filha da beneficiária da herança "pretende realizar o mestrado e, posteriormente doutorado, na Universi-dade da República da Argentina, de forma que, eventual alienação de um dos imóveis permitiria o investimento em educação".[47] O posicionamento do Tribunal então, foi pela existência de justa causa consubstanciada no custeio de curso de Mestrado da filha e na melhora financeira da beneficiária, autorizando a desoneração do imóvel

---

44. STJ, 3ª T. *REsp n. 1.158.679/MG*, Rel. Min. Nancy Andrighi, julg. 07.4.2011, DJe 15.4.2011, p. 08-09.
45. Nesse sentido, "[...] a inalienabilidade convencional constitui restrição a direito fundamental constitu-cionalmente garantido, a saber, o direito de propriedade (CR/88, art. 5º, XXIII), informado pela função social (CR/88, art. 5º, XXXIII). Além disso, haveria violação à dignidade da pessoa humana (CR/88, art. 1º, III) sempre que a justificativa do gravame recaísse em suposta prodigalidade do sucessor, na medida em que, dessa forma, o gravame geraria para o herdeiro onerado espécie de incapacidade criada pelo testador e não pelo ordenamento jurídico". (NEVARES, Ana Luiza Maia. O testamento e sua instrumentalidade no planejamento sucessório: limites e potencialidades. *In:* TEIXEIRA, Daniele Chaves (coord.). *Arquitetura Do Planejamento Sucessório*. t. II. Belo Horizonte: Fórum, 2021. p. 459).
46. TJSP, 5ª C. Direito Privado, *AC n. 0317560-67.2009.8.26.000*, Rel. Des. Silvério Ribeiro, julg. 01.06.2011.
47. TJMS, 4ª C. Cível, *AC n. 0823382-83.2017.8.12.0001*, Rel. Des. Vladimir Abreu da Silva, julg. 15.12.2020, p. 02.

herdado.[48] A mera facilidade ou conveniência do levantamento da restrição, no entanto, não corresponde a fundamento suficiente para o cancelamento dos gravames.[49]

Para além da análise dos casos em que a jurisprudência promove uma ampliação das hipóteses legislativas de levantamento das cláusulas restritivas impostas ao patrimônio transmitido aos herdeiros, cabe verificar o modo como tem se dado a efetiva interpretação das razões entendidas como "justas" para autorizar a incidência de restrições sobre a legítima dos herdeiros necessários, na forma do art. 1.848, do CCB/2002. A apuração se faz necessária, como já referido, na medida em que "o legislador não estabeleceu critérios interpretativos para alcançar o que deve ser considerado como justa causa para gravar a legítima dos herdeiros necessários e, diante disso, cabe a doutrina e a jurisprudência a busca pelo sentido da determinação".[50]

Este tópico é exemplo do cotejo teleológico e axiológico que deve ser realizado entre a justa causa imposta pelo testador e o benefício do herdeiro, nas suas duas vertentes, a subjetiva e a objetiva, conforme trabalhado ao final do tópico anterior deste texto. Assim, devem ser analisada se há, efetivamente, justa causa que se sustente no interesse do herdeiro, bem como suas condições pessoais e relacionais que não dependam da circulação deste bem específico, além de analisar as condições do objeto, para não contrariar a destinação e o comportamento de utilidade, função e disposição do mesmo.

Dez dos acórdãos objetos de estudo abordavam a temática envolvendo o enfrentamento da justa causa aposta *pelo testador* quando da manifestação escrita de sua última vontade. O foco de tais julgamentos, portanto, encontra-se na justificativa apresentada pelo autor da herança:

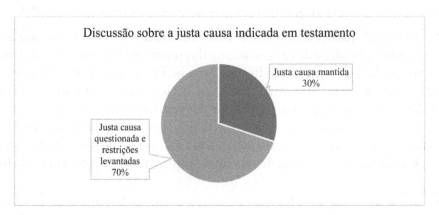

Gráfico 04: Discussão sobre a justa causa indicada em testamento.

---

48. TJMS, 4ª C. Cível, AC n. 0823382-83.2017.8.12.0001, Rel. Des. Vladimir Abreu da Silva, julg. 15.12.2020, p. 01.
49. Nesse sentido: TJMG, 7ª C. Cível, *AC n. 1.0145.12.066299-7/001*, Rel. Des. Belizário de Lacerda, julg. 01.9.2015; e TJMG, 18ª C. Cível, AC n. *1.0701.06.147964-1/001*, Rel. Des. Fabio Maia Viani, julg. 21.8.2007.
50. NEVARES, Ana Luiza Maia. O testamento e sua instrumentalidade no planejamento sucessório: limites e potencialidades. *In*: TEIXEIRA, Daniele Chaves (coord.). *Arquitetura do planejamento sucessório*. t. II. Belo Horizonte: Fórum, 2021. p. 458.

Em sete julgados (correspondentes a 70% dos resultados integrantes do grupo três) o entendimento dos Tribunais de Justiça foi no sentido da insubsistência das razões indicadas pelo testador quando da aposição de cláusulas restritivas sobre a propriedade que seria transmitida aos seus sucessores. A título exemplificativo, o Tribunal de Justiça de Minas Gerais, quando do julgamento de recurso de apelação envolvendo o cancelamento de cláusula de inalienabilidade instituída, via testamento, sobre imóvel (ainda na vigência do CCB/1916), entendeu pela possibilidade de mitigação do disposto no art. 1.676, do CCB/1916, de modo que "se a justa causa que motivou a imposição da cláusula sobre o imóvel não mais persiste, e a proprietária deseja desfazer-se do mesmo, por falta de condições na sua manutenção, necessária se faz a sua desconstituição, a fim de se dar função social ao bem".[51]

Em outro interessante julgamento, o Tribunal de Justiça do Estado de Minas Gerais entendeu pelo afastamento de cláusula de impenhorabilidade instituída pelo testador sobre a parte legítima de seu patrimônio na medida em que buscou promover, por meio de tal alocação, uma proteção a bens que seriam objeto de execução. O posicionamento jurisprudencial foi pela nulidade absoluta da cláusula testamentária, instituída com intuito fraudatório, especialmente considerando a justificativa apresentada pelo testador:

> [...] em atenção ao disposto no artigo 1848 do Código Civil, o testador justifica a imposição da cláusula de impenhorabilidade sobre a legítima da herdeira Luciana Fragoso Maria Borges, em vista que ela figura como ré em ações judiciais que colocam em risco de penhora e alienação judicial o seu patrimônio, sendo que em uma delas já há condenação judicial de elevado valor e vários pedidos de penhora online, fato que implicará no assolapamento do patrimônio da herdeira, o que o testador deseja evitar, a bem da própria herdeira, relativamente aos bens que serão transmitidos a ela por ocasião da morte dela, testador e que, em última análise, assegurarão a subsistência digna à herdeira e família dela. Dentre as várias ações que colocam em risco o patrimônio que a Luciana Fragoso Maia Borges receber na sucessão de seu pai enumera-se ilustrativamente para fins de comprovar e justificar concretamente a imposição de cláusula de inalienabilidade sobre a herança que lhe será transmitida, o testador cita as seguintes, sem prejuízo de outras porventura existentes ou que venham a ser aforadas: Ação Popular [...].[52]

O Tribunal de Justiça do Estado do Paraná entendeu que motivos genéricos (como o desejo da testadora em preservar os bens no âmbito da família) seriam insuficientes à manutenção de cláusulas de incomunicabilidade e de impenhorabilidade[53] e o mesmo posicionamento é extraído de outros julgados e da doutrina, de modo que tem se operado o afastamento das imposições consideradas genéricas ou meramente subjetivas, "que não se refiram a singularidades do herdeiro ou fatos em concreto que justifiquem

---

51. No caso específico, a testadora instituiu cláusula de inalienabilidade sobre a propriedade para "preservar o patrimônio de seus netos"; no entanto, restou demonstrada durante a instrução probatória que a beneficiária não poderia ter filhos biológicos e não intencionava adotar, de modo que, de acordo com o Desembargador Relator, haveria a necessidade de afastamento do gravame "sob pena de violação de princípios basilares, uma vez que a aplicação literal condenaria a apelante a ser proprietária de um patrimônio inerte, o qual não quer e nem tem razões para manter". (TJMG, 4ª T, *AC n. 000.322.130-6/00*, Rel. Des. Audebert Delage, julg. 07.8.2003.).
52. TJMG, 4ª C. Cível, *AI n. 1.0701.00.007507-0/005*, Rel. Des. Heloisa Combat, julg. 02.06.2016., p. 04-05.
53. TJPR, 15ª C. Cível, *AI n. 0020254-75.2020.8.16.0000*, Rel. Des. Hamilton Mussi Corrêa, julg. 24.07.2020.

o gravame, como aquelas que se referem genericamente à 'proteção do herdeiro' ou 'à garantia quanto a incertezas futuras e má administração' ou "para evitar que o patrimônio seja dilapidado' sem uma definição específica da motivação".[54]

Por outro lado, em três julgamentos a interpretação dos Tribunais de Justiça foi de que a justa causa apresentada pelo autor da herança seria suficiente e apta a autorizar a manutenção das restrições incidentes sobre o patrimônio transmitido. No primeiro caso localizado, o Tribunal de Justiça do Distrito Federal e dos Territórios entendeu que, "para validade da disposição testamentária, a lei exige apenas que a *justa causa* seja declarada no testamento, não se impondo ao testador a demonstração da existência ou veracidade dos fatos invocados a esse título"; assim, na situação específica, o entendimento foi no sentido de que a explicitação, por parte do testador, da preocupação com a preservação do patrimônio e subsistência dos beneficiários seria suficiente, determinando-se com isso a manutenção dos gravames.[55]

O Tribunal de Justiça do Estado de São Paulo, por sua vez, avaliou a questão atinente à inviabilidade de levantamento das restrições, diante da existência e subsistência de justa causa indicada em testamento, em dois acórdãos localizados. No primeiro, julgado em 20 de outubro de 2011, a vontade da testadora, representada pela instituição de cláusula de inalienabilidade sobre imóvel, restou mantida, nos seguintes termos:

> Não há, portanto, nada nos autos que justifique que não se observe a vontade da testadora, que claramente impôs cláusula restritiva de inalienabilidade para todos os imóveis que os seus herdeiros venham a receber, declarando como justa causa para a imposição da cláusula restritiva *"o árduo trabalho desenvolvido durante toda a sua vida profissional que possibilitou a aquisição de seus bens. Deseja proteger seu tronco familiar vez que seu filho e netos poderão ser induzidos a relações ou negócios que dilapidem o patrimônio tão arduamente construído"*.[56]

Quando do julgamento do Agravo de Instrumento nº 2213942-23.2019.8.26.0000, em 05 de novembro de 2019, o entendimento pela manutenção de gravame imposto sobre a legítima foi mantido pelo Tribunal de Justiça paulista, sendo, no caso, baseado na justa causa a seguir transcrita:

> c) que, todos os bens que deixar por ocasião de seu falecimento, deverão ficar gravados com as cláusulas de incomunicabilidade e impenhorabilidade vitalícias, extensivas aos frutos e rendimentos, esclarecendo ele testador, em razão das disposições contidas no artigo 1848 do Código Civil Brasileiro, que a aposição das cláusulas se justificam com o fim de preservar o patrimônio de suas filhas e de seus netos, de modo que os bens que vierem a herdar lhes possam servir como amparo para suas próprias subsistências e para fazer face às suas necessidades pessoais, deixando-os a salvo de eventuais vicissitudes a que, infelizmente, estão cada vez mais sujeitas as atividades empresariais e as instituições matrimoniais nos tempos atuais [...].[57]

---

54. NEVARES, Ana Luiza Maia. O testamento e sua instrumentalidade no planejamento sucessório: limites e potencialidades. *In*: TEIXEIRA, Daniele Chaves (coord.). *Arquitetura do planejamento sucessório*. t. II. Belo Horizonte: Fórum, 2021. p. 459.
55. TJDF, 4ª C. Cível, *AC n. 0004469-32.2014.8.07.0001*, Des. Rel. James Eduardo Oliveira, julg. 02.09.2015.
56. TJSP, 6ª C. Cível, AI n. 0140249-21.2011.8.26.0000, Rel. Des. Vito Guglielmi, julg. 20.10.2011, p. 04.
57. TJSP, 6ª C. Cível, *AI n. 2213942-23.2019.8.26.0000*, Rel. Des. Paulo Alcides, julg. 05.11.2019, p. 04-05.

O entendimento do TJSP, então, foi de que "o autor da herança fundamentou e justificou claramente a razão da imposição das cláusulas restritivas de incomunicabilidade e impenhorabilidade, as quais foram concebidas para a preservação do patrimônio em benefício daqueles agraciados pela herança".[58]

Depreende-se da análise dos julgados acima que, diversamente do entendimento doutrinário preponderante – no sentido de que a justa causa que legitimaria a aposição de cláusulas restritivas sobre a legítima dos herdeiros seria aquela que ultrapassasse a mera subjetividade do autor da herança, devendo estar ligada a fatos ligados à saúde, por exemplo, ou a especificidades do beneficiário[59] –, a jurisprudência pátria oscila na avaliação dos motivos que autorizam a incidência ou não das restrições sobre o patrimônio transferido aos herdeiros necessários. Se por vezes a vontade do testador e seu desejo de manutenção do patrimônio no tronco familiar é interpretada como motivo genérico – e, portanto, insuficiente à instituição do gravame sobre a legítima –, por outras é entendido como razão suficiente, correspondendo a justa causa.

4. CONSIDERAÇÕES FINAIS

Por meio do estudo realizado foi possível identificar como tem ocorrido a interpretação da "justa causa" testamentária no âmbito da doutrina e da jurisprudência nacionais. Em um primeiro momento, verifica-se que a natureza jurídica dos bens é a sua circulação, portanto, ao gravar com as cláusulas restritivas bens da legítima, há ônus de aposição de "justa causa". Esta previsão normativa tem coerência com uma leitura atualizada da legislação a partir dos valores constitucionais, segundo os quais, o patrimônio existe em razão das pessoas e não o oposto. Assim, a mera liberalidade do testador ou mesmo razões genéricas não vêm sendo reconhecidas como justa causa suficiente para permanecer a limitação instituída sobre o bem. Ademais, a reflexão sobre as cláusulas deve acompanhar a leitura atualizada das noções civilistas.

A *ratio* da disciplina normativa está relacionada com a proteção dos interesses do próprio herdeiro, que, na leitura do testador, necessita impedir a livre circulação, constatando-se a existência de dois prismas para verificação da subsistência ou não das restrições: a) A verificação da existência de uma justa causa efetiva, que afaste-se da mera liberalidade genérica do testador, ou de sua vontade de limitar o bem; b) A verificação das condições do sujeito e do objeto.

Quanto ao sujeito, investigação subjetivo-relacional do herdeiro a saber se a cláusula em questão foi aposta no seu efetivo interesse e não é excessivamente onerosa. É preciso ter em mente que é no somente no interesse do herdeiro que a cláusula pode ser justificada. E, eventual exigência de sobrecarga econômico-financeira em função

---

58. TJSP, 6ª C. Cível, *AI* n. 2213942-23.2019.8.26.0000, Rel. Des. Paulo Alcides, julg. 05.11.2019, p. 05.
59. TEPEDINO, Gustavo; NEVARES, Ana Luiza Maia; MEIRELES, Rose Melo Vencelau. *Fundamentos do Direito Civil*: Direito das Sucessões. v. 7. Rio de Janeiro: Forense, 2020. p. 170.

da restrição injusta não deve se sustentar. Da mesma forma, o cessar das condições que originaram a referida restrição, também será motivo para seu levantamento.

Com relação ao objeto, deve-se realizar verificação no que tange à natureza, funcionalidade, destinação e utilização do bem, a fim de que o uso habitualmente realizado pelo próprio testador não seja impedido por ele próprio. O impedimento de funcionalização do bem, nas hipóteses da destinação específica, também não pode sobre-existir, porque excede os limites de uma justa causa restritiva.

Se é fato que o testador pode limitar a legítima, é fato também que somente pode fazê-lo nos estreitos contornos da estrutura e função do instituto. Qualquer excesso ou pretensão abusiva merece ser tratada como tal, com o consequente levantamento das restrições impostas. E, embora não haja requisitos legais específicos para a retirada judicial das cláusulas apostas, a doutrina e a jurisprudência preencheram de sentido os contornos do que se deve ou não considerar justa causa. Assim, não se trata de sub-rogação de cláusulas restritivas, mas sim, justo motivo que autorize seu levantamento, por afronta à lógica jurídica que exige justa causa na sua imposição. E, na inexistência de causa, ou está sendo reconhecida como injusta pelo Poder Judiciário, encerra-se a possibilidade restritiva.

5. REFERÊNCIAS

ARONNE, Ricardo. *Direito Civil-Constitucional e teoria do caos.* Estudos Preliminares. Porto Alegre: Livraria do Advogado, 2006.

ARONNE, Ricardo. Os direitos reais na constitucionalização do Direito Civil. *Direito & justiça,* Porto Alegre, v. 39, n. 2, p. 175-196, jul./dez. 2013.

ARONNE, Ricardo. *Propriedade e domínio.* A teoria da autonomia. Titularidades e Direitos Reais nos Fractais do Direito Civil-Constitucional. 2. ed. rev., atual. e ampl. Porto Alegre: Livraria do Advogado, 2014.

CORTIANO JUNIOR, Eroulths. Sucessão e cláusulas restritivas. *In*: TEIXEIRA, Daniele Chaves (coord.). *Arquitetura do planejamento sucessório.* 2. ed. Belo Horizonte: Fórum, 2019.

MALUF, Carlos Alberto Dabus. Limitações do direito de propriedade. *Revista da Faculdade de Direito da Universidade de São Paulo*, São Paulo, v. 106/107, p. 839-855, jan./dez. 2011/2012.

NEVARES, Ana Luiza Maia. O testamento e sua instrumentalidade no planejamento sucessório: limites e potencialidades. *In*: TEIXEIRA, Daniele Chaves (coord.). *Arquitetura do planejamento sucessório.* t. II. Belo Horizonte: Fórum, 2021.

OTERO, Marcelo Truzzi. As cláusulas restritivas de propriedade como instrumento de planejamento sucessório. *In*: TEIXEIRA, Daniele Chaves (coord.). *Arquitetura do planejamento sucessório.* t. II. Belo Horizonte: Fórum, 2021.

OTERO, Marcelo Truzzi. *Justa causa testamentária:* inalienabilidade, impenhorabilidade e incomunicabilidade sobre a legítima do herdeiro necessário. Porto Alegre: Livraria do Advogado, 2012.

PERLINGIERI, Pietro. *O Direito Civil na legalidade constitucional.* Tradução de Maria Cristina De Cicco. Rio de Janeiro: Renovar, 2008.

PERLINGIERI, Pietro. *Perfis do Direito Civil:* Introdução ao Direito Civil Constitucional. 3. ed. Tradução de Maria Cristina De Cicco. Rio de Janeiro: Renovar, 2007.

SCHREIBER, Anderson; TARTUCE, Flávio; *et al. Código Civil comentado.* Doutrina e jurisprudência. Rio de Janeiro: Forense, 2019.

SOUZA, Eduardo Nunes de. Autonomia privada e boa-fé objetiva em direitos reais. *Revista Brasileira de Direito Civil,* Rio de Janeiro, v. 4, p. 55-80, abr./jun. 2015.

TEPEDINO, Gustavo; MONTEIRO FILHO, Carlos Edison do Rêgo; RENTERIA, Pablo. *Direitos reais.* Rio de Janeiro: Forense, 2020.

TEPEDINO, Gustavo; NEVARES, Ana Luiza Maia; MEIRELES, Rose Melo Vencelau. *Fundamentos do Direito Civil:* Direito das Sucessões. v. 7. Rio de Janeiro: Forense, 2020.

O FIDEICOMISSO: ESTRUTURA E FUNÇÃO. DEVEMOS REVITALIZAR O INSTITUTO?

Mário Luiz Delgado

Doutor em Direito Civil pela USP. Mestre em Direito Civil Comparado pela PUC-SP. Membro da Academia Brasileira de Direito Civil-ABDC. Presidente da Comissão de Direito de Família e das Sucessões do Instituo dos Advogados de São Paulo – IASP. Presidente da Comissão de Assuntos Legislativos do Instituto Brasileiro de Direito de Família – IBDFAM. Advogado, professor e parecerista.

Sumário: 1. Notas introdutórias: as substituições testamentárias – 2. A substituição fideicomissária; 2.1 A limitação do fideicomisso pelo CC/2002; 2.2 Distinções entre fideicomisso e deixa direta ao concepturo e a inexistência de prazo certo para que seja concebido o fideicomissário; 2.3 Distinções entre fideicomisso e usufruto; 2.4 Substituição compendiosa – 3. Propostas para revitalizar o fideicomisso; 3.1 Direito projetado; 3.2 Fideicomisso por ato *inter vivos* como forma de revitalizar o instituto; 3.3 Fideicomisso, *trust* e planejamento sucessório – 4. Conclusões – 5. Referências.

1. NOTAS INTRODUTÓRIAS: AS SUBSTITUIÇÕES TESTAMENTÁRIAS

Na sucessão testamentária, um testador prevenido, ao instituir herdeiros ou legatários facultativos,[1] no exercício da sua liberdade testamentária, deve sempre se atentar para a escolha dos respectivos substitutos, que receberão a liberalidade no lugar daqueles, quando uns ou outros não quiserem, ou não puderem, aceitar a herança ou o legado. Isso, claro, na hipótese de o disponente não preferir que os bens integrantes da herança ou do legado prejudicados, sejam destinados aos herdeiros legítimos, seguindo a ordem da vocação hereditária. Não havendo designação de substitutos aos beneficiários do ato de última vontade, é de se presumir que o testador "nomeou" substitutos os seus herdeiros legítimos, seguindo a previsão do art. 1.788 do Código Civil de 2002.

Substituição, portanto, é a disposição ou verba testamentária, por meio da qual o testador chama, em lugar do herdeiro ou legatário, um substituto, para que assuma, no todo ou em parte, as mesmas vantagens e ônus que caberiam à pessoa cuja vocação cessou. Trata-se de uma manifestação de autonomia privada, em concretização ao princípio da prevalência da vontade do testador.

---

1. Por força do princípio da intangibilidade da legítima, não é possível a nomeação de substituto para herdeiro legitimário. Como bem explica Orosimbo Nonato, "se o herdeiro é meramente legítimo, nenhuma dúvida poderá haver por que o testador poderá livremente instituí-lo ou excluí-lo da herança; e nomeando-lhe substituto, entende-se que o instituiu em primeiro grau. Se, porém, o herdeiro é necessário, já não terá o testador direito de nomear-lhe substituto para a legítima, porque sobre esta sua vontade não se exerce, não lhe cabe direito de disposição" (NONATO, Orosimbo. *Estudos sobre sucessão testamentária.* v. I. Rio de Janeiro: Forense, 1957. p.141).

Já apontava Felício dos Santos[2], nos comentários ao seu célebre projeto de código civil, não haver

> [...] quem não queira que seus bens depois da sua morte sejam distribuídos conforme suas afeições, sentimentos filantrópicos ou religiosos. Pode acontecer que depois da morte do testador não possam ou não queiram receber seus benefícios as pessoas lembradas no testamento, e nada mais conforme à razão que lhe permitir substituí-las por outras.

Pode a substituição ser feita em qualquer espécie de testamento, público, particular ou cerrado e não exige o uso de fórmulas sacramentais. As formas sacramentais foram há muito abolidas e nem mesmo o vocábulo fideicomisso precisa constar do testamento. Basta que o testador mencione a sucessividade da transmissão, dizendo que por morte do primeiro beneficiário (fiduciário) os bens passarão para o segundo (fideicomissário).

O substituto é um personagem secundário, que somente sobe ao palco da sucessão quando o protagonista (herdeiro ou legatário) não deseja (renunciante) ou não pode (indignidade ou impedimento) suceder. Ele não é sucessor e se, nesta situação, se lhe verifica a morte, nada transmitirá aos seus próprios herdeiros, como bem destaca, novamente, Orosimbo Nonato:

> Nestas circunstâncias enquanto pende a condição, isto é, enquanto não chegue para o instituído a possibilidade de aceitar a herança, ou porque lhe é deferida puramente ou porque aconteceu a condição de que dependia pronunciar-se, não se abre para o substituto a sucessão. Mas, o direito de substituir transmite-se aos herdeiros do substituto se o testador falece antes dele e antes de recolher o instituído a liberalidade, ou melhor, antes de declarar sua aceitação.[3]

Ao assumir o lugar vago, o substituto recolherá a herança ou o legado na qualidade de sucessor do de cujus, e não do substituído.

Existem várias modalidades de substituição: a substituição vulgar, as substituições pupilar e quase pupilar e a substituição fideicomissária.

Na substituição vulgar, comum, ordinária ou direta, o testador elege outra pessoa para tomar o lugar do herdeiro ou do legatário nomeado, "para o caso de um ou outro não querer ou não poder aceitar a herança ou o legado, presumindo-se que a substituição foi determinada para as duas alternativas, ainda que o testador só a uma se refira."[4] O substituto é chamado a suceder em caráter alternativo no lugar do primeiro nomeado, que não pôde ou não quis aceitar a herança ou o legado. Consiste, assim, na designação pura e simples da pessoa que sucederá no lugar do primeiro

---

2. CÂMARA DOS DEPUTADOS. *Projeto do Código Civil Brasileiro* do Dr. Joaquim Felicio dos Santos precedido dos atos oficiais relativos ao assunto e seguido de um aditamento contendo os Apontamentos do Código Civil organizados pelo Conselheiro José Thomaz Nabuco de Araujo. Rio de Janeiro: Tipografia Nacional, 1882.
3. NONATO, Orosimbo. *Estudos sôbre sucessão testamentária*. v. I. Rio de Janeiro: Forense, 1957. p. 145.
4. Art. 1947, do Código Civil de 2002.

instituído, sendo denominada direta porque a liberalidade vai direto do instituído ao seu substituto, não se interpondo ninguém entre o testador e o substituto.[5]

A substituição direta se subdivide em singular, coletiva e recíproca, podendo o testador substituir uma pessoa por outra, substituir muitas pessoas a uma só, ou vice-versa, isto é, dar um substituto a vários instituídos, com ou sem reciprocidade. Singular quando houver um só substituto e coletiva quando forem vários os substitutos, a serem chamados de maneira simultânea ou sucessiva.

Chamados simultaneamente, os substitutos dividirão a herança ou legado em partes iguais. Se os substitutos foram nomeados em ordem sucessiva, serão chamados na ordem prevista na verba, perdendo eficácia a nomeação sequencial assim que o primeiro substituto aceitar a herança ou o legado. Nesse caso não existe limitação ao número de substitutos, admitindo-se a substituição numa infinidade de graus. Pode o testador nomear Tício seu herdeiro ou legatário; na falta de Tício a Mévio; na falta de Mévio ao filho deste e assim sucessivamente.

A substituição será recíproca quando os herdeiros ou legatários são nomeados substitutos uns dos outros. Se foram instituídos em partes iguais, entender-se-á que os substitutos recebem partes iguais do quinhão vago. Se forem desiguais os quinhões dos coerdeiros ou colegatários, em caso de substituição, os substitutos exercerão seus direitos na mesma proporção estabelecida na nomeação. A proporção entre as quotas fixadas na primeira instituição se presume também repetida na substituição. Ou seja, tomando agora por empréstimo as lições de Arthur Vasco Itabaiana de Oliveira,

> [...] se os herdeiros ou legatários forem instituídos em partes desiguais, a proporção dos quinhões, fixada na primeira disposição, entender-se-á mantida na segunda. Exemplo: instituo meus herdeiros a Pedro, por um sexto da herança; a Paulo, por dois sextos, e a Sancho por três sextos, e substituo todos três entre si. No caso que faleça Pedro, ou não queira aceitar a herança, o seu quinhão será dividido da seguinte maneira: Paulo terá duas partes e Sancho três partes; porque a mesma proporção fixada na primeira disposição se guardará na segunda. Se, porém, com os herdeiros ou legatários instituídos em partes desiguais, fôr incluída mais alguma pessoa na substituição, o quinhão vago pertencerá em partes iguais aos substitutos. Exemplo – instituo meus herdeiros a Pedro, por um sexto da herança; a Paulo, por dois sextos e a Sancho por três sextos; e, se um dêstes três herdeiros não puder, ou não quiser aceitar a herança, instituo também meu herdeiro a Martinho, juntamente com os outros. Nesta hipótese, se Pedro falece, ou não quiser aceitar a herança, o seu quinhão será dividido em partes iguais por todos os outros herdeiros inclusive Martinho, que é um substituto vulgar e concorre com os substitutos recíprocos.[6]

A **substituição pupilar e a quase-pupilar** foram desacolhidas pelo ordenamento jurídico brasileiro atual. Na substituição pupilar, o ascendente por testamento, designa quem será o herdeiro do filho, para a hipótese deste falecer antes de atingir a capacidade testamentária ativa (16 anos). Na substituição quase-pupilar, o ascendente nomeia herdeiro para o descendente que não disponha de pleno discernimento para

---

5. O oposto da substituição direta é justamente a fideicomissária ou oblíqua.
6. OLIVEIRA, Arthur Vasco Itabaiana de. *Tratado de Direito das Sucessões*. 4.ed. São Paulo: Max Limonad, 1952. p.587.

o ato de testar e venha a morrer nesse estado. Caducará a substituição do filho se este adquirir a capacidade etária ou recuperar o discernimento.

Finalmente, na **substituição fideicomissária** ou fideicomisso, temos duas liberalidades sucessivas. A primeira em benefício do primeiro instituído, chamado de fiduciário ou substituído; e a segunda em proveito do substituto, chamado do fideicomissário.

O próprio enquadramento do fideicomisso no rol das substituições não é pacífico. Segundo Justino Adriano Farias da Silva,

> [...] o fideicomissário não sucede ao fiduciário, nem o substitui; vem, depois, **só no tempo**; herdeiro ou legatário do testador, e não do fiduciário; em virtude de instituição igual à do fiduciário, e não de substituição. Vem **após** o fiduciário o fideicomissário; e não **esse em um lugar daquele**. No fideicomisso, há dupla disposição testamentária, e não disposição testamentária a favor de alguém para o caso de outrem não querer ou não poder suceder.[7]

Idêntica a crítica de Pontes de Miranda, ao afirmar que

> [...] num só capítulo, o Código Civil juntou dois institutos de natureza diversa, e só semelhantes na aparência: a substituição vulgar e o fideicomisso Naquela há, realmente, substituição, – uma pessoa fica no lugar que tocava a outra: nesse, não: uma foi, ou é, até certo tempo, ou até certo fato, e depois outra lhe sucede na herança. Não se substitui, vem-lhe depois[8].

Inobstante a discussão, o fato é que o legislador optou por incluir o tratamento legislativo do fideicomisso entre as modalidades de substituição testamentária, razão pela qual persistirei aqui nesse enquadramento, sem vedação a que o intérprete venha a ressignificar a natureza jurídica do instituto.

2. A SUBSTITUIÇÃO FIDEICOMISSÁRIA

À parte as discussões sobre a sua natureza jurídica de "substituição testamentária" ou não, o art. 1.951 do atual Código Civil chama de substituição fideicomissária a situação em que o testador, ao instituir herdeiros ou legatários, estabelece que, por ocasião de sua morte, a herança ou o legado se transmitirão, em confiança (fidúcia) a determinadas pessoas provisoriamente (propriedade resolúvel), mas que, após a morte destes ou após o advento de certo termo ou certa condição, a herança ou o legado passarão a outra pessoa, que vem a ser o verdadeiro destinatário da deixa

---

7. FARIAS DA SILVA, Justino Adriano. Do fideicomisso. *In*: BRANDELLI, Leonardo (coord.). *Direito Civil e registro de imóveis*. São Paulo: Método, 2007. p. 133-134. Esse autor assim define o instituto: "O fideicomisso é uma relação fiduciária que se cria por um ato jurídico expresso, que não requer a existência de uma causa legal, através do qual o fideicomitente transfere a titularidade de uma coisa ou de um direito a uma instituição fiduciária, com o propósito de que esta exerça os direitos e obrigações derivados dessa titularidade em benefício de uma ou de várias pessoas denominadas fideicomissários, ou para a realização de um fim lícito.

8. MIRANDA, Pontes de. *Tratado de Direito Privado*. t. LVIII. Rio de Janeiro: Borsoi, 1969. p. 95.

testamentária.[9] Conforme tenha por objeto a herança ou legado, o fideicomisso chama-se universal ou particular.

São três os personagens do fideicomisso: o testador, chamado de *fideicomitente*; a pessoa escolhida por ele para conservar em benefício de outrem a herança ou legado, a quem se chama *fiduciário*; e o beneficiário final ou *fideicomissário*. *Forma-se, assim, uma relação triangular ou tripartite. O testador, responsável pela instituição do fideicomisso, escolhe os demais vértices do triângulo. O primeiro a receber os bens, no momento da abertura da sucessão, inclusive por força da saisine, é o fiduciário, que adquire* a propriedade da herança ou legado, mas restrita e resolúvel e ainda com a obrigação legal de proceder ao inventário dos bens gravados e de prestar caução de restituí-los se o exigir o fideicomissário. Este, a seu turno, também adquire a propriedade, porém sob condição suspensiva. Adquire um direito condicional ou ainda um direito expectativo.[10] O direito subjetivo do fiduciário se subordina a condição resolutiva, enquanto o direito do fideicomissário a condição suspensiva.

Mesmo em se tratando de propriedade resolúvel, ela carrega todos os atributos do domínio, podendo o fiduciário usar, gozar e dispor dos bens. Contudo, os atos de disposição serão ineficazes em relação ao fideicomissário logo após a resolução da propriedade. Por isso, os bens imóveis gravados com fideicomisso, em razão do registro obrigatório, na prática, permanecem fora de circulação, eis que ninguém de boa-fé terá interesse em adquirir bens ou aceitar uma garantia real sobre os quais paire uma condição resolutiva. De qualquer forma, ao instituir o fideicomisso é comum que o testador também clausule os bens transmitidos ao fiduciário com a cláusula de inalienabilidade, o que evitará esse tipo de discussão.

---

9. Não posso deixar de aludir às semelhanças entre o fideicomisso e o negócio fiduciário, definido por Melhim Chalhub como "o negócio jurídico inominado pelo qual uma pessoa (fiduciante) transmite a propriedade de uma coisa ou a titularidade de um direito a outra (fiduciário), que se obriga a dar-lhe determinada destinação e, cumprido esse encargo, retransmitir a coisa ou o direito ao fiduciante ou a um beneficiário indicado no pacto fiduciário" (CHALHUB, Melhim Namem. *Alienação fiduciária – negócio fiduciário*. 5. ed. Rio de Janeiro: Forense, 2017. p. 30). Uma das mais conhecidas espécies do gênero negócio fiduciário é o contrato de alienação fiduciária em garantia, na medida em que transmite, em *fiducia*, uma coisa ou direito ao fiduciário, para garantir ou resguardar direitos, estabelecendo a obrigação do adquirente devolvê-los ao alienante, após atender um fim pretendido. Propicia a transferência do domínio resolúvel e da posse indireta da coisa alienada ao credor, em garantia do débito do devedor, resolvendo-se o direito do adquirente com o adimplemento da obrigação, ou seja, com o pagamento da dívida garantida. O credor fiduciário adquire a propriedade dos bens alienados, mas não é proprietário pleno. Apenas detém propriedade resolúvel, que por sua vez, confere-lhe todos os direitos de dono, ainda que seja temporariamente.

10. Não se confunda direito expectativo com a expectativa de direito. Enquanto a expectativa é uma situação sem significação no mundo jurídico, o direito expectativo é irradiação de efeito de negócio jurídico que já existe, como no caso do negócio subordinado a condição suspensiva, onde o titular já tem o direito (expectativo) de adquirir o direito objeto do negócio jurídico (direito expectado) assim que a condição se implementar. Em outras palavras, o direito expectativo é o direito (já adquirido, já incorporado ao patrimônio) de adquirir outro direito, chamado de expectado, que é o direito dependente de condição, termo ou encargo. Assim, quando falamos em direitos condicionais, estamos, na verdade, aludindo a dois direitos: o expectativo e o expectado. (DELGADO, Mário Luiz. *Novo direito intertemporal brasileiro*. São Paulo: Saraiva, 2014. p. 192-193).

O fideicomisso, em oposição à substituição vulgar, caracteriza-se pela sucessividade da atribuição patrimonial *causa mortis*. Ou seja, os bens objeto do ato de última vontade são transmitidos, em um primeiro momento (quando da abertura da sucessão), ao fiduciário e, na sequência (cujo termo ou condição constam do instrumento), ao fideicomissário. Tanto o primeiro nomeado (fiduciário), como o segundo (fideicomissário) ocupam a posição de sucessores do testador, exercendo os respectivos direitos em épocas diferentes. A transmissão de posição do primeiro para o segundo é automática, operando por força da lei e da vontade do testador. Ambos, fiduciário e fideicomissário, são, assim, sucessores "em ordem sucessiva" do fideicomitente.

Não existe "transmissão" propriamente dita na passagem do patrimônio do fiduciário para o do fideicomissário, como bem coloca Justino Adriano Farias da Silva, pois "o fiduciário não transmite ao fideicomissário. A transmissão é feita pelo fideicomitente, pelo instituidor. O fiduciário apenas entrega". Daí propor o autor para o fideicomisso

> [...] a seguinte conceituação: Fideicomisso é o instituto jurídico em razão do qual alguém adquire propriedade restrita e resolúvel com a inerente obrigação de conservar o recebido e, por sua morte, ou depois de certo tempo ou sob determinada condição, entregá-la a outra pessoa que não o antigo transmitente.[11]

Particularmente, não vejo com bons olhos a palavra "entregar" que se identifica com obrigação de dar coisa certa. O que ocorre é que a propriedade do fiduciário "se resolve" e, uma vez resolvida, o fideicomissário adquire o domínio e imite-se automaticamente na posse.

É como se autor da herança não desejasse que seus herdeiros recebessem o que lhes era destinado, desde logo quando da abertura da sucessão, e, sim, em momento posterior, razão pela qual escolhe alguém de sua confiança para guardar e conservar a herança (em fidúcia), e depois transmiti-la a esse herdeiro. Essa primeira pessoa torna-se proprietário (fiduciário) dos bens até que chegue o momento em que o destinatário final adquire a posse e o domínio.

Pode acontecer, ainda, uma outra situação: o testador deseja efetivamente instituir o fiduciário como seu herdeiro ou legatário; porém não gostaria que, por ocasião de sua morte (do fiduciário), aqueles bens se transmitissem aos sucessores deste, razão pela qual institui outra pessoa como fideicomissário para receber a herança após a morte do fiduciário.

Os arts. 1.954 a 1.960 do Código Civil de 2002 trazem regras sobre a execução do fideicomisso, a maioria delas a serem observadas na ausência de disposição em contrário do testador. Assim, se o fiduciário renunciar à herança ou ao legado, defere-se ao fideicomissário o poder de aceitar, hipótese em que o bem será transmitido

---

11. FARIAS DA SILVA, Justino Adriano. Do fideicomisso. *In*: BRANDELLI, Leonardo (coord.). *Direito Civil e registro de imóveis*. São Paulo: Método, 2007. p. 133.

diretamente ao fideicomissário, que receberá, desde logo, a propriedade plena do bem. Em sendo incapaz, receberá por seus representantes legais. Em se tratando de concepturo, poderão aceitar os futuros pais da prole eventual.

Porém, se a renúncia vier do fideicomissário, o fideicomisso caduca, deixando de ser resolúvel a propriedade do fiduciário. Isso se não houver disposição contrária do testador, que poderia, por exemplo, haver instituído um substituto para o fideicomissário renunciante. É a chamada *substituição compendiosa*, sobre a qual tratarei em tópico seguinte.

Se o fideicomissário for incapaz, ou não houver sido concebido, a renúncia se fará pelos seus representantes legais ou pelos futuros pais, sempre com exigência de autorização judicial para tanto.

Após a aceitação pelo fideicomissário, ele receberá também todos os acréscimos verificados nos bens anteriormente transmitidos ao fiduciário. A partir daí, o fideicomissário passa a responder pelos encargos da herança que ainda restarem, ou seja recebe ônus e bônus.

Se o fideicomissário morrer antes do fiduciário, ou antes de realizar-se a condição resolutória do direito deste último, a hipótese é de caducidade do fideicomisso, consolidando-se a propriedade no fiduciário.

O Código Civil, desde o projeto Beviláqua, já proibia os fideicomissos além do segundo grau, de modo a evitar uma sequência infinita de transmissões, tornando permanente a fidúcia, e imobilizando a propriedade. Não pode, assim, o testador, determinar que o fideicomissário, após receber o que lhe fora destinado, transmita a um outro fideicomissário e assim por diante. No fideicomisso só podem existir dois graus: o do fiduciário e o do fideicomissário. Qualquer outro grau que venha a ser instituído será nulo, sem prejuízo da instituição original.

2.1 A limitação do fideicomisso pelo CC/2002

O Código Civil de 2002, em seu art. 1.952, trouxe indevida e desnecessária limitação para o fideicomisso, desde então somente admitido em favor do concepturo, vale dizer, o fideicomissário só pode ser pessoa não concebida ao tempo da instituição (prole eventual) e também não nascida ou concebida na data de abertura da sucessão. Se ao tempo da morte do testador, já houver nascido ou sido concebido o fideicomissário, caduca o fideicomisso e ele se torna proprietário dos bens fideicometidos, convertendo-se em usufruto o direito do fiduciário.[12] Em outras palavras: o que seria fideicomisso se transforma em usufruto.[13]

---

12. Art. 1.952, parágrafo único, do Código Civil de 2002.
13. Segundo Rafael Ricardo Gruber, "em virtude desta tendência de redução da absoluta liberdade do testador, em prol da autonomia da vontade dos sucessores e da livre circulação dos bens, nosso Direito pós-moderno encontrou o equilíbrio limitando a utilização do fideicomisso: só pode em favor de pessoa não concebida; só na parte 'disponível' da herança; vedado fideicomisso sucessivo (só se admite uma substituição fideico-

José Fernando Simão critica essa limitação, pois

[...] desencoraja o fideicomisso, já que, na prática, grande será o risco de não surgir a prole eventual e caducar o fideicomisso no caso concreto. Ademais, deixar bens implica, normalmente, conhecer a pessoa e querer beneficiá-la. A prole eventual é um nada no momento do testamento. Querer beneficiar prole eventual é dizer que não se quer beneficiar ninguém com quem convive no momento. É um ato de desesperança quanto às pessoas com quem o testador convive e esperança de um futuro melhor (o qual o testador não estará vivo para ver)."[14]

A restrição à livre instituição do fideicomisso foi inserida no projeto Miguel Reale no bojo de uma série de medidas de redução da liberdade testamentária, em benefício dos herdeiros legítimos, como foi o caso da inserção do cônjuge entre os herdeiros necessários, da obrigatoriedade de declarar justa causa para aposição de cláusulas restritivas da legítima entre outras. Entretanto essa corrente doutrinária mais intervencionista restou superada pela realidade a partir de uma crescente conscientização social sobre a necessidade de se assegurar maior autonomia privada nas relações sucessórias. Por isso, Marcos Ehrhardt Júnior e Gustavo Andrade questionam se

[...] não teria chegado o momento de pensar num direito sucessório mínimo, sujeito à interferência estatal apenas quando estritamente necessário para a proteção de vulneráveis, com amplo espaço para que o titular dos bens decida qual o destino que pretende conferir ao seu patrimônio, quando aberta a sua sucessão?[15]

---

missária). Contudo, não vedou de maneira total o uso de fideicomisso, que apesar de muito desconhecido e pouquíssimo utilizado no Brasil atualmente, continua vivo, e apresenta-se como valioso mecanismo de planejamento sucessório" (Revisitação do fideicomisso e da partilha conforme vontade do autor da herança: Planejamento sucessório e proteção *Post Mortem* do patrimônio familiar. *Revista Nacional de Direito de Família e Sucessões*. São Paulo, v. 4, n. 23, p. 69-105, mar./abr. 2018).

14. SCHREIBER, Anderson; TARTUCE, Flávio; SIMÃO, José Fernando; DELGADO, Mário Luiz; MELO, Marco Aurélio Bezerra de. *Código civil comentado*. Doutrina e Jurisprudência. Rio de Janeiro: Forense, 2019. p. 1.592.

15. EHRHARDT JÚNIOR, Marcos; ANDRADE, Gustavo. *A autonomia da vontade no direito sucessório: quais os limites para a denominada "sucessão contratual"?* Disponível em: https://migalhas.uol.com.br/coluna/migalhas-contratuais/335429/a-autonomia-da-vontade-no-direito-sucessorio--quais-os-limites-para-a-denominada--sucessao-contratual. Acesso em: 20 nov. 2020. Ressaltam os autores que "no decorrer dos últimos anos, um movimento doutrinário fez despertar o debate em torno dos institutos do direito das sucessões. Em alguns ordenamentos jurídicos a discussão tem girado em torno da liberdade de testar, aproximando também nesse aspecto os dois grandes sistemas do direito contemporâneo, o da *Common Law* e o romano--germânico ou da *Civil Law*, em uma demonstração de que ambos dialogam em busca de segurança jurídica com um maior equilíbrio entre a proteção dos herdeiros necessários e a ampliação da autonomia do autor da herança quanto à destinação dos seus bens após a morte. No Brasil, para além da temática concernente à sucessão testamentária e, por consequência à possibilidade de flexibilização ou relativização da herança legítima, o debate assumiu dimensão mais larga para abranger uma série de institutos que se abrigam sob o espectro do que veio a se apresentar como "planejamento sucessório"4. Mais do que um simples pensar sobre como se dará a sucessão no estreito campo da divisão dos bens, o planejamento sucessório trouxe da experiência do direito empresarial, onde acontece com frequência, a *práxis* relacionada a uma intrincada rede de atos jurídicos que visam tornar mais rápida, mais fácil e dotada de maior efetividade a sucessão da pessoa física".

O esgarçamento do vínculo de aderência social das normas restritivas da liberdade testamentária tem se tornado cada vez mais evidente no Brasil, não se justificando que a autonomia privada do autor da herança seja limitada sem qualquer razão minimamente justificável. Não se trata aqui de violação à legítima dos herdeiros necessários, mas de uma escolha pessoal do testador sobre como dispor do seu quinhão disponível, em relação ao qual a liberdade é a mais ampla possível, não encontrando limites na ordem pública, senão aqueles relacionados à proteção da dignidade da pessoa humana e à vedação a quaisquer formas de discriminação.

Por que razão a proibição a que o testador institua, como beneficiários sucessivos de seu patrimônio (disponível) duas pessoas já existentes? Por que razão o beneficiário final (fideicomissário) só pode ser uma pessoa natural inexistente e, consequentemente, completamente desconhecida do testador? Por que não se poderia indicar pessoas jurídicas para a posição de fiduciário ou de fideicomissário, considerando que os entes morais também detém legitimidade passiva na sucessão testamentária?

Ora, o princípio da vontade soberana do testador, sublinha Carlos E. Elias de Oliveira, traduz o prestígio que deve ser dado à manifestação de vontade expressada no testamento, constituindo uma exacerbação do princípio da autonomia da vontade:

> Testamento versa sobre parte disponível e, por isso, a sua destinação deve ir para quem o testador quiser, independentemente do motivo. Não se deve emitir juízos de valor acerca da justiça ou da nobreza da vontade do testador. Tampouco se pode ousar desrespeitar a vontade do testador por conta de seu egoísmo ou de sua insensibilidade com outras pessoas mais vulneráveis financeira, social ou emocionalmente. Testamento é reino do egoísmo, império em que só se admitem limitações por regras textuais ou por ululantes desrespeitos a princípios.[16]

Sob esse prisma, não seria despropositado refletir sobre a inconstitucionalidade do art. 1.952 quando oposto, não apenas ao princípio da liberdade testamentária, mas também ao próprio direito fundamental garantido no inciso XXX da CF/88.[17] O texto constitucional é expresso ao assegurar, entre os direitos e garantias fundamentais, o direito *de* herança e não o direito *à* herança. A distinção não é meramente semântica e produz consequências decisivas no tocante ao âmbito de abrangência do direito fundamental, notadamente no que alude aos destinatários da proteção.

O direito *de* herança tem como titulares, não apenas os herdeiros (o que teria ocorrido se o constituinte houvesse mencionado o direito *à* herança), mas especialmente o autor da herança. O direito de herança é principalmente dele, que era o dono do patrimônio, sobre o qual podia dispor livremente em vida e deve poder

---

16. OLIVEIRA, Carlos E. Elias de. *Princípio da vontade soberana do testador e o censurável "Testamento Magistral"*. Disponível em: https://www.conjur.com.br/2020-set-21/direito-civil-atual-principio-vontade-soberana--testador-censuravel-testamento-magistral. Acesso em: 20 nov. 2020.

17. XXX - é garantido o direito de herança.

MÁRIO LUIZ DELGADO

dispor para depois de sua morte. Quando a lei infraconstitucional limita, sem justificativa razoável, o direito de disposição do testador infringe, diretamente, o direito *de* herança do instituidor do fideicomisso, não se podendo invocar, *a contrario sensu*, a justificativa da proibição na proteção do direito *de* herança de qualquer herdeiro.

2.2 Distinções entre fideicomisso e deixa direta ao concepturo e a inexistência de prazo certo para que seja concebido o fideicomissário

Questão que poderia suscitar alguma discussão diz respeito à existência ou não de um prazo para que o fideicomissário seja "concebido" após a abertura da sucessão, nos casos em que o fideicomisso foi instituído em favor do concepturo. Em outras palavras, se ao tempo da morte do testador, o fideicomissário ainda não estiver concebido, aplicar-se-ia o prazo previsto no art. 1.800, § 4º, do CC? [18] Muitos entendem que sim, abrindo-se a divergência no tocante ao *dies a quo* do prazo: para Caio Mário da Silva Pereira, o prazo se inicia a partir do advento do termo ou do implemento da condição resolutiva do direito do fiduciário, e não da abertura da sucessão do próprio testador.[19]

E nesse caso, a não concepção do fideicomissário implicaria a *caducidade* do fideicomisso, consolidando-se a propriedade na pessoa do fiduciário?

A resposta é negativa. Ainda que se afaste a inconstitucionalidade do art. 1.952 e se admita que o fideicomisso realmente só pode ser estabelecido em favor da prole eventual da pessoa designada pelo testador, não se aplicam à substituição fideicomissária as disposições atinentes à deixa direta ao concepturo, previstas no art. 1.800, especialmente o prazo estabelecido no § 4º.

A questão foi bem exposta e sintetizada por Rafael Gruber[20] em trabalho apresentado na nossa disciplina no programa de mestrado e doutorado da FADISP:

> Ao decidir beneficiar pessoas ainda não concebidas, o testador pode optar por dois métodos jurídicos: a) nomeação direta do concepturo como herdeiro ou legatário, situação em que com a abertura da sucessão o quinhão (ou legado) do herdeiro esperado deve ficar reservado, sob administração de curador, não sendo transmitido aos demais herdeiros; b) utilização de fideicomisso (substituição fideicomissária), nomeando o herdeiro esperado como fideicomissário, situação em que com a abertura da sucessão os bens destinados ao concepturo são transmitidos desde logo, em caráter resolúvel, para uma pessoa viva – o fiduciário – que repassará os bens ao concepturo no momento indicado pelo testador. Os dois institutos têm regramento muito diferentes. A nomeação direta de herdeiro ainda não concebido é mais simples, e tem amparo no art. 1.799, I e no

---

18. Art. 1.800. [...] § 4º do Código Civil de 2002: "Se, decorridos dois anos após a abertura da sucessão, não for concebido o herdeiro esperado, os bens reservados, salvo disposição em contrário do testador, caberão aos herdeiros legítimos."

19. PEREIRA, Caio Mário da Silva. *Instituições de Direito Civil*. Direitos das sucessões. v. VI. 15. ed. atual. Carlos Roberto Barbosa Moreira. Rio de Janeiro: Forense, 2005. p. 301.

20. GRUBER, Rafael Ricardo. Revisitação do fideicomisso e da partilha conforme vontade do autor da herança: planejamento sucessório e proteção *post mortem* do patrimônio familiar. *Revista Nacional de Direito de Família e Sucessões*. São Paulo, v. 1, p. 69-105, 2018.

art. 1.800, §§3° e 4° do Código Civil,[21] e se for já concebido, nascituro, aplica-se a regra do art. 650 do Código de Processo Civil.[22]

[...] Só é possível ao testador fazer a nomeação direta de herdeiro ou legatário ainda não concebido se o herdeiro for realmente esperado em curtíssimo espaço de tempo, uma vez que o Código Civil determina que a reserva de bens ao concepturo fica limitada em 2 anos. Ou seja, na nomeação direta de concepturo como herdeiro ou legatário, não sendo este concebido no prazo máximo de 2 anos o patrimônio será partilhado entre os herdeiros legítimos, salvo se o testador, em tal caso, tiver definido substituição do herdeiro não concebido por outro. A opção do legislador em limitar em 2 anos o prazo para reserva do bem é razoável, uma vez que o bem reservado fica em uma situação transitória, de curatela, em que não se dá a plena destinação social e econômica ao bem, em vista da incerteza sobre o seu destino.

[...]

Merece destaque que a regra que limita em dois anos o prazo de concepção do herdeiro esperado, prevista no art. 1.800, §4° do Código Civil, só é aplicável em caso de nomeação direta do concepturo pelo testador, sem uso do instituto do fideicomisso. O ordenamento jurídico brasileiro não submete a tal restrição de prazo o nascimento do herdeiro ou legatário instituído como fideicomissário.

[...]

Quais os princípios devem ser levados em consideração para a hermenêutica entre a limitação do período temporal de 2 anos ou a não limitação? De um lado, a autonomia de vontade e liberdade do autor da herança, combinado com a dignidade da pessoa humana, que tem o direito de querer beneficiar, v.g., um descendente direto seu de futuras gerações ou um descendente de outra pessoa pela qual tenha apreço e que queira dar amparo e segurança financeira em longo prazo. De outro lado estaria o princípio da função social da propriedade, que impede que um bem fique "sem dono", "reservado", por longo lapso temporal, sem sua destinação econômica e social. O fideicomisso é o instituto que harmoniza os dois princípios em conflito. Se na simples "reserva" de quinhão para um herdeiro esperado o bem realmente fica em situação precária, de curadoria (sem dono e sem destinação), diferentemente, no fideicomisso o fiduciário recebe imediatamente a propriedade do bem, e usufruirá para si do bem enquanto não ocorrer a condição resolutiva, dando a destinação adequada enquanto não sobrevier o fideicomissário (e transmitirá o bem ao fideicomissário no momento estipulado pelo testador). Assim, estarão harmonizados os princípios conflitantes, razão pela qual, deve-se interpretar que a limitação temporal de 2 anos, a que se refere o art. 1.800, §4° do CC é aplicável ao herdeiro ou legatário nomeado diretamente pelo autor da herança, sem substituição. O prazo de 2 anos pode ser aplicável também, em tese, para que seja concebido o fiduciário; mas não é aplicável qualquer limite legal de prazo para nascimento do fideicomissário.

[...]

Ao se diferenciar o instituto da "reserva de quinhão" do instituto da "substituição fideicomissária", percebe-se que a regra do art. 1.800, §4° se refere expressamente e tão somente aos bens "reser-

---

21. Código Civil de 2002, art. 1.799: Na sucessão testamentária podem ainda ser chamados a suceder: I – os filhos, ainda não concebidos, de pessoas indicadas pelo testador, desde que vivas estas ao abrir-se a sucessão; [...] Art. 1.800. No caso do inciso I do artigo antecedente, os bens da herança serão confiados, após a liquidação ou partilha, a curador nomeado pelo juiz. § 3° Nascendo com vida o herdeiro esperado, ser-lhe-á deferida a sucessão, com os frutos e rendimentos relativos à deixa, a partir da morte do testador. § 4o Se, decorridos dois anos após a abertura da sucessão, não for concebido o herdeiro esperado, os bens reservados, salvo disposição em contrário do testador, caberão aos herdeiros legítimos.

22. CPC/2015: Art. 650. Se um dos interessados for nascituro, o quinhão que lhe caberá será reservado em poder do inventariante até o seu nascimento.

vados" para transmissão direta à prole futura. Com efeito, não se aplica aos bens transmitidos indiretamente por meio da substituição fideicomissária.[23]

No mesmo sentido a doutrina de Guilherme Calmon Nogueira da Gama:

No âmbito da sucessão testamentária, o fideicomisso instituído tendo como fideicomissário a prole eventual do testador não se confunde com a designação testamentária direta do filho póstumo (CC, art. 1.798), tampouco com o caso de filho eventual de pessoa determinada e existente na época da abertura da sucessão (CC, art. 1.799, I).

Na substituição fideicomissária existe a pessoa do fiduciário que, tratando-se de pessoa designada como herdeira testamentária ou legatária, pode receber a herança ou o legado como novo proprietário dos bens que integram o acervo hereditário. Tal não ocorre na hipótese de designação direta testamentária do filho póstumo do testador, bem como no caso de sucessão testamentária em favor de filho eventual de pessoa existente e determinada no momento do falecimento do *de cujus*.

Outro ponto distintivo entre o fideicomisso em favor de filho póstumo do testador e a instituição testamentária em favor de filho eventual de pessoa determinada e existente na época da abertura da sucessão do testador diz respeito ao prazo para a concepção do sucessor testamentário. Enquanto no fideicomisso não há previsão de prazo para que ocorra a concepção após a morte do testador, na segunda hipótese há o prazo de 2 (dois) anos a contar da abertura da sucessão para a concepção (CC, art. 1.800, §4°). Ana Beraldo anota que tal distinção se revela importante para o caso no qual o testador deseja contemplar o filho póstumo independentemente do momento da sua concepção e seu nascimento, porquanto nesse caso o testador pode optar pela substituição fideicomissária, sem a limitação do prazo de 2 (dois) anos acima referido.[24]

De fato, não havendo o art. 1.952 estabelecido qualquer prazo para a concepção do fideicomissário, não cabe a sua integração analógica com a regra restritiva do § 4° do art. 1.800 CC, o que constituiria, novamente, indevida limitação da autonomia privada do testador em confronto com o seu direito fundamental *de* herança, sobre o qual já tratei.

Ademais, não existe lacuna alguma no dispositivo (art. 1.952) a atrair a aplicação analógica de outra disposição normativa.

Analogia é a aplicação, a um caso não "normado" diretamente, de um enunciado normativo previsto para uma hipótese semelhante, mas não idêntica àquele, fundando-se na identidade de motivos da norma e não na identidade do suporte fático. Resumindo, é aplicação de uma solução semelhante a um caso não previsto. A doutrina em geral menciona dois tipos de analogia: a que é suprida por outra disposição normativa já existente (*analogia legis*) ou a que demanda integração através de princípios jurídicos ou de todo o sistema (*analogia iuris*).

A existência da lacuna normativa é o pressuposto lógico e existencial para o recurso à analogia. No caso do art. 1.952, não é possível sustentar a possibilidade

---

23. GRUBER, Rafael Ricardo. Revisitação do fideicomisso e da partilha conforme vontade do autor da herança: planejamento sucessório e proteção *post mortem* do patrimônio familiar. *Revista Nacional de Direito de Família e Sucessões*. São Paulo, v. 1, n. p. 69-105, 2018.

24. GAMA, Guilherme Calmon Nogueira da. *Herança legítima ad tempus*: tutela sucessória no âmbito da filiação resultante de reprodução assistida póstuma? São Paulo: Revista dos Tribunais, 2017. p. 136.

de suprimento, pelo intérprete, dessa aparente omissão do legislador, quanto ao prazo para concepção do fideicomissário, uma vez que não se trata de omissão ou lacuna, mas do chamado silêncio eloquente, o *beredtes Schweigen* do direito alemão, caracterizado pela opção do legislador em excluir propositadamente determinado comando normativo.[25]

O legislador não estabeleceu aqui prazo para concepção do fideicomissário porque não quis fazê-lo, e a ausência de previsão no dispositivo específico é a prova definitiva desse propósito de não fixar um prazo, como o fez na deixa direta ao concepturo. Em se tratando de silêncio eloquente da lei, não pode a doutrina ou a jurisprudência preencherem esse vazio, sob pena de infringir diretamente o próprio texto legal.

2.3 Distinções entre fideicomisso e usufruto

Não se confundem usufruto e fideicomisso não obstante, a depender da redação da cláusula testamentária, possa o intérprete ficar em dúvida se o testador quis instituir o usufruto ou a substituição fideicomissária.

Clóvis Beviláqua, nos Comentários ao Código Civil, assim diferenciou os dois institutos:

> No fideicomisso, os sujeitos do direito, o fiduciário e o fideicomissário, aparecem sucessivamente, para exercê-lo cada um a seu tempo. No usufruto, que é direito real sobre a cousa alheia, aparecem, simultaneamente, dois sujeitos exercendo cada um o seu direito sobre o bem gravado: o usufrutuário que tem o uso e o gozo, e o nu-proprietário a quem pertence o bem, na sua substância.[26]

Entre os contemporâneos, Zeno Veloso também enfatiza, em rápidas linhas, essas distinções:

> [...] o usufruto é direito real sobre coisa alheia (*jus in re aliena*), e o usufrutuário tem o direito à posse, uso, administração e percepção dos frutos (art. 1.394), tirando, assim, as utilidades e os frutos da coisa, temporariamente, isto é, enquanto esse direito estiver desmembrado da propriedade. Usufrutuário e nu-proprietário têm direitos atuais, simultâneos, sobre a coisa. No fideicomisso, há um primeiro dono, e a propriedade será transmitida, depois, ao fideicomissário, havendo sucessividade. No usufruto, então, o direito do usufrutuário coexiste com o do nu-proprietário, cada um com o respectivo conteúdo e extensão; no fideicomisso, o direito do fideicomissário se realiza quando se extingue o do fiduciário. O fiduciário é dono, embora a propriedade seja restrita e resolúvel; o usufrutuário não é dono, cabendo-lhe o exercício de alguns direitos (ou poderes) inerentes à propriedade. O usufrutuário pode usar e gozar, mantida a substância da coisa (*salva rerum substantia*), mas não pode dispor, e o fiduciário pode alienar – se não houver proibição do testador –, sujeita a alienação à resolubilidade inerente ao instituto [...].[27]

---

25. Cf. LARENZ, Karl. *Metodologia da ciência do direito*. Tradução de José Lamego. 3. ed. Lisboa: Fundação Calouste Gulbenkian, 1997. p. 525.
26. BEVILÁQUA, *apud* FARIAS DA SILVA, Justino Adriano. Do fideicomisso. *In*: BRANDELLI, Leonardo (coord.). *Direito Civil e registro de imóveis*. São Paulo: Método, 2007. p. 145.
27. VELOSO, Zeno. Novo Código Civil comentado. Coordenado por FIUZA, Ricardo. 5. ed. atual. São Paulo: Saraiva, 2008. p. 2.130.

MÁRIO LUIZ DELGADO

Orosimbo Nonato destaca as divergências entre as posições jurídicas do fiduciário e do usufrutuário e do nu-proprietário e do fideicomissário:

> O titular do usufruto tem simples desmembramento da propriedade; o do fideicomisso é titular de propriedade, pôsto restrita e resolúvel, o que origina consequências importantes.
>
> Ao revés do fiduciário, não pode o usufrutuário alienar a coisa ou alterar-lhe a substância; falece-lhe (a não ser quanto ao nu-proprietário mesmo) o *ius disponendi* de seu direito, de que pode apenas ceder o exercício.
>
> Se antes de vencido o prazo ou preenchida a condição morre o fiduciário, a propriedade se transmite a seus herdeiros; morto o usufrutuário, extingue-se o usufruto.
>
> Por outro lado, o fideicomissário que tem a seu prol simples expectativa, não pode dispor dos bens; o nu-proprietário pode aliená-los, guardados os direitos do usufruário.
>
> Se o fideicomissário pré-morrer ao fiduciário, o fideicomisso se extingue. Se morre o nu-proprietário, não se extingue o usufruto: a nua-propriedade se transmite aos herdeiros do respectivo titular.[28]

Em outros termos: o aspecto divergente preponderante entre o usufrutuário e o fiduciário diz respeito à natureza do direito real atribuído a cada um: o primeiro é titular de direito real sobre coisa alheia, enquanto o segundo é titular de direito real sobre coisa própria. No usufruto ocorre um fracionamento dos poderes inerentes ao domínio, permanecendo o *jus disponendi* com o nu-proprietário, enquanto os de usar, gozar e fruir são atribuídos ao usufrutuário. No fideicomisso todos os atributos passam, sucessiva e exclusivamente, ao fiduciário e depois ao fideicomissário. Em suma, fiduciário é proprietário "semipleno" e, antes de implementada a condição resolutiva, pode alienar e gravar de ônus real o bem fideicometido, enquanto o usufrutuário tem apenas os poderes usar e fruir, mas não o de dispor. No fideicomisso, o fideicomissário, antes de resolvida a propriedade do fiduciário, não tem direito real algum e se pré-morrer ao fiduciário, seus herdeiros nada herdam, ao passo que, no usufruto, se morrer o nu-proprietário antes do usufrutuário, os herdeiros daquele herdarão a nua-propriedade.

Já esgotada a diferenciação, cabe-me destacar que, em não se exigindo formas sacramentais para a instituição do fideicomisso, pode acontecer de o testador, pretendendo dispor sobre a transmissão sucessiva dos seus bens, tenha nominado a deixa como usufruto, e o fiduciário como usufrutuário, situação que não tem o condão de converter em usufruto o fideicomisso, eis que sequer a palavra fideicomisso precisa constar na cláusula. A questão é destrinchada, com exemplos, por Carvalho Santos:

> Em muitos casos surge dúvida se a cláusula contém um fideicomisso ou um usufruto. Mas, em rigor, o fideicomisso só existe quando o testador ordena a passagem dos bens a outrem, por morte do primeiro chamado a suceder, enquanto que existe usufruto se o gozo, atribuído ao primeiro nomeado, fica extinto por sua morte, pelo cumprimento da condição, ou vencimento do termo.
>
> Exemplos: a) há fideicomisso quando o testador dispõe, mais ou menos, nestes termos: Instituo meu herdeiro Joaquim e, por sua morte, Francisco; b) há usufruto, quando assim dispõe: deixo o uso e gozo da fazenda tal a José e a propriedade da mesma a Frederico.

---

28. NONATO, Orosimbo. *Estudos sôbre sucessão testamentária*, v. I. Rio de Janeiro: Forense, 1957. p. 181.

O que é preciso acentuar, porém, é que nem sempre o fato de o testador ordenar que os bens passem a outrem por morte do primeiro nomeado significa substituição fideicomissária, precisamente porque poderia o testador referir apenas a passagem da posse, que, também, no usufruto só se verifica com a morte do usufrutuário.

Por outro lado, é de notar-se que o fato de o testador empregar a palavra usufruto ou fideicomisso também não importa numa solução decisiva, por isso que, regra geral, o testador não sabe fazer distinções sutis, que assegurem à forma traduzir fielmente a sua vontade.

E, se é certo que nas disposições testamentárias deve procurar-se principalmente descobrir a exata e real vontade do testador, para que prevaleça, podemos concluir que, antes de tudo, o dever do intérprete é procurar descobrir a intenção do testador, para concluir, de acordo com ela, se teve ele a intenção de instituir um fideicomisso, em vez de um mero usufruto.[29]

Assim, desde que a verba testamentária aluda à sucessividade da transmissão, ainda que o disponente tenha aludido a usufruto, é de se interpretar a deixa como fideicomisso.

2.4   Substituição compendiosa

A doutrina chama de compendiosa a cumulação das substituições vulgar e fideicomissária, ou seja, quando, no âmbito do fideicomisso, o testador institui uma substituição direta para o fiduciário e/ou para o fideicomissário. Diz-se compendiosa por encerrar em um só resumo ou compêndio várias substituições. Logo, será compendiosa a substituição se o testador determinar que, caso o fiduciário não queira ou não possa receber, os bens passarão para fulano (como substituto), que deverá transmiti-los ao fideicomissário no momento oportuno. E se este também não puder ou quiser recebê-los, passarão a terceiro, indicado como seu substituto.

Importante que não se confunda a substituição compendiosa com o fideicomisso além do segundo grau, não admitido em nosso sistema, diante de expressa vedação legal. A questão foi bem enfrentada pelo Superior Tribunal de Justiça no julgamento do REsp n. 1.221.817-PE.[30] O caso tinha por objeto cláusula testamentária que de-

---

29. CARVALHO SANTOS, João Manuel de. *Código Civil brasileiro interpretado*. t. XXIV. 11. ed. Rio de Janeiro: Freitas Bastos, 1981. p. 163-164.

30. DIREITO CIVIL E PROCESSUAL CIVIL. SUCESSÃO TESTAMENTÁRIA. FIDEICOMISSO. FIDEICOMISSÁRIO PREMORIENTE. CLÁUSULA DO TESTAMENTO ACERCA DA SUBSTITUIÇÃO DO FIDEICOMISSÁRIO. VALIDADE. COMPATIBILIDADE ENTRE A INSTITUIÇÃO FIDUCIÁRIA E A SUBSTITUIÇÃO VULGAR. CONDENAÇÃO DE TERCEIRO AFASTADA. EFEITOS NATURAIS DA SENTENÇA. [...] 4. De acordo com o art. 1959 do Código Civil, "são nulos os fideicomissos além do segundo grau". A lei veda a substituição fiduciária além do segundo grau. O fideicomissário, porém, pode ter substituto, que terá posição idêntica a do substituído, pois o que se proíbe é a sequência de fiduciários, não a substituição vulgar do fiduciário ou do fideicomissário. 5. A substituição fideicomissária é compatível com a substituição vulgar e ambas podem ser estipuladas na mesma cláusula testamentária. Dá-se o que a doutrina denomina substituição compendiosa. Assim, é válida a cláusula testamentária pela qual o testador pode dar substituto ao fideicomissário para o caso deste vir a falecer antes do fiduciário ou de se realizar a condição resolutiva, com o que se impede a caducidade do fideicomisso. É o que se depreende do art. 1958 C/C 1955, parte final, do Código Civil. 6. Recurso especial de Nova Pirajuí Administração S.A. NOPASA a que se dá parcial provimento. 7. Recurso especial de Anita Louise Regina Harley a que se dá parcial provimento. (STJ, REsp n. 1221817/PE, Rel. Min. Maria Isabel Gallotti, julg. 10.12.2013, DJe 18.12.2013).

terminava a substituição dos fideicomissários falecidos por seus herdeiros e, assim, impedia a consolidação da propriedade em nome da fiduciária. Esta, por sua vez, defendia a impossibilidade de instituição do fideicomisso além do segundo grau, o que teria sido permitido pelo acórdão em contrariedade a disposição expressa da lei. O voto proferido, na ocasião, pela Ministra Isabel Gallotti espanta qualquer dúvida sobre a distinção:

> Estabelecia o então vigente art. 1739 do Código Civil de 1916 (art. 1959 do CC atual), tido por violado, que os fideicomissos além do segundo grau são nulos. De fato, não é possível nomear alguém como fiduciário a fim de que, depois de certo termo ou condição, transfira bens a outrem que, também, deve cumprir aqueles deveres de fiduciário para, por sua vez e depois de outro termo ou condição, novamente transferir os bens a outros e assim sucessivamente. Evita-se, dessa maneira, concentrar na mesma pessoa a figura de fideicomissário e de fiduciário e impedir a livre circulação de bens.
>
> Não é o que ocorre no caso concreto. Como já enfatizado, há apenas um fiduciário (a recorrente) e um grau de fideicomissário. Em nenhum momento se falou em fiduciários sucessivos, nem em beneficiários (fideicomissários) que se tornassem fiduciários de bens a serem transmitidos a outros beneficiários. O que houve, isso sim, foi a regular substituição de um dos sujeitos (no caso, o fideicomissário) em razão de sua morte, o que foi feito em conformidade com o art. 1729 do Código Civil de 1916 (atual art. 1947), acima transcrito.
>
> Ao contrário do que argumenta a recorrente, o acórdão recorrido não criou tipo híbrido de fideicomisso. Reconheceu, apenas, que a par da substituição fideicomissária, operou-se a substituição vulgar do fideicomissário.
>
> [...]
>
> Em resumo, o que se veda é a substituição fiduciária além do segundo grau. O fideicomissário, porém, pode ter substituto, que terá posição idêntica ao do substituído. O substituto não recebe do fideicomissário, mas do fiduciário (continua no segundo grau), pois o que a lei proíbe é a sequência de fiduciários, não a substituição vulgar do fiduciário ou do fideicomissário. Assim, não se pode mandar que o fideicomissário entregue a terceiros, mas pode ser prevista sua substituição em caso de sua morte.
>
> Veja-se que o art. 1.738 do Código Civil de 1916 (atual art. 1.958), que dispõe sobre a caducidade do fideicomisso em caso de premoriência do fideicomissário com relação ao fiduciário, remete ao art. 1.735 (atual art. 1.955). Este último prevê que, caducando o fideicomisso, a propriedade do fiduciário deixa de ser resolúvel, se não houver disposição contrária do testador. Não se cuida, portanto, de regra legal cogente, mas, ao contrário, dispositiva, segundo texto expresso de lei.
>
> Conclui-se, portanto, que as disposições testamentárias questionadas pela recorrente são válidas e atêm-se ao poder de disposição conferido pela lei.
>
> Acrescente-se, ainda, que é dado ao testador regular termos e condições da deixa testamentária. No caso, foi estabelecido o termo de 20 anos ou, no caso de morte do fideicomissário, a data em que o mais jovem sucessor deste atingisse a maioridade, disposição que também se insere no poder de disposição do particular.

Assim, não há qualquer óbice a que o testador institua substitutos diretos, quer ao fiduciário, quer ao fideicomissário, conciliando o fideicomisso com a substituição vulgar, em um só ato ou compêndio.

3. PROPOSTAS PARA REVITALIZAR O FIDEICOMISSO

3.1 Direito projetado

Existem várias propostas de lege ferenda para ampliação do fideicomisso. A mais recente delas é a que consta do PL n. 3.799/2019, limitada à revogação do art. 1.952 do CC/2002, para reintrodução da substituição fideicomissária em sua plenitude, como livre opção do testador. O fideicomisso não ficaria, assim, restrito, à deixa sucessiva em favor do concepturo, retomando-se a sistemática prevista no Código de 1916.

Outros projetos se preocupam em regulamentar os contratos de fidúcia de um modo geral. O Projeto de Lei n. 4.758/20, por exemplo, oriundo de anteprojeto elaborado pelo advogado Melhim Chalhub[31] e inspirado no *trust* anglo saxão, cria o patrimônio de afetação do fiduciário, de modo a garantir que os bens do instituidor cheguem ao beneficiário final e prevê regras para substituição do fiduciário e revogação da fidúcia. Segundo consta da justificação do projeto,

> [...] do mesmo modo que no **trust**, os bens objeto do contrato de fidúcia são transmitidos ao fiduciário, mas ao invés de ingressarem no seu patrimônio, são alocados em um patrimônio separado, no qual permanecem afetados a determinada finalidade, vedada sua apropriação pelo fiduciário em proveito próprio. Na medida em que importa na transmissão da propriedade, ainda que restrita, o contrato de fidúcia se submete aos mesmos requisitos e restrições a que se submetem os demais negócios jurídicos de disposição ou oneração de bens. Assim, do mesmo modo que os contratos de hipoteca ou alienação fiduciária, a afetação também pode ser considerada nula ou anulável, nos termos já devidamente regulamentados pelo Código Civil e pelo Código de Processo Civil.

Ressaltando a importância do instituto, Chalhub observa que a figura da fidúcia, vem sendo frequentemente reconstruída sob a forma de fideicomisso, com o objetivo de alcançar efeitos semelhantes àqueles propiciados pelo trust.[32] No entanto, ainda que já exista disciplina legal

> [...] para situações específicas, sob a forma de contratos de transmissão de bens e direitos em garantia fiduciária, a partir da regulamentação da propriedade fiduciária atribuída a empresas administradoras dos fundos de investimento imobiliário (lei 8.668/1993), do regime fiduciário para securitização de créditos imobiliários e da cessão fiduciária de direitos creditórios (lei 9.514/1997), da segregação patrimonial de cada empreendimento na atividade da incorporação imobiliária (lei 10.931/2004), entre outras, [...].[33]

o fato é que

---

31. CHALHUB, Melhim Namem. Projeto de Lei n. 4.758/2020. Dispõe sobre a fidúcia e dá outras providências. Brasília: Câmara dos Deputados, 29 set. 2020. Disponível em: https://www.camara.leg.br/proposicoesWeb/fichadetramitacao?idProposicao=2263549. Acesso em: 20 mai. 2021.

32. CHALHUB, Melhim. Afetação patrimonial no direito contemporâneo. *Revista Trimestral de Direito Civil – RTDC*. Rio de Janeiro. a. 8, v. 29, p. 111-147. jan./mar. 2007. Ver também: CHALHUB, Melhim Namem. *TRUST* – Perspectivas do direito contemporâneo na transmissão da propriedade para administração e garantia. Rio de Janeiro: Renovar, 2001. p. 42.

33. CHALHUB, Melhim. Afetação patrimonial no direito contemporâneo. *Revista Trimestral de Direito Civil – RTDC*. Rio de Janeiro. a. 8, v. 29, p. 111-147. jan./mar. 2007.

[...] o tratamento casuístico, errático e disperso limita o campo de aplicação desse importante mecanismo, dificulta sua compreensão e dá causa a dúvidas e incertezas, sendo de todo recomendável a sistematização das normas sobre a matéria em termos completos e abrangentes.[34]

Por isso, opinam Melhim Chalhub, Gustavo Alberto Villela Filho e Milena Donato Oliva,

O PL 4.758/2020 sintoniza nosso direito positivo no contexto internacional, mediante adequada assimilação de certos elementos do **trust** e dos nossos próprios precedentes legislativos e jurisprudenciais, ao preconizar a instituição de um regime jurídico geral da fidúcia caracterizado como mecanismo de prevenção de riscos e limitação de responsabilidade. De fato, a experiência extraída do tratamento legal casuístico dado pelo direito positivo brasileiro e dos precedentes judiciais construídos em relação à sua aplicação prática dão mostras da efetividade desse mecanismo, e na medida em que se estreitam e se intensificam as relações internacionais, dão respaldo à instituição de um regime jurídico geral capaz de estimular os investimentos da iniciativa privada, inclusive no plano externo, mediante delimitação de riscos por meio da afetação patrimonial, conferindo maior segurança jurídica aos negócios.[35]

Porém, não obstante a inegável importância do projeto, outras propostas podem ser pensadas, para aplicação imediata, de **lege lata**. É perfeitamente viável que se proceda, por meio da interpretação, uma leitura menos rígida da lei, de maneira a possibilitar a revitalização do instituto, admitindo-se, por exemplo, a sua instituição por ato **inter vivos**.

3.2 Fideicomisso por ato *inter vivos* como forma de revitalizar o instituto

A discussão sobre a possibilidade de instituição do fideicomisso por ato inter vivos não é nova, havendo prevalecido até hoje na doutrina o entendimento contrário. Entretanto, penso que é chegada a hora de revisitação dessa posição em prol da revitalização do instituto.

Autores como Eduardo Espínola, Carlos Maximiliano, Carvalho Santos, Jorge Americano, Aquiles Beviláqua, Levi Carneiro, Noé Azevedo, Caio Mário da Silva Pereira, Itabaiana de Oliveira e Pontes de Miranda tratam o fideicomisso, exclusivamente, como modalidade de substituição testamentária, não admitindo o fideicomisso intervivos.

Para Carvalho Santos,

[...] com o advento do Código Civil, não deveria mais subsistir a controvérsia, dada a clareza do texto deste artigo, ora em estudo, segundo o qual o testador é quem pode instituir herdeiros ou legatários por meio de fideicomisso. Se intenção houvesse de que o doador também pudesse ins-

---

34. CHALHUB, Melhim Namem; VILLELA FILHO, Gustavo Alberto; OLIVA, Milena Donato. Regime jurídico geral do contrato fiduciário. *Migalhas*. Disponível em: https://www.migalhas.com.br/coluna/migalhas-edilicias/334443/regime-juridico-geral-do-contrato-fiduciario. Acesso em: 20 mai. 2021.

35. CHALHUB, Melhim Namem; VILLELA FILHO, Gustavo Alberto; OLIVA, Milena Donato. Regime jurídico geral do contrato fiduciário. *Migalhas*. Disponível em: https://www.migalhas.com.br/coluna/migalhas-edilicias/334443/regime-juridico-geral-do-contrato-fiduciario. Acesso em: 20 mai. 2021.

tituir o fideicomisso, naturalmente o Código teria expressamente isso permitido, assim como fez com relação à cláusula de inalienabilidade no art. 1.676, ao referir-se a testadores ou doadores, embora tratasse das disposições testamentárias em geral.[36]

Jorge Americano também se opõe à admissibilidade do fideicomisso por instrumento diverso do testamento, afirmando:

> O fideicomisso é substituição, e substituição só existe no direito sucessório. Não cabe, pois, em matéria especial, a analogia. Admito, porém, que uma combinação contratual qualquer chegue a revestir a forma de fideicomisso. Seria uma doação com pacto de reversão a favor de terceiro (estipulação a favor de terceiro). Mas não havendo meio de enquadrá-la na substituição, instituto exclusivamente sucessório, não constituiria propriedade limitada (Cod. Civil, art. 523), porém, só cláusula obrigacional, resultante da estipulação. Não cumprida, importaria em perdas e danos, não em resolução de propriedade (Cód. Civil., art. 647). Entretanto, só poderia existir a prazo, e não sob condição de morte.[37]

Por outro lado, entre os autores favoráveis ao fideicomisso contratual, destacam-se: Armando Dias de Azevedo, Justino Adriano Farias da Silva, Dias Ferreira, Lobão, Coelho da Rocha, Melo Freire, Gouveia Pinto, Teixeira de Freitas, Carlos de Carvalho, Lafayette, Estêvão de Almeida, A.M. Ribeiro da Costa, Dionísio Gama, Paulo de Lacerda, Afrânio Costa, Nelson Hungria, Temístocles Cavalcanti, Xenócrates Calmon de Aguiar, Adolfo Tácio da Costa Cirne, Duque Estrada Jr., Edmundo de Oliveira Figueiredo, Décio Pellegrini, Celso Afonso Soares Pereira, Samuel Figueiredo da Silva, Erasto Correa, Darcy Pinto, Augusto Loureiro Lima, Moreno Loureiro Lima, Manuel Maria de Serpa Lopes, Homero Martins Batista, Odilon de Andrade, Djalma Pinheiro Franco, Alvino Lima, Plínio Barreto, Azevedo Marques, Correia de Meira, Laudo de Camargo, Francisco Morato, Policarpo de Azevedo, Vieira Ferreira, Homero Brasiliense, Alfredo Bernardes da Silva, Ovídio Romeiro, Antão de Morais, Orlando Gomes, Romão Côrtes de Lacerda, Barros Barreto, Antonio Vieira, Mendes Pimentel, Manuel Vilaboím, Oliveira Pinto, Agostinho Alvim, Adroaldo Mesquita da Costa, Camilo Martins Costa, Washington de Barros Monteiro, Filadelfo Azevedo, Orosimbo Nonato, Aníbal Freire, Arnold Wald, Vicente Ráo, José Luiz Martins Costa, Paulo Carneiro Maia.[38]

Os que se posicionam contrariamente partem de uma interpretação equivocada do art. 1.733 do CC/16,[39] ao aludir apenas ao testador (e não ao doador), quando a própria posição topográfica do dispositivo, no âmbito das substituições testamentárias, não permitiria que se tratasse ali de negócio jurídico diverso do testamento.

---

36. CARVALHO SANTOS, João Manuel de. *Código Civil brasileiro interpretado*. t. XXIV. 11. ed. Rio de Janeiro: Freitas Bastos, 1981. p. 171.

37. AMERICANO, *apud* OLIVEIRA, Arthur Vasco Itabaiana de. *Tratado de Direito das Sucessões*. 4. ed. São Paulo: Max Limonad, 1952. p. 589.

38. AZEVEDO, Armando Dias de. *O fideicomisso no direito pátrio*: doutrina, legislação, jurisprudência. São Paulo: Saraiva, 1973. p. 57.

39. Art. 1.733 do Código Civil de 1973: Pode também o testador instituir herdeiros ou legatários por meio de fideicomisso, impondo a um deles, o gravado ou fiduciário, a obrigação de, por sua morte, a certo tempo, ou sob certa condição, transmitir ao outro, que se qualifica de fideicomissário, a herança, ou o legado.

Esse dispositivo, ao contrário de proibir a cláusula fideicomissária nas doações, apenas reforçava a ideia de que o fideicomisso sucessório somente se poderia instituir por testamento, e não por codicilo, como bem notou Paulo Carneira Maia, rebatendo a ideia comum de que o próprio Clóvis se opunha ao fideicomisso inter vivos:

> Não é exato que CLÓVIS BEVILÁQUA tenha entendido de outro modo. Ele diz, com efeito em observações ao art. 1.733, do Código Civil, que só por testamento se pode estabelecer fideicomisso. Mas, com isso o exímio jurista quer excluir a possibilidade de fideicomisso **causa mortis** por meio de codicilo, ou por outro modo, sem se ocupar aí da doação.[40]

Também se alega a invalidade do fideicomisso nas doações **inter vivos** diante da restrição do parágrafo único do art. 547 do CC/2002, que proíbe cláusula de reversão da doação em favor de terceiro.[41]

À luz do Código Civil de 1916, que não trazia essa regra restritiva, diversos autores defenderam o fideicomisso por ato **inter vivos**, especialmente na doação, também chamada "doação fideicomissária". Alvino Lima não enxergava qualquer óbice à doação feita ao donatário, com a cláusula fideicomissária a favor dos seus filhos ou sucessores:

> [...] as doações intervivos comportam a cláusula fideicomissária em virtude dos princípios gerais que regem os atos jurídicos.
>
> [...] Ora, se as doações e os testamentos são atos de liberalidade, participando, portanto, da natureza jurídica das disposições a título gratuito em geral, os princípios reguladores das substituições fideicomissárias, como modalidades quer da doação, quer do testamento, devem ser aplicados a ambas as formas de liberalidades.
>
> Se o legislador pátrio regulou as substituições quando tratou da matéria relativa ao testamento, uma das modalidades das disposições a título gratuito, tais dispositivos, quando de caráter especial, devem ser aplicados, por analogia, às doações, que também são modalidades dos atos jurídicos a título gratuito.[42]

José Corrêa de Meira destaca ainda:

> O facto do Código só ter se ocupado com minúcias do Fideicomisso por testamento nada obsta, eis que .... o Código só se ocupa daquilo que ocorre mais frequentemente. Acresce que esse mesmo Código manda no art. 7 da Introdução que nos casos omissos, se apliquem as disposições concernentes aos casos análogos; no art. 115 diz mais que, nos atos jurídicos, são lícitas em geral todas as condições que a lei não vedar expressamente e não há no Código disposição alguma proibindo-as. Finalmente, se o nosso Código, ao invés de repudiar as instituições fideicomissárias, expressamente as acolheu, razão alguma existe para que se deixe de admiti-las pela doação intervivos, conforme a tradição do nosso direito como anteriormente vimos, citando inúmeros julgados dos nossos tribunais e as opiniões dos mais acatados civilistas do mundo.[43]

---

40. MAIA, Paulo Carneiro. *Substituição fideicomissária*. São Paulo: Revista dos Tribunais, 1967. p. 220.
41. Art. 547. O doador pode estipular que os bens doados voltem ao seu patrimônio, se sobreviver ao donatário. Parágrafo único. Não prevalece cláusula de reversão em favor de terceiro.
42. LIMA, Alvino. Do fideicomisso nas doações inter-vivos. *Boletim da Faculdade de Direito da Universidade de Coimbra*. Coimbra, v. XXVIII, p. 216-233, 1933.
43. MEIRA, José Corrêa de. *apud* FARIAS DA SILVA, Justino Adriano. Do fideicomisso. *In*: BRANDELLI, Leonardo (coord.). *Direito Civil e registro de imóveis*. São Paulo: Método, 2007. p. 162.

No mesmo norte, Paulo Carneiro Maia, com apoio em Washington Barros Monteiro:

> A substituição constituída por atos dessa natureza não configura cláusula proibida, nem encerra pacto sucessório. Se o Código acolheu o instituto no direito das sucessões, não há motivo para excluí-lo do império dos atos intervivos, visto não ocorrer qualquer razão de ordem legal na doutrinária contra a sua existência. A única restituição a fazer é a de que o fideicomisso por ato entre vivos se regerá pelos dispositivos do direito das obrigações.[44]

Justino Adriano Farias da Silva também se posiciona pela legitimidade da constituição do fideicomisso tanto na doação, como em outras relações contratuais:

> Os tribunais também têm entendido viável a sua constituição por atos intervivos. Cite-se apenas o seguinte acórdão da corte de apelação do Rio de Janeiro, de 14 de fevereiro de 1935: "É valido o fideicomisso constituído por acto entre vivos; se os effeitos juridicos, de uma doação clausulada coincidem exactamente com os de um fideicommisso por testamento, a conclusão é que, embora omisso o Codigo Civil, quanto à doação fideicomissária, ella se legitima na aplicação, precisa de seus artigos."

> Ressalte-se, por oportuno, que a doação expressa do fideicomisso *inter-vivos* pelos sistemas legislativos daria impulso significativo a este instituto, pois poderia servir para regular com maior segurança determinados negócios jurídicos civis e mercantis, ainda em vida do instituidor.

> De qualquer forma, mesmo não estando expressamente previsto no nosso ordenamento jurídico, não há qualquer impedimento legal para sua instituição por *atos inter- vivos*, tanto nas doações como em outras relações contratuais.

> Parece-nos perfeitamente viável a instituição de fideicomisso em contrato de compra-e-venda com pacto adjecto fideicomissório.[45]

Partilho exatamente a mesma posição desse último autor, que conseguiu esgotar o tema em sua profunda pesquisa. Ainda que o direito positivo brasileiro só se refira ao fideicomisso como modalidade de substituição testamentária, a hipercomplexidade atual das relações sociais e econômicas impõe que se admitam outros usos ao instituto, inclusive para fins de garantia, de modo a corresponder às novas demandas da sociedade e do setor produtivo.

É preciso lembrar que o direito privado é o **locus** onde as permissões se sobrepõem às proibições. Aqui é permitido fazer quase tudo o que a lei não proíbe expressamente. E o fato de a disciplina do fideicomisso haver sido inserida no âmbito das substituições testamentárias não implica dizer que o testamento seja o único negócio jurídico a comportar a instituição do fideicomisso. Não existe proibição alguma a que outros negócios jurídicos diversos do testamento, incluindo aqueles entre vivos (**v.g.** compra e venda e doação), também possam se valer do instituto.

O próprio conceito do fideicomisso como o negócio jurídico por meio do qual uma pessoa física ou jurídica (fideicomitente) transfere a propriedade resolúvel e

---

44. MAIA, Paulo Carneiro. *Substituição fideicomissária*. São Paulo: Revista dos Tribunais, 1967. p. 223-224.
45. FARIAS DA SILVA, Justino Adriano. Do fideicomisso. *In*: BRANDELLI, Leonardo (coord.). *Direito Civil e registro de imóveis*. São Paulo: Método, 2007. p. 163-164.

temporária de determinados bens ou direitos a outra pessoa (fiduciário) em favor de uma terceira pessoa (fideicomissário) deixa claro não se tratar exclusivamente de uma verba testamentária. Trata-se, na essência, da transmissão da propriedade em caráter resolúvel, até que se verifique determinada condição ou advenha certo termo, situação acolhida e disciplinada, tanto no Código atual, como no anterior.

O art. 1.359 do Código Civil de /2002 estabelece que

> Resolvida a propriedade pelo implemento da condição ou pelo advento do termo, entendem-se também resolvidos os direitos reais concedidos na sua pendência, e o proprietário, em cujo favor se opera a resolução, pode reivindicar a coisa do poder de quem a possua ou detenha.[46]

É exatamente a situação do fideicomisso, onde o proprietário resolúvel é o fiduciário e "o proprietário, em cujo favor se opera a resolução" vem a ser o fideicomissário ou beneficiário final.

A resolução do domínio, ensina Marco Aurélio Bezerra de Melo **et al**,

> [...] pode acontecer em favor do próprio alienante, como na compra e venda com reserva de domínio, em que o vendedor guarda a propriedade para si, até que o preço esteja integralmente pago (art. 521 do CC), mas também pode favorecer terceiro, como no fideicomisso, em que a propriedade, no próprio ato que a constituiu, está submetida a uma condição resolutiva para o fiduciário e suspensiva para o fideicomissário ainda não concebido ao tempo da morte do testador, conforme preconizam os arts. 1.951 e 1.952 do Código Civil. Pelo implemento da condição ou advento do termo, uma pessoa vê o seu direito perecer, enquanto outra o adquire. Sempre que a propriedade for resolúvel para um, estará sob condição ou termo suspensivo para outro, ainda que a resolução opere em favor do próprio alienante, como acontece na propriedade fiduciária.[47]

---

46. Art, 1.359 do Código Civil de 2002.
47. (SCHREIBER, Anderson; TARTUCE, Flávio; SIMÃO, José Fernando; DELGADO, Mário Luiz; MELO, Marco Aurélio Bezerra de. *Código Civil comentado*. Doutrina e Jurisprudência. Rio de Janeiro: Forense, 2020. p. 1.029-1.030) O autor aponta os seguintes modelos de propriedade resolúvel no ordenamento jurídico pátrio, entre os quais insere o fideicomisso: "1. Compra e venda com reserva de domínio, em que uma pessoa vende um bem à prestação para outra, transferindo a posse direta e reservando-se a posse indireta e a propriedade do bem até que a obrigação seja totalmente cumprida. Enquanto a dívida não for paga, o proprietário do bem será o credor, e após a quitação, a propriedade deverá ser transmitida para o comprador. No caso, temos que a propriedade do credor é resolúvel, pois no momento em que a dívida for paga, a propriedade, para ele, se extinguirá, adquirindo-a o comprador que pagou integralmente o preço (art. 521 do CC). 2. Sucede na retrovenda que o vendedor reserva consigo o direito potestativo de recomprar o bem alienado no prazo máximo de decadência de três anos, observando os critérios de pagamento do preço previstos no art. 505 do Código Civil. O aspecto de realidade desse direito e de seu caráter de resolubilidade do domínio se encontra no art. 507 do Código Civil, o qual dispõe que "o direito de retrato, que é cessível e transmissível a herdeiros e legatários, poderá ser exercido contra o terceiro adquirente". 3. A doação com cláusula de reversão em relação ao donatário que, se falecer antes do doador, levará a que a propriedade se resolva e retorne ao doador, não sendo, por conseguinte, partilhada entre os herdeiros, conforme dicção do art. 547 do Código Civil. 4. A propriedade fiduciária em relação ao credor a quem é transferida a propriedade resolúvel até que o devedor fiduciante pague as prestações devidas (art. 1.361). 5. O bem entregue em fideicomisso em relação ao fiduciário a quem se transfere a propriedade resolúvel, devendo transmiti-la ao fideicomissário mediante o implemento de uma condição ou o advento de um termo (art. 1.951). 6. No regime da superfície brasileiro em que o instituto é obrigatoriamente temporário, a propriedade do superficiário é resolúvel em relação ao fundeiro ou concedente, pois se extinguirá com o advento do termo ou no implemento da condição, conforme o caso (art. 1.369 do CC)".

Há uma inegável imbricação entre as matérias, prossegue o autor,

[...] pois a propriedade é resolúvel quando há incidência de uma condição ou termo resolutivo disciplinados nos arts. 127, 128 e 135 do Código Civil. Enquanto a condição ou o termo não acontece, o proprietário resolúvel concentra todos os poderes inerentes ao domínio, podendo, inclusive, vender ou dar em garantia.[48]

Por fim, ainda que o Código Civil atual consigne a proibição expressa, no parágrafo único do art. 547, que se preveja cláusula de reversão dos bens doados a terceiros, permitindo ao doador estipular que os bens doados voltem exclusivamente ao seu patrimônio, se sobreviver ao donatário, o que poderia, segundo alguns, impedir ou nulificar a cláusula fideicomissária nas doações **inter vivos**, penso não constituir tal argumento óbice algum ao fideicomisso contratual

Primeiro porque no fideicomisso não existe reversão dos bens ao fideicomitente ou a terceiro. A transmissão se dará sucessivamente do instituidor (doador) ao fiduciário (donatário) e deste para o fideicomissário (beneficiário final). Ambos (fiduciário e fideicomissário) seriam donatários sucessivos, sendo que o primeiro será titular de propriedade resolúvel, enquanto o segundo será proprietário sob condição suspensiva (ou termo) e proprietário pleno, após implementados a condição ou o termo. O legislador não veda que se aponham elementos acidentais na doação (termo, condição ou encargo), podendo-se estipular a extinção do negócio jurídico pelo implemento da condição resolutiva ou pelo advento do termo final. Na síntese lapidar de Paulo Carneiro Maia, "sendo permitidas nas doações quaisquer cláusulas não proibidas, e não havendo disposição alguma que vede a cláusula de fideicomisso, não há razão para que seja ela rejeitada nas doações. Esta nos parece a melhor opinião,"[49]

Segundo porque não constitui tal modalidade de negócio jurídico (a doação) o único vetor de inserção do fideicomisso contratual. Não se pode esquecer que o sistema jurídico atual prestigia a formação de contratos atípicos, que são aqueles não disciplinados expressamente ou, ainda, contendo elementos de diversos outros tipos contratuais[50]. Desse modo, tanto poderíamos cogitar de doações "atípicas", como de outras relações contratuais, com transmissão gratuita de bens, ou mesmo com transmissão onerosa, como se daria com a instituição de fideicomisso em contrato de compra-e-venda com pacto adjeto fideicomissório.

Em resumo, o sistema do Código Civil, se interpretado de forma harmônica, com prevalência para a autonomia privada, cuja amplitude só encontra limites nas normas de ordem pública, viabiliza que seja instituído fideicomisso em negócios jurídicos inter vivos, quer seja por meio de doação ou de contrato atípico.

---

48. SCHREIBER, Anderson; TARTUCE, Flávio; SIMÃO, José Fernando; DELGADO, Mário Luiz; MELO, Marco Aurélio Bezerra de. *Código Civil comentado*. Doutrina e Jurisprudência. Rio de Janeiro: Forense, 2020. p. 1.029-1.030.

49. MAIA, Paulo Carneiro. *Substituição fideicomissária*. São Paulo: Revista dos Tribunais, 1967. p. 222.

50. Art. 425 do Código Civil de 2002: É lícito às partes estipular contratos atípicos, observadas as normas gerais fixadas neste Código.

3.3 Fideicomisso, *trust* e planejamento sucessório

A revitalização por meio da eliminação das restrições ao fideicomisso, via controle difuso de constitucionalidade, aliada à admissão do fideicomisso contratual, como espécie do gênero negócio fiduciário, por atividade hermenêutica, ofereceria novos e adequados mecanismos para estruturação de um planejamento sucessório com mais segurança jurídica.

Atualmente, a se admitir como existentes as barreiras contra o negócio jurídico fiduciário, *causa mortis* ou *inter vivos*, chegaríamos ao paroxismo de restringir em demasia, ou mesmo inviabilizar, o exercício da autonomia privada no direito sucessório. Basta se ver o que tem ocorrido com a importação do *trust* nas operações de planejamento realizadas no Brasil, atraindo imprecações de nulidade com esteio na vetusta proibição do art. 426 do CC/2002.[51]

A utilização ampla do fideicomisso no planejamento sucessório, permitindo-se, ainda, a indicação de pessoas jurídicas para a posição de fiduciário, permitiria ao autor da herança resguardar o patrimônio a ser transmitido aos herdeiros, beneficiando as gerações futuras de maneira mais segura, com redução dos impactos tributários e fomento das relações econômicas, além de contribuir, nas palavras de Melhim Chalhub, Gustavo Alberto Villela Filho e Milena Donato Oliva,

> [...] para a promoção de interesses existenciais, ao potencializar a proteção dos vulneráveis. Isso porque viabilizaria a atribuição a instituição especializada da gestão dos bens destinados aos menores e às pessoas com discernimento comprometido. Por esse meio, a instituição estaria investida no poder de administrar os bens para alcançar o melhor resultado econômico-financeiro possível, desde que em conformidade com as diretrizes previamente estabelecidas e no melhor interesse dos beneficiários.[52]

Com isso, alcançaríamos a verdadeira aproximação da figura jurídica do fideicomisso brasileiro com o *trust* do direito inglês e estadunidense, permitindo-se a transmissão de bens, por ato de última vontade ou ato entre vivos, a uma pessoa natural ou jurídica, para que esta os resguarde, sem deixar de usufrui-los, em benefício de outra. O transmitente dos bens, que no *trust* chama-se *settlor* equivale ao fideicomitente. O primeiro destinatário da propriedade chama-se *trustee* no instituto

---

51. Tenho reiteradamente me manifestado em defesa de uma interpretação mais contemporânea do art. 426, de modo a somente se proibirem os pactos sucessórios quando tiverem por objeto a sucessão de um terceiro, vale dizer, os atos bilaterais inter-vivos efetuados entre dois interessados, acerca da sucessão de uma pessoa viva, que permanece estranha ao acordo celebrado. Ver, por todos: DELGADO, Mário Luiz; MARINHO JÚNIOR, Jânio Urbano. Novos horizontes para os pactos sucessórios no Brasil. *Revista Nacional de Direito de Família e Sucessões*. São Paulo, v. 5, n. 28, p. 5–30, jan./fev., 2019.

52. Para os autores, a operação de fidúcia, no caso, reveste-se "de incomparável efetividade como mecanismo de segurança jurídica e de estímulo a investimentos". CHALHUB, Melhim Namem; VILLELA FILHO, Gustavo Alberto; OLIVA, Milena Donato. Regime jurídico geral do contrato fiduciário. *Migalhas*. Disponível em: https://www.migalhas.com.br/coluna/migalhas-edilicias/334443/regime-juridico-geral-do-contrato-fiduciario. Acesso em: 20 mai. 2021.

anglo-saxão e fiduciário no fideicomisso, enquanto o destinatário final dos bens será o beneficiário final no *trust* e fideicomissário no fideicomisso.

Não defendo aqui que haja identidade entre *trust* e fideicomisso, mas algumas semelhanças que permitem que o fideicomisso possa alcançar os mesmos resultados do *trust*, especialmente na modalidade *inter vivos*. O fideicomisso contratual, como contrato atípico, poderia limitar direitos e prerrogativas do fiduciário, além de especificar de forma minudente os seus deveres, aproximando-o do *trustee* alienígena. Com isso, e pelo menos até que o negócio jurídico fiduciário venha a ser regulamentado entre nós, poderíamos fazer uso, no planejamento patrimonial, de um mecanismo legal já existente no ordenamento e cuja ampliação, no seu espectro de aplicação, depende exclusivamente da boa vontade, da visão prospectiva e da criatividade do intérprete que pode, perfeitamente revigorar e revitalizar o instituto sem bater de frente com os textos normativos.

4. CONCLUSÕES

A partir das ponderações lançadas nos tópicos anteriores, apresento ao leitor as seguintes conclusões:

O fideicomisso disciplinado nos arts. 1.951 a 1.960 do Código Civil vigente constitui modalidade de substituição testamentária, por opção legislativa, não se podendo negar valor às críticas lançadas contra essa escolha do legislador já que, a rigor, o fideicomissário não substitui o fiduciário. Os dois são sucessores do fideicomitente, em tempos diferentes: primeiro o fiduciário, depois o fideicomissário. Melhor seria classificar o fideicomisso como modalidade de negócio jurídico fiduciário.

Considero inconstitucional a limitação prevista no art. 1.952, no sentido de somente admitir o fideicomisso em favor do concepturo, ou seja, o fideicomissário só pode ser pessoa não concebida ao tempo da instituição e também não nascida ou concebida na data de abertura da sucessão. Não existem motivos razoáveis para a proibição a que o testador institua, como beneficiários sucessivos de seu patrimônio (disponível) duas pessoas já existentes. Por que razão o beneficiário final (fideicomissário) só pode ser uma pessoa natural inexistente e, consequentemente, completamente desconhecida do testador? Por que não se poderia indicar pessoas jurídicas para a posição de fiduciário ou de fideicomissário, considerando que os entes morais também detêm legitimidade passiva na sucessão testamentária?

A inconstitucionalidade do art. 1.952 decorre da violação ao direito fundamental previsto no inciso XXX da CF/88 (direito *de* herança) que tem como titulares, não apenas os herdeiros (o que teria ocorrido se o constituinte houvesse mencionado o direito *à* herança), mas especialmente o autor da herança. O direito de herança é principalmente dele, que era o dono do patrimônio, sobre o qual podia dispor livremente em vida e deve poder dispor para depois de sua morte. Quando a lei infraconstitucional limita, sem justificativa razoável, o direito de disposição do testador infringe, diretamente, o direito *de* herança do instituidor do fideicomisso, não se podendo invocar, *a contrario sensu*, a justificativa da proibição na proteção do direito de herança de qualquer herdeiro.

É perfeitamente possível a instituição do fideicomisso por ato entre vivos, quer como cláusula fideicomissária nos contratos de doação, quer como modalidade de contrato atípico previsto no art. 425 do Código Civil, por meio do qual uma pessoa física ou jurídica (fideicomitente) transfere a propriedade resolúvel e temporária de determinados bens ou direitos a outra pessoa (fiduciário) em favor de uma terceira pessoa (fideicomissário). O fato de a disciplina do fideicomisso haver sido inserida no âmbito das substituições testamentárias não implica dizer que o testamento seja o único negócio jurídico a comportar a instituição do fideicomisso. Não existe proibição alguma a que outros negócios jurídicos diversos do testamento, incluindo aqueles entre vivos, também possam se valer do instituto. A hipercomplexidade atual das relações sociais e econômicas impõe que se admitam outros usos ao fideicomisso, inclusive para fins de garantia, de modo a corresponder às novas demandas da sociedade e do setor produtivo.

A ampliação e revitalização do fideicomisso serviria para incrementar e atribuir maior segurança jurídica ao planejamento sucessório, permitindo-se a indicação de pessoas jurídicas para a posição de fiduciário, possibilitando ao autor da herança resguardar o patrimônio a ser transmitido aos herdeiros, beneficiando as gerações futuras de maneira mais segura, com redução dos impactos tributários e fomento das relações econômicas.

Com isso, e pelo menos até que o negócio jurídico fiduciário venha a ser regulamentado entre nós, poderíamos fazer uso, no planejamento patrimonial, de um mecanismo legal já existente no ordenamento e cuja ampliação, no espectro de aplicação, depende exclusivamente da boa vontade, da visão prospectiva e da criatividade do intérprete que pode, perfeitamente revitalizar o instituto sem bater de frente com os textos normativos.

5. REFERÊNCIAS

ALVINO LIMA. Do fideicomisso nas doações inter-vivos. *Boletim da Faculdade de Direito da Universidade de Coimbra*. Coimbra, v. XXVIII, 1933.

AZEVEDO, Armando Dias de. *O fideicomisso no direito pátrio: doutrina, legislação, jurisprudência*. São Paulo, Saraiva, 1973.

CÂMARA DOS DEPUTADOS. Projeto do Código Civil Brasileiro do Dr. Joaquim Felicio dos Santos precedido dos atos oficiais relativos ao assunto e seguido de um aditamento contendo os Apontamentos do Código Civil organizados pelo Conselheiro José Thomaz Nabuco de Araujo. Rio de Janeiro: Tipografia Nacional, 1882.

CHALHUB, Melhim Namem. *Alienação fiduciária- negócio fiduciário*. 5. ed. Rio de Janeiro: Forense, 2017.

CHALHUB, Melhim. Afetação patrimonial no direito contemporâneo. *Revista Trimestral de Direito Civil – RTDC*. Rio de Janeiro. a. 8, v. 29, p. 111-147. jan./mar. 2007.

CHALHUB, Melhim Namem. *TRUST* - Perspectivas do direito contemporâneo na transmissão da propriedade para administração e garantia. Rio de Janeiro: Renovar, 2001.

CHALHUB, Melhim Namem; VILLELA FILHO, Gustavo Alberto e OLIVA, Milena Donato. Regime jurídico geral do contrato fiduciário. *Migalhas*. Disponível em: https://www.migalhas.com.br/coluna/migalhas-edilicias/334443/regime-juridico-geral-do-contrato-fiduciario. Acesso em: 20 mai. 2021.

CARVALHO SANTOS, João Manuel de. *Código Civil brasileiro interpretado.* t. XXIV. 11. ed. Rio de Janeiro: Freitas Bastos, 1981.

DELGADO, Mário Luiz. *Novo direito intertemporal brasileiro.* São Paulo: Saraiva, 2014.

DELGADO, Mário Luiz; MARINHO JÚNIOR, Jânio Urbano. Novos horizontes para os pactos sucessórios no Brasil. *Revista Nacional de Direito de Família e Sucessões*. São Paulo, v. 5, n. 28, p. 5–30, jan./fev, 2019.

EHRHARDT JÚNIOR, Marcos; ANDRADE, Gustavo. A autonomia da vontade no direito sucessório: quais os limites para a denominada "sucessão contratual"? *Migalhas*. Disponível em: https://migalhas.uol.com.br/coluna/migalhas-contratuais/335429/a-autonomia-da-vontade-no-direito-sucessorio--quais-os-limites-para-a-denominada--sucessao-contratual. Acesso em: 20 nov. 2020.

FARIAS DA SILVA, Justino Adriano. Do fideicomisso. *In*: BRANDELLI, Leonardo (coord.). *Direito Civil e registro de imóveis.* São Paulo: Método, 2007.

GAMA, Guilherme Calmon Nogueira da. *Herança legítima ad tempus*: tutela sucessória no âmbito da filiação resultante de reprodução assistida póstuma? São Paulo: Revista dos Tribunais, 2017.

GRUBER, Rafael. Revisitação do fideicomisso e da partilha conforme vontade do autor da herança: planejamento sucessório e proteção post mortem do patrimônio familiar. *Revista Nacional de Direito de Família e Sucessões*. São Paulo, v. 4, n. 23, p. 41-69, mar./abr. 2018.

LARENZ, Karl. *Metodologia da ciência do direito.* 3. ed. Tradução de José Lamego. Lisboa: Fundação Calouste Gulbenkian, 1997.

MAIA, Paulo Carneiro. *Substituição fideicomissária.* São Paulo: Revista dos Tribunais, 1967.

NONATO, Orosimbo. *Estudos sôbre sucessão testamentária*, v. I. Rio de Janeiro: Forense, 1957.

OLIVEIRA, Arthur Vasco Itabaiana de. *Tratado de direito das sucessões.* 4. ed. São Paulo: Max Limonad, 1952.

OLIVEIRA, Carlos Elias de. *Princípio da vontade soberana do testador e o censurável "Testamento Magistral".* Disponível em: https://www.conjur.com.br/2020-set-21/direito-civil-atual-principio-vontade-soberana-testador-censuravel-testamento-magistral. Acesso em: 20 nov. 2020.

PEREIRA, Caio Mário da Silva. *Instituições de Direito Civil.* Direitos das sucessões. v. VI. 15. ed. atual. Carlos Roberto Barbosa Moreira. Rio de Janeiro: Forense, 2005.

PONTES DE MIRANDA. *Tratado de direito privado.* t. LVIII. Rio de Janeiro: Borsoi, 1969.

SCHREIBER, Anderson; TARTUCE, Flávio; SIMÃO, José Fernando; DELGADO, Mário Luiz; MELO, Marco Aurélio Bezerra de. *Código Civil comentado. Doutrina e jurisprudência.* Rio de Janeiro: Forense, 2019.

VELOSO, Zeno. *Novo Código Civil comentado.* Coordendo por FIUZA, Ricardo. 5. ed. atual. São Paulo: Saraiva, 2008.

A HOMOLOGAÇÃO DA PARTILHA AMIGÁVEL, A ENTREGA DO FORMAL DE PARTILHA E O LANÇAMENTO DO IMPOSTO DE TRANSMISSÃO *CAUSA MORTIS* NO ARROLAMENTO SUMÁRIO, CONFORME O CPC/15 E A JURISPRUDÊNCIA DO SUPERIOR TRIBUNAL DE JUSTIÇA (TEMA 1.074)

Luciano Vianna Araújo

Doutor em Direito Processual Civil pela PUC/SP. Mestre em Direito Processual Civil pela PUC/SP. Professor de Direito Processual Civil nos cursos de graduação e de pós-graduação *lato sensu* da PUC/Rio. Membro do Conselho Científico da *Suprema* – Revista de Estudos Constitucionais do Supremo Tribunal Federal. Membro do Corpo Editorial da Revista da EMERJ – Escola da Magistratura do Estado do Rio de Janeiro. Advogado.

Sumário: 1. Introdução – 2. A questão jurídica; 2.1 O Código de Processo Civil de 1973; 2.2 O Código de Processo Civil de 2015 – 3. A jurisprudência do superior tribunal de justiça e as recentes decisões de afetação (tema 1.074) – 4. A solução jurídica; 4.1 Prova de quitação dos tributos relativos aos bens do espólio e às suas rendas; 4.2 Expedição e entrega do formal de partilha e dos alvarás aos interessados independentemente da comprovação do recolhimento do imposto de transmissão *causa mortis* – 5. Conclusão – 6. Referências.

1. INTRODUÇÃO

Um novo Código de Processo Civil *gera* debates doutrinários a respeito de questões jurídicas com repercussão naturalmente na jurisprudência. Cabe, assim, ao Superior Tribunal de Justiça, diante da sua competência constitucional (art. 105, III, CF), definir a interpretação e a aplicação do Código de Processo Civil (norma federal) em todo o país.

Passados 5 (cinco) anos da entrada em vigor do Código de Processo Civil de 2015, algumas dessas questões jurídicas já foram apreciadas e julgadas pelo Superior Tribunal de Justiça. Os respectivos acórdãos do Superior Tribunal de Justiça deveriam servir *naturalmente* de orientação para os Tribunais estaduais e para os Tribunais Regionais Federais, conforme as suas respectivas competências (art. 125, § 1º, e 108 e 109 da CF, respectivamente).

O Código de Processo Civil de 2015 alterou a redação do dispositivo similar existente no Código de Processo Civil de 1973, a respeito do lançamento do imposto de transmissão *causa mortis*, quando se tratar de arrolamento sumário. O Código de Processo Civil de 2015 dispõe que o lançamento do tributo deve ocorrer após a homologação da partilha amigável e, também[1], da expedição e da entrega do formal de partilha e dos alvarás aos interessados.[2]

As 2 (duas) Turmas de Direito Público[3] do Superior Tribunal de Justiça decidem que o recolhimento do imposto de transmissão *causa mortis* não impede a homologação da partilha amigável nem a expedição e a entrega do formal de partilha, no rito do arrolamento sumário, conforme o CPC/15.

No entanto, apesar do texto legal do Código de Processo Civil de 2015 e de julgados convergentes das 2 (duas) Turmas de Direito Público do Superior Tribunal de Justiça, alguns tribunais continuam exigindo, como requisito para a homologação da partilha amigável ou para a entrega do formal de partilha aos interessados, a prévia comprovação do recolhimento do imposto de transmissão *causa mortis*.

Por isso, a 1ª Seção do Superior Tribunal de Justiça decidiu, por unanimidade[4], afetar (Tema 1.074, em 17 de novembro de 2020) dois recursos especiais ao regime de recursos especiais repetitivos (art. 1.036, § 5º, do CPC), inclusive com a suspensão em todo o território nacional de todos processos, individuais ou coletivos, que versem sobre a questão afetada, isto é, "necessidade de se comprovar, no arrolamento sumário, o pagamento do Imposto de Transmissão Causa Mortis e Doação – ITCMD como condição para a homologação da partilha ou expedição da carta de adjudicação, à luz dos arts. 192 do CTN e 659, § 2º, do CPC/2015."

A decisão de afetação desses recursos especiais leva a outro questionamento, qual seja, a *força vinculante* dos julgamentos das questões federais pelo Superior Tribunal de Justiça em recurso especial, pelo regime *não* repetitivo.

2. A QUESTÃO JURÍDICA

A questão jurídica consiste em saber se a homologação da partilha amigável ou a posterior entrega do formal de partilha e dos alvarás exigem prévio recolhimento do imposto de transmissão *causa mortis*.

---

1. Esclareça-se, desde já, que a novidade, introduzida pelo CPC/2015, é a de que só após a expedição do formal de partilha e da entrega dos alvarás aos interessados faz-se administrativamente o lançamento do imposto de transmissão *causa mortis*, como se verá adiante. No CPC/1973, homologava-se a partilha amigável independente do lançamento do imposto de transmissão *causa mortis*, todavia a entrega do formal de partilha e dos alvarás aos interessados dependia da comprovação do recolhimento do imposto em juízo.
2. Usa-se expressão (mais ampla) "interessados", ao invés de herdeiros e legatários, porque, além destes, outras pessoas podem participar da sucessão, tais como, cessionários de direitos hereditários, credores do espólio e dos herdeiros e legatários etc.
3. A Primeira e a Segunda Turmas do Superior Tribunal de Justiça compõem a 1ª Seção (art. 2º, § 4º, RISTJ) com competência de Direito Público (art. 9º, § 1º, RISTJ).
4. Participou desse julgamento, inclusive, o Ministro Sérgio Kukina, um dos coordenadores dessa obra, ao lado dos Professores Teresa Arruda Alvim, Alexandre Freire e Pedro Miranda de Oliveira, aos quais eu agradeço pelo honroso convite.

HOMOLOGAÇÃO DA PARTILHA,ENTREGA DO FORMAL E LANÇAMENTO DO ITCM NO ARROLAMENTO SUMÁRIO **393**

Diga-se, desde logo, que o regime é o mesmo quando há herdeiro único e, assim, não há que se falar em partilha amigável, mas, sim, em pedido de adjudicação de toda a herança, conforme o art. 659, § 1°, do CPC/2015.[5]

A partir do cotejo dos textos do Código de Processo Civil de 1973 (art. 1.031) e do Código de Processo Civil de 2015 (art. 659), não há a menor dúvida de que o legislador pretendeu alterar o sistema em dois pontos (*caput* e parágrafo 2°):

Arrolamento sumário

CPC/1973	CPC/2015
Art. 1.031. A partilha amigável, celebrada entre partes capazes, nos termos do art. 2.015 da Lei n º 10.406, de 10 de janeiro de 2002 - Código Civil, será homologada de plano pelo juiz, mediante a prova da quitação dos tributos relativos aos bens do espólio e às suas rendas, com observância dos arts. 1.032 a 1.035 desta Lei. (Redação dada pela Lei nº 11.441, de 2007).	Art. 659. A partilha amigável, celebrada entre partes capazes, nos termos da lei, será homologada de plano pelo juiz, com observância dos arts. 660 a 663 .
§ 1 º O disposto neste artigo aplica-se, também, ao pedido de adjudicação, quando houver herdeiro único. (Parágrafo único Renumerado pela Lei nº 9.280, de 30.5.1996)	§ 1º O disposto neste artigo aplica-se, também, ao pedido de adjudicação, quando houver herdeiro único.
§ 2 º Transitada em julgado a sentença de homologação de partilha ou adjudicação, o respectivo formal, bem como os alvarás referentes aos bens por ele abrangidos, só serão expedidos e entregues às partes após a comprovação, verificada pela Fazenda Pública, do pagamento de todos os tributos. (Incluído pela Lei nº 9.280, de 30.5.1996)	§ 2º Transitada em julgado a sentença de homologação de partilha ou de adjudicação, será lavrado o formal de partilha ou elaborada a carta de adjudicação e, em seguida, serão expedidos os alvarás referentes aos bens e as rendas por ele abrangidos, intimando-se o fisco para lançamento administrativo do imposto de transmissão e de outros tributos porventura incidentes, conforme dispuser a legislação tributária, nos termos do § 2º do art. 662 .

Fonte: Dados da pesquisa.

De um lado, o legislador suprimiu do *caput* do art. 659 do CPC/2015 a expressão "mediante a prova da quitação dos tributos relativos aos bens do espólio e às suas rendas", como requisito para a homologação da partilha amigável. Por outro lado, o parágrafo 2° do art. 659 do CPC/2015 dispensou, para a expedição e para a entrega do formal de partilha e dos alvarás, o prévio recolhimento do imposto pela transmissão *causa mortis*. A partir do Código de Processo Civil de 2015, realiza-se, administrativamente, o lançamento do imposto de transmissão *causa mortis* e de outros tributos porventura incidentes após a entrega do formal de partilha e dos alvarás aos interessados.

2.1 O Código de Processo Civil de 1973

Conforme o *caput* do art. 1.031 do CPC/1973, a partilha amigável só poderia ser homologada mediante a prova da quitação dos tributos relativos aos bens do espólio e às suas rendas. Por sua vez, o parágrafo 2° do art. 1.031 do CPC/1973 dispunha que,

---

5. Neste escrito, referir-se-á sempre à partilha amigável, a qual, como dito, pressupõe mais de um herdeiro. Todavia, o que se diz sobre a partilha amigável aplica-se, de igual forma, ao pedido de adjudicação. Na partilha amigável, entrega-se aos interessados (no plural sempre, porque há mais de um necessariamente) o formal de partilha, enquanto, no pedido de adjudicação, a carta de adjudicação ao único interessado.

transitada em julgado a sentença homologatória, o formal de partilha e os alvarás só seriam expedidos e entregues as partes após a comprovação, verificada pela Fazenda Pública, do recolhimento de todos os tributos.

Nota-se que, conforme o art. 1.031 do CPC/1973, o recolhimento do imposto de transmissão *causa mortis* sequer obstava a homologação da partilha amigável, apenas a expedição e a entrega do formal de partilha e dos alvarás.

Na vigência do Código de Processo Civil de 1973, Hamilton de Moraes e Barros[6] sustentou que o lançamento do imposto de transmissão *causa mortis* poderia ocorrer antes ou após a homologação da partilha amigável:

> Esse lançamento tanto pode ser feito antes da homologação da partilha quanto depois dela. Poderá o Fisco exigir do espólio antes da homologação e fora do pedido de arrolamento, ou, depois, dos herdeiros e após o arrolamento, podendo ir até a execução fiscal, se, amigavelmente, não pagarem os interessados o que lhe era devido.

Além disso, Hamilton de Moraes e Barros defendeu que o fisco poderia exigir do espólio, antes da homologação da partilha amigável, o recolhimento do imposto de transmissão *causa mortis*. Parece-me que, por princípio, a obrigação tributária é dos herdeiros e legatários, e não do espólio.

Paulo César Carneiro Pinheiro,[7] ao comentar a eventual divergência entre o *caput* do art. 1.031 do CPC/1973 e o seu parágrafo 2º, no que consiste à prova da quitação dos tributos relativos aos bens do espólio e às suas rendas e a comprovação da quitação de todos os tributos, concluiu que "qualquer que seja a interpretação escolhida ter-se-á criado um verdadeiro absurdo".

Para Paulo César Carneiro Pinheiro,[8] o parágrafo 2º do art. 1.031 do CPC/1973 permitia um controle pelo fisco, após a homologação da partilha amigável, da quitação dos tributos relativos aos bens do espólio e das suas rendas também, objeto do *caput* do art. 1.031 do CPC/1973. Parece-me que há, aqui, uma confusão entre as expressões "tributos relativos aos bens do espólio e às suas rendas", constante do *caput* do art. 1.031 do CPC/1973, e "pagamento de todos os tributos", prevista no parágrafo 2º daquele artigo.

Para mim, o *caput* do art. 1.031 do CPC/1973, quando mencionava tributos relativos aos bens do espólio e às suas rendas, referia-se ao IPTU, ao ITR, ao IPVA e a outros tributos devidos pelos bens inventariados (imóvel urbano, imóvel rural, automóveis etc.), assim como eventual IR devido pelo espólio pelas rendas dos bens inventariados (aluguel, rendimentos financeiros etc.). Por sua vez, o parágrafo 2º do

---

6. MORAES E BARROS, Hamilton de. *Comentários ao Código de Processo Civil*. 3. ed. Rio de Janeiro: Forense, 1992. p. 202.
7. PINHEIRO, Paulo César Carneiro. *Comentários ao Código de Processo Civil*. v. IX, t. I. Rio de Janeiro: Forense, 2001. p. 231.
8. PINHEIRO, Paulo César Carneiro. *Comentários ao Código de Processo Civil*. v. IX, t. I. Rio de Janeiro: Forense, 2001. p. 231.

art. 1.031 do CPC/1973, quando citava o pagamento de todos os tributos, referia-se ao imposto de transmissão *causa mortis* e, eventualmente, ao imposto pela reposição.

A meu ver, correta a interpretação dada ao art. 1.031 do CPC/1973 por Humberto Theodoro Júnior[9], nos seguintes termos:

> A apuração, lançamento e cobrança do tributo sucessório serão realizados totalmente pelas vias administrativas (art.1.034, § 2º). Isto em nada diminui as garantias do Fisco, uma vez que, após a homologação da partilha, o seu registro não se poderá fazer no Registro de Imóveis sem o comprovante do recolhimento do tributo devido (art. 143 da Lei de Registros Públicos).

Humberto Theodoro Júnior[10] explicou, inclusive, a razão de ser do parágrafo 2º do art. 1.031 do CPC/1973, da seguinte forma:

> Para ressalvar, porém, os interesses do Fisco, no arrolamento concluído sem a sua presença, a Lei nº 9.280, de 30.05.96, criou o § 2º do art. 1.031, no qual se dispôs que, após o trânsito em julgado da sentença de partilha ou de adjudicação, o formal e os alvarás 'só serão expedidos e entregues às partes após a comprovação verificada pela Fazenda Pública, do pagamento de todos os tributos', inclusive o imposto de transmissão 'causa mortis'.

Parece-me que, na vigência do Código de Processo Civil de 1973, prevaleceu o entendimento sustentado por Humberto Theodoro Júnior, ou seja, comprovada a quitação dos tributos devidos pelos bens do espólio e das suas rendas, o juiz deveria proferir sentença homologatória da partilha amigável. Entretanto, antes da entrega do formal de partilha e dos alvarás aos interessados, a Fazenda Pública Estadual era intimada, no arrolamento sumário, para concordar – em juízo, portanto – com o recolhimento do tributo pela transmissão *causa mortis*,[11] lançado administrativamente.

2.2   O Código de Processo Civil de 2015

O *caput* do art. 659 do CPC/2015 sequer faz referência à prova da quitação dos tributos relativos aos bens do espólio e às suas rendas, como fazia o *caput* do art. 1.031 do CPC/1939. Por outro lado, o parágrafo 2º do art. 659 do CPC/2015 assevera que, transitada em julgado a sentença de homologação da partilha amigável, lavra-se e entrega-se o formal de partilha e os alvarás aos interessados, "intimando-se o fisco para lançamento administrativo do imposto de transmissão e de outros tributos porventura incidentes, conforme dispuser a legislação tributária", ao passo que, no parágrafo 2º do art. 1.031 do CPC/1973, exigia-se, para a entrega do formal de partilha e dos alvarás, a comprovação do recolhimento do imposto.

---

9. THEODORO JÚNIOR, Humberto. *Curso de Direito Processual Civil*. v. II. 45. ed. Rio de Janeiro: Forense, 2013. p. 264.

10. THEODORO JÚNIOR, Humberto. *Curso de Direito Processual Civil*. v. II. 45. ed. Rio de Janeiro: Forense, 2013. p. 265.

11. Neste sentido, a lição de Alexandre Freitas Câmara. *Lições de Direito Processual Civil*. v. 3. São Paulo: Atlas, 2012. p. 493.

Para mim, a partir do Código de Processo Civil de 2015, em primeiro lugar, a prova de quitação dos tributos devidos pelos bens do espólio (IPTU, ITR, IPVA etc.) e pelas suas rendas (IR) não constitui *mais* requisito para a homologação da partilha amigável, conforme o *caput* do art. 659. Em segundo lugar, o recolhimento do imposto de transmissão *causa mortis*, que ocorre administrativamente, não impede nem a homologação da partilha amigável nem a expedição e a entrega do formal de partilha e dos alvarás aos interessados, nos termos do parágrafo 2º do art. 659 do CPC/2015. Logo, não se deve sequer dar vista à Fazenda Pública Estadual no arrolamento sumário, porque ela não possui nenhum interesse fiscal no respectivo processo. No que se refere as disposições sobre arrolamento sumário,[12] vejamos:

> Relembre-se que, de acordo com o art. 659, parágrafo 2º, do CPC/2015, o recolhimento dos impostos passa – agora – a ser feito *após* o trânsito em julgado da sentença homologatória e da expedição do formal de partilha ou da carta de adjudicação, conforme o caso, bem como dos alvarás.

> O cálculo do imposto de transmissão *causa mortis* realiza-se administrativamente, com base na avaliação dos bens feita pela própria Fazenda Estadual.

Conforme o parágrafo 2º do art. 659 do CPC/2015, ao contrário do que dispunha o art. 1.031 do CPC/1973, a expedição e a entrega do formal de partilha antecedem ao lançamento e, por conseguinte, ao próprio recolhimento do imposto de transmissão *causa mortis*. No mesmo sentido, o ensinamento de Felippe Borring Rocha[13]; de Humberto Theodoro Júnior[14]; de Luiz Guilherme Marinoni, Sérgio Cruz Arenhart e Daniel Mitidiero[15]; de Nelson Nery Junior e Rosa Maria de Andrade Nery[16]; de Rodrigo Ramina de Lucca.[17]

3. A JURISPRUDÊNCIA DO SUPERIOR TRIBUNAL DE JUSTIÇA E AS RECENTES DECISÕES DE AFETAÇÃO (TEMA 1.074)

Nas decisões de afetação, proferidas no REsp 1.896.526/DF e no REsp 1.895.486/DF, afirmou-se que as 2 (duas) Turmas de Direito Público do Superior Tribunal de

---

12. ARAÚJO, Luciano Vianna. Do inventário e da partilha. *In*: BUENO, Cassio Scarpinella (coord.). *Comentários ao Código de Processo Civil*. v. 3. São Paulo: Saraiva, 2017. p. 281.
13. ROCHA, Felippe Borring. Do inventário e da partilha (arts. 610 a 673). *In*: CABRAL, Antonio do Passo; CRAMER, Ronaldo (coord.). *Comentários ao novo Código de Processo Civil*. Rio de Janeiro: Forense, 2015. p. 980.
14. THEODORO JÚNIOR, Humberto. *Curso de Direito Processual Civil*. 52. ed. Rio de Janeiro: Forense, 2018. p. 315.
15. MARINONI, Luiz Guilherme; ARENHART, Sérgio Cruz; MITIDIERO, Daniel. *Novo curso de Direito Processual Civil*. v. 3. São Paulo: Revista dos Tribunais, 2015. p. 208-209.
16. NERY JUNIOR, Nelson; NERY, Rosa Maria de Andrade. *Comentários ao Código de Processo Civil*. São Paulo: Revista dos Tribunais, 2015. p. 1.477.
17. LUCCA, Rodrigo Ramina de. Do arrolamento. *In*: ALVIM, Teresa Arruda; DIDIER JR., Fredie; TALAMINI, Eduardo; DANTAS, Bruno (coord.). *Breves comentários ao novo Código de Processo Civil*. São Paulo: Revista dos Tribunais, 2015. p. 1.560.

Justiça já decidiam, de maneira convergente, essa questão jurídica antes mesmo da afetação dela (Tema 1.074)[18]:

> A matéria, por sua vez, é julgada pelo mérito, de modo convergente, pela 1ª e 2ª Turmas desta Corte, as quais manifestam o entendimento segundo o qual, no procedimento de arrolamento sumário, é desnecessária a comprovação da quitação do Imposto de Transmissão Causa Mortis e Doação – ITCMD como requisito para homologar a partilha ou expedir a carta de adjudicação (cf. 1ª T., REsp n. 1.704.359/DF, Rel. Min. Documento: 1996111 – Inteiro Teor do Acórdão – Site certificado – DJe: 17/11/2020 Página 5 de 4 Superior Tribunal de Justiça Gurgel de Faria, j. 28.08.2018, DJe 02.10.2018; 1ª T., AgInt no REsp n. 1.676.354/DF, de minha relatoria, j. 18.03.2019, DJe 21.03.2019; 2ª T., AgInt no AREsp n. 1.298.980/DF, Rel. Min. Assusete Magalhães, j. 06.05.2020, DJe 12.05.2020; 2ª T., REsp n. 1.751.332/DF, Rel. Min. Mauro Campbell Marques, j. 25.09.2018, DJe 03.10.2018).

A seguir, transcreve-se trechos das ementas dos acórdãos mencionados nas decisões de afetação do REsp 1.896.526/DF e do REsp 1.895.486/DF (Tema 1.074)[19]:

> 1ª Turma
>
> *REsp 1.704.359/DF* [...] 4. O novo Código de Processo Civil, em seu art. 659, § 2°, traz uma significativa mudança normativa no tocante ao procedimento de arrolamento sumário, ao deixar de condicionar a entrega dos formais de partilha ou da carta de adjudicação à prévia quitação dos tributos concernentes à transmissão patrimonial aos sucessores.
>
> 5. Essa inovação normativa, todavia, em nada altera a condição estabelecida no art. 192 do CTN, de modo que, no arrolamento sumário, o magistrado deve exigir a comprovação de quitação dos tributos relativos aos bens do espólio e às suas rendas para homologar a partilha e, na sequência, com o trânsito em julgado, expedir os títulos de transferência de domínio e encerrar o processo, independentemente do pagamento do imposto de transmissão.
>
> 1ª Turma
>
> *AgInt no REsp 1.676.354/DF* [...] II – É pacífico o entendimento no Superior Tribunal de Justiça no sentido de que não são cabíveis discussões a respeito do ITCMD ou de exigência de documentos pelo Fisco no curso do procedimento sumário de arrolamento, prevalecendo, contudo, o comando inserto no art. 192, do CTN, segundo o qual "nenhuma sentença de julgamento de partilha ou adjudicação será proferida sem prova de quitação de todos os tributos relativos aos bens do espólio, ou às suas rendas".
>
> III – A inovação normativa do art. 659, § 2°, do Código de Processo Civil não altera a condição estabelecida no art. 192 do CTN, de modo que, no arrolamento sumário, o magistrado deve exigir a comprovação de quitação dos tributos relativos aos bens do espólio e às suas rendas para homologar a partilha e, após o trânsito em julgado, expedir os títulos de transferência de domínio e encerrar o processo.
>
> 2ª Turma
>
> *AgInt no AREsp n. 1.298.980/DF* [...] V. De acordo com a orientação jurisprudencial firmada nesta Corte, "diante da inovação normativa contida no art. 659, § 2°, do CPC/2015, no procedimento de arrolamento sumário, a homologação da partilha e a expedição dos respectivos formais não

---

18. STJ, 1ª S. Tema n. 1074, R. Min. Regina Helena Costa, *DJe* 17.11.2020.
19. STJ, 1ª S. Tema n. 1074, R. Min. Regina Helena Costa, *DJe* 17.11.2020.

dependem do prévio recolhimento do imposto de transmissão. Precedentes" (STJ, AgInt no AREsp 1.497.714/DF, Rel. Ministro GURGEL DE FARIA, PRIMEIRA TURMA, DJe de 04/12/2019). Em igual sentido: "A homologação da partilha no procedimento do arrolamento sumário não pressupõe o atendimento das obrigações tributárias principais e tampouco acessórias relativas ao imposto sobre transmissão causa mortis. Consoante o novo Código de Processo Civil, os artigos 659, § 2°, cumulado com o 662, § 2°, com foco na celeridade processual, permitem que a partilha amigável seja homologada anteriormente ao recolhimento do imposto de transmissão causa mortis, e somente após a expedição do formal de partilha ou da carta de adjudicação é que a Fazenda Pública será intimada para providenciar o lançamento administrativo do imposto, supostamente devido" (STJ, REsp 1.751.332/DF, Rel. Ministro MAURO CAMPBELL MARQUES, SEGUNDA TURMA, DJe de 03/10/2018). Com a mesma orientação: STJ, AgInt no AREsp 1.374.548/DF, Rel. Ministro MAURO CAMPBELL MARQUES, SEGUNDA TURMA, DJe de 19/02/2019; REsp 1.771.623/DF, Rel. Ministro HERMAN BENJAMIN, SEGUNDA TURMA, DJe de 04/02/2019.

2ª Turma

REsp 1.751.332 [...] 1. A homologação da partilha no procedimento do arrolamento sumário não pressupõe o atendimento das obrigações tributárias principais e tampouco acessórias relativas ao imposto sobre transmissão causa mortis.

2. Consoante o novo Código de Processo Civil, os artigos 659, § 2°, cumulado com o 662, § 2°, com foco na celeridade processual, permitem que a partilha amigável seja homologada anteriormente ao recolhimento do imposto de transmissão causa mortis, e somente após a expedição do formal de partilha ou da carta de adjudicação é que a Fazenda Pública será intimada para providenciar o lançamento administrativo do imposto, supostamente devido.

Mas, se havia uma convergência entre os julgados das Turmas de Direito Público do Superior Tribunal de Justiça, por que afetar esses recursos especiais ao regime dos repetitivos? A própria decisão de afetação responde a esse questionamento:

Embora uniforme o entendimento no âmbito das Turmas de Direito Público, tal circunstância tem se mostrado insuficiente para impedir a distribuição de inúmeros recursos a esta Corte veiculando o tema.

Com efeito, levantamento na base jurisprudencial deste Superior Tribunal revela a existência de onze acórdãos apreciando a matéria e mais de uma centena de decisões monocráticas proferidas.

Além do Distrito Federal, origem do presente recurso, há, igualmente, demandas envolvendo a matéria em Sergipe (REsp n. 1.828.928/SE, Rel. Min. Napoleão Nunes Maia Filho, DJe 21.02.2020), Minas Gerais (REsp n. 1.864.440/MG, de minha relatoria, DJe 23.10.2019), Mato Grosso (REsp n. 1.702.825/MT, Rel. Min. Mauro Campbell Marques, DJe 11.12.2018) e São Paulo (REsp n. 1.405.564/SP, Rel. Min. Gurgel de Faria, DJe 29.06.2018).

Anote-se, outrossim, que tramita no Supremo Tribunal Federal a ADI n. 5.894/DF, sob a relatoria do Ministro Marco Aurélio, ajuizada em 08.02.2018 pelo Governador do Distrito Federal, na qual se defende a inconstitucionalidade do art. 659, § 2° do CPC/2015.

A razão de levar tal questão ao regime de recursos especiais repetitivos é a de que, mesmo diante do julgamento de maneira convergente das 2 (duas) Turmas de Direito Público do Superior Tribunal de Justiça, como afirmado nas decisões de afetação (Tema 1.074), os tribunais inferiores insistem em proferir decisões em sentido contrário e as partes continuam a recorrer de decisões no mesmo sentido daquelas proferidas pelo Superior Tribunal de Justiça.

Trata-se de um verdadeiro descaso com a jurisprudência do Superior Tribunal de Justiça. Daí, a necessidade de se criar um *sistema de precedentes*. A respeito, leciona Ronaldo Cramer:[20]

> Diante desse quadro, não é eficiente o Judiciário julgar cada uma das ações que repetem a mesma tese jurídica, quando já há pronunciamento judicial sobre o assunto. Resolvida a tese jurídica pelos tribunais, a mesma solução tem que ser aplicada a todos os processos que tenham por objeto essa questão. O novo CPC propõe resolver esse grave problema por meio da implementação de um sistema de precedentes.

Como os vários acórdãos proferidos em recursos especiais não repetitivos não criam a vinculação prevista no art. 927, em especial o seu inciso III, tornou-se necessária, apesar da convergência das 2 (duas) Turmas da 1ª Seção, a afetação dos recursos especiais ao regime dos repetitivos. A propósito, leia-se o ensinamento de Rafael Guimarães:[21]

> Lembre-se que a sistemática de julgamento de recursos repetitivos tem a característica de dar eficácia *erga omnes* quando o tribunal superior já tem entendimento reiterado sobre um tema jurídico, com o intuito de evitar que mais discussões similares adentrem no referido tribunal. É a *mens legis* do art. 1.036 do CPC.

4. A SOLUÇÃO JURÍDICA

Para resolver esse imbróglio, deve-se analisar 2 (duas) questões distintas relacionadas à (I) homologação da partilha amigável e à (II) entrega do formal de partilha aos interessados, respectivamente, quais sejam:

I – a prova de quitação de todos os tributos relativos aos bens do espólio ou às suas rendas, suprimida do *caput* do art. 659 do CPC/2015 e que existia no *caput* do art. 1.031 do CPC/1973, continua sendo uma condição para a homologação da partilha amigável, por força do art. 192 do Código Tributário Nacional (CTN)?

II – por força do texto do parágrafo 2º do art. 659 do CPC/2015, expede-se e entrega-se o formal de partilha e os alvarás aos interessados independentemente da comprovação do recolhimento do imposto de transmissão *causa mortis*?

Para tanto, parece-me fundamental distinguir, como se fez acima, ao tratar do texto do Código de Processo Civil de 1973, as expressões "prova da quitação dos tributos relativos aos bens do espólio e às suas rendas", constante do *caput* do art. 1.031, e "comprovação, verificada pela Fazenda Pública, do pagamento de todos os tributos", objeto do parágrafo 2º do art. 1.031.

Como dito, para mim, o *caput* do art. 1.031 do CPC/1973, quando mencionava tributos relativos aos bens do espólio e às suas rendas, referia-se ao IPTU, ao ITR, ao IPVA e a outros tributos devidos pelos bens inventariados (imóvel urbano, imóvel rural, automóveis etc.), assim como eventual IR devido pelo espólio pelas rendas dos bens inventariados (aluguel, rendimentos financeiros etc.). Por sua vez, o parágrafo 2º

---

20. CRAMER, Ronaldo. *Precedentes judiciais*. Teoria e dinâmica. Rio de Janeiro: Forense, 2016. p. 4.
21. GUIMARÃES, Rafael. *Recursos especial e extraordinário*. Técnica de elaboração, processamento e julgamento. São Paulo: Thomson Reuters, 2019. p. 212.

do art. 1.031 do CPC/1973, quando citava o pagamento de todos os tributos, referia-se ao imposto de transmissão *causa mortis* e, eventualmente, ao imposto pela reposição.

4.1 Prova de quitação dos tributos relativos aos bens do espólio e às suas rendas

Partindo dessa premissa, tem-se que o *caput* do art. 659 do CPC/2015 não repetiu a expressão "prova de quitação dos tributos relativos aos bens do espólio e às suas rendas", como requisito para a prolação da sentença homologatória da partilha amigável. Logo, não há mais, no Código de Processo Civil de 2015, essa exigência.

No entanto, o art. 192 do Código Tributário Nacional (CTN), recepcionado como *norma complementar* pela Constituição Federal de 1988, dispõe o seguinte: "Nenhuma sentença de julgamento de partilha ou adjudicação será proferida sem prova da quitação de todos os tributos relativos aos bens do espólio, ou às suas rendas."

Dessa forma, pode-se entender, por um lado, que, não obstante a supressão de tal expressão ("prova da quitação dos tributos relativos aos bens do espólio e às suas rendas") no *caput* do art. 659 do CPC/2015, a exigência permaneceria por conta do art. 192 do CTN.

Por outro lado, pode-se entender que, não obstante constar do texto do Código Tributário Nacional, a norma do art. 192 não seria verdadeiramente tributária, mas, sim, processual. Por isso, não teria o caráter de norma complementar.[22] Nesse contexto, sendo lei ordinária, a lei ordinária posterior (Código de Processo Civil de 2015) revogaria a anterior, por um critério cronológico de resolução de antinomias, ou seja, a norma posterior revoga a anterior.[23] Não prevaleceria o critério hierárquico, isto é, a norma superior (lei complementar) prevalece sobre a inferior (lei ordinária), ainda que posterior. Neste sentido, já decidiu o Tribunal de Justiça do Distrito Federal, como citado por acórdão do Superior Tribunal de Justiça:

> [...] 8. O Tribunal distrital conferiu interpretação literal para aplicar a regra do art. 659, § 2º, do CPC de 2015, afirmando que o aparente conflito com o art. 192 do CTN e com o art. 31 da LEF se resolve segundo o critério cronológico (lei posterior revoga a anterior), particularmente com base na premissa de que a norma do Código Tributário Nacional versa sobre Direito Processual, não reservado ao campo da Lei Complementar (art. 146, III, da CF/1988), razão pela qual não há inconstitucionalidade no tratamento conferido pelo atual CPC.
>
> (STJ, Primeira Turma, REsp 1.704.359, relator Ministro Gurgel de Faria, julgado em 28 de agosto de 2018).

---

22. O Supremo Tribunal Federal já decidiu, por diversas vezes, que, embora formalmente complementar (prevista em norma de natureza complementar), o dispositivo legal às vezes não se submete à reserva constitucional de lei complementar, podendo ser modificado por lei ordinária (RE 480.156, RE 481.779 e RE 507.253, por exemplo). No mesmo sentido, os precedentes que levaram à edição da súmula vinculante n. 8.

23. A propósito da antinomia jurídica, leia-se: DINIZ, Maria Helena. *Conflito de normas*. 7. ed. São Paulo: Saraiva, 2007.

A meu ver, a partir da eliminação dessa expressão no *caput* do art. 659 do CPC/2015, não se deve mais exigir, para homologação da partilha amigável, a "prova da quitação dos tributos relativos aos bens do espólio e às suas rendas", por força do art. 192 do CTN, porque não se trata *verdadeiramente* de norma tributária e, logo, não possui natureza de lei complementar.

Dessa forma, os bens e as rendas dos bens inventariados transmitem-se, desde logo, ao espólio com todos os seus ônus, inclusive as obrigações tributárias não quitadas. Logo, devido um imposto (IPTU, ITR, IPVA) sobre bem do espólio (imóvel urbano, imóvel rural, automóvel) ou existindo um passivo fiscal relativo às rendas dos bens inventariados, tal fato não impede a homologação da partilha amigável.

A disposição inserta no art. 192 do CTN não se inclui dentre aquelas de natureza tributária que, por disposição constitucional (art. 146 CF), devem ser tratadas por lei complementar. Dessa forma, embora prevista no Código Tributário Nacional, recepcionado pela Constituição Federal de 1988 como norma complementar, pode ser alterada por lei ordinária.

A norma tributária, que exige lei complementar, diz respeito à definição de tributos e de suas espécies, ao fato gerador, à base de cálculo, aos contribuintes, à obrigação tributária, ao lançamento, ao crédito tributário, à prescrição, à decadência e a todos os demais elementos necessários à formação de um sistema tributário único, aplicável às esferas federal, estadual e municipal, conforme o art. 146, inciso III, da CF:

> Art. 146. Cabe à lei complementar: I – dispor sobre conflitos de competência, em matéria tributária, entre a União, os Estados, o Distrito Federal e os Municípios; II – regular as limitações constitucionais ao poder de tributar; III – estabelecer normas gerais em matéria de legislação tributária, especialmente sobre: a) definição de tributos e de suas espécies, bem como, em relação aos impostos discriminados nesta Constituição, a dos respectivos fatos geradores, bases de cálculo e contribuintes; b) obrigação, lançamento, crédito, prescrição e decadência tributários; c) adequado tratamento tributário ao ato cooperativo praticado pelas sociedades cooperativas.
>
> d) definição de tratamento diferenciado e favorecido para as microempresas e para as empresas de pequeno porte, inclusive regimes especiais ou simplificados no caso do imposto previsto no art. 155, II, das contribuições previstas no art. 195, I e §§ 12 e 13, e da contribuição a que se refere o art. 239.

Afasta-se, portanto, o critério hierárquico para solucionar a antinomia jurídica. Aplica-se o critério cronológico e, possuindo a mesma natureza (de lei ordinária – de competência da Presidência da República – art. 22, I, CF), vigora a posterior (*caput* do art. 659 do CPC/2015) que afastou a exigência da anterior (art. 192 do CTN), dispensando-se a "prova da quitação dos tributos relativos aos bens do espólio e às suas rendas", para a homologação da partilha amigável e do pedido de adjudicação no arrolamento sumário.

Por fim, acrescente-se que, na ADI nº 5.894/DF, mencionada nas decisões de afetação, na qual se pretende a declaração da inconstitucionalidade do art. 659, § 2º, do CPC/2015, as manifestações da Presidência da República, da Advocacia Geral da

União e do Ministério Público Federal foram pela improcedência do pedido, justamente porque a norma do art. 192 do CTN possui natureza processual, e não tributária.

4.2 Expedição e entrega do formal de partilha e dos alvarás aos interessados independentemente da comprovação do recolhimento do imposto de transmissão *causa mortis*

Quanto à outra questão, o texto do parágrafo 2º do art. 659 do Código de Processo Civil de 2015 dispõe, de maneira clara, que se expede e se entrega o formal de partilha e os alvarás aos interessados, intimando-se (a seguir, portanto!) o fisco para lançamento administrativo (e não ainda o recolhimento, portanto!) do imposto de transmissão e de outros tributos porventura incidentes.

Nitidamente, o Código de Processo Civil de 2015 não condiciona mais a expedição e a entrega do formal de partilha e dos alvarás à prova, verificada em juízo, pela Fazenda Pública, do recolhimento do tributo.

Nem se diga que a Fazenda Pública sofreria qualquer prejuízo, porque, conforme o art. 289 da Lei de Registros Públicos, os Oficiais de Registro devem verificar o recolhimento do tributo antes de realizar o registro do formal de partilha: "Art. 289. No exercício de suas funções, cumpre aos oficiais de registro fazer rigorosa fiscalização do pagamento dos impostos devidos por força dos atos que lhes forem apresentados em razão do ofício."

Veja-se que, se se entender que o art. 192 do CTN configura norma tributária de natureza que exige lei complementar (art. 146 CF), o mesmo se deve dizer do art. 289 da Lei de Registros Públicos, porque, enquanto a primeira condicionava a homologação da partilha amigável à prova da quitação de todos os tributos relativos aos bens do espólio ou às suas rendas, a segunda atribui ao oficial de registro a fiscalização do recolhimento dos impostos devidos quando lhe são apresentados atos para registro. Não há, em essência, nenhuma diferença: numa a pessoa é o juiz e o momento é a homologação da partilha amigável (art. 192 CTN) e noutra a pessoa é o oficial e o momento é o registro do ato praticado (art. 289 da Lei de Registros Públicos).

Adite-se que o imposto de transmissão *causa mortis* não é nem uma obrigação tributária do inventariado nem do espólio. O devedor do tributo, pela transmissão *causa mortis*, é o próprio herdeiro.

Por fim, esclareça-se que, a meu ver, há uma *falsa questão* quando se defende que, apesar da redação do parágrafo 2º do art. 659 do CPC/2015, o art. 192 do CTN manteria a obrigatoriedade de, para se expedir o formal de partilha ou a carta de adjudicação, se comprovar o recolhimento do ITCMD. Como exposto acima, o art. 192 do CTN versa sobre a mesma matéria do *caput* do art. 659 do CPC/2015 e não sobre o disposto no parágrafo 2º do art. 659 do CPC/2015.

5. CONCLUSÃO

A partir dessas considerações, conclui-se, em poucas palavras, que o Código de Processo Civil de 2015 dispensou:

I – para a homologação da partilha amigável ou do pedido de adjudicação a prova da quitação de todos os tributos relativos aos bens do espólio ou das suas rendas, compreendidos como os tributos devidos pelos bens inventariados (imóvel urbano/IPTU, imóvel rural/ITR, automóveis/IPVA etc.) e pelas suas rendas (IR devido por receitas, aluguéis e por rendimentos financeiros, por exemplo), uma vez que o *caput* do art. 659 do CPC afastou tal condição, sendo certo que, por não ser norma de natureza tributária a exigir lei complementar, o art. 192 do CTN foi derrogado pela lei nova (art. 659 CPC), de mesma hierarquia (lei ordinária) e posterior, com base no critério cronológico. Fosse o art. 192 do CTN uma norma tributária a exigir lei complementar (art. 146 CF), ele prevaleceria por força do critério hierárquico. Todavia, não o é.

II – para a expedição do formal de partilha e da carta de adjudicação, bem como dos alvarás judiciais, e para a entrega aos interessados, a prévia comprovação, em juízo, verificada pela Fazenda Estadual, do recolhimento do imposto de transmissão *causa mortis*, uma vez que o parágrafo 2º do art. 659 do CPC dispõe que o fisco será intimado para realizar o lançamento do imposto de transmissão *causa mortis* após a entrega do formal de partilha e da carta de adjudicação, bem como dos alvarás aos interessados, ou seja, intimado para iniciar o procedimento administrativo para cálculo do imposto de transmissão *causa mortis* (lançamento), e não a prova do pagamento do tributo (recolhimento), como estava no parágrafo 2º do art. 1.031 do CPC. Adite-se que, nesta hipótese, sequer se aplica o art. 192 do CTN porque não versa sobre o imposto de transmissão *causa mortis*.

6. REFERÊNCIAS

ARAÚJO, Luciano Vianna. Do inventário e da partilha. *In:* BUENO, Cassio Scarpinella (coord.). *Comentários ao Código de Processo Civil.* São Paulo: Saraiva, 2017. v. III.

CÂMARA, Alexandre Freitas. *Lições de Direito Processual Civil.* 19. ed. São Paulo: Atlas, 2012. v. III.

CARNEIRO, Paulo Cezar Pinheiro. *Comentários ao Código de Processo Civil.* Rio de Janeiro: Forense, 2001. v. IX. t. I.

CRAMER, Ronaldo. *Precedentes judiciais. Teoria e dinâmica.* Rio de Janeiro: Forense, 2016.

DINIZ, Maria Helena. *Conflito de normas.* 7. ed. São Paulo: Saraiva, 2007.

GUIMARÃES, Rafael. *Recursos especial e extraordinário.* Técnica de elaboração, processamento e julgamento. São Paulo: Thomson Reuters, 2019.

LUCCA, Rodrigo Ramina de. Do arrolamento. *In:* ALVIM, Teresa Arruda; DIDIER JR., Fredie; TALAMINI, Eduardo; DANTAS, Bruno (coord.). *Breves comentários ao novo Código de Processo Civil.* São Paulo: Revista dos Tribunais, 2015.

MARINONI, Luiz Guilherme; ARENHART, Sérgio Cruz; MITIDIERO, Daniel. *Novo curso de Direito Processual Civil.* São Paulo: Revista dos Tribunais, 2015. v. III.

MORAES E BARROS, Hamilton de. *Comentários ao Código de Processo Civil*. 3. ed. Rio de Janeiro: Forense, 1992. v. IX.

NERY JUNIOR, Nelson; NERY, Rosa Maria de Andrade. *Comentários ao Código de Processo Civil*. São Paulo: Revista dos Tribunais, 2015.

ROCHA, Felippe Borring. Do inventário e da partilha (arts. 610 a 673). *In*: CABRAL, Antônio do Passo; CRAMER, Ronaldo (coord.). *Comentários ao novo Código de Processo Civil*. Rio de Janeiro: Forense, 2015.

THEODORO JÚNIOR, Humberto. *Curso de Direito Processual Civil*. 45. ed. Rio de Janeiro: Forense, 2013. v. II.

THEODORO JÚNIOR, Humberto. *Curso de Direito Processual Civil*. 52. ed. Rio de Janeiro: Forense, 2018. v. II.

SUCESSÃO NA EMPRESA: O PROBLEMA DAS QUOTAS DE SOCIEDADES LIMITADAS

Ana Frazão

Advogada e Professora-Associada de Direito Civil e Comercial da Faculdade de Direito da Universidade de Brasília – UnB.

Sumário: 1. Introdução – 2. A dupla dimensão do conflito que surge com a morte do sócio – 3. Distinções entre modelos sucessórios conforme a natureza da sociedade – 4. Desafios da sucessão *causa mortis* nas sociedades de pessoas – 5. A questão das sociedades limitadas: o problema da sucessão nas sociedades híbridas – 6. A importância das soluções contratuais *ex ante* para equacionar o conflito sucessório nas sociedades limitadas – 7. Considerações finais – 8. Referências.

1. INTRODUÇÃO

A morte de sócio, longe de ser um acontecimento banal, é evento que costuma ser muito significativo na vida societária, já que normalmente deflagra delicado conflito entre três diferentes polos de interesses: a própria sociedade, os sócios remanescentes e os sucessores.

Não obstante a importância e a recorrência do tema, a doutrina e a prática jurídica nem sempre dão a devida atenção ao assunto. Do ponto de vista teórico, o tema da morte de sócio fica frequentemente eclipsado por discussões mais abrangentes a respeito da resolução da sociedade em relação ao sócio, sem ter suas peculiaridades devidamente exploradas. Do ponto de vista da prática, é comum que os envolvidos no conflito só percebam a extensão do problema depois do óbito, sem que tenham feito qualquer tipo de planejamento.

Em se tratando das sociedades limitadas, o problema torna-se ainda maior, diante do caráter híbrido que normalmente as caracteriza, o que faz com que as soluções previstas pelo legislador para as sociedades de capitais e para as sociedades de pessoas nem sempre sejam adequadas à sua realidade.

O resultado disso é a grande insegurança em relação ao assunto e a expressiva litigiosidade que dele decorre, ainda mais em se tratando do tipo societário mais utilizado no Brasil. Como exemplo, podem ser citados pedidos de pensão alimentícia que têm sido feitos a sociedades por viúvas e herdeiros,[1] solução que é manifestamente

---

1. No julgamento da AC n. 9000094-05.2008.8.26.0100, o TJSP teve a oportunidade de acertadamente afirmar que "a sociedade ou sócio remanescente não devem alimentos aos dependentes do sócio falecido." (Rel. Paulo Eduardo Razuk, julg. 27.8.2013). Todavia, o mesmo TJSP, no AG n. 041700-05.2013.8.26.0000 (Rel. James Siano, julg. 08.5.2013), reformou a decisão que concedeu alimentos com base em outros fundamentos que não a impossibilidade jurídica do pedido, como se verifica da ementa: "AGRAVO DE INSTRUMENTO. Inconformismo contra decisão que nos autos de apuração de haveres deferiu pensionamento mensal da

incompatível com a dinâmica da sucessão societária e que apenas pode se justificar diante da ausência de planejamento sucessório e também do desconhecimento da matéria.

É diante do contexto ora descrito que o presente artigo buscará tratar das consequências da morte de sócio de sociedades limitadas, procurando apontar as principais questões para a solução do problema.

2. A DUPLA DIMENSÃO DO CONFLITO QUE SURGE COM A MORTE DO SÓCIO

A sucessão societária envolve aspectos distintos daqueles que estão presentes na sucessão tradicional, cujo objetivo é a repartição de um patrimônio estático em favor dos sucessores. Quando se trata de participações societárias, a sucessão tem como objeto um patrimônio dinâmico, já afetado à determinada finalidade econômica, tendo vinculações com a existência e a permanência da própria sociedade.

Por essa razão, a sucessão societária não diz respeito apenas à repartição do patrimônio do falecido entre seus sucessores, mas envolve também outras questões significativas, como as relacionadas à manutenção da própria sociedade e à necessária compatibilização entre os interesses dos sucessores e os dos sócios remanescentes.

Daí o previsível conflito triangular que pode decorrer da morte do sócio, tendo em vista que os interesses de cada um dos três polos – a sociedade, os sócios remanescentes e os sucessores – podem ser muito divergentes. Acresce que o conflito ainda apresenta, no que diz respeito ao seu conteúdo, pelo menos duas importantes dimensões: a organizacional e a patrimonial.[2]

A dimensão organizacional diz respeito às consequências do ingresso dos sucessores na sociedade, o que é particularmente importante no contexto brasileiro, diante do número expressivo de empresas familiares.[3] Assim, envolve as questões sobre (i) em que medida os atos constitutivos podem ou devem permitir tal solução, (ii) em que situações, na omissão dos atos constitutivos, pode ocorrer a entrada dos

---

quantia de R$ 4.000,00 em prol da viúva meeira do *de cujus* a ser suportado pela empresa da qual o falecido era sócio. Impossibilidade de se aferir a dimensão da sociedade empresária, a quota parte cabente ao falecido, bem como a existência de mais bens a fazerem frente a eventual e futura compensação de valores. Inexistência de notícia até mesmo quanto à origem da apuração de haveres. Pela ausência de tais elementos, de melhor prudência se mostra a reforma da decisão a fim de se resguardar os direitos dos demais herdeiros. Recurso provido."

2. Não se quer, com tal classificação, afastar outras dimensões importantes do conflito, como a que o analisa sob a perspectiva da gestão, aspecto de fundamental importância em situações nas quais o sócio morto é o controlador, administrador ou principal gestor da sociedade ou tem papel considerado imprescindível para a manutenção dos negócios sociais. As dimensões organizacional e patrimonial recebem ênfase no presente artigo tão somente porque estão presentes em todas as sucessões, ao contrário da dimensão da gestão.

3. De acordo com Eduardo Goulart Pimenta e Maria Leitoguinhos de Lima Abreu (A conceituação jurídica da empresa familiar. *In*: COELHO, Fabio; FERES, Marcelo. *Empresa familiar.* São Paulo: Saraiva, 2014. p. 50), há estatísticas que apontam que mais de 90% das sociedades brasileiras seriam familiares.

herdeiros no quadro societário, (iii) se e em que medida os sócios remanescentes podem se opor a tal ingresso e (iv) como ocorrerá a recomposição societária, inclusive para efeitos de permitir que a sociedade prossiga com as suas atividades.

Já a perspectiva patrimonial diz respeito às consequências do não ingresso dos herdeiros no quadro societário, tendo em vista que, nesse caso, a eles deverá ser assegurado o recebimento do valor das participações societárias herdadas, especialmente nas hipóteses em que estejam impedidos de ser sócios. Como isso é normalmente assegurado às custas do patrimônio social, pela via da liquidação das quotas do sócio falecido, tal solução suscita as discussões sobre (I) como se dará a apuração de haveres e o pagamento, (II) qual será a repercussão para o patrimônio e o prosseguimento da sociedade, (III) bem como se há outras alternativas mais adequadas para a composição do conflito em situações nas quais a perda patrimonial necessária para a liquidação das quotas dos herdeiros comprometa a própria existência da sociedade.

Em face da dupla dimensão material do conflito sucessório, os modelos societários tentam encontrar soluções que administrem as tensões respectivas de acordo com a natureza da sociedade. Consequentemente, é intuitivo que modelos de sociedades pessoas tendem a priorizar a proteção do aspecto organizacional, mesmo que em detrimento do patrimônio social, que deverá suportar o ônus do impedimento de os herdeiros tornarem-se sócios mediante a liquidação das quotas respectivas. Já os modelos de sociedades de capitais tendem a priorizar a proteção do aspecto patrimonial, mesmo que à custa de recomposições societárias que possam alterar substancialmente a organização da sociedade.

A plasticidade do Direito Societário para adotar soluções diversas para o problema da morte do sócio, conforme o tipo e a natureza de cada sociedade, só é possível em razão de uma característica fundamental das participações societárias: podem elas ser desmembradas, para efeitos da sucessão, em sua dimensão patrimonial e no *status socii* ou o estado de sócio.

É por essa razão que, conforme o modelo societário, a sucessão pode ser completa ou parcial. Na primeira hipótese, adequada para as sociedades de capitais, a sucessão envolverá tanto a dimensão patrimonial como o *status socii*. Já na segunda hipótese, mais conveniente para as sociedades de pessoas, a sucessão envolverá normalmente apenas a dimensão patrimonial, com a consequente liquidação da participação societária, bem como o direito de obter os benefícios econômicos dela decorrentes até que isso ocorra.

A questão da cindibilidade da participação societária diz respeito, pois, a saber o que é ou não transmissível ao herdeiro. Assim, não se trata propriamente de exceção ao princípio da *saisine*, até porque os efeitos patrimoniais da sucessão ocorrem sempre de forma imediata, assegurando, por exemplo, a percepção de dividendos pelo espólio até que haja a liquidação. Já em relação ao *status socii*, caso este possa ser transmitido, também poderá ser exercido pelo espólio, dentro do possível, até que haja a devida partilha das quotas sociais.[4]

A possibilidade de desmembramento da participação societária abre, portanto, diversas alternativas de soluções sucessórias conforme o tipo de sociedade, ainda mais porque se reconhece significativa margem de autonomia para que os atos constitutivos possam disciplinar a questão, além de ser possível a composição *ex post* do conflito, como se verá adiante.

3. DISTINÇÕES ENTRE MODELOS SUCESSÓRIOS CONFORME A NATUREZA DA SOCIEDADE

Já se viu anteriormente que o modelo de sucessão nas sociedades de capitais tende a preservar a dimensão patrimonial da sociedade, mesmo que às custas da dimensão organizacional. Assim, a livre transmissibilidade das ações para os herdeiros é uma característica básica das companhias, como se observa pelo § 2º, do art. 31, da Lei 6.404/76.

Trata-se de solução coerente com a natureza das companhias, de forma que a participação societária é transferida para os herdeiros em sua plenitude, inclusive no que diz respeito ao *status socii*. Assim, os interesses da sociedade e dos sócios remanescentes ficam resguardados no plano patrimonial, tendo em vista que a sucessão não trará nenhum ônus financeiro para a sociedade, ao contrário do que ocorreria caso as ações tivessem que ser liquidadas em favor do herdeiro.

Por outro lado, a mudança subjetiva é considerada normal e previsível em sociedades de capitais, cuja estrutura é criada para possibilitar a continuidade da atividade empresarial e da gestão mesmo diante de constantes alterações do quadro societário.

É claro que tal premissa não é absoluta, especialmente quando se tratar da morte de acionista controlador ou de acionista cuja participação seja considerada imprescindível para a própria manutenção da sociedade. Entretanto, é certo que o arquétipo legal das companhias abertas lhes permite suportar alterações na dimensão organizacional sem percalços incontornáveis.

Por outro lado, a solução prevista pela Lei 6.404/76 é igualmente compatível com a preservação dos interesses dos herdeiros, que ingressam na companhia como acionistas e, caso não queiram manter tal condição, podem alienar livremente suas ações por sua conta e risco, já que, como se sabe, o direito de retirada mediante o reembolso é extremamente limitado nesse tipo societário.

---

4. Vale ressaltar que a questão de saber em que medida o espólio, por meio do inventariante, pode exercer o *status socii* está sujeita a várias nuances que não poderiam ser abordadas com a devida profundidade no presente artigo. Por ora, apenas se admite que há tal possibilidade como regra geral, sem entrar na questão de eventuais limitações, muitas das quais decorrem até mesmo dos procedimentos relacionados ao inventário.

Assim, tem-se que a solução ora em análise compõe o conflito sucessório de forma adequada à natureza das sociedades por ações, minimizando a litigiosidade e as possibilidades de problemas que possam decorrer da sucessão de acionista.

Quando se trata de uma sociedade de pessoas, entretanto, o raciocínio que deve orientar a sucessão é exatamente o contrário daquele empregado para as sociedades de capitais. Como a transferência automática da participação societária não seria desejável nem compatível com o perfil de tais sociedades, a solução mais adequada é a liquidação da quota para pagar os herdeiros.

É claro que a liquidação da quota – ainda mais quando realizada em pouco tempo e para pagamento em dinheiro – pode impor grande ônus financeiro para a sociedade, inviabilizando até mesmo a continuidade das suas atividades. Assim, a sociedade e os sócios remanescentes podem encontrar-se em difícil dilema, já que, apesar da natureza pessoal do vínculo societário, a vedação ao ingresso dos herdeiros pode levar ao fim da sociedade.

É por essa razão que, não obstante a regra geral da liquidação da quota do sócio falecido em favor dos herdeiros, o regime de sucessão das sociedades de pessoas, que têm no regramento das sociedades simples o seu modelo estrutural, precisa ter flexibilidade, além de conferir autonomia para que os contratos sociais possam disciplinar a matéria de outras maneiras, oferecendo alternativas que possam se mostrar necessárias ou mais convenientes. Afinal, por mais que a sucessão das sociedades de pessoas deva priorizar o elemento organizacional, não pode desconsiderar o elemento patrimonial, o que exige que as soluções sucessórias equilibrem, em certa medida, a dupla dimensão material do conflito sucessório.

Nesse sentido, é salutar a previsão do art. 1.028, do Código Civil, ao eleger a liquidação da quota do sócio falecido em favor do herdeiro como a regra geral da sucessão na sociedade simples quando o contrato social for omisso, ao mesmo tempo em que oferece duas outras alternativas: (I) a opção dos sócios remanescentes em dissolver a sociedade e (II) o acordo entre os remanescentes e os herdeiros para regular a substituição do sócio falecido.

Como se pode observar, a regra geral, na omissão do contrato social, é que sucessão do sócio falecido ocorrerá por meio da liquidação das quotas respectivas. Assim, não se tem um caso de sucessão plena, já que o herdeiro não adquire o *status socii* e a sociedade tem o ônus de suportar os efeitos da liquidação da quota do sócio falecido.[5]

---

5. Daí a lição de Roberta Prado e Renato Vilela (Falecimento de cotista da sociedade limitada: dissolução parcial como regra geral e as alternativas via cláusulas contratuais de planejamento sucessório – boas práticas de governança corporativa. *In*: COELHO, Fabio; FERES, Marcelo. *Empresa familiar*, São Paulo: Saraiva, 2014. p. 428), com base no artigo 1.028, do Código Civil: "Contudo, tal herança consubstanciada em cotas, em geral, não assegura aos herdeiros a sua admissão no quadro social, mas apenas o direito ao valor patrimonial ou econômico representado pela participação do de cujus na sociedade. Quer dizer, a propriedade societária adquirida por sucessão causa mortis não garante ao herdeiro ou sucessor a aquisição da qualidade de sócio, representando, em regra, apenas o direito deste em apurar os seus haveres relativos às cotas herdadas ou legadas."

ANA FRAZÃO

Nesse caso, não haveria que se cogitar de qualquer participação dos herdeiros nos negócios sociais entre o falecimento e o recebimento dos haveres.[6]

A lei considera tal hipótese uma das espécies de resolução da sociedade em relação a um só sócio, o que nos remete à teoria dos contratos plurilaterais, nos quais pode haver ingresso e saída de contratantes sem que o objeto do contrato seja alterado, a fim de que ele possa prosseguir com a nova composição contratual.[7]

Todavia, diante da delicadeza da sucessão em sociedades de pessoas, admite-se que o contrato social possa dispor de forma distinta. Assim, pode o contrato social, por exemplo, transferir o ônus financeiro da sucessão da sociedade para os sócios ou mesmo para terceiros, facultando a estes que adquiram as quotas do sócio falecido.

O Código Civil ainda abre a possibilidade da adoção da chamada "cláusula de continuação", por meio da qual o contrato social admite o ingresso dos herdeiros no quadro societário. Tal solução, que previne o problema patrimonial que a sociedade teria que enfrentar ao liquidar a quota do sócio falecido, pode gerar, por outro lado, grandes problemas na dimensão organizacional, como se analisará no capítulo seguinte.

4. DESAFIOS DA SUCESSÃO *CAUSA MORTIS* NAS SOCIEDADES DE PESSOAS

Ainda que o Código Civil tenha previsto, para as sociedades simples, regime sucessório compatível com a sua natureza pessoal, a questão não é simples e pode ensejar diversos problemas na prática, especialmente quando os contratos sociais não disciplinarem a questão de forma mais pormenorizada.

Indaga-se, primeiramente, se os sócios remanescentes poderiam se opor à cláusula de continuação previamente estabelecida em contrato social, ainda mais se o motivo da irresignação for considerável grave e superveniente ao contrato social no qual foi adotada a previsão da continuidade.

Apesar de muitos doutrinadores sustentarem que a referida cláusula é obrigatória para os sócios remanescentes[8] e de haver precedentes jurisprudenciais no sentido de

---

6. É o que ensina com precisão Alfredo de Assis Gonçalves Neto (*Direito de empresa*. São Paulo: Revista dos Tribunais, 2010. p. 254), ao tratar da sucessão que se restringe ao aspecto patrimonial das quotas: "Os direitos pessoais do sócio, por outro lado, não se transmitem aos sucessores do autor da herança e, por isso, no interregno entre o falecimento e o recebimento dos haveres, àqueles não é dado participar da sociedade, deliberando, impugnando ou fiscalizando os negócios sociais. Em situações especiais, provando que a sociedade está a atuar de modo a prejudicar os seus interesses, podem pleitear provimento judicial para acautelar seus direitos, contanto que daí não decorra interferência na marcha dos negócios. E nada além disso. Sucessores ou herdeiros não são sócios, mas credores de haveres."

7. Nos termos da lição de Tulio Ascarelli (*Problemas das sociedades anônimas e direito comparado*. Campinas: Bookseller, 1999. p. 413), nos contratos plurilaterais, "a saída de um sujeito é compatível com a possibilidade de continuação do grupo."

8. É o caso de Alfredo de Assis Gonçalves Neto (*Direito de empresa*. São Paulo: Revista dos Tribunais, 2010. p. 254) e Marco Antonio Karam Silveira (*A sucessão causa mortis na sociedade limitada*. Tutela da empresa, dos sócios e de terceiros. Porto Alegre: Livraria do Advogado, 2009. p. 77).

que os herdeiros têm direito potestativo de ingressar na sociedade em casos assim,[9] é preciso lembrar que dificilmente se poderá impor a estes a obrigação de permanecer em sociedade da qual não mais desejem participar.

Veja-se que o próprio inciso II, do art. 1.028, do Código Civil, admite que os sócios remanescentes optem pela dissolução total da sociedade.[10] Ainda que se entenda que tal alternativa não seria possível diante da cláusula de continuação, poderiam os sócios remanescentes simplesmente se retirar da sociedade, nos termos do art. 1.029, do Código Civil, o que, a depender das repercussões patrimoniais que acarretaria à sociedade, poderia comprometer a própria subsistência do empreendimento.

Tal possibilidade ressalta aspecto importante da sucessão de participações societárias: a necessária conexão entre as soluções sucessórias e o direito de retirada. Diante disso, a sucessão deve ser orientada por um princípio de racionalidade, a fim de não levar a resultados que sejam incompatíveis com a própria dinâmica da permanência na sociedade. Logo, mesmo que se sustente a vinculação absoluta dos sócios remanescentes à cláusula de continuação, é certo que eles poderão se retirar imotivadamente da sociedade com a mera notificação aos demais sócios.

Por outro lado, a cláusula de continuação também gera problemas para os sucessores, já que a assunção da participação societária pode ensejar diversas responsabilidades pessoais. Não é sem razão que há solida orientação doutrinária segundo a qual tal cláusula não vincula os herdeiros, mas tão somente os sócios remanescentes, podendo os primeiros sempre optar pela imediata liquidação da quota do sócio falecido.[11] Da mesma maneira, há jurisprudência entendendo que cabe ao herdeiro, nessas hipóteses, optar pelo ingresso na sociedade ou pela liquidação das quotas.[12]

---

9. Ver, por todos, TJSP, 2ª C. Reservada de Direito Empresarial; AC n. 1014966-67.2018.8.26.0309, Rel. Maurício Pessoa, Foro de Jundiaí – 6ª Vara Cível; j. 01.12.2020.

10. Vale destacar a opinião de Arnaldo Rizzardo (*Direito de empresa*. Rio de Janeiro: Forense, 2007. p. 149) sobre a cláusula de continuação: "Todavia, não são os demais sócios obrigados a manter a sociedade. Faculta-se a dissolução, como está assegurado, opção que se oferece se não manifestada a aceitação do ingresso dos sucessores."

11. Nesse sentido, encontram-se as opiniões de Fábio Ulhoa Coelho (*Curso de direito comercial*. v. II. São Paulo: Saraiva, 2007. p. 408), Alfredo de Assis Gonçalves Neto (*Direito de empresa*. São Paulo: Revista dos Tribunais, 2010. p. 254), Cassio Cavali (*Sociedades limitadas. regime de circulação das quotas*. São Paulo: Editora dos Tribunais, p. 153) e Marco Antonio Karam Silveira (*A sucessão causa mortis na sociedade limitada. Tutela da empresa, dos sócios e de terceiros*. Porto Alegre: Livraria do Advogado, 2009. p. 82.). Já Frederico Simionato (*Tratado de direito societário*. v. I. Rio de Janeiro: Forense, 2009. p. 320) admite a possibilidade legal de que cláusula de continuação vincule tanto os herdeiros como os sócios remanescentes, embora considere que tal previsão do contrato social seja temerária, diante dos inúmeros problemas que podem daí resultar. Idêntica discussão existe na doutrina italiana, como se observa pelos comentários de Giuseppe Ferri (*Diritto Commerciale*. Torino: UTET Giuridica, 2011. p. 293-294) ao salientar as dificuldades de se imaginar uma cláusula de continuação obrigatória. Francesco Ferrara Jr. e Francesco Corsi (*Gli impreditori e le societá*. Milano: Giuffrè, 2011. p. 232.) entendem que tal cláusula não pode ser imposta aos herdeiros, a quem cabe sempre a faculdade de escolher entre a assunção da posição de sócio ou a liquidação da quota.

12. Ver TJSP, 1ª C. Reservada de Direito Empresarial, AI n. 2149090-24.2018.8.26.0000, Rel. Alexandre Lazzarini, Foro de Santos – 4ª Vara Cível; julg. 22.5.2019.

De toda sorte, diante da existência de direito de retirada imotivado, nos termos do art. 1.029, do Código Civil, ainda que se cogitasse de impor aos herdeiros a sua permanência na sociedade, poderiam eles dela se desligar pela via do direito de retirada, da mesma forma que os sócios remanescentes. Nesse caso, pela via do direito de retirada, os herdeiros teriam proveito praticamente idêntico àquele que seria obtido caso lhes fosse facultado o direito de exigir de imediato a liquidação da quota, salvo no que diz respeito ao prazo mínimo de notificação aos demais sócios, exigido para o exercício do direito de retirada.

Isso mostra claramente que, em sociedades de pessoas, a importância do elemento pessoal faz com que dificilmente a sucessão possa impor a obrigação de permanecer na sociedade, tanto aos sócios remanescentes como aos herdeiros, tendo em vista que ambos os segmentos poderão retirar-se imotivadamente do quadro social.

Na prática, considerando o aspecto pessoal que caracteriza tais sociedades, a opção pelo ingresso dos herdeiros no quadro social acaba envolvendo um novo pacto social, em que todos os envolvidos – tanto os herdeiros como os sócios remanescentes – precisam estar de acordo. Assim, a previsão da cláusula de continuação nos contratos sociais de sociedades de pessoas não resolverá necessariamente o conflito inerente à sucessão, tendo em vista que pode desagradar aos sócios remanescentes, aos herdeiros ou a ambos os polos.

Tal aspecto reforça a necessidade de que seja reconhecida a possibilidade da composição do conflito sucessório *ex post*, ainda que de forma distinta daquela prevista no contrato social. Tal alternativa parte da premissa de que, diante da delicadeza do elemento pessoal nesse tipo societário, dificilmente podem ser antevistas todas as soluções para o problema sucessório.

Consequentemente, é pertinente a previsão do inciso III, do art. 1.028, do Código Civil, ao admitir a legitimidade de acordos com os herdeiros que possam regular a substituição do sócio falecido. Tal possibilidade funciona como verdadeira "válvula de escape" para os casos em que as normais legais supletivas ou as normas contratuais não se mostrem adequadas para compor adequadamente o equilíbrio entre as dimensões organizacional e patrimonial do conflito. Sob essa perspectiva, não é exagero sustentar que a disciplina sucessória prevista na lei ou nos atos constitutivos apenas será aplicável quando não for possível um acordo entre as partes.[13]

Outra solução que pode ser vista, de certa forma, como uma "válvula de escape" para os problemas organizacionais e patrimoniais decorrentes da sucessão é a possibilidade, prevista no inciso II, do art. 1.028, do Código Civil, de que os sócios remanescentes requeiram a dissolução total da sociedade, alternativa que pode se mostrar adequada para casos em que o sócio morto tem um papel imprescindível

---

13. Como bem observa Fábio Ulhoa Coelho (Curso de Direito Comercial. v. II. São Paulo: Saraiva, 2007. p. 468), "a cláusula de disciplina das consequências da morte do sócio só tem serventia quando as partes – sucessor e sobreviventes – não se põem de acordo."

para a sociedade ou para situações nas quais o montante a ser pago aos herdeiros inviabilizaria o prosseguimento das atividades sociais.[14]

Como se sabe, a possibilidade de dissolução total da sociedade em razão da sucessão é tema controverso, ainda mais diante da existência da cláusula de continuação. Não se discute, por igual, que se trata de solução extrema, que leva ao encerramento da sociedade. Entretanto, pode ser um instrumento para assegurar a autonomia dos remanescentes que, se não exercida nos termos do inciso II, do art. 1.028, poderia sê-lo nos termos do art. 1.033, III – desde que os remanescentes tenham a maioria absoluta – ou nos termos do art. 1.029, do Código Civil.

Acresce que a dissolução total pode ser necessária quando o não ingresso do herdeiro – por qualquer que seja o motivo – e a consequente liquidação das quotas do falecido possa levar à redução patrimonial que comprometa o prosseguimento da sociedade. Nesses casos, a dissolução total seria inclusive medida mais justa do que a chamada dissolução parcial, por assegurar a plena igualdade dos sócios no que diz respeito à distribuição do patrimônio social.

Por outro lado, não há dúvida de que a dissolução total pode ser inadequada na hipótese em que, não obstante a vontade dos sócios remanescentes nesse sentido, os herdeiros queiram continuar com o empreendimento. Há que se lembrar, sobre o assunto, da jurisprudência do Superior Tribunal de Justiça no sentido de que, em casos de pedido de dissolução total de sociedade nos quais há determinados sócios que tenham interesse em prosseguir com as atividades sociais, deve o juiz optar pela dissolução parcial, em nome do princípio da manutenção da empresa.[15] Tal entendimento poderia ser aplicado, por analogia, à hipótese ora em comento, para o fim de, ao invés da dissolução total, se admitir a saída dos remanescentes e o ingresso dos herdeiros.

Consequentemente, eventual pedido de dissolução total deve ser analisado de acordo com as circunstâncias concretas, sendo inquestionavelmente legítimo quando a liquidação das quotas dos herdeiros impossibilitar o prosseguimento da sociedade. Nos demais casos, a alternativa deve ser sopesada com os demais interesses envolvidos, admitindo-se que o pedido seja deferido como dissolução parcial sempre que houver interesse dos herdeiros em prosseguir com a sociedade.

De toda sorte, elemento fundamental a ser considerado é a necessária conexão entre a solução sucessória e o direito de retirada. Dessa maneira, ainda que se possa

---

14. Daí a lição de Alfredo de Assis Gonçalves Neto (*Direito de Empresa*. São Paulo: Revista dos Tribunais, 2010. p. 255) de que "essa alternativa torna-se conveniente, senão necessária, quando, por exemplo, o montante dos haveres a serem pagos seja muito elevado para a sociedade e o respectivo pagamento coloque em risco sua estabilidade econômico-financeira, sem perspectiva de recuperação ou sem que os sócios vivos pretendam suprir tais valores com novas contribuições pessoais."

15. De acordo com o STJ, "a dissolução parcial deve prevalecer, sempre que possível, frente à pretensão de dissolução total, em homenagem à adoção do princípio da preservação da empresa, corolário do postulado de sua função social." (STJ, 3ª T, REsp n. 1303284/PR, Rel. Min. Nancy Andrighi, julg. 16.4.2013, DJe 13.5.2013).

restringir o direito dos remanescentes de requerer a dissolução total, nada se pode fazer em relação ao direito deles de, pela via do direito de retirada, requerer a dissolução parcial.

Tal aspecto mostra que a organização das sociedades de pessoas, inclusive no que diz respeito à composição subjetiva, apresenta um forte elemento de voluntariedade, o qual não pode ser desprezado nas soluções pensadas para compor o conflito sucessório.

5. A QUESTÃO DAS SOCIEDADES LIMITADAS: O PROBLEMA DA SUCESSÃO NAS SOCIEDADES HÍBRIDAS

Como se viu anteriormente, as sociedades de capitais e as sociedades de pessoas precisam ter modelos sucessórios distintos. Acresce que, em relação às últimas, a sucessão é normalmente mais complexa, por envolver simultaneamente aspectos organizacionais e patrimoniais, o que exige um sistema flexível e com várias alternativas para compor o conflito.

Mais complexa ainda é a sucessão em modelos societários que, por combinarem elementos de sociedades de pessoas e de capitais, acabam exigindo soluções que compatibilizem os aspectos organizacionais e patrimoniais da sucessão em uma escala ainda maior. É o que ocorre com as chamadas sociedades "híbridas", como podem ser consideradas muitas sociedades limitadas – em relação às quais as normas das sociedades simples nem sempre serão adequadas – e as companhias fechadas familiares ou com forte elemento pessoal.

Para essas sociedades, as soluções já apontadas para as sociedades por ações ou para as sociedades simples não são necessariamente compatíveis, o que exige o esforço para se pensar em um sistema intermediário que melhor se encaixe aos seus perfis.

Sob essa perspectiva, as sociedades limitadas podem apresentar estruturas tão distintas e heterogêneas que o ideal seria que o contrato social de cada uma delas disciplinasse satisfatoriamente a questão da sucessão, com previsões que se ajustassem às peculiaridades da sociedade e que pudessem traduzir, naquela realidade concreta, o melhor equilíbrio para as dimensões organizacional e patrimonial do conflito societário que decorre da morte.

Tal preocupação ressalta a importância do planejamento sucessório, a fim de se evitar inúmeros problemas que poderiam ser facilmente contornáveis se tivessem sido pensados antecipadamente. Isso porque, na omissão do contrato social, as sociedades limitadas estão submetidas às normas das sociedades simples, nos termos do art. 1.053, do Código Civil. Em decorrência, aplicar-se-iam as regras sucessórias do art. 1.028, do mesmo Código, que não necessariamente comporão bem o conflito em uma sociedade limitada, ainda mais se esta tiver perfil híbrido ou mais afinado ao de uma sociedade de capitais.

Dentre as dúvidas que podem surgir da aplicação das regras das sociedades simples às sociedades limitadas, está a possibilidade de opção, pelos sócios remanescentes, pela dissolução total mesmo diante da cláusula de continuação. Afinal, tal alternativa pode fazer sentido em se tratando de sociedade de pessoas, mas pode ser totalmente desarrazoada em relação a modelos mais próximos de sociedades de capitais.

O conflito societário ainda se depara, no caso das sociedades limitadas, com um grave problema: as inúmeras controvérsias a respeito da extensão do direito de retirada, já que há orientação doutrinária segundo a qual, em que pese o art. 1.077, do Código Civil, o direito de retirada seria sempre ilimitado nas sociedades limitadas por prazo indeterminado, nos termos do art. 1.029.[16] Logo, considerando que a sucessão está conectada igualmente às discussões relacionadas ao direito de retirada, as divergências a respeito deste último podem comprometer razoavelmente a coerência das soluções sucessórias das sociedades limitadas.

É claro que as discussões a respeito do direito de retirada podem ser evitadas caso o contrato social da sociedade limitada não permita o ingresso dos herdeiros como sócios ou seja omisso a respeito do assunto, caso em que a sucessão deverá ocorrer por meio da liquidação das quotas dos herdeiros, salvo se houver acordo em outro sentido, nos termos do inciso III, do art. 1.028, do Código Civil. Todavia, mesmo nestas hipóteses, subsistiriam inúmeras controvérsias, especialmente se a liquidação das quotas dos herdeiros levasse à perda patrimonial que comprometesse o prosseguimento da sociedade, caso em que se poderia cogitar da possibilidade de os sócios remanescentes requererem a dissolução total.

Hipótese igualmente problemática é aquela na qual o contrato social da sociedade limitada admite o ingresso do herdeiro como sócio, mas ele assim não o deseje. Aí haveria a discussão sobre se o herdeiro poderia exigir, desde já, a liquidação das quotas do sócio falecido ou se deveria entrar necessariamente como sócio, especialmente em se tratando de sociedade limitada de capital. As consequências do ingresso no quadro societário também não são triviais, pois haveria que se estabelecer se o herdeiro teria o amplo direito de retirada ou se, assim como ocorre nas sociedades de capitais, sofreria o risco financeiro de ter que sair da sociedade mediante a alienação de suas participações societárias.

---

16. Fabio Ulhoa Coelho (*Curso de Direito Comercial.* v. II. São Paulo: Saraiva, 2007. p. 377-378), que considera as sociedades limitadas regidas pela regra supletiva da Lei 6.404/76 como sociedades de vínculo societário estável, defende a não aplicação do art. 1.029 a tais sociedades, de forma que apenas poderiam ser parcialmente dissolvidas nas hipóteses de retirada motivada (art. 1.077) ou expulsão de sócio (art. 1.085). Em sentido contrário, Sérgio Campinho e Mariana Pinto (O recesso na sociedade limitada. *In*: AZEVEDO, Luís André; CASTRO, Rodrigo Monteiro. *Sociedade limitada contemporânea.* São Paulo, Quartier Latin, 2013. p. 115-153), depois de explorarem as diferentes orientações sobre o assunto, concluem que o art. 1.029 tem aplicação irrestrita às sociedades limitadas. Para se ter uma maior compreensão da polêmica, vale lembrar que a IV Jornada de Direito Civil havia aprovado o Enunciado 390, segundo o qual "em regra, é livre a retirada de sócio nas sociedades limitadas e anônimas fechadas, por prazo indeterminado, desde que tenham integralizado a respectiva parcela do capital, operando-se a denúncia (arts. 473 e 1.029)." Na V Jornada, o enunciado foi cancelado, sem que tenha havido qualquer consenso em torno de alguma regra apriorística a respeito do direito de retirada nas sociedades limitadas e anônimas fechadas.

Tais questões mostram como a situação das sociedades limitadas de capitais, nas quais prevalece a livre alienação das participações societárias, é delicada. Afinal, na hipótese de cláusula de continuação que se entenda oponível inclusive aos herdeiros, a solução sucessória deveria se aproximar daquela prevista pela Lei 6.404/76 em relação às companhias: a sucessão ocorreria plenamente e para todos os efeitos, inclusive no que diz respeito ao *status socii*, cabendo aos sócios herdeiros o ônus de se retirar da sociedade por sua conta e risco, alienando suas participações societárias.

Todavia, tal entendimento não resolve o problema das sociedades limitadas que, embora admitam a livre transferência de participações societárias, apresentam vários elementos pessoais que dificultam ou comprometem esse tipo de solução. Também não resolve o problema das sociedades limitadas nas quais as quotas, embora possam ser alienadas, não têm liquidez.

Não se pode desconsiderar que a alienação de participações societárias, embora juridicamente possível em certos casos, pode mostrar-se economicamente inviável. Ora, se é discutível exigir do sócio que contratou originariamente a sociedade a sua permanência *ad eternum* nos quadros sociais – ainda mais diante do restrito direito de retirada previsto no art. 1.077, do Código Civil –, com maior razão não se poderia exigir isso do herdeiro.[17]

Isso mostra claramente como o hibridismo das sociedades limitadas torna complexo o seu processo de sucessão, bem como o fato de que, também nesse tipo societário, a questão sucessória precisa ser pensada em conexão com a questão do direito de retirada, sob pena de não se chegar à solução adequada e coerente com o conflito que se pretende resolver.

Assim, tem-se que, no caso das sociedades limitadas que estejam sujeitas às normas das sociedades simples, subsiste grande instabilidade e controvérsia em relação à sucessão, até mesmo diante da grande divergência a respeito do direito de retirada.

E nem se entenda que a opção pela regência supletiva da Lei 6.404/76 resolveria a questão porque, ainda que isso aconteça, os elementos pessoais que podem existir na sociedade limitada ou mesmo a falta de liquidez das quotas podem levar aos mesmos problemas já existentes em relação às sociedades limitadas regidas pelas sociedades simples.

Tanto é assim que, mesmo com a opção pela regência supletiva da Lei 6.404/76, há autores que defendem a aplicação do art. 1.028, do Código Civil[18] às questões

---

17. Menezes Cordeiro (*Direito das sociedades. Parte geral.* Coimbra: Almedina, 2011. p. 632-636) mostra a problemática da necessidade de se estabelecer alguma forma de denúncia em obrigações de longa duração, diante da proibição da perpetuidade.

18. Fábio Ulhoa Coelho (*Curso de Direito Comercial.* v. II. São Paulo: Saraiva, 2007. p. 468) acertadamente sustenta que o art. 1.028, do Código Civil, não se aplica às sociedades limitadas regidas supletivamente pela LSA, já que esta não prevê o reembolso das ações em favor dos sucessores do acionista falecido. Já Cassio Cavali (*Sociedades limitadas*: regime de circulação das quotas. São Paulo: Revista dos Tribunais. 2011, p. 149), após mostrar a divergência doutrinária a respeito do tema, entende assistir razão à posição segundo a qual se aplica o art. 1.028, do Código Civil, mesmo às sociedades limitadas regidas supletivamente pela Lei 6.404/76.

sucessórias, o que aumenta a confusão normativa, tendo em vista que a mesma sociedade estará regida por diplomas diametralmente opostos e que priorizam aspectos distintos na sucessão.

Aliás, tais dificuldades são enfrentadas até mesmo pelas companhias fechadas chamadas de familiares ou nas quais exista um forte elemento pessoal. Embora tais tipos societários tenham sido criados para funcionarem como sociedades de capitais, são muitas vezes utilizados por sociedades de pessoas, o que gera diversos problemas para a composição dos conflitos.

Com efeito, em muitos casos, as ações de tais companhias não têm liquidez, o que compromete a sua livre alienação. Dessa forma, sustentar que se aplicam a elas, de forma irrestrita, as regras de sucessão previstas na Lei 6.404/76 – total e plena transmissibilidade das ações aos herdeiros e transferência a estes do ônus de se retirarem da companhia, caso assim o queiram – pode gerar resultados complicados. Com maior razão, tais aspectos deveriam ser considerados em relação ao herdeiro.

Dessa maneira, é fácil concluir que, assim como ocorre nas sociedades limitadas, pode haver grandes controvérsias na sucessão de companhias fechadas, em razão dos elementos pessoais que normalmente nelas existem, o que compromete a aplicação linear das regras sucessórias previstas na Lei 6.404/76 e deixa a questão sucessória sem uma norma legal adequada para regulá-la. Tal instabilidade aumenta com as controvérsias igualmente existentes a respeito do direito de retirada nessas sociedades.

Por todas essas razões, é inequívoco a melhor alternativa a ser pensada para que o conflito societário seja composto de forma mais adequada nos modelos híbridos é o planejamento sucessório por meio dos respectivos atos constitutivos, como se passará a demonstrar.

6. A IMPORTÂNCIA DAS SOLUÇÕES CONTRATUAIS *EX ANTE* PARA EQUACIONAR O CONFLITO SUCESSÓRIO NAS SOCIEDADES LIMITADAS

Como já se viu anteriormente, o conflito decorrente da morte do sócio dificilmente pode ser resolvido de forma satisfatória sem que haja a conexão entre a solução sucessória e a questão do direito de retirada. Tal problema é especialmente complicado em sociedades limitadas cujos contratos contemplem a cláusula de continuação ou a regência supletiva da Lei 6.404/76, hipóteses em que se presume que o conflito sucessório seja resolvido por meio do ingresso do herdeiro no quadro societário.

Ocorre que, como já se viu, tal ingresso não resolve por si só a questão da sucessão, tendo em vista que restaria saber a quem cabe o risco de o herdeiro não querer permanecer na sociedade: se à própria sociedade ou ao próprio herdeiro. Daí a necessária discussão sobre o alcance do direito de retirada.

A questão aqui, repete-se, não é apenas a de saber se o herdeiro pode ou não entrar como sócio, mas sim a de saber as consequências da recusa do herdeiro em ingressar ou permanecer na sociedade. Se o herdeiro entra na sociedade, mas pode dela sair quando quiser, é certo que se rompe a estruturação do risco que foi pensada na Lei 6.404/76.

No que diz respeito às sociedades limitadas, a questão do direito de retirada é extremamente controversa, havendo, como já se mencionou, forte orientação no sentido de que se aplicaria o art. 1.029, do Código Civil, para assegurar, como regra geral, o direito de retirada imotivada.[19] Embora muitas vezes o argumento da livre associação seja invocado em discussões como essa, vale ressaltar que a verdadeira celeuma não diz respeito propriamente ao direito de sair, mas sim a como se dará a saída e quem terá o custo financeiro dessa saída.

Uma coisa é certa: se o contrato da sociedade limitada prevê a livre alienação das quotas, é no mínimo discutível que prevaleça sempre o direito de retirada absoluto. Aliás, entender que o direito de retirada tenha essa dimensão irrestrita em todas as situações implica compor o conflito triangular que se coloca igualmente nesses casos – entre a sociedade, o sócio retirante e os sócios remanescentes – com base exclusivamente nos interesses dos sócios retirantes, ignorando por completo os demais interesses, bem como aspectos da disciplina específica e do perfil de cada sociedade limitada, que exigem um exame mais detido.

Algo semelhante deve ser pensado em relação às companhias fechadas familiares ou de cunho pessoal, em relação às quais, ainda que não haja a liquidez das ações, a adoção de um direito de retirada imotivado, de forma ampla e apriorística, em qualquer situação, é também alternativa extremamente reducionista diante da magnitude do conflito normalmente existente em casos como esse. Afinal, há que se buscar solução que harmonize os interesses do acionista retirante, ainda que herdeiro, com os da sociedade e dos demais acionistas.

Não é sem razão que a jurisprudência do STJ, em um primeiro momento, chegou a considerar juridicamente impossível o pedido de dissolução parcial de sociedade por ações.[20] Em um segundo momento, passou a admitir, mas apenas como alternativa à dissolução total. Ou seja, comprovado que a sociedade não poderia mais atingir o seu fim – como na hipótese de inexistência de lucros, impossibilidade de cumprimento do seu objeto social etc. –, o pedido de dissolução parcial seria cabível, ainda mais porque seria sempre mais adequado do que a dissolução total, para efeitos de manutenção da empresa.[21]

---

19. De acordo com o STJ, "a dissolução parcial deve prevalecer, sempre que possível, frente à pretensão de dissolução total, em homenagem à adoção do princípio da preservação da empresa, corolário do postulado de sua função social." (STJ, 3ª T, REsp n. 1303284/PR, Rel. Min. Nancy Andrighi, julg. 16.4.2013, DJe 13.5.2013).

20. Na verdade, tal entendimento foi mantido pela 3ª Turma mesmo após a década de 90, como se observa pela ementa do (STJ, 3ª T, REsp n. 419.174/SP, Rel. Min. Carlos Alberto Menezes Direito, julg. 15.8.2002, DJ 28.10.2002): "Sociedade anônima. Dissolução parcial. Precedentes da Corte. 1. É incompatível com a natureza e o regime jurídico das sociedades anônimas o pedido de dissolução parcial, feito por acionistas minoritários, porque reguladas em lei especial que não contempla tal possibilidade. "

21. No famoso leading case da 4ª Turma (STJ, 4ª T, REsp n. 111.294/PR, Rel. Min. Barros Monteiro, Rel. p/ Acórdão Min. Cesar Asfor Rocha, julg. 19.9.2000, DJ 28.5.2001, p. 161), julgado em 2000, foram dois os

O problema da evolução jurisprudencial a respeito do tema ocorreu quando o próprio STJ passou a entender que a mera ruptura da *affectio societatis* seria causa suficiente para a dissolução parcial da companhia. O raciocínio adotado foi o seguinte: sem a *affectio* a sociedade não poderia cumprir o seu fim, o que levaria à possibilidade de dissolução total e, com maior razão, de dissolução parcial.[22]

Ocorre que há pelo menos três grandes equívocos nessa orientação: (I) adota parâmetro que, como é o caso da *affectio*, não tem sentido unívoco e coerente para orientar as decisões societárias nem mesmo de sociedades típicas de pessoas[23], (II) adota parâmetro que, sozinho, é insuficiente para explicar a dinâmica das sociedades por ações, ainda que fechadas, em relação às quais o elemento pessoal não pode ignorar os inúmeros elementos patrimoniais que são característicos do próprio tipo societário e (III) ainda equipara a quebra da *affectio societatis* à impossibilidade de a companhia atingir o seu fim, quando se sabe que as companhias, qualquer que seja a sua configuração específica, apresentam estrutura organizacional mais robusta para suportar divergências entre os sócios.

Assim, tal orientação não apenas deturpa por completo toda a lógica das companhias, como ainda resolve o conflito de interesses privilegiando apenas um dos vértices da equação – o acionista retirante –, sem sopesar minimamente os demais aspectos que deveriam ser considerados em uma decisão tão importante para a vida societária: os interesses da sociedade e dos sócios remanescentes. Na verdade, tal entendimento resolve complexo conflito considerando unicamente a vontade dos sócios retirantes, o que é manifestamente inviável.

Não é sem razão que, mais recentemente, quando o tema foi novamente levado a julgamento pela 2ª Seção, três Ministros se recusaram a entender que a dissolução parcial seja um direito absoluto do acionista retirante[24]. Merece destaque o voto--vencido da Ministra Isabel Gallotti, que expôs a questão com maestria, mostrando os inúmeros outros aspectos que precisariam ser considerados em pedidos desse tipo, tais como (I) o rompimento da igualdade entre os acionistas, (II) eventuais distorções em relação a credores, e (III) aumento dos custos de transação.[25] Dessa

---

fundamentos utilizados para se admitir a dissolução parcial da companhia fechada: a quebra da affectio conjugada à inexistência de lucros.

22. O voto do Relator Castro Meira no EREsp n. 111.294/PR (STJ, 2ª Seção. Rel. Min. Castro Filho, julg. 28.6. 2006, DJ 10.9.2007) demonstra o raciocínio: "A ruptura da affectio societatis representa verdadeiro impedimento a que a companhia continue a realizar o seu fim, com a obtenção de lucros e distribuição de dividendos, em consonância com o artigo 206, II, "b", da Lei nº 6.404/76, já que dificilmente pode prosperar uma sociedade em que a confiança, a harmonia, a fidelidade e o respeito mútuo entre os seus sócios tenham sido rompidos."

23. O tema é muito bem abordado por: FRANÇA, Erasmo Valladão Azevedo e Novaes; ADAMEK, Marcelo Vieira von. "*Affectio societatis*": um conceito jurídico superado no moderno direito societário pelo conceito de fim social. *In*: Direito societário contemporâneo. São Paulo: Quartier Latin, 2009.

24. Trata-se do EREsp 1079763/SP (Rel. Min. Sidnei Beneti, 2ª Seção, julg. 25.4.2012, DJe 06.9.2012).

25. No julgamento supramencionado, a Ministra Isabel Gallotti destaca, dentre outros aspectos, o seguinte: "O que faz os agentes econômicos cumprirem ou desertarem o contrato é a oportunidade econômica. Os contratos serão descumpridos se a vantagem em mantê-los for menor do que a de desertar; ao revés, serão

maneira, o reconhecimento do amplo direito de retirada em companhias fechadas tem consequências perniciosas sobre o comportamento estratégico dos acionistas, estimulando o oportunismo do acionista retirante em detrimento dos acionistas remanescentes e da própria companhia.

Não se quer, com isso, sustentar que, em casos de companhias fechadas nas quais as ações não têm liquidez, não se deva pensar em alternativas razoáveis para que o acionista descontente possa se retirar do empreendimento. O que se pretende defender é que não cabem, diante de um tema complexo como esse, soluções apriorísticas em favor da dissolução parcial, que privilegiem exclusivamente os interesses dos acionistas retirantes. O conflito precisa ser equilibrado em todas as suas dimensões, motivo pelo qual jamais a dissolução poderia ser vista como uma questão de mera vontade dos acionistas retirantes, a ser decidida em razão apenas dos interesses destes.

Todavia, não prevendo a Lei 6.404/76 uma solução que resolva o problema do direito de retirada em companhias fechadas de natureza familiar, a questão continua sendo extremamente polêmica, o que aumenta ainda mais a litigiosidade em torno do assunto, inclusive no que diz respeito às sociedades limitadas, em relação às quais se pode sustentar que prevalecem os mesmos critérios de dissolução parcial exigidos para as companhias fechadas familiares ou de natureza pessoal.

Dessa maneira, tem-se que, além da instabilidade do próprio regime sucessório inerente às sociedades limitadas e às companhias fechadas, há outra grande fonte de controvérsias que compromete a eficácia e a coerência das soluções sucessórias em ambas: as controvérsias a respeito da extensão do próprio direito de retirada. Por essa razão, é fundamental que os contratos sociais possam disciplinar melhor a questão do direito de retirada, sem o que as soluções sucessórias podem ficar prejudicadas.

Mais do que isso, deve ficar claro que o atual arcabouço normativo não é suficiente para compor adequadamente o conflito sucessório na sociedade limitada, o que exige dos atos constitutivos maior cuidado no tratamento do tema, compensando as falhas ou omissões da regulação legislativa a respeito do assunto e endereçando de forma adequada o problema da sucessão.

Nas sociedades limitadas que estejam sujeitas às normas das sociedades simples, é ampla a liberdade do contrato social para disciplinar o tema, já que o art. 1.028, do Código Civil, é regra supletiva, que apenas se aplica em caso de omissão do contrato

---

honrados se a vantagem em mantê-los for maior do que a de desertar. O pedido de retirada com a apuração de haveres acrescidos de juros, logo, é a deserção de um acionista que, num determinado momento, rompe o contrato para tomar proveito econômico em detrimento dos demais acionistas e de outros credores da Companhia. Em face do novel paradigma jurisprudencial, os agentes econômicos (acionistas) tenderão a desertar antes que os outros desertem, o que é explicado pela Teoria dos Jogos. Vale dizer, se os acionistas não desertarem já, correrão o risco de que os outros acionistas desertem antes, hipótese em que deixará de tomar o proveito da condição de acionista retirante para amargar a condição do acionista remanescente. A condição de acionista remanescente só será mais favorável do que a de retirante se a Companhia for rentável ao ponto de que a expectativa do lucro passível de distribuição seja maior do que os haveres acrescidos dos juros. Mas se isto ocorre é porque a Empresa é lucrativa e, consequentemente, não se amolda àquele paradigma no que a retirada mediante a dissolução parcial é possível."

social. O mesmo pode ser dito das sociedades limitadas que optem pela regência supletiva das sociedades por ações, mas que, mesmo assim, podem prever desde já o devido encaminhamento da sucessão com base em regras próprias que se ajustem ao seu perfil.

Uma primeira fonte de preocupações é assegurar o funcionamento da sociedade enquanto o inventário não estiver concluído. Nesse sentido, a jurisprudência tem admitido, por exemplo, a validade de cláusulas do contrato social que impedem a dissolução parcial da sociedade enquanto não concluído o inventário, especialmente nos casos em que se admite o ingresso dos sucessores no quadro social[26]. Nessa oportunidade, asseverou o Tribunal que, enquanto não se resolver a partilha dos bens e seus desdobramentos sobre a sucessão societária, nem a sociedade nem o sócio remanescente têm interesse processual para a dissolução parcial da sociedade, independentemente do fundamento, ou para a apuração dos haveres dos sucessores do falecido.

A partir do exemplo mencionado, verifica-se o quanto é salutar a preocupação com a estabilização das relações societárias enquanto a partilha não ocorre. Em outras palavras, até que seja decidido em definitivo o destino das quotas, é perfeitamente possível impor aos herdeiros e aos sócios remanescentes que aguardem o desfecho do inventário, devendo o espólio exercer as atribuições que cabiam ao sócio morto, respeitadas as limitações decorrentes da provisoriedade que lhe é inerente. Aliás, como também existem muitas controvérsias em torno do que pode ou não ser feito pelo espólio enquanto não concluído o inventário, há margem para que o contrato social igualmente discipline essa questão.

Esclarecidos tais aspectos, é importante se ter em mente que uma grande fonte de conflitos em matéria sucessória decorre de divergências em relação ao critério de apuração dos haveres, bem como ao modo e ao tempo necessário para a liquidação das quotas. Na omissão do contrato social, a tendência é que se aplique a regra do art. 1.031, do Código Civil, cujo § 2º exige que a quota liquidada seja paga em dinheiro, no prazo de noventa dias, a partir da liquidação.

Tal solução, que pode ser afastada por cláusula contratual em contrário, não apenas pode criar grandes incentivos para a liquidação da quota, como pode propiciar graves perdas patrimoniais à sociedade de uma só vez, de modo até mesmo a comprometer a sua subsistência.

Daí a importância de que os atos constitutivos tratem desses aspectos, adotando soluções compatíveis com a manutenção da empresa e regulando o conflito de forma mais equilibrada e harmônica com os interesses da sociedade e dos sócios remanescentes, com o que poderiam até mesmo desencorajar o excesso de oportunismo por parte de herdeiros ou retirantes. Previsões de que os pagamentos sejam feitos de forma

---

26. TJSP, 2ª C. Reservada de Direito Empresarial, AC n. 1014966-67.2018.8.26.0309, Rel. Maurício Pessoa, Foro de Jundiaí – 6ª Vara Cível, julg.: 01.12.2020.

parcelada e escalonada no tempo, de forma a evitar perdas patrimoniais abruptas para a sociedade, são extremamente desejáveis, ainda mais se houver a intenção para se criar incentivos para a permanência na sociedade.

Esse protagonismo dos atos constitutivos é especialmente necessário quando a sociedade não admitir o ingresso dos herdeiros, caso em que a liquidação da quota deverá ocorrer mediante condições e prazos que sejam razoáveis e compatíveis com a manutenção da empresa.[27]

Por fim, é importante salientar que, especialmente diante de alguns perfis societários, os contratos sociais precisam pensar em soluções de governança, que criem incentivos para a composição *ex post* do conflito sucessório, especialmente diante de fatos supervenientes que não foram previstos pelas partes.

Com efeito, a mera possibilidade prevista pelo art. 1.028, III, do Código Civil pode não se mostrar viável e operacional quando não existem regras procedimentais claras, no contrato social, de como a composição deverá ocorrer, seja por mecanismos internos à sociedade, seja mesmo por mecanismos externos, incluindo aí os meios consensuais de composição de conflitos.

7. CONSIDERAÇÕES FINAIS

O artigo procurou demonstrar que o problema sucessório em sociedades empresárias varia consideravelmente conforme a natureza de capitais ou de pessoas de uma sociedade e que, com a exceção das companhias abertas, os demais principais tipos societários estão sujeitos a grandes controvérsias para a solução do problema sucessório.

Mesmo no caso das sociedades simples, cujas previsões se aplicam como regra às sociedades limitadas, subsiste uma série de controvérsias caso o contrato social seja omisso e submeta a sucessão apenas às soluções legais. Por mais que o art. 1.028, do CC, tenha procurado dar grande flexibilidade e plasticidade ao problema, o fato é que a harmonização da dimensão organizacional do conflito não é trivial.

No caso das sociedades limitadas, o problema é ainda maior, porque começa com as dificuldades de se saber o próprio regime legal que deve ser aplicado. Com efeito, diante do elemento pessoal que pode prevalecer em tais sociedades, em muitos casos há a necessidade de se invocar regras das sociedades simples mesmo em relação a sociedades limitadas que tenham optado pela regência supletiva da Lei 6.404/76. Acresce que, além das divergências existentes em torno do próprio modelo suces-

---

27. Como apontam com precisão Roberta Prado e Renato Vilela (Falecimento de cotista da sociedade limitada: dissolução parcial como regra geral e as alternativas via cláusulas contratuais de planejamento sucessório – boas práticas de governança corporativa. *In*: COELHO, Fabio; FERES, Marcelo. *Empresa familiar*. São Paulo: Saraiva, 2014. p. 429), o pagamento dos haveres em dinheiro e em 90 dias a contar da liquidação "tem chances de comprometer a continuidade da sociedade, na medida em que pode levar a empresa a enfrentar dificuldades de caixa e até mesmo, em casos mais agudos, à insolvência.

sório, há considerável polêmica em torno da temática do direito de retirada em tal tipo societário, o que potencializa a litigiosidade do tema e pode tornar ineficaz o próprio regime sucessório.

Esse quadro de preocupações leva a pelo menos duas conclusões importantes. A primeira delas, diante da conexão entre a questão sucessória e a questão do direito de retirada, diz respeito à necessidade de se repensar este último em sociedades limitadas e de discipliná-lo adequadamente nos contratos sociais, a fim de encontrar soluções que possam compor o conflito de interesses de forma mais equilibrada, sem privilegiar, apriorística e necessariamente, o sócio retirante – seja ele o herdeiro ou o remanescente –, mas também considerando os demais interesses envolvidos, inclusive o relacionado à manutenção da empresa.

A segunda delas diz respeito à necessidade de que, em face das deficiências das soluções apontadas pelas regras legais societárias, os atos constitutivos possam regular a matéria de forma pormenorizada, ajustando-a ao perfil e às circunstâncias específicas de cada sociedade.

Nesse esforço de adaptação, merecem especial atenção (i) a regulação do período entre a morte do sócio e a partilha das suas quotas – a fim de estabelecer o que podem ou não fazer sócios remanescentes, os herdeiros e mesmo o espólio –, (ii) a disciplina da forma de liquidação das participações societárias e do prazo e forma do pagamento dos haveres, a fim de compor adequadamente o conflito, de forma a se assegurar a manutenção da empresa e evitar comportamentos excessivamente oportunistas dos herdeiros ou dos sócios retirantes em desfavor da sociedade e dos sócios remanescentes e (iii) a criação de soluções de governança para a composição *ex post* do conflito sucessório/societário, especialmente diante do perfil de determinadas sociedades ou diante de fatos graves ou supervenientes que não foram previstos pelas partes no momento do planejamento sucessório.

Conclui-se, portanto, no sentido da imprescindibilidade do planejamento sucessório nas sociedades limitadas, a fim de que os contratos sociais respectivos levem em consideração que a morte de sócio instaura delicado e complexo conflito entre três grupos de interesses: os da sociedade, os dos sócios remanescentes e os dos herdeiros. Consequentemente, as soluções contratuais precisam equacionar tais interesses de forma justa, clara e eficiente, evitando a litigiosidade desnecessária e criando, sempre que possível, incentivos para a composição *ex post* dos conflitos.

8. REFERÊNCIAS

ASCARELLI, Tulio. *Problemas das sociedades anônimas e direito comparado*. Campinas: Bookseller, 1999.

CAMPINHO, Sérgio; PINTO, Mariana. O recesso na sociedade limitada. *In*: AZEVEDO, Luís André; CASTRO, Rodrigo Monteiro. *Sociedade limitada contemporânea*. São Paulo: Quartier Latin, 2013, p. 115-153.

CAVALLI, Cassio. *Sociedades limitadas:* regime de circulação das quotas. São Paulo: Revista dos Tribunais, 2011.

COELHO, Fábio Ulhoa. *Curso de Direito Comercial*. v. II. São Paulo: Saraiva, 2007.

CORDEIRO, Antonio Menezes. *Direito das sociedades:* Parte Geral. Coimbra: Almedina, 2011.

FERRARA JR, Francesco; CORSI, Francesco. *Gli impreditori e le società*. Milano: Giuffrè Editore, 2011.

FERRI, Giuseppe. *Diritto Commerciale*. Torino: UTET Giuridica, 2011.

FRANÇA, Erasmo Valladão; ADAMEK, Marcelo. Affectio societatis: um conceito jurídico superado no moderno direito societário pelo conceito de fim social. *Revista de Direito Mercantil*, v. 149/150, p. 108-130.

Gonçalves Neto, Alfredo de Assis. *Direito de Empresa*. São Paulo: Revista dos Tribunais, 2010.

PIMENTA, Eduardo Goulart; ABREU, Maria Leitoguinhos de Lima Abreu. A conceituação jurídica da empresa familiar. *In*: COELHO, Fabio; FERES, Marcelo. *Empresa familiar.* São Paulo: Saraiva, 2014, p. 49-64.

PRADO, Roberta Nioac; VILELA, Renato. Falecimento de cotista da sociedade limitada: dissolução parcial como regra geral e as alternativas via cláusulas contratuais de planejamento sucessório - boas práticas de governança corporativa. *In*: COELHO, Fabio; FERES, Marcelo. *Empresa familiar.* São Paulo: Saraiva, 2014, p. 425-444.

RIZZARDO, Arnaldo Rizzardo. *Direito de Empresa*. Rio de Janeiro: Forense, 2007.

SIMIONATO, Frederico A. Monte. *Tratado de Direito Societário*. v. I. Rio de Janeiro: Forense, 2009.

SILVEIRA, Marco Antonio Karam. *A sucessão causa mortis na sociedade limitada*. Tutela da empresa, dos sócios e de terceiros. Porto Alegre: Livraria do Advogado, 2009.

O IMPOSTO SOBRE GRANDES FORTUNAS E O IMPOSTO INCIDENTE NA TRANSMISSÃO *CAUSA MORTIS*

Leonardo Lobo de Almeida

Advogado. Ex-Conselheiro do Conselho de Contribuintes do Ministério da Fazenda/ Conselho Administrativo de Recursos Fiscais – CARF.

Felipe Leonidio Ribeiro

Advogado.

Sumário: 1. Introdução – 2. A competência tributária dos entes federativos – 3. O imposto sobre transmissão *causa mortis* e doação (ITCMD) – 4. O imposto sobre grandes fortunas (IGF): um tributo historicamente ineficaz – 5. ITCMD e IGF: Sobreposição na tributação da herança – 6. Conclusão – 7. Referências.

1. INTRODUÇÃO

Em um país à beira da recessão, com altos índices de desemprego, elevado endividamento, enorme desigualdade social,[1] gastos públicos desenfreados, e dificuldade política de se aprovar reformas já há muito necessárias, é natural no Brasil que os governos continuem seguindo a velha cartilha com a fórmula fácil de se utilizar a tributação como instrumento para buscar aumentar e/ou recompor as suas respectivas receitas; bem como para tentar viabilizar políticas públicas visando a diminuição de nossa desigualdade crônica.

Historicamente, sempre foi mais rápido e menos custoso politicamente aprovar leis para aumentar a receita dos entes federados (mediante a criação e majoração de tributos), do que leis que reduzam, otimizem ou limitem os gastos públicos, ou então que avancem sobre os conhecidos problemas estruturais brasileiros. Contudo, em razão da alta carga tributária atualmente existente, tais soluções fiscais milagrosas vêm se mostrando cada vez menos eficazes, em muitos casos até resultando em um aumento da sonegação e diminuição da arrecadação.

---

1. Segundo a revista *"Forbes Brasil"*, em 1 ano (2019-2020) 33 novos brasileiros se tornaram bilionários, totalizando agora 238 famílias com uma fortuna total aproximada de R$ 1,6 trilhões. Enquanto isso, 45,9% da população brasileira vive sem coleta de esgoto, de acordo com estudo do Instituto Trata Brasil – ITB (Disponível em: https://www.painelsaneamento.org.br/explore/ano?SE%5Ba%5D=2019. Acesso em: 02 mai. 2021.)

O Imposto sobre Transmissão *Causa Mortis* e Doação - ITCMD é um tributo estadual, que atualmente possui natureza eminentemente fiscal, ou seja, sua função é preponderantemente arrecadatória; ao passo que o Imposto sobre Grandes Fortunas IGF é um tributo de competência federal, inerentemente extrafiscal, cuja função precípua seria servir de instrumento para realização de políticas econômicas, a exemplo da redução da desigualdade social mediante a redistribuição de renda – em teoria, retirar-se-ia recursos dos "muito ricos", redistribuindo-se tais recursos em prol de toda a sociedade, beneficiando indiretamente as camadas mais necessitadas da população.

Por tal razão, é desafiador analisar a fundo os aspectos jurídico-tributários do IGF sem levar em conta o contexto político-econômico que justificaria a sua criação, e a propositura dos diversos projetos nesse sentido, ora em trâmite no Congresso Nacional.

O presente artigo, assim, busca discorrer sobre dois temas distintos, atuais, de natureza financeira/tributária, que se inter-relacionam, e dialogam com o Direito das Sucessões na medida em que impactam, direta e indiretamente, o patrimônio recebido em herança.

2. A COMPETÊNCIA TRIBUTÁRIA DOS ENTES FEDERATIVOS

Na federação brasileira, na qual mesmo os Municípios têm sua esfera própria de atribuições exercidas com autonomia, a CF/88 preocupou-se em buscar prover de recursos os vários entes políticos (União, Estados, Distrito Federal e Municípios), a fim de que cada qual possa atender às suas respectivas obrigações.

Quanto às receitas de natureza tributária, optou a CF/88 por um sistema misto de partilha de competência e de partilha do produto da arrecadação[2]. No primeiro mecanismo, o poder de criar tributos é repartido entre os vários entes políticos, de modo que cada um tem competência para impor prestações tributárias dentro da moldura que lhe é delimitada pela CF/88.

Nesse sentido, competência tributária nada mais é do que a aptidão da União, Estados, Distrito Federal e Municípios, para criar tributos. Isso decorre do fato de que, em princípio, a constituição em si não cria formalmente os tributos, mas atribui competências às pessoas políticas para instituí-los através de lei – ou seja, são os entes federativos que, dentro de certos limites, detêm o poder de criar determinados tributos e definir o seu alcance.

A competência tributária pode ser classificada em diversas modalidades, dentre as quais a mais comum é a privativa,[3] que se caracteriza pela competência para criar impostos com exclusividade deste ou daquele ente político. Assim, por exemplo,

---

2. AMARO, Luciano. *Direito Tributário brasileiro*. 21. ed. São Paulo: Saraiva, 2016. p. 115.
3. Também referida pela doutrina como competência *exclusiva, individual, única*.

O IMPOSTO SOBRE GRANDES FORTUNAS E O IMPOSTO INCIDENTE NA TRANSMISSÃO *CAUSA MORTIS*

a competência para tributar rendas e proventos de qualquer natureza é exclusiva/privativa/individual da União (art. 153, III, da CF/88); a competência para tributar a transmissão *inter vivos* de bens imóveis é dos Municípios (art. 156, III, da CF/88), e assim por diante.

Quando o art. 155, I, da CF/88 atribui aos Estados e ao Distrito Federal a competência para instituir impostos sobre *"transmissão causa mortis e doação, de quaisquer bens ou direitos"*, formulou um comando a um tempo positivo e negativo: positivo, na medida em que considera que aos Estados e ao Distrito Federal compete a tributação desses fenômenos; e negativo, na medida em que veda aos demais entes políticos que os tributem.[4]

3. O IMPOSTO SOBRE TRANSMISSÃO *CAUSA MORTIS* E DOAÇÃO (ITCMD)

Provavelmente todos já devem ter ouvido em algum momento aquela conhecida frase atribuída a Benjamin Franklin: *"nada é mais certo neste mundo do que a morte e os impostos"*. E, como sabemos, reunindo as duas certezas, inevitável também é a cobrança dos tributos *causa mortis*.

Tais tributos tendo como fato gerador a transmissão dos bens dos falecidos aos seus herdeiros já eram cobrados na Roma antiga sob a forma de vigésima (5%) sobre heranças e legados. Desde então, em maior ou menor proporção, quase a totalidade dos países cobra algum tipo de tributo *causa mortis*.

No Brasil, ainda na época colonial, o Alvará de 17 de junho de 1809 instituiu *"os impostos do papel sellado e das heranças e legados"*, impondo a cobrança de 10% sobre a *"herança ou legado que effectivamente se arrecadar"* no caso de ascendentes, descendentes e demais parentes até o segundo grau, e 20% para aqueles herdeiros de parentesco acima do segundo grau.

Atualmente, e desde a Constituição Federal de 1988 (CF/88), o ITCMD está previsto em nível constitucional no artigo 155, I, da Lei Maior e, em termos de legislação complementar, nos arts. 35 a 42 do Código Tributário Nacional (CTN); bem como em legislações ordinárias estaduais, a exemplo da Lei nº 7.174/15, no âmbito do Estado do Rio de Janeiro, e da Lei nº 10.705/00 no Estado de São Paulo.

Uma novidade do texto da constituição em vigor foi unir o imposto *causa mortis* e o imposto sobre doações, que antes estava embutido no de transmissão *inter vivos* (agora de competência dos Municípios – artigo 156, II, da CF/88), o que se justifica por serem impostos sobre o patrimônio, pelo fato gerador de ambos resultar da transmissão não onerosa de bens, e pela necessidade de se evitar a

---

4. XAVIER, Alberto. A distinção entre doação remuneratória e doação em contemplação do merecimento para efeitos fiscais. *Revista Dialética de Direito Tributário*, São Paulo, n. 209, p. 143, 2013.

possível evasão fiscal[5] na doação de bens para futuros herdeiros, se o imposto *inter vivos* fosse menor.[6]

A hipótese de incidência do ITCMD é a transmissão, por morte (real ou presumida)[7] ou por doação, de quaisquer bens ou direitos. A CF/88, em relação à Constituição Federal de 1967 (CF/67) e ao próprio CTN (editado em 1966), ampliou consideravelmente o campo de incidência do ITCMD, que antes se limitava à transmissão de bens imóveis. Nesse sentido, pode-se afirmar que não existe mais o imposto originalmente idealizado quando da criação do CTN.

Contudo, o seu fato gerador é a transferência patrimonial apenas na aparência, pois, em verdade, a base de cálculo sobre o que se tributa são os acréscimos patrimoniais obtidos pelos donatários, herdeiros e legatários.[8] Ou seja, o que causa/gera/pressupõe a tributação do ITCMD é o ato de transmissão, porém o que se grava pelo referido imposto – a sua expressão econômica – é o acréscimo do patrimônio dos herdeiros decorrente da transmissão.

Sendo acréscimo ao patrimônio dos beneficiados, não poderia também configurar fato tributável pelo IRPF?[9] O texto constitucional responde que não, na medida em que a competência para tributação dessa forma não onerosa de aquisição de bens e direitos decorrentes de herança ou doação – os mencionados "acréscimos patrimoniais" –, foi atribuída aos Estados e ao Distrito Federal, que o fazem por meio do ITCMD. Este ponto é importante porque, adiante, veremos questionamento parecido em relação ao IGF.

Destas considerações decorre que o conceito constitucional de renda constante do art. 153, III, já se encontra comprimido pelo conceito de "*transmissão causa mortis e doação*", constante do art. 155, I. Por outras palavras, este último conceito delimita negativamente o alcance do primeiro, que nunca poderá incluir no seu

---

5. Evasão fiscal é, em linhas gerais, a conduta de má-fé do contribuinte, por ação ou omissão que acarrete no descumprimento, ainda que parcial, das obrigações ou deveres tributários. Diferentemente, a elisão fiscal se caracteriza como a conduta do contribuinte em planejar seus negócios de modo a produzir menor impacto fiscal, dentro dos limites da lei. Tecnicamente falando, o objetivo da elisão fiscal é a não ocorrência do fato gerador do tributo ou a sua realização em termos que represente menor ônus econômico ao sujeito passivo, ao passo que, no caso da evasão, o objetivo é ocultar/dissimular a ocorrência do fato gerador para, com isso, diminuir – ilegalmente – a carga tributária.

6. TORRES, Ricardo Lobo. *Curso de Direito Financeiro e Tributário*. 20. ed. Rio de Janeiro: Renovar, 2018. p. 372.

7. Tanto a transmissão oriunda de morte real quanto aquela decorrente de morte presumida sujeitam-se à cobrança do ITCMD, conforme já reconheceu o Supremo Tribunal Federal ao editar s Súmula nº 331, *verbis*: "*É legítima a incidência do imposto de transmissão causa mortis no inventário por morte presumida*".

8. COELHO, Sacha Calmon Navarro. *Curso de Direito Tributário brasileiro*. 17. ed. Rio de Janeiro: Forense, 2020. p. 349.

9. O imposto sobre a renda (IR) possui autorização constitucional no art. 153, III, da CF/88; tem suas disposições gerais previstas nos arts. 43 a 45 do CTN. É um imposto (I) *pessoal*, incidente sobre acréscimos patrimoniais do contribuinte, notadamente a renda e os proventos de qualquer natureza; (II) *direto*, não havendo transferência do encargo fiscal para terceiros (contribuinte de fato), na medida em que o ônus econômico ocorre para aquele que aufere renda e/ou proventos e; (III) *fiscal*, ou seja, possui natureza preponderantemente arrecadatória, contudo, também é objeto de políticas extrafiscais.

O IMPOSTO SOBRE GRANDES FORTUNAS E O IMPOSTO INCIDENTE NA TRANSMISSÃO *CAUSA MORTIS*

âmbito as aquisições a título gratuito, que são de competência privativa dos Estados e do Distrito Federal.

Portanto, a base de cálculo do ITCMD é o valor do acréscimo patrimonial dos beneficiários, o que, a rigor, coincide com o valor venal dos bens ou direitos transmitidos (artigo 38 do CTN). Já as alíquotas são fixadas pelos legisladores estaduais, obedecendo a alíquota máxima (teto) estipulada pelo Senado Federal (artigo 155, IV, da CF/88). Atualmente esse teto é de 8%, nos termos da Resolução nº 09 de 05/05/92.

Cabe observar que a indicação da alíquota máxima pelo Senado Federal não impede os Estados e o Distrito Federal de editarem leis próprias prevendo qual será a sua alíquota específica – uma vez que o sistema federativo no Brasil não autoriza a possibilidade de automatismo na aplicação do teto previsto em resolução do Senado.[10] Como exemplo, podemos citar que poucos Estados como Rio de Janeiro, Santa Catarina e Ceará utilizam a alíquotas máxima de 8%.

O fato gerador do ITCMD ocorre no momento em que se realiza a transmissão (não onerosa) em razão da doação ou *causa mortis*, conforme determinado em cada legislação estadual. Contudo este poderá ser entendido como ocorrido no momento da data da abertura da sucessão legítima ou testamentária – mesmo nos casos de sucessão provisória –, e na instituição de fideicomisso e de usufruto, ou na data da morte do fiduciário e na substituição do fideicomisso.[11]

Sob o aspecto territorial, a regra geral é a de que o ITCMD pertence ao Estado onde está situado o bem, quando se tratar de bens imóveis. No caso de bens móveis, títulos e créditos, compete ao Estado onde se processar o inventário ou arrolamento, ou tiver domicílio o tomador (artigo 155, §1º, I e II, da CF/88).

A CF/88, em seu artigo 155, §1º, III, reservou à lei complementar a competência para instituição do ITCMD se o doador tiver domicílio ou residência no exterior ou se o *de cujus* possuía bens, era residente ou teve o seu inventário processado no exterior.[12] Como essa lei complementar exigida pela CF/88 nunca foi editada, a incidência do indigitado tributo em tais situações vem sendo tratada por diversos Estados em suas próprias legislações ordinárias locais.[13] Esta situação vinha acarretando recorrentes litígios entre fisco e contribuintes até recentemente, quando o Supremo Tribunal Federal, no julgamento do RE 851.108/SP, em repercussão geral (Tema 825), de relatoria do Ministro Dias Toffoli, fixou por maioria a tese de que *"É vedado aos estados e ao Distrito Federal instituir o ITCMD nas hipóteses referidas*

---

10. "Não se coaduna com o sistema constitucional norma reveladora de automaticidade quanto à alíquota do imposto de transmissão causa mortis, a evidenciar a correspondência com o limite máximo fixado em resolução do Senado Federal." (STF, RE n. 213.266. Rel. Min. Marco Aurelio. Plenário do STF, julg. 20.10.1999, DJ 17.12.1999).

11. CALIENDO, Paulo. *Curso de Direito Tributário*. 3. ed. São Paulo: Saraiva Educação, 2020. p. 914.

12. Sobre o tema, vide o estudo de Ana Luiza Maia Nevares: A sucessão hereditária com bens situados no exterior.

13. Os Estados embasam seu entendimento em suposta competência atribuída pelo artigo 24, § 3º, da CF/88 e artigo 34, § 3º, do ADCT.

no artigo 155, § 1o, III, da Constituição Federal sem a intervenção da lei complementar exigida pelo referido dispositivo constitucional."[14]

4. O IMPOSTO SOBRE GRANDES FORTUNAS (IGF): UM TRIBUTO HISTORICAMENTE INEFICAZ

A previsão constitucional do IGF é novidade trazida pela CF/88 em seu artigo 153, VII, cabendo à lei complementar a ser eventualmente editada atribuir-lhe o fato gerador, a base de cálculo e demais elementos essenciais.

Assim, cabe à lei complementar definir o que seria uma "grande fortuna", a forma de apuração da base de cálculo deste tributo, e assim por diante. Não seria, porém, a lei complementar que instituiria, *in abstracto*, este imposto, e nem disciplinaria o seu lançamento, processo de arrecadação e fiscalização. Em rigor, tal lei complementar evitaria que uma episódica maioria simples de congressistas deturpasse as características do IGF e, especialmente, o conceito legal de "grande fortuna" – por isso, o legislador constituinte, com atilada prudência, estabeleceu que tal definição depende da manifestação da maioria absoluta dos congressistas.[15]

Em que pese estar previsto na CF/88, o IGF nunca foi instituído no sistema tributário nacional – apesar de se ter notícia, até os dias de hoje,[16] da existência de diversos Projetos de Lei e de Propostas de Emenda à Constituição em trâmite no Congresso Nacional prevendo a sua criação. Diz muito sobre a polêmica que o cerca o fato de ser o único dos sete impostos previstos no artigo 153 da CF/88 que ainda não foi instituído e nem teve a sua cobrança iniciada pela União.

Em linhas gerais, o IGF é um imposto (I) *real*, pois incide sobre o tipo patrimonial denominado "fortuna"; (II) *direto*, não havendo transferência do encargo fiscal para terceiros (contribuinte de fato), na medida em que o ônus econômico ocorre para aquele que possui "grandes fortunas" e; (III) *extrafiscal*, porque seus principais objetivos[17] giram em torno da diminuição da desigualdade social do país, através da redistribuição de riqueza – no IGF o interesse social (e, portanto, extrafiscal) prevalece sobre as pretensões arrecadatórias (fiscal).

A sua hipótese de incidência é a titularidade de "grandes fortunas", mas, a definição do que viria a ser uma "grande fortuna" é tema absolutamente controverso no Brasil, país com gritante desigualdade social,[18] visto que qualquer patrimônio um

---

14. Em tal julgamento o STF adotou curiosa modulação à sua decisão, atribuindo-lhe efeitos *ex-nunc*, "*ressalvando as ações judiciais pendentes de conclusão até o mesmo momento, nas quais se discuta: (1) a qual Estado o contribuinte deve efetuar o pagamento do ITCMD, considerando a ocorrência de bitributação; e (2) a validade da cobrança desse imposto, não tendo sido pago anteriormente*". Ou seja, estranhamente o STF validou a cobrança que até então vinha sendo realizada de forma inconstitucional por alguns Estados.

15. CARRAZZA, Roque Antônio. *Curso e Direito Constitucional Tributário*. 32. ed. São Paulo: Malheiros, 2019. p. 853.

16. Abril/2021.

17. Nos termos da maioria dos Projetos de Lei existentes no Congresso Nacional.

18. CALIENDO, Paulo. *Curso de Direito Tributário*. 3. ed. São Paulo: Saraiva Educação, 2020. p. 908.

pouco superior poderia ser considerada "fortuna" e, dessa forma, mesmo integrantes da classe média poderiam ser considerados ricos.[19] Ou seja, é um conceito abstrato e subjetivo, apesar de que a intenção do constituinte originário era que somente fossem tributadas as fortunas efetivamente significativas, fugindo da hipótese de incidência do imposto a classe média e alta, pois não basta possuir uma "fortuna", ela precisa necessariamente ser classificada como "grande".[20]

Mesmo ainda inexistindo a regulamentação do IGF, vale notar que este deverá incidir sobre todo o patrimônio do contribuinte, assim considerada a universalidade dos bens e direitos de sua propriedade, situados no país ou no exterior. A ausência de regulamentação também não impede afirmar que o sujeito passivo do IGF será pessoa física residente no Brasil, ou no exterior, que aqui possua "grande fortuna".

Como lembra Ricardo Lobo Torres, o constituinte brasileiro se deixou influenciar por sistemas fiscais estrangeiros, como os da Espanha e da França.[21] Em termos de direito comparado, na França, por exemplo, o *Impôt sur les grandes fortunes* (ISF) era caracterizado como um imposto de solidariedade social (*solidarité*), sendo proporcional ao patrimônio do contribuinte. Entre idas e vindas teve sua abrangência reduzida e foi substituído em 2018 pelo *Impôt sur la fortune immobilière* (IFI), devido por pessoas físicas ou casais possuidores de bens imóveis, não destinados à atividade profissional, em valor superior a 1,3 milhões de euros.

Diversos outros países como Japão, Itália, Áustria, Dinamarca, Irlanda, Alemanha, Países Baixos e Finlândia já tiveram experiências com o IGF, porém o suprimiram de suas legislações.[22]

Várias são as razões extraídas da experiência internacional que desaconselham a sua implementação no Brasil: dificuldades de administração do tributo, redução da poupança nacional interna, evasão de divisas, possibilidade de confisco e conflitos com os tributos já existentes sobre a renda e patrimônio – que já foram tributados em diversas ocasiões durante o ciclo produtivo. Dessa forma, a possibilidade de ocorrer uma situação de dupla ou tripla tributação econômica do patrimônio e da renda, com consequente efeito de confisco[23] é uma possibilidade concreta.[24]

---

19. No estudo *Grandes Números IRPF – Ano-Calendário 2019, Exercício 2020*, produzido pela Receita Federal, verifica-se que das dez profissões com o maior rendimento médio tributadas pelo IRPF, seis são carreiras públicas, além de médicos e pilotos de aeronave, todas tipicamente exercidas por integrantes da classe média. Disponível em: https://www.gov.br/receitafederal/pt-br/acesso-a-informacao/dados-abertos/receitadata/estudos-e-tributarios-e-aduaneiros/estudos-e-estatisticas/11-08-2014-grandes-numeros-dirpf/gn-irpf-a-c2019-publicacao.pdf. Acesso em: 02 mai. 2021.
20. MARTINS, Ives Gandra da Silva; BASTOS, Celso Ribeiro. *Comentários à Constituição do Brasil*. v. 6. t. 1. Rio de Janeiro: Saraiva, 1990. p. 269.
21. TORRES, Ricardo Lobo. *Curso de Direito Financeiro e Tributário*. 20. ed. Rio de Janeiro: Renovar, 2018. p. 371.
22. Em sentido contrário, a Argentina recentemente aprovou a sua *Ley de Aporte Solidario y Extraordinario*, que institui imposto a ser pago em única vez pelos cidadãos mais ricos, e cuja arrecadação será destinada a minimizar os efeitos da pandemia da COVID-19.
23. Vedado pelo artigo 150, IV, da CF/88.
24. CALIENDO, Paulo. *Curso de Direito Tributário*. 3. ed. São Paulo: Saraiva Educação, 2020. p. 908.

Nesse sentido, a primeira indagação que surge é a seguinte: faz algum sentido que o país que tem o sistema tributário mais complexo do mundo, seja em quantidade de tributos ou em tempo gasto com *compliance* fiscal, e cuja carga tributária bruta atual corresponde a pouco mais de 30% do PIB,[25] crie mais um imposto difícil de fiscalizar (ou seja, será necessário ampliar a máquina pública e os mecanismos de fiscalização), historicamente fácil de escapar (através de planejamentos tributários), sujeito à sobreposição tributária (bitributação), já abolido em praticamente todas as nações que o experimentaram anteriormente e, nas poucas em que ainda vigora, é objeto de recorrentes debates para sua extinção? Dito de outra forma, por qual razão um país que já possui inúmeras bases tributáveis (renda, patrimônio, produção, lucro, receita, folha de salários, herança, doação, transferência *inter vivos* etc.), as quais, inclusive, ainda podem ser majoradas, insiste em criar (mais) um imposto que, historicamente, devido a seus problemas estruturais, fracassou e está em plena extinção em todo o resto do mundo?

A própria Receita Federal, em tese a maior interessada no aumento da arrecadação tributária, já se manifestou contrariamente à instituição do IGF na linha de raciocínio acima utilizada, apresentando como alternativa para atingir os contribuintes detentores de maior capacidade contributiva e melhorar distribuição de renda a adoção de medidas mais eficientes, tais como:

> [...] a não proliferação de programas de renegociação de dívidas que não só reduzem de imediato a arrecadação e ainda perpetuam o efeito futuro de desincentivo ao cumprimento de obrigações tributárias; a tributação na distribuição dos lucros e dividendos; os ajustes na tributação do mercado de capitais; a alteração na tributação do patrimônio, dentre outras.[26]

Por outro lado, em uma análise geral das *justificativas*[27] dos Projetos de Lei e das Propostas de Emenda Constitucional do Congresso Nacional que visam a criação do IGF, não é difícil perceber que as intenções gerais dos senadores e deputados que idealizam o referido imposto são demasiadamente ideológicas e demagógicas, levando em consideração a questão sob o prisma estritamente teórico, à revelia da valiosa experiência internacional pretérita, notadamente as dificuldades práticas da sua implementação, nos termos do quanto já mencionado.

A premissa conceitual dos autores de tais projetos é quase[28] sempre a mesma: o IGF se justifica na medida em que trará justiça social, pois, ao tributar "grandes fortunas", haverá uma redistribuição de renda e consequente diminuição da desigualdade social.

---

25. Disponível em: https://www.tesourotransparente.gov.br/publicacoes/carga-tributaria-do-governo-geral/2020/114. Acesso em: 02 mai. 2021.
26. Nota COSIT/SUTRI/RFB nº 479, de 1º de dezembro de 2020.
27. A presente análise está focada nas *Justificativas* pois elas são a parcela de maior semelhança e identidade comum entre os Projetos e Propostas, não sendo possível fazer uma análise generalizada das várias alíquotas, bases de cálculo, deduções e nuances específicas de todos os Projetos/Propostas.
28. Salvo raras exceções, a exemplo do PLP nº 183/2019, cuja *Justificativa* foi alterada recentemente para que as receitas do IGF sejam destinadas ao combate da COVID-19 (o que, diga-se de passagem, não é possível juridicamente, pois, diferentemente das Contribuições, é vedado dar destinação específica à receita de impostos).

Faz-se aqui um parêntese para recordar que a doutrina tradicional define que os tributos possuem, em essência, duas funções: (I) arrecadar recursos ao erário público (função *fiscal*), e (II) estimular ou refrear políticas públicas de natureza social e econômica (função *extrafiscal*).

A rigor, a fiscalidade sempre estará presente quando a organização jurídica do tributo denuncie que os objetivos que presidiram sua instituição, ou que governam certos aspectos da sua estrutura, estejam voltados ao fim exclusivo de abastecer os cofres públicos, sem que outros interesses – sociais, políticos ou econômicos – interfiram no direcionamento da atividade impositiva.[29] Por outro lado, quando a legislação de um tributo vem pontilhada de providências no sentido de prestigiar certas situações tidas como social, política ou economicamente valiosas, as quais o legislador dispensa tratamento mais confortável ou menos gravoso, perseguindo objetivos alheios aos meramente arrecadatórios, estar-se-á caracterizada a extrafiscalidade.

É importante mencionar que, na realidade, não existe um tributo que seja exclusivamente fiscal ou tão somente extrafiscal – a fiscalidade e extrafiscalidade estão presentes em todos os tributos, diferenciando-se de um para o outro apenas quanto à sua intensidade.

A título de exemplo, toda e qualquer isenção tributária[30] possui, por excelência, natureza extrafiscal, pois é hipótese em que o ente federativo abre mão de sua receita para privilegiar uma situação valiosa o suficiente a ponto de justificar a exoneração do contribuinte daquela exação. Também possui classicamente caráter extrafiscal a elevada tributação pelo IPI sobre bebidas alcoólicas, pois a majoração da carga fiscal nesse caso objetiva desestimular o consumo em excesso do referido produto, conhecidamente causador de males sociais coletivos e individuais.

No âmbito do ITCMD, *v.g.*, a extrafiscalidade se evidencia nas alíquotas progressivas, onde os Estados e Distrito Federal abrem mão de parte da sua receita (notadamente a diferença entre a alíquota máxima permitida e a efetivamente praticada) nas hipóteses de baixo valor dos bens e direitos gravados pela transmissão.

As considerações acima ganham contornos relevantes quando são utilizados como parâmetro para analisar as *Justificativas* dos diversos Projetos de Lei e Propostas de Emenda à Constituição do Congresso Nacional relativos ao IGF.

Ao considerarem o IGF como instrumento de redistribuição de renda nacional e de redutor da desigualdade social – que retira dos "grandes afortunados" para, em seguida, "distribuir à sociedade" –, fica evidente que os congressistas buscam a utilização do IGF como instrumento estritamente extrafiscal.[31]

---

29. CARVALHO, Paulo de Barros. *Curso de Direito Tributário*. 30. ed. São Paulo: Saraiva Educação, 2019. p. 260-261.
30. Assim entendida como aquela que se situa a nível infraconstitucional.
31. Na nota COSIT/SUTRI/RFB n. 479, de 1º de dezembro de 2020, a Receita Federal constata que "*sempre em tempos de crise a ideia de implantação do IGF surge.*"

Vemos essa tendência nos Projetos de Lei e Propostas de Emenda à Constituição para criação do IGF como uma questão que deve ser objeto de atenta reflexão, especialmente levando em consideração, além de todos os argumentos já vistos, o fato de que é vedado pela CF/88 (artigo 167, IV) destinar o produto da arrecadação de impostos à determinada despesa específica.

Na prática, a utilização do IGF como instrumento para diminuição da desigualdade social ficaria limitado à tentativa de diminuição da riqueza daqueles detentores de "grandes fortunas", sem garantia efetiva de que a arrecadarõo seja efetivamente destinada ao combate da desigualdade.[32]

Assim, parece-nos equivocado advogar pela diminuição da desigualdade social focando em tributar os brasileiros muito ricos, na medida em que, como visto, não há qualquer garantia de que essa política irá gerar acréscimo, ainda que ínfimo, na renda e na qualidade de vida dos mais carentes.

Por outro lado, não é demais lembrar que, como apontado pela Receita Federal,[33] outras medidas mais simples, eficazes e fáceis de implementar podem ser utilizadas para se atingir os objetivos buscados com o IGF.[34]

5. ITCMD E IGF: SOBREPOSIÇÃO NA TRIBUTAÇÃO DA HERANÇA

Como visto, a competência para arrecadar o ITCMD é dos Estados e do Distrito Federal, consoante o artigo 155, I, da CF/88; enquanto é da União Federal a competência para instituir e cobrar o IGF, a teor do artigo 153, VII, também da Lei Maior.

Sabemos que ambos os tributos incidem sobre o patrimônio, apesar de no ITCMD o fato gerador ser a "transmissão" dos bens do *de cujus* aos seus herdeiros. A questão que se apresenta então é a seguinte: esse patrimônio transmitido aos herdeiros poderá ser tributado também pelo IGF? Em caso positivo, estaria havendo uma sobreposição tributária entre o ITCMD e o IGF? Em caso negativo, considerando a cobrança do IGF, essa não incidência seria perpétua ou apenas no exercício fiscal em que houvesse ocorrido a transmissão da herança e o pagamento do ITCMD sobre ela incidente?

A base de cálculo dos tributos tem de ser uma circunstância inerente ao fato gerador, de modo a afigurar-se como sua verdadeira e autêntica expressão econômica, sob pena de o mesmo acabar sendo distorcido e, com isso, desnaturado.[35]

---

32. Luiz Ricardo Gomes Aranha e Bruno Rocha Cesar Fernandes, *O imposto brasileiro sobre fortunas*, Belo Horizonte: Arraes, 2013. p. 70: "*Apesar do pseudônimo de imposto "Hobin Hood", a ideia de tirar dos ricos para dar aos pobres é mera falácia. A justiça fiscal esperada não se realizará, é o que mostra a experiência no direito comparado, sobretudo porque o tributo afugenta o capital, e o que fica tem capacidade técnica e econômica para revestir de blindagem elisiva sua grande fortuna. Mais que isso, da forma que vem sendo tratado, quem corre o risco de arcar com essa contam novamente é a classe média. [...] é um tributo anacrônico, retrogrado e ineficaz.*"
33. Nota COSIT/SUTRI/RFB n. 479, de 1º de dezembro de 2020.
34. Outro bom exemplo de política extrafiscal muito mais efetiva – e simples – em termos arrecadatórios do que a criação do IGF, seria o aumento da progressividade das alíquotas do IR.
35. FALCÃO, Amilcar de Araújo. *Fato gerador da obrigação tributária*. 7. ed. São Paulo: Noeses, 2018. p. 106.

O IMPOSTO SOBRE GRANDES FORTUNAS E O IMPOSTO INCIDENTE NA TRANSMISSÃO *CAUSA MORTIS* | **435**

Como bem alerta o Ministro Marco Aurélio Mello em estudo doutrinário perfeitamente aplicável ao tema ora em discussão,

[...] muitas das regras de competência tributária foram estabelecidas pelo constituinte a partir da descrição de materialidades econômicas, não apenas delimitando o poder tributário entre os entes federados, mas prevendo, de antemão, os fatos geradores e as bases de cálculo possíveis dos tributos a serem instituídos, tem sido comum a impugnação de leis sob o argumento de haverem prescrito incidências sobre manifestações econômicas para além da previsão constitucional. Trata-se de confronto entre os fatos descritos em leis como tributáveis e os relatos constitucionais desses fatos nas regras de competência tributária.[36]

Aliás, sob o prisma jurisprudencial, desde sempre o STF rechaçou as várias tentativas da União Federal para tributar o ganho de capital decorrente de herança ou doação. Em todos os casos mais antigos, entendeu a Corte Suprema que o IRPF (lucro imobiliário) não atingiria os bens havidos *causa mortis*.[37]

Em discussão em tudo semelhante à que ora se apresenta, porém envolvendo a tributação sobre a renda, a União, através do § 1° do art. 23 da Lei n° 9.532/97, prevê a incidência do IRPF quando do falecimento do contribuinte, incidindo sobre a diferença entre o valor de custo, histórico, dos bens e direitos do *de cujus* e o valor de mercado por ocasião da sucessão, obrigando o imposto aos herdeiros.[38]

Afigura-se clara tentativa de a União Federal, por meio de artimanha legislativa, invadir a competência exclusiva dos Estados e do Distrito Federal na tributação das heranças e doações.[39] Em sua defesa, alega que o fato gerador do IR seria a renda/acréscimo patrimonial (ganho de capital), sendo, portanto, distinto do fato gerador do ITCMD, que incidiria apenas sobre a "transmissão" dos bens e direitos – como a base de cálculo do ITCMD é diferente (superior) do IR, não haveria a suposta invasão de competência tributária.[40]

---

36. MELLO, Marco Aurélio. Interpretação constitucional e controvérsias tributárias. *In*: Betina Treiger Grupenmacher (coord.). *Tributação:* democracia e liberdade em homenagem à Ministra Denise Arruda Martins. São Paulo, Noeses, 2014. p. 1143.

37. Nesse sentido, dentre outros: STF, RE n. 36.163, 1ª T, DJ 21.3.60; RE n. 36.777/DF, 2ª T, DJ 03.9.59; RE n. 36.973, Tribunal Pleno, DJ 15.5.61.

38. Na realidade, o inciso I do §2° do mesmo dispositivo atribui o pagamento do IR ao inventariante, como se fosse ganho de capital do *de cujus*, o que é outra anomalia. (MOSQUERA, Roberto Quiroga. IR sobre doações ou heranças e a Lei n. 9.532/97. *In*: ROCHA, Valdir de Oliveira. (coord.). *Imposto de Renda* – Alterações fundamentais. v. 2. São Paulo: Dialética, 1998).

39. Sobre o tema, esclarece Ricardo Lobo Torres em A incidência do imposto de renda na transferência de direito de propriedade (*Revista Dialética de Direito Tributário*. São Paulo, n. 32, 1998, p. 82.): "[...] *cuidando-se do mesmo suporte fático, a dupla incidência significaria, do ponto de vista do sistema tributário nacional, isto é, da racionalidade econômica, um absurdo; por isso mesmo a legislação brasileira, declarou isenta do imposto de renda a transmissão causa mortis, consonando perfeitamente com o direito dos Estado Unidos, Inglaterra, e Espanha, entre outros. Do ponto de vista do federalismo fiscal também seria ilegítima a tributação, ainda que não houvesse a regra expressa da isenção, tendo em vista que o imposto "causa mortis" pertence à competência privativa do Estado-membro, que repele a cobrança concomitante por outro ente público, a não ser que haja expressa previsão constitucional, como ocorre com o ICMS relativamente ao IPI (art. 155, § 2°, XI) e ao IOF (art. 153, 5°)".*

40. O Tribunal Regional Federal da 1ª Região (TRF-1) possui significativo precedente proferido por sua Corte Especial – e, portanto, vinculante no âmbito daquele Tribunal – reconhecendo a inconstitucionalidade do aludido dispositivo legal, sob o fundamento de que "*se o Imposto de Transmissão Causa Mortis e Doação é*

Tal argumento não se justifica na medida em que, como bem observado por Paulo Celso Bergstrom Bonilha,

> [...] embora possam ser encarados como fatos distintos – a transmissão do bem e o consequente acréscimo patrimonial –, parece-nos que a substância econômica é uma só. Esta, por sua vez, sujeita-se ao imposto estadual específico no momento da transmissão, como decorrência direta da partilha constitucional de competências impositivas, não se justificando, com a devida vênia, a concomitante e cumulada tributação do acréscimo patrimonial correspondente, pelo imposto de renda.[41]

Trata-se de verdadeira inconsistência sistêmica, uma desarmonia com o ordenamento jurídico considerar, para fins de tributação estadual sobre a herança, diga-se, sobre o patrimônio recebido pelos herdeiros, o valor atualizado dos bens e direito, ao passo que, sob o único pretexto nitidamente econômico de se majorar o ganho de capital (base de cálculo do IRPF) em eventual e futura alienação desses bens e direitos, ter que declarar os mesmos por seus valores históricos na DIRPF dos herdeiros.

Analisando a questão sob outro prisma, porém com a mesma conclusão, Misabel Derzi também sustenta que a Lei nº 9.532/97 supõe, erroneamente, que o titular de um bem, à medida em que o preço de mercado se eleva acima do custo de aquisição declarado, aufere ganhos de capital, que finalmente, se realizam com sua morte. É enfática ao defender que a morte não pode ser a realização do ganho, porque ela [morte] desapossa o *de cujus* não somente da vida como de todo o seu patrimônio. Segundo a lei, determina-se, então, a incidência do IRPF sobre o ganho "auferido" pelo morto ou difere-se o imposto para momento posterior, quando houver nova transmissão, como se fora um favor.[42]

Traçado o paralelo com a cobrança do IRPF, voltando ao tema que nos interessa, há clara sobreposição na cobrança dos dois impostos – ITCMD e IGF – sobre a mesma base imponível, uma vez que a grandeza econômica gerada para o beneficiário da herança, notadamente o valor atualizado dos bens e direitos recebidos, já é gravado pelo ITCMD no momento de seu fato gerador, não restando qualquer riqueza tributável à União Federal. Entretanto, até por uma questão de isonomia e justiça fiscal, não se pode cogitar que os herdeiros jamais se tornem contribuintes do IGF, uma vez integrada a herança a seu próprio patrimônio e gerando riqueza a partir

---

> *calculado tomando-se por base o valor atualizado dos bens – vale dizer, valor de mercado, obtido mediante avaliação – significa isso, noutros termos, que a tributação abrange o fato jurídico eleito pelo legislador ordinário da lei 9.532/97 como gerador do imposto de renda sobre ganho de capital, qual seja, a diferença a maior entre o valor de mercado e o valor de aquisição dos bens ou direitos . Ocorrência de "bitributação", na medida em que a real intenção que se identifica no âmbito do artigo 23 da lei 9.532/97 é efetivamente de tributar, a título de 'imposto de renda sobre ganhos de capital', a mesma situação fático-jurídica que enseja a incidência do Imposto de Transmissão Causa Mortis"*

41. BONILHA, Paulo Celso Bergstrom. Imposto estadual sobre doações. *In*: ROCHA, Valdir de Oliveira (coord.). *Grandes questões atuais do direito brasileiro*. v. 2. São Paulo: Dialética, 2001. p. 327.

42. DERZI, Misabel Abreu Machado. A força dos conceitos e das formas jurídicas no direito tributário e o fechamento necessário do sistema. Sobre a inadequação da tributação dos ganhos de capital por causa de morte; a indedutibilidade dos prejuízos acumulados; e as novas normas contábeis. *In*: Michel Viana (coord.). *Código Tributário nacional*: Análise e reflexões para mais 50 anos de vigência. São Paulo: Quartier Latin, 2016. p. 435.

O IMPOSTO SOBRE GRANDES FORTUNAS E O IMPOSTO INCIDENTE NA TRANSMISSÃO *CAUSA MORTIS*   **437**

daí – parece razoável que a não incidência vigore somente no exercício fiscal em que ocorra a transmissão.

Como tentativa de minimizar o problema, vários dos Projetos de Lei tramitando no Congresso preveem a exclusão dos valores pagos a título de ITCMD (e de outros tributos como o ITBI, o IPTU, o ITR e o IPVA) da base de cálculo do IGF.

6.   CONCLUSÃO

Com relação à reflexão feita acerca do IGF, a sua complexidade reside prelimi-narmente na abstração e subjetividade do termo "grande fortuna", não havendo um consenso doutrinário ou político do alcance que efetivamente poderia vir a ter no Brasil.

Além disso, em que pese a vontade política de realização de justiça social, o IGF, para ser um mecanismo efetivo de combate à desigualdade social, deveria ter a sua re-ceita destinada especificamente para tal objetivo, o que não é possível para os impostos.

Os Projetos de Lei e as Propostas de Emenda Constitucional do Congresso Na-cional que visam a criação do IGF parecem partir de premissas estritamente teóricas e demagógicas, sem observar os dados científicos apurados em outros países que tributam, ou já tributaram em algum momento pretérito, as grandes fortunas.

Neste sentido, como visto, a experiência internacional traz diversos exemplos que desaconselham a implementação do IGF, notadamente dificuldades práticas para a sua administração e fiscalização; a provável evasão de divisas, com a consequente redução da poupança nacional interna; e os conflitos com os tributos sobre a renda e patrimônio já existentes, havendo casos de dupla ou tripla tributação econômica do patrimônio e da renda, na medida em que estas riquezas geralmente já são tributados em diversas ocasiões ao longo do ciclo produtivo.

Sobre essa questão da possível dupla ou tripla tributação, o problema se agrava quando envolve o Direito das Sucessões, pois hoje já enfrentamos situações semelhan-tes com outros tributos existentes, como a mencionada cobrança de IR na hipótese de o herdeiro declarar na DIRPF, em valor superior àquele constante na declaração do *de cujus*, os bens e direitos recebidos em herança.

A CF/88 definiu expressamente a competência para tributar de cada ente fede-rativo, prevendo que os impostos a serem criados pela União Federal não poderão ter o mesmo fato gerador ou a mesma base de cálculo dos demais impostos definidos no texto constitucional.

Desse modo, quando o artigo 155, I, da CF/88 atribui aos Estados e ao Distrito Federal a competência para instituir impostos sobre *"transmissão causa mortis e do-ação, de quaisquer bens ou direitos"*, veda aos municípios e/ou à União Federal, que tributem essa matéria ou forma de capacidade contributiva.

Não obstante distintas as hipóteses de incidência do ITCMD e do IGF – ser de-tentor de "grande fortuna" versus transmissão *causa mortis*/doação de bens e direitos

–, o que na realidade se grava através do ITCMD são os acréscimos patrimoniais obtidos pelos herdeiros, os quais, em tese, poderiam vir a ser novamente objeto de tributação pela União Federal através do IGF.

A conclusão a que se chega é que, enquanto se mantiver a disputa arrecadatória desmedida entre os entes federativos para aumento de receita primária, com a criação e/ou majoração irracional de tributos, sem uma política efetiva de diminuição dos gastos públicos e aprovação das reformas estruturais necessárias, continuaremos enfrentando as mesmas eternas dificuldades e vivendo um *déjà vu* fiscal que, no caso de eventual implementação do IGF, certamente afetará de alguma forma o patrimônio recebido em herança, já tributado pelo ITCMD.

7. REFERÊNCIAS

AMARO, Luciano. *Direito Tributário brasileiro*. 21. ed. São Paulo: Saraiva, 2016.

ANDRADE, Juliana. Quem são os 33 novos bilionários brasileiros. *Revista Forbes Brasil*. São Paulo. Disponível em: http://forbes.com.br/listas/2020/09/acionistas-da-weg-somam-dez-dos-33-novos--bilionarios-brasileiros/. Acesso em: 02 mai. 2021.

ARANHA, Luiz Ricardo Gomes; FERNANDES, Bruno Rocha Cesar. *O imposto brasileiro sobre fortunas*. Belo Horizonte: Arraes, 2013.

BONILHA, Paulo Celso Bergstrom. Imposto Estadual sobre Doações. *In*: ROCHA, Valdir de Oliveira (coord.). *Grandes questões atuais do direito brasileiro*. v. 2. São Paulo: Dialética, 2001.

CALIENDO, Paulo. *Curso de Direito Tributário*. 3. ed. São Paulo: Saraiva Educação, 2020.

CARRAZZA, Roque Antonio. *Curso de Direito Constitucional Tributário*. 32. ed., rev., atual. e ampl. São Paulo: Malheiros, 2019.

CARVALHO, Paulo de Barros. *Curso de Direito Tributário*. 30. ed. São Paulo: Saraiva Educação, 2019.

COELHO, Sacha Calmon Navarro. *Curso de Direito Tributário Brasileiro*. 17. ed. Rio de Janeiro: Forense, 2020.

DERZI, Misabel Abreu Machado. A Força dos conceitos e das formas jurídicas no direito tributário e o fechamento necessário do sistema. Sobre a inadequação da tributação dos ganhos de capital por causa de morte; a indedutibilidade dos prejuízos acumulados; e as novas normas contábeis. *In*: VIANA, Michel (coord.). *Código Tributário nacional*: análise e reflexões para mais 50 anos de vigência. São Paulo: Quartier Latin, 2016.

FALCÃO, Amilcar de Araújo. *Fato gerador da obrigação tributária*. 7. ed. São Paulo: Noeses, 2018.

INSTITUTO TRATA BRASIL – ITB. *Painel saneamento Brasil*. Ranking do saneamento 2018. Disponível em: https://www.painelsaneamento.org.br/explore/ano?SE%5Ba%5D=2019. Acesso em: 30 abr. 2021.

MARTINS, Ives Gandra da Silva; BASTOS, Celso Ribeiro. *Comentários à Constituição do Brasil*. v. 6. t. 1. Rio de Janeiro: Saraiva, 1990.

MELLO, Marco Aurélio. Interpretação Constitucional e Controvérsias Tributárias. *In*: GRUPENMACHER, Betina Treiger (coord.). *Tributação*: democracia e liberdade em homenagem à Ministra Denise Arruda Martins. São Paulo: Noeses, 2014.

NEVARES, Ana Luiza Maia. A sucessão hereditária com bens situados no exterior. *Revista Pensar*. Fortaleza, v. 24, n. 2, p. 1-13, abr./jun. 2019.

TEPEDINO, Gustavo; NEVARES, Ana Luiza Maia; MEIRELES, Rose Melo Vencelau. *Fundamentos do Direito Civil*. Direito das Sucessões. v. 7. Rio de Janeiro: Forense, 2020.

OECD. *The role and design of net wealth taxes in the OECD.* Disponível em: https://read.oecd-ilibrary.org/taxation/the-role-and-design-of-net-wealth-taxes-in-the-oecd_9789264290303-en#page1. Acesso em: 30 abr. 2021.

PIKETTY, Thomas. *Capital in the twenty-first century.* Cambridge: The Belknap Press of Harvard University Press, 2014.

POCHMANN, Marcio. *Desigualdade econômica no Brasil.* São Paulo: Ideias e Letras, 2015.

SENADO FEDERAL. *Comissão mista temporária da reforma tributária.* Distrito Federal. Disponível em: https://legis.senado.leg.br/comissoes/comissao?codcol=2334. Acesso em: 02 mai. 2021.

SENADO FEDERAL. *Proposta de Emenda à Constituição n. 96/2015.* Distrito Federal. Disponível em: http://www25.senado.leg.br/web/atividade/materias/-/materia/122230. Acesso em: 02 mai. 2021.

SENADO FEDERAL. *Senador sugere taxar grandes fortunas para bancar combate ao Coronavírus.* Distrito Federal. Disponível em: http://www12.senado.leg.br/noticias/materias/2020/03/23/senador-suge-re-taxar-grandes-fortunas-para-bancar-combate-ao-coronavirus. Acesso em: 30 abr. 2021.

SOUZA, Pedro H. G. Ferreira de. *Uma história de desigualdade: a concentração de renda entre os ricos no Brasil, 1926-2013.* São Paulo: Huncitec: Anpocs, 2018.

TORRES, Ricardo Lobo. *Curso de Direito Financeiro e Tributário.* 20. ed. Rio de Janeiro: Renovar, 2018.

TORRES, Ricardo Lobo. A incidência do imposto de renda na transferência de direito de propriedade. *Revista dialética de Direito Tributário.* São Paulo, n. 32, 1998.

XAVIER, Alberto. A distinção entre doação remuneratória e doação em contemplação do merecimento para efeitos fiscais. *Revista dialética de Direito Tributário.* São Paulo, n. 209, 2013.

O BALANÇO DO ESTABELECIMENTO E A APURAÇÃO DE HAVERES NO INVENTÁRIO *CAUSA MORTIS*: NECESSIDADE DE ADEQUADA INTERPRETAÇÃO DO ARTIGO 620, § 1º, DO CPC[1]

Rodrigo Mazzei

Doutor (FADISP) e mestre (PUC-SP), com pós-doutoramento (UFES). Líder do Núcleo de Estudos em Processo e Tratamento de Conflitos (NEAPI – UFES). Professor da UFES (graduação e PPGDir). Advogado e consultor jurídico; e-mail: mazzei@mmp.adv.br.

Fernanda Bissoli Pinho

MBA em Direito Empresarial e em Direito Societário. (FGV-RJ); Advogada; e-mail: fernanda@mmp.adv.br.

Sumário: 1. Introdução – 2. O falecido como empresário individual ou sócio – 3. O autor da herança como empresário individual – 4. O autor da herança como titular de "quota societária"; 4.1 A apuração da expressão econômica das quotas sociais: procedimento e metodologia – 4.1.1 Apuração interna ou remessa às "vias ordinárias"; 4.1.2 A fase de transição: interpretação adequada do art. 1.027 do Código Civil – 5. Considerações finais – 6. Referências.

1. INTRODUÇÃO

Cada dia mais, seja por conveniência fiscal, ou mesmo por estratégia de organização societária e/ou planejamento sucessório, percebe-se uma tendência de que as *'pessoas naturais'* deixem de titularizar as relações jurídico-econômicas, passando a desenvolver suas atividades produtivas por meio da estrutura das sociedades empresárias. Em suma, há o fenômeno da *'pejotização'*, que é a criação de pessoas jurídicas, com a cobertura de áreas de atividades profissionais e, não raro, de titulação patrimonial.

O cenário propicia o surgimento de novas e distintas relações jurídicas e estas, por sua vez, trazem consigo uma complexidade no arcabouço de atos e fatos jurídicos, especialmente no momento da sucessão *causa mortis*. Isso porque, quando ocorre o falecimento do empresário individual (pessoa natural), seus bens se transmitem

---

1. O estudo é também resultado do grupo de pesquisa "Núcleo de Estudos em Processo e Tratamento de Conflitos" – NEAPI, vinculado à Universidade Federal do Espírito Santo (UFES), cadastrado no Diretório Nacional de Grupos de Pesquisa do CNPq respectivamente nos endereços http://dgp.cnpq.br/dgp/espelhogrupo/7007047907532311#identificacao. O grupo é membro fundador da "ProcNet – Rede Internacional de Pesquisa sobre Justiça Civil e Processo contemporâneo" (http://laprocon.ufes.br/rede-de-pesquisa).

diretamente para seus herdeiros ou legatários, na forma da lei, ao passo que, quando da morte de um sócio de sociedade empresária, diferentes e numerosos são os desdobramentos possíveis, a depender, especialmente, das normas prestigiadas no bojo do contrato social.

Naturalmente, cada uma destas situações enseja procedimento próprio e, não obstante a relevância e recorrência do tema, a legislação não é exaustiva e detalhada ao deles tratar, sendo assim necessário debruçar-se sobre as nuances societárias concernentes à sucessão *causa mortis* do empresário, especialmente para avaliar o alcance e dimensão da exegese legal do artigo 620, § 1º do CPC – o que é, exatamente, o propósito deste trabalho.

2. O FALECIDO COMO EMPRESÁRIO INDIVIDUAL OU SÓCIO

Prevê a atual codificação processual que, já na apresentação das primeiras declarações – um dos atos iniciais do processo de inventário –, o juiz deve determinar que se proceda "ao balanço do estabelecimento, se o autor da herança era empresário individual" (art. 620, § 1º, I) e "à apuração de haveres, se o autor da herança era sócio de sociedade que não anônima" (art. 620, § 1º, II).[2]

Antes de tudo, é imperioso afirmar que o citado art. 620, em seu § 1º, é um dispositivo ligado à avaliação, pois já se presume que o inventariante fez a arrecadação respectiva aos assuntos ali tratados, a saber: (a) estabelecimento de que o autor da herança é titular exclusivo (na qualidade de empresário individual) – inciso I; (b) quotas societárias (que não seja sociedade anônima) – inciso II.

Em segundo lugar, a partir da divisão efetuada, é capital que se compreenda que os incisos I e II do art. 620, § 1º, trabalham com duas situações bem distintas e que, por isso, possuem desdobramentos próprios. Em exemplo mais flagrante, no caso de empresa individual, a avaliação irá refletir apenas para os protagonistas do inventário, enquanto que, no caso de titularidade de quotas de sociedade, a estimação reflete nos sócios remanescentes (que nem sempre serão seus herdeiros), pois a avaliação não se faz setorizada à participação do falecido, senão da própria sociedade e, a partir de tal, se projeta a participação societária do autor da herança.

O panorama justifica que os temas sejam separados, não só para que peculiaridades possam ser enaltecidas, mas para se evitar junções de interpretações acerca que questões sem ponto de contato.

---

2. Art. 620. Dentro de 20 (vinte) dias contados da data em que prestou o compromisso, o inventariante fará as primeiras declarações, das quais se lavrará termo circunstanciado, assinado pelo juiz, pelo escrivão e pelo inventariante, no qual serão exarados: [...] § 1º O juiz determinará que se proceda: I – ao balanço do estabelecimento, se o autor da herança era empresário individual; II – à apuração de haveres, se o autor da herança era sócio de sociedade que não anônima.

3. O AUTOR DA HERANÇA COMO EMPRESÁRIO INDIVIDUAL

O inciso I do art. 620, § 1º, faz alusão ao "empresário individual", diferenciando-se do texto revogado (art. 993, parágrafo único, inciso I, do CPC/73)0[3] que fazia menção ao "comerciante em nome individual" e se valia da antiga concepção de "firma individual". O que interessa, de fato, para análise do dispositivo é compreender que o "empresário individual" é uma espécie de empreendedor (pessoa natural), que atua como titular único da sua empresa, não possuindo, assim, qualquer tipo de sócio. As responsabilidades do empresário individual não são limitadas, exceto se optar pela constituição em forma de EIRELI (Empresa Individual de Responsabilidade Limitada), cuja previsão básica está no art. 980-A do Código Civil.[4/5]

Diante da natureza singular da "empresa individual", é natural que, com a morte do seu titular (exclusivo), ocorra a respectiva extinção[6/7]. Assim sendo, com olhos no inventário *causa mortis*, será feita a sua liquidação, procedimento geral aplicável em qualquer hipótese de extinção empresarial, mas que, para fins sucessórios, propiciará a avaliação do patrimônio que foi deixado pelo falecido atrelado à empresa individual.

A referida liquidação se opera internamente ao inventário *causa mortis*,[8] sendo necessária a exigência de balanço, a fim de que se apure não só seu patrimônio físico (= bens em nome da empresa), mas também as suas "obrigações ativas e passivas". Dessa forma, far-se-á balanço contábil que será usado não apenas para efeito do inventário, mas para a adoção de todas as medidas formais exigidas (mormente em caso de extinção).

Efetuada a liquidação, havendo resultado positivo, os bens remanescentes são enviados para a própria herança. Dessa forma, caso já se tenha arrecadado outros bens, haverá a aglutinação do patrimônio que está nominado na pessoa natural do falecido com aqueles que estão titulados em nome da empresa individual, agora liquidada. Em caso de empresa individual constituída com responsabilidade ilimitada – na hipótese da liquidação apurar que as dívidas superam seu patrimônio – haverá

---

3. Assim dispunha o CPC/73: Art. 993. Dentro de vinte (20) dias, contados da data em que prestou o compromisso, fará o inventariante as primeiras declarações, das quais se lavrará auto circunstanciado. No auto, assinado pelo juiz, escrivão e inventariante, serão exarados: [...] Parágrafo único. O juiz determinará que se proceda: I – ao balanço do estabelecimento, se o autor da herança era comerciante em nome individual;

4. Art. 980-A. A empresa individual de responsabilidade limitada será constituída por uma única pessoa titular da totalidade do capital social, devidamente integralizado, que não será inferior a 100 (cem) vezes o maior salário-mínimo vigente no País.

5. No tema, confira-se: DELGADO, Mário Luiz. *Código Civil comentado*. São Paulo: Saraiva, 2019. p. 665-668.

6. Sem prejuízo de continuidade, que não é o ato natural esperado. No sentido, vide o disposto no art. 974, parte final, do Código Civil: Poderá o incapaz, por meio de representante ou devidamente assistido, continuar a empresa antes exercida por ele enquanto capaz, por seus pais ou pelo autor de herança.

7. Ademais, poderá a empresa individual ser objeto de disposição testamentária. No ponto, confira-se: COUTO E SILVA, Clóvis do. *Comentários ao Código de Processo Civil*. v. XI, t. I. São Paulo: Revista dos Tribunais, 1977. p. 311.

8. No sentido: FISCHMANN, Gerson. *Comentários ao Código de Processo Civil*. v. 14. São Paulo: Revista dos Tribunais, 2000. p. 142; e BARROS, Hamilton de Moraes. *Comentários ao Código de Processo Civil*. v. IX (arts. 946-1.102). 2 ed., Rio de Janeiro: Forense, 1988. p. 233-240.

a possibilidade de que os bens que estavam no nome da pessoa natural respondam pelos débitos da empresa.

Desnudando-se o texto do inciso I do art. 620, § 1º, tem-se que o trabalho de avaliação deve ser desenvolvido por *expert*, pois o levantamento, em forma de balanço, se faz por meio de profissional habilitado à missão (contador). Não consta no dispositivo a exigência de que o balanço deverá ser elaborado por pessoa designada pelo juízo sucessório, até porque em funcionamento normal a empresa individual terá contador contratado, profissional este que já possui conhecimento da realidade empresarial e acesso à documentação respectiva. Por tal passo, é admissível (e comum) que o balanço seja produzido e subscrito pelo contador já vinculado à empresa individual, o fazendo com especial projeção ao inventário *causa mortis*. O balanço será apresentado aos autos e se submeterá ao contraditório, ouvindo-se as partes e o inventariante, sendo facultado a estes pedidos de esclarecimentos.

Por fim, considerando que a liquidação poderá demandar tempo razoável, especialmente quando há obrigações passivas da empresa individual e relações com terceiros, pode ocorrer a necessidade de credenciamento de pessoa para gerir a empresa individual. O inventariante se coloca em posição natural no sentido, mas nada obsta que seja designada pessoa para que execute a empreitada. A nomeação deve recair acerca de pessoa com capacidade técnica para missão, devendo, o quanto possível, resultar do consenso dos interessados na sucessão, isto é, as partes impactadas pelo inventário sucessório em tal qualidade (legitimação atrelada, portanto, ao rol permeável do art. 626 do CPC).

4. O AUTOR DA HERANÇA COMO TITULAR DE "QUOTA SOCIETÁRIA"

O inciso II do § 1º do art. 620 trata de outra hipótese, pois o foco do dispositivo está na "apuração de haveres", aferição esta de natureza quantitativa, isto é, a *expressão econômica*[9] atrelada à *participação* do autor da herança em "sociedade que não anônima". O pormenor é importante, pois no caso de "empresa individual" o objetivo é aferir o saldo patrimonial desta, identificando os próprios bens, a fim de que se faça, quando possível, o transbordo destes para a herança. De modo diverso, o que interessa na apuração de haveres é a *quantificação* – em moeda corrente – *do valor da participação societária do falecido*.

Nota-se, a princípio, que o dispositivo em comento faz alusão geral à "sociedade que não anônima", o que permite delimitar o alcance do estudo ora proposto, estabelecendo, como corte metodológico, o âmbito das sociedades ditas contratuais, notadamente as sociedades limitadas.

Excluem-se do objeto deste estudo, portanto, as sociedades anônimas, de natureza institucional, assim também as sociedades por quotas de responsabilidade

---

9. Em suma, a arrecadação terá como fim "o conteúdo econômico das quotas sociais da sociedade" (STJ, REsp. 1.531.288/RS, 3ª. Turma, DJe 17/12/2015).

O BALANÇO DO ESTABELECIMENTO E A APURAÇÃO DE HAVERES NO INVENTÁRIO *CAUSA MORTIS* **445**

limitada quando regidas supletivamente, por força de cláusula convencional, pela Lei n.º 6.404/1976, por possuírem, neste caso, regulamentação própria – sem perder de vista, por evidente, que há sociedades edificadas sob a plataforma de "SA" que adotam o sistema de "capital fechado" (muitas erigidas sob núcleos familiares), cujas ações não possuem cotação em bolsa ou listagem pública que permita avaliação imediata. O detalhe faz com que seja aplicável do inciso II do § 1º do art. 620 nas sociedades anônimas com tal perfil (*capital fechado*), não havendo óbice que se determine que seja deflagrada prova pericial para estimar o valor real das ações da empresa.[10]

Nesta toada, convém pontuar que, nas sociedades limitadas contratuais, o liame que se estabelece entre seus sócios é de cunho pessoal (caráter *intuito personae*), sendo determinante para o vínculo entre eles a *affectio societatis*.

Assim sendo, pela própria natureza de contratualidade, impõe-se o entendimento de que a condição de sócio não é transmissível por sucessão, afinal, é inconcebível, na perspectiva dos princípios da autonomia da vontade e da relatividade dos efeitos dos contratos, que um terceiro estranho à relação contratual possa dela tomar parte, sem que haja prévio consentimento de todos os partícipes em relação a tal. Desta maneira, ao falecer, o sócio transmite, através das quotas de capital social, sua participação societária aos seus sucessores, mas isso não legitima tais sucessores a integrarem-se à rotina social, fiscalizarem os negócios, deliberarem sobre as matérias de interesse da sociedade ou, de qualquer forma, imiscuírem-se na gestão da atividade empresarial.

O que se transmite, em regra, portanto, são os direitos patrimoniais das quotas societárias, assegurando aos beneficiários o direito de recebimento de dividendos e, sobretudo, de recebimento dos haveres. Os herdeiros, neste desiderato, são simplesmente credores dos haveres frente à sociedade e não seus sócios.[11]

Este é, em suma, o entendimento que se extrai da exegese dos artigos 1.027[12] e 1.028[13] do Código Civil, com a ressalva de que este último dispositivo contempla ainda, em seus incisos, circunstâncias que autorizam desfechos diversos, podendo, caso haja prévia estipulação do contrato social, acordo entre as partes ou consenso

---

10. Vale conferir o voto relator do seguinte julgado: STJ, AR 810/RS, 2ª. Seção, DJe 16/06/2011.

11. No mesmo sentido, Alfredo de Assis Gonçalves Neto: "Ao contrário do que se passa nas sociedades de capital, mais precisamente, nas sociedades por ações, nas sociedades de pessoas, como é o caso da sociedade simples, ninguém pode tornar-se sócio em razão de relações externas ao pacto societário, ainda quando ocorra a transmissão de direitos relativos à quota de participação do sócio. Para que um ajuste externo possa valer entre os sócios, é preciso que estes dele participem diretamente ou com ele concordem, em momento anterior ou após sua celebração. [...] Sucessores ou herdeiros não são sócios, mas credores de haveres". (*Direito de Empresa*. Comentários aos artigos 966 a 1.195 do Código Civil. 8. ed. São Paulo: Thomson Reuters Brasil, 2018. p. 250).

12. Art. 1.027. Os herdeiros do cônjuge de sócio, ou o cônjuge do que se separou judicialmente, não podem exigir desde logo a parte que lhes couber na quota social, mas concorrer à divisão periódica dos lucros, até que se liquide a sociedade.

13. Art. 1.028. No caso de morte de sócio, liquidar-se-á sua quota, salvo: I – se o contrato dispuser diferentemente; II – se os sócios remanescentes optarem pela dissolução da sociedade; III – se, por acordo com os herdeiros, regular-se a substituição do sócio falecido.

RODRIGO MAZZEI E FERNANDA BISSOLI PINHO

dos sócios remanescentes, dissolver-se por completo a sociedade ou autorizar-se o ingresso dos herdeiros (ou de algum deles) no negócio.[14]

Para o que importa ao escopo do presente trabalho, no entanto, registra-se que, em regra, a sucessão do sócio se faz através da transmissão dos efeitos patrimoniais de suas quotas de participação, cabendo aos sucessores ou herdeiros liquidar tais quotas.

Neste ponto, é imperioso diferenciar a liquidação da quota social da liquidação da sociedade, haja vista que esta era a consequência que a lei imputava, no Código Comercial (*ex vi* do seu art. 335, n. 4),[15] ao falecimento do sócio, dissolvendo por completo a sociedade empresária. No entanto, de modo diverso e diferentemente do rumo assumido em relação ao falecimento do empresário individual, a codificação atual, em prestígio ao princípio da continuidade da empresa, apresenta como solução aos herdeiros a liquidação tão somente da quota social – interpretação restritiva do art. 599, inciso III, que se conecta com a exegese do inciso II do § 1º do art. 620 –, o que significa a capitalização da participação societária, ou seja, o procedimento avaliativo para converter um direito societário em efetiva prestação pecuniária, mantendo-se hígida a sociedade, procedendo-se à redução do capital correspondente, salvo se os demais sócios suprirem o valor da quota (art. 1.031, § 1º do Código Civil).[16]

Tem-se, assim, que "a liquidação da quota é o átrio da apuração de haveres",[17] consistindo este, por sua vez, em um procedimento contábil que tem por objetivo mensurar e quantificar em moeda corrente a participação do sócio na empresa, considerando a situação patrimonial em data fixada (em regra, o momento da resolução parcial da sociedade).

4.1 A apuração da expressão econômica das quotas sociais: procedimento e metodologia

A ação para liquidação judicial da quota nada mais é que a "ação de dissolução parcial da sociedade", cuja previsão no CPC/15 está pousada nos arts. 599-609. No ponto, merece destacar que os incisos do art. 599[18] da codificação processual permi-

---

14. No tema, confira-se: DELGADO, Mário Luiz. *Código Civil comentado*. São Paulo: Saraiva, 2019. p. 708-714.
15. O Código Comercial de 1850 previa: "Art. 335. As sociedades reputam-se dissolvidas: [...] 4 – Pela morte de um dos sócios, salvo convenção em contrário a respeito dos que sobreviverem."
16. Art. 1.031, § 1º O capital social sofrerá a correspondente redução, salvo se os demais sócios suprirem o valor da quota.
17. Tratando com minúcia do assunto, Alfredo de Assis Gonçalves Neto traz sutil e interessante distinção entre os termos, asseverando que "liquidação de quota é termo mais abrangente que a apuração de haveres: enquanto esta se limita à determinação do valor da participação, a liquidação tem por fim transformar os direitos patrimoniais abstratos de sócio em prestação pecuniária exigível". (*Direito de Empresa*. Comentários aos artigos 966 a 1.195 do Código Civil. 8 ed. São Paulo: Thomson Reuters Brasil, 2018. p. 321).
18. Art. 599. A ação de dissolução parcial de sociedade pode ter por objeto: I – a resolução da sociedade empresária contratual ou simples em relação ao sócio falecido, excluído ou que exerceu o direito de retirada ou recesso; e II – a apuração dos haveres do sócio falecido, excluído ou que exerceu o direito de retirada ou recesso; ou III – somente a resolução ou a apuração de haveres.

tem possam ser feitos pedidos cumulados ou apartados de resolução societária em relação a determinado sócio e/ou à apuração de haveres.

Dessa forma, o CPC atual optou por tratar dentro do bojo da "ação de dissolução parcial" as regras específicas para a "apuração de haveres", ainda que esta seja o único (objetivo) e pedido lançado pela parte interessada (art. 599, inciso III[19])[20]. Trata-se, como se percebe, de opção diversa da que estava consagrada no art. 668 do CPC/39,[21] que vinculava a apuração de haveres ao "pagamento pelo modo estabelecido no contrato social, ou pelo convencionado, ou, ainda, pelo determinado na sentença", não se acenando qualquer possibilidade de autonomia no procedimento.

A interpretação do art. 599, inciso, III, deve ser aplicada em consonância com a dimensão das primeiras declarações, pois o inciso II do § 1º do art. 620, como visto, está vinculado a tal atividade do inventariante (elaboração do esboço inicial). Com tal bússola, a apuração de haveres é tão somente a arrecadação das quotas para sucessão, a fim de que estas sejam avaliadas, procedimento necessário para que se possa aquilatar as forças da herança. Dessa forma, o inciso II do § 1º do art. 620 deve ser interpretado como plataforma que permite a estimação da "expressão econômica" das quotas societárias.

Fixadas as premissas acima, a apuração de haveres na forma proposta pelo II do § 1º do art. 620 se releva como um espelho interno do que está fixado no art. 599, inciso III, isto é, apenas a estimação patrimonial da participação societária de um dos partícipes da empresa.[22] O detalhe posto indica, em coerência ao que já foi aduzido, que a apuração de haveres promovida no bojo do inventário importará técnicas que constam do trecho dos arts. 599-609 do CPC,[23] em que se destaca a necessidade de

---

19. Art. 599. A ação de dissolução parcial de sociedade pode ter por objeto: [...] III – somente a resolução ou a apuração de haveres.
20. A propósito, a doutrina societária lança ferrenhas críticas à opção do legislador, destacando Erasmo Valladão Azevedo e Novaes França e Marcelo Vieira von Adamek que a ação de dissolução parcial cujo pedido não constitua na dissolução parcial configura-se em *"contradictio in terminis* positivada.". (FRANÇA, Erasmo Valladão Azevedo e Novaes; ADAMEK, Marcelo Vieira von. *Da ação de dissolução parcial da sociedade*: comentários breves ao CPC/2015. São Paulo: Malheiros, 2016. p. 23).
21. Dispositivo com vigência até a entrada em vigor do CPC/15 (por força do art. 1.218 do CPC/73).
22. Em relação ao sócio falecido, o único propósito da ação será, de fato, o de apuração de seus haveres, sendo prescindível o pleito de rescisão do vínculo societário, o qual já se encerrou com o evento morte. Neste sentido, Erasmo Valladão Azevedo e Novaes França e Marcelo Vieira von Adamek: "O sócio falecido, que exerceu o direito de recesso ou que foi excluído, sócio não mais é: a extinção do vínculo contratual que o unia à sociedade dá-se pela só ocorrência do fato jurídico (morte) ou por efeito do exercício do direito potestativo de autodesvinculação (retirada) ou hetero-desvinculação (exclusão). Por isso, é descabido cogitar-se de dissolução em relação a quem nada tem a ser dissolvido [...]. Faltaria para isso, inclusive, interesse de agir." (FRANÇA, Erasmo Valladão Azevedo e Novaes; ADAMEK, Marcelo Vieira von. *Da ação de dissolução parcial da sociedade*: comentários breves ao CPC/2015. São Paulo: Malheiros, 2016. p. 27).
23. Sobre importação e transporte de técnicas, confira-se: MAZZEI, Rodrigo; GONÇALVES, Tiago Figueiredo. Ensaio sobre o processo de execução e o cumprimento da sentença como bases de importação e exportação no transporte de técnicas processuais. *In*: ASSIS, Araken de; BRUSCHI, Gilberto Gomes (coord.). *Processo de execução e cumprimento da sentença*: temas atuais e controvertidos. São Paulo: Revista dos Tribunais, 2020. p. 19-36; e DIDIER JR, Fredie; CABRAL, Antônio do Passo; CUNHA, Leonardo Carneiro da. *Por sua nova teoria dos procedimentos especiais*: dos procedimentos às técnicas. Salvador: Juspodivm, 2018. p. 84-88.

convocação, para participarem da quantificação das quotas, transportando, no sentido, a legitimação passiva que está fixada no art. 601.[24]

É bem verdade que a redação do citado dispositivo – art. 601 – está a receber duras críticas por parte da doutrina societária, sobretudo por considerar desnecessária a inclusão dos sócios remanescentes na relação processual, haja vista que, por evidente, a sociedade é a única responsável por arcar com o pagamento dos haveres do sócio em relação ao qual se dissolve o vínculo social.[25] Todavia, encontra-se lídima e jurídica justificativa para tal proceder, especialmente na perspectiva do inventário *causa mortis*, na medida em que é inaceitável imaginar que será feita a estimação de bem comum (a empresa) e os demais cotitulares (sócios) ficarão olvidados de participar da avaliação que lhe poderá afetar.[26] Como em toda situação de "titularidade comum" (*"comumeiro"*[27]), é inviável que se avalie uma parcela do bem sem a estimação de seu todo, em especial quando há repercussão para os demais cotitulares (situação natural na avaliação patrimonial de empresas).

Não se diga, com todo respeito, que o procedimento do inventário sucessório não comporta que sejam chamados os sócios remanescentes para que participem da avaliação da "expressão econômica das quotas societárias", ao argumento de que estes não são "interessados" na sucessão, estando, pois, fora do rol do art. 626.[28] Tal linha de pensar está desalinhada com a dimensão *policêntrica* do inventário *causa mortis*, que permite a formação de centros autônomos de interesses, cuja participação de atores, inclusive, pode ser variante em decorrência da *multipolaridade* que também é inerente a tal procedimento (verdadeiramente) especial.[29]

Não é ocasional que na fase de liquidação da herança é admissível que os credores (pessoas que também não se enquadram no espectro do art. 626) possam se

---

24. Art. 601. Os sócios e a sociedade serão citados para, no prazo de 15 (quinze) dias, concordar com o pedido ou apresentar contestação. Parágrafo único. A sociedade não será citada se todos os seus sócios o forem, mas ficará sujeita aos efeitos da decisão e à coisa julgada.

25. Nesse sentido, reporta-se às críticas tecidas por Alfredo de Assis Gonçalves Neto: "Não é o caso de adentrar na análise dos tropeços que a norma incide ao extrapolar os limites subjetivos da coisa julgada. Não é o caso, também, de enfatizar a distinção que há entre a pessoa jurídica da sociedade e a de cada qual de seus sócios demandados, quando possuem responsabilidade limitada, podem livrar-se dos efeitos da sentença que, acolhendo a demanda, confere ao autor um determinado crédito resultante da liquidação da quota. [...] Do ponto de vista prático, a exigência de citação de todos os sócios em tais casos revela-se extremamente custosa e pode procrastinar indefinidamente a formação da relação processual." (*Direito de Empresa*. Comentários aos artigos 966 a 1.195 do Código Civil. 8. ed. São Paulo: Thomson Reuters Brasil, 2018. p. 326, 327).

26. Há interessante julgado do STJ, em que foi decidido – por maioria – que a avaliação societária efetuada no bojo do inventário sem a participação dos sócios remanescentes não tinha eficácia em relação a tais atores (REsp 5.780/SP, 3ª. Turma, DJ 15/04/1991).

27. Expressão usada por Pontes de Miranda (*Comentários ao Código de Processo Civil*. Arts. 982-1.045. v. XIV. Rio de Janeiro: Forense, 1977. p. 77).

28. Art. 626. Feitas as primeiras declarações, o juiz mandará citar, para os termos do inventário e da partilha, o cônjuge, o companheiro, os herdeiros e os legatários e intimar a Fazenda Pública, o Ministério Público, se houver herdeiro incapaz ou ausente, e o testamenteiro, se houver testamento.

29. No tema: Rodrigo Mazzei (Comentários aos arts. 610 a 673. *In:* GOUVÊA, José Roberto Ferreira; BONDIOLI, Luis Guilherme; FONSECA, José Francisco Naves da (coord.). *Comentários ao Código de Processo Civil.* v. XXII. São Paulo: Saraiva. No prelo.

habilitar no inventário (art. 642, *caput*[30]), passando a fazer parte deste (ainda que etapa demarcada). O exemplo não é isolado, uma vez que no curso do inventário poderá ocorrer a convocação do donatário para se manifestar sobre as dívidas em caso de risco de redução das liberalidades (art. 642, § 5º)[31], assim como do cônjuge/companheiro sobrevivente do herdeiro (no caso de regime com comunhão de bens) caso o último exercite ato de liberalidade no bojo do inventário (por exemplo, renúncia ou partilha desigual). As ilustrações são indicativas de que o aparente óbice pode ser superado, permitindo-se a afirmativa de que deverá ser feita a convocação dos sócios ao inventário. Aplica-se, em seguida, o disposto nos arts. 604, inciso III[32], e 606[33] (parte primeira) do CPC em vigor, aferindo o juízo sucessório a necessidade de nomeação de perito para a apuração dos haveres, examinando-se, outrossim, em caso positivo, como o trabalho deste se desenvolverá.

No particular, o texto do art. 606 (parte segunda) aponta no sentido de que, havendo omissão no contrato, caberá ao juiz definir os critérios para apuração de haveres, tendo como base o balanço de determinação, situação que inevitavelmente levará a designação de perito (art. 604, inciso III), ainda que o profissional seja escolhido pelas partes por convenção processual (art. 471[34]).

A cadência acima posta é fundamental, pois a partir da expressa permissão contida no art. 606 parte inicial, todos os sócios (o falecido e os remanescentes) poderão ter estipulado em cláusula específica do contrato social todos os critérios para o cálculo dos haveres em caso de sucessão *causa mortis*, em expressão típica de negócio jurídico processual.

Aliás, é possível que todo o processo de apuração de haveres – e não só o método de cálculo – seja disciplinado pelo contrato social, sem que se fira norma de ordem pública, desde que respeitado o direito ao devido processo legal.[35]

---

30. Art. 642. Antes da partilha, poderão os credores do espólio requerer ao juízo do inventário o pagamento das dívidas vencidas e exigíveis.
31. Art. 642 [...] § 5º Os donatários serão chamados a pronunciar-se sobre a aprovação das dívidas, sempre que haja possibilidade de resultar delas a redução das liberalidades.
32. Art. 604. Para apuração dos haveres, o juiz: [...] III – nomeará o perito.
33. Art. 606. Em caso de omissão do contrato social, o juiz definirá, como critério de apuração de haveres, o valor patrimonial apurado em balanço de determinação, tomando-se por referência a data da resolução e avaliando-se bens e direitos do ativo, tangíveis e intangíveis, a preço de saída, além do passivo também a ser apurado de igual forma.
34. Art. 471. As partes podem, de comum acordo, escolher o perito, indicando-o mediante requerimento, desde que: I – sejam plenamente capazes; II – a causa possa ser resolvida por autocomposição. § 1º As partes, ao escolher o perito, já devem indicar os respectivos assistentes técnicos para acompanhar a realização da perícia, que se realizará em data e local previamente anunciados. § 2º O perito e os assistentes técnicos devem entregar, respectivamente, laudo e pareceres em prazo fixado pelo juiz. § 3º A perícia consensual substitui, para todos os efeitos, a que seria realizada por perito nomeado pelo juiz. Sobre a possibilidade de negócio jurídico processual no curso do inventário, com a presença de incapaz, confira-se: Raniel Fernandes de à Vila e Rodrigo Reis Mazzei (Direito sucessório e processo civil: o art. 665 do CPC/15 como um negócio jurídico processual típico no rito do inventário e da partilha. *Civilistica.com*. Rio de Janeiro, a. 10, n. 1, 2021. Disponível em: http://civilistica.com/direito-sucessorio-e-processo-civil/. Acesso em: 15 mai. 2021).
35. Nesse sentido: ESTRELLA, Hernani, *apud* WALD, Arnoldo. Do Direito de Empresa. *In*: TEIXEIRA, Sálvio de Figueiredo (coord.). *Comentários ao novo Código Civil*. v. XIV, t. II. Rio de Janeiro: Forense, 2005. p. 241.

Assim ocorrendo, a apuração estará guiada por aquilo que foi posto como vontade das partes, desde que a autonomia tenha se operado sem máculas e expressado em cláusula, imune de dúvidas, a sua aplicação *causa mortis* e a vinculação aos sucessores.[36] Vale dizer, com tal norte que dentro da liberdade dos sócios não há obstáculo no sentido de que a apuração de haveres possa ser prevista por solução objetiva, como por exemplo, o arbitramento em percentual sobre a média do faturamento dos últimos 02 (dois) anos, a fim de apurar valor que represente em expressão monetária a participação societária. Na mesma cláusula, os sócios poderão deliberar como será feito o pagamento do valor apurado, a fim de que os "haveres" sejam remetidos para a sucessão. De toda sorte, a deliberação societária acerca do pagamento não é o foco do juiz sucessório, pois o que interessa de fato para o inventário *causa mortis*, consoante bom diálogo do art. 599, inciso, III, com o inciso II do § 1º do art. 620, é a quantificação da expressão econômica das quotas societárias do falecido.

A ilustração acima indica que em alguns casos poderá a perícia ser até desnecessária, na circunstância de que os dados sejam disponibilizados de forma documentada e se verifique que o material trazido vincula o falecido (por exemplo, todos os balanços usados estão assinados por este, sem nenhum tipo de discordância[37]). De toda sorte, mesmo que seja hipótese de designação de perito, o desenho bem feito no contrato social quanto aos critérios para a apuração de haveres – mormente quando forem mais objetivos – diminuirá a complexidade do trabalho do *expert*, de modo que a perícia será mais simples (repercutindo até mesmo no seu custo).

Por outro giro, a falta de metodologia previamente modulada no contrato social, fará com que o juiz tenha que caminhar pela segunda parte do art. 606, definindo os critérios de apuração, sendo que, em tal hipótese, a perícia será inevitável e, muito provavelmente, mais complexa e conflituosa.

Neste ponto, sem o risco de desviar-se do propósito deste trabalho, na medida em que a quantificação dos haveres é ato primordial na apuração da expressão econômica da herança, cabe traçar breves considerações acerca da metodologia de cálculo, na hipótese em que sua determinação seja relegada a ato judicial.

Consoante adrede mencionado, o citado art. 606 estabelece "como critério de apuração de haveres", que o valor patrimonial seja apurado com base em balanço de determinação – disposição esta que vai ao encontro da exegese do art. 1.031 do Código Civil.[38] No entanto, aferição um pouco mais técnica nos permite inferir que a norma, embora pareça ter o propósito de dirimir a controvérsia, não laborou com

---

36. No ponto, vale conferir os comentários de Mário Luiz Delgado ao art. 1.028 do Código Civil (*Código Civil comentado*. São Paulo: Saraiva, 2019. p. 711-714).

37. Vale lembrar que, segundo o entendimento sedimentado na Súmula 265 STF: "Na apuração de haveres não prevalece o balanço não aprovado pelo sócio falecido, excluído ou que se retirou".

38. Art. 1.031. Nos casos em que a sociedade se resolver em relação a um sócio, o valor da sua quota, considerada pelo montante efetivamente realizado, liquidar-se-á, salvo disposição contratual em contrário, com base na situação patrimonial da sociedade, à data da resolução, verificada em balanço especialmente levantado.

êxito neste mister, na medida em que a contabilidade nos ensina que balanço de determinação (ou o "balanço especial", que é o termo empregado pelo Código Civil) não é metodologia de cálculo, mas, de forma diversa, é um instrumento de uma projeção, que simula como seria a liquidação da sociedade, na hipótese de dissolução.[39]

Daí extrai-se que a norma legal, a despeito do que aparenta, não fixa a criteriologia aplicável, não sendo suficiente, *per se*, na indicação de parâmetros e referências necessárias para o cálculo do balanço especial de determinação.

A lacuna deixa margem para discussões que ecoam nos tribunais pátrios, sendo que breve consulta demonstra a falta de tecnicidade no enfrentamento da matéria, podendo-se colher, inclusive no âmbito Superior Tribunal de Justiça, decisões nos mais diversos sentidos. Embora se tenha, ainda que com alguma dificuldade na homogeneização das decisões, a premissa de que deve ser considerado o valor da universalidade do patrimônio, incluindo-se todos os bens corpóreos e incorpóreos, ativos e passivos, a fim de que o quinhão do sócio retirante represente, efetivamente, a participação que tinha na sociedade,[40] inclinam-se os tribunais, majoritariamente, pela adoção do critério do '*Fluxo de Caixa Descontado*'.[41]

E, falando-se em jurisprudência vacilante, não se pode, neste tema, deixar de se abordar o posicionamento um tanto quanto questionável dos Tribunais Superiores a respeito da fixação de critérios para apuração de haveres. Não obstante a questão pareça (e devesse ser) objetiva – isso é, existência ou não de convenção contratual, para fins de se definir a metodologia aplicável –, destaca-se a existência de uma terceira situação possível, criada pela jurisprudência, a partir de polêmico aresto do

---

39. "O BDP (Balanço Patrimonial de Determinação), em suma, é o instrumento de uma simulação, de uma projeção, de uma estimativa. Ele estimula, projeta, estima como seria a liquidação da sociedade, caso se tratasse de dissolução total, e não parcial. Na liquidação, todos os bens do ativo seriam vendidos e, após a cobrança de todos os devedores da sociedade, seriam pagos os credores, partilhando-se, então, entre os sócios, o acervo remanescente. O BPD mensura quanto seria esse acervo remanescente (patrimônio líquido), caso acontecesse naquele momento, a dissolução total da sociedade." (COELHO, Fábio Ulhoa, *apud* ALVES, Alexandre Ferreira de Assumpção; TURANO, Allan Nascimento. *Resolução da sociedade limitada em relação a um sócio e a ação de dissolução parcial*. Curitiba: Juruá, 2016. p. 86.).

40. STJ, REsp 1.113.625/MG, 3ª Turma, DJ 03/09/2010.

41. Na linha: "A opção pelo método de Fluxo de Caixa Descontado é a mais justa para aferição do montante efetivo a que tem direito o sócio retirante na dissolução parcial de uma sociedade limitada" (STJ, REsp 1.335.619/SP, 3ª. Turma, DJe 27/03/2015). Todavia, mais recentemente, o STJ proferiu a seguinte decisão: "[...] A metodologia do fluxo de caixa descontado, associada à aferição do valor econômico da sociedade, utilizada comumente como ferramenta de gestão para a tomada de decisões acerca de novos investimentos e negociações, por comportar relevante grau de incerteza e prognose, sem total fidelidade aos valores reais dos ativos, não é aconselhável na apuração de haveres do sócio dissidente. [...] A doutrina especializada, produzida já sob a égide do Código de Processo Civil de 2015, entende que o critério legal (patrimonial) é o mais acertado e está mais afinado com o princípio da preservação da empresa, ao passo que o econômico (do qual deflui a metodologia do fluxo de caixa descontado), além de inadequado para o contexto da apuração de haveres, pode ensejar consequências perniciosas, tais como (I) desestímulo ao cumprimento dos deveres dos sócios minoritários; (II) incentivo ao exercício do direito de retirada, em prejuízo da estabilidade das empresas, e (III) enriquecimento indevido do sócio desligado em detrimento daqueles que permanecem na sociedade" (STJ, REsp. 1.877.331/SP, 3ª. Turma, DJe 14/05/2021).

Superior Tribunal de Justiça,[42] segundo o qual, não havendo acordo entre as partes interessadas quanto ao resultado alcançado com a aplicação do critério contemplado no contrato social, este não deve prevalecer, cedendo espaço para a discussão judicial "a fim de que seja determinada a melhor metodologia de liquidação, hipótese em que a cláusula contratual somente será aplicada em relação ao modo de pagamento".

Muito embora sejam louváveis os fundamentos que subsidiam a referida decisão, todos direcionados no sentido de assegurar ao sócio retirante (no caso do presente estudo, aos herdeiros do sócio falecido) "a igualdade na apuração de haveres, fazendo-se esta com a maior amplitude possível, com a exata verificação, física e contábil, dos valores do ativo", não se pode perder de vista o atropelo aos princípios básicos e elementares que orientam a constituição e funcionamento das sociedades contratuais, que são a autonomia da vontade e a força das suas estipulações, sendo impossível, assim, furtar-se da crítica ao posicionamento dos Tribunais neste particular.[43]

De todo modo, conquanto nos pareça inadequado conceber-se esta terceira via, fica o registro acerca de sua existência, o que somente corrobora a necessidade de que eventuais convenções contratuais se façam de forma muito bem fundamentada, buscando evitar questionamentos futuros, para que se possa tanto prestigiar a vontade dos sócios, como desestimular desnecessários e oportunistas desdobramentos processuais.

4.1.1 Apuração interna ou remessa às "vias ordinárias"

O quadro apresentado, além de revelar detalhes acerca da temática em si, demonstra que a avaliação da participação societária nem sempre seguirá o mesmo gabarito. Tal contexto faz como que seja necessário se examinar no caso concreto a viabilidade (ou não) de que a apuração de haveres seja desenvolvida dentro do inventário sucessório.

Fazendo um corte geral, afigura-se correto dizer que, se a questão apenas envolve a análise de dados para que se alcance a expressão econômica das quotas societárias, ainda que o exame pericial seja complexo, a apuração deverá ser feita pelo juízo sucessório. De outra banda, quando o tema envolve contexto de aguda litigiosidade, notadamente entre os sucessores do falecido e os sócios remanescentes, com debates que extrapolam a própria apuração dos haveres, a questão deverá ser definida em "ação autônoma", a ser proposta perante o juízo competente para enfrentamento da questão societária.

Infelizmente a jurisprudência não firmou posicionamento claro sobre o tema e, por vezes, confunde a previsão do inciso II do § 1º do art. 620, com a própria ação de

---

42. Confira-se: "[...] na dissolução parcial de sociedade por quotas de responsabilidade limitada o critério previsto no contrato social para a apuração dos haveres do sócio retirante somente prevalecerá se houver consenso entre as partes quanto ao resultado alcançado" (STJ, REsp 1.335.619/SP, 3ª Turma, DJ 27/03/2015).

43. O tema será alvo de novo trabalho dos signatários do presente texto, com o seguinte título: *Apuração de haveres e a cláusula do 'faz de conta': análise na perspectiva do direito sucessório.*

dissolução parcial de sociedade, projetando a concepção de que o juízo sucessório – no bojo do inventário *causa mortis* – deliberará sobre a resolução da sociedade. Na verdade, como já alertado, a interpretação do dispositivo em destaque está vinculada ao papel das primeiras declarações (arrecadação e avaliação de bens) e, no ponto, a comunicação exegética com o art. 599, inciso III, aponta que a "apuração de haveres", no particular, significa a estimação da participação societária do falecido, providência necessária para que as forças da herança sejam dimensionadas e, em sequência, se faça a sua liquidação, com vistas à partilha (em caso de desfecho positivo).

Outro ponto que merece destaque está na redação do art. 612 do CPC/15,[44] que necessita ser aplicada na sua extensão, pois o dispositivo não pode ser visto como uma simples reprodução do art. 984 do CPC/73.[45] Diferente do texto anterior, a técnica de remessa está mais restrita, somente se aplicando se a questão envolver prova que não a documentada, diferente da codificação revogada que permitia o envio para as "vias ordinárias" no caso de o juízo sucessório enfrentar questão de "alta indagação".

Ocorre que não se admite, *a priori*, a técnica de remessa em relação ao inciso II do § 1º do art. 620, pois o dispositivo [semelhante ao que ocorre com os arts. 630[46] (avaliação por perito) e 623[47] (livre prova no incidente de remoção)] é uma *exceção* ao âmbito de aplicação do art. 612, pois o legislador *expressamente* determinou a prova pericial para apurar a "expressão econômica das quotas societárias".[48] A se considerar esta perícia, pela simples natureza da prova, como incompatível com o espectro cognitivo do inventário, estar-se-ia a ignorar toda a sistematização da matéria trazida pelo próprio legislador processual, tornando-a letra morta.

Certamente, quando a pretensão dos interessados na herança transborde a estimação valorativa das quotas societárias, pretendendo também que se operem os efeitos da resolução, o inventário sucessório não será o palco adequado. No particular, merece realçar – mais uma vez – o fatiamento efetuado no art. 599, inciso III, do CPC em vigor, diferentemente do que estava disposto no art. 668 do CPC/39,[49] permite que seja feita a apuração dos haveres sem que se opere a resolução, cujos efeitos concretos ficarão reservados para outro debate. Há de ser empregada, repita-se, interpretação

---

44. Art. 612. O juiz decidirá todas as questões de direito desde que os fatos relevantes estejam provados por documento, só remetendo para as vias ordinárias as questões que dependerem de outras provas.
45. Assim previa o CPC/73: "Art. 984. O juiz decidirá todas as questões de direito e também as questões de fato, quando este se achar provado por documento, só remetendo para os meios ordinários as que demandarem alta indagação ou dependerem de outras provas."
46. Art. 630. Findo o prazo previsto no art. 627 sem impugnação ou decidida a impugnação que houver sido oposta, o juiz nomeará, se for o caso, perito para avaliar os bens do espólio, se não houver na comarca avaliador judicial.
47. Art. 623. Requerida a remoção com fundamento em qualquer dos incisos do art. 622 , será intimado o inventariante para, no prazo de 15 (quinze) dias, defender-se e produzir provas.
48. Parecendo concordar: NEVES, Daniel Amorim Assumpção. *Novo Código de Processo Civil comentado*. 2. ed. Salvador: Juspodivm, 2017. p. 1.064.
49. Assim previa o CPC/39: "Art. 668. Se a morte ou a retirada de qualquer dos sócios não causar a dissolução da sociedade, serão apurados exclusivamente os seus haveres, fazendo-se o pagamento pelo modo estabelecido no contrato social, ou pelo convencionado, ou, ainda, pelo determinado na sentença".

adequada do inciso II do § 1º do art. 620 com o art. 599, inciso III, em encaixe com a natureza das primeiras declarações. Não se pode, contudo, simplesmente negar a presença do art. 599, inciso III, ou lhe emprestar exegese rígida, destoando-se da essência da codificação atual (que trabalha com atipicidade e flexibilidade de técnicas).

Sem rebuços, ocorrerão casos em que a avaliação das quotas societárias poderá concretamente atrapalhar o ritmo do inventário *causa mortis* ou o seu desfecho eminente, justificando o uso da técnica de remessa. Todavia, é fundamental entender que se trata de exceção e que o envio "às vias ordinárias" não possuirá esteio no art. 612 do CPC/15, mas na aferição de que o tema merece ser levado para "sobrepartilha", de modo que a justificativa restará mais encaixada no texto do art. 2.021 do Código Civil,[50] no sentido de que há uma "disputa sobre bem litigioso".

O fato que ocasionará a remessa não é a necessidade de prova outra que não a documentada, mas que há "pendência" sobre arrecadação de bem (avaliação) que não se findou (ou que anuncia concretamente como bastante morosa), razão pela qual deve o tema ser enviado *excepcionalmente* (e não como regra) para debate externo, a fim de que a apuração não prejudique a cadência do inventário *causa mortis*. O detalhe é importante, pois não se fará a remessa externa quando ficar demonstrado que o atraso ao ritmo do inventário foi causado por fator diverso da avaliação das quotas societárias (por exemplo, complexo incidente de colação coacta – art. 641, do CPC[51]).

Como toda decisão que aplica a remessa externa, não poderá o juízo sucessório decidir sobre a questão sem a prévia oitiva das partes interessadas, pois estas poderão opinar acerca da melhor solução. A convocação judicial das partes no sentido poderá estimular, inclusive, que seja construído negócio jurídico processual envolvendo a temática. No ponto e dentro da dimensão adequada de "vias ordinárias" não se deve descartar a possibilidade de que as partes possam convencionar que a apuração da "expressão econômica das quotas societárias" se opere fora do inventário sucessório, o fazendo, por exemplo, através de ação autônoma de provas (inclusive no juízo arbitral).

4.1.2 A fase de transição: interpretação adequada do art. 1.027 do Código Civil

Por fim, enquanto não for feita a liquidação ou a partilha das quotas deixadas pelo falecido, a sociedade empresarial estará vinculada com o espólio, devendo repassar a divisão periódica dos lucros, consoante se extraí da parte final do art. 1.027 do CC/02.[52]

---

50. Art. 2.021. Quando parte da herança consistir em bens remotos do lugar do inventário, litigiosos, ou de liquidação morosa ou difícil, poderá proceder-se, no prazo legal, à partilha dos outros, reservando-se aqueles para uma ou mais sobrepartilhas, sob a guarda e a administração do mesmo ou diverso inventariante, e consentimento da maioria dos herdeiros.

51. Art. 641. Se o herdeiro negar o recebimento dos bens ou a obrigação de os conferir, o juiz, ouvidas as partes no prazo comum de 15 (quinze) dias, decidirá à vista das alegações e das provas produzidas.

52. Art. 1.027. Os herdeiros do cônjuge de sócio, ou o cônjuge do que se separou judicialmente, não podem exigir desde logo a parte que lhes couber na quota social, mas concorrer à divisão periódica dos lucros, até que se liquide a sociedade.

O BALANÇO DO ESTABELECIMENTO E A APURAÇÃO DE HAVERES NO INVENTÁRIO *CAUSA MORTIS*

Há de se observar, neste ponto, que o CPC/15 deve ser interpretado em consonância com o disposto no Código Civil, já que há aparente conflito com o art. 1.027 da codificação de direito material. Isso porque a legislação codificada de 2002 prevê no citado dispositivo que "Os herdeiros do cônjuge de sócio, ou o cônjuge do que se separou judicialmente, não podem exigir desde logo a parte que lhes couber na quota social, mas concorrer à divisão periódica dos lucros, até que se liquide a sociedade". A simbiose das regras indica que os herdeiros terão (seja no ambiente do inventário ou após a partilha, observando a titularidade respectiva) o direito a concorrerem à divisão periódica dos lucros até a dissolução da pessoa jurídica, mas tal fato, a toda evidência, não afasta o direito dos mesmos de postularem a apuração de haveres, para efeito de dissolução parcial da sociedade em relação às quotas do sócio falecido.

E nem poderia, afinal, não seria razoável impor aos herdeiros, para efetivo exercício dos direitos patrimoniais inerentes às quotas (notadamente, a percepção de haveres), que aguardem a liquidação da sociedade, mas limitá-los em relação à adoção das medidas necessárias para se alcançar tal resultado. Seria como "postergar indefinidamente o exercício de um direito." [53]

Em suma, o disposto no art. 1.027 do Código Civil deve ser lido de forma restritiva, no sentido de que os herdeiros não podem adjudicar as quotas para exercer, em substituição, a posição do sócio falecido, pois tal procedimento, como já demonstrado, é contrário à noção de *affectio societatis*. Todavia, não se deve efetuar interpretação que vede que os herdeiros postulem a apuração de haveres, visando à dissolução parcial, sob pena de esvaziar – ao menos em grande monta – o poder de disposição acerca das quotas sociais.[54]

Caberá ao inventariante diligenciar no sentido, sendo intuitiva também que a administração transitória sobre as quotas fique concentrada na sua esfera de atuação.[55] Nada obsta, contudo, que as partes possam deliberar e – por consenso – nomeiem representante outro que não o inventariante para gerir as quotas societárias, representação está que alcança a participação efetiva na empresa até que se opere a liquidação ou a partilha das quotas.

---

53. No sentido, Paulo R. Colombo Arnoldi afirmou, por exemplo, que mesmo diante do art. 1.027 do Código Civil, "se a sociedade não estiver auferindo lucro e persistir tal situação, poderá ser solicitada a sua liquidação parcial, para a apuração de haveres, haja vista que, de outra forma, estaria a lei postergando indefinidamente o exercício de um direito". (Arts. 966 a 1051. *In*: COSTA MACHADO, Antônio Cláudio da (org.); CHINELLATO, Silmara Juny (coord.). *Código Civil interpretado*. São Paulo: Manole, 2008. p. 729).
54. No tema, confira-se: MAZZEI, Rodrigo; GONÇALVES, Tiago Figueiredo. A dissolução parcial da sociedade no Código de Processo Civil de 2015: pretensões veiculáveis, sociedades alcançadas e legitimidade. *In*: LUCON, Paulo Henrique dos Santos; FARIA, Juliana Cordeiro de; MAX NETO, Edgard Audomar; REZENDE, Ester Camila Gomes Norato (org.). *Processo civil contemporâneo*: homenagem a 80 anos do professor Humberto Theodoro Júnior. Rio de Janeiro: Forense, 2018. p. 518-519.
55. No sentido: STJ, REsp. 1.422.934/RJ, 3ª. Turma, DJe 25/11/2014; REsp 274.607/SP, 3ª. Turma, DJ 14/03/2005; AgRg no Ag 65.398/RJ, 3ª. Turma, DJ 05/02/1996.

5. CONSIDERAÇÕES FINAIS

O falecimento do empresário é fato que grande repercussão gera em sua respectiva atividade empresarial, seja quando a desenvolve individualmente, como único titular de sua empresa, quando se procederá, em regra, à extinção da atividade negocial e a estimação de seu patrimônio por meio de balanço, passando o saldo a compor a herança do *de cujus* e, nesta toada, transmitindo-se aos seus herdeiro e/ou legatários; seja quando o faz por meio de sociedade organizada, na qualidade de sócio, quando, salvo disposição diversa no contrato social, preserva-se a empresa e transmitem-se a seus herdeiros os efeitos patrimoniais das quotas, sendo necessário procedimento próprio para apuração da expressão econômica de sua participação societária.

Fato é que a matéria, embora de extrema relevância e recorrência, não encontra um tratamento legislativo exaustivo, sendo necessário, sobretudo diante de jurisprudência por vezes vacilante, lançar foco sobre a exegese do art. 620, §1º do CPC, para que, a partir de um esforço interpretativo sistêmico, se possa identificar todas as nuances que permitam uma boa aplicação da exegese legal, em perfeito equilíbrio entre as normas processuais pertinentes ao inventário e àquelas próprias do procedimento societário.

Em breves conclusões, as posições que se afiguram como mais adequadas ao § 1º do art. 620 são as seguintes:

(a) As hipóteses dos incisos I e II do dispositivo em foco não se confundem, pois a primeira badeja trata do "autor da herança" como "empresário individual", ao passo que a segunda gaveta trabalha com a dimensão do falecido como "sócio de sociedade" (sentido amplo).

(b) Quando o falecido era "empresário individual", providenciado o balanço do estabelecimento e apurando-se resultado patrimonial positivo, os bens correspondentes serão enviados para a própria herança.

(c) Em se tratando de autor da herança que era "sócio de sociedade" a regra será a quantificação econômica da sua participação societária. No ponto, é necessária a comunicação do art. 620, § 1º, inciso II, com o art. 599, inciso III, de modo que internamente ao inventário *causa mortis* deverá ser feita a avaliação da expressão econômica das quotas da sociedade.

(d) É irrelevante que a avaliação seja complexa, ensejando prova pericial no sentido, pois o art. 620, §1º do é uma exceção ao art. 612 do CPC/15.

(e) Se, no curso da estimação do valor patrimonial das quotas, surjam conflitos que fujam ao foco da apuração técnica (por exemplo, arguição de nulidade da cláusula que fixou os critérios por vício de vontade do falecido), o caminho adequado será a análise do tema nas "vias ordinárias".

(f) As controvérsias que transbordem a avaliação (por exemplo, dissolução da sociedade ou permanência compulsória dos sucessores na sociedade) não possuem ambiência interna para debate inventário *causa mortis*.

(g) Em caso de consenso geral, os efeitos da retirada do falecido da "sociedade não anônima" (em sua correta exegese) poderão ser efetuados no inventário *causa mortis* (por exemplo, o pagamento poderá ser feito no bojo do processo sucessório).

(h) Toda e qualquer decisão judicial que determine a remessa externa deverá ser precedida de oitiva das partes, admitindo-se convenções processuais acerca do envio "às vias ordinárias".

Ainda, em arremate, exsurge do presente artigo não só um esboço de sistematização do procedimento de apuração da expressão econômica da herança, mas também, em espectro mais amplo, a relevância da compreensão das normas jurídicas em mote, assim como, principalmente, de prévia e orientada organização e planejamento sucessório e empresarial de qualidade, para contemplar regras específicas já desde a constituição da sociedade, visando blindar o negócio de possíveis incertezas e discussões decorrentes do evento morte, assim como, por outro lado, proteger os interesses dos herdeiros daquele que, enquanto em vida, dedicou-se à prosperidade do negócio.

6. REFERÊNCIAS

ALVES, Alexandre Ferreira de Assumpção; TURANO, Allan Nascimento. *Resolução da sociedade limitada em relação a um sócio e a ação de dissolução parcial*. Curitiba: Juruá, 2016.

ÁVILA, Raniel Fernandes de; MAZZEI, Rodrigo Reis. Direito sucessório e processo civil: o art. 665 do CPC/15 como um negócio jurídico processual típico no rito do inventário e da partilha. *Civilistica. com*. Rio de Janeiro, a. 10, n. 1, 2021. Disponível em: http://civilistica.com/direito-sucessorio-e-pro-cesso-civil/. Acesso em: 15 maio de 2021.

BARROS, Hamilton de Moraes. *Comentários ao Código de Processo Civil*. v. IX, 2. ed., Rio de Janeiro: Forense, 1988.

CARVALHOSA, Modesto. Parte especial. Do direito da empresa. *In*: AZEVEDO, Antônio Junqueira de (coord.). *Comentários ao Código Civil*. v. 13, 2. ed. São Paulo: Saraiva, 2005.

COUTO E SILVA, Clóvis do. *Comentários ao Código de Processo Civil*. v. XI, t. I. São Paulo: Revista dos Tribunais, 1977.

DELGADO, Mário Luiz. *Código civil comentado*. São Paulo: Saraiva, 2019.

DIDIER JR., Fredie; CABRAL, Antônio do Passo; CUNHA, Leonardo Carneiro da. *Por sua nova teoria dos procedimentos especiais*: dos procedimentos às técnicas. Salvador: Juspodvm, 2018.

FISCHMANN, Gerson. *Comentários ao Código de Processo Civil*. v. 14. São Paulo: Revista dos Tribunais, 2000.

FRANÇA, Erasmo Valladão Azevedo e Novaes; ADAMEK, Marcelo Vieira von. *Da ação de dissolução parcial da sociedade*: comentários breves ao CPC/2015. São Paulo: Malheiros, 2016.

GONÇALVES NETO, Alfredo de Assis. *Direito de Empresa*. Comentários aos artigos 966 a 1.195 do Código Civil. 8. ed. São Paulo: Thomson Reuters Brasil, 2018.

MACHADO, Costa; CHINELATO, Silmara Juny (org.). *Código Civil interpretado*. São Paulo: Manole, 2008.

MAZZEI, Rodrigo. Comentários aos arts. 610 a 673. *In*: GOUVÊA, José Roberto Ferreira; BONDIOLI, Luis Guilherme; FONSECA, José Francisco Naves da (coord.). *Comentários ao Código de Processo Civil*. v. XXII. São Paulo: Saraiva. No prelo.

MAZZEI, Rodrigo; GONÇALVES, Tiago Figueiredo. A dissolução parcial da sociedade no Código de Processo Civil de 2015: pretensões veiculáveis, sociedades alcançadas e legitimidade. *In*: LUCON, Paulo Henrique dos Santos; FARIA, Juliana Cordeiro de; MAX NETO, Edgard Audomar; REZENDE, Ester Camila Gomes Norato (org.). *Processo civil contemporâneo*: homenagem a 80 anos do professor Humberto Theodoro Júnior. Rio de Janeiro: Forense, 2018.

MAZZEI, Rodrigo; GONÇALVES, Tiago Figueiredo. Ensaio sobre o processo de execução e o cumprimento da sentença como bases de importação e exportação no transporte de técnicas processuais. *In*: ASSIS, Araken de; BRUSCHI, Gilberto Gomes (coord.). *Processo de execução e cumprimento da sentença*: temas atuais e controvertidos. São Paulo: Revista dos Tribunais, 2020.

MIRANDA, Pontes de. *Comentários ao Código de Processo Civil.* v. XIV. Rio de Janeiro: Forense, 1977.

NEVES, Daniel Amorim Assumpção. *Novo Código de Processo Civil comentado.* 2. ed. Salvador: Ed. Juspodivm, 2017.

RAMOS, André Luiz Santa Cruz. *Direito de Empresa no Código Civil*: comentários arts. 966 a 1.195. t. II. São Paulo: Forense, 2011.

WALD, Arnoldo. Do direito de empresa. *In*: TEIXEIRA, Sálvio de Figueiredo (coord.). *Comentários ao novo Código Civil.* v. XIV, t. II. Rio de Janeiro: Forense, 2005.

A IMPORTÂNCIA DO DIREITO COMPARADO NO ESTUDO DO DIREITO DAS SUCESSÕES

Gustavo Henrique Baptista Andrade

Pós-doutorado em Direito Civil pela UERJ. Mestre e Doutor em Direito Civil pela UFPE. Vice-Presidente do IBDFAM-PE. Membro do Grupo de Pesquisa Constitucionalização das Relações Privadas (CONREP) UFPE-CNPq. Procurador do Município do Recife. Advogado.

Marcos Ehrhardt Junior

Doutor em Direito pela Universidade Federal de Pernambuco (UFPE). Professor de Direito Civil da Universidade Federal de Alagoas (Ufal) e do Centro Universitário Cesmac. Editor da Revista Fórum de Direito Civil (RFDC). Vice-Presidente do Instituto Brasileiro de Direito Civil (IBDCIVIL). Presidente da Comissão de Enunciados do Instituto Brasileiro de Direito de Família (IBDFAM). Membro Fundador do Instituto Brasileiro de Direito Contratual – IBDCont e do Instituto Brasileiro de Estudos de Responsabilidade Civil (IBERC). Advogado. E-mail: contato@marcosehrhardt.com.br.

Sumário: 1. Introdução – 2. A metodologia do trabalho científico; 2.1 A contribuição do Direito Civil Constitucional; 2.2 O direito comparado – 3. Estado da arte do direito das sucessões no Brasil – 4. O que, como e por que mudar? – 5. À guisa de conclusão: a importância do direito comparado no estudo do direito das sucessões – 6. Referências.

1. INTRODUÇÃO

Antes mesmo de serem apresentados conceitos primários ou enquadrar o direito comparado em alguma categoria específica, faz-se necessário advertir que ele é uma ferramenta de grande utilidade para a pesquisa científica, para o intérprete e para o aplicador do direito. Para além de simples referências ao direito estrangeiro, o direito comparado é uma escolha metodológica que exige grande esforço do pesquisador e auxilia sobremaneira não somente no aprofundamento e esclarecimento acerca de algum instituto jurídico para melhor conhecê-lo e igualmente compreendê-lo na ambiência do seu próprio ordenamento jurídico, mas também na solução de casos práticos, seja onde existe lacuna da lei, seja onde haja necessidade de uma alteração legislativa que possa aperfeiçoar dito instituto e adequá-lo à realidade social. Neste último caso, serve ao reforço argumentativo em eventual processo legislativo.

É imperioso destacar a pouca produção científica sobre o direito comparado, em especial na doutrina brasileira. Não obstante tenha sido uma das primeiras disciplinas oferecidas na Faculdade de Direito do Recife já em 1892,[1] não foi mantida a tradição na mesma Escola nem nos currículos de outras instituições de ensino.

---

1. A Cadeira era a de Legislação Comparada, sendo professor Clóvis Beviláqua. SILVA, José Afonso da. *Um pouco de Direito Constitucional comparado*. Três projetos de constituição. São Paulo: Malheiros, 2009. p. 19.

Entre os componentes da pesquisa em direito comparado, um se destaca pela sua importância na própria construção do direito, que é o dado histórico. Na verdade, nem sempre a pesquisa se dá em tempos históricos diversos, mas os fatores vivenciados em certo momento contribuem sobremaneira para a compreensão de dado sistema jurídico ou mesmo, mais particularmente, de determinado instituto. Essa vertente é valorizada pela Faculdade de Direito da Universidade do Estado do Rio de Janeiro – UERJ, que trabalha a contingencialidade como fator de compreensão do direito comparado, no Grupo de Pesquisa Historicidade e Relatividade do Direito Civil, liderado pelo Prof. Carlos Nelson Konder.

O estudo e o aprofundamento da pesquisa em direito comparado são de grande importância sob os mais diversos aspectos, destacando-se, como afirmado, a compreensão de determinada categoria, instituto ou mesmo dispositivo legal de certo ordenamento jurídico ante outro sistema, com vistas à igual compreensão do mesmo ponto no próprio sistema do pesquisador ou ao seu aperfeiçoamento, à sua transformação através de eventual alteração legislativa.

O direito das sucessões tem estreita interlocução com o direito de família e outras situações jurídicas existenciais, mas também com o direito patrimonial em geral e o direito de propriedade em especial. Dita interlocução, quando operada sob o prisma das normas constitucionais – e essa é uma das etapas da pesquisa em direito comparado – facilita demasiadamente a identificação de assintonias entre dispositivos de normas hierarquicamente diferenciadas ou, em contrapartida, a constatação de harmonia entre essas normas.

Nesse ponto, vale destacar a utilização da metodologia civil constitucional[2] também na pesquisa em direito comparado. Os dois métodos não se excluem, complementam-se, dada a necessidade de extrair do sistema o item a comparar, transportando-o à Constituição, de onde será construída a ponte para a efetiva comparação.

Tendo em vista as grandes transformações sociais ocorridas nos últimos cem anos, muitas delas consequência direta de rupturas institucionais trazidas pelo reposicionamento de vários atores sociais, a exemplo da mulher casada (Lei n° 4.121/1962 – Estatuto da Mulher Casada), da criança e do adolescente (Lei n° 8.069/1990 – Estatuto da Criança e do Adolescente), do idoso (Lei n° 10.741/2003 – Estatuto do Idoso) e da pessoa com deficiência (Lei n° 13.146/2015 – Estatuto da Pessoa com Deficiência ou Lei Brasileira de Inclusão da Pessoa com Deficiência), entre outros, mas principalmente pela nova ordem constitucional estabelecida em 1988, muito se evoluiu na busca da concretização do projeto de Estado desenhado pelo legislador constituinte.

---

2. Acerca da metodologia civil constitucional, ver por todos as obras de Paulo Luiz Netto Lôbo, Gustavo Tepedino, Luiz Edson Fachin e Maria Celina Bodin de Moraes. Na literatura estrangeira, os italianos Pietro Perlingieri e Stefano Rodotà.

No âmbito do direito civil, a tentativa de retomar um projeto de lei discutido ainda na década de 1970 – por maior que seja o brilhantismo de seus criadores e as amplas discussões que seguiram o processo legislativo – não assegurou a promulgação de um Código efetivamente voltado ao seu tempo. Embora traga consigo inúmeras disposições que promoveram a quebra de alguns paradigmas, o Código Civil de 2002 procurou fazer uso de princípios e cláusulas gerais como forma de minimizar a rigidez de alguns conceitos e, por consequência, de algumas normas que necessitavam de um espectro mais largo em sua margem de interpretação, porém não acompanhou em sua inteireza as transformações promovidas pela Constituição, mantendo muitas vezes em seu corpo dispositivos que, se não estariam mais bem posicionados fora do seu texto, ao menos não mais se adequavam à nova ordem, exigindo do intérprete, mais do que nunca, um exercício hermenêutico sistemático e também em conformidade com a força normativa da Constituição.

No campo da liberdade e da autonomia privada, as situações jurídicas existenciais relacionadas ao direito de família no Brasil evoluíram de maneira a trazer uma maior valorização à pessoa de cada um de seus membros, seus projetos, suas realizações, sua dignidade.

No campo patrimonial, ainda é possível se verificar resquícios de limitações à autonomia que, em alguns casos, se encontram carregadas de conteúdo moral. Exemplo paradigmático é o da obrigatoriedade da adoção do regime da separação de bens no casamento da pessoa maior de setenta anos, lembrando-se que, até 2010 – com a modificação do art. 1.641 pela Lei nº 12.344 – o suporte fático era a idade núbil de sessenta anos. Dito dispositivo não deixa dúvida quanto a sua incompatibilidade com o ordenamento constitucional e vai também de encontro às normas do sistema que ditam a capacidade como a regra e a incapacidade como exceção, além de ser manifestamente discriminatório. Que outra razão existiria para limitar dessa maneira a autonomia da pessoa que se casa aos setenta anos senão a de manter intacto o patrimônio adquirido até então, como a reservar a legítima dos herdeiros necessários?

E é justamente no campo patrimonial que repercutirá a eficácia das normas de direito das sucessões, de uma maneira geral, embora se saiba que a proteção da família fundada na solidariedade é o grande elo incindível entre os dois ramos do direito. Questões relacionadas ao regime de bens adotado pelos cônjuges no casamento ou pelos conviventes na união estável, aos atos jurídicos praticados pelo autor da herança em vida, entre outras hipóteses, são exemplos de situações que podem repercutir, o que se dará de acordo com a opção do legislador infraconstitucional na regulamentação do direito das sucessões. Há espaço para mudanças mais efetivas no sentido de privilegiar uma maior autonomia do autor da herança e também para ajustes pontuais, os quais podem aproximar a sucessão *causa mortis* da realidade social ou simplesmente corrigir algumas incongruências constantes do Código Civil.

O direito comparado tem muito a contribuir nesse aspecto, seja com o legislador, seja com o intérprete ou o pesquisador. Muitas são as possibilidades.

2. A METODOLOGIA DO TRABALHO CIENTÍFICO

A metodologia é uma aliada dos mais diversos tipos de comunicação de ordem profissional, técnica ou científica. Não à toa, ao decidir um caso concreto, o julgador, intérprete que é, necessita seguir rigorosamente o disposto no art. 489 do Código de Processo Civil,[3] fazendo constar da sentença os seus elementos essenciais ali descritos: o relatório, os fundamentos e o dispositivo, exercendo a fundamentação – que inclusive conta com metodologia própria – importância tal que pode acarretar a nulidade da decisão, como apregoa o *caput* do art. 11 do CPC,[4] segundo o qual "todos os julgamentos dos órgãos do Poder Judiciário serão públicos, e fundamentadas todas as decisões, sob pena de nulidade". Esse exemplo serve à demonstração de que a própria compreensão do que se quer comunicar é tributária de uma sequência lógica de argumentos concatenados a uma determinada conclusão, uma hipótese.

A etimologia da palavra método – do grego *meta* (na direção de) e *hodos* (caminho) – indica que qualquer tipo de atividade necessita seguir uma ordem, um caminho, para atingir determinado fim - das mais simples tarefas do dia a dia ao mais complexo processo de racionalização de ações em torno de uma questão a ser solucionada.[5]

Descartes, em seu discurso do método, na tentativa de simplificar o que chama de "multidão de leis", que seria o grande número de preceitos que compunham a lógica, acreditava lhe bastariam apenas quatro, desde que se comprometesse a não deixar de observá-los uma vez sequer:

> O primeiro era nunca aceitar coisa como verdadeira que eu não conhecesse como tal; isto é, evitar cuidadosamente a precipitação e a prevenção, e nada compreender em meus julgamentos além do que se apresentasse tão claramente e tão distintamente à minha mente, que eu não tivesse nenhuma ocasião de colocá-lo em dúvida.

---

3. *Art. 489.* São elementos essenciais da sentença: *I* – o relatório, que conterá os nomes das partes, a identificação do caso, com a suma do pedido e da contestação, e o registro das principais ocorrências havidas no andamento do processo; *II* – os fundamentos, em que o juiz analisará as questões de fato e de direito; *III* – o dispositivo, em que o juiz resolverá as questões principais que as partes lhe submeterem. § *1º* Não se considera fundamentada qualquer decisão judicial, seja ela interlocutória, sentença ou acórdão, que: *I* – se limitar à indicação, à reprodução ou à paráfrase de ato normativo, sem explicar sua relação com a causa ou a questão decidida; *II* – empregar conceitos jurídicos indeterminados, sem explicar o motivo concreto de sua incidência no caso; *III* – invocar motivos que se prestariam a justificar qualquer outra decisão; *IV* – não enfrentar todos os argumentos deduzidos no processo capazes de, em tese, infirmar a conclusão adotada pelo julgador; *V* – se limitar a invocar precedente ou enunciado de súmula, sem identificar seus fundamentos determinantes nem demonstrar que o caso sob julgamento se ajusta àqueles fundamentos; *VI* – deixar de seguir enunciado de súmula, jurisprudência ou precedente invocado pela parte, sem demonstrar a existência de distinção no caso em julgamento ou a superação do entendimento. § *2º* No caso de colisão entre normas, o juiz deve justificar o objeto e os critérios gerais da ponderação efetuada, enunciando as razões que autorizam a interferência na norma afastada e as premissas fáticas que fundamentam a conclusão. § *3º* A decisão judicial deve ser interpretada a partir da conjugação de todos os seus elementos e em conformidade com o princípio da boa-fé.

4. *Art. 11.* Todos os julgamentos dos órgãos do Poder Judiciário serão públicos, e fundamentadas todas as decisões, sob pena de nulidade. *Parágrafo único.* Nos casos de segredo de justiça, pode ser autorizada a presença somente das partes, de seus advogados, de defensores públicos ou do Ministério Público.

5. SANTOS, Izequias Estevam dos. *Manual de métodos e técnicas de pesquisa científica.* Niterói: Impetus, 2015. p. 109.

A IMPORTÂNCIA DO DIREITO COMPARADO NO ESTUDO DO DIREITO DAS SUCESSÕES **463**

O segundo, dividir cada uma das dificuldades que eu examinasse em tantas parcelas quantas se pudesse, e quantas fossem necessárias para melhor resolvê-las.

O terceiro, conduzir por ordem meus pensamentos, começando pelos objetos mais simples e mais fáceis de conhecer, para ascender, pouco a pouco, como que por degraus, até o conhecimento dos mais compostos, e supondo mesmo uma ordem entre aqueles que não se precedem naturalmente uns aos outros.

E o último, fazer por toda parte enumerações tão inteiras e revisões tão gerais, que eu estivesse assegurado de nada omitir.[6]

Nesse sentido, é possível encontrar variadas metodologias nos mais diversos campos da ciência, achando-se, porém, essa mesma estrutura simplificada por Descartes.

Dos experimentos científicos mais afetos às ciências da natureza aos artigos que lhes dão publicidade e os universalizam, até os textos relativos a hipóteses e teses relacionadas às ciências sociais, não é possível prescindir da metodologia.

No direito não é diferente. No presente texto, dada a formação acadêmica de seus autores, destacar-se-á a metodologia civil constitucional e o direito comparado, sendo imperativo salientar desde já que existe uma discussão, talvez desnecessária pela própria importância do direito comparado, sobre a sua natureza. Parte da doutrina defende tratar-se de um ramo autônomo do direito, outros o compreendem como uma técnica – uma metodologia, portanto.

2.1 A contribuição do Direito Civil Constitucional

O direito civil constitucional é criação originária de juristas europeus do pós-guerra. Uma de suas características é justamente a contingencialidade dos institutos de direito civil, como já afirmado, devendo tais institutos ser compreendidos no contexto de uma época e de um lugar, e inseridos numa ou ligados a uma experiência social.[7] A compreensão de quais são, em dado momento, os interesses sociais e econômicos em pauta e qual a influência ao menos da cultura, da antropologia e da religião no instituto objeto de determinada pesquisa, é um importante aspecto e fator imprescindível a seu desenvolvimento.

Outra característica da metodologia civil constitucional é a concepção e aceitação de que o aspecto patrimonial tem relevância sobre o bem-estar e a própria subsistência das pessoas, mas sobre ele devem prevalecer os valores existenciais como norte das relações jurídicas.

O ponto nodal da questão, por sua vez, é fazer valer ou prestar eficácia aos valores e princípios que dirigem o texto da Constituição brasileira. Numa figura

---

6. DECARTES, René. *Discurso sobre o método*. Petrópolis: Vozes, 2018. p. 23.
7. KONDER, Carlos Nelson. Apontamentos iniciais sobre a contingencialidade dos institutos de Direito Civil. *In*: MONTEIRO FILHO, Carlos Edison do Rego *et al.* (org.) *Direito UERJ*. Direito Civil. Rio de Janeiro: Freitas Bastos, 2015. v. 2. p. 31.

retórica, é dizer que o pêndulo da história se voltou para a pessoa em contraposição ao patrimônio.

Essa é a grande contribuição da metodologia civil constitucional, cujos fundamentos são encontrados na doutrina brasileira em obras de juristas expoentes do chamado direito civil constitucional, a exemplo de Gustavo Tepedino, Paulo Lôbo, Maria Celina Bodin de Moraes e Luiz Edson Fachin, entre outros.

Em 1991, pouco tempo após a promulgação da Constituição de 1988, o Professor Gustavo Tepedino proferiu aula na Faculdade de Direito da Universidade do Estado do Rio de Janeiro, momento em que clamou pelo inadiável dever dos civilistas de compatibilizar o Código Civil – vigente ainda o de 1916 – e a legislação especial ao texto constitucional que se inaugurava. Sem descurar das raízes históricas do direito civil, Tepedino já então defendia a supremacia hermenêutica da Constituição da República, que deveria ser incorporada à *práxis* do Código Civil. Este, por seu turno, perdera o *status* de Constituição do direito privado diante da crescente inserção nos textos constitucionais, de princípios relacionados a temas antes a ele reservados exclusivamente.

O processo intervencionista que subtraiu do Código Civil a cômoda unidade sistemática antes assentada se intensifica e se consolida com o texto da nova Constituição. A busca pela unidade do sistema é deslocada do Código Civil para a "tábua axiológica" eleita pela Constituição da República.[8]

Para Paulo Lôbo, a constitucionalização do direito civil representa hoje muito mais do que um critério hermenêutico formal. Constitui, na verdade, a etapa mais importante do processo de mudança de paradigmas por que passou o direito civil na transição do Estado liberal para o Estado social.[9] Para o mesmo autor, a mudança da realidade social, convertida em normas constitucionais, deve orientar a realização do direito civil, impondo ao intérprete a conformação do direito codificado às normas constitucionais fundamentais: "o paradigma do individualismo e do sujeito de

---

8. TEPEDINO, Gustavo. *Temas de Direito Civil*. Rio de Janeiro: Renovar, 2004. p. 13.

9. Merece destaque esta breve síntese, extraída de artigo publicado pelo referido autor na Coluna Fórum de Direito Civil, sob o título "Direito Civil na Legalidade Constitucional": "O direito civil na legalidade constitucional, não dá as costas à milenar elaboração das categorias do direito civil. Muito ao contrário. História e contemporaneidade são imprescindíveis para a compreensão do direito civil. E é a história que nos orienta quanto à evolução por que passou o Estado moderno, nas três etapas vivenciadas até o momento atual: a do Estado absoluto, a do Estado liberal e a do Estado social. Essas três etapas impactaram na mesma medida no direito civil, quase a expressar os três momentos da dialética hegeliana, ou seja, a tese, a antítese e a síntese. No Estado absoluto, o direito civil emanava da vontade do soberano, do qual deriva também a constituição política, submetendo-se ao interesse público estatal; no Estado liberal, o direito civil converte-se em constituição do homem comum burguês, em paralelo e quase sempre em oposição à ordem constitucional, que dele não tratava, orientando-se pelo interesse privado hegemônico; no Estado social, o direito civil é, ao mesmo tempo, ordem das relações privadas e integrante da ordem constitucional, conjugando interesse privado e interesse público. Nessa linha evolutiva é que vamos encontrar o equilíbrio virtuoso entre a dignidade da pessoa humana e a solidariedade social" (LÔBO, Paulo. *Direito Civil na legalidade constitucional*. Fórum, Belo Horizonte, 23 fev. 2021. Coluna Direito Civil. Disponível em: https://www.editoraforum.com.br/noticias/direito-civil-na-legalidade-constitucional-coluna-direito-civil. Acesso em: 25 abr. 2021).

direito abstrato foi substituído pelo da solidariedade social e da dignidade da pessoa humana, que impulsionou intensa transformação de conteúdo e fins [...]. Fora da solidariedade, somente a barbárie".[10]

Maria Celina Bodin de Moraes é autora de um dos primeiros ensaios sobre a constitucionalização do direito civil no Brasil.[11] Aponta em outro texto que as características essenciais do direito civil constitucional são a subordinação das situações patrimoniais às existenciais; a preocupação com a historicidade e a relatividade na interpretação do sistema; e a prioridade da função dos institutos jurídicos em relação à sua estrutura.[12] A mesma autora salienta que a mudança de paradigmas deve ser avaliada de forma sistêmica; ressalta que se as normas constitucionais estão no ápice do sistema, os princípios nelas contidos se transmutam em normas-guia para a reconstrução do direito privado. Adverte ainda que tal perspectiva metodológica não se sustenta apenas em face da construção hierárquica do ordenamento, mas pelo reconhecimento de que os valores expressos pelos legisladores constituintes devem informar o sistema como um todo.[13]

Já a doutrina de Luiz Edson Fachin evoca a defesa da dimensão prospectiva do texto constitucional, polo irradiador de eficácia às relações jurídicas de direito civil. Dita dimensão prospectiva deve estar acompanhada da dimensão formal da Constituição, que se caracteriza pela apreensão das regras e princípios nela expressos, e na dimensão substancial, que é a própria efetividade de suas normas através dos pronunciamentos da Corte Constitucional. Em passagem bastante atual, o autor observa que "avançar agora contra a Constituição é promover, no tempo presente, a estagnação paralisante do ocaso pretérito. O Brasil constitucional de hoje pede respeito ao futuro da Nação".[14]

As primeiras e principais linhas teóricas de direito civil constitucional adotadas no Brasil sofreram forte influência dos ensinamentos do jurista italiano Pietro Perlingieri, diretor na década de 80 do século passado da Escola de Direito Civil de

---

10. LÔBO, Paulo Luiz Netto. *Direito Civil*. Parte geral. São Paulo: Saraiva, 2017, p. 69. Nas palavras do referido autor: "O direito civil deve ser compreendido e aplicado nas situações concretas em permanente interlocução e conformidade com a legalidade constitucional. Supera-se a metodologia tradicional de isolamento do sistema de direito civil, para o qual a ordem constitucional é a ele estranha. Portando, o direito civil constitucional não pode ser entendido como disciplina distinta do direito civil, porque não é disciplina própria ou autônoma, mas sim metodologia que o integra ao sistema jurídico que tem a Constituição como sua fonte normativa primeira" (Trecho extraído de artigo publicado na Coluna Fórum de Direito Civil, sob o título "Direito Civil na Legalidade Constitucional". LÔBO, Paulo. *Direito Civil na legalidade constitucional*. Fórum, Belo Horizonte, 23 fev. 2021. Coluna Direito Civil. Disponível em: https://www.editoraforum.com.br/noticias/direito-civil-na-legalidade-constitucional-coluna-direito-civil. Acesso em: 25 abr. 2021).

11. Trata-se do artigo intitulado "A caminho de um direito civil constitucional", publicado em Direito, Estado e Sociedade – *Revista do Departamento de Direito da PUC-Rio*, v. 1, p. 59-73, 1991.

12. MORAES, Maria Celina Bodin de. Perspectivas a partir do Direito Civil-Constitucional. *In*: TEPEDINO, Gustavo (org.). *Direito Civil contemporâneo*. Novos problemas à luz da legalidade constitucional. São Paulo: Atlas, 2008. p. 30.

13. MORAES, Maria Celina Bodin de. O princípio da dignidade humana. *In*: MORAES, Maria Celina Bodin de (coord.). *Princípios do Direito Civil contemporâneo*. Rio de Janeiro: Renovar, 2006. p. 3.

14. FACHIN, Luiz Edson. *Questões de Direito Civil contemporâneo*. Rio de Janeiro: Renovar, 2008. p. 7.

Camerino (*Scuola di Specializzazione in Diritto Civile – Università di Camerino*), onde muitos pesquisadores brasileiros fazem ou fizeram imersão.

A metodologia civil constitucional terminou por direcionar a construção de uma nova dogmática do direito privado, axiologicamente coerente. No dizer de Gustavo Tepedino, a aludida metodologia lança mão da importante distinção entre as relações jurídicas patrimoniais e aquelas ditas existenciais. Trata-se de uma diversidade valorativa que cumpre o papel de uma premissa metodológica no empreendimento do intérprete. Neste aspecto, se a pessoa humana passou a ser o centro do ordenamento, é em função das situações existenciais que devem ser observadas as situações patrimoniais.[15]

2.2 O direito comparado[16]

A pesquisa e, de um modo geral, o estudo em direito comparado, ao tempo que são desafiadores, revelam também novas descobertas com relação ao sistema jurídico do pesquisador e descortinam enigmas muitas vezes consolidados pela pura importação de um instituto ou de uma mera regulamentação. E assim, além de úteis, podem ser muito prazerosos.

A propósito da pesquisa em direito comparado, é fundamental destacar de início uma premissa elementar para aquele que quer se dedicar a esse tipo de estudo: a de que se faz necessário conhecer e compreender o objeto do estudo para poder compará-lo. O direito comparado irá proporcionar ao pesquisador, antes de tudo, um conhecimento aprofundado do ordenamento nacional, possibilitando o seu aperfeiçoamento.[17]

Na verdade, a pesquisa em direito comparado requer conhecimento do ordenamento nacional antes de o pesquisador ingressar no sistema que quer comparar. Isso porque o estudo em direito comparado é uma tarefa complexa e que exige técnicas específicas. A comparação deve ocorrer entre objetos de estudo análogos ou semelhantes, que possam ser efetivamente comparados, examinados simultaneamente, confrontando-se o conteúdo do instituto a comparar entre o ordenamento nacional e um ou mais sistemas estrangeiros.[18]

O direito comparado contemporâneo tem por principal objetivo a solução de problemas práticos, como, por exemplo, conciliar as várias legislações dos países que compõem a União Europeia.[19]

---

15. TEPEDINO, Gustavo. *Temas de Direito Civil*. t. III. Rio de Janeiro: Renovar, 2009. p. 32.
16. O conteúdo deste item baseia-se fundamentalmente no primeiro capítulo da obra do coautor Gustavo Andrade. Conferir: ANDRADE, Gustavo Henrique Baptista. *O direito de herança e a liberdade de testar*. Um estudo comparado entre os sistemas jurídicos brasileiro e inglês. Belo Horizonte: Fórum, 2019.
17. DAVID, René. *Os grandes sistemas de direito contemporâneo*. São Paulo: Martins Fontes, 2014.
18. SERRANO, Pablo Jimenéz. *Como utilizar o direito comparado para elaboração de tese científica*. Rio de Janeiro: Forense, 2006.
19. HYLAND, Richard. *Gifts*. A study in comparative law. New York: Oxford, 2009. p. 65.

O marco teórico utilizado no presente texto é o jurista romeno Léotin-Jean Constantinesco, professor da Universidade de Marre, na Alemanha, e da Universidade de Paris. Seus ensinamentos abordam didática e metodologia que, se não reduzem a complexidade do direito comparado, são capazes de facilitar sobremaneira a compreensão de suas categorias conceituais.

Constantinesco compreende que múltiplas podem ser as formas de comparação. Entende também que o método comparativo como um todo é um instrumento de aplicação geral, ainda que a variedade das disciplinas jurídicas, as peculiaridades de alguns problemas e a pluralidade dos objetivos que ele pode realizar influenciem o seu procedimento.[20] Para esse autor, a comparação se constitui em um método geral, que pode ser utilizado por qualquer ciência e, no âmbito do direito, em qualquer disciplina. Seu escopo e suas funções podem ser inúmeros e de natureza diversa, alguns práticos, outros teóricos, uns voltados para o passado, outros para o futuro.[21]

Mais do que proporcionar o conhecimento de um direito estrangeiro, a comparação faculta ao pesquisador o entendimento profundo do seu próprio ordenamento, possibilitando-lhe a descoberta de novos aspectos e novas perspectivas. O sistema jurídico é reexaminado, ampliando-se os horizontes do jurista nacional.[22]

É forçoso advertir, entretanto, que não se confunde direito comparado com referências a direito estrangeiro, que têm valor meramente informativo. Estudar direito estrangeiro não é operar direito comparado, embora para fazê-lo seja necessário conhecer aquele.

Ainda de acordo com Constantinesco, o método comparativo consiste num conjunto de fases e atos racionalmente dispostos e destinados a conduzir o jurista a determinar e compreender, através de um processo de comparação ordenado, metódico e progressivo, as semelhanças e as divergências entre os elementos pertencentes a diferentes sistemas, além de suas origens, para finalmente revelar as relações existentes entre as estruturas e as funções desses mesmos elementos.[23]

Assim é que o método funcional, a rigor mais consentâneo com o direito civil constitucional e muito utilizado por comparatistas os mais diversos, não vai de encontro à metodologia proposta por Constantinesco. Dito método, que tem sua origem nos estudos de Ernst Rabel, a quem se atribui a criação do moderno direito comparado alemão, se consubstancia na investigação da função objetiva das normas e elementos submetidos à comparação, forte na dimensão linguística e no exame histórico do objeto a comparar, sendo insuficiente o conceito em si para a sua compreensão.[24]

---

20. CONSTANTINESCO, Léotin-Jean. *Il metodo comparativo*. Torino: G. Giappichelli, 2000. p. 42.
21. CONSTANTINESCO, Léotin-Jean. *Il metodo comparativo*. Torino: G. Giappichelli, 2000. p. 259.
22. CONSTANTINESCO, Léotin-Jean. *Il metodo comparativo*. Torino: G. Giappichelli, 2000. p. 262.
23. CONSTANTINESCO, Léotin-Jean. *Il metodo comparativo*. Torino: G. Giappichelli, 2000. p. 10.
24. RODRIGUES JUNIOR, Otávio Luiz. Ernst Rabel é pai do moderno direito comparado alemão. *ConJur*, 07 nov. 2012. Disponível em: https://www.conjur.com.br/2012-nov-07/ernst-rabel-pai-moderno-direito-comparado-alemanha. Acesso em: 21 abr. 2021.

Um dos comparatistas que destacam a importância do método funcional no direito comparado é Jan Peter Schmidt, pesquisador-chefe para a América Latina no Instituto Max Planck de Hamburgo, Alemanha. Afirma Schmidt: "O método funcional exige que se faça a comparação entre dois ou mais ordenamentos jurídicos não com base em normas, conceitos ou figuras da dogmática, mas sim com base num determinado conflito da vida real e no mecanismo que um ordenamento jurídico prevê para sua solução."[25]

No método funcional, a pesquisa deve se concentrar na construção de uma análise baseada nos diversos fatores que envolvem o elemento que está sendo comparado, descurando da análise puramente conceitual ou terminológica. A ideia fundamental do aludido método é alicerçada no fato de que diferentes prescrições, institutos ou práticas normativas podem ter a mesma função em diferentes sistemas jurídicos.

Por outro lado, é possível demonstrar também que, não obstante uma aparente e superficial similitude linguística, muitos elementos podem não apresentar correspondência ou semelhança em distintos ordenamentos. É exatamente neste ponto que se mostra insuficiente a comparação fundada exclusivamente em conceitos.

Outra característica que merece destaque no método comparativo é a necessária homogeneidade no objeto de estudo. Elementos totalmente heterogêneos não se prestam a comparação. Não é possível, por exemplo, comparar legislação civil com legislação penal. O direito comparado só pode ser realizado entre ordens jurídicas vigentes, caso contrário, estar-se-ia produzindo história do direito.

Realiza-se comparação sincrônica ou horizontal quando são comparados ordenamentos vizinhos no tempo, mas distantes no espaço. Já a comparação diacrônica ou vertical ocorre quando se comparam ordenamentos distantes no tempo. Nesse aspecto, frequentemente comparatistas estudam institutos vigentes com a forma que apresentavam no direito romano.[26] Na comparação diacrônica, não se faz necessário que as legislações sejam atuais; podem ser aproximadas no tempo, a exemplo do estudo comparativo entre a Constituição brasileira de 1824 e a francesa de 1830.[27]

A macrocomparação ocorre entre os ordenamentos jurídicos de dois ou mais países. A microcomparação é realizada em subsistemas, como direito administrativo e direito tributário, ou em determinado instituto, como fato gerador, sistema partidário etc.

A escolha dos elementos pertencentes a diferentes sistemas e que Constantinesco chama de "termo" é no que consiste o objeto a comparar, referido também pelo autor como "partícula jurídica". Esta pode ser uma regra, um instituto, uma função ou

---

25. SCHMIDT, Jan Peter. *Responsabilidade civil no direito alemão e método funcional no direito comparado*. *In*: RODRIGUES JUNIOR, Otavio Luiz; MAMEDE, Gladston; ROCHA, Maria Vital da (coord.). *Responsabilidade civil contemporânea*. São Paulo: Atlas, 2011. p. 738.
26. CONSTANTINESCO, Léotin-Jean. *Il metodo comparativo*. Torino: G. Giappichelli, 2000. p. 28.
27. SILVA, José Afonso da. *Um pouco de Direito Constitucional comparado*. Três projetos de constituição. São Paulo: Malheiros, 2009. p. 23.

A IMPORTÂNCIA DO DIREITO COMPARADO NO ESTUDO DO DIREITO DAS SUCESSÕES **469**

até mesmo um problema posto, todos obviamente pertencentes a pelo menos dois ordenamentos distintos. O objeto da comparação deve corresponder ao menos a um paralelo entre os sistemas. Por exemplo, não se compara a regra que estabelece a sucessão do cônjuge supérstite com uma pertencente ao outro sistema e que prescreva a sucessão dos filhos. Embora haja alguma correspondência ou correlação entre ditas regras, inexiste no caso concreto parâmetro para comparar. Quanto à função, sua equivalência possibilita a comparação, como no caso do *trust* no direito inglês e da doação ou legado onerosos em outros sistemas.[28]

O procedimento metodológico sugerido por Constantinesco possui três fases sucessivas, que ele denomina regra dos três Cs: conhecimento (*conoscenza*), compreensão (*comprensione*) e comparação (*comparazione*). A primeira fase abrange todas as atividades essenciais ao conhecimento do objeto a comparar; a segunda envolve todas as operações metodológicas necessárias à compreensão do objeto no âmbito do respectivo ordenamento; e a terceira fase, considerada uma síntese, compreende todas as ações que o pesquisador deve realizar para comparar, ou seja, para esclarecer as reais relações existentes entre as regras – institutos, funções, enfim partículas jurídicas – pertencentes a diversas ordens jurídicas: "se deve conhecer para compreender e se deve compreender para comparar."[29]

As fases não são estanques, mas coligadas e se complementam. Na fase de conhecimento, o objeto a comparar deve ser isolado do sistema, embora sua real existência e o seu papel somente possam ser entendidos no contexto do próprio ordenamento, através dos elementos determinantes e dos fatores jurídicos e metajurídicos que exercem influência direta sobre ele. Por isso, na fase de compreensão, o "termo" deve ser reinserido no sistema e examinado em suas relações com o mesmo ordenamento. Já na fase de comparação, os elementos são postos em relação uns com os outros com a finalidade de colher as semelhanças e as diferenças. O procedimento metodológico da comparação combina os métodos analítico e sintético, a depender da fase, a primeira claramente analítica e a terceira eminentemente sintética.

Ainda na primeira fase é necessário examinar o objeto através de suas fontes, dos instrumentos e da perspectiva do ordenamento de que faz parte. Importante também analisá-lo em seu quadro sistemático, utilizando os conceitos, a lógica e seus métodos de interpretação. A esse propósito e como exemplo, não é possível compreender o sistema chinês examinando-o com um método hermenêutico da experiência alemã.

Um dos maiores obstáculos a serem enfrentados pelo comparatista é a língua, que carrega em si elementos culturais e históricos muitas vezes indissociáveis de sua compreensão. Tal condição está muito presente na pesquisa comparativa que utiliza o sistema da *common law*, em que a pesquisa histórica se apresenta estritamente ligada ao direito comparado.

---

28. CONSTANTINESCO, Léotin-Jean. *Il metodo comparativo*. Torino: G. Giappichelli, 2000. p. 68.
29. CONSTANTINESCO, Léotin-Jean. *Il metodo comparativo*. Torino: G. Giappichelli, 2000. p. 104.

O ponto de partida da moderna comparação jurídica foi o Congresso Internacional de Direito Comparado, que teve lugar na Paris de 1900.[30]

Como afirmado anteriormente, é controversa a existência de uma ciência do direito comparado como disciplina autônoma. Tal discussão, no entanto, não tem contribuído para uma definição precisa sobre o que é direito comparado. Dada a importância deste enquanto método essencial para a efetiva solução de questões práticas e para o aprofundamento da pesquisa científica de uma maneira geral, a discussão perde importância e deixará de ser abordada neste texto.[31]

Merece relevo ainda uma importante função crítica, que é pouco explorada no direito comparado. Tratando-se de uma disciplina que projeta o conhecimento crítico do direito, há quem lhe impute certo caráter subversivo. Isto se dá pela possibilidade de conhecimento pelo comparatista do próprio sistema através da visão levada ao sistema a comparar, detectando-se realidades não percebidas no interior do seu próprio ordenamento. Nesse aspecto se constata um grande avanço do direito comparado.

> Logo, uma vez que tendo visto e compreendido o outro, a percepção do comparatista sobre ele mesmo, ou sobre seu próprio direito, encontra-se alterada. Um dos avanços mais importantes do pensamento comparatista contemporâneo consiste exatamente na atenção dada a essa percepção crítica de sua própria realidade jurídica informada por um olhar sobre o outro. Ainda é necessário para a realização desse potencial crítico que esse olhar não proceda de uma concepção de achatamento da realidade, mas que ele penetre sobre a superfície formal do direito. Ele deve inquirir-se acerca daquilo.[32]

Convém salientar que a comparação foi beneficiada pela quebra das barreiras e pela livre circulação de pessoas, além do compartilhamento de ideias e conhecimento, o que se tornou possível pela integração progressiva dos países e dada a superação de suas fronteiras nacionais, ao menos em boa parte do globo.

Além de se apresentar como instrumento de educação e formação do jurista, o direito comparado pode também servir como meio de conhecimento e aproximação dos povos, de cooperação e de promoção da paz,[33] havendo inclusive autores que defendem a existência ou a criação de uma ciência comparativa universal, com a finalidade de resolver questões de natureza supranacional.

3. ESTADO DA ARTE DO DIREITO DAS SUCESSÕES NO BRASIL

O século XX foi marcado por grandes transformações. Cada uma de suas quadras ou mesmo décadas possui registro de fatos históricos que foram capazes de imprimir

---

30. HUSA, Jaako. *A new introduction to comparative law*. Oxford: Hart, 2015. p. 8.
31. Para conhecimento das diversas correntes, ver por todos: ANDRADE, Gustavo Henrique Baptista. *O direito de herança e a liberdade de testar*. Um estudo comparado entre os sistemas jurídicos brasileiro e inglês. Belo Horizonte: Fórum, 2019. p. 38-40.
32. WATT, Horatia Muir. A função subversiva do direito comparado. *Revista Trimestral de Direito Civil*. Rio de Janeiro: Padma, out./dez. 2010, p. 168.
33. CONSTANTINESCO, Léotin-Jean. *Il metodo comparativo*. Torino: G. Giappichelli, 2000. p. 295.

modificações de ordem social em velocidade jamais enfrentada pelo ser humano, além de promover guinadas paradigmáticas em diversos setores da sociedade, mudando substancialmente a maneira de viver e se relacionar.

No Brasil, alguns marcos legislativos tiveram grande importância para o enfrentamento das desigualdades sociais e para um menor desequilíbrio nas relações jurídicas desprovidas de paridade, como as travadas entre o homem e a mulher (Lei nº 4.121/1962 – Estatuto da Mulher Casada; o patrão e o empregado (Decreto-Lei nº 5.452/1943); o inquilino e o proprietário de imóveis (Leis nºs 6.649/1979, revogada e 8.245/1991); entre o consumidor e o fornecedor de produtos e serviços (Lei nº 8.078/1990 – Código de Defesa do Consumidor), entre muitas outras.

A Constituição da República de 1988, promulgada já na reta final do século XX, representou a transição definitiva entre o liberalismo tardio importado da Europa oitocentista – que aportou no país em 1916, com o Código Civil – e o Estado social, inaugurado ainda em 1934, porém com dificuldade de implementação dada a ausência da força normativa de que hoje são dotados os dispositivos constitucionais.

Assim, com a contribuição da doutrina e da jurisprudência dos tribunais, tornou-se possível, embora não tão simples ou fácil, a convivência entre diplomas legislativos que apresentavam graves antinomias.

Muitos ramos do direito passaram por transformações significativas, em especial após a Constituição de 1988, e refletiram as mudanças ocorridas na própria sociedade, como o direito de família, o direito das obrigações e a reponsabilidade civil.

Por outro lado, poucas mudanças ocorreram no direito das sucessões entre o Código Civil de 1916 e o de 2002. As que foram levadas a efeito dizem respeito a aspectos formais ou mesmo materiais, mas de pouco impacto nas questões relacionadas aos mais marcantes princípios que a nova ordem constitucional fez emergir. É o que se vê a seguir.

O principal destaque é a inserção do direito de herança no rol dos direitos fundamentais, novidade trazida pela Constituição de 1988. De fato, o inciso XXX do art. 5º da Constituição garante o direito de herança. Apesar da marca distintiva desse dispositivo, não encontrado nas demais Cartas, a leitura dos Anais da Assembleia Constituinte, onde é possível encontrar os debates então ocorridos, leva à compreensão de que, mais do que garantir o direito de propriedade – com as limitações impostas pelo próprio texto constitucional –, o legislador quis garantir a sua transmissão após a morte do titular, protegendo-a de eventuais investidas por parte do Estado.[34]

Garantido o direito de herança pela Constituição da República, coube ao legislador ordinário estabelecer a maneira como se realiza a sucessão hereditária. Quis a legislação infraconstitucional – no caso, o Código Civil brasileiro –, mantendo tradição histórica, deferir a transmissão da herança aos herdeiros legítimos e testa-

---

34. ANDRADE, Gustavo Henrique Baptista. *O direito de herança e a liberdade de testar*. Um estudo comparado entre os sistemas jurídicos brasileiro e inglês. Belo Horizonte: Fórum, 2019. p. 49.

mentários (art. 1784, CC). Isso ocorre porque, de acordo com o art. 1786 do Código Civil, a sucessão dá-se por lei ou por disposição de última vontade.

A sucessão legal corresponde à transmissão da herança aos considerados herdeiros legítimos (art. 1.829, CC), se a pessoa morta não houver manifestado formalmente suas disposições de última vontade por intermédio do instrumento próprio, no caso, o testamento. A chamada legítima, que é a parte não disponível às disposições de última vontade (art. 1.857, §1°), corresponde à metade dos bens da herança e pertence na verdade aos descendentes, aos ascendentes e ao cônjuge, considerados herdeiros necessários (art. 1.845, CC). Quer isso dizer que à falta destes, em havendo testamento que não contemple os demais herdeiros legítimos, estes serão excluídos da sucessão (art. 1.850, CC). A ordem da vocação hereditária, por sua vez, se encontra regulamentada entre os arts. 1.829 e 1.844 do Código Civil.

Não havendo cônjuge ou companheiro sobrevivente, nem outro parente sucessível, a herança é devolvida ao Município ou ao Distrito Federal, a depender da localização dos bens. Na hipótese de existir território federal, a União receberá a herança.

Em síntese, é a existência de pessoa que possa estar inserida na categoria de herdeiro necessário que limita a liberdade de testar no Brasil. Mais ainda: a existência de herdeiro necessário limita também a transmissão de bens por meio de doação, quer entre ascendentes e descendentes ou de um cônjuge a outro – o que implica em adiantamento da legítima (art. 544, CC) – quer a outrem (art. 549, CC).

Já se tem dito repetidamente[35] que a autonomia privada da pessoa no que tange a seu aspecto patrimonial, em especial no que diz respeito à propriedade e, sobretudo, havendo herdeiros, é deveras desprestigiada pela legislação civil. Exemplo mais frisante é o art. 1.641 do Código Civil, que obriga as pessoas maiores de setenta anos a adotar o regime da separação de bens ao se casarem. Não parece haver fundamento de ordem jurídica a justificar tal limitação, mas sim uma escancarada discriminação quanto à pessoa do idoso, lembrando que até 2010, portanto pouco mais de dez anos atrás, a mesma regra se aplicava aos maiores de sessenta anos, tendo a Lei n° 12.344/2010 ampliado em dez anos a "autonomia" da pessoa para escolher e decidir qual regime de bens pretende adotar no caso de vir a casar.

Embora seja inegável a importância histórica, social e jurídica da herança legítima, a sua intangibilidade – que implica diretamente na liberdade de testar do autor da herança – tem origem no mesmo germe discriminatório que limita a autonomia privada patrimonial da pessoa. Ela está inegavelmente ligada ao dever de proteção à família nuclear do Estado liberal, moldada nos parâmetros do patriarcalismo e patrimonialismo então vigentes: "O indivíduo proprietário e provedor se confundia com o

---

35. Ver por todos: ANDRADE, Gustavo Henrique Baptista; BRASILEIRO, Luciana. Toda liberdade será castigada: um estudo sobre a vulnerabilidade da autonomia sucessória nas relações concubinárias. *In*: EHRHARDT JR, Marcos; LÔBO, Fabíola. *Vulnerabilidade e sua compreensão no direito brasileiro*. Indaiatuba: Foco, 2021. p. 275-290.

próprio patrimônio, o qual necessitava permanecer em poder de sua família após seu falecimento, garantindo assim a segurança e a subsistência de sua esposa e filhos."[36]

Embora revisitado por grandes juristas, a exemplo de Torquato Castro, sendo dele a exposição de motivos sobre o livro das sucessões no anteprojeto de 1975, quase três décadas antes da promulgação do atual Código Civil, este último praticamente repetiu as disposições já vigentes desde 1916, com algumas modificações de ordem formal no que concerne aos testamentos e com a inserção do cônjuge como herdeiro necessário, além da previsão da sucessão do companheiro. Esses temas têm trazido mais polêmicas do que pacificação.

Para além de todos os assuntos acima retratados, ainda é preciso apontar o desafio de lidar com um ordenamento jurídico pensado para uma realidade puramente analógica, num contexto de relações jurídicas que cada vez mais se desenvolvem num mundo digital, sem nenhum tipo de suporte físico, sujeito a impactos tecnológicos verdadeiramente disruptivos que põem em xeque categorias tradicionais que precisam ser ressignificadas diante de um cenário que só reforça a importância da utilização de métodos que privilegiem a realidade do caso concreto e a proteção dos legítimos interesses dignos da tutela jurídica.

À medida que nossas interações sociais e econômicas se intensificam em ambientes virtuais, é natural que surjam novos questionamentos acerca da natureza jurídica e da segurança das ações praticadas através da rede mundial de computadores. Muitos se ressentem de um vácuo legislativo sobre temas relacionados à tecnologia, situação que se agravou nos últimos meses, uma vez que os recentes desafios decorrentes das medidas de enfrentamento da pandemia sanitária da Covid-19 provocaram uma significativa mudança de comportamento em grande parte da população que resistia à utilização de plataformas eletrônicas de contratação de bens e serviços.

Se grande parte de nossa rotina ocorre num ambiente digital, é natural que acumulemos arquivos de mídia (fotos, vídeos, música), documentos (cartas, memorandos, apresentações e planilhas) e mensagens (áudio, texto) que integram o universo de coisas que podem ser objeto de uma relação jurídica. Esse diversificado conjunto de *bytes* ocupa um espaço crescente em nossas vidas. Qual deve ser o destino desse acervo de bens digitais depois de nossa morte?

Os debates sobre a herança digital vêm sendo apresentados sob os mais diversos matizes,[37] ora envolvendo aspectos de direito sucessório, ora se expandindo para o

---

36. ANDRADE, Gustavo Henrique Baptista. *O direito de herança e a liberdade de testar*. Um estudo comparado entre os sistemas jurídicos brasileiro e inglês. Belo Horizonte: Fórum, 2019. p. 101.

37. Para ilustrar tal afirmação, seja permitido remeter a transcrição de texto exemplificativo da amplitude desse debate, da lavra de Laura Mendes e Karina Fritz: "[...] se o *caput* do art. 20 pode ser visto como uma cláusula de garantia da autodeterminação e do livre desenvolvimento da personalidade, o seu parágrafo único atribui legitimidade aos herdeiros para decisões quanto às eventuais projeções da personalidade após a sua morte. Assim, no caso ora analisado, ainda que se compreenda – ao contrário da decisão alemã ora relatada – pela não transmissibilidade das obrigações e direitos relacionados aos serviços digitais, certo é que a projeção da personalidade é protegida mesmo após a morte do indivíduo, e, portanto, cabe aos herdeiros ou a pessoas

campo puramente contratual ou da tutela da propriedade, ora atingindo aspectos relacionados à proteção da privacidade; originados, em geral, na disciplina do Código Civil, cuja arquitetura pressupõe a existência de paridade entre os figurantes da relação jurídica. No entanto, considerável parcela das relações que originam os bens digitais costuma estar situada no campo das relações de consumo, sendo premente empregar métodos de intepretação sistemática.

Enquanto não dispusermos de normas específicas para tratar do tema, é preciso ressignificar a legislação em vigor, mediante uma interpretação prospectiva que considere a função dos institutos e dialogue com as diversas fontes normativas. Precisamos identificar e distinguir bens digitais de conteúdo econômico da expressão pessoal do indivíduo no universo virtual. Todos nós temos uma *persona* digital, vale dizer, uma expressão do exercício de nossa personalidade, direito indisponível e intransmissível, no universo virtual. Como enfrentar tais questões no momento da abertura da sucessão, é uma das indagações que estão na ordem do dia daqueles que se dedicam ao estudo do direito sucessório.

4. O QUE, COMO E POR QUE MUDAR?

Existe um pensamento comungado não somente por leigos, mas também por alguns operadores do direito, de que a segurança jurídica está ligada à perenidade das normas ou do ordenamento jurídico. A pesquisa em direito comparado ajuda a desmistificar esse tipo de ideia ao demonstrar nitidamente o influxo da contingencialidade nos mais diversos institutos, que devem ser compreendidos no contexto de uma época e de um lugar, e inseridos ou ligados a uma experiência social.[38]

Os interesses sociais e econômicos, além da influência da cultura e outros elementos estruturantes, influenciam ou deveriam obrigatoriamente influenciar a ordem jurídica vigente. Por óbvio que há situações em que nenhuma mudança se faz necessária e a norma pode se perpetuar no tempo sem que isso implique atraso, como ocorre com os direitos fundamentais.

Carlos Nelson Konder apresenta proposta em que insere o conceito de vulnerabilidade no âmbito das intervenções jurídicas reequilibradoras de relações sociais,

---

próximas do falecido tomar decisões fundamentais quanto à sua identidade digital – seja pela exclusão das contas e perfis, seja pela sua manutenção [...]. Como se vê, o tema é complexo e multifacetado, especialmente por unir a um só tempo duas dimensões tão distintas do direito civil: a regulação de situações subjetivas patrimoniais, que acarretam efeitos em situações subjetivas existenciais. A superação da insegurança jurídica quanto a esse tema no Brasil deverá passar necessariamente por um debate que compreenda todas as suas dimensões: direito à personalidade, proteção de dados pessoais, sigilo das comunicações, direito sucessório e direito obrigacional" (MENDES, Laura Schertel Ferreira; FRITZ, Karina Nunes. Case Report: Corte Alemã reconhece a transmissibilidade da herança digital. *Revista Direito UNIFACS* – Debate Virtual, n. 225, p. 210, 2019. Disponível em: https://revistas.unifacs.br/index.php/redu/article/view/5951/3721. Acesso em: 25 abr. 2021).

38. KONDER, Carlos Nelson. Apontamentos iniciais sobre a contingencialidade dos institutos de direito civil. *In*: MONTEIRO FILHO, Carlos Edison do Rego *et al.* (org.). *Direito UERJ*. v. 2. Rio de Janeiro: Freitas Bastos, 2015. p. 31.

denunciando com precisão que o conceito de vulnerabilidade se dissociou do seu significado original, passando a se vincular à generalidade das situações de inferioridade contratual.[39]

Não à toa, o conceito de vulnerabilidade no direito permanece umbilicalmente ligado às relações de consumo, eminentemente contratuais, embora o instituto permeie outras disciplinas e situações jurídicas que não tenham necessariamente conteúdo econômico, como o direito de família, entre outras.

Sugere o mesmo autor a existência de uma segunda acepção de vulnerabilidade, a qual estaria mais intrinsecamente ligada a uma "finalidade protetiva da dignidade da pessoa humana e realizadora do princípio constitucional da solidariedade social."[40] Esta intervenção reequilibradora promoveria a igualdade substancial, mesmo tendo-se em mente que esta, no dizer de Pietro Perlingieri, corresponde a uma revolução prometida, ao contrário da igualdade formal, que expressa uma revolução realizada.[41]

Como visto acima, no decorrer do século XX ocorreram inúmeras intervenções reequilibradoras, também no âmbito legislativo, editadas que foram diversas leis esparsas de caráter intervencionista, a exemplo do Estatuto da Mulher Casada, da Lei do Divórcio, da Lei do Inquilinato e do Código de Defesa do Consumidor.

Importante perceber que mesmo no novo século e com o Código Civil de 2002, a tendência de intervenções reequilibradoras permanece, seja porque a própria legislação civil deixa de inovar e trazer efetivas mudanças compatíveis principalmente com o texto constitucional de 1988, seja porque não consegue acompanhar as transformações sociais intensas, característica da contemporaneidade.

No que diz respeito aos mecanismos de equilíbrio, há de se salientar que sempre houve concentração nas situações de caráter patrimonial, embora tenha também havido intervenções que visaram proteger a dignidade da pessoa humana, sendo um dos mais recentes exemplos o Estatuto da Pessoa com Deficiência (Lei nº 13.146/2015).

O que se busca destacar é que, nas últimas décadas, outras formas de intervenção reequilibradora têm ocorrido, pautadas por uma lógica um pouco diversa e que, mesmo de forma incipiente, vêm se valendo de outros instrumentos, distinguindo as situações patrimoniais das situações existenciais.

Há de se levar em consideração que, no passado, era comum a dependência econômica tanto do cônjuge quanto dos descendentes do autor da herança. De fato, a inserção da mulher no mercado de trabalho é um fenômeno do pós-Guerra, mantendo-se como regra até mais da metade do século XX a figura do homem como provedor, chefe de família e responsável pelo patrimônio desta, e da mulher como

---

39. KONDER, Carlos Nelson. Vulnerabilidade patrimonial e vulnerabilidade existencial: por um sistema diferenciador. *Revista de Direito do Consumidor*. São Paulo: Revista dos Tribunais, v. 99, mai./jun. 2015a, p. 101.

40. KONDER, Carlos Nelson. Vulnerabilidade patrimonial e vulnerabilidade existencial: por um sistema diferenciador. *Revista de Direito do Consumidor*, São Paulo: Revista dos Tribunais, v. 99, p. 103, mai./jun. 2015a.

41. PERLINGIERI, Pietro. *Perfis do Direito Civil* – introdução ao direito civil constitucional. Tradução de Maria Cristina de Cicco. 2. ed. São Paulo: Renovar, 2002. p. 44.

administradora das tarefas domésticas, inclusive a de cuidar mais diretamente da prole. À época, não era rara a morte dos pais ainda jovens, os quais deixavam órfãos seus filhos, demonstrando-se fortemente necessária a reserva legitimária como forma de manter o sustento da família.

Na atualidade, quando caminhamos para a terceira década do século XXI, quando a expectativa de vida beira os 76 anos (75,8 em 2016),[42] com um crescimento de mais de trinta anos entre 1940 e 2016, não é incomum que quando da morte do autor da herança, seus filhos – e não raras vezes os netos – gozem de plena independência econômica, possuindo patrimônio próprio, apresentando-se desnecessária a proteção desempenhada pela reserva da legítima, muito mais à razão de 50% do patrimônio do *de cujus*. Mais raras se tornaram igualmente as hipóteses de morte com a idade avançada com a existência de ascendentes. Com relação aos cônjuges ou companheiros, o regime de bens do casamento ou da união estável irá nortear a divisão do patrimônio e a existência de filhos comuns ou não, a sucessão do falecido.

Haverá sempre situações em que, seja pela morte precoce do autor da herança, seja por qualquer outra razão, os herdeiros podem se encontrar em situação de vulnerabilidade quando da abertura da sucessão.

No Brasil, a discussão sobre eventual flexibilização da legítima é embrionária e encontra campo fértil, já que não é incompatível com a ordem constitucional vigente no país. A análise a ser realizada deve se concentrar na situação em que estariam sendo concretizados os princípios jurídicos mais caros à pessoa humana, como a sua dignidade, a sua proteção e a sua liberdade, além daqueles que foram eleitos pelo legislador constituinte para corporificar o projeto do Estado social brasileiro.

A vulnerabilidade dos herdeiros tem aptidão para irradiar eventuais mudanças que possam ocorrer no direito sucessório brasileiro e, mesmo visando maior autonomia do autor da herança, terá seu fundamento no princípio da solidariedade. O sistema vigente no Brasil tem a solidariedade como uma norma constitucional expressa, a qual, no entanto, no âmbito do direito das sucessões, tem seu limite na própria família, a ela se destinando.

Se de solidariedade familiar se trata, por que a legítima dos ascendentes afasta a do cônjuge sobrevivente quando com este concorrem? O que dizer do jovem casal que construiu uma vida em comum e amealhou patrimônio e, no caso de morte de

---

42. A expectativa de vida é medida desde a década de 40 do século passado, sendo hoje de responsabilidade do IBGE – Instituto Brasileiro de Geografia e Estatística. A pandemia do coronavírus fez diminuir pela primeira vez a expectativa média desde o início de sua aferição. Entretanto, a imprensa tem divulgado nos últimos dias que fora cortada do orçamento verba destinada ao IBGE, o que faz crer que, além da ausência de informações precisas, já que o último censo realizado foi o de 2010, será praticamente impossível, por consequência, estabelecer as prioridades no que concerne às políticas públicas das três esferas de governo, principalmente no período pós-pandemia. (MARTELLO, Alexandro; MAZUI, Guilherme. Governo diz que orçamento não prevê recursos para o Censo e que pesquisa não ocorrerá em 2021. G1, Brasília, 23 abr. 2021. Economia. Disponível em: https://g1.globo.com/economia/noticia/2021/04/23/governo-diz-que-orcamento-nao-preve-recursos-para-o-censo-e-que-pesquisa-nao-ocorrera-2021.ghtml. Acesso em: 24 abr. 2021).

um dos dois, perde-o para ascendentes que, muitas vezes, têm situação financeira e capacidade econômica capazes de sustentá-los até a velhice? Por outro lado, como deixar de apontar o que aconteceria se a regra previsse o afastamento dos ascendentes, que não raras vezes se tornam necessitados quando em idade avançada?

As situações são as mais diversas e uma maior autonomia do testador haveria de corrigir muitas distorções, desde que garantido o sustento provisório ou permanente – a depender das circunstâncias – das pessoas próximas ao autor da herança.

As propostas para mudanças no direito das sucessões no Brasil devem passar pela possibilidade de ampliação da autonomia do testador e estar em consonância com os princípios constitucionais, neles encontrando os seus fundamentos. O desafio será sempre o de conciliar a liberdade de testar com a proteção da família

O Instituto Brasileiro de Direito de Família – IBDFAM elaborou Anteprojeto de Lei para Reforma do Direito das Sucessões,[43] mantendo a reserva legítima, a qual, no entanto, poderia vir a ter um ¼ de sua totalidade destinado a descendentes, ascendentes, cônjuge ou companheiro com deficiência, propondo-se o acréscimo de um parágrafo único ao art. 1.846 do Código Civil: o anteprojeto propõe alteração do art. 1.845 do Código para excluir o cônjuge do rol dos herdeiros necessários.

O mesmo texto traz dispositivos que procuram aumentar a autonomia do autor da herança, permitindo-lhe melhor planejar a sua sucessão, como a permissão para que se convertam os bens da legítima em dinheiro.

5.   À GUISA DE CONCLUSÃO: A IMPORTÂNCIA DO DIREITO COMPARADO NO ESTUDO DO DIREITO DAS SUCESSÕES

A pesquisa em direito comparado, como visto no decorrer deste artigo, é uma ferramenta metodológica de grande importância. Com ela, além do conhecimento acerca do direito no tempo e no espaço, seja no ordenamento do pesquisador, seja em outros sistemas jurídicos, é proporcionado um aprofundamento de grande valor para o estudioso no que diz respeito ao seu próprio sistema e aos institutos que o compõem.

Trata-se de uma jornada instigante e reveladora, que serve aos mais variados propósitos, podendo ser visitados ou revisitados institutos, normas e situações jurídicas diversas, com vistas à solução de problemas práticos da contemporaneidade.

Ao direito das sucessões a comparação serve de maneira peculiar, principalmente, no momento em que discussões e debates surgem em vários países sobre uma pretendida "modernização" dos institutos sucessórios.

Vários sistemas jurídicos têm efetuado mudanças em sua legislação sucessória, mas tais mudanças têm mais de pequenos ajustes do que de radicais ou até mesmo

---

43.   ANTEPROJETO de lei para reforma dos direitos das sucessões. Belo Horizonte, MG. Disponível em: http://ibdfam.org.br/assets/upload/anteprojeto_sucessoes/anteprojeto_sucessoes.pdf. Acesso em: 20 nov. 2018.

maiores transformações. Elas representam adequações necessárias ao equilíbrio do sistema e seu funcionamento de acordo com seus princípios fundantes, sendo a maior ou menor autonomia do autor da herança uma das questões a serem enfrentadas.

No Brasil, há alguns poucos anos estudiosos e práticos têm voltado seu olhar para o direito das sucessões,[44] num movimento que chama a atenção pela complexidade das normas que compõem o direito sucessório e pela constatação de que são muitos os problemas encontrados na rotina dos operadores do direito quanto à sucessão *causa mortis*.

Já era tempo de revisitar o direito das sucessões. A comparação é um veículo que pode simplificar muito os caminhos a serem percorridos.

6. REFERÊNCIAS

ANDRADE, Gustavo Henrique Baptista. *O direito de herança e a liberdade de testar*. Um estudo comparado entre os sistemas jurídicos brasileiro e inglês. Belo Horizonte: Fórum, 2019.

ANDRADE, Gustavo Henrique Baptista; BRASILEIRO, Luciana. Toda liberdade será castigada: um estudo sobre a vulnerabilidade da autonomia sucessória nas relações concubinárias. *In*: EHRHARDT JR, Marcos; LÔBO, Fabíola. *Vulnerabilidade e sua compreensão no direito brasileiro*. Indaiatuba: Foco, 2021, p. 275-290.

ANTEPROJETO de lei para reforma dos direitos das sucessões. Belo Horizonte, MG. Disponível em: http://ibdfam.org.br/assets/upload/anteprojeto_sucessoes/anteprojeto_sucessoes.pdf. Acesso em: 20 nov. 2018.

CONSTANTINESCO, Léotin-Jean. *Il metodo comparativo*. Torino: G. Giappichelli, 2000.

DAVID, René. *Os grandes sistemas de direito contemporâneo*. São Paulo: Martins Fontes, 2014.

DECARTES, René. *Discurso sobre o método*. Petrópolis: Vozes, 2018.

FACHIN, Luiz Edson. *Questões de Direito Civil contemporâneo*. Rio de Janeiro: Renovar, 2008.

HUSA, Jaako. *A new introduction to comparative law*. Oxford: Hart, 2015.

HYLAND, Richard. *Gifts*. A study in comparative law. New York: Oxford, 2009.

IBDFAM. Disponível em: http://ibdfam.org.br/assets/upload/anteprojeto_sucessoes/ anteprojeto_sucessoes.pdf. Acesso em: 20 nov. 2018.

KONDER, Carlos Nelson. Vulnerabilidade patrimonial e vulnerabilidade existencial: por um sistema diferenciador. *Revista de Direito do Consumidor*. São Paulo: Revista dos Tribunais, v. 99, mai./jun. 2015a, p. 101-123.

KONDER, Carlos Nelson. Apontamentos iniciais sobre a contingencialidade dos institutos de direito civil. *In*: MONTEIRO FILHO, Carlos Edison do Rego *et al.* (org.). *Direito UERJ*. Direito civil. v. 2. Rio de Janeiro: Freitas Bastos, 2015b.

LÔBO, Paulo Luiz Netto. *Direito Civil*. Parte geral. São Paulo: Saraiva, 2017.

MORAES, Maria Celina Bodin de. Perspectivas a partir do direito civil-constitucional. *In*: TEPEDINO, Gustavo (org.). *Direito Civil contemporâneo*. Novos problemas à luz da legalidade constitucional. São Paulo: Atlas, 2008, p. 29-41.

---

44. TEIXEIRA, Daniele Chaves (coord.). *Arquitetura do planejamento sucessório*. Belo Horizonte: Fórum, 2018. TEIXEIRA, Daniele Chaves. *Planejamento sucessório*. Pressupostos e limites. Belo Horizonte: Fórum, 2017.

MORAES, Maria Celina Bodin de. O princípio da dignidade humana. *In*: MORAES, Maria Celina Bodin de (coord.). *Princípios do Direito Civil contemporâneo*. Rio de Janeiro: Renovar, 2006. p. 1-60.

PERLINGIERI, Pietro. *Perfis do Direito Civil*: Introdução ao Direito Civil Constitucional. Tradução de Maria Cristina de Cicco. 2. ed. São Paulo: Renovar, 2002.

RODRIGUES JUNIOR, Otávio Luiz. Ernst Rabel é pai do moderno direito comparado alemão. *ConJur*, 07 nov. 2012. Disponível em: https://www.conjur.com.br/2012-nov-07/ernst-rabel-pai-moderno--direito-comparado-alemanha. Acesso em: 21 abr. 2021.

SANTOS, Izequias Estevam dos. *Manual de métodos e técnicas de pesquisa científica*. Niterói: Impetus, 2015.

SCHMIDT, Jan Peter. Responsabilidade civil no direito alemão e método funcional no direito comparado. *In*: RODRIGUES JUNIOR, Otávio Luiz; MAMEDE, Gladston; ROCHA, Maria Vital da. *Responsabilidade civil contemporânea*. São Paulo: Atlas, 2011.

SERRANO, Pablo Jimenéz. *Como utilizar o direito comparado para elaboração de tese científica*. Rio de Janeiro: Forense, 2006.

SILVA, José Afonso da. *Um pouco de Direito Constitucional comparado*. Três projetos de constituição. São Paulo: Malheiros, 2009.

TEPEDINO, Gustavo. *Temas de Direito Civil*. t. III. Rio de Janeiro: Renovar, 2009.

TEPEDINO, Gustavo. *Temas de Direito Civil*. Rio de Janeiro: Renovar, 2004.

WATT, Horatia Muir. A função subversiva do direito comparado. *Revista Trimestral de Direito Civil*, Rio de Janeiro: Padma, p. 151-179, out./dez. 2010.

PARECER

Maria Berenice Dias

Advogada especializada em Direito das Famílias e Sucessões. Desembargadora aposentada do Tribunal de Justiça-RS. Vice-Presidente Nacional do IBDFAM. OAB-RS 74.024.

Sumário: 1. Fenomenologia do direito sucessório – 2. A busca pela origem genética *per saltum* – 3. Limitação à sucessão prevista no parágrafo único do artigo 1.606 do Código Civil – 4. Petição de herança: cumulação sucessiva eventual ao reconhecimento da relação avoenga – 5. Conclusão – 6. Referências.

Justificativa: XX solicita meu parecer sobre a possibilidade de o viúvo suceder processualmente a esposa falecida, na ação ainda não sentenciada, de declaração de relação avoenga cumulada com petição de herança.

Súmula: Ação de declaração de relação avoenga cumulada com petição de herança. Cumulação sucessiva eventual de ações. Direito à investigação da ancestralidade da natureza personalíssima e intransmissível. Falecimento da autora no curso do processo. Ilegitimidade do cônjuge supérstite de prosseguir com a ação. Necessária limitação à sucessão prevista no parágrafo único do artigo 1.606 do Código Civil. Descabida sobreposição de valores patrimoniais. Cessão de direitos hereditários.

1. FENOMENOLOGIA DO DIREITO SUCESSÓRIO

Uma das poucas certezas universais, a finitude da vida é abordada de diversas maneiras mundo afora. O evento morte, contudo, não vem acompanhado apenas de luto, crenças religiosas, rituais de passagem. Provoca importantes consequências jurídicas.

Eis que exsurge o Direito das Sucessões: a substituição do sujeito de uma relação jurídica em razão da morte de seu titular.

A morte da pessoa física é o marco final de sua existência, mas também é o marco inicial do direito sucessório. Assim, o mesmo fato provoca a extinção dos direitos do titular e irradia-se na esfera jurídica de seus sucessores, para quem os bens e responsabilidades remanescentes ao óbito são transmitidas.[1]

Nem toda a relação jurídica, todavia, comporta esta substituição. O conteúdo da transmissão sucessória não é ilimitado. Conquanto assuma o herdeiro a posição

---

1. LÔBO, Paulo. *Direto Civil*: Sucessões. 7. ed. São Paulo: Saraiva Educação, 2021. v. 6. p. 27.

jurídico econômica do falecido, não se lhe transmitem todos os direitos de que este era, ou podia ser, detentor.[2]

Apenas situações jurídicas de *conteúdo patrimonial* constituem o objeto da sucessão *causa mortis*. Já as relações jurídicas *personalíssimas* inexoravelmente extinguem-se com o óbito, não havendo, nesta hipótese, transmissão de direitos, dada sua natureza *intuito personae*.

É o caso dos *direitos da personalidade*, intrinsecamente vinculados ao sujeito, cujo óbito, seguramente, põe fim ao seu exercício. O *estado familiar*, da mesma forma, resulta extinto com o falecimento.[3] Isso porque o herdeiro não é um mero continuador da personalidade do *de cujus*.[4]

Enquanto manifestações essenciais da condição humana, os direitos da personalidade *não podem ser alienados ou transmitidos a outrem*, quer por ato entre vivos, quer em *virtude da morte* de seu titular. É o que dispõe a lei (CC, art. 11).[5]

Diversamente do que ocorre com os direitos de conteúdo econômico, os direitos de natureza extrapatrimonial nascem e morrem com a pessoa. Não por outra razão afirma-se que a sucessão hereditária se funda no princípio da patrimonialidade.

2. A BUSCA PELA ORIGEM GENÉTICA *PER SALTUM*

O direito ao nome e ao conhecimento da origem genética dispõem de natureza fundamental e personalíssima. Sua sede é o *direito da personalidade*, de que toda pessoa humana é titular, e integra o núcleo da identidade pessoal.[6] Por estar calcado no princípio da *dignidade da pessoa humana*, o reconhecimento do estado de filiação pode ser exercido a qualquer tempo, não estando sujeito à prescrição.[7]

Até há pouco tempo, a existência de relação jurídica entre avós e netos dependia do prévio reconhecimento da relação de filiação entre os pais e os avós, seja por manifestação espontânea, seja por meio de ação judicial.

Não havia – e não há – norma legal específica que discipline a ação de reconhecimento de relação avoenga.

Mas ocorreu foi uma sensível construção doutrinária e jurisprudencial, especialmente no âmbito do Superior Tribunal de Justiça, que teve como pilar de sustentação

---

2. GOMES, Orlando. *Sucessões*. 17. ed. Atualizações por Mário Roberto Carvalho de Faria, Rio de Janeiro: Forense. 2019. p.10.
3. FARIAS, Cristiano Chaves de. ROSENVALD, Nelson. *Curso de Direito Civil*: Sucessões. 6. ed. Salvador: JusPodivm, 2020. p. 33.
4. ALMADA, Ney de Mello. *Sucessões*. São Paulo: Malheiros, 2006. p. 27.
5. CC, Art. 11. Com exceção dos casos previstos em lei, os direitos da personalidade são intransmissíveis e irrenunciáveis, não podendo o seu exercício sofrer limitação voluntária.
6. LÔBO, Paulo. *Direto Civil*: Famílias. 11. ed. São Paulo: Saraiva Educação, 2021. v. 5. p. 240.
7. STF – Súmula 149: é imprescritível a ação de investigação de paternidade, mas não o é a de petição de herança.

PARECER **483**

os direitos da personalidade, como a busca da ancestralidade, da identidade genética e o direito ao nome.

Em razão da falta de amparo jurídico em torno da matéria, raros os casos de reconhecimento de relação avoenga que desembocaram no Judiciário. O *Superior Tribunal de Justiça* se deparou com a questão pela primeira vez nos idos de 1990.[8] A partir de uma releitura do artigo 363 do Código Civil de 1916, entendeu-se que o caráter personalíssimo da ação de investigação de paternidade não dizia apenas dos filhos em relação aos pais, mas também dos netos em relação aos avós em caso de premoriência do genitor.

Seguiram-se dois outros julgamentos, do ano de 2005.[9]

O precedente que pacificou a matéria data do ano de 2010, sendo de relatoria da Ministra Nancy Andrighi.[10] À *possibilidade jurídica do pedido* foi carreado o arcabouço hermenêutico que transpõe e sustenta a questão, através da leitura de normas e princípios do Direito das Famílias sob a ótica do *princípio da dignidade da pessoa humana* e seus desdobramentos nos *direitos da personalidade*. Foi sopesada a possibilidade de reconhecimento da parentalidade do avô em relação aos netos prevista no artigo 1.609, parágrafo único, do Código Civil,[11] somada à qualidade de herdeiros necessários da qual gozam os netos em relação aos avós, consoante artigos 1.845[12] e 1.846[13] do mesmo diploma. E, ainda, o reconhecimento da família monoparental enquanto comunidade formada pelos pais e seus descendentes, contido em sentido amplo, na Constituição da República.[14]

O artigo 27 do Estatuto da Criança e do Adolescente,[15] que assegura o *exercício do direito de filiação* sem restrições, complementou a composição jurídico existente que caminhava na direção da possibilidade do reconhecimento da relação avoenga. Por fim, a Ministra Nancy Andrighi consignou que o direito ao nome e ao conhecimento da origem genética, enquanto direitos da personalidade, e, portanto, inalienáveis, vitalícios, intransmissíveis, extrapatrimoniais, irrenunciáveis, imprescritíveis e oponíveis *erga omnes*, também seriam de titularidade dos netos.

---

8. STJ – REsp 269/RS, Rel. Min. Waldemar Zveiter, 3ª Turma, j. em 03.04.1990.
9. STJ – REsp 603.885/RS, Rel. Min. Carlos Alberto Menezes Direito, 3ª Turma, j. em 03.03.2005 e Resp 604.154/RS, Rel. Min. Humberto Gomes de Barros, 3ª Turma, j. em 16/06/2005, publicado em 01.07.2005.
10. STJ – Resp 807.849/RJ, Rel. Min. Nancy Andrighi, 2ª Seção, j. em 24/03/2010, DJe 06.08.2010.
11. CC, Art. 1.609. O reconhecimento dos filhos havidos fora do casamento é irrevogável e será feito: Parágrafo único. O reconhecimento pode preceder o nascimento do filho ou ser posterior ao seu falecimento, se ele deixar descendentes.
12. CC, Art. 1.845. São herdeiros necessários os descendentes, os ascendentes e o cônjuge.
13. CC, Art. 1.846. Pertence aos herdeiros necessários, de pleno direito, a metade dos bens da herança, constituindo a legítima.
14. CR, Art. 226. A família, base da sociedade, tem especial proteção do Estado. § 4º Entende-se, também, como entidade familiar a comunidade formada por qualquer dos pais e seus descendentes.
15. ECA, Art. 27. O reconhecimento do estado de filiação é direito personalíssimo, indisponível e imprescritível, podendo ser exercido contra os pais ou seus herdeiros, sem qualquer restrição, observado o segredo de Justiça.

Em julgado do presente ano de 2021,[16] o Superior Tribunal de Justiça atribuiu a mesma *ratio decidenci* ao caso de netos que buscavam o reconhecimento de relação avoenga em que o pai pré-morto já possuía ascendente registral e, por corolário lógico, também os netos. Restou consignado a irrelevância do fato de o *de cujus* gozar de eventual paternidade registral ou socioafetiva anterior.

Destarte, o direito de ver reconhecido o vínculo biológico, ao que anteriormente se argumentava ser uma faculdade personalíssima e intransmissível dos filhos, estendeu-se também aos demais descendentes em linha reta, salvaguardando a busca da identidade genética que se perfaz em relação ao tronco ancestral.

A toda a evidência, descortina-se a faculdade do exercício de um *direito próprio*, e não de uma *substituição processual,* porque o neto não está pleiteando um direito que pertenceria a seu pai, mas a um direito do qual ele é o titular. O direito personalíssimo do filho é o mesmo direito personalíssimo do pai, do avô, do neto etc. E se o filho não quer exercer o seu direito, não se pode proibir que o seu filho (neto) o faça, sob pena de violação a exercício de genuíno direito, como o direito de personalidade.[17]

3. LIMITAÇÃO À SUCESSÃO PREVISTA NO PARÁGRAFO ÚNICO DO ARTIGO 1.606 DO CÓDIGO CIVIL

Todo o alicerce jurídico encampado nos julgados paradigmáticos compõem as premissas inafastáveis e balizadoras de toda e qualquer interpretação jurídica a dispositivo legal que venha a tutelar esta ordem de direito.

O parágrafo único do artigo 1.606 do Código Civil prevê a possibilidade de os herdeiros darem continuidade à *ação de prova de filiação: Se iniciada a ação pelo filho, os herdeiros poderão continuá-la, salvo se julgado extinto o processo.*[18]

Observada a absoluta necessidade do repasse do significado de cada um dos termos que integram a legislação quando da sua aplicação ao caso concreto,[19] imprescindível aferir-se a amplitude do termo *herdeiro* adotado pelo legislador no indigitado parágrafo único.

A jurisprudência pátria, ao rejuvenescer a compreensão dos legitimados a agir em busca de sua ancestralidade, garantindo também aos netos que intentem, por direito próprio, ação declaratória de relação de parentesco em face do avô, precisa se adequar a outros preceitos legais aplicáveis a dita relação jurídica.

Reconhecer indiscriminadamente que *qualquer herdeiro* do neto pode substituí-lo em ação investigatória é ignorar não apenas toda a sensível valoração jurídica, de

---

16. STJ – REsp 1889495/RS, Rel. Min. Nancy Andrighi, 3ª Turma, j. em 27.04.2021.
17. WELTER, Belmiro Pedro. *Direito de Família*: questões controvertidas. Porto Alegre: Síntese, 2003. p. 120.
18. CC, Art. 1.606. A ação de prova de filiação compete ao filho, enquanto viver, passando aos herdeiros, se ele morrer menor ou incapaz. Parágrafo único. Se iniciada a ação pelo filho, os herdeiros poderão continuá-la, salvo se julgado extinto o processo.
19. FRANÇA, Rubens Limongi. *Hermenêutica Jurídica*. São Paulo: Editora Revista dos Tribunais. 2009. p.134.

natureza fundamental e personalíssima, que envolve o direito à identidade. É também chancelar a perpetuação de demanda totalmente despida de seu caráter eminentemente *pessoal,* curvando-se a interesse meramente patrimonial. Não dispondo o herdeiro de qualquer direito, impositiva a extinção do processo, como impõe a parte final do mesmo dispositivo.

O só fato de o atual Código Civil ter erigido o *cônjuge* à condição de *herdeiro necessário*[20] não autoriza que seja reconhecido como sucessor de direitos personalíssimos do falecido, que dizem com a identidade, o nome e o reconhecimento de vínculos parentais. Sua inserção supletiva, exclusivamente quando inexistirem parentes em linha reta descendentes ou ascendentes, não lhe defere a condição de parente.

De outro lado, admitir tal possibilidade deixaria espaço para que, na ausência de herdeiros legítimos ou testamentários, Município, Distrito Federal ou União se habilitem na ação investigatória – aberração jurídica que não poderia ser chancelada.

Assim, em se tratando de direitos da personalidade cuja intransponibilidade é a regra geral, é descabida a *substituição processual* por herdeiro que não dispõe de qualquer vínculo de parentesco com o falecido. O limite se encontra em sua essência: *direito à própria identidade.* Com isso abre-se a possibilidade de apenas herdeiros descendentes ou até mesmo seus ascendentes, com interesse jurídico próprio, darem prosseguimento à busca de suas origens.

Ao comentarem o parágrafo único do art. 1.606 do Código Civil, Nelson Nery Júnior e Rosa Maria de Andrade Nery sustentam ser evidente que o herdeiro com legitimidade para substituir processualmente o falecido é aquele com *interesse jurídico próprio de quem pretende declarar-se o estado de neto ou bisneto de outrem.*[21]

Esta é a razão de ser da norma, cuja leitura para conceituar o *herdeiro* legitimado à sucessão não pode destoar do disposto no parágrafo único do artigo 1.609 do Código Civil,[22] o qual veda que o ascendente reivindique a relação parental com o filho morto que não deixou descendentes, apenas na busca de sua herança.

Dito dispositivo repete a regra do Código Civil de 1916,[23] bem como do Estatuto da Criança e do Adolescente,[24] que também condicionam a existência de descendentes para o reconhecimento parental *post mortem.* Às claras a lei quer evitar que o interesse

---

20. CC, Art. 1.845. São herdeiros necessários os descendentes, os ascendentes e o cônjuge.
21. NERY JUNIOR, Nelson. *Código Civil Comentado.* 19. ed. São Paulo: Saraiva. 2020. p. 1152.
22. CC, Art. 1.609. O reconhecimento dos filhos havidos fora do casamento é irrevogável e será feito: [...] Parágrafo único. O reconhecimento pode preceder o nascimento do filho ou ser posterior ao seu falecimento, se ele deixar descendentes.
23. CC/1916, Art. 357, parágrafo único. O reconhecimento pode preceder o nascimento do filho, ou suceder-lhe ao falecimento, se deixar descendentes.
24. ECA, Art. 26, parágrafo único. O reconhecimento pode preceder o nascimento filho ou suceder-lhe ao falecimento, se deixar descendentes.

econômico anime a perfilhação póstuma de quem não deixou descendentes, vindo o pai a herdar em função do reconhecimento *post mortem* do filho.[25]

Para Rolf Madaleno, o reconhecimento parental *post mortem* certamente não seria o registro de uma *relação de afeto,* mas unicamente uma filiação material, rejeitada expressamente na hipótese do parágrafo único do artigo 1.609 do Código Civil, quando o pai só quer reconhecer o filho morto, sem deixar descendentes, para ser seu herdeiro na classe dos ascendentes, segundo a ordem de vocação hereditária.[26]

Mário Aguiar Moura afirma ser *imoral* um pai pretender reconhecer o seu filho que deixou de perfilhar em vida, apenas apressando-se em reconhecê-lo depois de morto para lhe recolher a herança, por vocação hereditária.[27]

Não é outra a lição de Cristiano Chaves e Nelson Rosenvald. Somente será possível reconhecer a filiação de pessoa já morta se deixou descendentes e se, por conseguinte, o reconhecente não obtiver direitos sucessórios.[28]

A razão de ser de tal condição é evidente. Evitar escuso reconhecimento de prole com a fraudulenta intenção de adquirir direito sucessório. Ou seja, para que o pai reivindique relação parental com o filho falecido depende de ter ele deixado descendentes, cujo interesse é a integração familiar.[29]

Idêntico entendimento deve ser aplicado ao descendente que vem a falecer no decurso de uma ação declaratória de parentalidade, sem que tenha deixado prole. Ora, inexistindo descendentes, o reconhecimento parental não terá qualquer outro reflexo a não ser o econômico. O cerne da busca pela declaração da origem genética, pelo nome de família, pela gênese parental e pela condição social não lhe terão qualquer serventia.

O único caminho para se chegar a eventual direito patrimonial perpassa em um direito personalíssimo que foi extinto com a morte, e cuja transmissão apenas se opera aos descendentes que partilhem de uma mesma *ancestralidade.*

Dada a natureza personalíssima, indisponível e intransmissível do direito à identidade, a sucessão processual prevista no parágrafo único do artigo 1.606 do Código Civil não alcança qualquer *herdeiro.* Apenas aquele que, por *direito próprio,* igualmente poderia intentar a ação por pertencer ao mesmo *tronco familiar.* Inexistindo qualquer direito de natureza pessoal, impõe-se a extinção do processo, como preconiza a parte final do indigitado dispositivo legal.

Profetizar em sentido contrário vai de encontro a toda a construção hermenêutica erigida ao longo de anos. De todo inadmissível que os sensíveis valores jurídicos que

---

25. PEREIRA, Caio Mário da Silva. *Reconhecimento de paternidade e seus efeitos.* 6. ed. Atualizado por Lucia Maria Teixeira Ferreira. Rio de Janeiro: Forense, 2006. p. 348.
26. ROLF MADALENO. *Curso de Direito de Família.* 10. ed. Forense, 2019, p. 376.
27. MOURA, Mário Aguiar. *Tratado prático da filiação.* Porto Alegre: Síntese, 1981, p. 297.
28. FARIAS, Cristiano Chaves de. ROSENVALD, Nelson. *Curso de Direito Civil:* Famílias. 13. ed. Salvador: JusPodivm, 2021. p. 649.
29. LÔBO, Paulo. *Direto Civil:* Famílias. 11. ed., São Paulo: Saraiva Educação, 2021. v. 5. p. 261.

amparam as ações de investigação de parentalidade sejam coisificados em pretensões de cunho eminente e exclusivamente patrimonial.

E é o que ocorre no caso concreto: não bastasse o herdeiro cônjuge não guardar qualquer relação de ancestralidade com o investigado, ele cedeu os direitos hereditários, ou melhor, cedeu mera *expectativa de direito*, que de direito nada tem.

Tal evidencia inarredável paradoxo: quem protagoniza os direitos em discussão, além de não ser herdeiro, é *terceiro*, pessoa totalmente estranha à falecida autora e à família de sua mãe e avô.

4. PETIÇÃO DE HERANÇA: CUMULAÇÃO SUCESSIVA EVENTUAL AO RECONHECIMENTO DA RELAÇÃO AVOENGA

A busca pelo reconhecimento da relação avoenga é o objeto da *ação principal*. Somente com a procedência desta demanda é que cabe a análise da pretensão patrimonial perseguida na ação na petição de herança. Ou seja, é exigida a *prévia* declaração da condição do autor de herdeiro do *de cujus* buscada em ação de natureza *personalíssima*.

A ação de reconhecimento do vínculo de ancestralidade cumulada com petição de herança configura uma *cumulação de pedidos sucessivos de natureza eventual*, porquanto o acolhimento do primeiro é pressuposto lógico e essencial para a análise daquele que o sucede.[30] O Código de Processo Civil[31] condiciona que o pedido principal seja julgado procedente para então passar-se à análise do pedido sucessivo, sem que este último tenha acolhimento automático em razão do primeiro.

Nas palavras de Ovídio Baptista da Silva, o reconhecimento da procedência da ação de investigação de paternidade é o pressuposto para que a petição de herança seja apreciada:

> Dá-se cumulação sucessiva eventual quando o pedido formulado em segundo lugar só puder ser apreciado no caso de ser procedente primeiro. Aqui ocorre o contrário daquilo que se observa na cumulação alternativa eventual: enquanto esta supõe a rejeição do pedido principal, como requisito para que o juiz possa conhecer do pedido posterior, a cumulação sucessiva eventual exige justamente o contrário, ou seja, que o pedido anterior seja julgado procedente para que se torne possível o conhecimento do pedido subsequente. [...]. A procedência da demanda principal, no

---

30. MARINONI, Luiz Guilherme. ARENHART, Sérgio Cruz. MITIDIERO, Daniel. *Novo curso de Processo Civil: tutela dos direitos mediante procedimento comum*. v. II. 2 ed. rev. atual. e ampl. São Paulo: Editora Revista dos Tribunais, 2016. p.169.

31. CC, Art. 327. É lícita a cumulação, em um único processo, contra o mesmo réu, de vários pedidos, ainda que entre eles não haja conexão. § 1º São requisitos de admissibilidade da cumulação que: I – os pedidos sejam compatíveis entre si; II – seja competente para conhecer deles o mesmo juízo; III – seja adequado para todos os pedidos o tipo de procedimento. § 2º Quando, para cada pedido, corresponder tipo diverso de procedimento, será admitida a cumulação se o autor empregar o procedimento comum, sem prejuízo do emprego das técnicas processuais diferenciadas previstas nos procedimentos especiais a que se sujeitam um ou mais pedidos cumulados, que não forem incompatíveis com as disposições sobre o procedimento comum. § 3º O inciso I do § 1º não se aplica às cumulações de pedidos de que trata o art. 326 .

entanto não condiciona o êxito da demanda cumulada. Ainda que a ação principal seja declarada procedente, poderá ser improcedente a demanda cumulada. Mas a improcedência da anterior acarreta a automática improcedência da demanda posterior. A ação de petição de herança, cumulada à investigação de paternidade, é um exemplo clássico de cumulação sucessiva eventual.[32]

O vínculo de *precedência lógica* entre os pedidos pode ocorrer em caráter *prejudicial* ou *preliminar*.[33]

A investigação de paternidade para o reconhecimento da relação avoenga detém relação prejudicial ao pleito de petição da herança. Os pedidos, que tem autonomia entre si e finalidades distintas, caracterizam, de um lado, *ação de estado*, e de outro, *petitio hereditatis*, sendo a primeira premissa da última, em caráter prejudicial.[34]

> Considera-se questão prejudicial aquela cuja solução dependerá não a possibilidade nem a forma do pronunciamento sore a outra questão, mas o teor mesmo desse pronunciamento. A segunda questão depende da primeira não no seu ser, mas no seu modo de ser. A questão prejudicial funciona como uma espécie de placa de trânsito, que determina para onde o motorista (juiz) deve seguir. Costuma-se dizer que as questões prejudiciais podem ser objeto de um processo autônomo.[35]

Via de consequência, não sendo possível o reconhecimento do vínculo de parentesco, seja pela improcedência do pedido, seja pela intransmissibilidade do direito a quem não pertença ao mesmo tronco familiar, cai por terra qualquer pretensão patrimonial objeto da petição de herança, ainda que seja herdeiro.

Como a autora da ação morreu antes mesmo de ter sido julgada a ação investigatória, antes do reconhecimento da existência do vínculo de parentalidade, o seu marido não pode sucedê-la, face à natureza *personalíssima* na demanda. Esta é a hipótese trazida na parte final do parágrafo único do artigo 1.606: *salvo se julgado extinto o processo*.

E, fenecendo com a morte da autora a pretensão de ver declarada seu vínculo de ancestralidade, desaparece todo e qualquer direito de natureza patrimonial da demanda sucessiva de partilha de bens.

Como o cônjuge sobrevivente não pode substituir a autora na ação de natureza pessoal, o único desfecho cabível é a *extinção do processo sem resolução de mérito*, nos termos da lei processual.[36]

---

32. SILVA, Ovídio A. Baptista da. *Curso de Processo Civil*. Porto Alegre: Sergio Antônio Fabres, 1987. p. 178.
33. DIDIER JR., Fredie. *Curso de Direito Processual Civil*. Salvador: JusPodivm. 2018. p. 656.
34. GOMES, Orlando. Sucessões. 17. ed. Atualizações por Mário Roberto Carvalho de Faria. Rio de Janeiro: Forense. 2019. p. 261.
35. DIDIER JR., Fredie. CUNHA, Leonardo Carneiro da. *Curso de Direito Processual Civil*. Salvador: JusPodivm. 2021, p. 517.
36. CPC, Art. 485. O juiz não resolverá o mérito quando: IV – verificar a ausência de pressupostos de constituição e de desenvolvimento válido e regular do processo; IX – em caso de morte da parte, a ação for considerada intransmissível por disposição legal.

5. CONCLUSÃO

Os *direitos da personalidade* são os mais caros valores tutelados pelo ordenamento jurídico. Assegurar aos netos legitimidade para buscar o reconhecimento da origem de sua ancestralidade genética é exemplo emblemático. Mas, dada a natureza *personalíssima* de tais direitos, não podem ser alienados ou transmitidos a outrem.

Esta é a regra.

Assim, sobrevindo o falecimento da autora da ação antes da decisão que reconheceu a existência do vínculo parental, a norma contida no parágrafo único do artigo 1.606 do Código Civil precisa ser lida de forma desdobrada.

Tratando-se de ação de *prova de filiação*, somente os *herdeiros* que pertencem ao mesmo *tronco familiar* e a quem a sentença vai assegurar *direito próprio* podem dar continuidade ao processo. Cabe invocar a parte inicial do parágrafo único do art. 1.606.

A mera *pretensão patrimonial*, formulada na demanda sucessiva de *petição de herança*, não confere legitimidade ao herdeiro que não tem direito seu em causa para assumir a titularidade da ação. Não tem interesse juridicamente tutelado e nem dispõe de direito próprio a ser reconhecido judicialmente. Nesta hipótese é de ser aplicada a parte final do indigitado parágrafo.

Afinal, não há como chegar-se ao ponto de permitir que a busca da ancestralidade vá além do reconhecimento do *status familiae*. Somente cabe ser reconhecida a legitimidade dos parentes em linha reta do investigante, a quem a identificação do vínculo consanguíneo lhe confira direito à *própria identidade*.

Apesar de o cônjuge ter sido guindado à condição de herdeiro necessário, não há como admitir que prossiga com a ação investigatória promovida por quem buscava o reconhecimento de vínculo de ascendência avoenga.

Carece ele de legitimidade tanto pessoal como processual para prosseguir com a ação que sequer chegou a declarar a existência do estado de filiação da autora. Falta-lhe interesse jurídico.

Sua pretensão revela mero interesse de ordem econômica, o qual faz parte da demanda cumulada de petição de herança, cuja admissibilidade estava condicionada ao êxito da ação principal, que feneceu com a morte de sua autora.

É o meu parecer.

6. REFERÊNCIAS

ALMADA, Ney de Mello. *Sucessões*. São Paulo: Malheiros, 2006. p. 27.

DIDIER JR., Fredie; CUNHA, Leonardo Carneiro da. *Curso de Direito Processual Civil.* Salvador: JusPodivm. 2021.

DIDIER JR., Fredie. *Curso de Direito Processual Civil.* Salvador: JusPodivm. 2018.

FARIAS, Cristiano Chaves de; ROSENVALD, Nelson. *Curso de Direito Civil*: Sucessões. 6. ed. Salvador: JusPodivm, 2020.

FARIAS, Cristiano Chaves de; ROSENVALD, Nelson. *Curso de Direito Civil*: Famílias. 13. ed. Salvador: JusPodivm, 2021.

FRANÇA, Rubens Limongi. *Hermenêutica Jurídica*. São Paulo: Editora Revista dos Tribunais. 2009.

GOMES, Orlando. *Sucessões*. 17. ed. Atualizações por Mário Roberto Carvalho de Faria, Rio de Janeiro: Forense. 2019.

LÔBO, Paulo Luiz Netto. *Direto Civil*: Famílias. 11. ed. São Paulo: Saraiva Educação, 2021. v. 5.

LÔBO, Paulo Luiz Netto. *Direto Civil*: Sucessões. 7. ed. São Paulo: Saraiva Educação, 2021. v. 6.

MARINONI, Luiz Guilherme; ARENHART, Sérgio Cruz; MITIDIERO, Daniel. *Novo curso de Processo Civil*: tutela dos direitos mediante procedimento comum. v. II. 2 ed. rev. atual. e ampl. São Paulo: Editora Revista dos Tribunais, 2016.

MOURA, Mário Aguiar. *Tratado prático da filiação*. Porto Alegre: Síntese, 1981.

NERY JUNIOR, Nelson. *Código Civil Comentado*. 19. ed. São Paulo: Saraiva. 2020.

PEREIRA, Caio Mário da Silva. *Reconhecimento de paternidade e seus efeitos*. 6. ed. Atualizado por Lucia Maria Teixeira Ferreira. Rio de Janeiro: Forense, 2006.

ROLF MADALENO. *Curso de Direito de Família*. 10. ed. Forense, 2019.

SILVA, Ovídio Araújo Baptista da. *Curso de Processo Civil*. Porto Alegre: Sergio Antônio Fabres, 1987.

WELTER, Belmiro Pedro. *Direito de Família*: questões controvertidas. Porto Alegre: Síntese, 2003.

ANOTAÇÕES

ANOTAÇÕES